Springer-Lehrbuch

Springer

Berlin
Heidelberg
New York
Hongkong
London
Mailand
Paris
Tokio

Christoph G. Paulus

Zivilprozessrecht

Erkenntnisverfahren und Zwangsvollstreckung

Dritte, überarbeitete und aktualisierte Auflage

 Springer

Dr. iur. Christoph G. Paulus, LL.M. (Berkeley)
Professor für Bürgerliches Recht,
Zivilprozess- und Insolvenzrecht
sowie Römisches Recht
Humboldt-Universität zu Berlin
Juristische Fakultät
Unter den Linden 6
10099 Berlin
christoph.paulus@rewi.hu-berlin.de

ISBN 3-540-43770-3 Springer-Verlag Berlin Heidelberg New York
ISBN 3-540-67456-X 2. Auflage Springer-Verlag Berlin Heidelberg New York

Bibliografische Information Der Deutschen Bibliothek
Die Deutsche Bibliothek verzeichnet diese Publikation in der Deutschen Nationalbibliografie; detaillierte bibliografische Daten sind im Internet über <http://dnb.ddb.de> abrufbar.

Springer-Verlag ist ein Unternehmen von Springer Science+Business Media

springer.de

© Springer-Verlag Berlin Heidelberg 1996, 2000, 2004
Printed in Germany

Umschlaggestaltung: Design & Production GmbH, Heidelberg
Datenkonvertierung und Satz mit LaTeX durch M.J. Just, Technische Texte, Kronau

SPIN 10882771   64/3130-5 4 3 2 1 0 – Gedruckt auf säurefreiem Papier

Vorwort zur 3. Auflage

Auch diese Neuauflage ist gründlich überarbeitet, teilweise erweitert und – vor allem – durchgängig an die fast schon unüberschaubar geänderten Gesetze angepasst worden. Für die Vielzahl der Anregungen, Kritiken und Hinweise zur Vorauflage danke ich auch an dieser Stelle. Meinen ganz besonders herzlichen Dank möchte ich erneut meinem Mitarbeiter Herrn Wolfgang Zenker aussprechen; er hat diese Neuauflage mit aufopferungsvoller Hingabe vorbereitet. Darüber hinaus bedanke ich mich aber auch allerherzlichst bei meinen Mitarbeiterinnen Katharina Blankenburg, Melanie Hampich, Anna Nesener sowie bei meiner Sekretärin R. Gehling; sie haben die mühselige Arbeit des Korrekturlesens und der Erstellung der Register vorzüglich erledigt.

Berlin, im Juni 2003   Christoph G. Paulus

Aus dem Vorwort zur ersten Auflage

Angesichts der unter Studenten weit verbreiteten Ansicht, daß es sich bei dem Zivilprozeßrecht um eine doch eher trockene Materie handelt, ist es schon ein großer Schritt, wenn man überhaupt einmal ein Lehrbuch darüber in die Hand nimmt. Nun ist diese studentische Meinung tatsächlich nicht ganz von der Hand zu weisen – der Besuch etwa der olympischen Wettkämpfe (wenn man diesen Vergleich mit dem Streit um materielle Rechtspositionen einmal zu akzeptieren bereit ist) ist allemal spannender als die Lektüre des für die einzelnen Sportarten geltenden Regelwerks. Doch so wie bei einem 200 m-Lauf etwa das Chaos ausbräche, wenn alle Läufer auf der Innenbahn liefen, führt ein Rechtsstreit zwischen zwei Personen ohne ein unumstößliches Regelwerk für die Streitaustragung bestenfalls zum Kampf aller gegen alle oder, schlimmstenfalls, zur Vorherrschaft des Stärkeren. Und da nun einmal die alltägliche Praxis lehrt, daß jede Rechtsfrage potentiell zu einem Prozeß führen kann, ist es auch schon für einen angehenden Juristen unabdingbar, sich mit diesem worst-case-Scenario vertraut zu machen.

Die Klage über die Trockenheit der Materie rührt aber möglicherweise auch von ihrer vermeintlichen Unanschaulichkeit. Dem versucht dieses Buch abzuhelfen. Statt des von der Mehrzahl der anderen Darstellungen des Zivilprozeßrechts gewählten wissenschaftlichen Aufbaus, der die einzelnen Themenkomplexe unabhängig davon, wann sie während eines realen Prozesses eine Rolle spielen, zusammenfaßt (dazu Bruns, Methodik des Prozeßrechts, in: Enzyklopädie der geisteswissenschaftlichen Arbeitsmethoden, 1972), schlägt dieses Buch einen anderen Weg ein. Dafür war die Überlegung ausschlaggebend, daß die enorme Stofffülle, die ein Student heutzutage für das Examen zu lernen hat, nicht durch die Anhäufung von Detailproblemen noch angereichert werden sollte (deshalb sind die auch im Zivilprozeßrecht zuhauf existierenden Meinungsdivergenzen hier weitestgehend ausgeblendet). Natürlich kommt man auch im Zivilprozeß ohne derartiges Wissen nicht zurecht, doch fällt das Lernen und Merken wesentlich einfacher, wenn man einmal die Grundstruktur der jeweiligen Rechtsmaterie verstanden hat. Das ist eine allbekannte Tatsache: Strukturwissen reduziert Stofffülle und erleichtert vor allem die eigenständige Lösung neu auftretender Probleme. Um dies überprüfen zu können, sind gelegentlich Fragen in den Fußnoten aufgeworfen, die nicht nur der Wiederholung des Stoffes, sondern auch den „Querverstrebungen" mit dem materiellen Recht dienen sollen. (Die Musterantworten sind am Ende des Buches ebenfalls abgedruckt.)

Die Struktur eines Prozesses besteht aber – wie schon das lateinische Wort ‚procedere' (= vorwärts schreiten) nahelegt – in dem zeitlichen Fortgang eines Verfahrens. Aus einem Streit zwischen zwei Personen entwickelt sich ein Zivilprozeß, der in mehr oder weniger festgeschriebenen Bahnen verläuft und an dessen Ende schließlich das Urteil des Richters steht, das anschließend dann seinerseits zur Grundlage einer Zwangsvollstreckung werden kann. In dem Bestreben, diese Struktur herauszuarbeiten und damit zugleich die Anschaulichkeit eines derartigen Verfahrens zu erhöhen, wandert die in diesem Buch gegebene Darstellung so weit wie möglich auf der Zeitachse und beschreibt den Verfahrensablauf vor allem auch aus der Perspektive der jeweiligen Hauptakteure. Damit soll überdies noch ein zweites erreicht werden, das mir nicht nur in dem zusammenwachsenden Europa, sondern in der weltweit zu vermerkenden Internationalisierung auch der Juristen von außerordentlicher Bedeutung zu sein scheint. Das Fortschreiten auf der Zeitachse ist eine derart fundamentale Grundstruktur des Prozesses schlechthin, daß die Orientierungsmöglichkeit für den nichtdeutschen Juristen erleichtert wird. Nach meiner Überzeugung müssen (nicht nur im Zivilprozeßrecht) derartige Gemeinsamkeiten – und sei es auch unter Opferung oder Bedeutungsverlust so manch liebgewonnener nationaler Steckenpferde – herausgearbeitet werden, um auf diese Weise ein Zusammenwachsen der divergierenden Rechtsordnungen anzustreben – und sei es auch nur in Gestalt eines gemeinsamen „Allgemeinen Teils" oder eines Modells der jeweiligen Rechtsmaterie (vgl. Kötz, in: de Witte/Forder, The common Law of Europe and the future of legal education, 1992, 31).

Für die Arbeit mit diesem Buch erscheinen mir – neben den gängigen guten Ratschlägen, beim Lesen mitzudenken, sich ernsthaft mit den Fragen zu beschäftigen, usw. – noch folgende Hinweise unabdingbar: Der chronologische Aufbau legt es nahe, das Buch auch wirklich in der vorgegebenen Reihenfolge durchzuarbeiten. Dabei mag es hilfreich sein, sich anhand der Gliederung gelegentlich den Zusammenhang zu verdeutlichen. Besonders wichtig ist es trotz aller Mühsal, daß parallel immer der Gesetzestext gelesen wird – insbesondere bei ausdrücklichem Hinweis darauf –, da seine Kenntnis bei den Ausführungen meist vorausgesetzt wird.

Berlin, im März 1996   Christoph G. Paulus

Inhaltsverzeichnis

Abkürzungsverzeichnis

a. A. (A.A.)	andere(r) Ansicht
a. a. O.	am angegebenen Ort
Abs.	Absatz
AcP	Archiv für die civilistische Praxis (Zeitschrift)
ADR	alternative dispute resolution
a. E.	am Ende
AG	Aktiengesellschaft, Amtsgericht
AktG	Aktiengesetz
Alt.	Alternative
AnfG	Gesetz über die Anfechtung von Rechtshandlungen eines Schuldners außerhalb des Insolvenzverfahrens (Anfechtungsgesetz)
Anm.	Anmerkung
AnwBl	Anwaltsblatt (Zeitschrift)
Anz. phil.-hist. Kl. Akad. Wiss.	Anzeigen der philosophisch-historischen Klasse der Akademie der Wissenschaften
ArbGG	Arbeitsgerichtsgesetz
arg.	Argument
ARGE	Arbeitsgemeinschaft
Art.	Artikel
Aufl.	Auflage
AVAG	Gesetz zur Ausführung zwischenstaatlicher Verträge und zur Durchführung von Verordnungen der Europäischen Gemeinschaft auf dem Gebiet der Anerkennung und Vollstreckung in Zivil- und Handelssachen
BAG	Bundesarbeitsgericht
bayAGGVG	Gesetz zur Ausführung des Gerichtsverfassungsgesetzes und von Verfahrensgesetzen des Bundes für Bayern
BayObLG	Bayerisches Oberstes Landesgericht
BB	Der Betriebsberater (Zeitschrift)
Bd.	Band
betr.	betreffs
BeurkG	Beurkundungsgesetz
BGB	Bürgerliches Gesetzbuch
BGH	Bundesgerichtshof
BGHZ	Amtliche Sammlung der Entscheidungen des Bundesgerichtshofes in Zivilsachen
BRAGO	Bundesgebührenordnung für Rechtsanwälte

BRAO	Bundesrechtsanwaltsordnung
BRV-Nachrichten	Mitteilungsblatt des bayerischen Richtervereins
BVerfG	Bundesverfassungsgericht
BVerfGE	Amtliche Sammlung der Entscheidungen des Bundesverfassungsgerichts
BVerwG	Bundesverwaltungsgericht
bzw.	beziehungsweise
CPO	Civilprozessordnung
CR	Computer und Recht (Zeitschrift)
d. h.	das heißt
DRiG	Deutsches Richtergesetz
DRiZ	Deutsche Richterzeitung
DZWiR	Deutsche Zeitschrift für Wirtschaftsrecht (ab 1.1.1999= DZWIR = Zeitschrift für Wirtschafts- und Insolvenzrecht)
EFTA	European free trade association
EG	Europäische Gemeinschaft; Vertrag zur Gründung der Europäischen Gemeinschaft
EGBGB	Einführungsgesetz zum Bürgerlichen Gesetzbuch
EGGVG	Einführungsgesetz zum Gerichtsverfassungsgesetz
EGMR	Europäischer Gerichtshof für Menschenrechte
EGStGB	Einführungsgesetz zum Strafgesetzbuch
EGZPO	Einführungsgesetz zur Zivilprozessordnung
EMRK	Europäische Menschenrechtskonvention
ERPL	European Review for Private Law (Zeitschrift)
etc.	et cetera
EuGH	Gerichtshof der Europäischen Gemeinschaft
EuGVÜ	Übereinkommen über die gerichtliche Zuständigkeit und die Vollstreckung gerichtlicher Entscheidungen in Zivil- und Handelssachen
EuGVVO	Verordnung über die gerichtliche Zuständigkeit und die Anerkennung und Vollstreckung von Entscheidungen in Zivil- und Handelssachen
EuZW	Europäische Zeitschrift für Wirtschaftsrecht
EWGV	Vertrag zur Gründung der Europäischen Wirtschaftsgemeinschaft
EWiR	Entscheidungssammlung zum Wirtschaftsrecht
EWS	Europäisches Wirtschafts- und Steuerrecht (Zeitschrift)
f. (ff.)	folgende
FamRZ	Zeitschrift für das gesamte Familienrecht
FGG	Gesetz über die Angelegenheiten der freiwilligen Gerichtsbarkeit
FN	Fußnote
FS	Festschrift
GBO	Grundbuchordnung
GebrMG	Gebrauchsmustergesetz
GG	Grundgesetz für die Bundesrepublik Deutschland
GKG	Gerichtskostengesetz
GmbH	Gesellschaft mit beschränkter Haftung
GmbHG	Gesetz betreffend die Gesellschaften mit beschränkter Haftung
GRUR	Gewerblicher Rechtsschutz und Urheberrecht (Zeitschrift)
GS	Gedächtnisschrift
GVG	Gerichtsverfassungsgesetz
GVGA	Geschäftsanweisung für Gerichtsvollzieher
GVKostG	Gerichtsvollzieherkostengesetz
GWB	Gesetz gegen Wettbewerbsbeschränkungen

HausratsVO	Verordnung über die Behandlung der Ehewohnung und des Hausrats
Hg., hg.	Herausgeber, herausgegeben
HGB	Handelsgesetzbuch
h. L.	herrschende Lehre
h. M.	herrschende Meinung
Hs.	Halbsatz
ICC	International Chamber of Commerce
IDR	International Journal of Dispute Resolution (Zeitschrift)
IHK	Industrie- und Handelskammer
i. H. v.	in Höhe von
InsO	Insolvenzordnung
InVo	Insolvenz & Vollstreckung (Zeitschrift)
IPR	internationales Privatrecht
IPRax	Praxis des internationalen Privat- und Verfahrensrechts (Zeitschrift)
i. S. d., i. S. v.	im Sinne des, von
i. V. m.	in Verbindung mit
JA	Juristische Arbeitsblätter (Zeitschrift)
JR	Juristische Rundschau (Zeitschrift)
JurA	Juristische Analysen (Zeitschrift)
Jura	Juristische Ausbildung (Zeitschrift)
JuS	Juristische Schulung (Zeitschrift)
JW	Juristische Wochenschrift (Zeitschrift)
JZ	Juristenzeitung (Zeitschrift)
KG	Kammergericht, Kommanditgesellschaft
KritV	Kritische Vierteljahresschrift für Gesetzgebung und Rechtswissenschaft (Zeitschrift)
KTS	Zeitschrift für Konkurs-, Treuhand- und Schiedsgerichtswesen (Zeitschrift für Insolvenzrecht)
LG	Landgericht
LM	Nachschlagewerk des BGH, begründet von Lindenmaier und Möhring
LMK	Kommentierte BGH-Rechtssprechung Lindenmaier-Möhring (Zeitschrift)
m	Meter
MDR	Monatsschrift für Deutsches Recht (Zeitschrift)
m. E.	meines Erachtens
MMR	Multimedia und Recht (Zeitschrift)
MüKo-Bearbeiter	Münchener Kommentar zur Zivilprozessordnung mit Gerichtsverfassungsgesetz und Nebengesetzen
NJW	Neue Juristische Wochenschrift (Zeitschrift)
NJW-RR	NJW-Rechtsprechungs-Report Zivilrecht (Zeitschrift)
Nr.	Nummer
NStZ	Neue Zeitschrift für Strafrecht
NZA	Neue Zeitschrift für Arbeitsrecht
o.	oben
o. Ä.	oder ähnliches
OHG	offene Handelsgesellschaft
OLG	Oberlandesgericht
OLGZ	Entscheidungen der Oberlandesgerichte in Zivilsachen
PartGG	Gesetz über Partnerschaftsgesellschaften
PKH	Prozesskostenhilfe
Rdn.	Randnummer
RG	Reichsgericht
RGZ	Amtliche Sammlung der Entscheidungen des Reichsgerichts in Zivilsachen

RIW	Recht der internationalen Wirtschaft (Zeitschrift)
Rpfleger	Der Deutsche Rechtspfleger (Zeitschrift)
RPflG	Rechtspflegergesetz
Rspr.	Rechtsprechung
RVO	Reichsversicherungsverordnung
S.	Seite, Satz
s.	siehe
SAE	Sammlung arbeitsrechtlicher Entscheidungen
SchiedsVZ	Zeitschrift für Schiedsverfahren
sog.	sogenannte (r, s)
StGB	Strafgesetzbuch
str.	streitig
TRIPS	Agreement on Trade-Related Aspects of Intellectual Property Rights
u.	unten
u. a.	unter anderem
UKlaG	Gesetz über Unterlassungsklagen bei Verbrauchersrechts- und anderen Verstößen (Unterlassungsklagengesetz)
u. ö.	und öfter
UrhG	Gesetz über Urheberrecht und verwandte Schutzrechte (Urheberrechtsgesetz)
usw.	und so weiter
u. U.	unter Umständen
UWG	Gesetz gegen den unlauteren Wettbewerb
VermG	Vermögensgesetz
VersR	Versicherungsrecht (Zeitschrift)
vgl.	vergleiche
VwGO	Verwaltungsgerichtsordnung
WM	Wertpapier-Mitteilungen, Zeitschrift für Wirtschafts- und Bankrecht
WuB	Entscheidungssammlung zum Wirtschafts- und Bankrecht (Zeitschrift)
z. B.	zum Beispiel
ZEuP	Zeitschrift für Europäisches Privatrecht
ZfIR	Zeitschrift für Immobilienrecht
ZPO	Zivilprozessordnung
ZRP	Zeitschrift für Rechtspolitik
ZSEG	Gesetz über die Entschädigung von Zeugen und Sachverständigen
z. T.	zum Teil
ZV	Zwangsvollstreckung
ZVerglRW	Zeitschrift für vergleichende Rechtswissenschaft
ZVG	Gesetz über die Zwangsversteigerung und die Zwangsverwaltung
ZZP	Zeitschrift für Zivilprozess

Literatur zum Zivilprozessrecht

Die nachfolgende Auflistung von Büchern zum und über das Zivilprozessrecht stellt eine bloße Auswahl dar. Soweit eine Klammer angefügt ist, verweist sie auf die in dem vorliegenden Lehrbuch verwendete, abgekürzte Zitierweise.

I. Kommentare

Baumbach, Adolf/Lauterbach, Wolfgang/Albers, Jan/Hartmann, Peter, Zivilprozessordnung, 61. Aufl., 2003, München

Gottwald, Uwe, Zwangsvollstreckung, 4. Aufl., 2002, Freiburg

Münchener Kommentar zur Zivilprozessordnung, 2. Aufl., 2000, München (MüKo-Bearbeiter)

Musielak, Hans-Joachim, Kommentar zur Zivilprozessordnung, 3.Aufl., 2002, München

Schlosser, Peter, EU-Zivilprozessrecht, 2. Aufl., 2003, München

Schuschke, Winfried/Walker, Wolf-Dietrich, Vollstreckung und Vorläufiger Rechtsschutz,
Bd. I: Zwangsvollstreckung, 3. Aufl., 2002, Köln u. a.
Bd. II: Arrest und Einstweilige Verfügung, 2. Aufl., 1999, Köln u. a.

Stein, Friedrich/Jonas, Martin, Kommentar zur Zivilprozessordnung, 22. Aufl., 2002 ff., Tübingen

Stöber, Kurt, Forderungspfändung, 13. Aufl., 2002, Bielefeld

Thomas, Heinz/Putzo, Hans, Zivilprozessordnung, 25. Aufl., 2003, München

Wieczorek, Bernhard/Schütze, Rolf A., Zivilprozeßordnung und Nebengesetze, 3. Aufl., 1994 ff., Berlin New York

Zimmermann, Walter, Zivilprozeßordnung, 6. Aufl., 2002, Heidelberg

Zöller, Richard, Zivilprozeßordnung, 23. Aufl., 2002, Köln

II. Lehrbücher und Fallsammlungen

Baumann, Jürgen/Brehm, Wolfgang, Zwangsvollstreckung, 2. Aufl., 1982, Bielefeld

Baumgärtel, Gottfried/Laumen, Hans W./Prütting, Hanns, Der Zivilprozeßrechtsfall, 8. Aufl., 1995, Köln u. a.

Baumgärtel, Gottfried/Prütting, Hanns, Einführung in das Zivilprozessrecht, 9. Aufl., 2002, Neuwied u. a.

Baur, Fritz/Grunsky, Wolfgang, Zivilprozessrecht, 10. Aufl., 2000, Neuwied u. a.

Baur, Fritz/Stürner, Rolf, Zwangsvollstreckung-, Konkurs- und Vergleichsrecht, Bd. I: Einzelvollstreckungsrecht, 12. Aufl., 1995, Heidelberg; als UTB 1941, Zwangsvollstreckungsrecht, 1996

Baur, Fritz/Stürner, Rolf, Fälle und Lösungen zum Zwangsvollstreckungs-, Konkurs- und Vergleichsrecht, 6. Aufl., 1989, Heidelberg

Behr, Johannes, Grundlagen des Zwangsvollstreckungsrechts, 3. Aufl., 1998, Neuwied u. a.

Blomeyer, Arwed, Zivilprozeßrecht, Erkenntnisverfahren, 2. Aufl., 1985, Berlin u. a.

Blomeyer, Arwed, Zivilprozeßrecht, Vollstreckungsverfahren, 1975, Berlin u. a.

Brecht, Ernst, Einführung in die Praxis des Zivilprozesses, 2. Aufl., 2002, München

Brox, Hans/Walker, Wolf-Dietrich, Zwangsvollstreckungsrecht, 6. Aufl., 1999, Köln u. a.

Bruns, Rudolf, Zivilprozeßrecht, 2. Aufl., 1979, München

Bruns, Rudolf/Peters, Egbert, Zwangsvollstreckungsrecht, 3. Aufl., 1987, München

Geimer, Reinhold, Internationales Zivilprozessrecht, 4. Aufl., 2001, Köln

Gerhardt, Walter, Zivilprozessrecht – Fälle und Lösungen, 6. Aufl., 2000, Heidelberg

Grunsky, Wolfgang, Grundzüge des Zwangsvollstreckungs- und Insolvenzrechts, 5. Aufl., 1996, Tübingen

Heussen, Benno/Fraulob, Ulrich/Bachmann, Michael Th., Zwangsvollstreckung für Anfänger, 7. Aufl., 2002, München

Jauernig, Othmar, Zivilprozessrecht, 27. Aufl., 2002, München

Jauernig, Othmar, Zwangsvollstreckungs- und Insolvenzrecht, 21. Aufl., 1999, München

Knöringer, Dieter, Die Assessorklausur im Zivilprozess, 9. Aufl., 2002, München

Kropholler, Jan, Europäisches Zivilprozessrecht, 7. Aufl., 2002, Heidelberg

Lackmann, Rolf, Zwangsvollstreckungsrecht mit Grundzügen des Insolvenzrechts, 6. Aufl., 2003, München

Lackmann, Rolf/Wittschier, Johannes, Die Klausur im Zwangsvollstreckungsrecht mit Insolvenzrecht, 2003, München

Lippross, Otto-Gerd, Vollstreckungsrecht – Systematische Darstellung an Hand von Fällen, 9. Aufl., 2003, Neuwied u. a.

Lüke, Gerhard, Fälle zum Zivilprozeßrecht, 2. Aufl., 1993, München

Lüke, Gerhard, Zwangsvollstreckungsrecht – Prüfe Dein Wissen, 2. Aufl., 1993, München

Lüke, Wolfgang, Zivilprozessrecht, 8. Aufl., 2003, München

Münzberg, Wolfgang/Wagner, Eberhard, Höchstrichterliche Rechtsprechung zum Zivilprozeßrecht, 1994, München

Musielak, Hans-Joachim, Grundkurs ZPO, 6. Aufl., 2002, München

Oberheim, Rainer, Zivilprozessrecht für Referendare, 5. Aufl., 2001, Düsseldorf

Peters, Egbert, Zivilprozeßrecht einschließlich Zwangsvollstreckung und Konkurs, 4. Aufl., 1986, Frankfurt a. M.

Prütting, Hanns/Stickelbrock, Barbara, Zwangsvollstreckungsrecht, 2002, Stuttgart u. a.

Rosenberg, Leo/Gaul, Hans-Friedhelm/Schilken, Eberhard, Zwangsvollstreckungs-recht, 11. Aufl., 1997, München

Rosenberg, Leo/Schwab, Karl-Heinz/Gottwald, Peter, Zivilprozeßrecht, 15. Aufl., 1993, München

Schellhammer, Kurt, Zivilprozess, 9. Aufl., 2001, Heidelberg

Schilken, Eberhard, Zivilprozessrecht, 4. Aufl., 2002, Köln

Schlosser, Peter, Zivilprozeßrecht,

    Bd. I: Erkenntnisverfahren, 2. Aufl., 1991, München

    Bd. II: Zwangsvollstreckungs- und Insolvenzrecht, 1984, München

Schneider, Egon, Die Klage im Zivilprozess, 2000, Herne u. a.

Schreiber, Klaus, Übungen im Zivilprozessrecht, 2. Aufl., 1996, Berlin u. a.

Wieser, Eberhard/Rummer, Klaus-Peter, Grundzüge des Zivilprozessrechts mit Zwangsvollstreckungs- und Insolvenzrecht, 2. Aufl., 1997, St. Augustin

Zeiss, Walter, Zivilprozessrecht, 9. Aufl., 1997, Tübingen

Zimmermann, Walter, ZPO-Fallrepetitorium, 4. Aufl., 2002, Heidelberg

Teil A
Erkenntnisverfahren

Teil I. Der Streit vor dem Prozess

§ 1 Stellung und Bedeutung des Zivilprozessrechts im Rechtsleben

I Alternativen zur Streitbeilegung

Literatur: Duve, Das Grundbuch über alternative Verfahren zur Streitbeilegung, IDR 2002 (Beilage 4 zu Heft 11 der EWS), 6; Goebel, Zivilprozeßrechtsdogmatik und Verfahrenssoziologie, 1994; Gottwald, Modelle der freiwilligen Streitschlichtung unter besonderer Berücksichtigung der Mediation, WM 1998, 1257; G. Hager, Zur Notwendigkeit einverständlicher Streitschlichtung bei interpersonellen Konflikten, JZ 1998, 1158; Hessermann, Zur „Prozeßfreude" der Bundesbürger, NJW 1995, 1943; Hoffmann-Riem, Justizdienstleistungen im kooperativen Staat, JZ 1999, 421; Labes, Verfahrensoptionen der Alternativen Streitbeilegung, DZWiR 1998, 353; Mitscherlich, Die Idee des Friedens und die menschliche Aggressivität, 1969; Nicklisch, Alternative Formen der Streitbeilegung und internationale Handelsschiedsgerichtsbarkeit, FS Schwab, 1990, 381; S. Roberts, Ordnung und Konflikt, 1981; Schöpflin, Verhandeln und Mediation, JA 2000, 157; P. Stein, Legal Institutions, The Development of Dispute Settlement, 1984.

Wenn man sich die Frage stellt, für welches Sozialphänomen oder -problem das **1** Zivilprozessrecht geschaffen ist, wenn man, mit anderen Worten, eine Standortbestimmung dieses Rechtsgebietes im allgemeinen Rechtsleben vornehmen möchte, so erkennt man sogleich, dass man es hier mit etwas Unabänderlichem und Urmenschlichem zu tun hat – dem Streit. Zwei oder mehr Personen sind sich – aus welchen Gründen auch immer – uneins hinsichtlich der zwischen ihnen geltenden Rechtslage.[1] Statistisch gesehen bleibt der weitaus überwiegende Teil der Streitereien im Stadium des persönlichen Konflikts stecken, ohne dass eine rechtsanwendende Instanz zur Lösung bemüht wird; die Betroffenen finden andere, meistens soziale Lösungsmechanismen: Der eine gibt nach, die Verwandten oder Freunde schlichten, der Anpassungsdruck an und durch die Umgebung unterbindet eine Eskalation, der gute Ruf veranlasst zum Einlenken, usw.

Aber auch wenn der Streit diese Hemmschwelle überschreitet und die Strei **2** tenden das Recht, im Regelfall mit Hilfe eines Rechtsanwalts, ins Spiel bringen,

---

[1] Das ist die prozessualistische Betrachtungsweise. Die Rechtswirklichkeit lehrt, dass in vielen Rechtsstreitigkeiten der eigentliche Streitpunkt nicht so sehr die Rechtslage, als vielmehr ein sonstiger persönlicher Groll zwischen den Parteien Auslöser des Streits ist; bisweilen wird sogar nur zum Schein prozessiert, s. Costede, Scheinprozesse, ZZP 82, 1969, 438.

hat damit noch nicht die Stunde der ZPO geschlagen. Denn die Einbeziehung des
Rechtsanwalts bedeutet zunächst ja nur die Objektivierung des Streites. Der verant-
wortungsbewusst handelnde (im Gegensatz zu dem aus Gebührenschinderei streit-
fördernden) Anwalt, § 43 BRAO, kann und soll seine Position als Außenstehender
dazu nutzen, die Rechtslage, d. h. den von den betroffenen Emotionen entkleideten
Streit, darzulegen und die Streitenden auf diese Weise zu einer außergerichtlichen
Verständigung zu bewegen, vgl. auch die §§ 1, 3 I BRAO.

3   Für den Fall, dass das die Streitenden noch nicht besänftigt, bemüht man sich in
letzter Zeit zunehmend um Möglichkeiten, den – überlasteten – staatlichen Justizap-
parat wenigstens noch nicht gleich einzuschalten. Unter dem Stichwort ‚Alternative
Streitbeilegung‘ (oder auch konsensuale Konfliktlösung) sprießt ein ganzes Bündel
solcher ADRs (= alternative dispute resolution; vieles hiervon kommt aus den USA)
aus dem Boden: beispielsweise unter dem Namen ‚Mediation‘ zur gütlichen Erreichung etwa einer Scheidungsvereinbarung; darüber hinaus werden nach amerika-
nischem Vorbild Nachbarschaftsgerichte erwogen oder Gerichte am runden Tisch,[2]
oder gar die Möglichkeit, einen Ruhestands-Richter zu „mieten“. Die ZPO selbst
sieht in den §§ 1025 ff. eine entsprechende Möglichkeit vor, indem sie die Vereinbarung eines (in praxi bisweilen auch mit Nichtjuristen besetzten) Schiedsgerichts
zulässt; insbesondere im Bereich der Wirtschaft erfreut sich diese Möglichkeit allergrößter Beliebtheit, vor allem im transnationalen Bereich.[3] In Deutschland ist die
Konsultation von Güte- oder Einigungstellen mehrfach vorgesehen: nach § 27 a
UWG etwa für zivilrechtliche Streitigkeiten im Zusammenhang mit diesem Gesetz;
in den neuen Bundesländern nach dem als Landesrecht fortgeltenden Gesetz über
die Schiedsstellen in den Gemeinden vom 13.09.1990 oder inzwischen erlassenen
neuen Landesgesetzen. Darüber hinaus ist in § 796 a die Möglichkeit eines Anwaltsvergleichs vorgesehen (vgl. dazu unten, Rdn. 495), und § 305 I Nr. 1 InsO macht das
Tätigwerden des Gerichts bei Verbraucherinsolvenzanträgen davon abhängig, dass
sich der Schuldner vorab mit seinen Gläubigern ernsthaft um eine einvernehmliche
Lösung der Krise bemüht hat. Eine entsprechende Regelung sieht § 15 a EGZPO
für bestimmte Klagen mit niedrigen Streitwerten, nachbarrechtliche und Ehrver-
letzungsstreitigkeiten vor, überlässt die Realisierung dieser Möglichkeit aber den
Landesgesetzgebern.

4   Eine Stufe weiter befindet sich das arbeitsgerichtliche Güteverfahren des § 54
ArbGG bzw. seit dem 1.1.2002 auch das zivilprozessuale Güteverfahren, § 278 II.[4]
Mit ihnen befindet man sich schon in der prozessualen Verfahrensordnung, versucht

---

[2] Schon König Artus hat das seither immer wieder entdeckte Demokratisch-Gleichbehan-
delnde des runden Tisches erkannt; dazu Daube, The lex Fufia Caninia and King Arthur,
in: Coll. Studies in Roman Law II, 1991, 1083.

[3] Zur Schiedsgerichtsordnung der – international sehr gefragten – Internationalen Handelskammer (ICC) in Paris E. Schäfer: Überlegungen zu vier Aspekten der Schiedsgerichtsordnung der internationalen Handelskammer – Genese und gegenwärtiger Stand, ZVglR-
Wiss 1992, 112.

[4] Die Vorschrift zeigt, dass die Güteverhandlung auch entfallen kann. Allerdings ist auch in
diesen Fällen der Richter immer noch gehalten, nach Maßgabe des § 278 I die Parteien
auf die Möglichkeit einer gütlichen Beilegung des Streites hinzuweisen.

aber immer noch, den Streit nicht mit dem vollen Werkzeugkasten des juristischen Handwerks zu lösen, sondern mit den (vom Gesetz erlaubten) Mitteln des altherkömmlichen Schlichters, der in einer weniger gebundenen Weise auf einen Kompromiss oder eine gütliche Einigung hinwirken kann als in seiner nachfolgenden Rolle als streitentscheidender Richter.

II Der Zivilprozess als Streitaustragungsort

Literatur: Bolla, Der Prozeß – geordneter Rechtskampf oder soziales Übel – von Jhering zu Franz Klein, FS H. Schmitz I, 1967, 493; Gilles, Prozeßrechtsvergleichung, 1996; Greger, Vom „Kampf ums Recht" zum Zivilprozess der Zukunft, JZ 1997, 1077; W. Habscheid, Das Recht auf ein faires Verfahren – Ein Beitrag zur Philosophie des Zivilprozeßrechts, FS O. Vogel, 1991, 3; Hoffmann, Verfahrensgerechtigkeit, 1992; F. Klein, Zeit- und Geistesströmungen im Prozesse, 1901; Leipold, Zivilprozeß und Ideologie, JZ 1982, 441; Luhmann, Die Stellung der Gerichte im Rechtssystem, Rechtstheorie 21, 1990, 459; Vollkommer, Der Grundsatz der Waffengleichheit im Zivilprozeß – eine neue Prozeßmaxime?, FS Schwab, 1990, 503.

Der eigentliche streitige Zivilprozess der ZPO kommt erst ins Spiel, wenn der Streit all die vorgenannten Besänftigungsmechanismen überdauert – oder überspringt. Die ZPO ist bisweilen recht kompliziert und als formelles Recht oftmals als trocken verschrieen; in einer fast schon klassischen Formulierung wird ihr nachgesagt, sie sei „der Ewigkeitswerte bar"[5]. Dieser – keineswegs immer als unberechtigt von der Hand zu weisende – Eindruck lässt sich jedoch aufbessern, wenn man einen Schritt zurückgeht und sich die Regelungsaufgabe der ZPO vergegenwärtigt: **5**

Zwei (oder mehr) Personen streiten sich um eine materielle Rechtsposition. Weil sie sich nicht einigen können, wenden sie sich an den staatlicherseits eingesetzten Richter: Er soll entscheiden. Um das tun zu können, benötigt er jedoch Informationen über den Gegenstand des Streites, von dem er bisher noch nie etwas gehört hat. Auf einen schlichten Nenner gebracht ist das der ganze Inhalt eines Prozesses.[6] Wie müssen oder können dem Richter welche Informationen verschafft werden, damit er ein mir günstiges Urteil erlässt, ohne den Gegner mit seiner Entscheidung unfair zu überrumpeln? **6**

Diese Definition gibt Anlass zu zwei weiteren, grundsätzlichen Überlegungen: (1.) In welchem Verhältnis stehen materielles und Prozessrecht zueinander? Nach unserem Rechtsverständnis sind nämlich Art und Umfang der besagten Informationen an den Tatbestandsmerkmalen der Normen des materiellen Rechts auszu- **7**

---

[5] So die berühmte Formulierung von F. Stein im Vorwort zur 1. Aufl. seines Grundrisses des Zivilprozeßrechts, 1921.

[6] Die ZPO geht wie das materielle Recht in seinem Anspruchs(grundlagen)denken von der Grundform einer Zweierkonstellation aus. Dadurch kommt es freilich zu Problemen bei Massenklagen – etwa bei Massendelikten (Flugzeugabsturz, schädigendes Medikament, etc.). Dazu H. Koch, Haftung für Massenschäden – Recht, Abwicklungspraxis, rechtspolitischer Handlungsbedarf, JZ 1998, 801; s. im Vergleich damit das US-amerikanische Recht, dargestellt von Peterson/Zekoll, Mass Torts, American Journal of Comparative Law Supplement, 1994.

richten.[7] Und (2.) in welcher Weise erhält der Richter die Informationen? Darf er sich damit begnügen, dass sie ihm vorgesetzt werden, oder muss er sich seinerseits um ihre Erlangung bemühen? Die weitere Frage, in welchem Verfahrensabschnitt die Informationen zu beschaffen sind, rührt zwar an einen ziemlich grundsätzlichen Unterschied insbesondere zwischen dem anglo-amerikanischen Zivilprozess und seinem kontinental-europäischen Pendant,[8] betrifft aber letzten Endes nur die technische Ausgestaltung des Verfahrens.

1. Das Verhältnis des materiellen zum Prozessrecht

Literatur: Arens, Prozeßrecht und materielles Recht, AcP 173, 1973, 250; C. Erdl, Der neue Vergaberechtsschutz, 1996 (insbes. auf S. 100 ff. zum europäischen Recht); Häsemeyer, Prozeßrechtliche Rahmenbedingungen für die Entwicklung des materiellen Privatrechts – Zur Unvertauschbarkeit materieller und formeller Rechtssätze, AcP 188, 1988, 140; Henckel, Prozeßrecht und materielles Recht, 1970; Jauernig, Materielles Recht und Prozeßrecht, JuS 1971, 329; Nelle, Gerichtliche Teilentscheidung und außergerichtliche Streitbeilegung, ZZP 110, 1997, 419; P. Stein, Donellus and the origins of the modern civil law, in: Mélanges Felix Wubbe, 1993, 439; Zöllner, Materielles Recht und Prozeßrecht, AcP 190, 1990, 471.

Das Verhältnis von materiellem und Prozessrecht ist seit langem ein beliebtes Thema wissenschaftlicher Auseinandersetzung. In der Diskussion geht es dabei hauptsächlich um die Frage, was der Zweck des Prozessrechts sei. Die Antworten darauf gehen von prozessualen Ansätzen (Herbeiführung von Rechtskraft) über philosophische (Wahrheit und Gerechtigkeit) bis zu rechtspolitischen (Durchsetzung des objektiven oder subjektiven materiellen Rechts). Für den vorliegenden Kontext genügt es jedoch, sich über das „technische" Verhältnis der beiden Materien klar zu werden (s. auch noch Rdn. 42).

8   Das materielle Recht ist – in einer etwas vereinfachenden Zusammenschau – gewissermaßen eine Schablone von Rechten und Pflichten, die sich im Großen und Ganzen auf das Handeln eines jeden Bürgers bzw. sogar jeder natürlichen oder juristischen Person auflegen lässt. Das materielle Recht teilt mit, ob der Bürger A aus Traunstein, die GmbH aus Wilhelmshaven oder der Fiskus in Dresden rechtmäßigerweise Ansprüche geltend machen oder handeln. Während in diesem Kontext tatsächlich die aus Klausur- und Übungsfällen hinlänglich bekannte abstrakte Bezeichnung „Herr A" oder „Frau Z" völlig zutreffend ist (sofern das IPR das deutsche Recht für anwendbar erklärt, können diese „Buchstaben-Personen" sogar in Australien handeln), geht es im Prozess um etwas durch und durch Konkretes. Natürlich können die Parteien auch ohne Streit die Regelung der allgemeinen Schablone als für sich verbindlich anerkennen – etwa durch einen Vertrag (die sog. lex contractus). Doch wenn es zum Streit kommt, muss eine dritte Person, der Richter (oder allgemeiner: der Entscheider), diese Schablone auf den ganz individuellen Fall mit seinen je spezifischen Besonderheiten umsetzen oder reduzieren. Im Prozess muss der Richter erkennen, ob die ganz konkrete Frau E. Maier aus der Goethestraße 8,

---

[7] In früheren Rechten ging es bei der Informationsbeschaffung bisweilen ausschließlich darum, den guten Leumund der Partei nachzuweisen.

[8] S. vorläufig nur Paulus, Discovery, Deutsches Recht und das Haager Beweisübereinkommen, ZZP 104, 1991, 397.

3. Stock, in Kiel tatsächlich den von ihr behaupteten Anspruch gegen den ebenso realen Herrn Reh, wohnhaft in München, Aretinstraße 27, hat.

Das Verhältnis der beiden Rechtsmaterien stellt sich, graphisch nunmehr ein anderes Bild als die Schablone verwendend, wie eine Stufung dar. Auf dem großen Sockel des nahezu allumfassenden materiellen Rechts steht der kleinere Block des zivilprozessualen Erkenntnisverfahrens; kleiner ist er deswegen, weil nun einmal nicht jeder seinen Streit vor Gericht ausficht. Kommt es aber zum Gerichtsverfahren, so wird die Verbindlichkeit der materiellen Rechtslage autoritativ festgestellt. Diese Stufung erweitert sich zu dem Bild einer Pyramide, wenn man jetzt noch den dem Erkenntnisverfahren nachfolgenden Abschnitt miteinbezieht – die Zwangsvollstreckung. Da sie noch seltener als das Erkenntnisverfahren in Anspruch genommen wird, bildet sie die Spitze der Pyramide. In ihr wird der durch den Richter als materiell-rechtlich geboten festgestellte Rechtszustand mit staatlicher Hilfe hergestellt, weil sich der Schuldner nicht zur freiwilligen Erfüllung versteht.

Zwangsvollstreckung

Erkenntnisverfahren

Materielles Recht

2. Die Informationsbeschaffung

Die Frage nach der Informationsbeschaffung lässt sich in zwei Unterfragen aufteilen – die nach dem ‚Wie‘ (a) und die nach dem ‚Durch wen‘ (b).

(a) Wie?

Literatur: Bierbrauer/Gottwald/Birnbreier-Stahlberger (Hg.), Verfahrensgerechtigkeit, 1995.

Das Erkenntnisverfahren muss nach dem Voranstehenden die Konkretisierung des allgemeinverbindlichen materiellen Rechts auf den individuellen Fall in verfahrensmäßig geordneter Weise – oder wie zuvor gesagt: fair – vornehmen. Aufgabe des betreffenden Prozessrechts ist es daher, diesen Vorgang nach Möglichkeit so auszugestalten, dass in gerechter Weise ein richtiges Ergebnis gefunden wird. Was Letzteres, die Richtigkeit,[9] anbelangt, so gibt es außer den Anforderungen an die Richterqualifikation, §§ 5 ff. DRiG, vor allem die Rechtsmittelmöglichkeiten der Berufung und Revision, durch die eine „falsche" Entscheidung ggf. korrigierbar wird. Was dagegen die gerechte Weise betrifft, so sind Verfahrensgarantien aufgestellt, die eine unvoreingenommene, überprüfbare und die streitenden Parteien

---

[9] Die Richtigkeit wird hier in einem eher formalen Sinn verstanden; zu der für jeden Juristen unabdingbaren Beschäftigung mit der materialen Richtigkeit, d. h.: Gerechtigkeit, s. das aus meiner Sicht zur Pflichtlektüre zählende Buch von Engisch, Auf der Suche nach Gerechtigkeit – Hauptthemen der Rechtsphilosophie, 1971.

chancengleich miteinbeziehende Vorgehensweise garantieren sollen. Gerade Letzteres ist angesichts des modernen, rechtsstaatlichen Verfassungsverständnisses dringend geboten: Hierher gehören die großen Maximen der Öffentlichkeit und Mündlichkeit (vgl. Art. 6 I EMRK), des Anspruchs auf rechtliches Gehör (Art. 103 I GG), der Gleichheit der Parteien vor dem Richter oder der Prozessfairness, aber auch des in Art. 101 GG gewährleisteten gesetzlichen Richters, an dem den Grundgesetzgebern angesichts der historischen – schrecklichen – Erfahrungen mit dem Fehlen einer solchen Garantie ganz besonders gelegen war.

(b) Durch wen?

11   Ist der Streit der Parteien erst einmal vor dem Richter, sind wenigstens drei Interessen im Spiel: die beiden gegenläufigen der Parteien und das in Gestalt des Richters vergegenwärtigte Staatsinteresse, dass der Streit beendet wird. Sie müssen in angemessener Weise ausgeglichen werden. Eine einseitige Betonung der Staatsinteressen hätte etwa zur Folge, dass jeder Streit vor das Gericht gebracht werden müsste; oder dass die Parteien den ganzen Streit zu unterbreiten haben und sich nicht nur auf einen Teil beschränken können; oder dass sich das Gericht alle ihm erforderlich erscheinenden Informationen selbst beschaffen kann. Beispiele für solch eine Interessenbevorzugung des Staates gibt es: Zerstrittene Ehepartner erreichen ihre Scheidung ausschließlich durch ein Urteil; im Insolvenzverfahren muss sich das Insolvenzgericht gem. § 5 I InsO die Informationen selbst beschaffen; etc.

12   Die Beispiele machen deutlich, dass die Verfahrensausgestaltungen mit dem rechtlichen Gesamtzusammenhang zu tun haben. So hat der deutsche Gesetzgeber das Bedürfnis nach einer eindeutigen Feststellbarkeit der Beendigung einer Ehe empfunden, nachdem er auch die Eheschließung zu seiner Angelegenheit gemacht hat.[10] Im Insolvenzverfahren liegt ihm wegen dessen weitreichender Konsequenzen (typischerweise: Verteilung des gesamten schuldnerischen Vermögens an alle Gläubiger) an der vollständigen Aufklärung des Sachverhalts. Im allgemeinen Zivilrecht geht es demgegenüber um Rechtspositionen, die grundsätzlich der Dispositionsbefugnis der Parteien unterliegen. Ob der Gläubiger die ihm geschuldete Summe ganz oder nur zum Teil verlangt – oder auch gar nicht, ist seine Sache. Ähnliches gilt für den Schuldner: Wenn er leisten will, hindert ihn daran weder die Möglichkeit zur Verjährungseinrede noch etwa sein Wissen, dass die verpflichtende Klausel des Gläubigers nach den §§ 305 ff. BGB unwirksam ist. Diese Information braucht er nicht zu verwerten.

13   Das Zivilprozessrecht führt diese Freiheit in seinem Verfahrensgang fort. Es überlässt grundsätzlich den Parteien, den Streit vor Gericht zu bringen, ihn zu begrenzen oder vor Urteilserlass abzubrechen, oder auch den im Urteil ausgesprochenen Leistungsbefehl durch Zwangsvollstreckung zu realisieren. Die Parteien behalten insoweit ihre Dispositionsbefugnis – die als Dispositionsmaxime (s. Rdnn. 210 f.) im Zivilprozess anerkannt ist. Angesichts dieser zurückgeschraubten Interessen des Staates ist es daher nur folgerichtig, dass sich die ZPO hin-

---

[10] Anders etwa das antike römische Recht: Dort war die Scheidung grundsätzlich eine höchstpersönliche Angelgenheit, bei der das Recht und der Staat nichts zu suchen hatten.

sichtlich der Informationsbeschaffung auf die Gegenläufigkeit der Parteiinteressen verlässt. Sie sinnt also nicht dem Gericht an, sich selber Kenntnis der Fakten zu verschaffen; vielmehr legt sie diese Aufgabe den Parteien nahe. Diese brauchen dem Gebot in Fortsetzung ihrer Freiheit nicht nachzukommen; sie laufen dann allerdings Gefahr, dass die Entscheidung zu ihren Ungunsten ausgeht. Weil unter solchen Umständen regelmäßig der Eigennutz ins Spiel kommt, kann sich der Richter grundsätzlich darauf verlassen, dass ihm die für seine Entscheidung erforderlichen Informationen zugetragen werden.

§ 2 Die Einschaltung eines Rechtsanwalts

Literatur: Ahrens, Anwaltsrecht für Anfänger, 1996; Haft, Verhandeln. Die Alternative zum Rechtsstreit, 1992; Heussen, Anwalt und Mandant – ein Insider-Report, 1999; ders., Spezialisierung, Internationalisierung und die Faszination der großen Zahlen, The European Legal Forum 2002, 1; Hörmann, Die zivilrechtliche Haftungssituation des Rechtsanwalts, 1999; Kleine-Cosack, Berufs- und Fachanwaltsordnung für Rechtswälte, NJW 1997, 1257; Knöfel, Anwalts-Kollisionsrecht, AnwBl 2003, 3; Prütting, Die Organisation der Rechtsberatung aus deutscher und europäischer Sicht, in: Schlosser (Hg.), Integritätsprobleme im Umfeld der Justiz, 1994; Römermann/Hartung, Anwaltliches Berufsrecht, 2002; Ury, Schwierige Verhandlungen, 1992; Vollkommer, Anwaltshaftungsrecht, 1989; Wellensiek, Anwaltshaftung und Risikomanagement, FS Brandner, 1996, 727.

Die vorstehenden Ausführungen haben bereits gezeigt, dass die Einschaltung **14** eines Rechtsanwalts in den Streit keinesfalls mit dem Gang zum Gericht gleichzusetzen ist. Vielmehr besteht die große, eigenständige Aufgabe dieses[11] Anwalts gerade darin, den Streit durch eine regelmäßig notwendige Versachlichung und Ent-Emotionalisierung auf seinen juristischen Kern zu reduzieren und ihn dadurch zu lösen. Für den äußeren Ablauf dieses Befriedungsvorgangs können ihm verschiedene Verhandlungsmodelle eine Strategie anbieten.[12] In inhaltlicher Sicht muss sich der Anwalt dagegen zunächst einmal Klarheit über die materielle Rechtslage verschaffen. Denn sie ist maßgebend für die Verhandlungsposition wie auch für die Erfolgsaussichten einer eventuell notwendig werdenden Klage.

I Notwendiger Kenntnisstand eines Anwalts

Literatur: Hartmann/Reitz, Risikominimierung – Anwaltliches Schadensmanagement, AN-WALT 1-2/2002, 16; Raiser/Schmidt/Bultmann, Anwaltsklausuren, 2003.

Weil die Klageerhebung gewissermaßen das ‚worst-case-Scenario' ist, sind die **15** materiell-rechtlichen Überlegungen an ihr auszurichten. In diesem Zusammenhang wird in der Praxis immer wieder die Ansicht geäußert, dass sich diese Überlegungen

---

[11] Im Gegensatz zu dem von vornherein streitvermeidend arbeitenden Anwalt, der etwa zu diesem Zweck Verträge (das Wort hängt mit ‚sich vertragen' zusammen!) entwirft (= Kautelarjurist).

[12] Vgl. etwa Haft, Verhandeln und Mediation – die Alternative zum Rechtsstreit, 2. Aufl., 2000; Heussen, Vertragsverhandlungen und Vertragsmanagement, 2. Aufl., 2002.

auf ein Zusammentragen der für die Subsumtion unter die einschlägigen materiellen Normen notwendigen Fakten beschränken könnten. Das ist in der Tat eine überaus schwierige Kunstfertigkeit, die viel Übung und detektivisches Gespür verlangt. Durchaus realistische Erfolgsstories wie etwa „Die Firma" von J. Grisham belegen, dass sich die Sachverhaltsermittlung und -darstellung auch scheinbarer Kleinigkeiten annehmen muss. Zur Rechtfertigung einer derartigen Beschränkung wird dabei regelmäßig rechtsgeschichtliches Wissen hervorgeholt und auf den spätmittelalterlichen Satz über die Richtertätigkeit verwiesen: ‚da mihi factum, dabo tibi ius'[13]: Der Richter hat die Aufgabe, das Recht zu kennen (instruktiv dazu BVerfG ZIP 2002, 1770) und anzuwenden; die Parteien (und ihre Anwälte) dagegen, die Tatsachen zu präsentieren. Im Prinzip gilt dieser Satz tatsächlich auch heute noch.[14] Weil aber der Anwalt der Sache seines Mandanten zum Sieg verhelfen soll, muss er natürlich immer auch die Perspektive des entscheidenden Richters im Auge behalten. Deshalb tut er regelmäßig gut daran, dem Richter außer den Fakten auch seine Rechtsansichten mitzuteilen, überdies sollte er auch prozesstaktische Erwägungen anstellen, wie der geltend gemachte Anspruch am sichersten durchgesetzt bzw. abgewehrt werden kann. Schließlich nützt die schönste und eleganteste materiell-rechtliche Lösung nichts, wenn sie nicht auf das richtige prozessuale Gleis gehoben wird, auf dem sie ihr gewünschtes Ziel erreichen kann. Insoweit ergänzen und bedingen materielles und Prozessrecht einander; sie bilden eine funktionale Einheit. Das wird besonders deutlich etwa bei der Abfassung der Klageschrift, deren ideales Ergebnis aus noch im Einzelnen darzustellenden Gründen (s. vorläufig nur § 308 I) so aussieht, dass sie der Richter nahezu wörtlich in sein Urteil übernehmen kann.

16   Darüber hinaus gibt es aber noch einen weiteren, ganz pragmatischen Grund, warum die Kenntnis der ZPO für einen Anwalt von größter Wichtigkeit ist: Adressiert er nämlich beispielsweise eine Klage an das falsche Gericht, weil er die Zuständigkeitsregeln nicht kennt, oder verkennt er etwa die Möglichkeit, einen Rechtsbehelf einzulegen, entsteht seinem Mandanten hieraus gegebenenfalls eine finanzielle Einbuße (Verweisungskosten, Verlust des Rechtsstreits, etc.). Da die Unkenntnis bei einem Anwalt regelmäßig mit Verschulden i. S. d. § 276 I BGB gleichzusetzen ist – der BGH verlangt, dass ein Anwalt den neuesten Stand der Rechtsprechung kennt und zu diesem Zweck etwa die NJW liest[15] – bedeutet das eine Schadensersatzverpflichtung gem. § 280 I BGB aus dem Geschäftsbesorgungsvertrag mit dem Mandanten. Wie rigoros der BGH hierbei ist, zeigt die Entscheidung NJW 1998, 2048; hier lag der Fehler – unterlassene Sachverhaltsmitteilung und unterlassener Hinweis auf sachdienliche Änderung des Klageantrags – klar beim Mandaten und den OLG(!)-Richtern. Trotzdem wurde der Anwalt vom BGH für schadensersatzpflichtig gehalten.[16]

---

[13] ‚Gib mir die Fakten, und ich werde dir das Recht geben.' Dazu etwa Wieacker, Privatrechtsgeschichte der Neuzeit, 2. Aufl., 1967, 139.

[14] Welche Einschränkung ergibt sich für diese Aussage aus dem § 293?

[15] BGH VersR 1979, 375. Allgemein Zuck, Die berufsrechtlichen Pflichten des Rechtsanwalts, MDR 1996, 1204.

[16] Dagegen zu Recht E. Schneider, Anwalt und irrender Richter, NJW 1998, 3695; s. aber gleichwohl BVerfG JZ 2003, 419.

II Materiell-rechtliche Vorüberlegungen

Im Regelfall überlegt sich der Anwalt als erstes, ob seinem Mandanten die von ihm   **17**
behauptete Rechtsposition überhaupt zusteht; d. h.: seine Überlegungen sind am
materiellen Recht ausgerichtet. Besteht etwa tatsächlich ein Kaufpreisanspruch? Zu
diesem Zweck muss auch er die notwendigen Informationen in Gestalt der Fakten
bekommen. Hinter dieser schlichten Aussage steckt eine oftmals höchst mühsame
Arbeit des Anwalts; denn nur selten wird ihm von einem juristischen Laien ein für
die Subsumtion unter die einschlägigen Normen aufbereiteter Sachverhalt vorgetragen. Infolgedessen liegt es an ihm, sich durch Fragen und „Nachbohren" diese
Informationen zu verschaffen bzw., was ebenfalls schwierig sein kann, aus den (mitunter massenhaft) gelieferten Informationen die Spreu vom Weizen trennen. Bei
alledem spielt bereits hier schon die Frage nach der Beweisbarkeit eine entscheidende Rolle – ein weiterer Beleg für die Notwendigkeit, als Anwalt insbesondere
das Beweisrecht der §§ 355 ff. zu kennen.

Dass der Anwalt typischerweise seine Überlegungen mit der materiellen Rechtslage beginnt, unterscheidet seine Arbeitsweise von der des Richters, der grundsätzlich die formellen Fragen der Zulässigkeit vor denen der Begründetheit prüft. Das
hängt nicht etwa mit der in Anwaltskreisen bisweilen gemunkelten Trägheit der
Richter zusammen („warum ich?"), sondern ist ein zwingendes Gebot, vornehmlich
aus Art. 101 I 2 GG, demzufolge ausschließlich der gesetzliche Richter (dazu von
grundsätzlicher Bedeutung BVerfG NJW 1997, 1497 = JuS 1997, 844 (Sachs)) zur
Entscheidung über den jeweiligen Rechtsfall berufen ist. Diese unterschiedliche
Blickrichtung ist übrigens von klausurtechnischer Bedeutung: Ist beispielsweise
gefragt: „Welche Entscheidung wird der Richter erlassen?", ist die Zulässigkeit vor
der Begründetheit zu prüfen, während das umgekehrte Vorgehen grundsätzlich dann
geboten ist, wenn die Frage beispielsweise lautet: „Was wird der Anwalt seinem
Mandanten anraten?". Als Faustregel sollte man sich diese Unterscheidung einprägen, dabei jedoch nicht aus den Augen verlieren, dass es auch Ausnahmen hiervon
gibt. Etwa, wenn ein Mandant im Laufe eines anhängigen Verfahrens – nach einem
Versäumnisurteil, nach der Zustellung eines Mahn- oder Vollstreckungsbescheids,
nach Erlass eines streitigen Urteils o. Ä. – beim Anwalt erscheint; in solchen Fällen
empfiehlt es sich aus Gründen der Arbeitsökonomie, dass auch der Anwalt erst
einmal die Frage untersucht, ob die Prozessordnung überhaupt einen Weg zum
weiteren Vorgehen bereithält.

III Beratung und Belehrung

Im Anschluss an die vorbeschriebenen Vorüberlegungen ist der Anwalt gehalten,   **18**
seinen Mandanten über die Rechtslage umfassend und möglichst erschöpfend zu
belehren (BGH NJW 1987, 1322). Auf der Grundlage dieser Unterredung kann er
dann ggf. die oben, Rdnn. 2, 14, beschriebenen Verhandlungen führen. Im Hinblick
auf eine eventuelle Klage hat der Anwalt zur Meidung einer Schadensersatzpflicht
seinem Mandanten klipp und klar darzulegen, aus welchen Gründen er eine Klage
für riskant oder gar aussichtslos hält. Möchte der Mandant dann gleichwohl noch

prozessieren, so ist das dessen Entscheidung und Risiko. Hält der Anwalt dagegen eine Klage für aussichtsreich und entscheidet sich auch der Mandant dafür, sollte der Gegner noch einmal zur Erfüllung aufgefordert und auf die Klageabsicht hingewiesen werden. Die Notwendigkeit dieses Schrittes ergibt sich aus wirtschaftlichen Gründen – konkret aus der Kostenregelung des § 93 (bitte lesen).

Teil II. Prozessvorbereitende Überlegungen

§ 1 Justizgewährungsanspruch

Literatur: Detterbeck, Streitgegenstand, Justizgewährungsanspruch und Rechtsschutzanspruch, AcP 192, 1992, 325; Haas/Beckmann, Justizgewährungsanspruch und Zeugenschutzprogramm, FS Schumann, 2001, 171; W. Habscheid, Das Recht auf Beweis, ZZP 96, 1983, 306; Häsemeyer, Die Erzwingung richterlicher Entscheidungen, mögliche Reaktionen auf Justizverweigerungen, FS Michaelis, 1972, 134; Henckel, Vom Gerechtigkeitswert verfahrensrechtlicher Normen, 1966; H. Hofmann, Das Recht des Rechts – Das Recht der Herrschaft und die Einheit der Verfassung, 1998; Leipold, Immunität versus Rechtsschutzgarantie, FS G. Lüke, 1997, 353; Schumann, Das Rechtsverweigerungsverbot, ZZP 81, 1968, 79.

Angesichts der zuvor schon erwähnten, wechselseitigen Verwobenheit und Bedingtheit von materiellem und Prozessrecht wird kein Anwalt die nachfolgend dargestellten Rechtsfragen erst jetzt, d. h. nach dem Entschluss zur Klageerhebung, überprüfen. Insofern erweist sich der mit jeder schriftlichen Fixierung verbundene Zwang zur linearen Darstellung auch in diesem Lehrbuch natürlich als hinderlich. Gleichwohl kann sich der Anwalt bei diesen Problemen mehr Zeit lassen. Denn er kann sicher sein, dass der Weg zu einem Gericht grundsätzlich eröffnet ist. Eine Ausnahme gilt allerdings für die völkerrechtlich garantierte Immunität von Diplomaten (selbst dann, wenn sie etwa Mieter sind; vgl. dazu Leipold nach Lit.-Angaben).

Diese Sicherheit kann man ohne weiteres aus dem durch das Grundgesetz gewährleisteten Rechtsstaatsprinzip unseres Gemeinwesens herleiten. Man kann aber auch noch einen Schritt weitergehen und den z. B. durch Art. 6 EMRK gewährleisteten Justizgewährungsanspruch[1] geistesgeschichtlich untermauern: Die Kodifikationen des 19. Jahrhunderts und damit auch die ZPO beruhen durchweg auf dem durch die Aufklärung geschaffenen Ideal des Gesellschaftsvertrags.[2] In seiner

19

---

[1] Das ist der gegen den Staat bestehende Anspruch, dass dessen Gerichte in der vorgelegten Sache überhaupt und innerhalb angemessener Zeit tätig werden. S. auch etwa BVerfGE 52, 203, sowie Geimer, Menschenrechte im internationalen Zivilverfahrensrecht, in: Aktuelle Probleme des Menschenrechtsschutzes, Ber. der dt. Ges. f. Völkerrecht 1993, 1994, 213.

[2] Coing, Europäisches Privatrecht II, 1989, 8. Zum Gesellschaftsvertrag selbst s. insbes. Kersting, Die politische Philosophie des Gesellschaftsvertrages, 1994. Vgl. zum Folgenden etwa Pfeiffer, Die Selbständigkeit und Unabhängigkeit des Richteramtes, 1851, 357: „Gerichte sind das Surrogat der Selbsthülfe. Wird der Weg zu ihnen versperrt, so tritt diese wieder ein. Dann geht's wie 1789 in Frankreich."

hauptsächlich von dem englischen Philosophen Thomas Hobbes vertretenen und vor allem von John Locke fortentwickelten Variante besagt dieser Vertrag vereinfacht: Weil sich die Menschen im staatenlosen Urzustand gegenseitig zerfleischen – homo homini lupus –, wählen sie aus Zweckmäßigkeitsgründen einen der Ihren als Herrscher. Mit ihm schließen sie einen gegenseitigen Vertrag: Dafür, dass sie auf einen Teil ihrer ureigenen Rechte, etwa die Ausübung der Privatrache oder -fehde, verzichten und diese dem Herrscher übertragen (und damit also das Gewaltmonopol des Staates begründen), muss dieser die Sicherheit des Zusammenlebens gewährleisten. Dazu gehört natürlich auch, dass er eine effektive Möglichkeit einräumt, private Ansprüche durchzusetzen, um die unerwünschte Selbsthilfe weitgehend auszuschließen.[3] Natürlich hat sich Hobbes diesen Vertragsschluss nicht als historisches Faktum vorgestellt. Der Gesellschaftsvertrag ist vielmehr ein Gedankenmodell, das die Verteilung der Rechte und Pflichten zwischen Herrscher und Beherrschten beschreibt. Als Grundidee der ZPO führt es zu der vorgenannten Sicherheit, dass die eigene Prozesssache verbeschieden werden muss – ein besonderer Ernsthaftigkeitsnachweis ist nicht erforderlich (zutreffend AG Mönchengladbach NJW 1995, 884 in Anbetracht einer absurd-pikanten Schadensersatzforderung auf Grund eines „unharmonischen Intimverkehrs" im Urlaub).

Ganz in vorgenanntem Sinne formuliert das Bundesverfassungsgericht für einen beschränkteren Anwendungsbereich in seiner berühmten Bürgschafts-Entscheidung, JZ 1994, 408, 409: „Ihre (= der Privatautonomie) Gewährleistung denkt die justitielle Realisierung gleichsam mit und begründet daher die Pflicht des Gesetzgebers, rechtsgeschäftliche Gestaltungsmittel zur Verfügung zu stellen, die als rechtsverbindlich zu behandeln sind und auch im Streitfall durchsetzbare Rechtspositionen begründen."

Der nachfolgende Aufbau ist der, der sich in der Praxis herausgeschält und bewährt hat. Er deckt sich bedauerlicherweise und gerade für den Neueinsteiger höchst verwirrend kaum mit der Gliederung der ZPO, zumindest im Bereich des Erkenntnisverfahrens.

§ 2 Das Gericht betreffend

20   Die vorerwähnte Sicherheit befreit den Anwalt nicht von der Notwendigkeit, das für die Entscheidung des Streites zuständige Gericht herauszufinden. Denn er muss die Klageschrift aufgrund der verfassungsrechtlichen Vorgaben des Art. 101 GG bei eben diesem Gericht einreichen. Begeht er hierbei Fehler, so können sie zwar grundsätzlich korrigiert werden, weil der Richter die Zulässigkeit der Klage selbständig überprüft und den Rechtsstreit ggf. an das zuständige Gericht verweisen kann. Die Korrektur kostet jedoch regelmäßig Zeit und Geld, so dass der Anwalt sich seinem Mandanten gegenüber haftbar macht.

---

[3] Zu fast schon alarmierenden Entwicklungen hierbei vgl. Paulus, Die Privatisierung der „Zwangsvollstreckung" – oder: Wie der Rechtsstaat an seinem Fundament erodiert, ZRP 2000, 296.

I Der richtige Rechtsweg

Literatur: Erichsen, Öffentliches und privates Recht, Jura 1982, 537; J. Hager, Die Manipulation des Rechtswegs, FS Kissel, 1994, 327; Rimmelspacher, Notizen zur Rechtswegabgrenzung, FS F. Weber, 1967, 357; Schoch, Der Rechtsweg bei ausgleichspflichtigen Eigentumsinhaltsbestimmungen, JZ 1995, 768; Windel, Die Bedeutung der §§ 17 Abs. 2, 17 a GVG für den Umfang der richterlichen Kognition und die Rechtswegzuständigkeit, ZZP 111, 1998, 3.

Bei der Suche nach dem richtigen Gericht muss – gewissermaßen als erste **21** Hürde – der richtige Rechtsweg eingeschlagen werden. Das deutsche Recht bietet mehrere an: Die Verwaltungs-, Finanz- und Sozialgerichtsbarkeit sowie die Arbeits- und ordentliche Gerichtsbarkeit;[4] Letztere unterteilt sich in die Straf- und die Zivilgerichtsbarkeit, die sich ihrerseits noch in die streitige und die freiwillige Gerichtsbarkeit[5] aufspaltet. Um im Bilde des Wortes zu bleiben: Ein Anwalt befindet sich an einer Kreuzung und muss von den abzweigenden Wegen den zutreffenden finden. Das ist einfach, wenn die jeweilige Gerichtszuständigkeit enumerativ aufgelistet ist wie beispielsweise in den §§ 2, 2 a ArbGG. Bei einer pauschalen Verweisung treten jedoch bisweilen Schwierigkeiten auf: Etwa bei § 13 GVG, der alle bürgerlichen Rechtsstreitigkeiten den Zivilgerichten zuweist und seinem Pendant in § 40 I VwGO.

BGH JZ 1994, 571 (mit Anm. Haas): K hatte ein Grundstück in der DDR, als er 1958 aus dieser floh. Im Jahre 1990 stellte er den Antrag auf Rückübertragung nach dem VermG. Sein danach bestehender Anspruch drohte durch die Weiterveräußerung des Grundstücks an einen Dritten vereitelt zu werden. Hiergegen erhob er Unterlassungsklage gem. § 3 III VermG gegen den veräußernden B. Der BGH hielt den ordentlichen Rechtsweg für gegeben,[6] obgleich frühere Entscheidungen insbesondere des KG den Verwaltungsgerichtsweg für richtig gehalten hatten.

Vor die Zivilgerichte gehören demnach außer den ihnen ausdrücklich zugewiesenen Streitigkeiten – etwa durch Artt. 14 III 4, 34 S. 3 GG – grundsätzlich all diejenigen, die nicht öffentlich-rechtlich und auch keinem anderen Rechtsweg zugewiesen sind. Zur Abgrenzung von öffentlich- und bürgerlich-rechtlich gibt es bekanntlich mehrere Theorien (Interessen-, Subjekts- und Subjektionstheorie), die aber alle für sich keine rundum befriedigende Lösung anzubieten haben und daher üblicherweise kumulativ herangezogen werden.[7]

---

[4] Daneben steht noch die nationale Verfassungsgerichtsbarkeit und darüber noch die Gerichtsbarkeit von EGMR, EuG und EuGH.

[5] Zum Verfahren der Freiwilligen Gerichtsbarkeit s. das FGG; dazu Brehm, Freiwillige Gerichtsbarkeit, 3. Aufl., 2002; Kollhosser/Bork/Jacoby, Freiwillige Gerichtsbarkeit, 2. Aufl., 2002; K. Schreiber, Grundbegriffe der freiwilligen Gerichtsbarkeit, Jura 1994, 30; Pawlowski/Smid, Freiwillige Gerichtsbarkeit, 1993.

[6] S. auch die weiteren Beispiele BGH NJW 1995, 2295; ZfIR 1997, 28. Die Abgrenzungsaufgabe ist ebenfalls besonders wichtig hinsichtlich der Frage nach der Anwendbarkeit der EuGVVO, Art. 1; vgl. zum EuGVÜ EuGH JZ 1994, 252.

[7] S. etwa Tettinger/Wahrendorf, Verwaltungsprozessrecht, 2. Aufl., 2001, 72 f.

22   Bisweilen treten zwischen den Gerichten verschiedener Rechtswege gleichwohl Kompetenzkonflikte (dazu zählt die h. M. auch den Konflikt zwischen freiwilliger und Zivilgerichtsbarkeit) auf – sei es, dass sich zwei Gerichte für unzuständig halten (BGH ZIP 2000, 598), oder sei es umgekehrt. Um in einer solchen Situation ein früher immer wieder vorkommendes, unerfreuliches Hin und Her zwischen den Gerichten verschiedener Rechtswege zu verhindern, hat der Gesetzgeber im Jahre 1990 in den §§ 17–17 b GVG eine neue Regelung eingeführt: Sie unterscheidet danach, ob das angegangene Gericht den beschrittenen Rechtsweg im Zeitpunkt des Eintritts der Rechtshängigkeit (Rdnn. 99 ff.), § 17 I GVG, aufgrund des gemeinsamen Vortrags beider Parteien für zulässig hält (1) oder nicht (2).

1. Zulässige Rechtswegbeschreitung

23   Im erstgenannten Fall kann das erstinstanzliche Gericht die Zulässigkeit des eingeschlagenen Rechtswegs nach § 17 a III GVG durch einen Beschluss gleich von vornherein klarstellen und muss das auch tun, „wenn eine Partei die Zulässigkeit des Rechtsweges rügt." Zu den Einzelheiten des Beschlusses s. Abs. 4, aus dem sich auch die Überprüfbarkeit der vom erstinstanzlichen Gericht getroffenen Entscheidung ergibt. Dieser Instanzenzug hindert freilich den Erstrichter nicht, eine Entscheidung in der Hauptsache zu treffen; sie steht und fällt dann allerdings mit der Bestätigung seines Rechtswegbeschlusses durch das höhere Gericht.

24   Ist die Zulässigkeit des Rechtsweges einmal rechtskräftig festgestellt, können andere Gerichte hieran nicht mehr rütteln, § 17 a I GVG. Die früheren, gefürchteten doppelten Zuständigkeiten sind damit ausgeschlossen. Gemäß § 17 a V GVG sind auch die dem erstinstanzlichen nachfolgenden Instanzgerichte an die Zulässigkeitsentscheidung des Eingangsgerichts gebunden. Davon muss es allerdings eine Ausnahme geben: Erlässt das erstinstanzliche Gericht trotz der Rüge einer der Parteien und somit unter Verstoß gegen § 17 a III 2 GVG keinen die Zulässigkeit vorab feststellenden Beschluss, so wäre der rügenden Partei damit die höherinstanzliche Überprüfbarkeit der Zulässigkeitsfrage verbaut; denn Abs. 4 setzt einen Beschluss voraus. Folglich muss es zur Wahrung der Rechtsschutzmöglichkeiten in diesem einen Fall eine Durchbrechung des § 17 a V GVG geben.[8]

25   Eine weitere, bedeutsame Folge der Zulässigkeit des Rechtsweges ist, dass das Gericht „den Rechtsstreit unter allen in Betracht kommenden rechtlichen Gesichtspunkten" entscheidet, § 17 II GVG. Die (allerdings auf den Streitgegenstand begrenzte, BGH NJW 2003, 282, und von der Rspr. nunmehr bedauerlicherweise weiter eingeschränkte, BFH NJW 2002, 3126) Tragweite dieser Regelung lässt sich nur im Kontrast zu dem vorherigen Rechtszustand ermessen. Während früher die aus demselben Lebenssachverhalt erwachsenden Ansprüche etwa aus enteignungsgleichem Eingriff (nach keineswegs unumstrittener Ansicht) vor dem Verwaltungsgericht und aus Amtshaftung gem. § 839 BGB, Art. 34 GG vor dem Zivilgericht eingeklagt werden mussten, hat nunmehr ein einziger (Zivil-, vgl. § 17 II 2 GVG) Richter sämtliche Ansprüche sachlich zu verbescheiden. Früher war eine Teilabweisung oder -verweisung erforderlich; nunmehr traut (und mutet) man dem Richter

---

[8] BGH DtZ 1996, 138; NJW 1993, 1799 f.

umfassende Rechtskenntnis zu. Die Unterteilung der Rechtsprechung in verschiedene Gerichtsbarkeiten wird also nicht mehr als unüberwindbares Hindernis behandelt. Diese Allentscheidungskompetenz relativiert natürlich die Wichtigkeit der
Zuständigkeitsregeln bis zu einem gewissen Grade. Trotzdem ist sie allein schon
unter dem Aspekt vollauf gerechtfertigt, dass dem Richter auch früher schon die
Kompetenz eingeräumt war, über Vorfragen aus den anderen Rechtswegen (etwa ob
eine wirksame verwaltungsrechtliche Genehmigung vorliegt) bindend zu entscheiden.

2. Unzulässigkeit der Rechtswegbeschreitung

Hält der erstinstanzliche Richter den vom Kläger beschrittenen Rechtsweg dagegen   **26**
für unzulässig, muss er von Amts wegen, d. h. ohne dass eine Partei einen entsprechenden Antrag stellen müsste, die Unzulässigkeit in einem Beschluss aussprechen,
§ 17 a II GVG. Freilich muss er vorab beide Parteien anhören; die weiteren Modalitäten dieses Beschlusses sind in Abs. 4 geregelt. In inhaltlicher Hinsicht darf sich
der Beschluss aber nicht nur auf die Negation der eigenen Zuständigkeit beschränken; er muss darüber hinaus auch **positiv bestimmen**, welcher Rechtsweg der richtige ist, und den Rechtsstreit an das seiner Ansicht nach (s. auch Abs. 2 S. 1; bitte
lesen) dort zuständige Gericht verweisen. An diesen Verweisungsbeschluss ist das
Empfängergericht gebunden, Abs. 2 S. 3; es kann also nicht mehr zurück- oder an
einen dritten Rechtsweg weiterverweisen, wohl aber an ein anderes erstinstanzlich
zuständiges Gericht desselben Rechtsweges. Auch für dieses Empfängergericht gilt
dann natürlich § 17 a II 3 GVG.

§ 17 b I GVG verhindert, dass der klagenden Partei Nachteile aus der Weiter-   **27**
verweisung erwachsen. Denn dadurch, dass sein S. 2 den Fortbestand der Rechts-
hängigkeitswirkungen statuiert, verbleibt es etwa bei der Hemmung der Verjährung,
die nach § 204 I Nr. 1 BGB mit einer Klageerhebung verbunden ist. Dass von dem
verweisenden Gericht keine Kostenforderung geltend gemacht wird, darf nicht zu
dem Fehlschluss verleiten, dass der Umweg über ein unzuständiges Gericht gratis
sei. Gemäß § 17 b II GVG sind dessen Kosten (plus die Anwaltskosten) nämlich im
schließlichen Urteil des Empfängergerichts in jedem Fall dem Kläger aufzuerlegen.

II Das richtige Zivilgericht

Sofern der Zivilrechtsweg der richtige ist, muss nunmehr aus der Vielzahl aller   **28**
Zivilgerichte (ca. 800) das für die Entscheidung des konkreten Falls zuständige herausgefunden werden. Allerspätestens bei der Suche danach muss sich der Anwalt
darüber im Klaren sein, in **welcher Verfahrensart** er das klägerische Begehren
erreichen will; denn das zuständige Gericht kann ein anderes sein je nachdem, ob
der Kläger etwa im Arrestverfahren des einstweiligen Rechtsschutzes vorgehen will
oder im Wege des „normalen" Prozesses. Hier werden die – vom Anwalt natürlich
auch nach strategischen Gesichtspunkten auszusuchenden – Möglichkeiten nur aufgezeigt, nicht aber ausführlich dargestellt. Ihr Verständnis setzt die Kenntnis des
Ablaufs eines erstinstanzlichen Verfahrens, teilweise auch des Vollstreckungsverfahrens voraus. Sie werden daher erst später erläutert, Rdnn. 431 ff., 699 ff. All

diesen Möglichkeiten ist gemeinsam, dass sie auf eine Beschleunigung des Verfahrens hinauslaufen:

- Das Mahnverfahren der §§ 688 ff. (Rdnn. 439 ff.). Ein Mahnbescheid kann grundsätzlich immer dann beantragt werden, wenn die geltend gemachte Forderung auf einen bestimmten, in inländischer Währung ausgedrückten Geldbetrag gerichtet ist. Nach § 689 II ist für den Erlass des Bescheides dasjenige Amtsgericht zuständig, an dem der Antragsteller (!) seinen allgemeinen Gerichtsstand, §§ 13 ff., hat. Gleichwohl muss der Anwalt das für den eventuellen, späteren Prozess zuständige Gericht herausfinden und in dem Antrag mit anführen, §§ 690 I Nr. 5, 692 I Nrn. 1, 6.
- Der Urkunden- oder Wechselprozess der §§ 592 ff. (Rdnn. 432 ff.) wirkt sich auf das zuständige Gericht durch den zusätzlichen Gerichtsstand des § 603 aus. Kann ein Anspruch i. S. d. § 592 mittels Urkunden bewiesen werden, so wird er beschleunigt erledigt werden. Der BGH sieht den Anwalt bei erkennbarem Eilbedürfnis des Mandanten sogar als verpflichtet an, diesen Weg einzuschlagen (JZ 1995, 467).
- Der Arrest der §§ 916 ff. (Rdnn. 702 ff.); hier kann der Anwalt gem. §§ 919, 943 zwischen verschiedenen Gerichten wählen, wenn die Sicherung eines auf eine Geldleistung gerichteten Anspruchs erforderlich ist (für eine einstweilige Verfügung s. die §§ 937, 943 sowie § 942).

29   Besteht hinsichtlich des Streitgegenstandes keine Schiedsvereinbarung und kommt für den Anwalt keine der besonderen Verfahrensarten in Betracht,[9] sondern nur das allgemeine erstinstanzliche Verfahren, muss er nunmehr auf dem von ihm beschrittenen Weg das richtige Gericht finden, an das er seine Klageschrift zu richten hat. Maßgeblich für seine Suche sind die internationale (1), die sachliche (2) und die örtliche Zuständigkeit (3). Von diesen Zuständigkeiten ist noch die funktionelle zu unterscheiden, die darüber Auskunft gibt, welches Rechtspflegeorgan für die konkrete Fallkonstellation zuständig ist. So ist für bestimmte Tätigkeiten der erst-, zweit- oder drittinstanzliche Richter, für andere der Rechtspfleger oder der Urkundsbeamte der Geschäftsstelle zuständig; das Vollstreckungsgericht ist für bestimmte Vollstreckungsmaßnahmen funktionell zuständig so wie das Nachlassgericht für Nachlasssachen. Obgleich die beiden Letztgenannten Abteilungen des Amtsgerichts sind, ist deren Zuständigkeit – wie bei der funktionellen Zuständigkeit insgesamt – unabänderlich. Auf die jeweilige funktionelle Zuständigkeit wird im Folgenden immer bei der entsprechenden Problematik verwiesen.

1. Internationale Zuständigkeit

Literatur: Heldrich, Internationale Zuständigkeit und anwendbares Recht, 1969; Koch, Einführung in das europäische Zivilprozessrecht, JuS 2003, 105; Pfeiffer, Internationale Zuständigkeit und prozessuale Gerechtigkeit, 1995; Rauscher, Internationales Privatrecht, 2. Aufl., 2002, 318 ff.

---

[9] Welche Verfahrensart muss der Anwalt in Erwägung ziehen, wenn im Zusammenhang mit der geplanten vermögensrechtlichen Zivilklage ein Strafprozess anhängig ist?

Als Erstes muss geklärt werden, ob denn gerade die deutschen Zivilgerichte zur   **30**
Entscheidung über den konkreten Rechtsstreit berufen sind. Diese Frage nach der
internationalen Zuständigkeit stellt sich natürlich nur dann, wenn der Fall irgend-
einen Auslandsbezug aufweist; etwa wenn eine der Parteien in Brasilien lebt. In
einem solchen Fall kommt der internationalen Zuständigkeit weitreichende, mitunter auch das schließliche Endergebnis maßgeblich beeinflussende Bedeutung zu.[10]
Denn es ist wohl weltweit anerkannt, dass die Gerichte immer das Verfahrensrecht
ihrer Heimatländer, die sog. lex fori, anwenden. Vor diesem Hintergrund sind Diskussionen zu verstehen, die sich um die Qualifikation eines Rechtsinstituts, etwa
der Regeln über die Darlegungs- und Beweislast, als materiell-rechtlich (so die in
Deutschland h. M.) oder verfahrensrechtlich drehen (s. auch Rdn. 277). Wird also
vor einem ausländischen Gericht beispielsweise ein Produzentenhaftungsfall aufgrund des in diesem Land geltenden IPR nach deutschem Recht verbeschieden, so
kommt dem Geschädigten die ihm hierzulande zugestandene Beweislastumkehr[11]
nur dann zugute, wenn auch dort das Beweisrecht als materiell-rechtliche Regelung
verstanden wird.[12]

Eine explizite Regelung für die internationale Zuständigkeit fehlt in der ZPO.   **31**
Das ist insoweit unschädlich, als besondere zwischenstaatliche Regelungen und
Vereinbarungen existieren. Deren – aus deutscher Sicht – wichtigste ist die Verordnung (EG) Nr. 44/2001 des Rates vom 22.12.2000 über die gerichtliche Zuständigkeit und die Anerkennung und Vollstreckung von Entscheidungen in Zivil-
und Handelssachen (EuGVVO), die das nur im Verhältnis zu Dänemark fortgel-
tende Europäische Übereinkommen über die gerichtliche Zuständigkeit und die
Vollstreckung gerichtlicher Entscheidungen in Zivil- und Handelssachen (EuGVÜ)
abgelöst hat; im Verhältnis zu den EFTA-Staaten gilt das mit dem EuGVÜ nahezu
wortgleiche Lugano-Abkommen. In den Artt. 1–31 enthält die EuGVVO eine detaillierte, die nationalen Rechtsvorschriften verdrängende Zuständigkeitsregelung.
Soweit solche zwischenstaatlichen Regelungen jedoch fehlen, zieht man die ZPO-
Vorschriften über die örtliche Zuständigkeit zur Klärung auch der internationalen
heran. Wenn demnach die §§ 12–35 a die (örtliche) Zuständigkeit eines deutschen
Gerichtes anordnen, sagt man, dass damit zugleich die internationale Zuständigkeit
der deutschen Gerichtsbarkeit eröffnet sei. D. h. also, dass ein und dieselben Regeln Auskunft über zwei verschiedene Zuständigkeiten geben; diese Regeln werden
deshalb auch als **doppelfunktional** bezeichnet. Die für die Praxis wichtigsten Vorschriften über die internationale Zuständigkeit sind die §§ 12, 13 und 17 (vgl. dazu

---

[10] Das zeigen beispielsweise die immer wieder zu beobachtenden (erfolgreichen) Versuche,
etwa bei Schadensfällen – selbst wenn sie in einem indischen Chemiewerk geschehen
sind – vor die US-amerikanischen Gerichte zu kommen, weil diese bemerkenswert hohe
Ersatzsummen zusprechen. Dazu etwa Juenger, Der Kampf ums Forum: Forum shopping,
RabelsZ 46, 1982, 708; Koch, Klagetourismus für höheren Schadensersatz bei Großschäden? Forum shopping in den USA und seine Grenzen, in: Koch/Willingmann (Hg.), Mo-
dernes Schadensmanagement bei Großschäden, 2002, 15 ff.

[11] Welche Beweislastumkehr ist damit gemeint?

[12] Zu der Problematik insgesamt Jahr, Internationale Geltung nationalen Rechts, RabelsZ 54,
1990, 481.

Rdnn. 34 f.) sowie § 23 (dazu Rdn. 36 sub c); in Ehesachen kommt noch § 606 a hinzu.

2. Sachliche Zuständigkeit

Literatur: Gerhardt, Nichtvermögensrechtliche Streitigkeiten – eine Besonderheit im Zivilprozess?, FS Schumann, 2001, 133; Schumann, Grundsätze des Streitwertrechts, NJW 1982, 1257.

32   Unter sachlicher Zuständigkeit versteht man die Anwort auf die Frage, welches Gericht in erster Instanz über den Rechtsstreit zu entscheiden hat. § 1 verweist diesbezüglich auf das Gerichtsverfassungsgesetz. Zur Auswahl stehen das Land- und das Amtsgericht. Was das Erste anbelangt, so ist es, abgesehen von den in § 71 II GVG genannten Spezialfällen, immer dann erste Instanz, wenn nicht das Amtsgericht zuständig ist, § 71 I GVG. Wann diese amtsgerichtliche Zuständigkeit begründet ist, regeln die §§ 23–23 b GVG (bitte lesen). Abgesehen von den in den §§ 23 a und b GVG aufgelisteten familienrechtlichen Streitigkeiten sowie den in § 23 Nr. 2 GVG genannten Fällen (besonders praxisrelevant Nr. 2 a), die aus sich heraus verständlich sind, ist das Amtsgericht vor allem immer dann zuständig, wenn der geltend gemachte Anspruch € 5.000,– nicht übersteigt (beachten Sie die Formulierung: Die Zuständigkeit des Landgerichts ergibt sich ab einer Klageforderung i. H. v. € 5.000,01).

33   Diese klare, summenmäßige Begrenzung ist einfach zu handhaben, wenn nur eine Forderung geltend gemacht wird, die auf einen Geldbetrag gerichtet ist. Er ergibt den Zuständigkeitsstreitwert, der im Übrigen gem. § 2 nach den §§ 3–9 festzustellen ist. Wenn also neben einer Forderung von € 4.900,– auch noch eine weitere Forderung über € 150,– eingeklagt wird, schreibt § 5 die Addition der beiden Ansprüche vor, so dass die Klage in erster Instanz zum Landgericht geht. Obgleich § 3 mit seiner Ermessensentscheidung eine allumfassende Auffangregelung parat hält für Fälle wie beispielsweise die unbefugte Nutzung von Software (OLG Celle CR 1995, 16), differenziert man herkömmlicherweise bei den von dieser Vorschrift erfassten Ansprüchen: Sofern sie vermögensrechtlicher Art sind, d. h. wenn sich das Anspruchsziel auf eine in Geldeswert ausdrückbare Leistung richtet, bleibt es bei der an dem Interesse des Klägers, d. h. regelmäßig dem besagten Geldwert, ausgerichteten Ermessensentscheidung des § 3. Handelt es sich dagegen um eine nicht vermögensrechtliche Streitigkeit – es verlangt etwa eine Person der Öffentlichkeit von einer Umweltorganisation die Unterlassung, auf einem Plakat unter Namensnennung und Angabe der (dienstlichen) Telephonnummer abgebildet zu werden[13] –, konkretisiert man das in § 3 vorgesehene Ermessen nach Maßgabe des eigentlich nur für die Gebührenberechnung einschlägigen § 12 II GKG. Danach ist der Wert „unter Berücksichtigung aller Umstände des Einzelfalls, insbesondere des Umfangs und der Bedeutung der Sache und der Vermögens- und Einkommensverhältnisse der Parteien" zu ermitteln.

---

[13] BGH JZ 1994, 413 mit Anm. Helle.

3. Örtliche Zuständigkeit

Literatur. Roth, Gespaltener Gerichtsstand, FS Schumann, 2001, 355; Spickhoff, Gerichtsstand des Sachzusammenhangs und Qualifikation von Anspruchsgrundlagen, ZZP 109, 1996, 493.

(a) Die gesetzlich vorgesehenen Gerichtsstände

Nach den voranstehenden Schritten muss jetzt nur noch geklärt werden, welches **34** von den vielen in Deutschland existierenden Amts- bzw. Landgerichten zuständig ist. Das ist die Frage nach der örtlichen Zuständigkeit, die im Wesentlichen in den §§ 12–37 geregelt ist. Aus § 12 ergibt sich erstens, dass die örtliche Zuständigkeit grundsätzlich an dem Beklagten ausgerichtet wird: „gegen sie zu erhebende (…) Klagen". Zweitens, dass es nicht nur allgemeine Gerichtsstände gibt, sondern auch ausschließliche, und dass diese die allgemeinen Gerichtsstände verdrängen. Dieser Vorrang ist strikt; er geht so weit, dass er auch nicht durch Parteivereinbarung, vgl. dazu Rdnn. 38 ff., abgeändert werden kann, § 40 II 1 Nr. 2. Beispiele für solche ausschließlichen Zuständigkeiten gibt es nicht nur im zweiten Titel des Ersten Buches der ZPO (§§ 24, 29 a, 29 c I 2, 32 a), sondern auch etwa im Vollstreckungsrecht (vgl. § 802) oder sogar außerhalb der ZPO (z. B. §§ 246 III 1 AktG, 180 I 2 InsO, 6 UKlaG).[14]

Ausgangspunkt und in der Praxis wichtigster Gerichtsstand ist jedoch der **allge-** **35** **meine,** der sich für eine natürliche Person gem. § 13 nach dem Wohnsitz (nicht also der Staatsangehörigkeit o. Ä.) richtet. Was unter Wohnsitz zu verstehen ist, ergibt sich aus den §§ 7–11 BGB. Besteht danach kein Wohnsitz, hilft § 16 mit dem Gericht am derzeitigen Aufenthaltsort oder, wenn auch das nicht hilft, mit dem Gericht am letzten Wohnsitz aus. Wird eine Personenvereinigung (insbesondere OHG, KG, Partnerschaftsgesellschaft, GbR,[15] nichtrechtsfähiger Verein) oder eine juristische Person des privaten oder öffentlichen Rechts (z. B. eine Universität, ein Zweckverband oder eine Gemeinde) verklagt, bestimmt deren Sitz den allgemeinen Gerichtsstand, § 17 I 1. Nach § 17 I 2 ist das im Zweifel der Ort, an dem die Verwaltung geführt wird. Um einen solchen Ort rein faktisch herauszufinden, muss ein Anwalt bisweilen detektivische Arbeit leisten: Man denke nur an eine Durchgriffshaftung, mit der die „Mutter" eines verschachtelten Konzerns belangt werden soll, oder an ein so genanntes „virtuelles Unternehmen" im Bereich des E-Commerce. Dagegen ist die Suche rechtlicher Natur, wenn der Fiskus, d. h. in diesem Fall: der Bund oder ein Land, verklagt werden soll: Dann nämlich richtet sich der allgemeine Gerichtsstand nach den jeweiligen Vertretungsgesetzen oder -verordnungen, § 18. Schließlich bietet noch § 19 a einen allgemeinen Gerichtsstand für massebezogene Prozesse, die gegen einen Insolvenzverwalter geführt werden.

Außer den allgemeinen und den ausschließlichen Gerichtsständen gibt es noch **36** eine weitere Kategorie – die besonderen. Sie treten zu den allgemeinen Gerichtsständen hinzu, weil § 35 bestimmt, dass der Kläger (!) wählen kann, welchen von

---

[14] Beachte, dass sich die Ausschließlichkeit bisweilen auch auf die sachliche Zuständigkeit bezieht, vgl. etwa § 23 Nr. 2 a GVG.

[15] Vgl. BGH NJW 2001, 1056, sowie Rdnn. 53, 503.

mehreren gegebenen Gerichtsständen er für seine Klage in Anspruch nimmt. Der Kläger hat also in solchen Fällen die Chance, einen für ihn günstigen Gerichtsstand auszuwählen: Anstatt die Klage etwa an dem 800 km weit entfernten Wohnsitz des Beklagten erheben und dort – u. U. mehrmals – vor Gericht erscheinen zu müssen, wird er demnach das Gericht seines Wohnortes wählen, wenn dort beispielsweise der vertragliche Erfüllungsort, § 29, ist oder wenn der Beklagte dort seinen zweiten (oder dritten) Wohnsitz hat. Nunmehr ist es am Beklagten, die 800 km zurückzulegen. Unter den in den §§ 20 ff. genannten besonderen Gerichtsständen sind hervorzuheben:

a. Für den studentischen Leser dieser Zeilen mag aufschlussreich sein, sich in § 20 eigens erwähnt zu finden. Wer demnach auswärts studiert kann zusätzlich am Universitätsort verklagt werden, auch wenn er dort nicht seinen Wohnsitz hat, weil der Aufenthalt nur einem „vorübergehenden Zweck" dient.

b. § 21 eröffnet die Möglichkeit, den **Niederlassungsort** des Beklagten als Gerichtsort zu wählen: Dadurch ist es möglich, eine Klage etwa gegen eine Bank oder ein Kaufhaus auch an dem Ort derjenigen Filiale zu erheben, mit der man in den streitgegenständlichen Kontakt getreten ist. Die Vorteilhaftigkeit dieser Regelung wird einem klar, wenn man sich den umgekehrten Fall vor Augen führt; z. B. die vielen, das Reisevertragsrecht betreffenden Klagen vor den Landgerichten in Frankfurt und Hannover: Sie resultieren daraus, dass die dort ansässigen, § 17, großen Reiseunternehmen ihre Reisen nicht über Niederlassungen i. S. d. § 21 vertreiben. Freilich wird man in der Wahl einer solchen Vertriebsform schwerlich eine unzulässige Umgehung der durch die §§ 38, 40 stark eingeschränkten Gerichtsstandsvereinbarungen sehen können.

c. Ein vor allem für die **internationale Zuständigkeit** eminent wichtiger Gerichtsstand („Person, die im Inland keinen Wohnsitz hat") ist der in § 23 genannte **des Vermögens oder der streitgegenständlichen Sache**. Denn unter dem in dieser Vorschrift genannten Begriff „Vermögen" versteht man einzelne „Vermögensgegenstände", was freilich durch die in S. 2 getroffene Sonderregelung für Forderungen nahe gelegt wird. Diese Betrachtung führt dazu, dass beispielsweise der Hotelier, der die offen gebliebene Forderung seines ausländischen Gastes einklagen will, dies zu Hause in Deutschland tun kann, wenn der Gast einen Obstkorb (RGZ 75, 147) oder Zeitschriftenhefte (OLG Karlsruhe IPRspr. 1973 Nr. 130) im Hotel vergessen hat. Anderenfalls müsste er u. U. dem Gast nachreisen und ihn an dessen Wohnsitz verklagen! Die deutsche Gerichtsbarkeit ist durch § 23 aber an sich auch dann gegeben, wenn keine deutsche Partei beteiligt ist, der Beklagte jedoch eine Forderung gegen einen deutschen Schuldner hat, S. 2. Darum ging es in

BGHZ 115, 90 mit Anm. Schack, JZ 1992, 54; W. Lüke, ZZP 105, 1992, 321; Geimer, NJW 1991, 3072 (s. auch Hartwieg, JZ 1996, 109, 111): K, Inhaberin eines zypriotischen Bauunternehmens und ohne Wohnsitz in Deutschland, verklagt B, eine türkische Großbank, in Stuttgart auf Zahlung, weil sich dort eine (ansonsten mit dem Fall unberührte) Filiale der Bank mit ihrem Vermögen befindet. Gleichwohl hat der BGH die deutsche internationale Zuständigkeit verneint. Zur Begründung liest er in § 23 das (ungeschriebene) Tatbestandsmerkmal hinein, der Fall müsse einen „hinreichenden Inlandsbezug" aufweisen (vgl. damit BGH ZIP 1997, 159 = EWiR 1997, 329 (Walker)).

d. § 29 nimmt, indem er auf den **Erfüllungsort** verweist, Bezug auf § 269 BGB. Folglich ist auch hier zwischen Hol-, Schick- und Bringschuld zu unterscheiden. Obwohl § 269 I BGB eine abweichende Parteivereinbarung gestattet, hat das gem. § 29 II nur dann Konsequenzen für den Gerichtsstand, wenn diese zwischen Kaufleuten geschlossen worden ist. Diese Sonderbehandlung hängt mit der in § 38 I getroffenen Regelung zusammen, derzufolge nur Kaufleute in einem erweiterten Umfang, vgl. Rdn. 39, entsprechende Prorogationen vornehmen können.

e. Ein besonders wichtiger Gerichtsstand ist der der **unerlaubten Handlung** nach § 32.[16] Hierunter fällt nach h. M. und entgegen dem Wortlaut nicht nur der Handlungsort, sondern jeder Ort, an dem sich ein Tatbestandsmerkmal des Deliktes verwirklicht hat,

BayObLG ZIP 1992, 1652 = EWiR 1993, 95 (Paulus): Ein Gesellschafter einer GmbH mit Sitz in Memmingen verklagt den Steuerprüfer aus Nürnberg, weil dieser die GmbH in deliktisch relevanter Weise geschädigt habe. Die vom Gericht angestellten Erwägungen zu § 36 sind überflüssig, weil das vom Kläger angegangene LG Memmingen ohnedies nach § 32 zuständig ist; denn der Verletzungserfolg ist in Memmingen eingetreten (aufschlussreich auch zu Rechtsverletzungen im Internet LG München I IPRax 1998, 208 mit Anm. Bachmann, ebenda, S. 179.)

Zu den unerlaubten Handlungen zählen nach allgemeiner Ansicht auch die Gefährdungshaftungstatbestände.

f. Schließlich ist noch § 33 hervorzuheben, der einen besonderen Gerichtsstand der **Widerklage** begründet. Richtiger Ansicht nach regelt er, seiner systematischen Stellung entsprechend, die örtliche Zuständigkeit. Vielfach wurde ihm die darüber hinausgehende Bedeutung beigemessen, in Gestalt des „Zusammenhangs" eine besondere Prozessvoraussetzung für die Widerklage zu statuieren – mit der untragbaren Folge, dass der Kläger im Wege der Klagenhäufung, § 260, jeden Anspruch im selben Prozess geltend machen, der Beklagte die Widerklage aber nur bei dem bejahten Zusammenhang erheben kann, s. noch Rdnn. 198 ff., 203.

(b) Die gerichtliche Bestimmung des zuständigen Gerichts

Angesichts der vielen Alternativen für die örtliche Zuständigkeit ist es kaum verwunderlich, dass immer wieder Unklarheiten und Zweifelsfälle auftreten. Wenn sich etwa an einem kleinen Gericht alle Richter selbst wegen Befangenheit ablehnen, § 48, vgl. Rdn. 142. Oder wenn wegen der Mehrzahl der Beklagten mit je

37

---

[16] Nach vorzugswürdiger Ansicht, vgl. § 17 II 1 GVG, darf und muss das nach § 32 zuständige Gericht auch darüber entscheiden, ob sich der geltend gemachte Anspruch etwa aus Vertrag ergibt, s. BGH NJW 2002, 1425, 1426; NJW 2003, 828. Vgl. auch unten, Rdn. 158.

unterschiedlichem Wohnsitz verschiedene allgemeine Gerichtsstände in Frage kommen: Bei einem Autounfall etwa in Österreich[17] wohnt der Fahrer des Unfallwagens in Bayreuth, der Halter in Brandenburg. Für diese und die weiteren aufgelisteten Fälle ordnet § 36 an, dass das zuständige Gericht durch „das im Rechtszug zunächst höhere Gericht" bestimmt wird. Welches das ist, ergibt sich wie bei einer Suche nach dem gemeinsamen Vorfahren im Stammbaum aus den Verästelungen der verschiedenen Gerichtsbezirke. Sofern man dabei zum BGH kommen würde, ordnet § 36 II an, dass stattdessen dasjenige OLG die Zuständigkeit bestimmen soll, „zu dessen Bezirk das zuerst mit der Sache befasste Gericht gehört"; der BGH ist mit diesen Fragen nur in den Fällen des § 36 III (bitte lesen) befasst. Für Bayern ist zusätzlich die über den drei OLG-Bezirken liegende gemeinsame Zuständigkeit des Bayerischen Obersten Landgerichts zu beachten, vgl. die in Rdn. 36 angegebene Entscheidung des BayObLG sowie § 9 EGZPO. Voraussetzung für eine Zuständigkeitsbestimmung ist grundsätzlich[18] ein Antrag durch eine der Parteien bei dem angegangenen Gericht. Die Entscheidung ergeht als Beschluss, § 37.

(c) Zuständigkeit kraft Vereinbarung und kraft Einverständnisses

Literatur: Schulte-Beckhausen, Internationale Zuständigkeit durch rügelose Einlassung im Europäischen Zivilprozeßrecht, 1994; Stöve, Gerichtsstandsvereinbarungen nach Handelsbrauch, 1993.

(aa) Prorogation

38   Die Zuständigkeit eines Gerichtes erster Instanz kann, wie schon mehrfach erwähnt, auch dadurch zustande kommen, dass die Parteien eine entsprechende Vereinbarung (= Prorogation) getroffen haben. Legt sie nur den Gerichtsort fest, ist allein die örtliche (und damit natürlich auch die internationale, Rdnn. 30 f.) Zuständigkeit betroffen, legt sie dagegen auch noch das konkrete Gericht fest (Amtsgericht Rosenheim etwa), beeinflusst die Vereinbarung auch die sachliche Zuständigkeit. Während früher entsprechende Vereinbarungen grundsätzlich zulässig waren und vielfach unter Ausnutzung faktischer oder wirtschaftlicher Übermacht zum eigenen Vorteil einer der Parteien getroffen wurden, ist der Grundsatz heute im Anwendungsbereich der ZPO genau umgekehrt: **Vereinbarungen sind regelmäßig unzulässig.** Die Einschränkungen, denen sie unterworfen sind, ergeben sich aus den §§ 38 und 40.

39   Dabei zeigt § 38 I, dass zwischen Kaufleuten sowie bestimmten öffentlich-rechtlichen Rechtsträgern einerseits und den restlichen Personen andererseits zu differenzieren ist: Was die Ersteren anbelangt, so haben sie nur die Restriktionen des § 40 zu beachten. Gemäß dessen Abs. 1 kann die Vereinbarung nicht generell getroffen werden – etwa: „Gerichtsstand für alle Streitigkeiten zwischen den Parteien ist Erfurt"; sie muss sich vielmehr auf ein bestimmtes Rechtsverhältnis

---

[17] Bei einem Unfall innerhalb Deutschlands existiert ein die Anwendung des § 36 I Nr. 3 ausschließender gemeinschaftlicher besonderer Gerichtsstand im Inland in Gestalt des § 32 und des § 20 StVG. Ein Gerichtsstand im Ausland bleibt hinsichtlich des § 36 I Nr. 3 jedoch außer Betracht, vgl. BayObLG NJW-RR 1990, 893, 894.

[18] Ausnahme: im Falle des § 36 I Nr. 6 kann das zuletzt befasste Gericht um eine Zuständigkeitsbestimmung nachsuchen, BGH NJW-RR 1991, 767.

beziehen bzw. auf die daraus resultierenden Streitigkeiten. Darüber hinaus ist nach § 40 II eine Prorogation nur für bestimmte Streitigkeiten möglich (nämlich für alle vermögensrechtlichen und diejenigen anderen, für die nicht streitwertunabhängig – insbesondere gem. den §§ 23 a, b GVG – das Amtsgericht sachlich zuständig ist); und auch das nur, sofern keine ausschließliche Zuständigkeit begründet ist.

Sobald auch nur auf einer Seite kein Kaufmann steht, müssen über § 40 hinaus auch noch die Einschränkungen des § 38 beachtet werden. Nach dessen Abs. 3 Nr. 1 sind demnach nur solche ausdrücklichen und schriftlichen Gerichtsstandsvereinbarungen zulässig, die nach dem Entstehen der Streitigkeit geschlossen worden sind; vornehmlich also bei Musterprozessen, in denen eine bestimmte Rechtsfrage vom BGH verbeschieden werden soll (so verhielt es sich etwa im berühmten Ladendiebstahlsfall, BGHZ 75, 230). Die in Nr. 2 genannte andere Variante bezieht sich wie die in Abs. 2 vorgesehene auf einen (potentiellen) Auslandsbezug der Klage.

(bb) Rügeloses Verhandeln

Die sachliche wie örtliche (und damit auch internationale, BGH NJW 1993, 1270, 1272) Zuständigkeit eines erstinstanzlichen Gerichts kann nicht nur kraft ausdrücklicher Vereinbarung der Parteien zustande kommen, sondern auch dadurch, dass sich der Beklagte zur Hauptsache – dem eigentlichen Gegenstand des Streites – äußert, ohne zuerst die Unzuständigkeit des Gerichts zu rügen, § 39.[19] Von den zuvor beschriebenen Einschränkungen der Prorogation ist für die rügelose Einlassung nur § 40 II zu beachten; auch sie ist also vor allem nur bei solchen Streitigkeiten möglich, für die kein ausschließlicher Gerichtsstand vorgesehen ist. § 39 korrespondiert mit § 282 III (bitte lesen) – danach sind Zulässigkeitsrügen grundsätzlich vorab vorzutragen.[20] Weil § 282 aber in den Kontext der §§ 253–494 a gehört, die das Verfahren vor den Landgerichten betreffen, sieht § 39 S. 2 eine auf das amtsgerichtliche Verfahren zugeschnittene und damit dem Schutz einer ggf. nicht anwaltlich vertretenen Naturalpartei dienende Ausnahme vor: Gemäß § 504 muss der Amtsrichter den Beklagten auf die Konsequenzen der rügelosen Einlassung hinweisen. Unterlässt er dies, wird das Gericht nicht zuständig, § 39 S. 2.

40

4. Weitere Spezialisierungen

Literatur: Ehricke, Spezialisierung als Rechtsprinzip für die Zuständigkeit im deutschen Zivilverfahrensrecht?, NJW 1996, 812.

Sofern es sich bei dem Streitgegenstand um eine Handelssache i. S. d. § 95 GVG (bitte überfliegen) handelt, sollte der Anwalt bedenken, ob nicht eine Verhandlung vor einer bei einem Landgericht eingerichteten Kammer für Handelssachen in Frage kommt. Der Vorteil dieses Gerichts ist seine größere Spezialisierung und damit Sachnähe, die Beteiligung von kaufmännisch erfahrenen Handelsrichtern (juristischen Laien), § 109 GVG, sowie ein etwas gestrafftes Verfahren, § 349. Gemäß § 96 GVG ist ein Antrag in der Klageschrift des Klägers erforderlich, um zu dieser

41

---

[19] In materiell-rechtlicher Diktion könnte man sagen, dass in der rügelosen Einlassung eine konkludente Annahme der vom Kläger angebotenen Gerichtswahl liegt.

[20] Ein vergleichbares Gebotsmuster enthalten etwa die §§ 43, 267 oder 295.

Kammer zu kommen; s. aber auch § 98 I GVG. Obgleich im GVG nicht vermerkt, haben einige Gerichte weitere Spezialkammern eingerichtet: etwa für Baulandsachen (vorgeschrieben in § 220 BauGB), Gewerbemiet- oder Computerrechtsfälle. Um mit dem Rechtsstreit zu diesen zu kommen, empfiehlt sich zumindest eine Anregung in der Klageschrift.

§ 3 Die Parteien betreffend

Literatur: J. Goldschmidt, Der Prozeß als Rechtslage, 1925; G. Lüke, Betrachtungen zum Prozeßrechtsverhältnis, ZZP 108, 1995, 427; Schumann, Der Zivilprozeß als Rechtsverhältnis, JA 1976, 637.

42   Hat der Anwalt nach Maßgabe der vorstehenden Ausführungen das richtige Gericht herausgefunden, muss er des Weiteren überlegen, ob überhaupt und bejahendenfalls wie sein Mandant und die Gegenseite vor Gericht auftreten können. Er kann sich nicht damit begnügen herauszufinden, wer materiell-rechtlich von wem was verlangen kann, und die so gefundenen Personen zu den Parteien des Prozesses zu machen. Das Prozessrecht ist keine Eins-zu-eins-Schablone des materiellen Rechts, obgleich entsprechende Parallelisierungen immer wieder propagiert wurden und werden. Die Unterschiedlichkeit sollte man nicht so sehr auf die letzten Endes inhaltsleere und daher beliebiger Ausfüllbarkeit ausgesetzte Divergenz zwischen dem zivilrechtlichen materiellen und dem öffentlich-rechtlichen Prozessrecht stützen. Entscheidend ist vielmehr der Unterschied zwischen den beiden Rechtsmaterien, der sich erneut anhand der oben, Rdn. 9, beschriebenen Pyramide verdeutlichen lässt: Während sich das materielle Recht direkt zu dem Verhältnis der Bürger zu- und untereinander äußert, ist im Prozessrecht ein unwissender Dritter als Entscheider involviert. Aus der – pauschal gesprochen – Zweierbeziehung wird eine Dreierbeziehung. Dem entspricht es, dass diese Dreierbeziehung ein von der materiellen Rechtsbeziehung der beiden Parteien zueinander völlig getrenntes, so genanntes **Prozessrechtsverhältnis** zwischen dem Gericht und den beiden Parteien[21] begründet. Es dient dazu, im Wege eines gerechten, d. h. die Parteien gleich und fair behandelnden Verfahrens das materiell richtige Ergebnis zu finden, vgl. Rdn. 10. Sein Zustandekommen richtet sich nach den hier behandelten, spezifisch verfahrensrechtlichen Vorschriften.

I Wer ist Partei?

1. Parteibegriff

Literatur: de Boor, Zur Lehre vom Parteiwechsel und vom Parteibegriff, 1941; Henckel, Parteilehre und Streitgegenstand im Zivilprozeß, 1961.

---

[21] Beachte: Ein Prozessrechtsverhältnis umfasst zusätzlich zum Gericht immer nur zwei Parteien. Verklagt ein Kläger etwa den Schädiger und dessen Versicherer zusammen, entstehen zwei Prozessrechtsverhältnisse. S. dazu Basedow et al. (Hg.), Die Bündelung gleichgerichteter Interessen im Prozeß, 1999.

Zu diesen vorgenannten spezifischen Besonderheiten gehört bereits die schein- **43**
bar vollkommen unproblematische Frage, wer die Parteien eines Prozesses sind. Es
liegt nahe, sie mit dem Hinweis auf die materielle Rechtslage zu beantworten und –
für den typischen Fall eines Leistungsbegehrens – den Gläubiger Kläger und den
Schuldner Beklagten sein zu lassen. Diese am materiellen Recht (daher ‚materieller Parteibegriff') ausgerichtete Antwort wurde früher tatsächlich vertreten, und
sie stimmt mit dem Prozessrecht auch weitgehend überein. Aber eben nicht ganz:
Denn es gibt sogleich (Rdnn. 47 ff.) zu besprechende Ausnahmefälle, in denen die
in Frage stehende materielle Rechtsposition einer Person zusteht, ihr aber gleichwohl die Befugnis entzogen ist, über diese Position zu prozessieren. Infolgedessen
entspricht es heute einhelliger Ansicht, die Partei nicht nach dem materiellen Recht
zu bestimmen, sondern als Parteien diejenigen anzusehen, die in der Klageschrift
als Parteien bezeichnet sind: **formeller Parteibegriff**.

Diese Qualifizierung entspringt keineswegs akademischer Spiegelfechterei; mit
der Parteirolle sind vielmehr praktische – teilweise gravierende – Konsequenzen
verbunden: So muss beispielsweise die Partei (und nicht der materiell Berechtigte) im Falle des Unterliegens für die Kosten aufkommen, § 91; die klägerische
Partei trifft ggf. die Pflicht zur Sicherheitsleistung für die Prozesskosten, § 110;
die Gewährung von Prozesskostenhilfe richtet sich grundsätzlich nach den Vermö-
gensverhältnissen der Partei, § 114; nur die Parteien werden durch die Rechtskraft
eines Urteils gebunden, § 325 I (das ist freilich nur der Grundsatz, vgl. unten
Rdnn. 315 ff.); und die Partei kann nicht als Zeuge, sondern allenfalls als Partei
vernommen werden.

Aus dem zuletzt genannten Grund wird immer wieder versucht, die Parteirolle **43 a**
zu manipulieren. So wird etwa die (später streitgegenständliche) Forderung zediert,
damit der am Vertragsabschluss beteiligte Zedent darüber als Zeuge aussagen kann;
oder es wird auch der offenkundig zahlungsunfähige Gesamtschuldner mitverklagt,
damit er nicht als Zeuge für den Zahlungsfähigen aussagen kann (vgl. dazu aber
Rdn. 67). Beides ist zulässig, wird aber (zumindest bei erfahrenen Richtern) wenig
nützen angesichts der freien Beweiswürdigung gem. § 286. Außerdem kann der
Richter in Fällen besonderer Beweisnot sogar gezwungen sein, die Partei als solche
nach den §§ 141 oder 448 zu vernehmen.[22]

Aufgrund des formellen Parteibegriffs ist Kläger also derjenige, der Rechts- **44**
schutz begehrt, und Beklagter derjenige, gegen den Rechtsschutz begehrt wird.
Trotz dieser klaren Ausgangslage kann es zu **Problemen** kommen, die den Prozess
verteuern können und daher dem Anwalt Anlass zu sorgfältiger Recherche geben
sollten:

– Die Parteien sind unrichtig oder ungenau bezeichnet: z. B. unrichtige Berufsbe-
  zeichnung, statt Schmid Schmidt oder falsche Adresse. Sofern nicht die nachfolgend beschriebene Problematik auftritt, ist diejenige Person als Partei angesprochen, die erkennbar durch die Parteibezeichnung gemeint ist.
– Die Klage wird einer anderen als der in der Klageschrift bezeichneten Person
  zugestellt; ein instruktives Beispiel bietet

---

[22] Vgl. EGMR NJW 1995, 1413; BVerfG NJW 2001, 2531.

BGH NJW-RR 1995, 764: Nach Zustellung eines Mahnbescheids verzog S unbekannt, so dass der Vollstreckungsbescheid nicht mehr zugestellt werden konnte. K glaubte, die neue Adresse ausfindig gemacht zu haben und ließ zustellen. Der Empfänger B teilte mit, es liege eine Personenverwechslung vor, legte aber gleichwohl Einspruch ein. Der BGH entschied im Einklang mit seiner bisherigen Rspr. und der h. M., dass im Falle eines solchen Irrtums B nicht Partei des Prozesses werde, dass er aber gleichwohl den Prozess so weit verfolgen könne, dass seine Nichtbetroffenheit durch das Gericht festgestellt wird. Der Einspruch war daher zulässig, und die Kosten wurden dem Kläger aufgebürdet.

– Der Kläger hält den von ihm – zutreffend – bezeichneten Beklagten irrig für den richtigen Gegner; er denkt etwa, er habe dem B geleistet, während nach der BGH-Rechtsprechung (BGHZ 36, 30; 40, 272) S der wahre Leistungsempfänger ist. Hier wird B tatsächlich Partei. Sofern K die Klage nicht zurücknimmt, Rdnn. 352 ff., verliert er den Prozess.

2. Sachlegitimation, Prozessführungsbefugnis

Literatur: Becker-Eberhard, In Prozeßstandschaft erstrittene Leistungstitel in der Zwangsvollstreckung, ZZP 104, 1991, 413; H. Koch, Prozeßführung im öffentlichen Interesse, 1983; Leipold, Die Verbandsklage zum Schutz allgemeiner und breit gestreuter Interessen in der Bundesrepublik Deutschland, in: Gilles (Hg.), Effektivität des Rechtsschutzes und verfassungsmäßige Ordnung, 1983, 57; Paulus, Ist der Sequester des Konkurseröffnungsverfahrens prozeßführungsbefugt?, ZZP 96, 1983, 356; Pawlowski, Die zivilrechtliche Prozeßstandschaft, JuS 1990, 378; K. Schmidt, Der Konkursverwalter: Streitgenosse seiner selbst? Zu den Absonderlichkeiten der Amtstheorie, KTS 1991, 211; Ulrich, Die Verbandsklage des UWG, JA 1984, 78.

45   Der formelle Parteibegriff macht es also für die Streitenden und ihre Anwälte umso wichtiger, die richtige Partei zu finden und zu adressieren, weil es nicht Aufgabe des Richters ist, die richtige Partei herauszusuchen. Es wurde soeben (Rdn. 43) schon gesagt, dass in der Mehrzahl der Fälle eine Parallelität zwischen materieller Rechtsinhaberschaft und prozessualer Parteirolle besteht, dass aber das Gesetz andererseits hiervon Ausnahmen vorsieht. Um deren Wirkungsweise verstehen zu können, muss vorab eine für das Erkenntnisverfahren ganz wesentliche Unterscheidung erläutert werden: nämlich die zwischen der Zulässigkeit einer Klage und ihrer Begründetheit.

(a) Sachlegitimation

Literatur: Rimmelspacher, Zur Prüfung von Amts wegen im Zivilprozeß, 1966.

46   Aus der Sicht der Parteien geht es in einem Prozess regelmäßig darum, dass das Gericht ihnen die Richtigkeit ihrer Ansicht bestätigt: Dass das vom Kläger eingeklagte Begehren berechtigt bzw. – aus der Sicht des Beklagten – nicht berechtigt ist. Berechtigung und Nichtberechtigung ergeben sich aus dem materiellen Recht; beides zusammen wird als Sachlegitimation bezeichnet. Am Beispiel einer auf § 985 BGB gestützten Herausgabeklage muss der Kläger Eigentümer i. S. d. § 903 BGB sein (man sagt auch, dass er **aktivlegitimiert** sein muss) und der Beklagte Besitzer (dann ist er **passivlegitimiert**). Kommt der Richter bei der Prüfung der materiellen Rechtslage[23] zu dem Ergebnis, dass beide Parteien sachlegitimiert sind und dass der Beklagte darüber hinaus kein Recht zum Besitz hat, § 986 BGB, bestätigt er dem Kläger in Gestalt eines Urteils die Berechtigung seiner Rechtsansicht; die Klage ist **begründet**. Weil über die (materiell-rechtliche) Sache selbst entschieden worden ist, heißt ein solches Urteil auch Sachurteil – im Gegensatz zu dem auf Grund mangelnder Prozessvoraussetzungen ergehenden Prozessurteil.[24]

Zu der Prüfung der Sachlegitimation kann und darf der Richter aber grundsätzlich immer erst dann fortschreiten, wenn er zuvor die Zulässigkeit der Klage geprüft und bejaht hat (BGH JZ 1991, 252, 253); es müssen also all die verfahrensmäßigen, formalen Voraussetzungen vorliegen, die in diesem Abschnitt erörtert werden. Sind sie nicht erfüllt, kommt der Richter gar nicht erst zur Prüfung der materiellen Rechtslage, sondern er weist die Klage durch Prozessurteil als **unzulässig** ab; s. noch unten Rdnn. 152 ff. Diese Unterscheidung zwischen einer als unzulässig und unbegründet abgewiesenen Klage ist, wie vor allem noch bei der Erörterung der Rechtskraft zu zeigen sein wird, Rdn. 310, von weit reichender Bedeutung.

(b) Prozessführungsbefugnis

(aa) Gesetzliche Prozessstandschaft

Nun gibt es aber einige, besonders gelagerte Fälle, in denen Parteirolle und materielle Berechtigung auseinander fallen. Infolgedessen hängt die Begründetheit der Klage nicht davon ab, dass das umstrittene Recht der fraglichen Prozesspartei, sondern dass es dem materiell berechtigten Dritten zusteht. Daraus folgt dann aber des Weiteren, dass die Befugnis, den Prozess gleichwohl als Partei führen zu können, eine Frage der Zulässigkeit ist. Wem diese Befugnis vom Gesetz erteilt ist, wer in einer anderen Formulierung kraft Gesetzes **Prozessstandschafter** ist, ist die richtige Prozesspartei. Er zeichnet sich dadurch aus, dass er ein fremdes Recht im eigenen Namen[25] prozessual geltend machen kann.

47

Beispiele bietet bereits die ZPO: So kann der Kläger etwa seine eingeklagte Forderung während des laufenden Prozesses verkaufen und trotzdem den Prozess weiterführen, § 265 (bitte überfliegen; ausführlicher Rdn. 361 ff.); oder es kann ein Gläubiger die ihm zur Einziehung überwiesene Forderung seines Schuldners gegen einen Dritten, § 835 (bitte ebenfalls überfliegen; ausführlicher Rdn. 615), einklagen. Weitere Beispiele im BGB sind etwa die §§ 432, 1011, 1368, 1422, 2039; zu § 80 UrhG s. BGH JZ 1994, 40 (The Doors); im Gesellschaftsrecht stellt die so genannte actio pro socio den Paradefall einer gesetzlichen Prozessstandschaft dar, vgl. BGH

---

[23] Die übliche zivilrechtliche Klausur ist mit ihrem Gutachtenstil so aufgebaut bzw. aufzubauen, dass dem Richter genau diese Überlegungen zur Sachlegitimation aufbereitet werden.

[24] Lesen Sie bitte noch einmal den in Rdn. 44 geschilderten Fall, in dem ein Kläger sich über die Person des Leistungsempfängers täuscht und infolgedessen den Prozess (auf Bereicherungsausgleich) verliert: Es steht dort, dass der Kläger den Prozess verliert. Ergeht ein Prozess- oder ein Sachurteil?

[25] Ein gesetzlicher Vertreter – die Eltern etwa – führt den Prozess im Namen der vertretenen Partei! Zu dieser sog. Prozessfähigkeit s. Rdnn. 54 f.

NJW 1985, 2830. Ganz berühmt – und nach wie vor umstritten – ist auch die Prozessführungsbefugnis des Testamentsvollstreckers (vgl. BGH NJW 1998, 1313 = JuS 1998, 660 (Hohloch)), des Nachlass- oder Zwangsverwalters und des Insolvenzverwalters. Letzterer etwa ist der richtige Kläger oder Beklagte, wenn irgendein zur Insolvenzmasse gehörendes Recht eingeklagt wird.[26] Nach h. M. werden diese Fremdvermögensverwalter als ‚**Parteien kraft Amtes**‘, vgl. § 116, bezeichnet und sind als solche prozessführungsbefugt. All diesen Fällen ist gemeinsam, dass die (aktiv wie passiv) Prozessführungsberechtigten als Prozessparteien auftreten, dabei aber gar nicht behaupten, die materiell Berechtigten zu sein, sondern **im eigenen Namen das Recht eines Dritten geltend machen** oder – allgemeiner formuliert – wahrnehmen.

(bb) Gewillkürte Prozessstandschaft

48   Wenn das Gesetz gelegentlich zur Führung eines Prozesses über ein fremdes Recht im eigenen Namen ermächtigt, liegt die Frage nahe, ob nicht eine entsprechende Funktionsverteilung zwischen materiell Berechtigtem und Prozessführendem auch aufgrund einer wie auch immer gearteten außerprozessualen Vereinbarung möglich sein sollte. Diese Frage liegt umso näher, als mit der Verlagerung der Parteirolle auf jemand anderen erhebliche Vorteile verbunden sein können – etwa die Erlangung von Prozesskostenhilfe nach § 114, wenn eine ärmere Person vorgeschoben wird.[27]

49   Die Zulässigkeit einer solchen gewillkürten Prozessstandschaft ist nach wie vor nicht unumstritten, doch wird sie von der h. M. unter zwei Voraussetzungen bejaht:

– Erstens muss eine **rechtsgeschäftliche Zustimmung oder Ermächtigung** des Rechtsträgers eigens zur Prozessführung des Prozessstandschafters im eigenen Namen vorliegen, die nicht schon zwangsläufig in der Erteilung der materiellrechtlichen Verfügungsbefugnis liegt.

– Zweitens muss der Prozessstandschafter ein **eigenes schutzwürdiges Interesse** an der Prozessführung haben. Durch dieses Erfordernis soll in erster Linie der Beklagte vor den angedeuteten Gefahren geschützt werden (der BGH versagt deswegen einer insolventen GmbH die Prozessführungsbefugnis, BGHZ 96, 151; modifiziert in BGH ZIP 1995, 1773 = EWiR 1995, 1239 (Paulus)), und es soll eine Popularklage verhindert werden: Das deutsche Recht steht einer vor allem aus dem US-amerikanischen Prozessrecht bekannten Einrichtung wie der „class action" noch ein wenig skeptisch gegenüber.[28] Das besag-

---

[26] In der Klageschrift steht daher: „RA X als Insolvenzverwalter über das Vermögen des Y." Instruktiv BGH ZZP 108, 1995, 382 mit Anm. Gerhardt.

[27] Solche prozesstaktischen Manöver sind uralt. Die Römer etwa untersagten unter bestimmten Voraussetzungen die von ihnen sog. ‚alienatio iudicii mutandi causa‘: Parteien veräußerten den Streitgegenstand an eine höher gestellte Person, z. B. ihren Patron oder gar den Kaiser, um durch dessen soziale Position den Richter einzuschüchtern und zu einem für sie positiven Urteil zu bewegen; s. dazu Paulus, Die Idee der postmortalen Persönlichkeit im römischen Testamentsrecht, 1992, 114 ff. Heutzutage kündigen bisweilen (meist prominente) Kläger an, das ihnen Zugesprochene einer wohltätigen Vereinigung zukommen lassen zu wollen.

[28] Vgl. Greger, Verbandsklage und Prozeßrechtsdogmatik – Neue Entwicklungen in einer schwierigen Beziehung, ZZP 113, 2000, 399; Hirte, Sammelklagen – Fluch oder Se-

te Interesse muss nicht notwendigerweise ein rechtliches sein, doch wird man es nur dann bejahen können, wenn die Gerichtsentscheidung zumindest die Rechtsstellung des Prozessstandschafters beeinflusst und wenn – zusätzlich – der Beklagte durch die Prozessstandschaft nicht unbillig, insbesondere hinsichtlich der Realisierung eines eventuellen Kostenerstattungsanspruchs, benachteiligt wird.[29] Schließlich hat es die Gegenpartei mit einer Prozesspartei zu tun, die mit der umstrittenen materiellen Rechtsfrage nichts bzw. nur mittelbar zu tun hat. Aus eben diesem Grund wird dem Beklagten ein schutzwürdiges Interesse für eine gewillkürte Prozessstandschaft pauschal abgesprochen; gewillkürte Prozessstandschaft kann also nur auf der Klägerseite in Frage kommen.

Ein weiterer Schutz des Beklagten wird dadurch erreicht, dass man im Falle **50** seines Obsiegens die Wirkungen des Urteils auch auf den materiellen Rechtsinhaber erstreckt. Dieser kann ihn also nicht mehr mit einem erneuten Prozess über dieselbe Frage überziehen, obwohl er nach den allgemeinen Regeln der Rechtskrafterstreckung, dazu Rdnn. 315 ff., dazu sehr wohl befugt wäre.

Beispiele für eine zulässige Übertragung der Prozessführungsbefugnis sind etwa **51** die mit Einverständnis des Sicherungseigentümers geführte Klage des Sicherungsgebers gegen einen Dritten auf Herausgabe des Sicherungsguts (BGHZ 96, 182; nach BGH ZIP 1999, 927, braucht allerdings eine stille Zession im Prozess nicht offen gelegt zu werden); die Grundbuchberichtigungsklage des Verkäufers, der das Grundstück als lastenfrei verkauft hat (BGH NJW 1986, 1676); die Geltendmachung von Schadensersatzansprüchen einer GmbH durch den beherrschenden Gesellschafter (BGH NJW-RR 1987, 57); die Klage des Geschädigten, dessen Schaden aber nach dem materiellen Recht – Drittschadensliquidation – einem Dritten zugewiesen wird, der mit dem Schädiger in vertraglicher Beziehung steht; die Klage eines Gesellschafters einer BGB-Gesellschaft, mit der er deren Ansprüche geltend macht (BGH NJW 1988, 1585).

Umstrittene Fallgestaltungen sind dagegen etwa die durch den Insolvenzverwalter erteilte Ermächtigung des Insolvenzschuldners zur Geltendmachung von Rechten, die zur Masse gehören (von BGHZ 100, 217 zugelassen); die von der materiellen Einziehungsermächtigung zu unterscheidende Erteilung der Klagebefugnis (von der wohl h. M. bei einem Provisionsinteresse oder bei einer Sicherungszession bejaht). Bei den Klagen von Verbänden nach §§ 13 UWG, 33 S. 2 GWB, 1 f. UKlaG ist strittig, ob sie ein ihnen im öffentlichen Interesse verliehenes, eigenes Kontrollrecht (dann sind sie sachlegitimierte Parteien) oder ob sie Individualinteressen gebündelt wahrnehmen (dann sind sie Prozessstandschafter der Individuen). Im Hinblick auf die erwähnte Scheu des deutschen Rechts vor class actions dürften die besseren Gründe für die erstgenannte Ansicht sprechen.

---

gen?, FS Leser, 1998, 335; Koch, Die Verbandsklage in Europa – Rechtsvergleichende, europa- und kollisionsrechtliche Grundlagen, ZZP 113, 2000, 413; von Moltke, Kollektiver Rechtsschutz der Verbraucherinteressen, 2003. Rechtshistorisch S. Yeazell, From Medieval Group Litigation to the Modern Class Action, 1987.

[29] Thomas/Putzo-Putzo, § 51 Rdn. 34.

II Parteifähigkeit

Literatur: Furtak, Die Parteifähigkeit in Zivilverfahren mit Auslandsberührung, 1995; U. Huber, Die Parteifähigkeit der Personalgesellschaft des Handelsrechts und ihr Wegfall während des Prozesses, ZZP 82, 1969, 224; Hüffer, Die Gesamthandsgesellschaft im Prozeß, Zwangsvollstreckung und Konkurs, FS Stimpel, 1985, 178.

52 Hat der Anwalt nach den vorstehenden Überlegungen die richtigen Parteien herausgefunden, muss er als nächstes der Frage nachgehen, ob sie überhaupt die rein prozessual zu verstehende Fähigkeit haben, Parteien in einem Prozess zu sein. Diese so genannte Parteifähigkeit ist für einen Prozess von ebenso fundamentaler Bedeutung wie die Rechtsfähigkeit für das materielle Recht. § 50 I sagt denn auch: „Parteifähig ist, wer rechtsfähig ist." Damit ergibt sich aus § 1 BGB, wer parteifähig ist – nämlich jeder geborene Mensch.[30] Zusätzlich natürlich auch alle diejenigen „Wesenheiten", denen das Recht volle oder teilweise Rechts- bzw. auch gleich Parteifähigkeit zuerkennt. Zur erstgenannten Kategorie gehören die juristischen Personen des privaten wie öffentlichen Rechts, zur zweiten etwa die in den §§ 1912 und 1923 II BGB genannte Leibesfrucht bzw. der nasciturus, die OHG, KG und Partnerschaftsgesellschaft nach den §§ 124 I (bitte lesen), 161 II HGB und § 7 II PartGG, politische Parteien gem. § 3 ParteienG, etc.

53 Die Kennzeichnung als Fähigkeit impliziert, dass es auch nichtrechts- und damit nichtparteifähige Gebilde geben muss. Zu ihnen gehören etwa die Wohnungseigentümergemeinschaft wie jede sonstige Gemeinschaft im Sinne der §§ 741 ff. BGB, die Insolvenzmasse (für sie tritt der Insolvenzverwalter als Partei kraft Amtes auf, Rdn. 47) oder der Nachlass und nach traditioneller Auffassung auch die Gesellschaft des bürgerlichen Rechts nach den §§ 705 ff. BGB. Im Einzelnen herrscht um diese Ausnahmen viel Streit. Insbesondere von gesellschaftsrechtlicher Seite bemüht man sich vielfach um die Rechtsfähigkeit wenigstens einiger Erscheinungsformen der BGB-Gesellschaft, weil das ihrer Bedeutung etwa als Konsortium, Kartell, ARGE oder auch einer Sozietät entspreche. Das ist denn auch nunmehr h. M. für die so genannten Außen-Gesellschaften (BGH JZ 2001, 655 und Rdn. 503), während die Rechtsfähigkeit einer Vermögensmasse nicht anerkannt ist. Streit hat es auch von Anfang an um die Sonderbehandlung des nichtrechtsfähigen Vereins in § 50 II gegeben. Denn die vom historischen Gesetzgeber mit der Gleichstellung dieses Vereins mit der BGB-Gesellschaft, § 54 BGB, vornehmlich gegen die Gewerkschaften gerichtete Spitze hat er prozessual verschärft, indem es für die Aktivprozesse bei der fehlenden Parteifähigkeit belassen – d. h. eine Klage einer Gewerkschaft auf Überlassung der Mietsache könnte nur erhoben werden, wenn alle (!) Gewerkschaftsmitglieder als Kläger auftreten –, für Passivprozesse dagegen eine partielle Parteifähigkeit statuiert hat. Ob diese Regelung nach der o. a. Änderung der gesellschaftsrechtlichen Rspr. immer noch für nichtrechtsfähige Vereine ganz allgemein gilt, ist fraglich; jedenfalls tut sie das nicht mehr für Gewerkschaften: Sie sind gem. § 10 I ArbGG im arbeitsgerichtlichen Verfahren parteifähig, d. h.

---

[30] Zur überragenden Bedeutung dieser Vorschrift Paulus, Ein Plädoyer für unscheinbare Normen, JuS 1994, 367.

aktiv wie passiv, und der BGH hat diese Regelung als auch für die ordentliche Gerichtsbarkeit verbindlich bezeichnet (BGHZ 50, 327).

III Prozessfähigkeit

Literatur: Oda, Die Prozeßfähigkeit als Voraussetzung und Gegenstand des Verfahrens, 1996.

Die Fähigkeit, Partei eines Prozesses zu sein, sagt – wie man am Beispiel des   **54**
nasciturus in wünschenswerter Klarheit erkennt – noch nichts darüber aus, ob die Partei diesen auch eigenverantwortlich führen kann. Dazu bedarf es vielmehr einer weiteren Qualifikation, die § 51 antiquiert und unklar als die Fähigkeit einer Partei bezeichnet, vor Gericht zu stehen, die heutzutage jedoch einheitlich Prozessfähigkeit genannt wird. Sie beantwortet die Frage danach, ob eine Partei in der Lage ist, **einen Prozess mitsamt den dazu erforderlichen Prozesshandlungen in eigener Person oder durch einen selbst bestellten Vertreter zu führen.** § 52 knüpft diese Fähigkeit an die – unbeschränkte – Geschäftsfähigkeit des (deutschen, s. § 55) materiellen Zivilrechts. Das gilt mit der Besonderheit des § 53 richtiger Ansicht nach ausnahmslos. Infolgedessen können nur natürliche Personen prozessfähig sein, weil nur sie geschäftsfähig sein können. Für den Prozess ist das eine einleuchtende Regelung; denn die ansonsten der natürlichen Person so angeglichene juristische Person kann als solche selbstverständlich beim besten Willen keinen Antrag etwa auf Erlass eines Versäumnisurteils stellen, etc. Weil eine juristische Fiktion nun einmal vor Gericht nicht agieren kann, muss immer eine geschäftsfähige Person auftreten.

Das bedeutet, dass eine nicht geschäftsfähige Prozesspartei im Prozess vertreten   **55**
werden muss – und zwar durch ihren gesetzlichen[31] Vertreter. Wer das im Einzelfall ist, muss dem materiellen Recht entnommen werden. Das kann für den Anwalt in der Praxis zu einem Problem werden, dem er jedoch bei der Abfassung der Klageschrift nicht ausweichen kann. § 253 IV i.V. m. § 130 Nr. 1 (bitte lesen) verlangt nämlich auch die Angabe der ladungsfähigen Anschrift des Vertreters.[32] Prozessunfähig sind minderjährige Kinder (beachte, dass das Prozessrecht die Differenzierung zwischen geschäftsunfähig und beschränkt geschäftsfähig nicht mitmacht); sie werden im Regelfall durch die Eltern vertreten.[33] Prozessunfähig sind, wie bereits gesagt, auch die juristischen Personen des privaten und öffentlichen Rechts; für jene verweist das Gesetz regelmäßig auf den satzungsmäßig bestellten Vertreter – z. B. §§ 26 II BGB, 78 I AktG, 35 I GmbHG (für die OHG und KG s. die §§ 125, 161 II, 170 HGB), für diese müssen Vertretungsgesetze, Gemeindeordnungen, sonstige Zuständigkeitsverordnungen und dergleichen mehr durchgeforstet werden. Allen Fällen, in denen eine prozessunfähige Partei vorkommt, ist jedenfalls gemeinsam, dass

---

[31] Die Einschaltung eines gewillkürten Vertreters betrifft prozessual entweder die Bevollmächtigung nach § 79 2. Alt., oder die Postulationsfähigkeit; dazu sogleich.

[32] Unbeschadet des Wortlauts („sollen") handelt es sich um eine Muss-Vorschrift – und sei es nur deswegen, um die Klage zustellen zu können, § 253 I, vgl. BGH NJW 2001, 885, 887.

[33] In welchen Ausnahmefällen ist ein beschränkt Geschäftsfähiger doch einmal prozessfähig?

diese zwar Partei des Rechtsstreits ist, dass für sie aber eine geschäftsfähige Person handeln muss. Eine Klageschrift gegen einen Minderjährigen ist also zu richten gegen ihn als Beklagten, „gesetzlich vertreten durch seine Eltern, Herrn und Frau ..., wohnhaft in ... ".

IV Postulationsfähigkeit, Stellvertretung

1. Postulationsfähigkeit und Anwaltszwang

Literatur: Prütting, Die rechtliche Organisation der Rechtsberatung aus deutscher und europäischer Sicht, in: Schlosser (Hg.), Integritätsprobleme im Umfeld der Justiz, 1994, 21; Urbanczyk, Probleme der Postulationsfähigkeit und Stellvertretung, ZZP 95, 1982, 339; Zuck, Postulationsfähigkeit und Anwaltszwang, JZ 1993, 500.

56   Die oben wiedergegebene Definition der Prozessfähigkeit umfasst auch die Fähigkeit, einen Vertreter selbst zu bestellen. Das bedeutet, dass die soeben genannten Eltern oder der Vorstand einer AG selbstverständlich auch einen Anwalt einschalten können. Für diesen Anwalt gibt es eine eigene Zuständigkeitsregelung, die in den §§ 18 ff. BRAO (bitte überfliegen) enthalten ist. Damit ist in der heutigen Praxis die Frage engstens verknüpft, ob die vor Gericht auftretende Person postulationsfähig ist, ob sie – nach der üblichen Definition dieses Begriffes – prozessual rechtswirksam handeln kann.

57   Aus § 79 ergibt sich, dass diese Fähigkeit mit der Prozessfähigkeit im Ausgangspunkt identisch ist. Dass die eigene Kategorisierung dennoch gerechtfertigt ist, folgt aus der ebenda vorgesehenen Ausnahme. Danach gibt es Prozesse, bei denen die Vertretung durch einen Anwalt geboten ist (**Anwaltsprozesse**). Welche das sind, sagt § 78 I: Anwaltszwang besteht demzufolge vor dem Landgericht, dem OLG, BayObLG und dem BGH. Der Anwendungsbereich des § 79 schrumpft damit auf Amtsgerichtsprozesse zusammen – und auch das ist noch zu weit gefasst. Denn § 78 II schreibt für bestimmte Familiensachen, die nach § 23 b GVG den Amtsgerichten zugewiesen sind, gleichfalls Anwaltszwang vor. Nur für den verbleibenden Rest kann jeder Prozessfähige vor dem Amtsgericht seinen Prozess wirksam alleine führen oder sich durch einen anderen Prozessfähigen[34] vertreten lassen – egal, wo dieser ansässig oder welcher Nationalität er ist (**Parteiprozess**), s. auch § 90. Im Anwaltsprozess dagegen muss dieser Vertreter ein Anwalt nach Maßgabe der §§ 4 ff. BRAO sein; seine Gerichtszulassung muss den in § 78 I, II genannten Anforderungen entsprechen.[35] Nur er ist postulationsfähig; er allein kann die den Prozess einleitenden und fortführenden Handlungen vornehmen. Handelt nicht er, sondern sein Mandant, ist das für das Gericht gleichbedeutend mit Untätigkeit: Es ignoriert dieses Tun schlicht und ergreifend.

Einige wenige Ausnahmen, in denen die Partei trotz Anwaltszwangs gleichwohl prozesserhebliche Handlungen selbst vornehmen kann, sieht § 78 V vor; der dort genannte beauftragte bzw. ersuchte Richter wird in Rdnn. 257 f. vorgestellt. Und

---

[34] Zur Wiederholung: Kann dieser vertretende Dritte im Hinblick auf § 165 BGB ein beschränkt Geschäftsfähiger sein?

[35] Zur sog. Singularzulassung beim BGH, § 171 GVG, vgl. BVerfG NJW 2002, 3765.

die Prozesshandlungen, die vor dem Urkundsbeamten der Geschäftsstelle vorgenommen werden können, sind etwa ein Gesuch um einstweiligen Rechtsschutz gem. § 920 III oder ein Antrag auf Gewährung von Prozesskostenhilfe nach § 117 I.

Der Grund für den Anwaltszwang ist grundsätzlich einleuchtend. Durch ihn soll **58** der entemotionalisierte Streit auf einem gewissen Niveau rechtlicher Mindestkenntnisse diskutiert und verbeschieden werden können. Stutzig macht allerdings der historisch bedingte, weite Umfang des Anwaltszwangs gerade im Zivilprozess; hier bewahrt im Wesentlichen nur Verantwortungsbewusstsein und Ethos des Anwalts davor, diese Weite als eine Arbeitsbeschaffungsmaßnahme für Anwälte zu verstehen.

2. Stellvertretung im Prozess

Literatur: Rosenberg, Die Stellvertretung im Prozeß, 1908.

(a) Entstehen und Erlöschen

Die gesetzliche Stellvertretung spielt bei nicht voll geschäftsfähigen und bei unter **59** Betreuung stehenden Parteien eine Rolle; vgl. oben Rdn. 55. Die Einschaltung eines Rechtsanwalts ist dagegen eine Form der rechtsgeschäftlich vereinbarten Stellvertretung. Sie ist notwendig in Prozessen mit Anwaltszwang und wenigstens üblich in den sonstigen Prozessen. Hat sich der Mandant den Anwalt seiner Wahl ausgesucht oder ist ihm einer nach den §§ 78 b und c (bitte überfliegen) beigeordnet worden, „beauftragt" er ihn mit der Besorgung seiner Angelegenheiten in Gestalt eines Dienst- oder Geschäftsbesorgungsvertrags nach den §§ 611 ff., 675 I BGB. Nicht anders als im Regelungsmechanismus der bürgerlich-rechtlichen Stellvertretung betrifft dieses Grundgeschäft aber nur das Innenverhältnis zwischen Anwalt und Mandant; um nach außen hin tätig werden zu können, benötigt der Anwalt von seinem Mandanten zusätzlich eine – abstrakte – Vollmacht, für die die §§ 80 ff. einige Besonderheiten vorsehen.

Im Hinblick auf den in § 80 I geforderten Nachweis wird die **Prozessvollmacht** **60** durchwegs schriftlich erteilt; allerdings ist sie nach § 89 II auch wirksam, wenn sie lediglich mündlich erklärt wird. Sie erlösche, sagt § 87, mit der „Kündigung des Vollmachtvertrags". Das ist jedoch falsch, weil die Vollmachtserteilung ein einseitiges Rechtsgeschäft ist, vgl. § 167 BGB; infolgedessen genügt ein Widerruf der Vollmacht oder die Beendigung des Grundgeschäfts, § 168 BGB.[36] Zu diesen Rechtsgeschäften muss nach § 87 I allerdings noch etwas Weiteres hinzukommen, wenn der Prozess bereits begonnen hat: Im Parteiprozess die Anzeige des Erlöschens an Gegner und Gericht, in Anwaltsprozessen die Anzeige der Bestellung eines neuen Anwalts. Darüber hinaus erlischt die Prozessvollmacht mit der Beendigung des Rechtsstreits,[37] nach § 86 aber nicht durch den Tod oder sonstigen Verlust der Prozessfähigkeit des vollmachtgebenden Mandanten (BGH NJW 1993, 1654 =

---

[36] Wie kann der Mandant das Grundgeschäft jederzeit einseitig beenden?

[37] Der Rechtsstreit umfasst den ganzen Instanzenzug, die Vollstreckung und gegebenenfalls ein Wiederaufnahmeverfahren, § 81. Die Vollmacht erlischt also nicht schon mit Beendigung des Prozesses!

JuS 1993, 774 (K. Schmidt)); s. aber die §§ 239, 246 und Rdn. 369 (für den Fall des Versterbens des Anwalts s. § 244).

(b) Umfang

61   Der Umfang der Prozessvollmacht ergibt sich aus den §§ 81 und 82; danach erstreckt sie sich auf alle den konkreten Rechtsstreit – von der Klageerhebung über die Zwangsvollstreckung bis hin zu einer eventuellen Wiederaufnahme nach den §§ 578 ff. – plus die in § 82 erwähnten Nebenverfahren betreffenden Prozesshandlungen; nach h.M. darüber hinaus sogar auch noch auf die Vornahme rechtsgeschäftlicher Erklärungen und Handlungen, sofern sie sich auf den Prozess beziehen. Dieser gesetzlich festgelegte Umfang gilt nach § 83 II freilich nur für den Anwaltsprozess; und auch dort können die in § 83 I vorgesehenen Einschränkungen so vereinbart werden, dass sie im Verhältnis zu Dritten wirken. Der Mandant kann darüber hinaus natürlich weitere Einschränkungen mit seinem Anwalt vereinbaren, doch wirken diese nur im Innenverhältnis. Handelt der Anwalt ihnen zuwider – nimmt er etwa weisungswidrig die eingelegte Berufung zurück –, sind die vorgenommenen Prozesshandlungen gleichwohl wirksam; er macht sich allenfalls schadensersatzpflichtig.

(c) Wirkung

62   Hinsichtlich der Wirkung der vom Anwalt vorgenommenen Prozesshandlungen sieht § 85 I eine dem § 164 BGB vergleichbare Zuordnung vor. Sie verpflichten die Partei unmittelbar. Nur bei den Tatsachenfragen betreffenden Fällen eines Geständnisses oder einer anderen Erklärung über Tatsachen, dazu Rdn. 185 ff., kann die – anwesende – Partei nach Abs. 1 S. 2 sofort widersprechen. Voraussetzung für eine wirksame Vertretung ist jedoch im Prozess (nicht anders als im materiellen Recht), dass die Vollmacht tatsächlich existiert. Fehlt sie, weil sie etwa unwirksam erteilt worden ist, sind alle vorgenommenen Prozesshandlungen unwirksam. Die Klage muss in einem solchen Fall ohne Prüfung der materiellen Rechtslage, d.h. als unzulässig, abgewiesen werden – es sei denn, die Partei genehmigt die bisherige Prozessführung, § 89 II. Gemäß § 85 II muss sich die Partei überdies, solange die Vertretungsbefugnis im Innenverhältnis besteht – § 87 I gilt hier nicht –, das Verschulden des Bevollmächtigten (nicht auch das seiner Mitarbeiter, vgl. Rdn. 241) zurechnen lassen.

V Mehrere Parteien

Literatur: Lindacher, Die Streitgenossenschaft, JuS 1986, 379, 540; K. Schmidt, Mehrseitige Gestaltungsprozesse bei Personengesellschaften, 1992.

63   Schließlich muss sich der Anwalt hinsichtlich der Parteien noch Gedanken darüber machen, ob es genügt, auf der Kläger- wie auf der Beklagtenseite nur jeweils eine Person zu benennen. So kann es durchaus angebracht sein, nicht nur einen, sondern alle Flussverschmutzer zu verklagen, oder dass Hauptschuldner und Bürge gemeinsam die Feststellung gegenüber dem Gläubiger begehren, dass die

Forderung bereits erloschen ist. Bisweilen ist es sogar unabdingbar, dass mehrere Personen auf einer Parteiseite auftreten – etwa wenn eine Grundbuchberichtigung begehrt wird, buchberechtigt aber eine Erbengemeinschaft ist. Das Gesetz gestattet eine solche Häufung von Personen auf einer Parteiseite; sie werden ‚Streitgenossen' genannt, während die Streitgenossenschaft als solche auch als **subjektive Klagenhäufung** (im Gegensatz zu der unten darzustellenden so genannten objektiven Klagenhäufung, Rdnn. 89 ff.) bezeichnet wird. Dieser Begriff macht deutlich, dass recht eigentlich mehrere Klagen erhoben werden, die nur in einem einheitlichen Verfahren verbeschieden werden; in ihm bestehen, wenn auf der Klägerseite etwa zwei Personen auftreten, zwei Prozessrechtsverhältnisse und werden zwei Prozesse geführt; bei zwei Klägern und zwei Beklagten sind es vier Prozessrechtsverhältnisse bzw. Prozesse (Rdn. 42).

Der Grund für den Zusammenschluss verschiedener Prozesse kann, wie bereits die obigen Beispiele zeigen, unterschiedlich intensiv sein: Entweder ist die Streitgenossenschaft nur zweckmäßig, oder sie ist aus rechtlichen Gründen zwingend. Demgemäß unterscheidet das Gesetz in den §§ 59–63 zwischen der einfachen und der notwendigen Streitgenossenschaft. Die Stellung der §§ 59 ff. im „Allgemeinen Teil" der ZPO zeigt, dass die Streitgenossenschaft in jeder Verfahrensart zulässig ist, sogar in der Zwangsvollstreckung und im einstweiligen Rechtsschutz. Wenn ausnahmsweise einmal eine Verbindung nicht zulässig sein soll, muss das (wie im § 610 II) eigens angeordnet werden. Ansonsten ist nur vorausgesetzt, dass die Streitgenossen in derselben Verfahrensart klagen bzw. verklagt werden, § 260; damit wird eine Verbindung etwa einer Leistungsklage „gegen den Beklagten zu 1" mit einem Antrag auf dinglichen Arrest gegen „den Antragsgegner zu 2" ausgeschlossen.

1. Einfache Streitgenossenschaft

Die einfache Streitgenossenschaft ist für die (bloß) zweckmäßige Variante vorgesehen. Die Zweckmäßigkeit liegt darin, dass nur ein Verfahren mit nur einer Beweisaufnahme durchgeführt werden muss und dass nur ein Urteil (mit freilich möglicherweise unterschiedlichen Entscheidungen) erlassen wird; außerdem können die Streitgenossen unter Umständen dadurch sparen, dass sie einen gemeinsamen Anwalt mit ihrer Vertretung beauftragen.[38]

(a) Voraussetzungen

Was die Verbindung zwischen den Streitgenossen anbelangt, so muss sie natürlich eine gewisse Intensität aufweisen: Bloß weil der Unfallverursacher und der säumige Käufer im selben Amtsgerichtsbezirk wohnen, können die Schadensersatz- und die Kaufpreisklage nicht miteinander subjektiv verbunden werden – schon deswegen nicht, weil mit einer Verbindung angesichts der unterschiedlichen Rechtsschutzbegehren prozessökonomisch nichts gewonnen wäre. Die §§ 59 und 60 verlangen daher zwischen den Streitgenossen entweder

– eine Rechtsgemeinschaft (§ 59 1. Alt.) wie etwa die Gemeinschaft nach den §§ 741 ff. BGB oder auch Gesamthandsgemeinschaften (BGB-Gesellschaft, Er-

64

65

---

[38] Wegen seines gesetzlichen Gebührenanspruchs s. § 6 BRAGO.

bengemeinschaft, Gütergemeinschaft; aber Vorsicht! Hier geht oftmals die Sonderregelung der notwendigen Streitgenossenschaft vor). Die h. M. interpretiert dieses Tatbestandsmerkmal in einem weiten Sinn, so dass nicht nur Gesamtschuldner bzw. -gläubiger, sondern sogar Hauptschuldner und Bürge von ihm erfasst werden.

– die Maßgeblichkeit desselben tatsächlichen und rechtlichen Grundes (**§ 59 2. Alt.**): Das ist beispielsweise bei einem gemeinsamen Vertrag der Fall.

– oder, im Sinne einer generalklauselartigen Weite, die Gleichartigkeit der geltend gemachten Ansprüche bzw. Pflichten und auch der tatsächlichen und rechtlichen Gründe (**§ 60**). Hierunter fallen alle Klagen, deren Verbindung zweckmäßig ist. Etwa die Klagen von Mutter und Kind gegen den nichtehelichen Vater oder die Klagen gegen verschiedene Asbesthersteller. Auch wenn im letztgenannten Fall die Hersteller an verschiedenen Orten ansässig sind, so dass eine Prozessverbindung an der divergierenden örtlichen Zuständigkeit an sich scheitern müsste, ermöglicht § 36 I Nr. 3 gleichwohl die Bestimmung eines einzigen zuständigen Gerichts und damit die Erhebung einer zusammengefassten Klage.

(b) Wirkung

66   Die bloße Zweckmäßigkeit der Zusammenfassung bedingt, dass es **keinen Zwang zur Zusammenfassung** der verschiedenen Verfahren gibt. Der Richter könnte sie, wenn die Verbindung nicht schon durch die Klageschrift vorgegeben wäre, von sich aus anordnen, § 147, wie er sie auch – im umgekehrten Fall, wenn er die Verbindung für unzweckmäßig hält – gem. § 145 trennen kann. Für diesen letzteren Fall ist allerdings eine Entscheidung des BVerfG bedeutsam, deren (nicht amtlicher) Leitsatz folgendermaßen lautet:

> (ZIP 1996, 1527) Es ist verfassungswidrig, wenn ein Oberlandesgericht ein Verfahren ohne ersichtlichen Grund „zur besseren Übersichtlichkeit" so aufteilt, daß die Revisionssumme nicht überschritten wird.

67   Darüber hinaus bedingt dieser bloße Zweckmäßigkeitsverbund, dass **jeder Streitgenosse nur innerhalb seines Prozessrechtsverhältnisses** agiert, bzw. dass – in den Worten des § 61 – „die Handlungen des einen Streitgenossen dem anderen weder zum Vorteil noch zum Nachteil gereichen." Damit ist klar, dass die trotz der Zusammenfassung in einem einzigen Verfahren nach wie vor separaten Prozessrechtsverhältnisse und Prozesse grundsätzlich voneinander unabhängig sind. Für jeden Streitgenossen müssen die einzelnen Prozessvoraussetzungen infolgedessen gesondert geprüft und bejaht werden. Jeder Streitgenosse muss geladen werden, § 63 Hs. 2; er betreibt als Partei (nur) sein Verfahren, sofern nicht eine der in § 61 angedeuteten Ausnahmen eingreift. Zu diesen gehört etwa der sogleich zu besprechende § 62 oder auch § 63 Hs. 1, der jedem Streitgenossen das Recht gibt, den (Gesamt-)Prozess insbesondere durch den Antrag auf Terminsbestimmung voranzutreiben.

Im Übrigen bewirkt die Unabhängigkeit jedoch weiterhin, dass der eine Streitgenosse obsiegen kann, während der andere seinen Prozess verliert – egal ob dafür formell- oder materiell-rechtliche Umstände oder gar Säumnis ausschlaggebend sind. Sind z. B. Hauptschuldner und Bürge zusammen (als passive Streitgenossen) verklagt, so kann der Hauptschuldner seinen Prozess durch Anerkenntnis der Hauptschuld beenden,[39] während der Bürge weiterhin deren Existenz – auch erfolgreich[40] – bestreiten kann. Wenn der Prozess des einen Streitgenossen aus einem der in den §§ 239–252 aufgezählten Gründe unterbrochen oder ausgesetzt wird, so hindert das den Fortgang des übrigen Verfahrens nicht. Rechtsmittel wie Berufung oder Revision kann jeder Streitgenosse nur für seinen Prozess einlegen. Im Verfahren selbst ist ein Streitgenosse in dem ihn nicht betreffenden Prozess jedenfalls dann als Zeuge, nicht als Partei, zu vernehmen, wenn das Beweisthema ihn nicht betrifft, BGH MDR 1984, 47. Der Selbständigkeit der Prozessrechtsverhältnisse entspricht es freilich eher, wenn man den einfachen Streitgenossen immer als Zeugen ansieht, vgl. bereits Rdn. 43 a.

2. Notwendige Streitgenossenschaft

Literatur: Hassold, Die Voraussetzungen der besonderen Streitgenossenschaft, 1970; Wieser, Notwendige Streitgenossenschaft, NJW 2000, 1163.

Von notwendiger Streitgenossenschaft spricht man immer dann, wenn die Verbindung der einzelnen Prozesse nicht nur eine Frage der Prozessökonomie, sondern wenn sie aus Rechtsgründen zwingend geboten ist. In diesen Fällen **muss** der Anwalt grundsätzlich sämtliche Parteien einbeziehen, um nicht Gefahr zu laufen, den Prozess zu verlieren.   **68**

(a) Voraussetzungen

Ein entsprechender Zwang zur Verbindung der Prozesse kann sich sowohl aus dem materiellen als auch aus dem Prozessrecht ergeben; er kann sich darin äußern, dass die Streitgenossen notwendigerweise gemeinschaftlich vor Gericht auftreten müssen oder dass nur eine einheitliche Streitentscheidung von Rechts wegen denkbar ist. Eine präzise Klassifizierung ist bislang nicht recht gelungen, doch gibt es einen festen **Kernbestand von anerkannten Fällen** der notwendigen Streitgenossenschaft: Etwa wenn das im Verlauf des anhängigen Prozesses ergehende Urteil auch den Streitgenossen nach den später, Rdn. 316, zu besprechenden Regeln der Rechtskrafterstreckung bindet (= ein Fall der notwendig einheitlichen Entscheidung); oder wenn die Gesamthänder[41] wegen einer nur von ihnen gemeinsam erfüllbaren Gesamthandsschuld verklagt werden – etwa der Übereignung eines gesamthänderisch gebundenen Grundstücks.   **69**

Ansonsten ist hier vieles streitig: z. B. das Verhältnis von – an sich zur Einzelprozessführung befugten, § 2039 BGB – gemeinschaftlich klagenden Miterben (wohl h. M. bejaht Notwendigkeit), oder von Pflichtversicherer und Versicherungsnehmer (h. M. verneint Notwendigkeit trotz der in § 3 Nr. 8 PflVG vorgesehenen

---

[39] Der Richter kann ein Anerkenntnisteilurteil nach §§ 301, 307 erlassen.

[40] Das ergibt sich auch aus den subjektiven Grenzen der Rechtskraft; dazu unten Rdn. 315 ff. Gilt das auch für den OHG-Gesellschafter, der aus § 128 HGB in Anspruch genommen wird, wenn die OHG anerkennt?

[41] Beachte hinsichtlich der GbR Rdn. 53.

partiellen Rechtskrafterstreckung), von OHG und Gesellschafter (h. M. verneint ebenfalls wegen der Möglichkeit persönlicher Einwendungen), von Miteigentümern hinsichtlich eines aus dem Eigentum fließenden Anspruchs (BGH JZ 1985, 633, verneint Notwendigkeit, h. L. bejaht), etc. Wann immer die Frage auftaucht, ob vielleicht notwendige Streitgenossenschaft anzunehmen ist, sollte kontrollehalber geprüft werden, ob – aus welchen Gründen auch immer – eine unterschiedliche Entscheidung denkbar ist (Baur/Grunsky Rdn. 124 a. E.). Bejahendenfalls liegt nur einfache Streitgenossenschaft vor.

(b) Wirkung

70   Auch bei notwendiger Streitgenossenschaft gilt das oben, Rdn. 67, im Zusammenhang mit § 61 zur Unabhängigkeit der einzelnen verbundenen Prozesse Gesagte. Jeder Streitgenosse führt also seinen eigenen Prozess. Jedoch erweitert § 62, bedingt durch die engere Beziehung der Streitgenossen zueinander, den Wirkungsumfang: Ist demnach in dem einheitlichen Verfahren auch nur einer der notwendigen Streitgenossen **nicht säumig**, so wird seine Vertretungsbefugnis für die anderen fingiert; es ergeht also kein Versäumnisurteil (Rdnn. 329 ff.) gegen die anderen. Dasselbe gilt für die **Einhaltung einer Frist**; legt etwa nur ein Streitgenosse rechtzeitig Berufung ein, so gilt das auch für die anderen, selbst wenn sie ihre Frist versäumt haben. Über den Wortlaut des § 62 hinaus ist weiterhin anerkannt, dass bestimmte Prozesshandlungen – im Wesentlichen Anerkenntnis, Verzicht und Klageänderung – nur dann ihre übliche Wirkung erzielen, wenn keiner der Streitgenossen der jeweiligen Erklärung widerspricht[42] (für die Verjährungsunterbrechung s. aber BGH NJW 1996, 1060).

3. Die Einbeziehung weiterer Dritter

71   Das Gesetz sieht in den §§ 64–77 weitere Möglichkeiten vor, Dritte an dem Prozess zu beteiligen. Auch diese Möglichkeiten muss der Anwalt natürlich mitbedenken. Weil aber derartige Prozesskonstellationen ausgefallener sind, werden sie nicht hier – gewissermaßen bei der Alltagskost eines Anwalts – dargestellt, sondern erst unten, Rdnn. 373 ff., bei den besonderen Gestaltungen.

§ 4 Den Gegenstand des Streites betreffend

Literatur: Dütz, Rechtsstaatlicher Gerichtsschutz im Privatrecht, 1970; Schlosser, Einverständliches Parteihandeln im Zivilprozeß, 1968.

72   Als Letztes schließlich muss sich der Anwalt bzw. Kläger bei der Vorbereitung der von ihm zu verfassenden Klageschrift auch noch überlegen, ob überhaupt und – bejahendenfalls – wie er das, was er durch die Klage erreichen will, im Prozess vortragen kann oder muss. Dabei kann er nach dem oben, Rdn. 19, Gesagten davon ausgehen, dass der Zugang zum Gericht grundsätzlich, d. h. von wenigen Ausnahmen abgesehen, eröffnet ist. Diese Ausnahmen können sich entweder aus dem

---

[42] Im Falle eines Widerspruchs kann der Richter die Erklärung jedoch bei der Beweiswürdigung berücksichtigen.

Gesetz selbst (z. B. §§ 1297, 1958 BGB 18 I 1 BRAGO), aus der Rechtsprechung (BGHZ 97, 372: „Pillenfall"[43]) oder auch aus einer Parteivereinbarung ergeben – etwa wenn vereinbart wird, dass vor einem Gang zum Gericht ein „Vorschaltverfahren" durchgeführt werden muss. Zur Klarstellung: In all diesen Fällen ist der Zugang zum Gericht zwar eröffnet, doch besteht angesichts der klaren Ergebnisse eine Art faktischer Zugangssperre.

I Klageart

Literatur: G. Lüke, Zum zivilprozessualen Klagesystem, JuS 1969, 301; K. Schmidt, Grundfälle zum Gestaltungsprozeß, JuS 1986, 35.

Das „Ob" der Klagbarkeit ist also selten ein Problem. Dagegen muss sich der **73** Anwalt aber immer darüber klar werden, in welcher Klageart er das Rechtsschutzziel seines Mandanten am besten erreichen kann. Das Prozessrecht stellt ihm dafür drei Möglichkeiten zur Auswahl: die Leistungs-, Feststellungs- und Gestaltungsklage. Für welche er sich entscheidet, ist eine Frage, deren Beantwortung bisweilen fundierte juristische Kenntnisse voraussetzt.

1. Leistungsklage

(a) Gegenstand

Sie ist gewissermaßen der Prototyp der Klage. Mit der Leistungsklage macht der **74** Kläger einen Anspruch i. S. d. §§ 194, 241 BGB geltend: d. h. er verlangt vom Beklagten ein **Tun** (z. B. Zahlung, Übereignung, Abgabe einer Willenserklärung), ein **Unterlassen** (z. B. weiterer Namens- oder Eigentumsbeeinträchtigungen, §§ 12, 1004 I BGB; oder weiterhin „Frustzwerge" aufzustellen, AG Grünstadt NJW 1995, 889) oder auch ein **Dulden** (z. B. der Zwangsvollstreckung, §§ 1147, 2213 III BGB). Spricht der Richter dem Kläger den geltend gemachten Anspruch zu, so kann dieser im Wege der Zwangsvollstreckung durchgesetzt werden, wenn der Beklagte nicht von sich aus leistet. Das – mit der Leistungsklage korrespondierende – Leistungsurteil zeichnet sich also dadurch aus, dass es nicht nur das Bestehen des Anspruchs feststellt, sondern dass es darüber hinaus auch noch einen Leistungsbefehl enthält. Dabei ist es dem Kläger im Falle eines teilbaren Leistungsverlangens unbenommen, etwa aus Gründen der Kostenersparnis nur einen Teil des Anspruchs einzuklagen, vgl. noch Rdnn. 125, 312.

---

[43] Zu dem Fall Fehn, Die Menschenwürde des nichtehelichen Kindes im Spannungsfeld zwischen Unterhalts- und Deliktsrecht – BGH, NJW 1986, 2043, JuS 1988, 602: „Sie" nahm verabredungswidrig nicht mehr „die Pille", „er" verlangt daraufhin von „ihr" Schadensersatz für die von ihm bald darauf zu erbringenden Unterhaltsleistungen für das Kind. Der BGH stellt eine solche Verabredung außerhalb des Rechtlichen; s. auch und insbesondere Medicus, Bürgerliches Recht, 19. Aufl., 2002, Rdn. 372 a. In diesem Kontext gehören neben den §§ 656, 762 BGB auch die Gefälligkeitsverhältnisse; allerdings kann die Einladung zur Geburtstagsfeier nicht nur nicht im Klageweg durchgesetzt werden, es gibt auch schon materiell-rechtlich keinen Anspruch.

(b) Besonderheiten

Literatur: Henckel, Vorbeugender Rechtsschutz im Zivilrecht, AcP 174, 1974, 97; Roth, Die Klage auf künftige Leistung nach §§ 257–259 ZPO, ZZP 98, 1985, 287.

75   Die typische Leistungsklage zeichnet sich dadurch aus, dass der Kläger etwas verlangt, was ihm (seiner Meinung nach) der Beklagte im Moment der Klage bereits schuldet. Für den Gesetzgeber stellt sich gleichwohl das Problem, ob er auch Klagen zulassen soll, die einen erst künftig entstehenden Anspruch durchzusetzen versuchen: Das Bedürfnis für eine solche Klage kann durchaus zu bejahen sein; das zeigen etwa Unterhaltsansprüche oder auch die materiell-rechtlichen Unterlassungsansprüche. Sie versetzen, bei Licht besehen, einen künftigen Anspruch in die Gegenwart, indem sie ihm mit Hilfe der Wiederholungsgefahr eine in die Gegenwart hineinreichende Vorwirkung zugestehen. Andererseits würde die schrankenlose Zulassung von Klagen, die auf einen künftigen Anspruch gerichtet sind, zu einer uferlosen Belastung der Gerichte führen: dann nämlich würde beispielsweise bereits jetzt schon der Nachbar sämtliche, seiner Meinung nach ihm zustehenden Abwehrrechte gegen die jetzige und die künftige Nachbarschaft einklagen; oder der künftige Erbe käme auf die Idee, rein präventiv schon einmal Nachlassrechte geltend zu machen; etc. Kurzum, die Gerichte würden in einem unerträglichen Maß mehr belastet – und das mit Klagen, deren materielle Berechtigung zur Zeit des Urteils noch gar nicht absehbar ist.[44] Folglich hat sich der Gesetzgeber dazu entschlossen, nur eng begrenzte Ausnahmen von der grundsätzlich zu fordernden Betroffenheit im Zeitpunkt der Klage (genauer: des Schlusses der mündlichen Verhandlung, § 136 IV) zuzulassen. Sie sind in den §§ 257–259 geregelt; Klagen auf künftige Leistung, die nicht von diesen Vorschriften erfasst werden, werden wegen fehlenden Rechtsschutzbedürfnisses (dazu sogleich Rdnn. 94 ff.) als unzulässig abgewiesen.

76   § 257 macht die Zulässigkeit einer **Klage auf künftige Leistung** von zwei Voraussetzungen abhängig:

– Der Anspruch muss sich erstens entweder auf eine einseitige Geldleistung (z. B. Darlehensauszahlung, Schadensersatzzahlung) oder auch eine Duldung wie bei § 1147 BGB beziehen oder auf die Räumung eines Grundstücks oder Raumes, die nicht zu Wohnzwecken dienen.[45]

– Die Fälligkeit des Anspruchs muss zweitens kalendermäßig bestimmt sein, wobei man Bestimmbarkeit genügen lässt.

Weitere Voraussetzungen, insbesondere die eines besonderen Interesses des Klägers an der sofortigen Geltendmachung der künftigen Leistung, bestehen nicht. Ist eine Klage nach § 257 unzulässig, weil die Tatbestandsvoraussetzungen nicht erfüllt sind, schließt das einen Erfolg der Klage nach § 259 natürlich nicht aus.

77   § 258 gestattet dem Kläger, künftig wiederkehrende Leistungen schon jetzt einzuklagen, wenn sie **aus ein und demselben Schuldverhältnis** resultieren und

---

[44] Es ist irritierend, dass § 726 I die Möglichkeit solcher Klagen gleichwohl impliziert! S. Rdn. 512.

[45] Warum hat der Gesetzgeber wohl diese Einschränkung gemacht?

in gewissen Zeitabständen fällig werden. Prototyp dieser Klageform sind Unterhaltsansprüche, aber auch Rentenansprüche etwa aus den §§ 843 ff. BGB oder der Anspruch auf Kapitalzinsen fallen unter § 258. Wie bei § 257 ist auch hier kein besonderes Interesse des Klägers an der Verurteilung des Beklagten noch vor Fälligkeit vorausgesetzt, und die Leistung darf nach einhelliger Ansicht ebenfalls nicht von einer Gegenleistung abhängen. Auf diese Weise ist ausgeschlossen, dass etwa künftige Mietforderungen eingeklagt werden.

Während die §§ 257 und 258 die Klage auf künftige Leistung von besonderen **78** Voraussetzungen des jeweiligen Anspruchs abhängig machen, knüpft § 259 an ein bestimmtes Verhalten des Schuldners an. Demnach kann der Kläger jedweden künftigen – auch den von einer Gegenleistung abhängigen – Anspruch einklagen, wenn er nur nachweist, dass sich **der Beklagte** allem Anschein nach der (wie auch immer gearteten) **rechtzeitigen Leistung entziehen werde**. Das „rechtzeitig" deutet darauf hin, dass ein erst zukünftig entstehender Anspruch nicht geltend gemacht werden darf; vielmehr müssen zur Zeit der Klageerhebung bereits die „rechtserzeugenden Tatsachen eines Rechtsverhältnisses" eingetreten sein. Mit dieser Formulierung ist klargestellt, dass § 259 nicht erst bei fehlender Fälligkeit, sondern bereits dann einschlägig ist, wenn der Anspruch i. S. v. § 158 I BGB ein aufschiebend bedingter ist. Das Tatbestandsmerkmal ‚gerechtfertigte Besorgnis, der Schuldner werde sich der rechtzeitigen Leistung entziehen' ist bei den gesetzlichen Unterlassungsansprüchen der §§ 12, 862 oder 1004 BGB bereits im materiellen Tatbestand als „Wiederholungsgefahr" enthalten, so dass für sie § 259 nicht bemüht zu werden braucht. Ob diese Voraussetzung dagegen für vertragliche Unterlassungspflichten benötigt wird, ist umstritten (BGH NJW-RR 1989, 263, 264 m.w.N.), richtiger Ansicht nach aber wohl zu bejahen.

2. Feststellungsklage

Literatur: Baltzer, Die negative Feststellungsklage aus § 256 I ZPO, 1980; Kadel, Zur Geschichte und Dogmengeschichte der Feststellungsklage nach § 256 der Zivilprozeßordnung, 1967; Stoll, Typen der Feststellungsklage aus der Sicht des bürgerlichen Rechts, FS Bötticher, 1969, 341; Zeuner, Überlegung zum Begriff des Rechtsverhältnisses i. S. von § 256 ZPO, FS Schumann, 2001, 595.

(a) Problematik

Es gibt Rechtsstreitigkeiten, in denen der Kläger vom Beklagten gar keine Leistung **79** haben, sondern in denen er lediglich vom Richter attestiert bekommen will, dass er Recht hat; ihm genügt die rein deklaratorische Feststellung der Berechtigung seines Begehrens, ohne dass er einen zusätzlichen Leistungsbefehl verlangt. Beispielsweise streiten sich die Parteien darum, wer das Eigentum an einer Grundstücksparzelle hat; oder der geschiedene Gatte wird zum Ärger der Gattin nicht müde, überall zu verkünden, dass er eigentlich Unterhalt verlangen könnte; oder Arbeitnehmer und Arbeitgeber sind sich uneins, in welche Lohngruppe jener gehört (vgl. § 46 II 1 ArbGG); oder ein OHG-Gesellschafter macht geltend, ein Gesellschafterbeschluss sei nichtig; etc.

Aus der Sicht des Gesetzgebers liegt das Problem mit dieser Art von Streitigkeiten darin, dass ihr Begehren zum einen nicht immer leicht von dem der Leistungsklagen zu unterscheiden ist (das zeigen bereits die wenigen Beispiele oben), zum anderen, dass Feststellungsbegehren ins Uferlose abdriften können – etwa wenn ein Käufer den Verkäufer bezichtigt, er habe den Kaufpreis falsch berechnet, oder wenn „sie" von „ihm" die Feststellung begehrt, „er" habe mit „ihr" (oder gar einer Dritten) den Beischlaf vollzogen, oder wenn der Taxifahrer gegenüber seinem Fahrgast darauf beharrt, pünktlich gewesen zu sein. Da andererseits eine lange historische Entwicklung die eigenständige Bedeutsamkeit und Unentbehrlichkeit der Feststellungsklage belegt hat, hat sie der Gesetzgeber mit den in § 256 enthaltenen Einschränkungen zugelassen. Anders als den Leistungsklagen liegt der Feststellungsklage kein materiell-rechtlicher Anspruch i. S. d. § 194 BGB zugrunde;[46] es handelt sich bei der Klage vielmehr um eine rein prozessuale Einrichtung.

(b) Gegenstand

80   Nach § 256 I kann mit einer Feststellungsklage zweierlei, jeweils in positiver und in negativer Variante, verlangt werden, so dass man dementsprechend zwischen **positiver und negativer Feststellungsklage** unterscheidet:

– Die (kaum praxisrelevante) Feststellung der Echtheit oder Unechtheit einer Urkunde. Das ist insofern bemerkenswert, als es sich bei dieser Frage um eine Tatsache handelt.
– Die Feststellung des Bestehens oder Nichtbestehens eines Rechtsverhältnisses.

(c) Rechtsverhältnis

81   Ein Rechtsverhältnis ist etwas anderes als eine Tatsache; nach einer üblichen Definition handelt es sich dabei um eine bestimmte, rechtlich geregelte Beziehung von Personen untereinander oder zu einem Gegenstand (BGHZ 22, 43, 47). Das ist natürlich recht weit gefasst und gibt in einzelnen Fällen auch immer wieder Anlass zu Zweifeln – etwa bei der Frage, ob ein Schuldnerverzug ein feststellbares Rechtsverhältnis darstellt (verneinend BGH JZ 2001, 198 mit Anm. Schilken) –, doch ist immerhin so viel klar:

(aa) Voraussetzungen

82   – Es ist eine **Rechts**beziehung notwendig. Tatsachen wie vollzogener Beischlaf, pünktliches Erscheinen oder Geisteskrankheit können also nicht festgestellt werden. Sofern sie allerdings Tatbestandsmerkmale eines Rechtsverhältnisses sind, kann dieses zum Gegenstand der Klage gemacht werden. Solche Rechtsbeziehungen sind auch selbständige Teilbeziehungen aus einem umfassenden Verhältnis – etwa ein einzelner Anspruch (z. B. wegen Wasserrohrbruchs die Miete für den Monat November nicht zahlen zu müssen) oder die Ausübung eines Gestaltungsrechts (dass etwa das Schreiben vom Soundsovielten (k)eine Beendigung eines Rechtsverhältnisses bewirkt habe); vgl. auch BGH NJW 1990, 911.
– Ferner ist erforderlich, dass das Rechtsverhältnis ein **gegenwärtiges** ist. Dass es bedingt oder betagt ist, stört also nicht, wohl aber, wenn jemand seinen Erbanteil

---

[46] Klausuren, deren Frage lautet: „Wer ist Eigentümer?" oder „Ist A Erbe geworden?", entsprechen typischen Feststellungsbegehren.

am künftigen Nachlass einer noch lebenden Person festgestellt haben will (RGZ 144, 54; BGHZ 37, 144 f.). Eine Kombination von Feststellungsklage und § 259 gibt es also nicht, doch kann der Kläger bisweilen vor der Wahl stehen, ob er ein bereits bestehendes Rechtsverhältnis festgestellt haben will oder ob er gleich auf künftige Leistung daraus klagt,[47] vgl. Rdn. 78. Für vergangene Rechtsverhältnisse gilt, dass sie feststellbar sind, wenn aus ihnen Rechtswirkungen in die Gegenwart oder die Zukunft resultieren.

– Weil schließlich das Rechtsverhältnis zwischen Personen untereinander oder zu einem Gegenstand bestehen muss, kann eine **abstrakte Rechtsfrage nicht** Gegenstand einer Feststellungsklage sein (z. B.: Die Regierung ist verpflichtet, zum Wohl kommender Generationen den Regenwald und das Wattenmeer zu schützen). Andererseits deutet die Definition an, dass die Beziehung nicht gerade zwischen den Parteien bestehen muss; es genügt vielmehr nach herrschender Ansicht, dass das Rechtsverhältnis zwischen einer Partei und einem Dritten oder auch nur zwischen Dritten besteht, dazu aufschlussreich BGH ZIP 2000, 679. Freilich muss der Kläger in einem solchen Fall ein berechtigtes (Feststellungs-)Interesse gerade gegenüber dem Beklagten haben – etwa weil er von der Existenz oder Nichtexistenz einer solchen Beziehung auch betroffen ist.

(bb) Beispiele

Zulässige Feststellungsbegehren sind etwa die Feststellung des Eigentums, des   **83**
Erbrechts nach Eintritt des Erbfalls, der Vaterschaft (§ 640 II bitte lesen), eines Pflichtteilsentziehungsrechts (beachte allerdings BGH NJW-RR 1990, 130), eines Gesellschaftsverhältnisses, dass die Forderung gegen D dem Kläger (und nicht dem Beklagten) zusteht (= Rechtsbeziehung zu einem Dritten), etc. Ein negatives Feststellungsurteil ist übrigens auch jedes Urteil, das eine Leistungsklage abweist. Die Gattin des obigen Beispiels (Rdn. 79) kann auf Feststellung klagen, dass sie nicht zum Unterhalt verpflichtet ist (= negative Feststellungsklage); die eine Partei darauf, dass die umstrittene Grundstücksparzelle ihr gehört bzw. der anderen nicht (positive bzw. negative Feststellungsklage); ebenso der Arbeitnehmer darauf, dass er der Gehaltsgruppe 3 zugehört, oder der Arbeitgeber darauf, dass die richtige Gehaltsgruppe die Nr. 4 ist; der Gesellschafter darauf, dass der Beschluss nichtig ist.

(cc) Sonderformen

Für den Anwalt, der einen Klageschriftsatz vorbereitet, ist es regelmäßig zu früh,   **84**
sich über die in § 256 II (bitte lesen) zugelassene **Zwischenfeststellungsklage** Gedanken zu machen. Doch wenn der Kläger etwa die Herausgabe der ihm bekannten Nachlassgegenstände verlangt und darüber hinaus noch mit weiteren, versteckten Gegenständen rechnet, so ist für ihn die Feststellung recht hilfreich, dass er – und nicht der Beklagte – Erbe und somit aktivlegitimiert[48] i. S. d. § 2018 BGB ist.

---

[47] Wovon wird der Kläger seine Wahl wohl vernünftigerweise abhängig machen?
[48] Zur Wiederholung: Was bedeutet Aktivlegitimation?

Denn damit ist in einem eventuell späteren Prozess zwischen denselben Parteien diese Frage unabänderlich geklärt. § 256 II bezieht sich dem Wortlaut nach auf den typischen Fall, dass ein solches Zwischenfeststellungsinteresse erst während eines laufenden Prozesses auftaucht; doch kann es bisweilen durchaus schon vor Prozessbeginn bestehen (BGH NJW-RR 1990, 318, 320).

(d) Feststellungsinteresse

85   Während das Tatbestandsmerkmal ‚Rechtsverhältnis' dazu dient, die oben beschriebene Problematik der potentiellen Weite der Feststellungsklage einzudämmen, s. Rdn. 79, sorgt das in § 256 I eigens hervorgehobene ‚rechtliche Interesse' des Klägers für die Abgrenzung zur Leistungsklage. Weil dieses Interesse aber nur eine Sonderform des allgemeinen, d. h. bei jeder Klage erforderlichen Rechtsschutzinteresses ist, wird es ebendort erörtert, Rdn. 97.

3. Gestaltungsklage

Literatur: Schlosser, Gestaltungsklagen und Gestaltungsurteile, 1966; K. Schmidt, Grundfälle zum Gestaltungsprozeß, JuS 1986, 35.

86   Diese Klageart zeichnet sich dadurch aus, dass der Gesetzgeber in einer begrenzten und daher nur vorsichtig erweiterbaren Anzahl von Fällen die Notwendigkeit empfunden hat, die **Neugestaltung einer Rechtslage** nicht wie bei einer Kündigung, Anfechtung, etc. dem privatautonomen Handeln der Betroffenen zu überlassen, sondern sie durch einen Richterspruch vornehmen zu lassen. Im Grunde genommen handelt es sich bei einem solchen Prozess – materiell-rechtlich gesprochen – um eine besondere Formvorschrift, die dem Gestaltungsvorgang das mitunter nicht ganz passende Zweiparteienschema des Zivilprozesses aufstülpt: So kann beispielsweise selbst eine einverständliche Scheidung, der Prototyp der Gestaltungsklage, nicht anders als durch Richterspruch vorgenommen werden, § 1564 S. 1 BGB. Und die Wirkung des Gestaltungsurteils ist – im Gegensatz zu den übrigen Klagen – nicht auf die beiden Parteien beschränkt, sondern erstreckt sich umfassend für und gegen jedermann.

87   Eine Gestaltungsklage ist überall dort zu erheben, wo das Gesetz die Gestaltung von einer Klage abhängig macht, wobei unter Gestaltung die **Begründung, Änderung oder Aufhebung eines Rechtsverhältnisses** zu verstehen ist. Das ist bei der bereits erwähnten Scheidung ebenso der Fall wie bei der Auflösung einer OHG auf Betreiben eines Gesellschafters oder dem Ausschluss eines ihrer Gesellschafter auf Betreiben der übrigen nach den §§ 133, 140 HGB; weitere Beispiele sind die Klage auf Leistungsbestimmung nach den §§ 315 III 2, 319 I 2 BGB, die Eheaufhebungsklage, § 1313 BGB, die Ehelichkeitsanfechtungsklage, §§ 1599 BGB, 640 II Nr. 2, die Erbunwürdigkeitserklärung nach § 2342 BGB, die Entziehung der Geschäftsführungsbefugnis nach § 117 HGB, die Anfechtung eines Hauptversammlungsbeschlusses nach § 246 AktG, etc. Schließlich zählt die h. M. auch noch die vollstreckungsrechtlichen Klagen etwa der §§ 767, 771 (vgl. Rdnn. 671 ff.) hierzu.

4. Andere Klagearten

Die voranstehenden Ausführungen zu den gewissermaßen klassischen Klagearten **88** sind ein weiterer Beweis dafür, dass die Dreiteilung zwar einem tiefen Bedürfnis entgegenkommt,[49] dass sie aber allein schon wegen ihrer diversen Beschränkungen nicht notwendigerweise alle Klageziele erfasst. So ist denn auch nicht verwunderlich, dass etwa die zuletzt genannten vollstreckungsrechtlichen Klagen bisweilen als Klagen eigener Art angesehen werden. Eine weitere Öffnung dieses Kanons mag sich eines Tages aus dem europäischen Recht ergeben (s. noch unten Rdn. 430): Der EuGH verlangt nämlich von den Mitgliedstaaten, dass sie zur effektiven Umsetzung des Gemeinschaftsrechts notfalls neue Klagemöglichkeiten zu schaffen haben.[50] Ob sich das Dreierangebot des deutschen Zivilprozessrechts dafür eines Tages als zu eng erweisen wird, ist jedoch eine heute noch nicht beantwortbare Frage.

II Objektive Klagenhäufung

Sofern der Kläger gegen den Beklagten nicht nur ein einziges Begehren hat – et- **89** wa die Herausgabe seiner Stereoanlage –, sondern vielleicht außer der Räumung der Wohnung auch noch Zahlung der rückständigen Miete verlangt, erhebt sich für ihn (bzw. seinen Anwalt) die Frage, ob er das „in einem Aufwasch" in dem einen Prozess vorbringen kann, anstatt dafür verschiedene Verfahren anstrengen zu müssen. Das Gesetz räumt ihm eine solche Möglichkeit, die im Gegensatz zu der oben, Rdn. 63 ff., behandelten subjektiven die objektive Klagenhäufung genannt wird, nach näherer Maßgabe des § 260 ein.

Demnach können (die prozessualen) Ansprüche nicht wahllos miteinander ver- **90** bunden werden – etwa ein Scheidungsantrag mit einer Rückforderung aus ungerechtfertigter Bereicherung –, sondern es müssen folgende Voraussetzungen erfüllt sein:

– Die mehreren Ansprüche müssen sich **gegen denselben Beklagten** richten. Da der Kläger (im Gesetz unausgesprochen, aber selbstverständlich) vortragen muss, dass diese Ansprüche ihm zustehen bzw. dass er zu ihrer Geltendmachung prozessführungsbefugt ist, muss also hinsichtlich aller Ansprüche eine Personenidentität bestehen. Das ist das Abgrenzungskriterium zur subjektiven Klagenhäufung.

– Das **Gericht muss** für sämtliche Ansprüche **örtlich wie sachlich zuständig sein**, und diese müssen **in derselben Prozessart** geltend gemacht werden können. Was die Zuständigkeit betrifft, so sind sowohl § 5 (bitte lesen) als auch gegebenenfalls § 25 (bitte ebenfalls lesen) zu beachten; ein Anspruch über

---

[49] Zum beständigen Versuch, Dinge in ein Dreierschema zu bringen, und den möglichen Gründen dafür etwa Marti, Geprägtes Recht, in: Zollinger (Hg.), C. G. Jung im Leben und Denken unserer Zeit, 1975, 58. S. auch H. Goudy, Trichotomy in Roman Law, 1910 (Neudruck 1980).

[50] Etwa EuGH JZ 1992, 305 mit Anm. Hailbronner, S. 284 ff., insbes. S. 287. S. auch M. Wolf, Abbau prozessualer Schranken im europäischen Binnenmarkt, in: Grunsky u. a. (Hg.), Wege zu einem europäischen Zivilprozeßrecht, 1992, 39.

€ 3.000,– (sachlich zuständiges Gericht ist das Amtsgericht) kann also durchaus mit einem solchen über € 5.000,01 (vgl. §§ 71, 23 Nr. 1 GVG: Landgericht) kombiniert werden, weil die Werte gem. § 5 zusammengerechnet werden; sachlich zuständiges Gericht für diese Klage ist also das Landgericht. Die in § 260 genannte ‚Prozessart‘ ist etwas anderes als die oben vorgestellte ‚Klageart‘, Rdnn. 73 ff.: Eine Feststellungsklage kann also beispielsweise mit einer Leistungsklage verbunden werden – vorausgesetzt freilich, dass die Leistungsklage nicht im Urkundsverfahren verfolgt wird. Unvereinbar sind ferner auch etwa Familien- und Nichtfamiliensachen, Hauptsache- und Arrestprozess.

Entsprechen die verschiedenen Begehren des Klägers diesen Voraussetzungen, ist eine objektive Klagenhäufung zulässig – zumindest grundsätzlich. Diese Einschränkung ist erforderlich, weil die Häufung auf mehrfache Weise[51] geschehen kann und daher eine Differenzierung möglich macht:

1. Kumulative Klagenhäufung

91   Diese Form der Häufung liegt vor, wenn der Kläger etwa Rückzahlung des Darlehens sowie Abnahme des Werkes verlangt oder wenn er Zahlung des Kaufpreises und zusätzlich den aus der Verzögerung entstandenen Verzugsschaden gem. §§ 280 I, II, 286 BGB verlangt. Die beiden Beispielsvarianten unterscheiden sich dadurch, dass die Begehren im ersten Falle auf verschiedenen Sachverhalten beruhen, während sie im zweiten Fall zwar aus demselben Sachverhalt resultieren, dafür aber unterschiedliche Ansprüche darstellen. Wird dagegen ein und derselbe Anspruch aus unterschiedlichen, rechtlichen Anspruchsgrundlagen hergeleitet – etwa Schadensersatz aus § 280 I BGB oder aus § 823 I BGB –, so handelt es sich nicht um eine Klagenhäufung i. S. d. § 260, sondern um **einen** prozessualen Anspruch. Hieran zeigt sich, dass der materiell-rechtliche Anspruchsbegriff des § 194 I BGB nicht mit dem des Prozessrechts identisch ist; darauf wird immer wieder zurückzukommen sein.

92   Ob der Kläger die mehreren Ansprüche gleich zu Beginn oder erst im Laufe des Prozesses (gem. § 261 II) geltend macht, ist ihm überlassen.[52] So oder so geht es in dem Prozess dann jedoch um verschiedene Streitgegenstände (vgl. Rdn. 102 ff.), so dass nicht nur die materiell-rechtlichen Tatbestandsvoraussetzungen, sondern auch die prozessualen Zulässigkeitserfordernisse jeweils gesondert zu prüfen sind. Die gemeinsame Behandlung, die der Richter bei Bedarf nach § 145 aufheben darf, vgl. Rdn. 66, bewirkt nur insofern eine Erleichterung, als eine einheitliche Verhandlung und Beweisaufnahme durchgeführt werden kann. Meistens ergeht auch ein einheitliches Urteil, doch muss der Richter dabei natürlich jeden einzelnen geltend gemachten Anspruch verbescheiden; das kann in Gestalt eines einheitlichen Obsiegens oder Verlierens geschehen, kann aber auch einmal so sein, dass der Klä-

---

[51] Neben den beiden hier vorgestellten Möglichkeiten gibt es auch noch die alternative Klagenhäufung, die nur in den Fällen einer Wahlschuld nach den §§ 262 ff. BGB zulässig ist; vgl. Thomas/Putzo-Reichold § 260 Rdn. 7.

[52] Bei der nachträglichen Klagenhäufung müssen allerdings nach h. M. auch die Voraussetzungen einer Klageänderung gegeben sein, vgl. Rdn. 359 f.

ger hinsichtlich des einen Anspruchs erfolgreich, hinsichtlich des anderen dagegen erfolglos ist.

2. Eventuelle Klagenhäufung

Von der kumulativen ist die eventuelle Klagenhäufung zu unterscheiden. Bei ihr **93** werden die mehreren Ansprüche nicht zusammen zur Entscheidung vorgelegt, sondern das eventualiter vorgetragene Begehren soll erst und nur dann verbeschieden werden, wenn der primäre Anspruch nicht schon erfolgreich ist. Der Richter soll den **Hilfsantrag** – das können auch mehrere, hintereinander geschaltete sein, und sie können auch im rechtslogischen Widerspruch zum Hauptantrag (z. B.: „Ich schulde nichts, hilfsweise: ich schulde nur die Hälfte") stehen – also nur dann beurteilen, wenn er den Hauptantrag abweist. Eine solche eventuelle Klagenhäufung hat den Vorteil, dass sie die Verjährung auch des mit dem Hilfsantrag geltend gemachten materiellen Anspruchs nach § 204 I Nr. 1 BGB hemmt.[53] Doch wird ein Kläger sie sinnvollerweise nur dann in Erwägung ziehen, wenn der Hilfsantrag, vom Rechtsschutzziel her gesehen, hinter dem Hauptantrag zurückbleibt. Die h. M. verlangt darüber hinaus, dass die im Eventualverhältnis vorgetragenen Anträge **rechtlich oder wirtschaftlich zusammenhängen**; denn das Problematische und mit den Bestimmtheitserfordernissen des Prozessrechts an sich Kollidierende an dieser Art der Klagenhäufung ist, dass die Frage nach dem „Ob" der Entscheidung über den Hilfsantrag letztlich dem Richter übertragen ist. Diese Anomalie wird durch das Erfordernis eines Zusammenhangs begrenzt. Zum Problem, ob die Eventualklagenhäufung eine Prozesshandlung ist, die unzulässigerweise an eine Bedingung geknüpft wird, siehe Rdn. 233.

III Rechtsschutzbedürfnis

Literatur: Pohle, Zur Lehre vom Rechtsschutzbedürfnis, FS Lent, 1957, 195; E. Schumann, „Kein Bedürfnis für das Rechtsschutzbedürfnis", FS Fasching, 1988, 439; Wieser, Das Rechtsschutzinteresse des Klägers im Zivilprozeß, 1971.

1. Allgemein

Liest man die ZPO, um sich einen Überblick über die eigenen Klagemöglichkeiten **94** zu verschaffen, so findet man das hier darzustellende Rechtsschutzbedürfnis nur vereinzelt, und dann auch meist nur umschrieben – etwa in den §§ 66, 114, 256 oder 259; die für jede Rechtsmitteleinlegung erforderliche Beschwer oder das besondere Interesse des gewillkürten Prozessstandschafters (Rdnn. 48 ff.) sind dagegen nicht einmal normiert, sondern nur gewohnheitsrechtlich anerkannt. Angesichts einer solchen Lückenhaftigkeit liegt der Schluss nahe, dass die Erhebung einer Klage (oder auch nur die Vornahme einzelner Prozesshandlungen) ohne weiteres zulässig ist, wenn nur die sonstigen Prozessvoraussetzungen vorliegen. Gleichwohl verlangen h. L. und Rechtsprechung für jede Inanspruchnahme der staatlichen Gerichte ganz generell ein Rechtsschutzbedürfnis.

---

[53] Was geschieht, wenn der Richter dem Hauptantrag stattgibt und infolgedessen den Hilfsantrag gar nicht verbescheidet?

95   Der Grund für diese Forderung wird einsichtig, wenn man die beiden hauptsächlichen Fallgruppen betrachtet, vor denen die Gerichte mit Hilfe dieses zusätzlichen Erfordernisses geschützt werden sollen: So soll ein Richter erstens dann nicht bemüht werden, wenn der Kläger sein Ziel auf effizienterem, einfacherem, speziellerem oder billigerem Weg erreichen kann; zweitens sollen Gerichte davor bewahrt werden, für prozessfremde Zwecke missbraucht zu werden. Anders formuliert: Die Gerichte sollen nicht unnötig tätig, und sie sollen nicht für außerjuristische Zwecke instrumentalisiert werden. Angesichts der allgemeinen und notorischen Überlastung der Gerichte erscheint die Forderung nach einem Rechtsschutzinteresse somit durchaus gerechtfertigt. Es weckt allerdings Unbehagen, dass vor allem die zweite Fallgruppe auf einer (vom Gesetz mit Bedacht nicht vorgesehenen) Beurteilung der klägerischen Motive beruht; denn damit ist ein Weg eröffnet, durchaus gerechtfertigte, aber (aus welchen Gründen auch immer) unliebsame Klagen als unzulässig abzuweisen:

> Eine Gruppe von Anrainern klagt gegen ein Kohlekraftwerk wegen unzulässiger Emissionen – dem Vernehmen nach, um die Abfindungssumme in einem möglichen Vergleich in die Höhe zu treiben.[54]

Wollte man in einem solchen Fall ein Rechtsschutzbedürfnis verneinen, wäre das nicht nur eine völlig ungerechtfertigte Bevorzugung desjenigen Klägers, der seine Motive besser kaschieren kann, sondern auch eine m. E. unzulässige Statuierung eines (irrealen) Klägerideals, das aus gerechter (?) Empörung die Gerichte angeht. Auf alle Fälle zeigt das Beispiel jedoch die Problematik des generellen Rechtsschutzbedürfnisses auf und mahnt damit zum behutsamen und zurückhaltenden Gebrauch dieses Erfordernisses. Wenn daher keine ganz besonderen Umstände vorliegen, **ist ein Rechtsschutzbedürfnis zu bejahen.** Bei Leistungsklagen ergibt es sich regelmäßig daraus, dass der Gegner trotz (behaupteten) bestehenden und fälligen Anspruchs nicht leistet, bei Feststellungsklagen aus dem Feststellungsinteresse und bei Gestaltungsklagen aus der Notwendigkeit dieses „Formerfordernisses" (Rdnn. 86 f.).

96   Das Rechtsschutzbedürfnis ist ein Dauererfordernis; d. h. es muss bis zur letzten Verhandlung vorliegen. Da es sich bei ihm um eine Zulässigkeitsvoraussetzung handelt, darf es jedoch nicht aus materiell-rechtlichen Gründen verneint werden: Die Klage, mit der der Kläger etwa eine evident wucherische Forderung geltend macht, darf also nicht mangels Rechtsschutzbedürfnisses als unzulässig, sondern muss als unbegründet abgewiesen werden. Anerkannte Beispiele für ein fehlendes Rechtsschutzbedürfnis sind:

– Hinsichtlich des einfacheren, spezielleren und billigeren Weges: Wenn Prozesskosten, statt sie im Kostenfestsetzungsverfahren der §§ 103 ff. anzumelden (vgl. § 794 I Nr. 2 und Rdn. 113), eingeklagt werden; der Kläger hat bereits einen vollstreckbaren Titel in Händen; Klage statt Titelumschreibung nach §§ 727 ff.

---

[54] Vgl. BGHZ 79, 131; dazu Medicus, Allgemeiner Teil des BGB, 8. Aufl., 2002, Rdn. 705 (betr. Sittenwidrigkeit der Abfindungsvereinbarung infolge Rechtsbehelfsmissbrauchs).

(vgl. Rdnn. 516 ff.); etc. Freilich sind auch in dieser Fallgruppe die Einzelfall-umstände immer mitzuberücksichtigen. So hat derjenige, der aufgrund eines Prozessvergleichs vom Gegner die Abgabe einer Willenserklärung verlangen kann, zwar einen vollstreckbaren Titel (§ 794 I Nr. 1, Rdnn. 484 ff.) in Händen, darf aber nach allgemeiner Ansicht gleichwohl auf Abgabe dieser Erklärung klagen, weil der Vollstreckungsweg über § 888 ebenfalls regelmäßig sehr be-schwerlich und zudem unsicher ist.

– Hinsichtlich des Missbrauchs: Es klagt gerade derjenige Miterbe eine Nach-lassforderung ein, der als Einziger mittellos ist und daher Prozesskostenhilfe verlangt (KG JW 1938, 696); Klagen oder auch Anträge (etwa Richterablehnung nach §§ 41 ff.), die allein zum Zweck der Zeitverzögerung erhoben bzw. gestellt werden. Besonders str. ist die Frage, ob ein Rechtsschutzbedürfnis zu verneinen ist, wenn Minimalforderungen[55] eingeklagt werden. Nach meiner Ansicht darf das Rechtsschutzbedürfnis in solchen Fällen, wenn überhaupt, dann nur in krass gelagerten Ausnahmefällen verneint werden: Erstens aus der grundsätzlichen Erwägung heraus, dass der Staat seine Mithilfe nicht verweigern darf, nach-dem er dem Einzelnen die Selbsthilfe grundsätzlich untersagt hat, Rdn. 19; und zweitens deswegen, weil der Gesetzgeber mit der Einführung des § 495a ein vereinfachtes Verfahren eigens für solche Forderungen eingeführt und damit die gerichtliche Durchsetzbarkeit auch dieser Forderungen bestätigt hat.

2. Feststellungsinteresse

(a) Allgemeine Feststellungsklage

Es wurde schon gesagt, dass das in § 256 I für die Feststellungsklage eigens her-vorgehobene Interesse gerade an dieser Klageart eine besondere Form des Rechts-schutzbedüfnisses darstellt, Rdn. 85. Das Interesse muss **rechtlicher Art sein** – ein persönliches, wirtschaftliches oder wissenschaftliches Interesse (etwa Klärung eines Hausarbeits- oder Dissertationsproblems[56]) genügt demgegenüber nicht. Her-kömmlicherweise bejaht man ein rechtliches Interesse immer dann, wenn hinsicht-lich des in Frage stehenden Rechtsverhältnisses, Rdnn. 81 ff., eine Unsicherheit be-steht, die die Rechtsposition des Klägers gefährdet oder beeinträchtigt – und wenn das erstrebte Feststellungsurteil diese Unsicherheit beseitigen kann. Dieses letztge-nannte Erfordernis dient der Abgrenzung vornehmlich zur Leistungsklage. Da ein Feststellungsurteil nämlich nicht im Wege der Zwangsvollstreckung verwirklicht werden kann, fragt man, was der Kläger mit der Feststellungsklage erreichen will: Erstrebt er eigentlich eine Leistung, spricht man ihm das besondere Feststellungs-interesse ab, weil anderenfalls die Gerichte ggf. noch ein weiteres Mal mit dem Fall beschäftigt werden würden. Als Faustregel sollte man sich daher einprägen, dass die Feststellungs- gegenüber der Leistungsklage **subsidiär** ist.[57]

97

---

[55] Die Rechtswirklichkeit lehrt, dass dies auch Centbeträge sein können (z. B. 41 Pfennige!, AG Stuttgart NJW 1990, 1054).

[56] Zur Wiederholung: Warum scheidet eine Feststellungsklage zur Klärung eines derartigen Problems von vornherein aus?

[57] Die VwGO hat diese Faustregel in § 43 II 1 ausdrücklich normiert.

Freilich weist auch diese Regel eine Reihe von Ausnahmen auf: So ist anerkannt, dass eine Feststellungsklage gegen eine öffentlich-rechtliche Körperschaft
immer zulässig ist, weil von diesem Beklagten zu erwarten ist, dass er sich dem
richterlichen Entscheid freiwillig beugen werde (BVerwGE 36, 179, 181). Ferner
billigt man dem Kläger die Wahl zwischen einer Klage auf künftige Leistung und einer Feststellungsklage zu. Sofern er Schwierigkeiten hat, insbesondere seinen künftig zu erwartenden Schaden schon heute exakt zu beziffern, kann er die Feststellung begehren, dass der Beklagte für diesen künftigen Schaden ersatzpflichtig ist;
oder der Kläger kann zum Zeitpunkt der Klageerhebung beim besten Willen noch
nicht eine dem Bestimmtheitsgrundsatz, Rdnn. 123 ff., genügende Leistungsklage
formulieren (BGH ZIP 1996, 1395). Diese Ausnahmen belegen, dass es bei der
Abgrenzung zwischen Feststellungs- und Leistungsklage nicht so sehr um dogmatische Sauberkeit als vielmehr um Zweckmäßigkeit geht: Die Feststellungsklage ist
mangels rechtlichen Interesses unzulässig, wenn der Kläger sein Ziel auf einem einfacheren, direkteren, billigeren, kurzum: auf einem besseren Weg erreichen kann.
Das ist insbesondere bei einer negativen Feststellungsklage zu beachten,

> BGH NJW 1986, 1815: Gegen K, der Omnibusfahrten zu Werbe- und Ver-
> kaufszwecken durchführt, erwirkte B eine einstweilige Verfügung, mit der eine
> bestimmte mehrtägige Fahrt untersagt wurde. K klagte daraufhin auf nach-
> trägliche Feststellung der Unrechtmäßigkeit der einstweiligen Verfügung und
> hilfsweise auf Feststellung, dass kein Unterlassungsanspruch des B bzgl. der-
> artiger Fahrten bestehe. Der BGH verneinte das Feststellungsinteresse bzgl.
> des Hauptantrags, da die einzig relevante Fortwirkung aus der einstweiligen
> Verfügung – der Kostenpunkt – einfacher im Wege des Widerspruchs zu klären
> sei; hinsichtlich des Schadensersatzanspruchs aus § 945 hätte K dagegen gleich
> auf Leistung klagen müssen. Das Begehren im Hilfsantrag könne zwar auch im
> Wege der Leistungsklage verfolgt werden (etwa: B müsse unterlassen, gegen
> solche Fahrten des K vorzugehen); deren Risiken wären hier jedoch wegen
> besonderer Umstände höher als bei einer Feststellungsklage, so dass das Fest-
> stellungsinteresse insoweit bejaht werden konnte, s. auch BGH NJW-RR 1990,
> 1532 f.

(b) Zwischenfeststellungsklage

98   Bei der in § 256 II normierten Zwischenfeststellungsklage tritt an die Stelle des
rechtlichen Interesses die **Vorgreiflichkeit** des streitigen Rechtsverhältnisses, d. h.:
das Ergebnis der Hauptklage muss vom Bestehen oder Nichtbestehen dieses – streitigen – Rechtsverhältnisses abhängen. Das ist außer bei der bereits genannten Er-
benfeststellung, Rdn. 84, etwa dann der Fall, wenn mehrere Ansprüche aus einem
in seiner Wirksamkeit umstrittenen Miet-, Pacht- oder sonstigen Überlassungsver-
hältnis zur Entscheidung anstehen bzw. zu erwarten sind.

IV Rechtshängigkeit

Literatur: Buschmann, Rechtsanhängigkeit im Ausland als Verfahrenshindernis, 1996;
Dohm, Die Einrede ausländischer Rechtshängigkeit im deutschen internationalen Zivilpro-

zeßrecht, 1996; Goebel, Europäische Rechtshängigkeit und zivilprozessuales Rechtsmittelrecht nach der ZPO-Reform 2002, ZZPint 2002, 39; U. Hermann, Die Grundstruktur der Rechtshängigkeit, 1988; P. Huber, Fragen zur Rechtshängigkeit im Rahmen der EuGVVO – Deutliche Worte des EuGH, JZ 1995, 603; Schack, Die Versagung der deutschen internationalen Zuständigkeit wegen forum non conveniens und lis alibi pendens, RabelsZ 58, 1994, 40; Chr. Wolf, Rechtshängigkeit und Verfahrenskonnexität nach EuGVVO, EuZW 1995, 365.

Während die Zulässigkeitsvoraussetzung ‚Rechtsschutzbedürfnis‘ u. a. das Ziel **99** verfolgt, die Gerichte vor einer mehrfachen Beschäftigung mit ein und demselben Fall (weitestgehend[58]) zu bewahren, indem es von verschiedenen, möglichen Vorgehensweisen des Klägers die effizientere vorschreibt, verfolgt das nunmehr zu behandelnde Zulässigkeitserfordernis dieselbe Absicht – allerdings nicht im Hinblick auf eine Möglichkeit, sondern im Hinblick auf ein Faktum: Die Erhebung einer Klage ist nämlich unzulässig, § 261 III Nr. 1, wenn der Gegenstand, um den sich der Streit bei dieser Klage dreht, bereits anderweitig (dazu zählt grundsätzlich auch das Ausland, vgl. u. a. Art. 27 EuGVVO und – zu Art. 21 EuGVÜ – BGH JZ 2002, 949) rechtshängig ist. Während das Rechtsschutzbedürfnis also gewissermaßen im Planungsstadium eines bestimmten prozessualen Vorgehens eingreift, um eine Mehrfachbeschäftigung der Gerichte zu unterbinden, hakt das Verbot anderweitiger Rechtshängigkeit zu dem gleichen Zweck in der Gegenwart ein. Bei der Erörterung der Rechtskraft (Rdnn. 307 ff.), die ebenfalls eine erneute Beschäftigung der Gerichte mit derselben Sache unterbindet und die prinzipiell nichts anderes als die – zeitlich verlagerte – Rechtshängigkeit ist, werden wir sehen, dass an ein vergangenes Geschehen angeknüpft wird: nämlich an die bereits erfolgte Entscheidung eines Gerichts über die jetzt mit der Klage verfolgte Sache, Rdnn. 102 ff.

1. Voraussetzungen

§ 261 I besagt, dass durch die Erhebung der Klage die Rechtshängigkeit der Streit- **100** sache begründet wird. Hieran ist zweierlei erklärungsbedürftig – was nämlich mit Klageerhebung gemeint ist (a) und was der Begriff ‚Streitsache‘ bedeutet (b). Die weitere Frage nach den Wirkungen, welche Implikationen also mit der Rechthängigkeit verbunden sind, stellt sich erst im Anschluss an die Beantwortung dieser Vorfragen.

(a) Klageerhebung

Die Klageerhebung erfolgt in zwei Schritten: Erstens durch die **Einreichung** der **101** Klageschrift bei Gericht gem. § 253 V (s. auch § 496) bzw. gem. § 261 II durch die Geltendmachung eines neuen Anspruchs in der mündlichen Verhandlung;[59] damit ist die Klage **anhängig**. Das ist insbesondere dann schon ein bedeutsamer Schritt, wenn durch die Klage bestimmte Fristen eingehalten werden sollen, vgl. § 167. Da aber Anhängigkeit nicht dasselbe wie Rechtshängigkeit ist (zur Dauer der Anhängigkeit BGH JZ 1995, 967 mit Anm. W. Lüke), muss als Weiteres noch die von

---

[58] Das Gesetz selbst macht etwa beim Urkundsverfahren, Rdnn. 432 ff., eine Ausnahme von dem im Text genannten Prinzip.

[59] Zu welcher – bereits besprochenen – prozessualen Konstellation führt eine solche Geltendmachung eines weiteren Anspruchs erst während eines bereits laufenden Verfahrens?

Amts wegen vorzunehmende **Zustellung** eben der Klageschrift an den Beklagten erfolgen, §§ 271 I, 166 II. Erst wenn die Klage auf diese Weise dem Beklagten kundgemacht ist, ist die Klage i. S. d. § 261 I **erhoben**, § 253 I.

(b) Streitgegenstand

Literatur: Baumgärtel, Zur Lehre vom Streitgegenstand, JuS 1974, 69; de Boor, Gerichtsschutz und Rechtssystem, 1941; Georgiades, Die Anspruchskonkurrenz im Zivilrecht und Zivilprozeßrecht, 1968; Gottwald, Streitgegenstandslehre und Sinnzusammenhänge, in: Gottwald et al. (Hg.), Dogmatische Grundfragen des Zivilprozesses im geeinten Europa, 2000, 85; W. Habscheid, Der Streitgegenstand im Zivilprozeß und im Streitverfahren der freiwilligen Gerichtsbarkeit, 1956; ders., Die neuere Entwicklung der Lehre vom Streitgegenstand im Zivilprozeß, FS Schwab, 1990, 181; Henckel, Parteilehre und Streitgegenstand im Zivilprozeß, 1961; Jauernig, Verhandlungsmaxime, Inquisitionsmaxime und Streitgegenstand, 1967; Leipold, Wege zur Konzentration von Zivilprozessen, 1999; Rimmelspacher, Materiellrechtlicher Anspruch und Streitgegenstandsprobleme im Zivilprozeß, 1970; Schwab, Der Streitgegenstand im Zivilprozeß, 1954; ders., Der Stand der Lehre vom Streitgegenstand im Zivilprozeß, JuS 1965, 81; ders., Gegenwartsprobleme der deutschen Zivilprozeßrechtswissenschaft, JuS 1976, 71.

102   Mit der weiteren Frage nach dem Bedeutungsgehalt des in § 261 I mit ‚Streitsache' umschriebenen Begriffs befindet man sich bei einem für den Zivilprozess eminent wichtigen Thema, das die deutsche Prozessrechtswissenschaft schon seit langem mit einer bemerkenswerten, am praktischen Nutzeffekt gemessen nicht unbedingt immer gerechtfertigten Intensität diskutiert, ohne bislang freilich einen Konsens erzielt zu haben. Die Festlegung dessen, worum in dem jeweiligen Prozess gestritten wird und was üblicherweise mit dem technischen Ausdruck **Streitgegenstand** oder **prozessualer Anspruch** umschrieben wird, ist außer bei der Rechtshängigkeit im Wesentlichen in drei weiteren prozessualen Kontexten von Bedeutung: bei der bereits behandelten objektiven Klagenhäufung (s. Rdn. 89 ff.: liegen überhaupt mehrere prozessuale Ansprüche vor?), bei der Klageänderung (Rdnn. 356 ff.) und bei der materiellen Rechtskraft (Rdnn. 307 ff.: Ist über diese Streitsache bereits anderweitig entschieden worden?).

Im Kontext der Rechtshängigkeit dient der Streitgegenstandsbegriff dazu, die geplante Klage von anderen, bereits erhobenen (oder – im Hinblick auf die Rechtskraft – abgeschlossenen) Klagen abzugrenzen. Ist das aufgrund ihrer Identität nicht möglich, darf die geplante Klage nicht erhoben werden bzw. wird sie, falls sie doch erhoben wird, als unzulässig abgewiesen. Wie jedoch die Identität bzw. Abweichung zu bestimmen ist, ist der Gegenstand der genannten, intensiven Diskussion. Sie wird letzten Endes von der rechtspolitisch geprägten Wertungsfrage (Jauernig I § 37 VII 2) bestimmt, wie viele Prozesse man zulassen oder durch ein bereits geführtes Verfahren ausschließen will.

(aa) Materieller Streitgegenstandsbegriff

103   Am einfachsten wäre es natürlich, wenn sich der prozessuale Streitgegenstand aus dem materiellen Recht herleiten ließe; wenn man also, wie das vor allem früher vielfach vorgeschlagen wurde, von einer Identität des prozessualen mit dem materiellen Anspruchsbegriff ausgehen könnte. Dann allerdings würde wohl eine wahre

Prozessflut ausgelöst werden: Denn die Klage auf Schadensersatz aus Delikt würde nicht die weitere Klage aus § 280 I BGB hindern, auch wenn der Schädigungsvorgang ein und derselbe wäre (etwa ein Unfall während einer Taxifahrt), und eine Klage auf Herausgabe würde eine erneute Klage nicht ausschließen, wenn sie einmal auf § 985 BGB, das andere Mal auf § 861 BGB (schließlich vielleicht gar noch auf § 1007 BGB) gestützt würde. Die Untragbarkeit dieses Ergebnisses löste eine heftige Debatte um die zivilrechtlichen Anspruchskonkurrenzen aus, die freilich zu keinem für die prozessuale Problematik befriedigenden Ergebnis geführt hat.

(bb) Prozessualer Streitgegenstandsbegriff

Angesichts solcher Schwierigkeiten liegt es nahe, bei der Festlegung des Streitgenstandes allein auf das Prozessrecht zu rekurrieren, was denn auch das Bestreben des so genannten **eingliedrigen Streitgegenstandsbegriffs** ist. Ihm zufolge bestimmt sich die Streitsache allein nach dem mit der Klage verfolgten Antrag. Das ist in der Tat ein praktikabler Ansatz, wenn der Kläger etwa die Herausgabe einer bestimmten Sache verlangt; ob er diesen Anspruch auf Delikt oder Vertrag stützt, ändert nichts an der Identität des prozessualen Anspruchs. Zu Problemen kommt jedoch auch diese Ansicht, wenn der Kläger etwa die Zahlung einer Geldsumme verlangt. Dann nämlich lautet der Antrag schlichtweg: „Der Beklagte wird verurteilt, an den Kläger € 1.000,– zu bezahlen." Unterstellt, der Kläger hat zwei solcher Forderungen – eine (die eingeklagte) als Schadensersatz, die andere aus ungerechtfertigter Bereicherung –, so ergäbe sich bei strenger Betrachtung nach dem eingliedrigen Streitgegenstandsbegriff, dass er die zweite Forderung nicht mehr im Klageweg durchsetzen kann, weil die € 1.000-Klage schon rechtshängig (oder rechtskräftig entschieden) ist.   **104**

Um diese unsinnige Konsequenz zu vermeiden bzw. um nicht konstellationsbedingt korrigieren zu müssen, geht die h. M. von dem so genannten **zweigliedrigen Streitgegenstandsbegriff** aus. Auch sie stützt sich zur Bestimmung des prozessualen Anspruchs auf den Klageantrag, konkretisiert ihn jedoch anhand des zugrunde liegenden **Lebensvorgangs**. Dieser Begriff ist hier hervorgehoben, weil an seiner Stelle oftmals „Sachverhalt" steht. Mit diesem Wort gerät man jedoch in erneute Schwierigkeiten – welcher Sachverhalt nämlich gemeint ist: Da der Richter im Zivilprozess nicht von sich aus Nachforschungen über die Tatsachen betreibt, erhält er deren Kenntnis von den Parteien. Im ärgsten Fall könnte der Kläger also vortragen, ihm stehe ein Schadensersatzanspruch aus den §§ 280 I, III, 281 BGB zu, weil der Beklagte trotz Fälligkeit nicht geleistet habe. Wird ihm daraufhin die Klage abgewiesen, weil er keine Frist gem. § 281 I BGB gesetzt habe, so könnte er nunmehr erneut auf dasselbe klagen und dabei vortragen, dass er sehr wohl auch diesem Erfordernis nachgekommen sei; denn damit trägt er einen neuen Sachverhalt vor. Damit hätte das Gericht also eine zweite Klage über praktisch denselben Streit zu verbescheiden, was der Streitgegenstandsbegriff jedoch gerade in einem derart evidenten Fall vermeiden soll. Für den Nachweis, dass solche Befürchtungen hinsichtlich eines derartigen Klägerverhaltens keineswegs professoralem „Panikdenken" entspringen, sondern dass Parteien vielmehr in der alltäglichen Realität oftmals mit allen Mitteln versuchen, einen verlorenen Prozess wieder wettzuma-   **105** chen, s. vorläufig nur den Sachverhalt der BGH-Entscheidung NJW 1993, 3204 = JuS 1994, 354 (K. Schmidt), Rdn. 311: Hier war für den Kläger Anknüpfungspunkt für den von ihm angenommenen neuen Sachverhalt – und damit Streitgegenstand –, dass ein Zaun nicht 1982, sondern 1983 errichtet worden war! Um sich also von diesen engen Vorgaben zu lösen, bedient sich die h. M. des weiteren Begriffs „Lebensvorgang", weil er den Antrag des Klägers hinreichend individualisiert, ohne dass es auf die Einzelheiten ankommt.

106   Selbstverständlich ist das hier zum Streitgegenstandsbegriff Vorgetragene bestenfalls eine grobe Leitlinie in dem Dickicht der verschiedenen, bisweilen bis ins feinste Detail ziselierenden Meinungen. Im Einzelfall hilft mitunter auch der zweigliedrige Streitgegenstandsbegriff nicht weiter. Dann neigt insbesondere die Rechtsprechung zu einem angesichts der wohl unlösbaren Definitionsproblematik sehr wohl nachvollziehbaren Pragmatismus. Ein Beispiel für die Schwierigkeit ist etwa das Nebeneinander (oder Nacheinander) der Klagen einmal aus einem Wechsel, das andere Mal aus der zugrunde liegenden Kaufpreisforderung. Die wohl überwiegende Meinung geht hier von verschiedenen Streitgegenständen aus. Ein anderes Beispiel bietet

EuGH EuZW 1995, 309 mit Anm. Chr. Wolf, S. 365: Ein Schiffseigner transportierte für mehrere Auftraggeber deren Sojaöl von Brasilien nach Rotterdam. Ebendort kam das Öl verunreinigt an, so dass ein Streit um eine eventuelle Schadensersatzpflicht entstand. Daraufhin erhob der Eigner in Rotterdam Klage auf Feststellung, dass er keinen Ersatz zu leisten habe. Bevor über diese Klage entschieden wurde, verlangten die Auftraggeber in London vor Gericht Leistung. Der EuGH musste nunmehr entscheiden, ob diese Leistungsklage durch die Rechtshängigkeit der negativen Feststellungsklage gesperrt ist.

Der Fall bietet natürlich eine Fülle von Schwierigkeiten, die sich aus seiner Internationalität ergeben. In einen nationalen Kontext versetzt, ist er aber eine oft diskutierte und die Praxis mehrfach beschäftigende Variante des Verhältnisses dieser beiden Klagearten: negative Feststellungsklage zu Leistungsklage. Während der EuGH diesem Unterschied hinsichtlich des Begehrens keine Bedeutung beimisst und demgemäß wegen des identischen Kernpunkts der Streitigkeiten von einer Identität der Streitgegenstände ausgeht (vgl. Gottwald lt. Lit.-Angaben), entscheidet die h. M. in Deutschland entgegengesetzt (vgl. aber die vorbildliche Zurückhaltung des BGH in BGHZ 134, 201, 209).[60] Sie geht wegen der **Unterschiedlichkeit der Klagearten von divergierenden Streitgegenständen** aus. Gleichwohl weist der BGH eine früher rechtshängige negative Feststellungsklage als unzulässig ab, weil für sie grundsätzlich das Feststellungsinteresse entfalle, sobald die korrespondierende Leistungsklage nicht mehr einseitig zurückgenommen werden kann (BGHZ 99, 340, 342 f.). Nicht die Rechtshängigkeit, sondern das Rechtsschutzinteresse ist also hierzulande das Aussperrungsinstrument.[61]

---

[60] In dieser Frage bahnt sich jedoch möglicherweise ein Umdenken an, vgl. Koch, Einführung in das europäische Zivilprozessrecht, JuS 2003, 105, 108 m.w.N.

[61] Vgl. hierzu A. Zeuner, Zum Verhältnis zwischen internationaler Rechtshängigkeit nach Art. 21 EuGVÜ und Rechtshängigkeit nach den Regeln der ZPO, FS G. Lüke, 1997, 1003.

2. Wirkungen

Die Wirkungen der Rechtshängigkeit sind – wenigstens teilweise – in § 261 III   **107**
festgehalten. Aus dessen Nr. 1 ergibt sich, warum der klagevorbereitende Anwalt
die hier vorgestellten Überlegungen zur Rechthängigkeit anstellen muss: eine Klage
soll nicht zweimal vor die Gerichte gebracht werden. Geschieht das trotzdem, wird
die zweite von Amts wegen mit dem Einwand bestehender Rechtshängigkeit als
unzulässig abgewiesen.

Nr. 2 umschreibt, was sich aus der Rechtsgeschichte unter dem Stichwort **per-**   **108**
petuatio fori entwickelt hat. Sie besagt – wie auch schon § 17 I 1 GVG für die
Zulässigkeit des Rechtswegs, vgl. Rdn. 22 –, dass die Zuständigkeit des Gerichts
lediglich im Zeitpunkt des Rechtshängigkeitsbeginns gegeben sein muss. Nachträgliche Änderungen wie etwa ein Wohnsitzwechsel des Beklagten sind dagegen
für die einmal wirksam erhobene Klage grundsätzlich unbeachtlich; im Amtsgerichtsprozess ergeben sich allerdings diesbezüglich gewisse Einschränkungen aus
dem § 506.

Die Regelung der perpetuatio fori gibt dem rechtsgeschichtlich aufgeschlosse-
nen Juristen einen deutlichen Fingerzeig, dass sich Beklagte einstmals einer Klage
auch dadurch zu entziehen versuchten, dass sie ihren Wohnsitz wechselten und dadurch den Kläger zum ständigen Nachforschen und „Nachklagen" zwangen. Zwei
weitere Wirkungen der Rechtshängigkeit, die jedoch erst später ausführlicher darzustellen sind, weisen auf ganz vergleichbare Phänomene trickreichen Beklagtenver-
haltens hin. So normiert § 265 I eigens, dass die Veräußerung der streitbefangenen
Sache keinen Einfluss auf den Fortgang des Prozesses hat (Rdnn. 361 ff.), und § 263
(s. Rdnn. 356 ff.) lässt nunmehr eine Klageänderung nach Eintritt der Rechtshängigkeit auch gegen den Willen des Beklagten zu, wenn das Gericht die Änderung
für sachdienlich erachtet.

V Kosten

Literatur: Becker-Eberhard, Grundlagen der Kostenerstattung bei der Verfolgung zivilrechtlicher Ansprüche, 1985; ders., Zum Neben- und Gegeneinander von materiell-rechtlicher und
prozessualer Kostenhaftung, JZ 1995, 814; Bruns, Das Verbot der quota litis und die erfolgs-
honorierte Prozeßfinanzierung, JZ 2000, 232; Seibert, Die Prinzipien des Kostenerstattungs-
rechts und die Erstattungsfähigkeit vorgerichtlicher Kosten des Rechtsstreits, 1985.

1. Bedeutung

Auch wenn die Kostenfrage hier erst an fast schon letzter Stelle der von einem An-   **109**
walt anzustellenden Überlegungen vor Erhebung einer Klage angeführt wird, darf
diese Positionierung auf keinen Fall als Indikator für eine fehlende praktische (eher
schon für die mangelnde akademische) Bedeutsamkeit dieser Materie missverstan-
den werden. Bei der Frage, wie viel der angestrebte Rechtsstreit gegebenenfalls den
Kläger kosten kann, handelt es sich vielmehr um eine der zentralsten Weichenstel-
lungen für oder wider einen Prozess, die immer bedacht (und mit dem Mandanten
erörtert) werden muss. Wegen eines zu hohen Prozesskostenrisikos werden tagtäglich eine Vielzahl von Prozessen nicht geführt (sehr instruktiv BVerfG NJW 1997,
311 = EWiR 1997, 327 (Fleischer)).

Diese Aussage weist darauf hin, dass die Prozesskosten in Deutschland eine „Zugangsbarriere" zu den Gerichten darstellen.[62] Dass das in dieser Form nicht sein muss, demonstriert (abgesehen von den unter 3. aufgezeigten Milderungen) in wünschenswerter Deutlichkeit die Konträrregelung des US-amerikanischen Rechts. Nach der dort herrschenden ‚American Rule' trägt jede Partei nahezu ausnahmslos nur ihre eigenen Kosten und auch die nur, wenn sie nicht mit ihrem Anwalt eine Vereinbarung trifft, nach der dieser nur im Falle eines Prozesssieges – und dann auch regelmäßig in Form einer quotalen Beteiligung an der zugesprochenen Geldsumme – bezahlt wird (contingency fee). Ein evidenter Nachteil dieses Systems[63] liegt darin, dass sich für einen Anwalt nur solche Fälle „rechnen", die einen Minimumstreitwert von $ 50.000,– haben. Für kleinere Fälle findet man dort daher kaum professionellen Rechtsbeistand.

Hierzulande versucht man, dieses untragbare Ergebnis dadurch zu umgehen, dass erstens die Grundregel aufgestellt wird, dass die unterliegende Partei alles, also auch die Kosten der Gegenpartei, zu tragen hat, § 91 (anders vor dem Arbeitsgericht, § 12 a I 1 ArbGG), und zweitens dadurch, dass mehr oder minder feste Gebührensätze vorgeschrieben sind.[64] Darüber hinaus gebieten seit ihrem Inkrafttreten die Artt. 1 I, 3 I, 19 IV, 20 I, III und 103 I GG (s. nur BVerfG NJW 1992, 889) die Gewährleistung eines effektiven und damit auch für jedermann bezahlbaren Rechtsschutzes (dazu alsbald unter Rdn. 115 ff.).

2. Die Regelung

Die Kosten, von denen hier die Rede ist, setzen sich aus zwei Gruppen zusammen: Erstens aus den dem Staat zu entrichtenden Zahlungen dafür, dass man seine Institutionen in Anspruch nimmt, und zweitens aus den außergerichtlichen Kosten.[65]

(a) Gerichtskosten

110   Diese Kostenkategorie setzt sich aus den Gebühren und Auslagen des staatlichen Verfahrens zusammen. Sie sind im GKG mitsamt dem dazugehörigen, als Anlage 1 zu diesem Gesetz geführten Kostenverzeichnis festgelegt. Der Umfang dieser Kosten richtet sich grundsätzlich nach der Höhe des Streitwertes. Wer Schuldner dieser sich aus diesem Gesetz ergebenden Kostenschuld ist, bestimmen die §§ 49 ff. GKG: Das ist zunächst einmal gem. § 49 GKG der Initiator des Verfahrens, d. h. also in erster Instanz der Kläger, der diese Kosten regelmäßig vorschießen muss, damit seine Klageschrift überhaupt erst zugestellt wird, §§ 61 I Nr. 1, 65 I 1 GKG. Erlegt

---

[62] S. nur Blankenburg, Mobilisierung des Rechts, 1995, 51.

[63] Ein weiterer – gravierender – Nachteil dieses Systems liegt darin, dass es geradezu einlädt, erstens zu prozessieren und zweitens exorbitante Summen zu verlangen.

[64] Freilich sind abweichende Vereinbarungen gem. § 3 BRAGO zulässig und üblich, vgl. etwa Römermann/Hartung, Anwaltliches Berufsrecht, 2002, S. 232 ff. Eine contingency fee verstößt jedoch gegen § 49 b II BRAO. Gleichwohl sind in der Praxis immer wieder Umgehungsbemühungen zu beobachten – etwa mit Hilfe von Hin- und Her-Zessionen des klageweise geltend gemachten materiellen Anspruchs, s. noch unten bei Rdn. 119 a.

[65] Aufschlussreich zu den Kosten im Falle der Beauftragung einer überörtlichen, internationalen Sozietät KG RPfleger 2000, 85 = EWiR 2000, 333 (Mankowski).

aber das schließliche Urteil die Kosten dem Beklagten auf, so haftet auch und primär dieser, §§ 54 Nr. 1, 58 GKG. Die daneben bestehen bleibende Ausfallhaftung des Initiators wird nicht immer gesehen. Es ist also durchaus möglich, dass die obsiegende Partei die Gerichtskosten trägt!

(b) Außergerichtliche Kosten

Literatur: Kilian, Einführung in das Anwaltsgebührenrecht, JuS 1998, 253, 350.

Dieser Rechnungsposten erfasst die Anwalts- oder generell: Rechtsbeistands-kosten, nicht aber die emotionalen, sozialen oder nur anlässlich des Prozesses zu erbringenden Kosten. Letztere können, wenn überhaupt, nur auf der Grundlage eines eigenen materiell-rechtlichen Anspruchs eingeklagt werden. Die Anwalts-kosten, d. h. dessen Gebühren und Auslagen, berechnen sich regelmäßig nach der BRAGO und ebenfalls auf der Grundlage des Streitwertes. Schuldner dieser Kos-ten ist grundsätzlich jede Partei selbst, da sie den bürgerlich-rechtlichen Vertrag, §§ 611 ff. oder 675 BGB, mit dem Anwalt geschlossen hat.   **111**

(c) Erstattungsanspruch

Die Prozesskosten setzen sich aus den unter (a) und (b) genannten Posten zusam-men. § 308 II (bitte lesen) schreibt vor, dass das Gericht über sie selbst dann zu entscheiden hat, wenn ausnahmsweise einmal kein entsprechender Antrag gestellt sein sollte. Grundlage dieser Entscheidung sind im Wesentlichen die §§ 91–101, deren Ausgangspunkt der bereits erwähnte **Grundsatz ist, dass der Verlierer al-le (notwendigen) Kosten zu tragen hat**, § 91 I 1. Nach § 92 kommt es bei nur teilweisem Obsiegen zu einer Quotelung der Kosten zwischen den Parteien, deren einfachste Variante die gegenseitige Aufhebung ist (d. h. die Parteien tragen ihre außergerichtlichen Kosten je selbst; einen Ausgleich gibt es nur hinsichtlich der hälftigen Gerichtskosten.[66] Beispiele sind etwa §§ 93 a I und III, 98) und deren schwierigste etwa die Kumulation von subjektiver und objektiver Klagenhäufung mit nur teilweisem, im Ausmaß gegenüber jedem Beklagten verschiedenen Erfolg des oder der jeweiligen Kläger(s) sein dürfte. § 93 wurde bereits oben in Rdn. 18 erwähnt; denn die dort nach dem Veranlassungsprinzip vorgeschriebene Kosten-tragungspflicht desjenigen Klägers, der ohne Anlass Klage erhoben hat, führt in der Praxis zu der Notwendigkeit, den (künftigen) Beklagten ausdrücklich auf die Absicht der Klageerhebung hinzuweisen.[67]   **112**

Während das GKG oder das Vertragsrecht die Kostenhaftung im jeweiligen Außenverhältnis bestimmen, setzt das Urteil fest, wer von den beiden Parteien im Innenverhältnis letztlich die Kosten zu tragen hat. Grundlage dieses internen Ausgleichs ist ein prozessualer Erstattungsanspruch, dessen verfahrensmäßige Kon-kretisierung in den §§ 103–107 geregelt ist. Danach bedarf es zunächst eines zur   **113**

---

[66] Worin liegt nach dem Gesagten also der Unterschied zwischen einer Kostenaufhebung und einer hälftigen Kostenteilung?

[67] Bitte überfliegen Sie die weiteren Vorschriften der Kostenverteilung, und lesen Sie § 97. Zu § 91 a s. noch unten Rdnn. 345 f.

Zwangsvollstreckung geeigneten Titels, § 103 I. Für die vorliegenden Zwecke genügt die Feststellung, dass dieser unten in Rdnn. 464 ff. ausführlich darzustellende Begriff deckungsgleich mit dem in § 300 (bitte lesen) genannten Endurteil ist, in dem gemäß dem erwähnten § 308 II auch über die Kostentragungspflicht entschieden ist. Diese urteilsmäßige Festlegung ist der Ausgangspunkt für das vom Rechtspfleger, § 21 Nr. 1 RPflG, vorzunehmende Kostenfestsetzungsverfahren, in dem im Wesentlichen die im Urteil enthaltene Feststellung („Der Kläger trägt 1/3, der Beklagte 2/3 der Kosten des Rechtsstreits") unter Zugrundelegung der entstandenen Kosten ausgerechnet und in einen Leistungsbefehl umformuliert wird, so dass der Erstattungsberechtigte gegebenenfalls den ihm gewährten Anspruch auch im Vollstreckungsweg befriedigen kann.[68]

(d) Ausländersicherheit

Literatur: Baldus, Europarecht im Zivilprozeß, JA 1996, 894.

114   Für eben diesen Erstattungsanspruch sieht § 110 vor, dass ein (dem gewöhnlichen Aufenthalt nach) ausländischer Kläger auf Verlangen des Beklagten wegen der Prozesskosten Sicherheit leisten muss. Damit soll der – potentiellen – Schwierigkeit Rechnung getragen werden, diesen Anspruch im – eventuell erforderlichen – Vollstreckungsweg zu realisieren. Eine Vielzahl von Staatsverträgen[69] entbindet jedoch von dieser Pflicht. Darüber hinaus legt § 110 nach der Vorgabe eines Urteils des EuGH (NJW 1997, 3299) fest, dass Sicherheit nur leisten muss, wer seinen „gewöhnlichen Aufenthalt nicht in einem Mitgliedstaat der Europäischen Union oder in einem Vertragsstaat des Abkommens über den Europäischen Wirtschaftsraum" hat, vgl. Art. 12 I EG.

3. Milderungen

Dass die Prozesskosten eine Zugangsbarriere vor den Gerichten darstellen, hat nicht nur der ZPO-Gesetzgeber von Anfang an, sondern haben seit nicht ganz so langer Zeit auch die Versicherungswirtschaft und so genannte Prozessfinanzierer erkannt. Alle drei bieten Hilfe an.

(a) Prozesskostenhilfe

Literatur: Albers, Prozeßkostenhilfe als Sozialhilfe, GS Martens, 1987, 283; Baumgärtel, Gleicher Zugang zum Recht für alle, 1976; Engels, Prozeßkostenhilfe, 1990; Kollhosser, Prozeßkostenhilfe als Sozialhilfe in besonderen Lebenslagen, ZRP 1979, 297; Rechtsschutzversicherungen und alternative Prozessfinanzierungen (Vorträge von Bauer, Grunewald, Schiller), AnwBl 2001, 537 ff.

---

[68] Der Kostenfestsetzungsbeschluss der §§ 104 f. ist gem. § 794 I Nr. 2 ein vollstreckbarer Titel. Was folgt daraus, wenn der laut Urteil Erstattungsberechtigte Leistungsklage auf Zahlung der Kosten erhebt – etwa weil er neben dem prozessualen noch einen (durchaus möglichen und eigenständig existierenden) materiell-rechtlichen Anspruch (aus Vertrag oder Delikt) hat?

[69] Nachweise bei Wieczorek/Schütze, § 110 Rdn. 42.

Voraussetzungen und Verfahren der Erteilung von Prozesskostenhilfe sind in   **115**
den §§ 114–127a geregelt. Die Einordnung dieser Vorschriftengruppe in die Allgemeinen Vorschriften der ZPO bedingt, dass die Hilfe – in der Praxis wird sie
mit dem „Insider-Kürzel" PKH gekennzeichnet – in jedem Verfahren und Verfahrensabschnitt gewährt werden kann, also auch im Mahnverfahren, dem einstweiligen Rechtsschutz oder der Zwangsvollstreckung. Des Weiteren ergibt sich aus
der Formulierung dieser Vorschriften, dass grundsätzlich jede Partei potentieller
Hilfeempfänger sein kann: Es macht also keinen Unterschied, ob es sich um den
Kläger oder den Beklagten handelt, wo die Partei ihren Wohnsitz hat oder welche
Staatsangehörigkeit sie hat; nur ausländische juristische Personen sind aus diesem
Kreis ausgeschlossen, § 116 S. 1 Nr. 2.

(aa) Hilfeberechtigte

§ 114 bezieht sich auf natürliche Personen, welche die (gerichtlichen wie außerge-   **116**
richtlichen) Kosten der Prozessführung überhaupt nicht oder nur teilweise aufbringen können. Für die demnach notwendige Beurteilung der fehlenden wirtschaftlichen Leistungsfähigkeit müssen die Einkommens- und Vermögenswerte ermittelt
werden, die eine Partei zur Prozessführung einzusetzen hat; das erfolgt gem. § 115
(bitte überfliegen) weitgehend nach dem Bundessozialhilfegesetz. Soweit zumut-
bar, muss die Partei danach ihr eigenes Vermögen, Abs. 2, und ihr (nicht das des
Ehegatten oder der Familie!) Einkommen einsetzen, Abs. 1 S. 1.[70] Zu dem von
§ 114 erfassten Personenkreis zählt nach h. M. auch ein Nebenintervenient (zu ihm
s. unten Rdnn. 373 ff.), obgleich er nicht Partei des Rechtsstreites ist.

Inländische juristische Personen erhalten nach Maßgabe des § 116 S. 1 Nr. 2
im gleichen Umfang PKH wie die oben, Rdn. 47, erwähnten Parteien kraft Amtes nach § 116 S. 1 Nr. 1: Ist demnach die Insolvenzmasse oder der Nachlass zu
dürftig und ist es den am Gegenstand des Rechtsstreits wirtschaftlich Beteiligten
nicht zuzumuten, die Kosten vorzuschießen (dazu etwa BGH NJW 1998, 1868),
kann der Verwalter gleichwohl den Prozess führen. Beachten Sie bitte, dass es auf
die Leistungsfähigkeit der von ihm verwalteten Masse und nicht auf seine eigene,
persönliche ankommt; der Insolvenzverwalter etwa kann also ruhig mit seinem No-
belauto vorfahren, um den Antrag auf PKH zu stellen.

(bb) Erfolgsaussicht

Außer der Hilfebedürftigkeit muss das fragliche Verfahren (Erkenntnisverfahren,   **117**
einstweilige Verfügung, Zwangsvollstreckung, etc.; für Rechtsmittel s. § 119 I[71])
eine hinreichende Aussicht auf Erfolg versprechen und darf nicht mutwillig erscheinen, § 114. Unter ‚Erfolg' ist dabei nicht nur die Erlangung einer positiven
Entscheidung, sondern auch deren Durchsetzungschance zu verstehen; ist der Gegner also vermögenslos, und wird er es voraussichtlich auch künftig bleiben, wird

---

[70] Wegen des sich hieraus ergebenden Anreizes zur Einräumung einer gewillkürten Prozessführungsbefugnis s. oben Rdn. 48.
[71] Warum verzichtet diese Vorschrift in den Fällen des Abs. 1 S. 2 auf die Prüfung der
Erfolgsaussicht?

PKH selbst dann nicht gewährt, wenn die Leistungsklage noch so aussichtsreich ist. Bei Gestaltungsklagen – wie insbesondere bei einem Scheidungsverfahren – entfällt dieser Gesichtspunkt naturgemäß, so dass gerade im Hinblick auf § 1566 BGB eigentlich nurmehr die fehlende Leistungsfähigkeit maßgebend ist.

(cc) Verfahren

118   Voraussetzung für die Gewährung von PKH ist immer ein Antrag der betroffenen Partei, § 114. Zu dessen Erfordernissen im Einzelnen s. § 117. Dadurch wird das in § 118 dargestellte Bewilligungsverfahren in Gang gesetzt, in dessen Verlauf der Richter (bzw. Rechtspfleger, § 20 Nrn. 4 und 5 RPflG) die unter (aa) und (bb) genannten Voraussetzungen prüft. Freilich handelt es sich dabei in Bezug auf die Erfolgsaussicht nur um eine mehr oder minder summarische Prüfung, weil sonst schon in diesem vorbereitenden Verfahrensabschnitt die Hauptsache detailliert geprüft werden müsste. Dementsprechend darf auch die im Gesetz vorgeschriebene Erfolgsaussicht nicht mit einer Erfolgsgewissheit verwechselt werden. Bei der Prüfung der Leistungsfähigkeit ist die Tabelle zu § 115 zu berücksichtigen, aus der sich ergibt, inwieweit der Antragsteller eigenes Einkommen aufwenden muss; s. dazu § 120. Die schließliche Entscheidung des Gerichts ergeht in Gestalt eines Beschlusses gem. § 127 I. Gibt dieser dem Antrag statt, wird der Antragsteller von der Zahlung der Gerichtskosten und der Kosten des beigeordneten Anwalts, s. § 121, befreit – nicht jedoch von der Erstattung der dem Gegner entstandenen (außergerichtlichen) Kosten, wenn dieser den Rechtsstreit gewinnen sollte, § 123.[72] In einem solchen Fall muss also die Partei, die aufgrund ihrer Leistungsunfähigkeit PKH erhalten hat, gleichwohl die Prozesskosten der Gegenpartei entrichten.

(b) Rechtsschutzversicherung und Prozessfinanzierer

Literatur: Blankenburg/Fiedler, Die Rechtsschutzversicherungen und der steigende Geschäftsanteil der Gerichte, 1981; Dethloff, Verträge zur Prozessfinanzierung gegen Erfolgsbeteiligung, NJW 2000, 2225; Jagodzinski/Raiser/Riehl, Rechtsschutzversicherung und Rechtsverfolgung, 1994; Pfingsten, Der Einfluß der Rechtsschutzversicherung auf die Rechtsverwirklichung, Diss. Freiburg/Br., 1975.

119   Die Prozesskostenhilfe hieß früher „Armenrecht" und hat den mit diesem Ausdruck assoziierten Sozialmakel auch mit der neuen Begrifflichkeit nicht ganz abstreifen können. Während sie nämlich auf mangelnde wirtschaftliche Leistungsfähigkeit abstellt, bietet die Versicherungswirtschaft zur Abnahme des Kostenrisikos Rechtsschutzversicherungen an, die ihrerseits also eine gewisse Leistungsfähigkeit für die Zahlung der Prämie voraussetzen. Über Nutzen und Nachteil dieser Versicherung für das Gerichtswesen herrscht Unklarheit:[73] Auf der einen Seite hilft sie, die Kostenbarriere und damit ein wesentliches Hindernis auf dem Weg zur Durchsetzung seines Rechts zu überwinden. Insoweit fördert sie den Rechtsstaat. Auf der anderen Seite führt sie jedoch aufgrund eines schlichten Preis-Leistungsvergleichs bzw. -Denkens wohl recht häufig (insbesondere im Bereich von kleinen Klagen) zur

---

[72] Zu den Gerichtskosten vgl. § 58 II 2 GKG und BVerfG NJW 1999, 3186.

[73] S. nur Blankenburg (FN 62) a. a. O.; M. Rehbinder, Rechtssoziologie, 3. Aufl., 1993, 217; Th. Raiser, Das lebende Recht, 1995, 409.

Führung von (bisweilen auch an den Haaren herbeigezogenen) Prozessen, hebelt somit wegen dieses ökonomisch bedingten Gegenleistungsverlangens außergerichtliche Konfliktbereinigungsmechanismen (s. oben Rdn. 1) aus und trägt damit einen ganz entscheidenden Teil zur Überlastung der Gerichte bei.

Seit einigen Jahren gibt es außerdem Prozessfinanzierer. Sie übernehmen die **119 a** Kosten des Rechtsstreits, verlangen dafür aber einen gewissen Prozentsatz des erstrittenen Betrags. Damit ist man fast beim US-amerikanischen Modell der contingency fee. Wie dort „lohnt" sich ein solches Vorgehen erst ab einer gewissen, stattlichen (ca. € 200.000,–) Summe; dass dagegen auch hier – und ganz besonders – die Erfolgsaussichten der Klage vorab geprüft werden, hat die Prozessfinanzierung mit der PKH und der Rechtsschutzversicherung gemeinsam. Im Einzelnen ist bei der Prozessfinanzierung fast alles umstritten: Rechtsnatur des Vertrags? Zulässigkeit angesichts des § 49 b II BRAO? Verstoß gegen den Grundsatz der Waffengleichheit (vgl. dazu unten, Rdn. 226)?

§ 5 Klageschrift

All die bis hierher dargestellten Überlegungen muss der Anwalt zumindest theore- **120** tisch vor jeder Klage anstellen, um das richtige Gericht, die richtigen Parteien und den passenden Streitgegenstand zu erfassen. Sie münden in die für die Einleitung eines landgerichtlichen Verfahrens gem. §§ 129 I, 253 I unabdingbare Klageschrift (s. das nachstehende Beispiel) ein, deren Abfassung natürlich binnen kurzem zur Routine wird, die aber wegen dieses inneren Gehalts doch wesentlich komplizierter als ein bloßes Schreiben eines Betroffenen an ein Gericht ist. Ihre Ausgestaltung ergibt sich aus § 253. Danach ist ein Schriftsatz erforderlich, Abs. 1, der den Mussanforderungen des Abs. 2 (I) zu entsprechen hat und den Sollanforderungen des Abs. 3 (II) genügen sollte; darüber hinaus erkärt Abs. 4 die weiteren Bestimmungen der §§ 130–133 als auch für die Klageschrift maßgeblich. Für das amtsgerichtliche Verfahren sieht § 496 die freilich in der Praxis nicht allzu häufig wahrgenommene Möglichkeit vor, statt eines Schriftsatzes die Klage „mündlich zum Protokoll der Geschäftsstelle anzubringen". Als Faustregel sollte man sich für die anwaltliche Praxis merken, dass man die Klageschrift in Aufbau und Formulierung so nahe wie möglich an ein Urteil anlehnt – und wenn es nur um der Erwägung willen wäre, dem Richter die Bequemlichkeit anzubieten, den Schriftsatz in sein schließliches Urteil übernehmen zu können.

121

An das   Berlin, 1.1.2003
Landgericht Berlin
Tegeler Weg 17–21
10589 Berlin

Klage

der ABConsulting GmbH, vertreten durch die Geschäftsführerin ...,

Adresse ......,   Klägerin

– Prozessbevollmächtigter: Rechtsanwalt Dr. Roemer, ... Adresse –

gegen

den Lehrling Wolfgang Renner, Adresse ......,   Beklagten

– Prozessbevollmächtigter: Rechtsanwalt Dr. Voss, ... Adresse –

Namens und in Vollmacht der Klägerin erhebe ich Klage. In der mündlichen
Verhandlung werde ich beantragen, wie folgt zu erkennen:

I.   Der Beklagte wird verurteilt, an die Klägerin € 25.000,– zu zahlen nebst
     Zinsen hieraus in Höhe von fünf Prozentpunkten über dem Basiszinssatz
     ab Rechtshängigkeit.

II. Der Beklagte trägt die Kosten des Rechtsstreits.

III. Das Urteil ist, gegebenenfalls gegen Sicherheitsleistung, vorläufig
     vollstreckbar.

Bei Vorliegen der gesetzlichen Voraussetzungen bitte ich um Erlass eines
Versäumnisurteils.

Begründung:

......

I Mussinhalt

1. Gericht und Parteien

122 Der Kläger (bzw. sein Anwalt) muss gemäß den §§ 253 II Nr. 1 und 130 Nr. 1 das
Gericht bezeichnen; wegen der zu dessen Ermittlung anzustellenden Überlegungen
s. oben, Rdnn. 20 ff. Soll das Verfahren vor der Kammer für Handelssachen verhandelt werden, hat der Kläger dies ebenfalls in der Klageschrift zu beantragen, § 96
I GVG. Die Festlegung der Parteien ergibt sich aus den oben, Rdnn. 42 ff., darge-
legten Erwägungen. Sie sind, einschließlich ihrer gesetzlichen Vertreter, am besten
nach „Namen, Stand oder Gewerbe, Wohnort und Parteistellung", § 130 Nr. 1, anzugeben (vgl. Thomas/Putzo-Reichold § 253 Rdn. 7). Dieser Zwang zur Präzision
soll der eindeutigen Identifizierbarkeit der Parteien dienen und damit die Gefahr der
oben, Rdn. 44, beschriebenen Verwechslungen und Schwierigkeiten weitestmöglich
reduzieren. Es ist also beispielsweise von maßgeblicher prozessualer Bedeutung,

dass § 312c I Nr. 1 BGB i.V. m. § 1 BGB-InfoV bei Fernabsatzverträgen vorschreibt, dass der Anbieter seine Identität und Adresse anzugeben hat.

2. Der Bestimmtheitsgrundsatz

Literatur: Melissinos, Die Bindung des Gerichts an die Parteianträge nach § 308 I ZPO, 1982; F. Peters, Die Entscheidungen bei der Stufenklage, ZZP 111, 1998, 67.

§ 253 II Nr. 2 ist eine in ihrer praktischen Bedeutsamkeit schwerlich zu überschätzende Vorschrift, indem sie die bestimmte Angabe des Klagegegenstandes, des Klagegrundes[74] und eines bestimmten Antrags verlangt. Mit diesen Bestimmtheitserfordernissen sollen das dem Gericht zur Entscheidung vorgelegte Begehren und der zu diesem Zweck zur Beurteilung bzw. Subsumtion unterbreitete Sachverhalt so präzise wie möglich festgelegt werden. Hierin liegt ein gehöriges Stück Eigenverantwortung des Klägers – er, nicht das Gericht legt das Streitprogramm fest –, der er zur Meidung einer Klageabweisung als **unzulässig wegen fehlender Bestimmtheit** zu genügen hat. Mit welchen Schwierigkeiten ein Kläger dabei im Einzelfall zu kämpfen haben kann, belegt eindringlich

123

BGH NJW 1993, 324 = JuS 1993, 421 (K. Schmidt): Die Parteien streiten um die Aufteilung eines fürstlichen Nachlasses. K verlangt aufgrund eines ihm eingeräumten Vorkaufsrechts von B die Übereignung von Forstbesitz. Der dafür zu entrichtende Preis sollte sich nach dem Taxwert ausrichten, der seinerseits notfalls durch eine Schiedskommission festzulegen sei. Diese Zug um Zug zu entrichtende Gegenleistung, § 322 BGB (bitte lesen), hatte K in seinem Klageantrag noch nicht präzisiert. Der BGH erstreckt das Bestimmtheitsgebot in ständiger Rechtsprechung jedoch auch auf eine solche Gegenleistung, so dass er die vorliegende Klage als unzulässig behandelte.

(a) Zweck

Das Bestimmtheitserfordernis ist, auch wenn es von den Gerichten bisweilen ruhig etwas lockerer gehandhabt werden könnte (in der Entscheidung JZ 1999, 848, gibt der BGH der Vorinstanz dazu ganz handfeste Hinweise) – dem Richter ist es durchaus gestattet, den Klageantrag mit Hilfe der Klageschrift auszulegen –, nicht um seiner selbst Willen geschaffen. Vielmehr korrespondiert es mit zwei fundamentalen Grundsätzen des deutschen Prozessrechts:

124

– Erstens mit dem in § 308 I verankerten Gebot, dass das Gericht nur das verbescheiden und höchstens das zusprechen darf, was die Partei tatsächlich beantragt hat; ne eat iudex ultra petita partium (instruktiver Fall BGH ZIP 2000, 539).[75]

---

[74] Beachte, dass der in § 253 II Nr. 2 erwähnte Anspruch der prozessuale Anspruch ist, vgl. Rdnn. 102 ff., und nicht der materiell-rechtliche des § 194 BGB.

[75] Mit dieser Vorschrift hängt es zusammen, dass in Klausuren Ausführungen zu solchen Fragen oder Problemen, die die Sachverhaltsangabe nicht stellt, als Fehler angestrichen werden. Denn das in den Klausuren regelmäßig zu erstellende Gutachten dient idealiter als Entscheidungsvorlage für den Richter, der seinerseits eben an § 308 I gebunden ist.

Infolgedessen müssen dem Richter Entscheidungsinhalt und -umfang exakt vorgegeben werden. Das führt herkömmlicherweise dazu, dass die in den Klageschriften (und den Erwiderungsschriften der Beklagten) gestellten Anträge wie eine Urteilsformel präsentiert werden.

– Zweitens mit der strikten institutionellen und personellen Trennung von Erkenntnis- und Zwangsvollstreckungsverfahren. Danach wird die Zwangsvollstreckung grundsätzlich (Ausnahmen sind etwa die §§ 887, 888, 890 und 894) von Personen durchgeführt, die mit dem zuvor geführten Rechtsstreit überhaupt nicht in Berührung gekommen sind und daher von dem Gegenstand des Streites keine Ahnung haben und die überdies ihre Handlungsanweisung für die konkrete Vollstreckung nicht etwa aus dem mit Gründen versehenen Urteil, sondern aus einer im Wesentlichen den Urteilsspruch (Tenor) enthaltenden Kurzfassung erhalten (dazu unten Rdn. 509). Damit setzt sich das Bestimmtheitserfordernis der Klageschrift bis in die später einmal eventuell erforderlich werdende Zwangsvollstreckung fort, so dass die Formulierung des Tenors so lauten muss, dass das Vollstreckungsorgan anhand ihrer genau weiß, was es zu tun hat. Ein Beispiel aus einer diesbezüglich besonders schwierigkeitsträchtigen Materie ist LG Düsseldorf CR 1995, 220: K begehrt Herausgabe von Software, die auf 3,5 " Disketten gespeichert ist. Im Klageantrag wurde lediglich der auf den Disketten gespeicherte Inhalt angegeben, weshalb das Gericht die Klage insoweit mangels Bestimmtheit (und Vollstreckungsfähigkeit) als unzulässig zurückwies. Es hätten auch die äußeren Merkmale (Diskettenaufschriften) der Disketten angegeben werden müssen, damit diese möglichst problemlos individualisierbar sind (s. auch BGH NJW 2001, 155, anlässlich einer Klage auf Freistellung von einer Forderung: diese muss so exakt bezeichnet werden, dass der Beklagte im Wege der Zwangsvollstreckung zur Befriedigung des Drittgläubigers angehalten werden kann; oder OLG Düsseldorf CR 2001, 371 betr. Unterlassungsansprüche bei Dekompilierung).

125   Erneut ist es so, dass § 253 II Nr. 2 vielleicht sogar in der Mehrzahl der alltäglichen Fälle keine Schwierigkeiten bereitet – etwa wenn der Kläger aus einem mit dem Beklagten geschlossenen Bürgschaftsvertrag die vereinbarte Summe verlangt. Hier sind der Gegenstand (= Leistungsklage über € 25.000,–) und der in der Begründung der Klageschrift anzugebende Klagegrund (d. h.: der Lebensvorgang,[76] der zu dem Abschluss des Bürgschaftsvertrags führte, das Bestehen der Hauptschuld sowie die Nichtzahlung des Hauptschuldners, vgl. § 771 BGB) und auch der Antrag (= Zahlung der Summe) recht problemlos mit der hinreichenden Bestimmtheit darstellbar. Schwierigkeiten entstehen jedoch beispielsweise bei offenen Teilklagen oder der Einforderung einer sich aus mehreren Einzelbeträgen zusammensetzenden Gesamtsumme (BGH NJW 1990, 2068, 2069). Hier muss die Begrenzung bzw. Aufschlüsselung detailliert dargestellt werden. Auch bei Feststellungsklagen bereitet die bestimmte Bezeichnung des fraglichen Rechtsverhältnisses nicht selten Probleme.

---

[76] In welchem Kontext tauchte dieser Begriff im Voranstehenden bereits auf?

Zu der hier behandelten Zulässigkeitsvoraussetzung hinreichender Bestimmtheit tritt in der Praxis noch ein weiteres, vom vorliegenden Kontext jedoch streng zu trennendes Problem bei der Abfassung der Klageschrift hinzu: Nämlich die schlüssige Darstellung des materiell-rechtlichen Anspruchs. Sie ist Voraussetzung insbesondere für den Erlass eines Versäumnisurteils, betrifft also den Erfolg in materiell-rechtlicher Hinsicht. Darauf ist unten Rdnn. 184, 337 zurückzukommen.

(b) Ausnahmen

(aa) Stufenklage

Bisweilen sind die Schwierigkeiten des Bestimmtheitserfordernisses jedoch unüberwindlich. In einem Fall hat sie der Gesetzgeber selbst erkannt und in Gestalt des § 254 für Abhilfe gesorgt. Die mit dieser Vorschrift zugelassene Stufenklage geht typischerweise von einer Situation aus, in der der Kläger einen Anspruch gegen den Beklagten zu haben glaubt, diesen aber deswegen nicht beziffern kann, weil der Beklagte die zur Bezifferung notwendigen Unterlagen besitzt – etwa im Falle des § 666 BGB (bitte lesen, wie auch die §§ 259 ff. BGB, die die Rechenschaftspflicht inhaltlich konkretisieren). Unter derartigen Umständen gestattet § 254 folgende **objektive Klagenhäufung**, deren einzelne Anträge der Reihe nach – also gestuft – geprüft und verbeschieden werden: Auf der ersten Stufe verlangt der Kläger Rechenschaftslegung; auf der zweiten gegebenenfalls die Abgabe einer eidesstattlichen Versicherung nach den §§ 261 i.V. m. 259 II, 260 II BGB; und auf der dritten Stufe macht er den eigentlichen Anspruch geltend, den der Kläger zwangsläufig erst bestimmt beziffern kann, wenn er auf den vorher verbeschiedenen Stufen obsiegt und der Beklagte die Unterlagen herausgegeben hat. Stellt das Gericht bereits auf der ersten Stufe fest, dass kein Anspruch auf Rechnungslegung besteht, ergeht ein abschließendes Endurteil, anderenfalls ein (im Wege der Zwangsvollstreckung durchsetzbares) Teilurteil gem. § 301. Die Möglichkeit einer solchen Zusammenfassung derartiger Klagen – weitere Beispiele für Auskunfts- und Rechenschaftspflichten, deren Durchsetzung mit Hilfe der ersten Stufe gem. § 254 verlangt werden kann, sind etwa die §§ 675, 681, 1978, 2314 BGB – ist für einen Kläger deswegen von Interesse, weil er auf diese Weise die Leistungsklage trotz der noch fehlenden Zulässigkeitsvoraussetzung ‚bestimmter Antrag' rechtshängig machen und damit die Verjährung gem. § 204 I Nr. 1 BGB hemmen kann.

126

(bb) Weitere Lockerungen

Literatur: Butzer, Prozessuale und kostenrechtliche Probleme beim unbezifferten Klageantrag, MDR 1992, 539.

Neben dieser gesetzlich vorgesehenen Ausnahme gewährt man dem Kläger auch noch einige weitere Erleichterungen hinsichtlich des Bestimmtheitserfordernisses. So steht er vor einer mit der von § 254 anvisierten Situation vergleichbaren Schwierigkeit, wenn er eine Leistung einklagt, zu deren endgültiger Festlegung der Richter einen durch § 287 (s. unten Rdn. 288) erweiterten Entscheidungsspielraum hat. Das ist insbesondere bei Schmerzensgeldansprüchen – unbeschadet der diesbe-

127

züglichen Tabellen[77] – der Fall (BGH JZ 1996, 1080 mit Anm. Schlosser), aber auch bei Minderungs-, Bereicherungs-, Schadensersatz-, Unterhaltsansprüchen, etc. Hier darf der Kläger wegen der zwangsläufigen Ungewissheit zulässigerweise einen **unbezifferten Klageantrag** stellen. Freilich muss er gleichwohl eine ungefähre Größenangabe machen („Schmerzensgeld in Höhe von etwa € 5.000,–" oder „Unterhaltsleistungen von wenigstens € 230,– monatlich"), weil anderenfalls weder der Streitwert festgesetzt noch im Falle der Einlegung eines Rechtsmittels durch den Kläger die für dessen Zulässigkeit erforderliche Beschwer ermittelt werden könnte. Die Unbestimmtheit eines solchen zulässigen Antrags befreit den Kläger aber selbstverständlich nicht von der bestimmten Darstellung insbesondere des Klagegrundes; eher im Gegenteil: Dem Gericht müssen die für die Bestimmung der Anspruchshöhe maßgeblichen Faktoren besonders genau mitgeteilt werden.

3. Unterschrift

128   Aus § 130 Nr. 6 ergibt sich die nach allgemeiner Ansicht zum Mussinhalt zählende Notwendigkeit einer eigenhändigen Unterschrift – im Anwaltsprozess, § 78, durch einen Anwalt, ansonsten durch den Kläger oder seinen Bevollmächtigten.[78] Aus § 130 Nr. 6 Hs. 2 ergibt sich, dass die Wiedergabe der Unterschrift auf dem bei Gericht eingehenden Fax genügt. Auf die Unterschrift kann allerdings bei telegraphischer Einreichung und nach Ansicht des Gemeinsamen Senats der obersten Gerichtshöfe des Bundes (vgl. Rdn. 418) dann ganz verzichtet werden, wenn eine Textdatei mit eingescannter Unterschrift (oder gar auch ohne diese) als Computerfax auf ein Faxgerät des Gerichts übermittelt wird, ZIP 2000, 1356.

II Sonstiger Inhalt

1. Sollinhalt

129   Mängel oder gar das Fehlen des Mussinhalts berühren die Wirksamkeit der Klageschrift. Sie können zwar regelmäßig noch behoben werden, führen aber erst dann zur wirksamen Klageerhebung. Bei der in § 253 III genannten Angabe des Streitgegenstandswertes, wenn er nicht schon wie bei Zahlungsklagen evident ist, und der Äußerung zu einer möglichen Einzelrichterentscheidung (dazu unten Rdn. 143) ist es jedoch unschädlich, wenn sie unterbleiben. Das Gleiche gilt für die Angabe der Beweismittel, deren Mitteilung die §§ 253 IV i. V. m. 130 Nr. 5 nahelegen, nicht aber ihr Fehlen sanktionieren.

2. Weiteres

130   Während der soeben beschriebene Sollinhalt lediglich Ordnungscharakter hat, sein Fehlen daher den Fortgang des Verfahrens in keiner Weise beeinträchtigt, bewirkt

---

[77] Z. B. Hacks/Ring/Böhm, Schmerzensgeld Beträge, 21. Aufl., 2002; Slizyk, Beck'sche Schmerzensgeld-Tabelle, 4. Aufl., 2001.

[78] Zu den Anforderungen an eine Unterschrift aufschlussreich LAG Berlin NZA-RR 2002, 211, und E. Schneider, Über gekrümmte Linien, Bogen, Striche, Haken und Unterschriften, NJW 1998, 1844.

ein bereits in der Klageschrift zulässiger, jedoch nicht gestellter Antrag auf Erlass eines Versäumnisurteils nach § 331 III 2, dass das Verfahren zwar deswegen an keinem Mangel leidet, dass aber gleichwohl das Verfahren im gegebenen Fall mangels eines Antrags nicht sofort durch ein entsprechendes Urteil beendet werden kann. Es empfiehlt sich daher, diesen Antrag in die Klageschrift sogleich aufzunehmen – zumindest wenn Anzeichen dafür bestehen, dass der Beklagte in der betreffenden Weise reagieren bzw. nicht reagieren wird.

§ 6 Selbständiges Beweisverfahren

Literatur: Hoeren, Streitverkündung im selbständigen Beweisverfahren, ZZP 108, 1995, 343; Schreiber, Das selbständige Beweisverfahren, NJW 1991, 2600; Ulrich, Grundzüge des selbständigen Beweisverfahrens im Zivilprozess, AnwBl 2003, 26.

Mit der Abfassung der Klageschrift hat der Kläger (oder sein Anwalt) regel- **131** mäßig alles getan, was prozessvorbereitend bzw. -einleitend gemacht werden kann. Bisweilen ergibt sich aber die Notwendigkeit, schon vor Klageerhebung einen Beweis zu sichern[79] oder gar schon zu führen – etwa weil das beschädigte Dach schnellstmöglich repariert werden muss oder weil der Zeuge demnächst auszuwandern gedenkt. Um die Besonderheit der in dieser Situation einschlägigen §§ 485 bis 494 a verstehen zu können, muss man wissen, dass es ein Grundsatz des deutschen Zivilprozessrechts ist, die Beweisaufnahme **innerhalb** des rechtshängigen Erkenntnisverfahrens vorzunehmen. Dementsprechend gab es bis 1991 allenfalls die Möglichkeit, ein Beweissicherungsverfahren, nicht jedoch schon die Beweiserhebung selbst durchzuführen. Letzteres ist nunmehr – freilich in einem recht eng begrenzten Rahmen – zulässig, s. § 493.

Hinsichtlich der Zulässigkeitsvoraussetzungen ist gem. § 485 danach zu unterscheiden, ob das „Streitverfahren" bereits rechtshängig ist – die Notwendigkeit oder Dringlichkeit zu einem selbständigen Beweisverfahren ergibt sich hier etwa, wenn das Ruhen des Verfahrens oder wenn die Beweiserhebung noch nicht angeordnet worden ist –, oder ob es noch nicht rechtshängig ist. Während in jedem Fall gem. Abs. 1 Augenschein, Zeugenvernehmung oder Sachverständigenbegutachtung (zu den Beweismitteln im Einzelnen s. unten Rdnn. 261 ff.) vorgenommen werden können, sofern der Gegner dem Verfahren zustimmt oder der Verlust bzw. die Unzugänglichkeit des Beweisobjekts droht, ist im letzteren Fall ein Sachverständigengutachten über die in § 485 II Nr. 1–3 genannten Tatsachen auch schon dann zulässig, wenn die betreffende Partei ein rechtliches Interesse (es wird im Falle des § 485 II 2 vermutet) daran hat. Immerhin kann etwa bei Schadensersatzprozessen auf diese Weise der meist alles entscheidende Beweis des Schadens frühzeitig erbracht werden. Darin liegt übrigens eine (in der Praxis nicht immer wahrgenommene) Chance zu streit- und damit prozessabwehrenden Gesprächen zwischen den Parteien – oder gar auch mit weiteren involvierten Dritten. Es ist daher zu begrüßen, dass der BGH

---

[79] Oftmals gehört es freilich zu den großen Problemen eines Anwalts, rein faktisch die Beweismittel zu erfragen oder zu finden.

auch im selbständigen Beweisverfahren die Möglichkeit einer Streitverkündung, dazu Rdnn. 381 ff., einräumt (BGH JZ 1998, 260 mit Anm. Gottwald/Malterer). Das für das Beweisverfahren zuständige Gericht ergibt sich aus § 486. Es ist das Gericht der (rechtshängigen oder künftigen) Hauptsache, wenn nicht im Einzelfall aus besonderem Eilbedürfnis heraus auch das Amtsgericht der belegenen Sache oder des Aufenthalts der betreffenden Person agieren kann, Abs. 3.[80] Über das Verfahren selbst informieren die §§ 487 bis 492 (bitte lesen). Zu beachten ist jedoch, dass nach § 494 a ein Antragsgegner den künftigen Kläger, der das Verfahren vor dem Prozess in Gang gesetzt hat, insoweit unter Handlungsdruck setzen kann, als er ihm eine Frist zur Klageerhebung setzen lassen kann.[81] Versäumt der Antragsteller sie, muss er die Kosten des Beweisverfahrens gem. Abs. 2 tragen.

---

[80] Muss der in § 486 IV erwähnte Antrag von einem Anwalt eingereicht werden, wenn die Hauptsache zur Zuständigkeit eines Landgerichts gehört?

[81] Eine ganz entsprechende Vorschrift ist für das Verfahren des einstweiligen Rechtsschutzes der § 926; dazu unten Rdn. 708.

Teil III. Prozessbeginn

Mit der Abfassung der Klageschrift legt der Kläger gewissermaßen das Thema (oder   **132**
auch Streitprogramm[1]) fest, um das im Folgenden gestritten wird. Die Aufführung
des „Programms" selbst liegt nach deutschem Recht dagegen weitgehend beim
Richter; er ist die Hauptfigur des gesamten weiteren Fortgangs. Das bedeutet natürlich nicht, dass der Anwalt nunmehr eine sekundäre Rolle spielen würde (vgl. dazu
vorzüglich H. Koch, Prozessrechtslehre aus Anwaltssicht, JuS 2000, 320); nach wie
vor ist er derjenige, der durch Anträge und sonstigen Vortrag das Verfahren beein-
flussen und gegebenenfalls in die von ihm gewünschte Richtung dirigieren kann
und das – nicht zuletzt aus haftungsrechtlichen Gründen – im Einzelfall auch tun
muss – etwa durch Hinweis auf eine entscheidungserhebliche Norm (BGH NJW
1996, 2648 = EWiR 1996, 691 (Henssler)). Doch geht auch dieser Einfluss immer
nur über den Richter, weil er – grob gesagt – bestimmt, „wo's lang geht". Infolgedessen wechselt in der nachfolgenden Darstellung die Perspektive, indem der
weitere Ablauf des Verfahrens hauptsächlich aus der Sicht des Richters beschrieben
wird.

§ 1 Der Richter

Literatur: H. A. Hesse, „Unkorrektes und unprofessionelles Verhalten von Richtern", JZ
1996, 449; Limbach, „Im Namen des Volkes" – Richterethos in der Demokratie, DRiZ
1995, 425; K. W. Nörr, Zur Stellung des Richters im gelehrten Prozess der Frühzeit, 1967;
Rüthers, Demokratischer Rechtsstaat oder oligarchischer Richterstaat?, JZ 2002, 365; Schilken, Gerichtsverfassungsrecht, 3. Aufl., 2003, 283 ff.; Voßkuhle/Sydow, Die demokratische
Legitimation des Richters, JZ 2002, 673.

Die Richter sind in dem Drama oder Rollenspiel, als das man den Zivilpro-   **133**
zess durchaus auch sehen kann, diejenigen, die als sachkundige und unparteiische
Dritte den ihnen vorgelegten Streit entscheiden. Während früher einmal Alter oder
Charisma maßgebliches Kriterium für die Sachkunde bzw. Legitimation zur Streitentscheidung war, ist es heute regelmäßig die Rechtskenntnis, auf die bekanntlich
bevorzugt aus der Examensnote geschlossen wird. Doch sollte über derlei Kausali-
täten nicht allzu sehr in Vergessenheit geraten, dass nach wie vor der weise Richter
Ideal ist – oder doch sein sollte. Nicht der mit eiskalt funktionierender Perfektion

---

[1] Vgl. K. W. Nörr, Das Streitprogramm: eine historisch-vergleichende Skizze, FS Baur,
1981, 349.

arbeitende Subsumtionsautomat, sondern der Mensch, der lebensweise und zugleich ein guter Jurist ist, ist damit gefragt.[2] Gegenstand der Juristenausbildung ist freilich vorrangig[3] die bloße Rechtskenntnis.

I Voraussetzungen

134   Gemäß § 1 DRiG, der Art. 92 Hs. 1 GG konkretisiert, wird die rechtsprechende Gewalt durch Berufsrichter und durch ehrenamtliche Richter ausgeübt. Im Zivilprozess überwiegt jedoch bei weitem der Berufsrichter; nur soweit an den Landgerichten nach den §§ 93 ff. GVG Kammern für Handelssachen eingerichtet sind, sind diese mit einem Berufs- und zwei ehrenamtlichen Richtern („Handelsrichtern", § 45 a DRiG) besetzt. Auch in der Arbeitsgerichtsbarkeit etwa sind in jeder Instanz ehrenamtliche Richter beteiligt, §§ 16, 35, 41 ArbGG. Diese ehrenamtlichen Richter sind nach näherer Maßgabe der §§ 107 ff. GVG keine Berufsjuristen. Der Berufsrichter ist dagegen – regelmäßig (vgl. § 7 DRiG) – der in den §§ 5 ff. DRiG beschriebene Jurist, der ein rechtswissenschaftliches Studium an einer Universität mit der ersten Staatsprüfung und einen anschließenden Vorbereitungsdienst mit der zweiten Staatsprüfung abgeschlossen hat.

II Die richterliche Unparteilichkeit

135   Die Unparteilichkeit des Richters, die sich symbolisch in den verbundenen Augen der Iustitia ausdrückt, ist gewissermaßen das Wesensmerkmal und Ideal des Richteramtes. Welch hohen Stellenwert das deutsche Recht dieser Eigenschaft beimisst, zeigt sich daran, dass sie vornehmlich durch das Grundgesetz, Artt. 20 III, 97, 101 I 2 GG, garantiert und abgesichert ist (s. auch BVerfGE 21, 139; 89, 28).[4]

1. Bindung

136   Dazu zählt zunächst einmal die in Art. 20 III GG ausgesprochene Bindung des Richters an Gesetz und Recht. Er ist demnach bei seiner Entscheidungstätigkeit ebenso wenig an Weisungen wie an Urteile anderer, selbst höherer Gerichte gebunden. Die Bindung an Präjudizien wie im anglo-amerikanischen Recht, die dort als Rechtsquelle gelten, ist daher hierzulande ausgeschlossen. Freilich ist diese

---

[2] Nicht nur in der NS-Zeit, sondern auch in jüngerer Vergangenheit gibt es hier Negativbeispiele auf höchster Richterebene; vgl. Ponnath, Der deutsche Widerstand und seine Richter, BRV-Nachrichten Sept. 1993, 3; ders., Ein schändliches Urteil, Evangelische Kommentare 1995, 200; Schminck-Gustavus, Der „Prozess" gegen Dietrich Bonhoeffer und die Freilassung seiner Mörder, 2. Aufl., 1996. Das betreffende Urteil des BGH ist (nunmehr) abgedruckt in NStZ 1996, 485 mit Anm. Gribbohm.

[3] Das mag sich angesichts der jüngsten Änderung der Juristenausbildung und der damit einhergehenden Betonung der Schlüsselqualifikationen wandeln; vgl. nur Römermann/ Paulus (Hg.), Schlüsselqualifikationen für Jurastudium, Examen und Beruf, 2003.

[4] Von zeitlosem Interesse ist – gerade im Hinblick auf das Bemühen um die richterliche Unabhängigkeit – die Beschreibung des antiken athenischen Prozessablaufs durch Aristoteles in: Der Staat der Athener, Kap. 63–69.

Feststellung theoretisch eindeutiger, als sie in der Praxis gehandhabt wird (s. auch Rdn. 413). So nimmt etwa die mit dem zunehmenden Alter des BGB immer größer werdende Masse der Gerichtsentscheidungen zu den Vorschriften dieses Gesetzes in der tagtäglichen Rechtsdiskussion und -anwendung inzwischen einen derart prominenten Rang ein, dass sie fast schon wie eine Sammlung von verbindlichen Präjudizien wirkt; und gesetzliche Regelungen wie etwa § 313 BGB stellen zumindest im Zeitpunkt ihres Erlasses nichts anderes als die Normierung vorheriger Gerichtsentscheidungen dar. Das Individual-Arbeitsrecht oder das Steuerrecht sind sogar fast ausschließlich Fallrecht. Im Hinblick auf die Vorhersehbarkeit von Gerichtsentscheidungen ist die Orientierung an höchstrichterlichen Entscheidungen zu begrüßen. Nur gibt Art. 20 III GG jedem Richter gleichwohl das Recht an die Hand, von derartigen Vorentscheidungen abzuweichen.[5]

Diese Freiheit wird nur in seltenen Ausnahmefällen eingeschränkt: etwa in den §§ 17a II 3 GVG, 281 II 4 bei Verweisungen an das zuständige Gericht, nach § 563 II bei einer rückverweisenden Revisionsentscheidung oder nach § 31 BVerfGG bei Entscheidungen des Bundesverfassungsgerichts.

2. Unabhängigkeit

Literatur: Lamprecht, Vom Mythos der Unabhängigkeit: über das Dasein und Sosein der deutschen Richter, 1995; Sendler, Unabhängigkeit als Mythos?, NJW 1995, 2464.

137 Art. 97 I GG lautet: „Die Richter sind unabhängig und nur dem Gesetze unterworfen", s. auch §§ 25 DRiG, 1 GVG. Ihre grundsätzliche Anstellung auf Lebenszeit in beamtenähnlicher Stellung, vgl. § 46 DRiG, und ihre ebenfalls grundsätzliche Unversetzbarkeit, Art. 97 II GG, garantieren ihnen die persönliche Unabhängigkeit; und § 26 DRiG gewährleistet die sachliche Unabhängigkeit, indem er eine Dienstaufsicht nur insoweit für zulässig erklärt, als nicht die richterliche Unabhängigkeit betroffen wird. Das ist vermutlich das Äußerste, was ein Gesetz für die Unabhängigkeit tun kann. Die psychologischen Zwänge oder die Karrierepläne des jeweiligen Individuums sind gesetzlich nicht steuerbar. Hier muss an das (im Rechtsunterricht allzu selten thematisierte) Ethos des Richters appelliert werden.

3. Unvoreingenommenheit

Literatur: Esser, Vorverständnis und Methodenwahl, 2. Aufl., 1972; Gadamer, Wahrheit und Methode, 5. Aufl., 1986; Gerdes, Die Ablehnung wegen Besorgnis der Befangenheit aufgrund von Meinungsäußerungen des Richters, 1992; Horn, Der befangene Richter, 1977; Larenz/Canaris, Methodenlehre der Rechtswissenschaft, 3. Aufl., 1995, S. 27 ff.

138 Der Richter ist nach dem Voranstehenden kraft seines Amtes dazu ausersehen und verpflichtet, den ihm vorgetragenen Streit unparteiisch zu entscheiden. Um das zu trainieren, sind universitäre Klausurfälle auch regelmäßig mit den sattsam bekannten Blankett-Namen „A" oder „Siegfried Schlau", etc., versehen; sie sollen die

---

[5] Zu der höchst umstrittenen Frage nach einem eventuellen Schutz des Vertrauens in eine lange während Rechtsprechung s. etwa BGH NJW 1996, 1467; Medicus, Über die Rückwirkung von Rechtsprechung, NJW 1995, 2577; Eckardt, Die Blankettbürgschaft, Jura 1997, 189, 193.

Loslösung des Sachverhalts von einer konkreten Partei demonstrieren. Nun ist die Unparteilichkeit natürlich (nur) ein Ideal. Esser (Lit.-Angaben) etwa hat aufgezeigt, was rechtssoziologische und psychologische Untersuchungen zwischenzeitlich bestätigt und verfeinert analysiert haben: dass nämlich das jeweilige persönliche Vorverständnis in die Lösung des jeweiligen Falls mit eingebracht wird.[6] Das ist nur allzu menschlich und wird von der Rechtsordnung weitgehend toleriert.[7] Nichtsdestoweniger sehen die §§ 41 ff. zum Schutz der Unparteilichkeit Mechanismen vor, die die Auswechslung eines in der konkreten Sache vermutlich nicht unvoreingenommenen Richters ermöglichen.

(a) Ausschluss des Richters

139 Das Gesetz nimmt dabei eine Stufung vor: In § 41 (bitte lesen) listet es so genannte Ausschlussgründe auf, deren Vorliegen dazu führt, dass der jeweils betroffene Richter **von Gesetzes wegen** vom Verfahren ausgeschlossen ist. Die sieben in dieser Vorschrift festgehaltenen Fallgruppen zeichnen sich durch eine derart enge Verbindung des Richters mit den Parteien (Nrn. 1–4) oder dem Rechtsstreit (Nrn. 5 und 6) aus, dass das Gesetz einschränkungs- und ausnahmslos die Gefahr einer Voreingenommenheit unterstellt und demgemäß auch keinen Antrag irgendeines Beteiligten auf Ausschluss verlangt (in der Praxis kann man freilich, sofern der Richter nicht von sich aus „zurücktritt", eine entsprechende Anregung geben bzw. ein Ablehnungsgesuch gem. §§ 42, 44 anbringen). Der Richter, auf den einer der Ausschlussgründe zutrifft, darf in einer solchen Sache sein Richteramt nicht ausüben. Das ist in jeder Phase des Verfahrens zu beachten.

Gemessen an der nicht zu unterschätzenden Wichtigkeit einer garantierten Unparteilichkeit der Richter ist es ein wenig verwunderlich, dass nach allgemeiner Ansicht die Sanktion bei einem Verstoß gegen § 41 nicht etwa die Nichtigkeit des von dem an sich ausgeschlossenen Richter erlassenen Urteils ist, sondern „nur" dessen Aufhebbarkeit. Das heißt: das gleichwohl ergangene Urteil ist wirksam, kann aber allein mit der Begründung, es liege ein Verstoß gegen § 41 vor, zur Berufung oder zur Revision (vgl. § 547 Nr. 2) gebracht werden. Darüber hinaus ermöglicht § 579 I Nr. 2 auch noch nach Eintritt der Rechtskraft die Aufhebung des Urteils und damit die Wiederaufnahme des Verfahrens mit einem nunmehr unparteilichen Richter (beachte allerdings die Frist des § 586 II 2).

---

[6] Idealiter sollte sich ein Richter deshalb darüber im Klaren sein, dass und – vor allem – welches Vorverständnis und insbesondere welche Vorurteile er hat. Ausblenden kann er sie wohl nie; infolgedessen ist es umso wichtiger, von ihrer Existenz zu wissen. Wohlgemerkt: Vorurteil in dem hier verwendeten Sinn ist nicht per se etwas Negatives (vgl. Larenz/Canaris lt. Lit.-Angaben, 30); vielmehr handelt es sich dabei um ein unabdingbares Mittel zur Reduktion der alltäglichen Komplexität des Seins; niemand kann ständig das Rad neu erfinden. Zu den Gefahren eines Vorverständnisses überaus lesenswert der Roman von Werner Bergengruen, Der Großtyrann und das Gericht.

[7] Kennen Sie die im materiellen Zivilrecht statuierte Grenze dieser richterlichen Freiheit?

(h) Ablehnung des Richters

In der Erkenntnis, mit den in § 41 aufgelisteten Ausschließungsgründen nicht sämt- **140**
liche denkbaren Fälle der richterlichen Parteilichkeit erfasst zu haben, eröffnet das
Gesetz in § 42 eine weitere Möglichkeit, einen zur Entscheidung berufenen Richter – das kann sogar auch einmal ein BGH-Richter sein, BGH NJW 1998, 612 –
auszuwechseln. Hierbei erfolgt der Ausschluss allerdings nicht von Gesetzes wegen, sondern es muss ein entsprechender **Antrag** gestellt werden.

(aa) Gründe

Zur Absicherung der mit § 41 verfolgten Absicht sind die in dieser Vorschrift ge- **141**
nannten Konstellationen zugleich auch Gründe zur Ablehnung; damit ist dafür gesorgt, dass die Wahrung der richterlichen Unparteilichkeit auch noch der Kontrolle
der Parteien unterzogen ist.

Darüber hinaus bietet § 42 I als weiterer Ablehnungsgrund die Besorgnis der
Befangenheit an; die generalklauselartige Weite ist bewusst gewählt, weil die Viel-
zahl und Vielgestaltigkeit der Erscheinungsformen der Parteilichkeit schwerlich
anders erfasst werden können.[8] Wie sehr es sich dabei um einen Sammelbegriff
handelt, zeigt eine beliebig erweiterbare Aufzählung denkbarer oder entschiedener
Fälle: Der Richter hat als Privatperson mehrfach schlechte Erfahrungen mit einem
Unternehmen gemacht, das nunmehr Partei eines von ihm zu verbescheidenden
Rechtsfalls ist; er äußert sich im (oder auch – im größeren Kreis – außerhalb des)
Verfahren(s) unsachlich oder beleidigend über den Gegenstand des Rechtsstreits,
die Partei oder deren Bevollmächtigten; er gibt ständig über die Anforderungen des
§ 139 I hinaus (vgl. dazu unten Rdn. 215) einseitig Hilfestellungen nur für eine
Partei; er weigert sich, Anträge zu Protokoll aufzunehmen; er kommentiert das
Erscheinen des Anwalts im Gerichtssaal mit den Worten: „Ach, schon wieder so
ein vergeblicher Versuch!"; es bestehen zwischen ihm und einer Partei während
des Verfahrens oder bereits vorher engere Beziehungen: Partei und Richter sind
Mitglieder desselben Vereins, bei einem Lokaltermin bewirtet die Partei den Richter
besonders aufwendig, etc. Kurzum, alles was die Unparteilichkeit des Richters zu
beeinträchtigen bzw. einen begründeten derartigen Verdacht, s. § 42 II, hervorzuru-
fen vermag, ist ein möglicher Befangenheitsgrund. Ob er als ein solcher aber auch
vom Gericht anerkannt wird, hängt natürlich immer von den einzelfallbezogenen
Umständen ab, zu denen freilich auch die banale Tatsache gehört, dass der Richter
als Privatperson einen Anspruch auf eine eigene Meinung und die freie Meinungs-
äußerung hat.

(bb) Verfahren

Die Ablehnung kann nur aufgrund eines Antrags – das Gesetz spricht von einem **142**
„Gesuch", § 44 – erfolgen. Die Einzelheiten des Verfahrens sind in den §§ 44–47
geregelt (bitte überfliegen). Antragsberechtigt sind gem. § 42 III „in jedem Falle"

---

[8] Ein erheblicher Nachteil dieser Generalklausel ergibt sich jedoch – unbeschadet des Defi-
nitionsversuchs in § 42 II – daraus, dass in der Praxis eine große Anzahl rein querulatori-
scher Ablehnungsanträge gestellt wird.

beide Parteien. Diese müssen jedoch § 43 beachten, der ihnen die Geltendmachung ihnen bekannter Ablehnungsgründe noch vor einer Einlassung in die Verhandlung zur Pflicht macht, um nicht das Antragsrecht zu verlieren.[9]

Darüber hinaus kann es zu einer Ablehnung des Richters kommen, wenn er selbst „von einem Verhältnis Anzeige macht, das seine Ablehnung rechtfertigen könnte", § 48 Fall 1. Ein solches sah der BGH als gegeben an in

> JZ 1995, 475: Eine Berufungsrichterin war mit einem Manager verheiratet, der zunächst im Direktorium der Klägerin, einer GmbH, sodann im Vorstand zweier Tochterunternehmen war. Davon machte die Richterin keine Anzeige. Der BGH entschied, dass § 48 dem Richter im Interesse der erforderlichen Neutralität die gegenüber den Parteien bestehende **Pflicht** auferlege, eine entsprechende Anzeige zu machen, und dass allein ein Verstoß hiergegen bereits den Zugang zur nächsten Instanz eröffne.

III Das Gericht

143   Das Gesetz spricht an vielen Stellen von dem „Gericht", wo Handelnder eigentlich nur ein einzelner Richter bzw. ein Richterkollegium ist. So erörtert nicht etwa das Gericht (als Behörde oder Institution) den Sach- und Streitstand gemäß den §§ 139, 278 II 2, 279 III mit den Parteien, sondern ein Richter; er repräsentiert daher das Gericht. Nun ergeben sich aus dieser sprachlichen Divergenz keinerlei Probleme, wenn der von der ZPO vorgesehene, zuständige Entscheider eine Einzelperson ist. Das ist beim Amtsrichter immer und beim Landgericht nunmehr regelmäßig der Fall, auch wenn die dort eingerichteten Kammern mit drei Berufsrichtern besetzt sind, § 75 GVG. Denn gem. § 348 I 1 entscheidet grundsätzlich ein Kammermitglied als Einzelrichter, sofern keine der im 2. Satz (bitte überfliegen) aufgelisteten Ausnahmen vorliegt. Von diesem Grundschema kann die Kammer nach näherer Maßgabe der §§ 348 III, 348 a I, II abweichen.[10] Eine auf vergleichbaren Erwägungen beruhende Regelung enthalten die §§ 526 f. auch für die Berufungsinstanz (d. h. Land- oder Oberlandesgericht bzw. – in Berlin – Kammergericht).

144   Wenn dagegen die Klageschrift bei einem Landgericht eingereicht und gem. §§ 348, 348 a die Kammer zuständig ist, muss im Einzelfall immer geprüft werden, wer von den drei Richtern zum Handeln befugt ist. Für Terminsbestimmungen ergibt sich die Antwort aus § 216 II, für die Wahl der Vorbereitungsart auf den Haupttermin aus § 272 II, für die Verhandlungsleitung insgesamt aus § 136: der **Vorsitzende** des § 21 f GVG. Abgesehen von diesen Aufgaben können durch Beschluss aller Richter des Spruchkörpers gem. § 21 g I GVG „Geschäfte" auf die weiteren Mitglieder des Spruchkörpers verteilt werden, indem sie insbesondere zu

---

[9] Einem vergleichbaren Mechanismus ist der aufmerksame Leser bereits bei § 39 begegnet, oben Rdn. 40.

[10] Die Parteien können und sollen sich zu der Möglichkeit einer Entscheidung durch den Einzelrichter äußern, §§ 253 III und 277 I 2, und gemäß den §§ 348 III Nr. 3, 348 a II Nr. 2 können sie versuchen, auf die „Besetzung" der Kammer Einfluss zu nehmen.

Berichterstattern für eine bestimmte Kategorie von Fällen (etwa nach Eingangs-zahl, Sachgebieten oder Buchstaben) eingeteilt werden. Zu diesen Geschäften ge-hört insbesondere und ganz wesentlich die Vor- und Aufbereitung des Prozesses sowie die Abfassung des Urteils.

§ 2 Zustellung

Literatur: Fischer, Die Zustellung im Verfahrensrecht, JuS 1994, 416, 510; Fleischhauer, Inlandszustellung an Ausländer, 1996; Heß, Neues deutsches und europäisches Zustellungs-recht, NJW 2002, 2417; Löwe/Löwe, Zum Wegfall des öffentlichen Urkundencharakters bei Postzustellung – ein bislang unbemerktes Opfer der Poststrukturreform, ZIP 1997, 2002; Stürner, Förmlichkeit und Billigkeit bei der Klagzustellung im Europäischen Zivilprozeß, JZ 1992, 325.

Wie schon erwähnt, Rdn. 101, führt die Einreichung der Klageschrift beim Ge-richt[11] noch nicht zur Rechtshängigkeit der Klage, sondern vorerst nur zu ihrer An-hängigkeit. Die Urschrift bleibt beim Gericht, während die nach § 253 V ebenfalls einzureichende[12] Abschrift in beglaubigter Form (§ 169 II) dem Beklagten zuge-stellt wird. Dabei ist die Zustellung nicht bloß eine schlicht postalische Sendung. Das würde, bei allem Vertrauen in die – zwischenzeitlich ja auch noch privatisierte (s. aber die Beleihung in § 33 PostG und § 182 I 2, der die Zustellungsurkunde auch der Post als öffentliche Urkunde behandelt) – Post, der notwendigen Zuverlässig-keit und Dokumentierbarkeit eines so wichtigen Vorgangs wie der Mitteilung einer Klage zuwiderlaufen. Vielmehr ist die Zustellung gem. § 166 I das in der gesetzlich vorgeschriebenen Form vorzunehmende Inkenntnissetzen einer Person von einem Schriftstück – deswegen muss es vollständig sein und dürfen keine Seiten fehlen, BGH NJW 1998, 1959 = JuS 1998, 847 (K. Schmidt), – sowie die Dokumenta-tion dieses Vorgangs. Dementsprechend sieht die ZPO selbst in den §§ 173–195 (bitte überfliegen) verschiedene Formen der Zustellung vor. Sie ermöglichen es et-wa, in einer Gerichtsverhandlung, in der der Beklagte nicht erscheint, gleichwohl ein Versäumnisurteil zu erlassen; denn die Zustellung der Klageschrift und damit die in einem Rechtsstaat unabdingbare Gewährung der Gelegenheit, von diesem Schriftsatz Kenntnis zu nehmen und sich dazu zu äußern (Art. 103 I GG), kann aufgrund der Zustellungsweise einer Klageschrift nachgewiesen werden. Freilich hat der Gesetzgeber das Zustellungsrecht erst jüngst auf Kosten der Zuverlässigkeit reformiert bzw. drastisch vereinfacht. Jetzt ist etwa die Zustellung durch Einschrei-ben mit Rückschein, § 175, oder gar die Ersatzzustellung durch Einlegen in den Briefkasten, § 180, möglich.

145

---

[11] Zur Frage was geschieht, wenn die Klage beim unzuständigen Gericht eingereicht worden ist, s. § 281 sowie unten Rdn. 157.

[12] Ihr Fehlen führt nicht zur Unzulässigkeit der Klage, wohl aber zur Verzögerung des Pro-zessbeginns – sei es, weil das Gericht selber die Kopien verfertigt oder weil es dem Kläger deren Nachreichung aufträgt.

I Zustellung, allgemein

146   Nach der ursprünglichen Konzeption des Gesetzes stand die von den Parteien zu betreibende Zustellung im Vordergrund, während die Zustellung von Amts wegen nur nachrangig war. Heutzutage ist jedoch das Verhältnis dieser beiden Varianten zueinander genau umgekehrt; die amtswegige Zustellung ist der vorherrschende Typus und die von den Parteien vorzunehmende die Ausnahme. Diesem Wandel trägt die gesetzliche Anordnung jetzt Rechnung. Die Parteizustellung spielt etwa noch bei Vollstreckungsbescheiden nach § 699 IV 2, bei der Forderungspfändung nach § 829 II 1 oder bei Arresten und einstweiligen Verfügungen nach den §§ 922 II, 936 eine gewisse Rolle. In diesen Fällen muss die betreffende Partei grundsätzlich den Gerichtsvollzieher mit der Zustellung beauftragen, §§ 191, 192 ff.

146 a   Auch bei der Zustellung von Amts wegen kann es gem. § 168 vorkommen, dass die Geschäftsstelle die Zustellung nicht selbst vornimmt, sondern Dritte – etwa die Post oder der Gerichtsvollzieher – damit beauftragt werden. In all diesen Fällen erfolgt die Zustellung grundsätzlich auf dieselbe Weise – nämlich nach Maßgabe der §§ 177–182. Deren Grundregel findet sich in § 177: Übergabe des Schriftstücks an den Adressaten, egal an welchem Ort er angetroffen wird. Über diese Zustellung und zu ihrem Nachweis wird eine (öffentliche, § 182 I 2) Zustellungsurkunde gem. § 182 angefertigt. Richtiger Adressat der Zustellung ist dabei nicht immer eine Partei, sondern ggf. ihr gesetzlicher Vertreter bzw. ihr Leiter, § 170, oder ihr Prozessbevollmächtigter, § 172. An andere rechtsgeschäftlich bestellte Vertreter kann wahlweise statt an die Partei zugestellt werden, § 171.

147   Nach allem, was in den bisherigen Ausführungen an denkbaren Ausweichmanövern der Beklagten – oder besser: der Parteien insgesamt – angedeutet worden ist (etwa oben Rdn. 108), muss es jedem nur ein wenig phantasiebegabten Leser klar sein, dass in der Frage, ob eine Zustellung nur gem. § 177 durch persönliche Aushändigung an den Adressaten möglich ist, eine gewisse Brisanz liegt. Denn wenn ausschließlich auf diese Weise zugestellt werden könnte, hätte der **Zustellungsadressat** die Möglichkeit, die Übergabe etwa durch wiederholtes Nichtöffnen der Tür hinauszuzögern oder gar durch unbekannten Wegzug ganz zu vereiteln. Um derlei (immer wieder praktizierte) Verhinderungstaktiken unterbinden zu können, sieht das Gesetz eine Reihe von weiteren Personen vor, denen zugestellt werden kann (man nennt sie **Zustellungsempfänger**), und auch Formen der Ersatzzustellung, die ganz ohne Übergabe auskommen.

Ist eine Zustellung nach § 177 nicht möglich, weil der Adressat in seiner Wohnung, im Geschäftsraum oder in der von ihm bewohnten Gemeinschaftseinrichtung nicht angetroffen werden wird, so benennt § 178 I die jeweils tauglichen (Ersatz-) Zustellungsempfänger; zu ihnen gehören in der Wohnung vor allem erwachsene Familienangehörige und (nunmehr auch) ständige Mitbewohner, nicht länger aber der Vermieter oder Hauswirt, und in Geschäftsräumen die dort Beschäftigten. Eine bezeichnende und wohl unmittelbar einleuchtende Einschränkung macht § 178 II für den Fall, dass der an sich taugliche Zustellungsempfänger gerade die Gegenpartei des Adressaten ist. Verweigert der Adressat oder ein Empfänger gem. § 178 die Annahme des Schriftstücks, kann es einfach in Wohnung oder Geschäftsraum zurückgelassen werden. Wird hingegen kein tauglicher Zahlungsempfänger angetroffen, kann die Zustellung ganz einfach durch Einlegen des Schriftstücks in den Briefkasten, § 180,[13] oder durch Niederlegung gem. § 181 erfolgen. Über all das ist wiederum eine Zustellungsurkunde gem. § 182 anzufertigen.

Helfen alle Ersatzzustellungsmöglichkeiten nicht weiter, insbesondere weil ein (Aufenthalts-)Ort, an dem die Zustellung an den Adressaten überhaupt versucht werden könnte, unbekannt ist, so kann als letzter – und im Hinblick auf das rechtliche Gehör, Art. 103 I GG, nicht über jeden Zweifel erhabener – Ausweg noch die öffentliche Zustellung der §§ 185 ff. gewählt werden (vgl. OLG Köln NJW-RR 1993, 446; dazu Deubner, Aktuelles Zivilprozessrecht, JuS 1993, 493, 495).   **147 a**

Sofern die Parteien allerdings durch einen Anwalt vertreten sind, gilt die Sonderbestimmung des § 195, die sich in der Praxis größter Verbreitung erfreut. Dann nämlich kann die Zustellung auch dergestalt erfolgen, dass der eine Anwalt das Schriftstück direkt dem anderen übermittelt, der gem. § 172 im laufenden Verfahren wie erwähnt ohnedies der ausschließliche Zustellungsempfänger ist.   **148**

Bei der Zustellung von Amts wegen stehen der Geschäftsstelle außerdem noch die Möglichkeiten der §§ 173–175 offen, von denen insbesondere die Zustellung gegen Empfangsbekenntnis (im Wesentlichen gegenüber den Prozessbevollmächtigten), § 174, aus der Praxis nicht wegzudenken ist und vermutlich in der weit überwiegenden Mehrzahl der Fälle stattfindet. Aber auch die neue Zustellung durch Einschreiben mit Rückschein, § 175, bedeutet eine große Erleichterung und Kostenersparnis gegenüber der herkömmlichen Zustellung mit Zustellungsurkunde und wird diese u. U. im Amtsbetrieb weitgehend ablösen.

Für den Fall, dass die Zustellung im Ausland erfolgen muss, treffen die §§ 183 f. einige Sonderregelungen. Wie § 183 III 1 klarstellt, ist jedoch vorrangig die Verordnung (EG) 1348/2000 über die Zustellung gerichtlicher und außergerichtlicher Schriftstücke in Zivil- und Handelssachen zu berücksichtigen, wenn in einem EG-Mitgliedstaat mit Ausnahme von Dänemark zuzustellen ist.[14]   **148 a**

Die Detail- und Abgrenzungsfragen des Zustellungsrechts sind in der alltäglichen Praxis nicht immer ganz einfach. Für den Fall, dass gegen die genannten Vorschriften verstoßen wird, sieht § 189 eine Heilung des Fehlers durch den tatsächlichen Zugang beim (richtigen) Adressaten vor.   **148 b**

---

[13] Wird das Schriftstück z. B. aus dem Briefkasten gestohlen, bleibt dem Adressaten, der deshalb eine Frist versäumt, nur die Wiedereinsetzung in den vorigen Stand, § 233 (vgl. dazu Rdnn. 240 f.).

[14] Vgl. hierzu und zu §§ 183 I, II, 184 Heß (Lit.-Angaben), 2421 ff. Dort (S. 2423 f.) auch zur fortbestehenden Bedeutung des Haager Übereinkommens über die Zustellung gerichtlicher und außergerichtlicher Schriftstücke im Ausland in Zivil- und Handelssachen. Zu ihm vgl. noch BVerfG JZ 1995, 716 mit Anm. Stadler, zur Frage der Verfassungsmäßigkeit einer Zustellung, mit der eine Klage auf US-amerikanischen Strafschadensersatz eingeleitet werden sollte.

II Zustellung der Klageschrift/Fristwahrung

149   Der eben beschriebene Regelungskomplex ist anzuwenden, wann immer die Termini ‚zustellen' oder ‚Zustellung' in der ZPO verwendet werden. So also auch in dem Fall des § 271, der die im vorliegenden Kontext interessierende Zustellung der Klageschrift gesondert hervorhebt.[15] Die vom Kläger eingereichte Klageschrift ist also nicht nur von Amts wegen, § 166 II, sondern insbesondere auch unverzüglich,[16] § 271 I, zuzustellen.

Da aber gleichwohl einige Zeit zwischen Einreichung und Zustellung verstreichen kann, enthält § 167 die für die mit einer Klageerhebung (oder einer anderen Zustellung) beabsichtigte Fristwahrung oder Verjährungshemmung eminent wichtige Aussage, dass eben diese Wirkungen bereits mit der Einreichung der Klageschrift (bzw. des zuzustellenden Schriftstücks oder Antrags) bei Gericht eintreten, wenn nur die Zustellung selbst „**demnächst** erfolgt". Was darunter zu verstehen ist, ist natürlich nicht unumstritten – doch fällt nach allgemeiner Ansicht unter dieses ‚demnächst' auch ein längerer, gern als ‚angemessen' bezeichneter Zeitraum. Entscheidend ist in einem solchen Fall (etwa: länger als 14 Tage) jedoch, dass die Partei die Verzögerung nicht selbst durch Nachlässigkeit herbeigeführt hat; z. B. weil sie die Gerichtsgebühren trotz Anforderung gem. § 65 I 1 GKG nicht unverzüglich eingezahlt oder weil sie die Adresse des Zustellungsadressaten schuldhaft falsch angegeben hat.

III Rechtshängigkeit

150   Dem Beklagten wird die Klageschrift also auf die vorbezeichnete Art und Weise zugestellt, so dass die Klage von jetzt an rechtshängig ist mit all den oben, Rdnn. 107 f., beschriebenen Konsequenzen; nunmehr besteht auch das oben, Rdn. 42, genannte Prozessrechtsverhältnis. Zusätzlich zu dem in beglaubigter Abschrift übermittelten Schriftsatz trägt das Gericht dem Beklagten noch auf, sich einen Rechtsanwalt zu seiner Verteidigung zu bestellen, § 271 II – vorausgesetzt natürlich, dass es sich überhaupt um ein Anwaltsverfahren, § 78, handelt, vgl. oben Rdn. 57.

§ 3 Handlungen des Gerichts

151   Im Folgenden ist darzustellen, was geschieht, wenn die Klageschrift auf dem Tisch des Richters[17] liegt. Was unternimmt er nunmehr, welche Schritte leitet er ein? Auch hier stellt sich natürlich alsbald Routine ein, so dass der dargestellte Ablauf allzu schematisch erscheinen mag. Doch ändert das nichts an der Notwendigkeit, die nachfolgenden Erwägungen zumindest potentiell gegenwärtig zu haben.

---

[15] Vgl. § 270 dazu, welche Schriftsätze im laufenden Verfahren zuzustellen sind und wie andere Schriftsätze und Erklärungen der anderen Partei zur Kentniss zu geben sind.

[16] Zur Kontrolle: Woher kennen Sie diesen Begriff ‚unverzüglich', und was bedeutet er?

[17] Dazu, wer ‚der Richter' ist, s. oben Rdnn. 143 f.

I Überprüfung der Zulässigkeit

Zunächst obliegt es dem Richter, die Zulässigkeit der Klage zu überprüfen. All die 152 oben, in Teil II beschriebenen Erwägungen des Anwalts, die sich in der Klageschrift niederschlagen, untersucht der Richter nunmehr – u. U. auch einmal im Rahmen einer gesonderten Verhandlung gem. § 280 (vgl. dazu unten Rdn. 300) – auf ihre Richtigkeit hin; denn er hat naturgemäß auch über die Zulässigkeitsfragen die letztgültige Entscheidungskompetenz. Fehlt auch nur eine Voraussetzung, so wird er, falls der Mangel nicht behoben wird oder werden kann, die Klage als unzulässig abweisen.

Es herrscht Streit darüber, ob überhaupt und – bejahendenfalls – welche Reihenfolge der Richter bei dieser Überprüfung einzuhalten hat. Das kann eine brisante Frage etwa dann sein, wenn sowohl das unzuständige Gericht angerufen worden als auch die Klage mangels Rechtsschutzbedürfnisses unzulässig ist. Muss, bei einem angenommenen Vorrang des ersten Punktes, der Richter an das zuständige Gericht verweisen oder kann er gleich seinerseits die Klage abweisen? Dieser zweite, pragmatischere Weg kann angesichts des in § 17 II 1 GVG (bitte nochmals überfliegen) zum Ausdruck kommenden Prinzips einer Allzuständigkeit durchaus dogmatisch[18] gerechtfertigt werden. Demgemäß basiert die nachfolgende Darstellung weitgehend auf der Gliederung, die Reichold (in Thomas/Putzo vor § 253 Rdn. 15 ff.) für den richterlichen Alltag empfiehlt. Er unterscheidet zwischen den für jedes Verfahren notwendigen allgemeinen Voraussetzungen und den besonderen, die für spezielle Verfahrensarten vorliegen müssen.

1. Allgemeine Prozessvoraussetzungen

Diese Voraussetzungen unterteilen sich in solche, die **von Amts wegen** zu berück- 153 sichtigen und zu prüfen sind, und in einige wenige, die nur auf die Rüge einer Partei hin berücksichtigt werden (Rdn. 165). Die Berücksichtigung von Amts wegen bedeutet freilich nicht, dass das Gericht von sich aus Nachforschungen nach Maßgabe des Untersuchungsgrundsatzes betreiben müsste (BGH NJW-RR 2000, 1156 f.; s. aber auch BGH NJW 1996, 1059, 1060); vielmehr ist damit nur gesagt, dass kein Parteiantrag erforderlich ist, um dem Gericht die Möglichkeit zur Reaktion auf diesen Mangel zu ermöglichen, wenn es ihn einmal in den beigebrachten Mitteilungen erkannt hat.

1. Zunächst einmal verlangt der Formalismus des deutschen Zivilprozesses, dass 154 die Klageschrift daraufhin überprüft wird, ob sie den Anforderungen des § 253 entspricht. Sie muss also zumindest den oben, Rdn. 122 ff., dargestellten Mussinhalt aufweisen und somit insbesondere dem Bestimmtheitserfordernis genügen.

2. Sodann muss die **Klageerhebung** als Prozesshandlung wirksam vorgenommen 155 worden sein. Bei einem anwaltlich vertretenen Kläger gehört dazu eine wirksame Bevollmächtigung des Anwalts (infolgedessen sollte dieser immer die

---

[18] Problematisch kann dieser Pragmatismus allenfalls im Hinblick auf den „gesetzlichen Richter" i. S. d. Art. 101 I 2 GG werden, vgl. Jauernig I § 33 V 6.

Vollmachtsurkunde mit der Klageschrift einsenden, § 80 I[19]) sowie dessen Postulationsfähigkeit, vgl. oben Rdnn. 56 ff. Fehlt es an Letzterem – verfasst also in einem Anwaltsprozess der Kläger, ohne selbst Anwalt zu sein, § 78 VI, die Klageschrift –, so ist die Prozesshandlung ‚Klageerhebung' unwirksam, eine Klage also nicht erhoben.[20] Das braucht freilich noch nicht zu bedeuten, dass der Prozess nicht in Gang kommen kann; denn nach h. M. kann das Fehlen der Postulationsfähigkeit dadurch geheilt werden, dass ein postulationsfähiger Prozessbevollmächtigter die Prozesshandlung rechtzeitig genehmigt (BGHZ 111, 339).

Ganz entsprechend verhält es sich, wenn die Bevollmächtigung des Anwalts nicht wirksam ist. In Anlehnung an die in § 89 ausgesprochenen Wirkungen[21] liegt zwar auch in einem solchen Fall keine wirksame Klageerhebung vor, doch kann nach h. M. dieses Defizit ebenfalls durch (rückwirkende) Genehmigung – allerdings nur der bisherigen Prozessführung insgesamt – geheilt werden (BGHZ 92, 137, 140 ff.). Gemäß § 88 II a. E. kann der Richter bei Auftreten eines Rechtsanwaltes einen derartigen Mangel so lange ignorieren, bis einer der Prozessbeteiligten eine entsprechende Rüge erhebt. Ergeht trotz fehlerhafter Vertretung ein Sachurteil und erwächst es gar in Rechtskraft, sieht § 579 I Nr. 4 eine mögliche Abhilfe vor. Erkennt der Richter allerdings zuvor schon den Mangel ohne eine entsprechende Rüge, muss er schon allein aufgrund des § 80 I befugt sein, von sich aus auf ihn hinzuweisen und im Falle einer nicht erfolgenden Korrektur die Klage abzuweisen. Denn es kann einem Richter schwerlich angesonnen sein, ein von vornherein aufhebbares Urteil erlassen zu müssen; s. auch noch § 547 Nr. 4.

156 3. Die Klage muss auf den richtigen Rechtsweg gebracht und bei dem **zuständigen Gericht** erhoben worden sein. Was die Rechtswegbeschreitung anbelangt, so erlässt der Richter dann, wenn er von deren Unrichtigkeit ausgeht, den bereits oben, Rdn. 26, dargestellten Beschluss nach § 17 a II GVG, in dem er zugleich die Verweisung auf den zutreffenden Rechtsweg vornimmt.

157 Hinsichtlich der Überprüfung der **Zuständigkeit** ist die Rechtslage ein wenig komplizierter, weil differenziert werden muss. Erstens danach, ob ein amts- oder ein landgerichtliches Verfahren vorliegt, und zweitens, ob die in § 39 (dazu oben Rdn. 40) vorgesehene rügelose Einlassung nach Maßgabe des § 40 II 2 zur Zuständigkeit des Gerichts führt oder nicht. Was zunächst den Amtsgerichtsprozess anbelangt, so schreibt § 504 vor, dass der Richter die örtliche oder sachliche Unzuständigkeit dem Beklagten noch vor der Verhandlung zur Hauptsache mitteilen und ihn auf die Folgen einer rügelosen Einlassung hinweisen muss; richtigerweise sollte dasselbe auch für die internationale Zuständigkeit gelten (a. A. etwa Jauernig I § 12 I). Aus dieser in § 504 statuierten

---

[19] Da die Vollmacht des Anwalts allerdings nur auf Rüge hin geprüft wird, § 88 II, ist ein Verstoß gegen das im Text erwähnte Gebot regelmäßig unschädlich.

[20] Da sich das Gericht mit dieser Klage aber bereits beschäftigt hat, wird es in diesem Fall gleichwohl ‚die Klage' als unzulässig abweisen.

[21] Ist nicht § 89 in diesem Fall direkt anwendbar? Im Übrigen gilt für den Fall des nach Prozessbeginn eintretenden Verlustes der Postulationsfähigkeit § 244.

Pflicht folgt, dass der Richter seine Zuständigkeit von Amts wegen zu prüfen hat. Das gilt in gleicher Weise auch für den Landrichter; denn auch er muss sein weiteres Vorgehen danach ausrichten, ob er kraft rügeloser Einlassung zuständig werden kann oder nicht. Kann er es, so darf er dem Kläger diese Vergünstigung nicht nehmen, indem er gem. § 139 I[22] auf seine Unzuständigkeit hinweist. In einem solchen Fall ist es vielmehr ausweislich des § 282 III Sache des Beklagten, eine entsprechende Rüge rechtzeitig(!)[23] zu erheben. Kann dagegen die Zuständigkeit des Gerichts auch nicht durch rügelose Einlassung herbeigeführt werden – wenn also der Streit einen von § 40 II Nr. 1 erfassten Anspruch betrifft oder ein ausschließlicher Gerichtsstand besteht, § 40 II 1 Nr. 2, –, so teilen Amts- wie Landrichter ihre Unzuständigkeit mit und weisen die Klage als unzulässig ab bzw. verweisen auf Antrag an das zuständige Gericht, § 281.

Es gibt in diesem Zusammenhang noch einige weitere Probleme: So folgt aus **158** den §§ 513 II, 545 II, dass der Gesetzgeber selbst davon ausgeht, dass die Zuständigkeit im Einzelfall einmal nicht zutreffend geprüft worden sein kann. In dem in diesen Normen jeweils genannten Umfang wird das als unschädlich behandelt. Doch kann es demnach natürlich auch vorkommen, dass die Unzuständigkeit erst während des Verfahrens festgestellt wird. Sofern nicht ohnedies die perpetuatio fori des § 261 III Nr. 2 eingreift, kann der Rechtsstreit auch noch bis zum Ende der letzten mündlichen Verhandlung an das zuständige Gericht weiterverwiesen werden. Als entscheidend wird angesehen, dass das **Urteil vom zuständigen Gericht** erlassen wird. Ein weiteres Problem im Zusammenhang mit der Verweisung ergibt sich aus den verschiedenen örtlichen Zuständigkeiten: Macht der Kläger beispielsweise an dem nach § 32 bestimmten Gericht einen deliktischen Schadensersatzanspruch geltend, der sich aber materiell-rechtlich ebenso aus einer Vertragsverletzung herleiten lässt, so ist zu fragen, ob das Gericht auch über diesen Anspruch entscheiden darf. Der BGH hat das früher strikt verneint und die Klage teilweise als unzulässig abgewiesen (BGHZ 13, 145, 153), was aber angesichts der nunmehr vom GVG als dem Fundamentalgesetz des Verfahrensrechts angenommenen Allzuständigkeit eines entscheidenden Gerichts, § 17 II GVG, schwerlich die zutreffende Lösung des Problems ist. Vgl. demgegenüber bereits oben, Rdn. 36, und BayObLG NJW-RR 1996, 508 = JuS 1996, 652 (K. Schmidt); s. auch Deubner, Aktuelles Zivilprozessrecht, JuS 1996, 821:

> Der Antragsteller (eines Verfahrens nach § 36 Nr. 3) ist einem Anlagebetrug aufgesessen, den die an verschiedenen Orten ansässigen Antragsgegner gegen ihn begangen haben. Für die deliktische Seite des Falls war über § 32 die Zuständigkeit des AG Weiden i. d. OPf. gegeben. Darf dieses Gericht aber auch über die – ebenfalls vorliegende – culpa in contrahendo (nunmehr: den Anspruch aus §§ 280 I, 311 II, 241 II BGB) entscheiden?

---

[22] Beachte! Nicht gem. § 139 III! Denn § 39 setzt gerade eine Rüge voraus, ist also nicht von Amts wegen zu berücksichtigen.

[23] Freilich ist str., ob § 282 III auch für die Rüge nach § 39 gilt, s. BGH NJW 1997, 397, 398. Vgl. noch Rdn. 165.

Das BayObLG hat das bejaht unter Hinweis auf eben den neugefassten § 17 II GVG (s. nunmehr auch BGH NJW 2003, 828, 829 f., sowie hinsichtlich der internationalen Zuständigkeit abweichend BGH NJW 1996, 1411, 1412 f.).

159   Schließlich ist noch ein weiteres Problem der richterlichen Zuständigkeitsprüfung zu erwähnen, für dessen Darstellung sich wiederum § 32 am besten eignet. Unterstellt, der Kläger reicht die Klage bei dem seiner Ansicht nach zuständigen Gericht ein, weil in dessen Bezirk die Rechtsgutsverletzung eingetreten sei. Oben, Rdn. 36, wurde bereits gesagt, dass wenigstens ein Tatbestandsmerkmal der unerlaubten Handlung in dem fraglichen Gerichtsbezirk erfüllt worden sein muss. Was für Konsequenzen ergeben sich daraus für den Richter, der im hier behandelten Stadium doch nur seine Zuständigkeit prüft, nicht jedoch, ob der klägerische Anspruch materiell gerechtfertigt ist? Muss der Richter, mit anderen Worten, bereits jetzt die Begründetheit prüfen, nur weil eines der Tatbestandsmerkmale für seine Zuständigkeit konstitutiv ist? Man nennt derartige Tatbestandsmerkmale wie eben die ‚unerlaubte Handlung' des § 32 oder auch den ‚Erfüllungsort' des § 29 **doppelrelevant**. Für sie gilt, dass der Richter sich zunächst darauf beschränken kann zu prüfen, ob der Kläger die Tatsachen so vorgetragen hat, dass sie bei rechtlich zutreffender Würdigung einen Gerichtsstand begründen würden; die tatsächliche Würdigung nimmt er dagegen erst im Rahmen der Begründetheitsprüfung vor (s. auch BAG NZA 1996, 1005).

160   4. § 56 schreibt vor, dass das Gericht den Mangel der **Parteifähigkeit** von Amts wegen berücksichtigen und gegebenenfalls durch Beweisaufnahme (BGH NJW 1996, 1059) feststellen muss. Diese Pflicht trifft das Gericht in jeder Lage des Verfahrens. Fehlt die Parteifähigkeit – klagt also etwa eine Erbengemeinschaft als solche – oder gibt es die beklagte GmbH vielleicht gar nicht, muss die Klage abgewiesen werden. Sofern ein Streit um die Existenz oder die Parteifähigkeit entsteht, gilt die fragliche Partei für diesen Streit, den so genannten „Zulassungsstreit", als existent bzw. parteifähig. Auch hier kann es natürlich wieder vorkommen, dass der Mangel nicht schon am Beginn eines Verfahrens entdeckt wird; und auch hier hält man es ebenfalls für letztlich entscheidend, dass die Parteien zumindest am Schluss der mündlichen Verhandlung existent und parteifähig sind. Ein Urteil, das einen solchen Mangel übersehen hat, ist nach h. M. mit den üblichen Rechtsmitteln angreifbar bzw., wenn es bereits rechtskräftig geworden ist, in Analogie zu § 579 I Nr. 4 mit der Nichtigkeitsklage anfechtbar.

161   5. Das vorstehend zur Parteifähigkeit Gesagte gilt gem. § 56 auch für die **Prozessfähigkeit** und die gesetzliche Vertretung. In einem Zulassungsstreit wird also das eine wie das andere als gegeben unterstellt, und ein trotz des Defizits ergehendes Urteil ist auf dem beschriebenen Weg angreifbar. Eine Besonderheit gilt nur in dem Fall, dass die Prozessfähigkeit während des Prozesses endet – z. B. wird die eine Partei geschäftsunfähig – oder dass der gesetzliche Vertreter stirbt: für derlei Fälle ordnet § 241 eine Unterbrechung des bereits begonnenen Prozesses an, bis ein (neuer) gesetzlicher Vertreter bestellt und zur Weiterführung des Verfahrens bereit ist (beachte allerdings § 246).

6. Die Parteien müssen **prozessführungsbefugt** sein. Auch dieses Erfordernis
ist von Amts wegen zu berücksichtigen und muss spätestens am Schluss der
mündlichen Verhandlung vorliegen (BGH ZIP 2000, 149); wird es übersehen,
ist ein ggf. ergehendes Urteil zwar wirksam, aber nur zwischen den Parteien
dieses Prozesses. Es bindet also nicht etwa denjenigen, den der vermeintlich
Prozessführungsbefugte repräsentieren wollte. Klagt also jemand, der sich irr-
tümlich für einen Testamentsvollstrecker hält, so kann der Mangel seiner Befugnis in jeder Phase des Verfahrens zur Abweisung der Klage als unzulässig
führen; ergeht gleichwohl ein Urteil, ist dieses für den Kläger verbindlich, nicht
aber für den Erben oder den wirklichen Testamentsvollstrecker.

7. Der dem Richter vorgelegte Rechtsstreit darf weder **anderweitig rechtshängig** noch darf über ihn bereits rechtskräftig, § 322, entschieden worden sein.
Dieses Verbot soll nicht nur die Justiz vor einer Mehrfachbeschäftigung mit
ein und derselben Sache bewahren, es soll darüber hinaus vor allem auch die
Gefahr einander widersprechender Urteile bannen.[24] Infolgedessen gilt auch
hinsichtlich dieser Voraussetzungen, dass sie der Richter von Amts wegen und
in jeder Phase des Verfahrens zu berücksichtigen hat. Das bedeutet hinsichtlich
des Rechtskrafteinwandes, dass der Richter sowohl die von dem Erstgericht getroffene rechtliche Beurteilung als auch den vom Rechtskrafteinwand erfassten
Tatsachenstoff, vgl. unten Rdnn. 308 ff., seiner eigenen Entscheidung zugrunde
zu legen hat. Hinsichtlich der Rechtshängigkeit folgt aus dem Verbot, dass der
Zweitrichter die ihm vorgelegte Klage als unzulässig abzuweisen hat. Handelt
es sich jedoch um eine ausländische Rechtshängigkeit, kann der inländische
Richter den ihm vorgelegten Rechtsstreit auch einmal lediglich aussetzen in
Analogie zu § 148,[25] wenn er Zweifel daran hat, dass das ausländische Urteil
in Deutschland überhaupt anerkannt werden wird, vgl. dazu unten, Rdnn. 321 f.
Im Regelfall wird er jedoch die ausländische Rechtshängigkeit wie eine inländische berücksichtigen; Art. 27 II EuGVVO schreibt das sogar ausdrücklich
vor.

8. Der Kläger muss ein **Rechtsschutzbedürfnis**, ggf. in der besonderen Form des
Feststellungsinteresses, für das von ihm angestrengte Verfahren haben. Auch
hier obliegt dem Richter die amtswegige Prüfung während des ganzen Verfahrens; denn auch dieses Erfordernis muss, wie alle vorgenannten Prozessvoraussetzungen, gerade am Schluss der jeweiligen Verhandlung vorliegen.

9. Einige weitere, allgemeine Prozessvoraussetzungen braucht der Richter dagegen **nur auf die Rüge des Beklagten hin zu berücksichtigen**: nämlich neben den bereits erwähnten Fällen der §§ 39 und 88 II Fall 2, wenn sich der
Beklagte nach § 1032 darauf beruft, dass zwischen den Parteien eine Schiedsvereinbarung besteht; wenn er die fehlende Sicherheitsleistung (§ 110) gem.
§ 113 S. 2 rügt; oder wenn ihm die Kosten eines früher schon von demselben

162

163

164

165

---

[24] Beachte, dass sich damit hinter diesem Verbot die ganz pragmatische Einsicht des Gesetzgebers verbirgt, dass es nicht die eine, richtige Lösung eines Falls gibt, sondern dass zwei
Richter zu durchaus unterschiedlichen Beurteilungen kommen können.

[25] Warum ist die Anwendung dieser Norm hier nur in Analogie möglich?

Kläger eingeleiteten, dann aber durch Klagerücknahme beendeten Prozesses (zur Klagerücknahme unten Rdnn. 352 ff.) noch nicht erstattet worden sind, § 269 VI. All diese Rügen muss der Beklagte möglichst früh- und gleichzeitig vortragen, § 282 III, wenn er mit ihnen nicht präkludiert werden will, § 296 III.

2. Besondere Prozessvoraussetzungen

166   Hierher zählen solche Erfordernisse, die für bestimmte Verfahrensarten oder Klageformen vorgesehen sind – etwa die speziellen Rechtsmittelvoraussetzungen (dazu unten Rdnn. 396 ff.); die besonderen Bedingungen, an die eine Klage auf zukünftige Leistung nach den §§ 257–259 geknüpft ist; oder die Klagbarkeit, die das materielle Recht etwa den Ansprüchen nach den §§ 1297, 1958 BGB genommen hat; auch die vom Richter zu beachtende Besonderheit einer vertraglich vereinbarten Verpflichtung, vor dem Gang zum Gericht eine gütliche Einigung der Parteien untereinander zu versuchen.

II Die Vorbereitung der mündlichen Verhandlung

Literatur: Damrau, Die Entwicklung einzelner Prozeßmaximen seit der Reichszivilprozeßordnung von 1877, 1975; Köster, Die Beschleunigung der Zivilprozesse und die Entlastung der Zivilgerichte in der Gesetzgebung von 1879–1993, 1995; Leipold, Verfahrensbeschleunigung und Prozeßmaximen, FS Fasching, 1988, 329.

167   Es wurde schon erwähnt, dass ab Einreichung der Klage bei Gericht der Richter derjenige ist, der bestimmt, „wo's lang geht". In concreto bedeutet das in dem hier zu behandelnden Verfahrensabschnitt, dass er[26] bereits jetzt schon mit der umfassenden Vorbereitung des Termins zur mündlichen Verhandlung, d. h. gem. § 272 I des Haupttermins, beginnt. Abs. 2 dieser Vorschrift eröffnet ihm zu diesem Zweck eine Wahlmöglichkeit zwischen der Bestimmung eines (alsbaldigen, Abs. 3) frühen ersten Termins zur mündlichen Verhandlung oder der Durchführung eines schriftlichen Vorverfahrens.

168   Um den Sinn dieser Wahlmöglichkeit verstehen zu können, sind vorab einige allgemeine Bemerkungen über den Zeitfaktor im Hinblick auf Zivilprozesse erforderlich. Der Unmut darüber, dass die Verfahren zu lange dauern, ist alt; vor dem Reichskammergericht[27] gab es nicht selten Prozesse, die sich über Jahrzehnte und damit über mehrere Generationen hinzogen. Entsprechend alt ist die Forderung nach einer Beschleunigung der Verfahren. Hier zeigt sich erneut, dass sich die Ausgestaltung eines Zivilprozessgesetzes nicht mit der Eins-zu-eins-Übernahme der im materiellen Recht vorherrschenden Wertungen und Maximen begnügen kann: Während das BGB den Parteien regelmäßig keinerlei Vorschriften macht, innerhalb welcher Zeit sie einen Vertragsabschluss „auf die Beine" zu stellen haben, bis wann die Schadensersatzsumme bezahlt oder die Erbengemeinschaft aufgelöst sein muss, soll es dann, wenn es zu einem vom Richter zu entscheidenden Streit gekommen

---

[26] Zur Kontrolle: Wer ist dieser „er", wenn das Gericht ein Kollegialgericht ist?

[27] Zu diesem Gericht allgemein etwa R. Herzog, Reichskammergericht und Bundesverfassungsgericht, 1989.

ist, zügig vorangehen. Die Forderung danach ist freilich ebenso schnell gestellt, wie sie sich schwer in Gesetzesform umsetzen lässt; denn wenn einmal Streit herrscht, wird die Verzögerung zu einem taktisch einsetzbaren Ärgerungs- und Vorteilsverschaffungspotential. Damit liegt aber das eigentliche Problem weniger in der gesetzlichen Ausgestaltung des Verfahrens als vielmehr in dem guten bzw. bösen Willen der am konkreten Prozess Beteiligten.

Vermutlich sind alle erdenklichen Beschleunigungsmöglichkeiten in der Rechtsgeschichte bereits durchgespielt. Dabei ging und geht es immer um die Bewältigung des Spannungsverhältnisses zwischen einerseits der Beschleunigung des Verfahrens und andererseits der Gründlichkeit der Entscheidungsfindung, die ihrerseits unabdingbare Voraussetzung für die Richtigkeitsgewähr eines Urteils ist. Es muss den Parteien hinreichend Zeit und Möglichkeit eingeräumt sein, den Streitstoff zu präsentieren, es darf aber nicht unbegrenzt erlaubt sein, dass neue Vorträge erst dann eingereicht werden, wenn der Richter schon kurz vor der Entscheidung des Falls steht. Um dieses Spannungsverhältnis bewältigen zu können, bieten sich zwei Steuerungsmittel an, die in nahezu jedweder Ausgestaltung bereits irgendwann einmal Gesetz gewesen sind: der Ausschluss verspäteten Vorbringens (d. h.: **Präklusion**) und – damit korrespondierend – die **Pflicht zu rechtzeitigem und umfassendem Vortrag**. Beides findet sich in abgemildeter Form in der ZPO: die Präklusion etwa in § 296, die umfassende Vortragspflicht etwa in den §§ 138 I, 139 I 2, 282. Die jeweiligen Milderungen erklären sich daraus, dass man mit der konsequenten Durchsetzung der „Reinformen" schlechte Erfahrungen gemacht hat: So kann der Prozess auch bei sorgfältigster Vorbereitung eine unvorhersehbare Wendung nehmen, die einen neuen oder doch ergänzenden Vortrag erforderlich macht; gleichwohl verlangte die früher lange Zeit geltende Eventualmaxime, dass nichtsdestoweniger alles und jedes bereits zu Beginn des Prozesses vorgetragen werden musste. Die Folge war, dass der Prozessstoff auch bei den kleinsten Fällen derart riesig war – jede erdenkliche Eventualität war ja vorzubedenken und mit Beweisangeboten abzusichern –, dass die Verfahren dadurch umso länger dauerten.

Vor diesem Hintergrund ist es also zu verstehen, dass nicht die Parteien, sondern der Richter (genauer: der Vorsitzende, § 272 II) nunmehr bestimmt, wie es weitergeht, und dass er nach Maßgabe des anzustrebenden Beschleunigungseffekts zwischen den beiden Alternativen – entweder früher erster Termin oder schriftliches Vorverfahren – wählen kann. Eine eindeutige Präferenz für die eine oder die andere scheint es derzeit in der Richterschaft nicht zu geben. Die eigentliche gesetzliche Ausgestaltung ist ein wenig verwirrend, was auch damit zusammenhängt, dass die im Wesentlichen durch die Novelle von 1977 vorgenommene Eingliederung der entsprechenden Normen nicht gerade vollkommen geglückt ist. Die folgenden Ausführungen sollten daher unbedingt und vordringlicher als sonst mit geöffnetem Gesetzbuch gelesen und nachvollzogen werden.

1. Früher erster Termin zur mündlichen Verhandlung

Diese, in § 275 näher ausgestaltete Alternative impliziert, dass der Haupttermin **169** durch eine mündliche Verhandlung vorbereitet wird; dass es, mit anderen Worten, zwei Verhandlungstermine gibt, die zusammen die als Einheit anzusehende mündliche Verhandlung ausmachen. Das ist die Vorstellung des Regelfalls – natürlich kann es nach der gesetzlichen Konzeption auch dazu kommen, dass es weitere Termine gibt, §§ 136 III, 279 I 2, oder dass das Verfahren bereits im frühen ersten Termin beendet wird, vgl. § 275 II. Vielfach ist eine Streitentscheidung im frühen ersten Termin gar nicht beabsichtigt. Stattdessen können eine gütliche Einigung angestrebt – insbesondere in Hinblick auf die gem. § 278 II 1 vorgeschaltete Güteverhandlung –, oder auch nur der Fall mit den Parteien erörtert und Unklarheiten und Missverständnisse ausgeräumt werden. Fraglich ist allerdings, ob irgendeines dieser Ziele in einem so genannten **Durchlauftermin** erreicht werden kann, in dem teilweise Dutzende von Verfahren auf dieselbe Stunde terminiert werden.

170   Entscheidet sich der Richter für die Durchführung eines frühen ersten Termins, so beraumt er unverzüglich, § 216 II, den Termin[28] an und veranlasst die Ladung der Parteien. Diese erfolgt nach der näheren Ausgestaltung des § 274, beim Beklagten also zugleich mit der Zustellung der Klageschrift, Abs. 2. Gleichzeitig kann der Richter gem. § 275 I 2 dem Beklagten in einfacheren Fällen auftragen, seine Verteidigungsmittel unverzüglich per (anwaltlichem) Schriftsatz[29] mitzuteilen. Ist die Sache dagegen schwieriger, kann er den Beklagten dazu auffordern, auf die Klage insgesamt zu erwidern – und zwar ebenfalls durch anwaltlichen Schriftsatz, der über die Stellungnahme zu der Klage hinaus auch die Auflistung der Verteidigungsmittel enthalten muss, die im Rahmen einer „sorgfältigen und auf Förderung des Verfahrens bedachten Prozessführung" erwartet werden kann, § 277 I. Gemäß § 275 I 1 muss diese Klageerwiderung innerhalb einer bestimmten, mindestens jedoch zweiwöchigen, § 277 III, Frist erfolgen. Hält sie der Beklagte nicht ein, geschieht das, worauf der Richter nach § 277 II zugleich mit der Fristbestimmung hinweisen muss: nämlich die (mögliche) Präklusion des verspäteten Vorbringens gem. § 296 I (dazu sogleich Rdn. 175).

171   Zusätzlich zu den soeben genannten Hinweisen und Aufforderungen an den Beklagten bereitet der Richter[30] nach Maßgabe des weiter unten darzustellenden § 273, Rdn. 174, den frühen ersten Termin vor – idealiter so, dass es bei diesem einen Termin bleibt und der frühe erste damit gleichsam zum Haupttermin wird. Gelingt dieses Ziel jedoch nicht, ist der nächste, der Haupttermin gem. § 275 II und III weiter vorzubereiten. In diesem Zusammenhang kann auch der Kläger verpflichtet werden, seinerseits auf die Klageerwiderung des Beklagten zu antworten, § 275 IV.

2. Schriftliches Vorverfahren

172   Die andere der in § 272 II vorgesehenen Möglichkeiten zur Vorbereitung der Verhandlung besteht darin, dass das in § 276 beschriebene schriftliche Vorverfahren angeordnet wird. Das geschieht dergestalt, dass mit der Zustellung der Klageschrift die Aufforderung an den Beklagten verbunden wird, dem Gericht binnen zwei Wo-

---

[28] Zur zweiwöchigen Mindestfrist s. § 274 III; die Berechnung der in der ZPO angeordneten Fristen erfolgt nach den §§ 221–226, wobei § 222 I auf die §§ 187–189 BGB verweist.
[29] S. auch § 129.
[30] Beim Kollegialgericht ist das grundsätzlich der Berichterstatter.

chen[31] schriftlich (im Rahmen des § 78 also durch einen Anwaltsschriftsatz, s. § 276 II a. E.) anzuzeigen, wenn er sich gegen die Klage verteidigen wolle. § 276 I 1 bezeichnet diese Frist ausdrücklich als **Notfrist**; damit ist zum Ausdruck gebracht, dass die Zwei-Wochen-Spanne unabänderlich ist, § 224 I. Geht die entsprechende Anzeige des Beklagten nicht innerhalb dieser Frist ein, so kann gem. § 331 III ein Versäumnisurteil (dazu unten Rdnn. 329 ff.) gegen ihn ergehen – vorausgesetzt, dass der Richter auf diese Gefahr hingewiesen hat, § 276 II.[32]

Keine Notfrist – und damit auf Antrag abänderbar, § 224 II – ist die gleichzeitig zu gewährende Frist von mindestens zwei weiteren Wochen für die schriftliche **Klageerwiderung**, für die erneut § 277 zu beachten ist und die natürlich nur dann relevant wird, wenn sich der Beklagte überhaupt zur Verteidigung entschließt. Versäumt der Beklagte diese Frist, so ist er, wenn er auf diese Gefahr hingewiesen worden ist, § 277 II, mit seinem Vorbringen gegebenenfalls präkludiert (sogleich Rdnn. 175 f.). In jedem Fall aber muss der Richter entweder – unverzüglich, § 216 II – den Haupttermin, § 272 I und III, anberaumen und dazu die Ladung der Parteien veranlassen, § 274 I. Oder aber er setzt zuvor noch dem Kläger eine Frist, binnen derer er sich auf die Klageerwiderung zu äußern hat, § 276 III. Bei komplexeren Streitigkeiten kann es auf diese Weise zu einem mehrmaligen Hin und Her der Schriftsätze kommen, bevor die Parteien in der mündlichen Verhandlung einander gegenübertreten.

3. Vorbereitung des Termins

Das Gesetz versucht dem Ideal eines zügigen Prozessverfahrens dadurch näher zu kommen, dass es den Richter zur umfassenden Vorbereitung der jeweiligen Termine verpflichtet, §§ 272 I, 273 I, 275 II, 349 I. Erneut sind die zu diesem Zweck vorgesehenen Aufgaben und Möglichkeiten im Gesetz ein wenig verstreut geregelt.

(a) Gütliche Beilegung

Literatur: Stürner, Formen der konsensualen Prozessbeendigung in den europäischen Zivilprozessrechten, in: Konsensuale Streitbeilegung, 2001, 5.

Die der Intention nach bedeutsamste Vorbereitungsaufgabe des Richters ergibt sich aus § 279. Danach soll der Richter „in jeder Lage des Verfahrens auf eine gütliche Beilegung des Rechtsstreits oder einzelner Streitpunkte bedacht sein". Hinter diesem Gebot steckt die Einsicht in die psychologische Tatsache, dass eine gemeinsam gefundene Streitlösung grundsätzlich jeder aufoktroyierten Entscheidung vorzuziehen ist, weil sie von den Betroffenen leichter akzeptiert werden kann.[33] Das in der Praxis mit Abstand wichtigste gütliche Beilegungsinstrument ist der

173

---

[31] Für eine Zustellung im Ausland beachte § 276 I 3.

[32] Aus § 331 III ergibt sich noch ein weiteres Erfordernis für den Erlass eines Versäumnisurteils. Um welches handelt es sich, und welche Konsequenzen ziehen Sie daraus für die Abfassung einer Klageschrift?

[33] Bereits die Allgemeine Gerichtsordnung für die preußischen Staaten von 1793 merkt dazu an, dass eine vom Richter initiierte Versöhnung vor einem „nie gänzlich zu vermeidenden Zeit- und Kostenverlust bewahret" und dass „aus fortgesetzten Rechtsstreitigkeiten leicht entstehende Animositäten und Verbitterungen abgewendet werden sollen". Zur durch und

Vergleichsvertrag des § 779 BGB (bitte unbedingt lesen). Im Wege gegenseitigen Nachgebens einigen sich die Parteien dabei auf eine für beide Seiten nicht 100-prozentige Erfüllung dessen, was sie im streitigen, prozessualen Weg erreichen wollten. Da infolgedessen beide Seiten zugleich Verlierer wie Gewinner sind, korrespondiert Freud und Leid der einen Seite mit dem der anderen und wird dadurch erträglicher. Nun soll aber dieser Vergleich nicht nur materiell-rechtliche Wirkungen entfalten, sondern auch die prozessuale, den Rechtsstreit zu beenden. Infolgedessen muss er als ein so genannter Prozessvertrag auch noch gewisse prozessrechtliche Voraussetzungen erfüllen. Wenn das der Fall ist, ermächtigt ein solcher Vergleich die beiden Vertragsparteien sogar, die ihnen eingeräumten Rechtspositionen im Wege der Zwangsvollstreckung zu verwirklichen, § 794 I Nr. 1. Aus diesem Grund wird der Prozessvergleich ausführlicher unten, Rdnn. 485 ff., zu erörtern sein.

Weil infolgedessen der Prozessvergleich auf den Prozess einwirkt, muss sich der Richter auch schon in dieser Phase des Verfahrens mögliche Vergleichsvorschläge überlegen, um sie den Parteien in der mündlichen Verhandlung (s. auch § 278 VI) alsbald unterbreiten zu können. Je durchdachter sie sind, desto größer ist regelmäßig ihre Akzeptanzfähigkeit. Ein simpler „fifty-fifty"-Vorschlag ist das in den seltensten Fällen.

(b) Prozessuale Vorbereitung

174   Da es natürlich nicht immer zu einer gütlichen Beilegung kommt, muss sich der Richter auch für den Fortgang des Streits wappnen. Das sieht regelmäßig so aus, dass er sich weitere Informationen (vgl. oben Rdn. 6) über den streitgegenständlichen Geschehensablauf verschaffen muss bzw. die Bestätigung dessen, was eine der beiden Parteien vorgetragen hat. Um das zu ermöglichen, sehen die §§ 273 und 358 a eine ganze Anzahl von vorbereitenden Maßnahmen vor. Ihnen allen ist das Ziel gemeinsam, den Verfahrensablauf zu straffen und nach Möglichkeit auf einen mündlichen Termin zu konzentrieren. Deshalb soll der Richter erneut in jeder Phase des Verfahrens auf einen rechtzeitigen und vollständigen Vortrag der Parteien hinwirken, § 139 I 2, IV 1. Gemäß § 273 II Nr. 1 kann er sie zu diesem Zweck zu weiterem und präzisierendem Vortrag anhalten; die dabei einzuhaltende Frist ist über die Präklusionsvorschrift des § 296 I sanktioniert. Darüber hinaus kann der Richter auch die weiteren, in den Nrn. 2–5 genannten Anordnungen treffen, um dadurch schon vor der mündlichen Verhandlung (Nrn. 2 und 5) oder aber gleich in ihr (Nrn. 3 und 4) die zusätzlich benötigten Informationen zu erhalten. In Ergänzung dessen gestattet § 358 a unter den dort genannten Voraussetzungen sogar schon eine vorweggenommene Beweiserhebung.

---

durch neutralen Entscheiderrolle des anglo-amerikanischen Richters passt ein solches Einmischen übrigens nicht; da sind der Streit und seine Lösung Privatsache.

4. Präklusion

Literatur. W. Lüke, 20 Jahre Vereinfachungsnovelle, JuS 1997, 681; Prütting/Weth, Teilurteil zur Verhinderung der Flucht in die Widerklage, ZZP 98, 1987, 131; Weth, Die Zurückweisung verspäteten Vorbringens im Zivilprozeß, 1988.

In den voranstehenden Abschnitten kam im Zusammenhang mit den verschie- **175** denen richterlichen Fristsetzungen die Sprache immer wieder auf die Präklusion. Sie soll die Parteien zwingen, die auch dem Interesse der Allgemeinheit dienende Prozessbeschleunigung zu fördern, indem sie sich rechtzeitig und vollständig über den ihnen bekannten Sachverhalt äußern. Die maßgebliche Vorschrift ist § 296 I. Demzufolge sind Angriffs- und Verteidigungsmittel, die erst nach dem Ablauf der vom Richter gesetzten Frist vorgetragen werden, grundsätzlich zurückzuweisen – es sei denn, dass die Verspätung genügend entschuldigt ist oder nicht zu einer Verzögerung der Erledigung des Prozesses führt. Was unter diesem Begriff ‚Verzögerung' zu verstehen ist, ist umstritten. Da er auch für die Präklusionsmöglichkeit der weiter unten, Rdn. 178, darzustellenden §§ 296 II i.V. m. 282 maßgeblich ist, gelten die nachfolgenden Ausführungen für die ersten beiden Absätze des § 296.

Bei dem Streit geht es um das Problem, ob die **Verzögerung absolut oder rela-** **176** **tiv zu verstehen ist**: Bei der ersten Alternative fragt sich der Richter, ob der Rechtsstreit länger dauern würde, wenn er das verspätete Vorbringen zulässt, als wenn er es zurückweist. Mit diesem absoluten Verzögerungsbegriff ließe sich praktisch eine Vielzahl unentschuldigter Verspätungen ausschließen, und man käme zu einer wirklichen Beschleunigung des Verfahrens. Gerade das aber wird diesem Verständnis zum Vorwurf gemacht – es führe zu einer „Überbeschleunigung" (was immer das sein mag). Um eine solche zu vermeiden, müsse sich der Richter fragen, ob der Prozess bei Berücksichtigung des verspäteten Vorbringens länger dauert, als er bei Rechtzeitigkeit des Vorbringens gedauert hätte (relativer oder auch hypothetischer Verzögerungsbegriff).

Die eine wie die andere Alternative hat vom BVerfG im Grundsatz die verfassungsrechtliche „Unbedenklichkeitsbescheinigung" erhalten. Daran lässt sich bereits erkennen, an welchen Klippen die Präklusionsvorschriften zu zerschellen drohen: an der Garantie rechtlichen Gehörs durch Art. 103 I GG. Aufgrund dieser Gefährdung hat sich die Diskussion ein wenig in die Richtung verlagert, unter welchen Umständen man zumindest den absoluten Verzögerungsbegriff in keinem Fall zugrunde legen darf. Das ist insbesondere (siehe auch Rdn. 178) in den folgenden Fällen anzunehmen:

- wenn der frühe erste Termin als Durchlauftermin (Rdn. 169) geplant ist, in dem ohnedies keine Zeit für eine Beweisaufnahme vorgesehen ist (BVerfGE 69, 126; BGH NJW 1983, 575, 577),
- wenn das Gericht die Verzögerung etwa durch eine beschleunigte Terminierung auffangen kann,
- wenn es seinerseits die Verzögerung beispielsweise durch fehlenden oder mangelhaften Hinweis auf die drohenden Konsequenzen mitverursacht hat oder
- wenn der Richter seiner Fürsorgepflicht nicht nachgekommen ist (so tatsächlich BVerfG NJW 1987, 2003).

In Anbetracht dieser Ausnahmen, die dem Gericht eine gehörige Mitverantwortung auferlegen, und angesichts des vorherrschenden weiten Verständnisses von
dem Anwendungsbereich des Art. 103 I GG hat sich in der Praxis die Haltung
weit verbreitet, die Präklusionsvorschriften sehr zurückhaltend anzuwenden und an
die Entschuldigung für verspätetes Vorbringen allenfalls minimale Anforderungen
zu stellen.[34] Dieser Trend wird auch noch dadurch gefördert, dass zwar die Anwendung der Präklusionsvorschriften mit Rechtsmitteln gerügt und schließlich mit
der Verfassungsbeschwerde „ausgehebelt" werden kann, dass ihre Nichtanwendung
jedoch keinerlei rechtliche Konsequenzen nach sich zieht. So bleibt denn die Verwirklichung der gesetzgeberischen Intention, das Verfahren zu konzentrieren und
dadurch zu beschleunigen, letzten Endes doch wieder an den beteiligten Individuen – Richter, Kläger und Beklagter – und ihrem jeweiligen guten Willen hängen.

§ 4 Handlungen der Parteien

I Vorbringen sämtlicher Angriffs- und Verteidigungsmittel

177   In Ergänzung zu dem voranstehend zur Präklusion Gesagten ist hier die sowohl
den Kläger als auch den Beklagten gem. § 282 I treffende Pflicht zu nennen, in
der mündlichen Verhandlung ihre Angriffs- und Verteidigungsmittel „so zeitig vorzubringen, wie es nach der Prozesslage einer sorgfältigen und auf Förderung des
Verfahrens bedachten Prozessführung entspricht".[35] Damit wird hinsichtlich des
Zeitfaktors präzisiert, was § 138 I (bitte lesen) den Parteien ganz generell vorschreibt, dass nämlich ihre Erklärungen über tatsächliche Umstände vollständig –
und überdies wahrheitsgemäß – zu sein haben.

Was unter dem im Gesetz mehrfach, s. etwa § 146, verwendeten Terminus ‚Angriffs- und Verteidigungsmittel' zu verstehen ist, ergibt sich aus einer Verallgemeinerung der in § 282 I beispielhaft aufgezählten Vorbringen vor Gericht, d. h. also:
Behauptungen, Bestreiten, Einwendungen, Einreden, Beweismittel und Beweiseinreden. Daraus folgt, dass Angriffs- oder Verteidigungsmittel jedes sachliche und
prozessuale Vorbringen ist, das der Durchsetzung oder Abwehr des geltend gemachten prozessualen Anspruchs dient.[36] Damit sind die Rechtsausführungen der
Parteien von dieser Definition ebenso ausgeschlossen wie auch die so genannten
verfahrensbestimmenden Anträge wie etwa die Klage, Widerklage oder Klageänderung. Denn diese letztgenannten Anträge enthalten den Angriff oder die Verteidigung selbst, und nicht nur ein Mittel dazu.

178   Das erklärte Ziel des § 282 ist also ebenfalls, die Parteien zur Beschleunigung
des Verfahrens anzutreiben; sie sollen „nicht kleckern, sondern klotzen". In Abs. 2

---

[34] Vgl. Greger, Rechtstatsächliche Erkenntnisse zu den Auswirkungen der Vereinfachungsnovelle in der Praxis, ZZP 100, 1987, 380, 382 f.

[35] Für die Zeit vor der mündlichen Verhandlung vgl. neben dem sogleich vorzustellenden
§ 282 II erneut die über § 296 I sanktionierten §§ 275 I 2, 277 I 1, III.

[36] Thomas/Putzo-Reichold § 146 Rdn. 2.

ist die Rechtzeitigkeit sogar so weit ausgedehnt, dass die eventuell erforderliche Reaktionszeit des Gegners miteinberechnet werden muss, s. auch § 132. Wird gegen diese gesetzlichen Beschleunigungsgebote verstoßen, so sieht das Gesetz in den §§ 296 II und 296 a unterschiedliche Rechtsfolgen vor, je nachdem, ob die Angriffs- oder Verteidigungsmittel noch vor oder erst nach Beendigung der mündlichen Verhandlung (§ 136 IV) vorgetragen werden:

- Im erstgenannten Fall, d. h. bei einem Vorbringen noch **vor Beendigung** der Verhandlung, räumt § 296 II dem Gericht eine Ermessensentscheidung darüber ein, ob es den verspäteten Vortrag zurückweist oder nicht. Voraussetzung für eine Zurückweisung ist allerdings, dass die Verspätung auf grober Nachlässigkeit beruht und dass eine Berücksichtigung zu einer Verzögerung des Verfahrens führen würde.
- Wird das Angriffs- oder Verteidigungsmittel dagegen erst **nach Beendigung** der mündlichen Verhandlung vorgetragen, wenn z. B. die betreffende Partei nicht schneller reagieren konnte, weil die Gegenpartei ein Vorbringen unter Verstoß gegen § 282 II zu spät vorgetragen hat (so etwas kommt in der Praxis immer wieder vor), gilt § 296 a S. 1. Allerdings muss[37] der Richter im zuletzt genannten Fall (vgl. auch § 139 V) der betroffenen Partei die in § 283 vorgesehene Erwiderungsfrist einräumen, die u. U. auch noch über das Ende der mündlichen Verhandlung hinausreicht. Zusätzlich gewährt § 296 a S. 2 neben der harschen Rechtsfolge der Präklusion noch das „Schlupfloch", dass der Richter gem. § 156 I die bereits geschlossene mündliche Verhandlung wiedereröffnen kann; laut BGH (ZIP 1999, 2180) braucht der Richter dies aber nicht zu tun, wenn die Verspätung des Vorbringens allein im Verantwortungsbereich der fraglichen Partei liegt (vgl. auch § 156 II).

II Reaktionen des Beklagten

1. Passivität und Anerkenntnis

Wenn der Beklagte die Klage zugestellt erhält, so kann er darauf in ganz unterschiedlicher Weise reagieren. Im Rechtsalltag recht weit verbreitet ist etwa das völlige Ignorieren dieses und der gegebenenfalls nachfolgenden Schreiben. Da überdies die Parteien regelmäßig nicht in Person vor Gericht erscheinen müssen[38] – s. die (allerdings nur mit Ordnungsgeld sanktionierten) Ausnahmen in den §§ 141, 273 II Nr. 3, 278 III –, mündet ein derartiges Verhalten meistens in ein Versäumnisurteil; s. dazu unten Rdnn. 329 ff.   **179**

Eine andere mögliche Reaktion besteht darin, dass der Beklagte den Anspruch sofort anerkennt. **Anerkenntnis** ist ein technischer Ausdruck und bedeutet gem.   **180**

---

[37] Im Lichte des Art. 103 GG wird aus dem „kann" in § 283 ein „muss".

[38] Für den Beklagten gibt es also ebenso wenig wie für den Kläger eine Verhandlungspflicht, sondern nur eine Verhandlungslast. Das heißt: Er ist nicht zum Tun verpflichtet, doch erwachsen ihm aus seinem Nichtstun u. U. nachteilige Konsequenzen.

§ 307 I, dass der mit der Klage geltend gemachte prozessuale Anspruch einschränkungslos ganz oder zum Teil als berechtigt und bestehend anerkannt wird. Ein derartiges Anerkenntnis kann während des ganzen Verfahrens abgegeben werden, also auch schon anstelle der Verteidigungsanzeige, vgl. § 307 II. Daraufhin erlässt das Gericht ohne Prüfung der materiellen Richtigkeit[39] des Anerkenntnisses zugunsten des Klägers ein Anerkenntnisurteil gem. § 307, das jedoch im Falle eines solchen, sofortigen[40] Anerkenntnisses gegenüber sonstigen obsiegenden Urteilen die Besonderheit aufweist, dass die Kosten des Rechtsstreits dem obsiegenden Kläger auferlegt werden, sofern der Beklagte keinen Anlass zur Klageerhebung gegeben hatte, § 93.

2. Aktive Verteidigung

181   Die wohl häufigere Reaktion dürfte jedoch die sein, dass sich der Beklagte zur Wehr setzt und eine Verteidigungsstrategie entwickelt. Es kommt dann zu einem so genannten **kontradiktorischen** oder auch **streitigen Verfahren**, in dem der Kläger seinen in der Klageschrift gestellten Antrag auf Verurteilung und der Beklagte seinen in der Erwiderung dagegen gesetzten (vollständigen oder teilweisen) Abweisungsantrag verfolgt. Sofern der Beklagte auf diese Weise reagiert, müssen ihm die äußeren Daten für sein weiteres Tun zusammen mit der Klageschrift mitgeteilt sein: Wenn ein schriftliches Vorverfahren nach § 276 angeordnet ist, muss er dem Gericht binnen der zweiwöchigen Notfrist seine Verteidigungsbereitschaft anzeigen, bevor er die in beiden Varianten des § 272 II regelmäßig erforderliche Klageerwiderung aufsetzt. Unterfällt die Klage dem Anwendungsbereich des § 78, handelt es sich also um einen Anwaltsprozess, muss er sich einen Anwalt wählen, der – nunmehr unter dem Druck der (regelmäßig freilich verlängerbaren, § 224 II) Fristen – die entsprechenden Schriftsätze verfassen muss, vgl. §§ 276 II, 277 II. Die in ihnen verfolgte Verteidigungsstrategie kann ganz unterschiedlich sein: Sie kann von einer Rüge der formellen Voraussetzungen über ein materiell-rechtliches Bestreiten („nein") oder Einschränken („ja, aber") bis hin zu einem Gegenangriff reichen oder gar alles miteinander kombinieren.

(a) Zulässigkeits- und Verfahrensrügen

182   Sämtliche Rügen, die die Zulässigkeit der Klage betreffen (und die trotz der regelmäßig amtswegigen Prüfungspflicht natürlich auch von einer Partei erhoben werden können), muss der Beklagte gem. § 282 III 1 gleichzeitig vortragen – und zwar noch vor seiner „Verhandlung zur Hauptsache" (zur internationalen Zuständigkeit vgl. BGH ZIP 1996, 2184). Satz 2 verlegt diesen Zeitpunkt noch vor, indem er das Vorbringen der Rügen an die Klageerwiderungsfrist koppelt. Nur dann, wenn einmal gem. § 275 I 2 auf die Klageerwiderung verzichtet wurde, müssen die Rügen

---

[39] Halten Sie es für gerechtfertigt, dass das Gericht seine bisherigen Aktivitäten sofort und ungeprüft abbrechen muss, wenn der Beklagte ein derartiges Anerkenntnis abgibt, das überdies vielleicht gar nicht der materiellen Rechtslage entspricht?

[40] Unter ‚sofort' i. S. d. § 93 versteht man auch noch den ersten Termin zur mündlichen Verhandlung bzw. – wenn ein schriftliches Vorverfahren gem. § 276 angeordnet ist – die Zeit bis zur Erklärung gem. § 276 I 1.

gleich zu Beginn des Termins vorgetragen werden – noch bevor überhaupt die Sprache auf die Begründetheit der Klage gekommen ist, s. auch § 295 zur Heilung von Verfahrensmängeln. Um den beabsichtigten Beschleunigungseffekt auch tatsächlich erzielen zu können, hat das Gesetz die Nichteinhaltung gerade dieser Zeitvorgaben mit der eigenständigen Präklusionsvorschrift des § 296 III sanktioniert. Danach kommt es nicht auf eine eventuelle Verzögerung an, sondern nur darauf, ob der Beklagte die Verspätung genügend entschuldigt. Das klingt freilich dramatischer, als es zumindest in der Mehrzahl der praktischen Fälle tatsächlich ist. Denn da die meisten Zulässigkeitsvoraussetzungen von Amts wegen zu prüfen und zu bejahen sind, bezieht sich die Präklusion allein auf die oben, Rdn. 165, aufgezählten, lediglich auf Rüge hin zu beachtenden Zulässigkeitsrügen.

(b) Sachabweisung

Literatur: Hackenberg, Die Erklärung mit Nichtwissen (§ 138 IV ZPO), 1995.

Außer oder anstatt die Unzulässigkeit der Klage zu rügen, kann der Beklagte **183** natürlich auch den Antrag stellen, die Klage insgesamt oder teilweise als unbegründet abzuweisen, d. h. also, sich dem Klagebegehren materiell-rechtlich widersetzen. Für dieses so genannte **Bestreiten** oder **Klageleugnen** gibt es eine ganze Palette von prozessualen „Verpackungsmöglichkeiten", die sich, auch wenn sie hier isoliert vorgestellt werden, selbstverständlich miteinander kombinieren lassen:

(aa) Schlüssigkeit des Vorbringens

Der Beklagte kann rügen, dass der Klägervortrag nicht schlüssig sei. Unter dem **184** technischen Ausdruck der **Schlüssigkeit** versteht man, dass der Kläger alle Tatsachen vorzutragen hat, die für die Subsumtion unter die seinem Begehren zugrunde liegende Anspruchsgrundlage erforderlich sind. Dem Studenten ist das aus den materiell-rechtlichen Klausuren bekannt: Steht etwa in dem Sachverhalt nichts darüber, dass der Käufer eine Fristsetzung gegenüber dem nicht liefernden Verkäufer ausgesprochen hat, und werden auch keine Umstände vorgetragen, die eine Fristsetzung entbehrlich machen, macht der Käufer aber gleichwohl einen Anspruch aus den §§ 280 I, III, 281 BGB geltend, so ist ihm dieser Anspruch zu versagen. In ihrer prozessualen Ausgestaltung heißt eben dieselbe Versagung: Abweisung der Klage als unbegründet mangels Schlüssigkeit.

Ein schlüssiger Vortrag verlangt also die Auflistung all derjenigen Tatsachen, die erforderlich sind, um das Vorliegen sämtlicher Tatbestandsmerkmale einer Anspruchsgrundlage bejahen zu können. Die Pflicht des Gerichts, eine derartige Schlüssigkeitsprüfung vorzunehmen, ist zwar nur im Zusammenhang mit dem Säumnisverfahren (dazu Rdn. 337) in § 331 I, II angesprochen, doch gilt sie naturgemäß im Bereich des gesamten Prozessrechts (s. allerdings noch Rdn. 679). Denn die ureigene Aufgabe des Richters besteht ja gerade darin, dass er prüft, ob der Anspruch zugesprochen werden kann; das jedoch ist nur möglich, wenn alle Tatbestandsvoraussetzungen auch tatsächlich erfüllt sind. Freilich trägt der an späterer Stelle, im Zusammenhang mit der Verhandlungsmaxime, Rdn. 212 ff., noch ausführlicher darzustellende § 139 I dem Richter ausdrücklich auf, die Parteien u. a.

zu einem vollständigen Tatsachenvortrag anzuhalten. Gleichwohl und unbeschadet der Erweiterung der Hinweispflichten seit dem 1.1.2002 muss sich der Richter aus Gründen der Unparteilichkeit[41] mit entsprechenden Hinweisen etwas zurückhalten – vor allem im Anwendungsbereich des § 78, weil man dort die Erfüllung der juristisch-technischen Voraussetzungen als durch die Anwälte grundsätzlich gewährleistet sieht. Freilich klaffen hier Anspruch und Wirklichkeit oftmals weit auseinander. So einfach es klingen mag, eine schlüssige Klage abzufassen: Die Praxis lehrt, dass die Fähigkeit zu solch einem Vortrag einen guten Anwalt auszeichnet; vor allem bei Streitigkeiten mit komplexeren Sachverhalten wird die Abfassung einer passenden Klageschrift zur Kunstfertigkeit!

(bb) Bestreiten und Geständnis

185 Wenn der Beklagte nur die fehlende Schlüssigkeit rügt, so bedeutet das, dass er den vorgetragenen Sachverhalt akzeptiert und den Richter lediglich auf etwas hinweist, was ohnedies von diesem überprüft werden muss. Stattdessen (oder zusätzlich) kann er aber natürlich auch die Richtigkeit der mitgeteilten Tatsachen – sei es gänzlich, sei es teilweise – bestreiten. So kann er etwa vorbringen, dass bei dem Gespräch, bei dem nach den Angaben des Klägers der Vertrag geschlossen wurde, ausdrücklich Unverbindlichkeit vereinbart worden sei, etc. Dieses Beispiel zeigt, dass sich auch der Beklagte um Präzision bemühen muss. Er darf sich keinesfalls darauf beschränken, dem Gericht mitzuteilen: „Nein, so war das alles gar nicht". Ein derartiges generelles Abstreiten oder Leugnen ist für den Richter regelmäßig unbeachtlich; bleibt es dabei, gewinnt der Kläger – die Schlüssigkeit seiner Klage vorausgesetzt – den Prozess. Infolgedessen muss der Beklagte[42] sich gem. § 138 II **substantiiert** über die vom Kläger behaupteten Tatsachen erklären und sie dabei, wie es § 138 III formuliert, **ausdrücklich bestreiten** oder zumindest die Absicht zum Bestreiten erkennen lassen. Nur wenn er das tut, hat er die Chance, die gegen ihn gerichtete Klage abzuwehren.

186 Um diese Chance tatsächlich verwirklichen zu können, muss das Verteidigungsvorbringen (zusätzlich zu seiner Beweisbarkeit) **erheblich** sein; seinetwegen muss – bei unterstellter Richtigkeit – die Klage ganz oder teilweise abzuweisen sein. Wie schon beim schlüssigen Klagevortrag klingt dieses Gebot simpler, als es sich im anwaltlichen Alltag erweist. Insbesondere die Rechtsfolge des § 138 III ist dabei eine nicht ungefährliche Klippe: In Ergänzung zu den beiden vorausgehenden Absätzen, die Vollständigkeit und Wahrheit, Abs. 1, sowie ein Eingehen auf alle vom Gegner vorgetragenen Tatsachen, Abs. 2, verlangen, statuiert Abs. 3, dass die nicht (hinreichend substantiiert) bestrittenen Tatsachen als zugestanden gelten. Damit erübrigt sich eine Beweisaufnahme, weil der Richter von der Richtigkeit dieser

---

[41] Zur Erinnerung: Extensive, zumal einseitige richterliche Aufklärung kann zur Ablehnung durch die Gegenpartei als befangen führen! Vgl. Rdn. 141.

[42] Dasselbe gilt selbstverständlich auch für den Kläger, wenn er auf eine Einwendung des Beklagten erwidert, d. h. repliziert. Infolgedessen wird im Text öfters der gegenüber dem ‚Beklagten' allgemeinere Begriff ‚Partei' verwendet.

Tatsachenbehauptungen ausgehen muss.[43] Allein unter den engen Voraussetzungen des § 138 IV kann sich eine Partei darauf berufen, dass sie „davon" nichts wisse: Wenn sie nämlich nicht selbst gehandelt hat oder wenn ein Geschehen zur Debatte steht, das nicht „Gegenstand ihrer eigenen Wahrnehmung" gewesen ist (z. B. die Flaschenkontrollen eines Getränkeabfüllers im Rahmen eines Produkthaftungsprozesses wegen einer explodierten Flasche, vgl. zuletzt BGH JZ 1995, 1060 mit Anm. Foerste), kann sie beim besten Willen nicht substantiiert bestreiten. Im Übrigen stellen Praxis und Literatur an die nach § 138 III ebenfalls mögliche konkludente Form des Bestreitens strenge Anforderungen. Die in Anwaltsschriftsätzen häufig verwendete Floskel: „Alles, was im Voranstehenden nicht explizit zugestanden ist, wird ausdrücklich bestritten." ist daher wirkungslos.

Von den soeben erwähnten „als zugestanden" anzusehenden Tatsachen sind **187** diejenigen zu unterscheiden, hinsichtlich derer die Partei ein **Geständnis** i. S. d. §§ 288–290 ablegt. Nichtbestreiten und Geständnis ist gemeinsam, dass sie sich auf Tatsachen (Achtung!, nicht also auf Rechtsansichten) beziehen – dadurch unterscheiden sie sich vom Anerkenntnis, das das Bestehen des geltend gemachten prozessualen Anspruchs als solchem zum Gegenstand hat, s. oben Rdn. 180 – und dass die Rechtsfolge des § 288 I eintritt: Diese Tatsachen bedürfen keines Beweises. Sie unterscheiden sich jedoch dadurch, dass diese Folge auf verschiedene Weise rückgängig gemacht werden kann. Während ein (bislang unterlassenes!) Bestreiten in den Grenzen der allgemeinen Präklusionsvorschriften jederzeit nachgeholt und damit die Beweisbedürftigkeit der Tatsache herbeigeführt werden kann, ist der Widerruf eines Geständnisses nur unter den engen Voraussetzungen des § 290 möglich. Danach muss die geständige Partei beweisen, dass „das Geständnis der Wahrheit nicht entspreche und durch einen Irrtum veranlaßt sei"; ein bewusst unwahres Geständnis ist damit also nicht widerrufbar. Weil ein solcher Nachweis in aller Regel nur sehr schwer erbracht werden kann, kommt man den Parteien insofern entgegen, als man an die Ablegung eines Geständnisses erhöhte Anforderungen stellt. Anders als im Falle des § 138 III soll ein konkludentes Gestehen grundsätzlich nicht genügen; vielmehr muss die Partei außerhalb einer Parteivernehmung gem. §§ 445 ff. (BGH NJW 1995, 1432 f. = JuS 1995, 744 (K. Schmidt)) eine entsprechende Erklärung abgeben, die das Geständnis wenn nicht ausdrücklich, so doch wenigstens unbedingt und unzweifelhaft beinhaltet.[44] Dann allerdings kann es nach § 289 durchaus noch mit weiteren Angriffs- oder Verteidigungsmitteln „angereichert" werden.

(cc) Einreden

Literatur: Jahr, Die Einrede des bürgerlichen Rechts, JuS 1964, 125, 218, 293; H. Roth, Die Einrede des Bürgerlichen Rechts, 1988; Seelig, Die prozessuale Behandlung materiell-rechtlicher Einreden, 1980.

---

[43] Jauernig (I § 25 V 3) weist zu Recht darauf hin, dass eine gewissenhafte Prüfung von Schlüssigkeit und Erheblichkeit des Parteivorbringens durch den Richter unnötige Beweisaufnahmen und damit Kosten wie Zeit sparen kann.

[44] OLG Köln NJW-RR 1993, 573.

188   Gewissermaßen zwischen dem Bestreiten und dem Geständnis liegt es, wenn der Beklagte Einreden erhebt. Eine gern gebrauchte Kurzformel für diese Art der Verteidigung ist, dass der Beklagte zu dem gegen ihn gerichteten klägerischen Vorbringen nicht „nein" oder „ja" sagt, sondern „ja, aber". Terminologisch ist anzumerken, dass die hier gebrauchte Bezeichnung ‚Einrede' zivilprozessual vollkommen korrekt ist, obgleich vom materiellen Recht her die Unterscheidung zwischen Einwendungen und Einreden bekannt sein dürfte; darauf wird alsbald zurückzukommen sein. Zuvor sollen aber erst einmal die drei Kategorien der Einreden vorgestellt werden:

– Sie können auf **rechtshindernden Tatsachen** beruhen, die sich dadurch auszeichnen, dass sie die Entstehung des geltend gemachten Rechts von vornherein ausschließen. Zu diesen Einreden zählen all die aus dem materiellen Recht vertrauten Wirksamkeitshindernisse wie Mangel der Geschäftsfähigkeit, Gesetzes- oder Sittenwidrigkeit, anfängliche Unmöglichkeit nach § 275 I BGB, etc.

– Trägt der Beklagte **rechtsvernichtende Tatsachen** vor, so impliziert das zwar das Zugeständnis, dass der Anspruch begründet gewesen, sagt aber zugleich, dass er zwischenzeitlich wieder erloschen ist. Hierzu zählen vornehmlich die in den §§ 362–397 BGB aufgelisteten Erlöschensgründe, aber auch etwa die Einwendungen, dass angefochten worden sei, § 142 I BGB, dass die auflösende Bedingung eingetreten sei, § 158 II BGB, dass der Beklagte zurückgetreten sei, § 346 I BGB, oder dass eine Restschuldbefreiung gemäß den §§ 286 ff. InsO eingetreten sei.

– Von **rechtshemmenden Tatsachen** spricht man, wenn sich der Beklagte auf ein – vorübergehendes oder andauerndes – Leistungsverweigerungsrecht beruft. Bekanntestes Beispiel ist die Verjährungseinrede des § 214 BGB; aber auch die Geltendmachung eines Leistungsverweigerungsrechts gem. §§ 275 II, III, 439 III, 635 III BGB oder eines Zurückbehaltungsrechts, §§ 273, 1000 BGB, oder die Einrede des nichterfüllten Vertrags, § 320 BGB, gehören hierher.

Im materiellen Recht fasst man die beiden erstgenannten Kategorien, also den Vortrag rechtshindernder und rechtsvernichtender Tatsachen, unter dem Begriff ‚Einwendungen' zusammen und rechtfertigt die dadurch zum Ausdruck gebrachte Absonderung von der letztgenannten, dort auch als ‚Einreden' bezeichneten Kategorie damit, dass die Einwendungen von Amts wegen zu berücksichtigen seien.[45] Das ist jedoch insofern irreführend, als man üblicherweise mit einer amtswegigen Pflicht die Vorstellung verbindet, der Richter müsse von sich aus Untersuchungen über die Richtigkeit der fraglichen Tatsachen anstellen. Genau diese Pflicht trifft ihn aber auch hinsichtlich der materiell-rechtlichen Einwendungen nicht; er muss allein die oben, Rdnn. 154–164, gekennzeichneten Zulässigkeitsvoraussetzungen von sich aus, also ohne einen entsprechenden Parteiantrag, prüfen, in keinem Fall aber, ob etwa beide Parteien voll geschäftsfähig sind oder ob die Anfechtung tatsächlich erklärt worden ist.

189   Die Unterscheidung des materiellen Rechts zwischen den Einwendungen und den Einreden ist gleichwohl prozessual gerechtfertigt, wenn auch in einem be-

---

[45] S. etwa Medicus, Allgemeiner Teil des BGB, 8. Aufl., 2002, Rdnn. 91 ff.

schränkteren Umfang, als die herkömmliche Begründung vermuten lässt. Denn während die Besonderheit der rechtshemmenden Einrede darin besteht, dass sie gerade von der einredeberechtigten Partei selbst erhoben worden sein muss, genügt es für die Einwendungen, dass die sie begründenden Tatsachen überhaupt zum Prozessstoff geworden sind – und sei es auch durch eine Äußerung der Gegenpartei. Diese Differenzierung wirkt sich in einem Prozess, in dem beide Parteien (oder ihre Anwälte) zugegen sind, regelmäßig nicht aus. Gibt hier die eine Seite Erklärungen ab, aus denen sich ergibt, dass die andere Seite etwa die Einrede der Verjährung erheben kann, so wird sich die berechtigte Gegenseite diesen Vortrag wohl immer zu Eigen machen und auch die entsprechende Erklärung abgeben, § 214 I BGB. Das kann diese Partei jedoch naturgemäß dann nicht, wenn sie säumig bzw. nicht durch einen Anwalt vertreten ist – und wenn sich auch nicht aus dem Vortrag der anderen Partei ergibt, dass die säumige Partei die betreffende Einrede nicht nur erheben könnte, sondern sie bereits außerprozessual erhoben hat, darf der Richter die Einredemöglichkeit nicht berücksichtigen.[46] Wenn sich dagegen aus dem Vortrag etwa des Klägers ergibt, dass der Vertrag unwirksam sein muss, weil der Beklagte beim Abschluss geschäftsunfähig gem. § 104 Nr. 2 BGB war und auch kein Fall des § 105 a BGB vorliegt – es liegt also mit § 105 I BGB eine rechtshindernde Einwendung i. S. d. materiellen Rechts vor –, so muss das Gericht diese Tatsache selbst dann berücksichtigen, wenn der Beklagte säumig ist.

190 Macht der Beklagte eine (oder mehrere) der vorbeschriebenen Einreden im prozessualen Sinn geltend, so kann der Kläger daraufhin – sei es in seiner schriftlichen Stellungnahme, §§ 275 IV, 276 III, sei es in der mündlichen Verhandlung – selbstverständlich seinerseits einen entsprechenden Tatsacheneinwand entgegenhalten; diesen bezeichnet man bisweilen als Replik; antwortet der Beklagte danach mit einem erneuten Gegeneinwand, so ist das eine Duplik, gefolgt von einer Treplik, Quattruplik, etc.

Zum Beispiel: Der Kläger verlangt die Erfüllung eines Kaufvertrags. Der Beklagte trägt einredeweise vor, er habe den Vertrag gem. § 142 I BGB angefochten. Darauf repliziert der Kläger, das angefochtene Geschäft sei jedoch gem. § 141 I BGB bestätigt worden. Dem hält der Beklagte entgegen, die „Bestätigung" sei ein Scherz i. S. v. § 118 BGB gewesen, etc.

(dd) Aufrechnung

Literatur: Buß, Prozeßaufrechnung und materielles Recht, JuS 1994, 147; Häsemeyer, Die sogenannte „Prozeßaufrechnung", FS F. Weber, 1975, 215; Pawlowski, Die Gegenaufrechnung des Klägers im Prozeß, ZZP 104, 1991, 249; Schenke/Ruthig, Die Aufrechnung mit rechtswegfremden Forderungen im Prozeß, NJW 1992, 2505; Schwab, Bemerkungen zur Prozeßaufrechnung, FS Nipperdey I, 1965, 939.

---

[46] Natürlich genügt eine außerhalb des Prozesses vorgetragene Erklärung der Einrede. Für den Prozess ist jedoch entscheidend, dass der Richter von diesem Vorgang Kenntnis erlangt – wobei es egal ist, von wem.

191   Wenn sich der Beklagte zu seiner Verteidigung[47] darauf beruft, dass die geltend gemachte (Geld-)Forderung gar nicht mehr bestehe, weil er schon längst die Aufrechnung gem. § 388 BGB erklärt habe, so ist das eine rechtsvernichtende Einrede; nach dem zuvor Gesagten muss sie der Richter auch dann berücksichtigen, wenn er davon nur durch den Sachvortrag des Klägers erfährt. Das gilt auch in dem Fall, in dem der Beklagte die Aufrechnung erst jetzt, also während des rechtshängigen Verfahrens geltend macht. An sich ist das nichts, was besonderer Hervorhebung bedürfte. Gleichwohl erwähnt das Gesetz die Aufrechnung an mehreren Stellen ausdrücklich: §§ 145 III, 302 I, 322 II, 533 (bitte lesen). Das hängt mit mehreren Besonderheiten gerade dieser Einrede zusammen.

192   a. Die erste Besonderheit entsteht, wenn die Aufrechnung erst während des Prozesses erklärt wird. Der Beklagte gibt dann nämlich zum einen eine materiellrechtliche Willenserklärung ab, zum anderen trägt er ein prozessuales Verteidigungsmittel vor. Demgemäß muss diese eine Erklärung die Wirksamkeitsvoraussetzungen beider Regelungskomplexe – die der §§ 387 ff. BGB sowie die der Prozesshandlungen der ZPO (insbesondere also im Anwaltsprozess die Erklärung gerade durch den Anwalt), Rdnn. 233 ff. – erfüllen; man nennt die Aufrechnung im Prozess daher einen **Doppeltatbestand**.

193   b. Die zweite Besonderheit gerade dieses Verteidigungsmittels ergibt sich aus dem Umstand, dass der Beklagte mit der Aufrechnung gewissermaßen ein „Bauernopfer" bringt. Er verteidigt sich, indem er einen Gegenstand seines Vermögens hingibt. Das ist eine nicht unvernünftige Strategie, sofern er der Berechtigung des klägerischen Begehrens ansonsten nichts entgegenzusetzen hat. Dann nämlich verliert der Kläger immerhin seinen Prozess und muss die Kosten tragen.[48] Wenn sich der Beklagte aber schon der Berechtigung des klägerischen Anspruchs widersetzt, ergibt sich für ihn aus der zusätzlich erklärten Aufrechnung folgendes Risiko: Bestreitet der Kläger die zur Aufrechnung gestellte Forderung nicht, so ist der Rechtsstreit an sich für den Richter entscheidungsreif i. S. d. § 300! Denn der Kläger wird seinen Prozess verlieren, egal ob die von ihm eingeklagte Forderung besteht oder nicht. Im letzteren Fall bedeutet das für den Beklagten möglicherweise den Verlust seiner Forderung, obwohl er den Prozess auch ohne die Aufrechnung hätte gewinnen müssen. Früher wollte man dem Richter diese Abkürzung tatsächlich gestatten (Klageabweisungstheorie). Die heute wohl allgemeine Ansicht verpflichtet den Richter in Gestalt der so genannten Beweiserhebungstheorie jedoch dazu, jedenfalls auf ein entsprechendes Begehren des Beklagten hin zuerst die materielle Berechtigung der Klageforderung zu überprüfen; sie behandelt die Einrede der Aufrechnung daher regelmäßig als eine **Eventualaufrechnung**.

---

[47] Was folgt aus dieser Formulierung: „zu seiner Verteidigung"? Beachte im Übrigen, dass es auch vorkommen kann, dass der Kläger eine Gegenaufrechnung geltend macht; dazu Pawlowski (Lit.-Angaben).

[48] In eindeutigen Fällen wird der Kläger die unten, Rdnn. 345 ff., zu erörternde Erledigung des Rechtsstreits erklären.

Auch wenn die Parteien ansonsten dem Richter grundsätzlich[49] nicht vorschreiben dürfen, in welcher Reihenfolge er den ihm unterbreiteten Tatsachenstoff prüfen soll, ist die hier gemachte Ausnahme gerechtfertigt. Denn wenn der Richter sein Urteil aus der Rechtsfolge des § 389 BGB herleitet, muss er zuvor dessen Tatbestandsvoraussetzungen – nämlich „soweit sich die Forderungen decken" – geprüft und bejaht haben. Folglich ist die Beweiserhebungstheorie vorzugswürdig. Gestritten wird noch darum, ob die Eventualaufrechnung ausdrücklich beantragt (so die wohl h. M.) oder vom Richter in jedem Fall so behandelt werden muss. Im Hinblick auf den durch § 322 II drohenden Verlust der zur Aufrechnung gestellten Forderung des Beklagten, der einzig und allein mit dieser Einrede verbunden ist, ist die letztere Ansicht grundsätzlich überzeugender (Zeiss Rdn. 398).

Mit dem Begriff ‚Eventualaufrechnung' wird zum Ausdruck gebracht, dass die Einrede nur dann geprüft werden und beachtlich sein soll, wenn sich der Richter zuvor von der Existenz und Berechtigung der Klageforderung überzeugt hat. Diese Definition impliziert eine wichtige Konsequenz in dem Fall, dass die im Prozess abgegebene Aufrechnungserklärung **aus prozessualen**, nicht aber aus materiell-rechtlichen **Gründen zurückgewiesen** wird: Etwa weil der Beklagte trotz § 78 die Erklärung nicht durch den Anwalt oder aber verspätet, §§ 296 II, 533, vortragen lässt. Damit ist die Aufrechnung zwar prozessual unwirksam, materiell-rechtlich jedoch erklärt. Damit ist eine weitere Gefahr für den Beklagten verbunden, die sich dann realisiert, wenn der Kläger seinen Prozess gewinnt. Dann muss der Beklagte nämlich einerseits die Urteilsschuld begleichen. Andererseits könnte ihm der Kläger bei dem Versuch, seine eigene, in dem Prozess unberücksichtigt gebliebene Forderung einzutreiben, entgegenhalten, sie sei gem. § 389 BGB bereits erloschen; die materiell-rechtliche Seite der Aufrechnungserklärung ist durch die Zurückweisung aus prozessualen Gründen ja schließlich nicht betroffen. Auch hier hilft man jedoch dem Beklagten, und zwar auf der Grundlage der mitgeteilten Definition. Weil die Einrede aus prozessualen Gründen wirkungslos ist, ist sie insgesamt unbeachtlich – und zwar auch materiell-rechtlich. Dieses Ergebnis ist zwar schwer zu begründen (etwa in Anlehnung an § 139 BGB oder unter Annahme einer innerprozessualen Bedingung), doch ist man sich über seine Richtigkeit allseits einig.   **194**

c. Eine weitere Besonderheit der Aufrechnung ergibt sich aus der banalen Tatsache, dass Forderungen unsichtbar sind. Der Beklagte kann also durchaus auch einmal die Aufrechnungserklärung zum Zeitgewinn nutzen und eine aus der Luft gegriffene Forderung zur Disposition stellen. Oder – weniger spektakulär – seine Forderung ist strittig. In derartigen Fällen gibt es Möglichkeiten, dem Kläger zu helfen. Zunächst einmal: Wenn feststeht, dass die Klageforderung (zumindest teilweise) besteht, über die zur Aufrechnung gestellte Gegenforderung aber noch nicht entschieden werden kann, darf der Richter ein   **195**

---

[49] ‚Grundsätzlich' bedeutet bei den Juristen bekanntlich: ‚nicht ausnahmslos'. Kennen Sie bereits eine Ausnahme, in der ebenfalls dem Richter eine nur eventuelle Prüfung vorgeschrieben ist?

Vorbehaltsurteil gem. § 302 I erlassen, das den Beklagten zur Leistung verpflichtet „vorbehaltlich der Entscheidung über die Aufrechnung". Aus § 302 III ergibt sich, dass dieses Urteil sowohl mit den allgemeinen Rechtsmitteln angefochten[50] als auch vollstreckt (s. dazu Abs. 4 S. 3 und 4) werden kann. Gleichwohl wird eben derselbe Prozess weitergeführt – er bleibt rechtshängig, Abs. 4 S. 1 – im Hinblick auf die zur Aufrechnung gestellte Forderung. Die in diesem Nachverfahren ergehende Entscheidung hebt, je nachdem, bloß den Vorbehalt oder das gesamte Ersturteil auf. Zum Zweiten: Stehen Klage und Gegenforderung nicht im rechtlichen Zusammenhang, sind sie also nicht **konnex**, kann der Richter die Verhandlungen gem. § 145 III **trennen**. Er prüft in diesem Fall regelmäßig nach Maßgabe der soeben dargestellten Beweiserhebungstheorie zunächst die Klageforderung. Ergibt sich dabei, dass sie tatsächlich besteht, verweist ihn § 145 III a. E. erneut auf den § 302, d. h. er erlässt ein Vorbehaltsurteil.

196   d. Die Tatsache, dass die Aufrechnung nicht konnexer Forderungen möglich ist, führt zu der weiteren Besonderheit, dass der Beklagte eine Forderung zur Aufrechnung stellen kann, die nicht in den **Zuständigkeitsbereich des** vom Kläger angegangenen **Zivilgerichts** fällt. In derartigen Fällen ist man sich weitgehend darüber einig, dass dieses Gericht wegen der sachlichen Nähe gleichwohl über Forderungen entscheiden darf, für deren eigenständige Verbescheidung (sachlich bzw. örtlich, ggf. auch ausschließlich) ein anderes „normales" Zivilgericht oder etwa das Familien-, Arbeitsgericht oder das Gericht der freiwilligen Gerichtsbarkeit zuständig wäre. Umstritten ist dagegen eine derartige Befugnis, wenn die vom Beklagten beanspruchte Forderung an sich etwa von den Verwaltungs- oder Sozialgerichten verbeschieden werden müsste.
Während die h. M. (vgl. etwa BFH NJW 2002, 3126, 3127 f.) in solchen Fällen die Entscheidung über die Gegenforderung für unzulässig erklärt und die Aussetzung des Verfahrens nach § 148 (bitte lesen) anempfiehlt, verweist die vorzugswürdige Mindermeinung auf den nachträglich in das „Grundgesetz" der ordentlichen Prozessordnungen eingefügten § 17 II 1 GVG, der diesen Gerichten eine umfassende Entscheidungskompetenz einräumt, vgl. Rdn. 25. Die Grenze der Aufrechenbarkeit ist infolgedessen erst dann erreicht, wenn privatautonom getroffene Abreden entgegenstehen, wenn also die Parteien für die vom Beklagten vorgetragene Forderung die Zuständigkeit eines Schiedsgerichts vereinbart haben oder wenn etwa eine ausschließliche ausländische Zuständigkeit besteht.

197   e. Eine letzte Besonderheit ergibt sich aus dem schon mehrfach erwähnten § 322 II, dem zufolge die zur Aufrechnung gestellte Forderung in Höhe der vom Beklagten zulässigerweise erklärten Aufrechnung **rechtskräftig** verbeschieden wird; zur Rechtskraft s. unten Rdn. 307 ff. Zwar klingt der Gesetzeswortlaut enger, wenn er sagt: „die Entscheidung, dass die Gegenforderung nicht besteht,

---

[50] Unten, Rdn. 400 ff., wird zu zeigen sein, dass die erfolgreiche Geltendmachung eines Rechtsmittels immer von einer Beschwer durch die Entscheidung abhängig ist. Wer also kann im Falle eines Vorbehaltsurteils etwa die Berufung einlegen?

... (ist) der Rechtskraft fähig." Doch versteht man unter diesem Nichtbestehen nicht nur die vom Richter bei der Prüfung dieser Forderung festgestellte, fehlende Begründetheit, sondern auch ihren durch die Aufrechnung nach § 389 BGB herbeigeführten Fortfall. Wenn also der Beklagte gegenüber der Klageforderung in Höhe von € 10.000,– mit seiner Forderung in Höhe von € 12.387,23 zulässigerweise aufgerechnet hat, so kann er später eben diese Forderung nurmehr in Höhe von € 2.387,23 einklagen. Dabei macht es keinen Unterschied, ob der Richter der Klage stattgegeben hat und somit von der Unbegründetheit der Aufrechnungsforderung überzeugt war oder ob er die Klage gerade wegen der erfolgreichen Aufrechnung als unbegründet abgewiesen hat.

Obgleich die Rechtskraft nicht viel mehr als die gewisse Zeit nach Urteilserlass eintretende Fortsetzung der Wirkungen der Rechtshängigkeit ist, vgl. oben Rdnn. 107 f., sagt man herkömmlicherweise (und in einem gewissen Widerspruch zu § 204 I Nr. 5 BGB), dass die Aufrechnungsforderung nicht rechtshängig werde. Auf diese Weise belässt man dem Beklagten die Freiheit, seine im Prozess erklärte Aufrechnung jederzeit zurückzunehmen bzw. die Forderung anderweitig einzuklagen. Außerdem müssen demgemäß auch nicht die allgemeinen Prozessvoraussetzungen bezüglich dieser Forderung vorliegen.

(c) Widerklage

Literatur: Lorff, Die Widerklage, JuS 1979, 569; Rimmelspacher, Zur Bedeutung des § 33 ZPO, FS G. Lüke, 1997, 665; Uhlmannsiek, Die Anwendbarkeit der Privilegien der Widerklage auf die Drittwiderklage, JA 1996, 253; Vollkommer, Der Grundsatz der Waffengleichheit im Zivilprozeß, FS Schwab, 1990, 503.

Der für einen Zivilprozess absolut unentbehrliche Grundsatz der **Waffengleichheit** für beide Parteien führt zwangsläufig dazu, dass sich der Beklagte nicht nur auf die Defensive beschränken, sondern dass er auch seinerseits einen Gegenangriff starten können muss. Man sollte sich einmal in die Lage des Beklagten versetzen, um seine Situation nachvollziehen zu können: Während der Kläger (einer Leistungsklage) schlimmstenfalls nichts erhält, bestenfalls dagegen die volle beanspruchte Leistung, muss der Beklagte sie bestenfalls nicht, schlimmstenfalls vollständig erbringen; nur der Beklagte hat also – vom Ausgangspunkt her betrachtet – etwas zu verlieren. Außerdem ist der Kläger derjenige, der durch die Klageerhebung das Heft des Handelns an sich reißt und den Beklagten in den Prozess mit all seinen wirtschaftlichen, zeitlichen und emotionalen Belastungen hineinzieht. Um dieses Übergewicht wenigstens partiell auszugleichen, kann der Beklagte während des gegen ihn angestrengten Verfahrens vor eben demselben Gericht eine so genannte Widerklage gegen den Kläger erheben. Damit laufen zwei Prozesse synchron nebeneinander, in denen der Kläger zugleich der Widerbeklagte und der Beklagte zugleich der Widerkläger ist. Anders also als bei der Aufrechnung, oben Rdnn. 191 ff., führt der Gegenangriff bei der Widerklage zur Rechtshängigkeit des dort geltend gemachten prozessualen Anspruchs.

198

(aa) Voraussetzungen

199   Aus dem Umstand, dass die Erhebung der Widerklage nichts weiter als die Erhebung einer eigenständigen, neuen Klage ist, die regelmäßig (wegen § 145 II aber nicht notwendig) mit der Hauptklage zusammen verbeschieden wird, lassen sich die **Zulässigkeitsvoraussetzungen** für die Widerklage ableiten. Sie sind grundsätzlich mit den oben in den Rdnn. 21 ff. dargestellten, allgemeinen Klagevoraussetzungen identisch. Die Widerklage kann jederzeit, unter den in § 533 genannten Bedingungen auch erst in der Berufungsverhandlung, erhoben werden; weil sie einen Angriff und nicht nur ein Angriffsmittel darstellt, gelten für sie die Präklusionsvorschriften nicht. Andererseits ergeben sich aus der Notwendigkeit, dass eine Widerklage zwingend zu einem Zeitpunkt eingereicht werden muss, in dem die Hauptklage rechtshängig (nicht: anhängig; vgl. auch BGH NJW-RR 1992, 1085 = JuS 1993, 165 (K. Schmidt)) ist, einige Besonderheiten:

200   a. Zunächst braucht die **(Wider-)Klageerhebung** nicht gem. § 253 I durch Zustellung eines Schriftsatzes zu erfolgen. Denn es ist § 261 II anzuwenden, der als Erleichterung die Geltendmachung in der mündlichen Verhandlung vorsieht. Zwar entbindet das den Beklagten regelmäßig nicht von der Notwendigkeit einer schriftlichen Abfassung; derartige Anträge müssen nämlich grundsätzlich gem. § 297 verlesen werden. Doch kann ein solcher Schriftsatz wesentlich formloser abgefasst werden als die oben, Rdnn. 120 ff., dargestellte Klageschrift – freilich muss er den grundlegenden Bestimmtheitsanforderungen des § 253 II Nr. 2 genügen.

201   b. Hinsichtlich der **sachlichen Zuständigkeit**, vgl. Rdnn. 32 f., ist zwischen dem amts- und dem landgerichtlichen Verfahren zu unterscheiden. Ersterenfalls gilt § 506 (bitte lesen). Um diese Vorschrift verstehen zu können, sollte man zuvor einen Blick in den § 5 geworfen haben. Danach sind für die Feststellung der Zuständigkeit grundsätzlich alle Ansprüche zusammenzurechnen, nicht jedoch die von Klage und Widerklage.[51] Daraus folgt, dass der Amtsrichter die (beantragte) Verweisung erst dann vornehmen darf und muss, wenn der nach den §§ 3–9 errechnete Wert der Widerklage wenigstens € 5.000,01 ist. Ist die Hauptklage dagegen beim Landgericht anhängig, gibt es eine Verweisung selbst dann nicht, wenn der Wert der Widerklage etwa nur € 5.000,– beträgt. Etwas anderes gilt allein in dem Fall, dass für den vom Widerkläger geltend gemachten Anspruch eine ausschließliche Zuständigkeit des Amtsgerichts besteht; dann muss der Richter die Verfahren nach § 145 II trennen und gem. § 281 die Widerklage auf Antrag an das zuständige Amtsgericht verweisen.

202   c. Das Gericht der Hauptklage muss natürlich auch **örtlich zuständig** sein. Insoweit gelten die allgemeinen Regeln der §§ 12 ff. Sie enthalten überdies eine eigene Regelung für die Widerklage in § 33. Danach gibt es einen besonderen Gerichtsstand am Gericht der Hauptklage, wenn nur ein Zusammenhang zwischen Klage und Widerklage besteht – etwa Klage auf Zahlung und Widerklage auf Schadensersatz statt der Leistung aus demselben Vertrag. Wenn also das

---

[51] Was könnte der Grund für diese Ausnahme sein?

Gericht der Hauptklage nicht schon ohnedies aufgrund anderer Vorschriften örtlich zuständig ist, kann es dies immer noch unter den Voraussetzungen des § 33 sein.

Gegenüber dieser von der h. L. bevorzugten Ansicht vertritt die Rechtsprechung den Standpunkt, dass der in § 33 I erwähnte ‚Zusammenhang' nicht eine Voraussetzung nur für die besondere örtliche Zuständigkeit, sondern für die Zulässigkeit der Widerklage überhaupt sei. Auch wenn beide Ansichten im Ergebnis nicht allzu sehr divergieren (Baur/Grunsky, Rdn. 117), kann die Annahme, § 33 statuiere eine besondere Prozessvoraussetzung für die Widerklage, deswegen nicht zutreffend sein, weil   **203**

– erstens die systematische Stellung des § 33 eine reine Regelung der örtlichen Zuständigkeit impliziert,

– zweitens § 145 II von der Möglichkeit eines fehlenden rechtlichen Zusammenhangs zwischen Haupt- und Widerklage ausgeht, und

– drittens der Grundsatz der Waffengleichheit verletzt würde, wenn der Zusammenhang zur generellen Zulässigkeitsbedingung erhoben würde. Denn aus § 260 ergibt sich, dass der Kläger eine (auch nachträgliche) objektive Klagenhäufung betreiben kann, ohne dass ihm die Auflage eines derartigen Zusammenhangs gemacht würde.[52] Für den Beklagten kann demnach nichts anderes gelten.

d. Der mit der Widerklage geltend gemachte Anspruch darf nicht bereits **rechtshängig** sein. Angesichts der allgemeinen Zulässigkeitsvoraussetzungen für eine Klage ist das eine selbstverständliche Aussage, die gleichwohl im vorliegenden Zusammenhang einer besonderen Hervorhebung bedarf. Denn es ist darauf zu achten, dass der Streitgegenstand der Widerklage nicht die Negation des Anspruchs der Hauptklage ist; dann nämlich scheitert die Widerklage an der bereits bestehenden Rechtshängigkeit eben dieses Anspruchs. Es sind also auch hier die oben, Rdn. 102 ff., erörterten Probleme des Streitgegenstandsbegriffs zu bedenken.   **204**

e. Eine letzte Besonderheit der Widerklage besteht darin, dass sie nicht in jeder Verfahrensart erhoben werden kann: im Urkundsprozess nicht gem. § 595 I (vgl. allerdings BGH NJW 2002, 751) und auch nicht in bestimmten Familienverfahren, §§ 610 II, 640 c.   **205**

Ist die Widerklage nach Maßgabe der soeben dargestellten Besonderheiten zulässig erhoben worden, ist ihr weiteres Schicksal von der Entwicklung der Hauptklage losgelöst. Selbst also, wenn diese Hauptklage etwa zurückgenommen oder als unzulässig abgewiesen wird, wird die Widerklage weiterverhandelt.

(bb) Sondergestaltungen

Nicht anders als bei der Aufrechnung gestattet man dem Beklagten, seine Widerklage **eventualiter** zu erheben – für den Fall also, dass der Richter trotz der vom Beklagten beantragten Klagabweisung zu der Überzeugung kommen sollte, dass   **206**

---

[52] Zur Wiederholung: Wann muss nach h. M. auch bei der objektiven Klagenhäufung ein „Zusammenhang" bestehen?

die Hauptklage begründet ist. Freilich muss hier der Beklagte einen entsprechenden Antrag ausdrücklich stellen.

Wie schon erwähnt, Rdn. 198, zeichnen sich die beiden Prozessrechtsverhältnisse von Klage und Widerklage dadurch aus, dass die involvierten Parteien identisch sind, wenn auch mit vertauschten Parteirollen. Aus Gründen der Praktikabilität lässt man hiervon gewisse Ausnahmen zu; der Beklagte kann Widerklage gegen einen anderen als den Kläger erheben (**Dritt-Widerklage**). Das ist allerdings nach h. M. grundsätzlich (vgl. BGH NJW 2001, 2094) nur dann möglich, wenn die allgemeinen Zulässigkeitsvoraussetzungen[53] auch gegenüber dem Dritten gegeben sind, wenn ein rechtlicher Zusammenhang zwischen den beiden Klagen besteht, wenn der Dritte Streitgenosse, §§ 59 ff., des Klägers ist oder wenn die Voraussetzungen der Parteiänderung vorliegen, Rdnn. 368 ff.

Eine weitere Sondergestaltung der Widerklage ergibt sich aus § 256 II. So wie der Kläger Zwischenfeststellungsklage erheben kann, damit über ein vorgreifliches Rechtsverhältnis entschieden wird, Rdn. 98, so ist dies dem Beklagten ebenfalls gestattet in Gestalt einer Widerklage.

---

[53] Beachte: § 33 gilt gegenüber dem Dritten nicht, BGH NJW 1993, 2120.

Teil IV. Mündliche Verhandlung

§ 1 Der reguläre Ablauf eines einfachen Prozesses

Literatur: Henke, Rechtserkenntnis, Rechtsfortbildung und Konfliktlösung: Die Verfahrenstypen der Zivilprozeßordnung in erster und höherer Instanz, ZZP 109, 1996, 135.

Das Gesetz ist so aufgebaut, dass es in den §§ 253–494 a den Zivilprozess vor **207** einem Landgericht darstellt, bevor es in den nachfolgenden §§ 495–510 b einige Sonderregelungen für das amtsgerichtliche Verfahren aufstellt. Ob diese Einteilung der Bedeutung dieses Verfahrens gerecht wird und zu dem zahlenmäßigen Übergewicht der amtsgerichtlichen Tätigkeit passt, ist allerdings fraglich; gleichwohl richtet sich auch die nachfolgende Darstellung aus Gründen der Übersichtlichkeit an diesem Regelungsschema aus. Der Fortbestand der gespaltenen Eingangsinstanz ist rechtspolitisch höchst umstritten.

I Landgerichtliches Verfahren

Ist das im vorigen Paragraphen beschriebene Hin und Her der Schriftsätze erfolgt **208** und die vom Richter mit der Terminierung gesetzte, nach § 274 III mindestens zwei Wochen dauernde Frist verstrichen, so ist die nächste Stufe des Verfahrensablaufs grundsätzlich der Termin zur Güteverhandlung gem. § 278 II und – erforderlichenfalls – zur streitigen mündlichen Verhandlung, § 279 I.[1] Ob es sich dabei um einen frühen ersten Termin oder um den Haupttermin handelt, macht nach der gesetzlichen Konzeption keinen Unterschied, weil beide Termine als eine Einheit angesehen werden, s. Rdn. 221. Daran ändern auch die faktischen Unterschiede nichts, die zwischen den beiden Terminen zumindest dann bestehen, wenn der frühe erste Termin ein Durchlauftermin (Rdn. 169) ist. Dessen Abweichung von dem dem Gesetz vorschwebenden Verfahrensmodell resultiert aus dem rein tatsächlichen Zeitdruck, der seinerseits durch den großen Andrang beim Gericht bedingt ist.

1. Verfahrensprinzipien

Literatur: Arens, Die Grundprinzipien des Zivilprozeßrechts, in: ‚Humane Justiz‘, 1977, 1; W. Habscheid, Les grands principes de la procédure civile: nouveaux aspects, Scr. in on.

---

[1] Hiervon gibt es eine in der Praxis selten genutzte Ausnahme in § 128 II: Sofern beide Parteien damit einverstanden sind, kann das Gericht ganz ohne mündliche Verhandlung entscheiden. Dagegen werden Bagatellverfahren, dazu unten Rdn. 327 f., in praxi häufiger ohne mündliche Verhandlung durchgeführt.

Fazzalari, 1993, 3; K. W. Nörr, Die 18 Prinzipienfragen des Ministers Savigny zur Reform des preussischen Zivilprozesses, St. in on. Liebman I, Mailand 1979, 403; Prütting, Die Grundlagen des Zivilprozesses im Wandel der Gesetzgebung, NJW 1980, 361; Schnellenbach, Grundsätze des gerichtlichen Verfahrens, JA 1995, 783; Stürner, Verfahrensgrundsätze des Zivilprozesses und Verfassung, FS Baur, 1981, 647.

209   Bevor der in den §§ 136 ff., 278 f. beschriebene äußere Ablauf des Termins dargestellt wird, ist es für das bessere Verständnis der Zusammenhänge und des Zivilprozesses insgesamt angezeigt, sich zunächst einmal Klarheit über die diesem Verfahren zugrunde liegenden Prinzipien (alternativ auch Maximen oder Grundsätze genannt) zu verschaffen. Sie sind nämlich gewissermaßen die Leitzeichen, an denen sich der äußere Verfahrensablauf zu orientieren hat.

(a) Dispositionsmaxime

Literatur: Brüggemann, Judex statutor und judex investigator, 1968; Leipold, Zivilprozeß und Ideologie, JZ 1982, 441.

210   Dieser Grundsatz steht nicht von ungefähr am Beginn der Aufzählung. Denn er garantiert für den Zivilprozess nichts Geringeres als die im materiellen Zivilrecht ebenfalls bestehende, grundsätzliche Dispositionsfreiheit über die eigenen Rechte. Anders nämlich als im Strafrecht etwa oder in weiten Gebieten der freiwilligen Gerichtsbarkeit, wo der Staat ein ureigenes Interesse an der Wahrung der von ihm aufgestellten Vorschriften hat und deshalb grundsätzlich jeden Verstoß aus eigenem Antrieb verfolgt und gegebenenfalls vor den Richter bringt (Offizialmaxime), überlässt das Zivilrecht die Wahrung der eigenen Interessen oder Rechte regelmäßig dem Einzelnen: So kann ich etwa meinen Anspruch geltend machen oder auch darauf (ausdrücklich oder gar konkludent) verzichten; oder ich kann auf meiner Eigentümerstellung beharren, kann es aber ebenso bleiben lassen. Diese dem Zivilrecht dem Grundsatz nach zugrunde liegende Wertung würde ausgehöhlt, wenn sie nicht auch in dem zugehörigen Prozessrecht gelten würde. Wenn nämlich beispielsweise eine Vertragsverletzung in jedem Fall vor den Richter gebracht werden müsste, so wäre dem Gläubiger die nach dem materiellen Recht eingeräumte Möglichkeit genommen, diesen Verstoß etwa im Interesse einer fortbestehenden Vertragsbeziehung ungeahndet zu lassen. Die Dispositionsfreiheit wäre damit obsolet. Um das zu verhindern, belässt auch das Zivilprozessrecht dem Einzelnen die freie Entscheidung darüber, **ob er vor Gericht gehen will oder nicht**. Das ist der wesentliche Inhalt der Dispositionsmaxime, der in dem oft gehörten Satz: „Wo kein Kläger, da kein Richter" zum sinnfälligen Ausdruck kommt.

211   Im Einzelnen bringt die prozessuale Dispositionsmaxime freilich mehreres zum Ausdruck. Denn auch die materiell-rechtliche Dispositionsfreiheit erschöpft sich nicht in der Wahlfreiheit, ein Recht geltend zu machen oder nicht. Vielmehr erlaubt sie auch, den Umfang dessen zu bestimmen, worüber man streiten will: Hat A gegen B eine Geldforderung in Höhe von € 1.000,–, hindert ihn keine Vorschrift, gleichwohl nur € 500,– von B zu verlangen. Und selbst wenn er zunächst noch die volle Summe verlangt hat, kann er – aus welchen Gründen auch immer – sich schließlich mit der Zahlung der Hälfte (oder auch von gar nichts!) zufrieden geben. Andersherum liegt es im Belieben des B, sich gegen das aus seiner Sicht unberechtigte

Verlangen des A zu sperren oder aber zu zahlen. All diese Möglichkeiten übernimmt die ZPO ebenfalls und fasst sie unter dem Begriff der Dispositionsmaxime zusammen. Sie überlässt dem Kläger also nicht nur, ob er überhaupt eine Klage erhebt, sondern auch die **Bestimmung über den Umfang** dieser Klage. Der wahre Erbe kann also die Herausgabeklage gegen den Erbschaftsbesitzer, § 2018 BGB, auf das Grundstück begrenzen und den gleichfalls zur Erbschaft gehörenden Aktienfonds auf diese Weise beim Beklagten lassen. Darüber hinaus räumt die ZPO den Parteien verschiedene, jeweils an anderer Stelle genauer besprochene Möglichkeiten ein, den Prozess (und damit ihren Streit) jederzeit wieder abzubrechen: der Kläger etwa durch Verzicht nach § 306; der Beklagte durch Anerkenntnis gem. § 307; der Rechtsmittelführer durch die Rücknahme des Rechtsmittels, der Kläger durch – ggf. einverständliche – Rücknahme der Klage, § 269; beide Parteien können ein Versäumnisurteil gegen sich ergehen lassen, §§ 330 ff., sich vergleichen oder den Streit für erledigt erklären.

Diese dem Zivilrecht immanente Wertung wird also zwangsläufig auch im Prozess so sehr gewahrt, dass ein Richter die Fortsetzung eines Verfahrens selbst dann nicht erzwingen kann, wenn er sich bereits intensiv auf den Fall und die mit ihm verbundenen Rechtsfragen vorbereitet hat.[2] Gewisse Einschränkungen ergeben sich ebenso zwangsläufig nur dann, wenn auch das materielle Recht die Dispositionsfreiheit einschränkt – insbesondere also in bestimmten Familiensachen, § 617 (bitte lesen).

(b) Verhandlungsmaxime

Literatur: Birk, Wer führt den Zivilprozeß – der Anwalt oder der Richter?, NJW 1985, 1489; Böhm, Der Streit um die Verhandlungsmaxime, in: Jus Commune Bd. VII, 1978, 136; Hahn, Der sogenannte Verhandlungsgrundsatz im Zivilprozeß, JA 1991, 319; Jauernig, Verhandlungsgrundsatz, Untersuchungsgrundsatz und Streitgegenstand, 1967; Rimmelspacher, Zur Prüfung von Amts wegen im Zivilprozeß, 1966; Stürner, Die Aufklärungspflicht der Parteien des Zivilprozesses, 1976; Wassermann, Der soziale Zivilprozeß, 1978; Zekoll/Bolt, Die Pflicht zur Vorlage von Urkunden im Zivilprozess – Amerikanische Verhältnisse in Deutschland?, NJW 2002, 3129; Zettel, Der Beibringungsgrundsatz, 1977.

(aa) Die Grundform der Maxime

Während die Dispositionsmaxime das Verhältnis der Parteien zu dem prozessualen **212** Anspruch oder dem Streitgegenstand insgesamt betrifft, besagt der Verhandlungs- oder genauer noch: Beibringungsgrundsatz, dass es den Parteien auch obliegt, dem Gericht den für die Entscheidung über den Streitgegenstand erforderlichen **Tatsachenstoff** zu liefern. Den Gegensatz zu dieser Maxime bildet der Untersuchungsgrundsatz, unter dessen Ägide das Gericht den Sachverhalt von sich aus und unabhängig von den Parteien[3] aufzuklären hat. Prototyp dieses auch Inquisitionsmaxime

---

[2] Insbesondere in den höheren Instanzen (OLG, BGH) widerfährt den Richtern bisweilen ein derartiges „Schicksal". Zur Einschränkung vor dem Bundesverfassungsgericht vgl. BVerfG NJW 1998, 2515.

[3] Mit dieser amtswegigen Erforschungspflicht darf die amtswegige Prüfungspflicht des Zivilrichters bei den meisten der Zulässigkeitsvoraussetzungen nicht verwechselt werden, bei der der Richter zwar nicht an die Anträge der Parteien gebunden ist, gleichwohl aber

genannten Prinzips ist wiederum der Strafprozess mit seiner Ausgangsregel: in dubio pro reo (vgl. Art. 6 II EMRK).

Die Rechtfertigung für die Unterscheidung zwischen der Dispositions- und der Verhandlungsmaxime im Zivilprozess ergibt sich daraus, dass mit der Belassung der Souveränität über den prozessualen Anspruch als solchen bei den Parteien keineswegs zwangsläufig die Frage beantwortet ist, wer dem Richter die den Streitgegenstand begründenden Fakten vermitteln soll. Die Rechtsgeschichte lehrt nämlich, dass diese Aufgabe auch im Zivilprozess dem Gericht aufgetragen werden kann – und zwar aus der durchaus nachvollziehbaren Erwägung heraus, dass das Gericht nicht gehalten sein dürfe, eine offensichtlich mit der materiellen Rechtslage nicht in Einklang stehende Entscheidung treffen zu müssen. Gleichwohl hat sich die ZPO dafür entschieden, diese Pflicht – zumindest grundsätzlich – den Parteien aufzuerlegen, weil deren Interessenwiderstreit regelmäßig zu einem hinreichenden Faktenvortrag führe. Darin kommt die ebenfalls rechtsgeschichtliche Maxime ‚da mihi facta, dabo tibi ius' (gib mir die Tatsachen, und ich werde dir das Recht geben; vgl. bereits oben Rdn. 15) zum Ausdruck, die den Parteien den Sachvortrag und dem Richter die Kenntnis des Rechts (‚iura novit curia', das Gericht kennt das Recht[4]) auferlegt.

213   Demnach müssen also gerade die Parteien alle tatsächlichen Begebenheiten – vollständig und der Wahrheit gemäß, § 138 I – vortragen, die sie in der Entscheidung berücksichtigt wissen wollen,[5] während das Gericht in der rechtlichen Beurteilung und Einordnung dieser Fakten frei ist. Negativ formuliert bedeutet das, dass der Richter weder sein eventuell vorhandenes privates Wissen über die Hintergründe und den Gegenstand des Streits noch solchen Tatsachenvortrag verwerten darf, den nicht wenigstens eine der Parteien vorgetragen oder zumindest sich zu Eigen gemacht hat. Ein Beispiel dafür bietet etwa

> LG Berlin NJW 1978, 1061 (s. auch Baumgärtel/Prütting, 10): Die Parteien streiten sich um Inhalt und Umfang eines Reparaturauftrages bezüglich eines Kfz des B. Nach dem übereinstimmenden Vortrag von K und B ist dieser Werkvertrag auf Seiten des B durch den Zeugen S als Vertreter des B geschlossen worden. Nach der Aussage des S ergeben sich für das Gericht jedoch Zweifel an einer wirksamen Vertretung, so dass B an sich der falsche Beklagte wäre. Da sich jedoch weder K noch B die Aussage des S zu Eigen machen, muss das Gericht von einem wirksamen Vertragsschluss zwischen K und B ausgehen.

---

grundsätzlich keinerlei Sachaufklärung von sich aus betreibt; vgl. nur BGH NJW-RR 2000, 1156 f. und bereits Rdn. 153.

[4] Eigentlich: die Rechte. Der Plural stammt von der früheren Doppelgleisigkeit des Gemeinen und des kanonischen Rechts, das den deutschen (anders als etwa den österreichischen) Studenten noch heute dazu verleitet, sich als „Jura-Student" zu bezeichnen. Zu dem Grundsatz selbst nachdrücklich Spickhoff, JZ 1999, 302, 303 f.

[5] Zur Wiederholung: Können Sie nunmehr eine Rechtfertigung dafür geben, warum der Richter die oben, Rdn. 184, beschriebene Schlüssigkeitsprüfung einer jeden eingereichten Klage vorzunehmen hat?

Andersherum können die Parteien dem Richter aber nicht vorschreiben, welche rechtlichen Schlussfolgerungen er aus dem Tatsachenvortrag ziehen soll. Wenn er etwa einen atypischen Vertrag den kaufvertraglichen Mängelhaftungsregeln unterstellen will oder eine Klausel als von § 309 BGB erfasst sieht, so sind die anderslautenden Vorträge der Parteien für den Richter allenfalls Anregungen zum Nachdenken oder gar Diskutieren, in keinem Fall aber bindend.

(bb) Einschränkungen der Maxime

Die im Laufe der geschichtlichen Entwicklung immer wieder schwankende Einbeziehung des Richters in die Tatsachensammlung hat in der heutigen Gesetzesform ein Ausmaß angenommen, das bei einigen Autoren bereits Zweifel hat aufkommen lassen, ob denn die Verhandlungsmaxime überhaupt noch dem ZPO-Prozess zugrunde liege (Zettel lt. Lit.-Angaben). Diese Frage ist im Grundsatz deswegen zu bejahen, weil der Richter nach wie vor nicht von sich aus neuen Tatsachenstoff in den Prozess einführen darf.[6] Er kann lediglich – das allerdings in einem erheblichen Umfang – auf eine Vervollständigung des Sachvortrags drängen. **214**

a. Von den verschiedenen, dem Richter an die Hand gegebenen Instrumentarien ist vorrangig die in § 139 thematisierte **Aufklärungspflicht** zu nennen: Danach muss der Richter die Parteien zu einem vollständigen und präzisen Sachvortrag anhalten, auf die Stellung sachdienlicher Anträge hinwirken und das „Sach- und Streitverhältnis, soweit erforderlich, mit den Parteien nach der tatsächlichen und rechtlichen Seite" erörtern und Fragen stellen. Bei unbefangener Lektüre könnte man denken, der Richter dürfe so ziemlich alles tun, um den Prozess voranzutreiben und zu einem (in seinen Augen) gerechten Ergebnis zu bringen. Der immer wieder auftauchende Spruch, ein Richter dürfe oder müsse gar social engineering betreiben, hat hier seinen Einstieg. Das gilt auch für weitaus weniger weit reichende Forderungen – etwa diejenige, dass der Richter verpflichtet sei, mit den Parteien auch ein Rechtsgespräch (statt nur ein Sachgespräch) zu führen; § 139 I 1 sieht dies – im Rahmen der Erforderlichkeit – sogar allgemein vor und § 139 II fordert es zwingend in einem speziellen Fall, der jedoch im Hinblick auf die Notwendigkeit der Gewährung rechtlichen Gehörs, Art. 103 I GG, durchaus verallgemeinerungsfähig ist. Eine andere Forderung lautet, dass die Aufklärungspflicht dazu genützt werden müsse, sich der objektiven Wahrheit so weit wie möglich anzunähern, um eine „richtige Entscheidung" treffen zu können, statt sich mit der bloß formellen, d. h. der durch das subjektive Sieb des Parteienvortrags beschränkten, Wahrheit zufrieden zu geben. **215**

Für all diese Erwägungen lassen sich gute Argumente vortragen. Gleichwohl sollte die Praxis mit der Anwendung der durch § 139 ermöglichten (und durch die Zivilprozessreform 2002 gar noch erweiterten) Aufklärung regelmäßig recht zurückhaltend sein. Die Gründe dafür sind vielfältig: Einer von ihnen ist

---

[6] Auch die Maßnahmen der §§ 142–144, 273 II Nrn. 2, 5, 448 (vgl. Rdn. 217) müssen sich daher im Rahmen des Parteivortrags halten. Sie dürfen folglich nicht dazu eingesetzt werden, den Tatsachenstoff auszudehnen oder gar eine „Ausforschung" zu betreiben.

die Verhandlungsmaxime, die nun einmal den Parteien die Verantwortung für den Sachvortrag auferlegt. Ein weiterer wichtigerer Grund ist die Neutralitätspflicht des Richters. Betreibt er etwa aktiven Verbraucherschutz, indem er die betreffende Partei mit sachdienlichen Hinweisen gewissermaßen „füttert", ist die Objektivität (und damit das wesentliche Charakteristikum des Richteramts überhaupt) dahin – ganz abgesehen davon, dass er wegen Befangenheit abzulehnen wäre. Der für Anwaltsprozesse häufig vorgetragene Grund, die Parteien seien ja rechtskundig vertreten, bedürften also keiner Aufklärung, ist dagegen allzu vordergründig; mag er aus der Sicht der Richterschaft vielleicht noch verständlich erscheinen, so ist er für das Ansehen der Juristenzunft insgesamt jedoch gefährlich. Denn die bisweilen durchaus beklagenswerten Wissenslücken so mancher Anwälte sind notorisch; die Parteien dafür sehenden Auges büßen zu lassen, da sie ja im Wege der Anwaltshaftung Rückgriff nehmen könnten, wirkt aus der Sicht eines juristischen Laien dann doch eher wie ein Arbeitsbeschaffungsprogramm für die Juristen denn als wohlverstandene Wahrung der eigenen Objektivität. Ganz pauschal wird man zur Anwendung des § 139 jedoch nur so viel sagen können, dass die Erforderlichkeit und der Umfang der Aufklärung von den Umständen des Einzelfalls abhängen, bei dem vor allem die genannten Argumente pro und contra jeweils abzuwägen sind. Trifft den Richter danach eine Pflicht, so muss er ihr gem. § 139 IV frühestmöglich, ggf. also auch schon vor der Verhandlung (dabei freilich immer auch die Waffengleichheit im Auge behaltend und deswegen die Gegenseite einbeziehend, z. B. Telephonkonferenz) nachkommen und diesen Vorgang zu den Akten geben.

216   b. Insbesondere um die Vollständigkeit des Sachvortrags zu gewährleisten, kann der Richter von der in § 273 II Nr. 3 angesprochenen, über § 141 (bitte lesen) aber für jeden Verfahrensabschnitt geltenden Möglichkeit Gebrauch machen, das **persönliche Erscheinen** der Parteien anzuordnen. Der Sinn des Anwaltsprozesses liegt ja an und für sich darin, dass der Rechtsstreit so sehr von den Streitbetroffenen abstrahiert und auf Juristen übertragen wird, dass über ihn ein sachliches Gespräch geführt werden kann; der Idee nach brauchen die Naturalparteien also gar nicht anwesend zu sein: Man könnte sagen, „sie lassen vor Gericht streiten." Andererseits bedingt dieses Modell natürlich, dass den beteiligten Juristen der Streit nur vom Hörensagen bekannt ist. Hintergründe oder fehlende Tatsachendetails können sie nur in dem Umfang berücksichtigen, in dem sie von den Parteien informiert worden sind. Um diese Mittelbarkeit des Tatsachenvortrags zu umgehen, kann[7] der Richter je nach Bedarf und Praktikabilität, vgl. § 141 I 2, eben das persönliche Erscheinen anordnen. Kommt eine Güteverhandlung nach § 278 II in Betracht, soll der Richter ausweislich des Abs. 3 das persönliche Erscheinen der Parteien anordnen. Erscheint die Partei sodann – im Hinblick auf das drohende Ordnungsgeld, § 141 III, Art. 6 I EGStGB, wird sie das auch regelmäßig tun –, kann sie unmittelbar befragt werden oder einen Vergleich, § 779 BGB, vorschlagen, diskutieren oder gar

---

[7] In Ehesachen soll der Richter dies tun, § 613.

akzeptieren.[8] Übrigens: nach Ansicht des OLG Düsseldorf soll die Naturalpartei saubere Hosen und ein langarmeliges Hemd tragen, wenn sie vor Gericht erscheint (JZ 1985, 1012)!?

c. Eine weitere Einschränkung der Verhandlungsmaxime besteht darin, dass der Richter von sich aus bestimmte Beweiserhebungen anordnen kann, ohne dass eine der Parteien dies beantragt hat oder auch nur wünscht. Schon zur Vorbereitung des Termins erlaubt ihm § 273 II Nr. 2 und 4 die Einholung von Urkunden oder bestimmten Auskünften bzw. die Ladung von Zeugen oder Sachverständigen. Die §§ 273 II Nr. 5, 142, 144 darüber hinaus, indem sie die amtswegige Anordnung einer Urkundenvorlage durch die Parteien (vgl. dazu noch die §§ 102, 258, 260 HGB) sowie eines Sachverständigen- und Augenscheinsbeweises gestatten. Und § 448 ermöglicht es dem Richter, die Parteien im Rahmen der Beweiserhebung von sich aus zu vernehmen, s. noch Rdnn. 272 f. Und schließlich sieht der neu gefasste § 142 vor, dass sogar Dritte zur Vorlage von Urkunden angehalten werden können. Insbesondere diese Weiterung wird von vielen als die Öffnung der Schranken zur hemmungslosen Ausforschung beargwöhnt; das ist aber angesichts der Regelung in § 142 II doch wohl übertrieben (zutreffend Zekoll/Bolt lt. Lit.-Angaben). **217**

(c) Mündlichkeit

Literatur: Arens, Mündlichkeitsprinzip und Prozeßbeschleunigung im Zivilprozeß, 1971; Baumgärtel, Das Mündlichkeitsprinzip und die hierzu bestehenden Reformversuche, JR 1973, 309; Fezer, Die Funktion der mündlichen Verhandlung im Zivilprozeß und im Strafprozeß, 1970; Hendel, Wider den Niedergang der Kultur der mündlichen Verhandlung im Zivilprozeß, DRiZ 1992, 91; Henkel, Die mündliche Verhandlung im Zivilprozeß aus kommunikationspsychologischer Sicht, ZZP 110, 1997, 91; K. W. Nörr, Hauptthemen legislatorischer Zivilprozeßreform im 19. Jahrhundert, ZZP 87, 1974, 277.

§ 128 I stellt fest, dass die „Parteien … über den Rechtsstreit vor dem erkennenden Gericht mündlich (verhandeln)". Diese Norm ist der (vorläufige) Schlusspunkt eines weit in die Rezeptionsgeschichte zurückreichenden Hin und Her der Ausgestaltung eines Verfahrens, das eine Entscheidung entweder aufgrund schriftlichen oder aber aufgrund mündlichen Vortrags findet. Während der Vorteil der Schriftlichkeit vornehmlich in der besseren Dokumentation liegt, ermöglicht die Mündlichkeit insbesondere einen **unmittelbareren Eindruck von und Bezug des Richters** zu dem Streit und den beteiligten Parteien (s. schon soeben Rdn. 216). Darüber hinaus gewährt allein die Mündlichkeit ein öffentliches Verfahren und damit eine Errungenschaft, die in der Rechtsgeschichte mühsam erkämpft worden ist und die als Gegengewicht zu einem des Öfteren auch aus Bequemlichkeit empfundenen Bedürfnis nach einer Entscheidung „hinter verschlossenen Türen" nach wie vor unerlässlich ist. Selbstverständlich gibt es noch eine Vielzahl von Argumenten pro und contra Mündlichkeit und auch Schriftlichkeit,[9] doch sollte entgegen den Gepflogenheiten so mancher Gerichte hierzulande der in § 128 I vorgeschriebene **218**

---

[8] Achtung! Die entsprechende Prozesserklärung kann vor dem Landgericht wirksam nur durch einen postulationsfähigen Rechtsanwalt abgegeben werden.

[9] Vgl. Rosenberg/Schwab/Gottwald § 80 III, 441.

Grundsatz der mündlichen Verhandlung (unbeschadet der zweifelsfrei festzustellenden Prozessflut) unbedingt hochgehalten werden.

Dies umso mehr, als das Gesetz ohnedies die Mündlichkeit nicht in Reinform vorschreibt. Nicht nur, dass bestimmte Prozesshandlungen wie etwa Klageerhebung oder Rechtsmitteleinlegung und -begründung sowie auch das Urteil in Schriftform abgefasst sein müssen; mit dem Einverständnis beider Parteien kann darüber hinaus die mündliche Verhandlung auch insgesamt übergangen werden, § 128 II.[10] Und schließlich steht es bei einer Vielzahl von (vor allem: Zwischen-)Entscheidungen im freien Ermessen des Gerichts, ob es eine mündliche Verhandlung anberaumt oder nicht, z. B. §§ 46 I, 128 III, 406 IV, 490 I, 572 IV, 922 I 1. Nach all diesen Einschränkungen gilt das Prinzip der Mündlichkeit im Wesentlichen nur für die Sachentscheidung **im Urteilsverfahren** und besagt, dass der Richter sein Urteil nur auf der Grundlage derjenigen Tatsachen fällen darf, die ihm gerade in der mündlichen Verhandlung vorgetragen worden sind. Was freilich für einen außenstehenden, unvorbereiteten Betrachter einen Zivilprozess (anders als einen Strafprozess etwa) schwer verständlich macht, ist die gemäß den §§ 137 III 1, 297 II eingeräumte – und in praxi weidlich genutzte – Befugnis, auf den Inhalt von Schriftstücken Bezug zu nehmen.

(d) Unmittelbarkeit

219   Mit der Mündlichkeit hängt der weitere Grundsatz der Unmittelbarkeit eng zusammen. Er kommt in dem schon erwähnten § 128 I ebenfalls zum Ausdruck; und zwar darin, dass die mündliche Verhandlung **vor dem erkennenden Gericht** zu erfolgen hat. Damit wird derjenige Richter oder Spruchkörper bezeichnet, der die Verhandlung, insbesondere die Beweisaufnahme, § 355 (bitte lesen), führt und der zur Urteilsfällung berufen ist, § 309 (bitte lesen). Das Unmittelbarkeitsprinzip besagt also, dass derjenige Richter, der in einem Rechtsstreit schließlich das Urteil fällt, zuvor schon bei der Verhandlung und der Beweisaufnahme zugegen gewesen sein muss. Dass dies eine fast schon banale Feststellung ist, ergibt sich aus dem oben, in Rdn. 6 genannten Grundzweck eines jeden zivilgerichtlichen Erkenntnisverfahrens: In ihm geht es letzten Endes um nichts anderes, als dem an dem Streit nicht beteiligten Richter all diejenigen Informationen zu verschaffen, die er als außenstehender Dritter für seine Entscheidung benötigt. Dieser Zweck wird nun einmal durch die Unmittelbarkeit der Informationsbeschaffung am besten erreicht, wie es andersherum Unsinn wäre, wenn die Parteien gehalten wären, einer Person A gegenüber die Informationen vorzutragen und einer Person B gegenüber die eventuell erforderlichen Beweise zu erbringen, damit die Person C eine schließliche Entscheidung treffen kann. Nichtsdestoweniger sieht das Gesetz Ansätze zu derartigen Durchbrechungen der Unmittelbarkeit vor: Gut nachvollziehbar ist die Regelung in § 128 a; Gleiches gilt für die in § 375 I getroffenen Regelungen bei strikter Einhaltung ihrer Voraussetzungen (!). Die in § 375 I a vorgesehene Übertragungsmöglichkeit der Beweisaufnahme zollt dagegen der Überlastung der Gerichte einen durchaus nicht unbedenklichen Tribut.

---

[10] Vgl. außerdem § 495 a und dazu Rdnn. 327 f.

(e) Öffentlichkeit

Literatur: Alwart, Personale Öffentlichkeit (§ 169 GVG), JZ 1990, 883; Pögen, Der Kampf um die Gerichtsöffentlichkeit, 1974; Stürner, Gerichtsöffentlichkeit und Medienöffentlichkeit in der Informationsgesellschaft, JZ 2001, 699.

Es wurde bereits bei der Begründung der Mündlichkeitsmaxime hervorgeho-   **220**
ben, Rdn. 218, dass sie die Öffentlichkeit des Verfahrens ermögliche. Die in § 169 S. 1 GVG angeordnete, grundsätzlich und für jedermann bestehende Befugnis, einer Verhandlung beizuwohnen, genießt in der Prozessrechtswissenschaft vor allem unter Hinweis auf den in § 547 Nr. 5 normierten absoluten Revisionsgrund zu Recht den Rang eines Verfahrensprinzips, auch wenn sie in der Alltagspraxis der Zivilgerichte (anders als bei den Strafgerichten) meistens nur von Wärme oder Trockenheit suchenden Mitbürgern und gelegentlich auch einmal von Schaulustigen wahrgenommen wird. Denn allein schon die Möglichkeit, dass jederzeit etwa der Lokalreporter hereinkommen kann, stellt einen – wie die in der Geschichte ständig zu beobachtenden Negativbeispiele zeigen: notwendigen – Druck auf den Richter dar, „seine Karten auf den Tisch zu legen" und eine faire Verhandlungsführung zu praktizieren[11] – wie auch umgekehrt eine derartige Möglichkeit dazu dient (oder doch dienen soll), das Vertrauen des Nichtjuristen in die Justiz zu stärken. Freilich erstreckt sich dieses Öffentlichkeitsgebot nicht auch darauf, dass etwa Rundfunk- und Fernsehaufzeichnungen der gesamten Verhandlung zugelassen werden müssten (vgl. § 169 S. 2 GVG sowie BVerfG JZ 2001, 704).

Von dieser allgemeinen Zugänglichkeit der mündlichen Verhandlung ist die so genannte **Parteiöffentlichkeit** zu unterscheiden. Sie bringt die verstärkten Informationsrechte der Parteien zum Ausdruck: erstens in Gestalt des Rechts, die Prozessakten einzusehen, §§ 299, 299 a, und zweitens bei der Beweiserhebung nach den §§ 357, 364 IV; selbst wenn diese nicht für jedermann öffentlich ist, dürfen die Parteien gleichwohl zugegen sein.

(f) Die Einheit der mündlichen Verhandlung, Konzentrationsmaxime

Literatur: Fischer, Die Berücksichtigung „nachgereichter Schriftsätze" im Zivilprozeß, NJW 1994, 1315; Leipold, Prozeßförderungspflicht der Parteien und richterliche Verantwortung, ZZP 93, 1980, 237; Schulte, Die Entwicklung der Eventualmaxime, 1980; s. noch die Nachweise oben vor Rdn. 175.

Diese Maxime ist in § 286 angedeutet. Dort heißt es, dass der Richter die Be-   **221**
weiswürdigung auf der Grundlage des gesamten Inhalts „der Verhandlungen" vorzunehmen hat. Dieser Plural impliziert, dass sämtliche mündlichen Termine innerhalb einer Instanz als **die mündliche Verhandlung** gelten. Daraus folgt zunächst,

---

[11] Hinter dieser plakativen Bemerkung steckt ein höchst vertracktes Problem: Der Druck der Öffentlichkeit kann ebenso zu Meinungsterror oder doch zur Ablenkung von der eigentlichen Fallproblematik führen (man denke nur an den O. J. Simpson-Prozess in den USA), wie umgekehrt der Richter auch bei bestehender Öffentlichkeit seine Karten verdeckt halten kann. Doch sind die Missbrauchsmöglichkeiten nur selten ein gutes Gegenargument gegen ein für den Durchschnittsfall gedachtes Prinzip. Zu den Ausnahmen vom Öffentlichkeitsgebot s. die §§ 170–172 GVG.

dass jede Verhandlung – egal, ob sie früher erster Termin, Haupttermin oder ein weiterer Termin ist – gleichwertig ist; wann immer etwas zum Prozessstoff geworden ist – es hat für die Entscheidungsfindung die gleiche Wichtigkeit. Das wiederum bedingt als Zweites, dass die Parteien grundsätzlich darin frei sind, wann sie ihre Angriffs- und Verteidigungsmittel oder Beweisanträge in den Prozess einbringen wollen. In § 296a kommt diese Freiheit mittelbar dadurch zum Ausdruck, dass er ein derartiges Vorbringen erst „nach Schluss der mündlichen Verhandlung" untersagt. Diese zweite Folgerung, die die oben, Rdn. 168, bereits erwähnte Eventualmaxime ausschließen soll, kollidiert freilich mit der **Konzentrationsmaxime**, deren wichtigstes Instrument, die Präklusion insbesondere des § 296, bereits erörtert worden ist, Rdnn. 175 f. Es ist den Parteien heutzutage eben nicht mehr ganz generell die Entscheidung darüber freigestellt, wann sie was vortragen wollen. Zum Zwecke der Verfahrensbeschleunigung müssen sie vielmehr bündeln. Auch hier zeigt sich wieder, dass zwischen zwei entgegengesetzten Prinzipien der Mittelweg gewählt wird, der die Vorteile beider Seiten in sich aufzunehmen versucht und dem die Zuordnung zu der einen oder der anderen „Reinmaxime" von nachrangiger Bedeutsamkeit ist.

(g) Formenstrenge, Treu und Glauben

Literatur: Baumgärtel, Treu und Glauben im Zivilprozeß, ZZP 86, 1973, 353; Schumann, Der Zivilprozeß als Rechtsverhältnis, JA 1976, 637; Vollkommer, Formenstrenge und prozessuale Billigkeit, 1973; Zeiss, Die arglistige Prozeßpartei, 1967.

222   Da das Prozessrecht den Rahmen liefert, innerhalb dessen um die materiellen Rechtspositionen gestritten und gerungen wird, muss es, wie jedes andere Verfahrensrecht auch, streng formalisiert sein. Nur dann, wenn etwa für jeden Kläger die gleichen Zuständigkeitsvorschriften oder für jede Partei die gleichen Rechtsmittelvoraussetzungen gelten, wird eine auf den Einzelfall ausgerichtete und unvorhersehbare Billigkeitsjustiz vermieden, die nur allzu schnell in eine despotische Bevormundung und krasse Ungleichbehandlung umschwappt. So wie es beispielsweise in einem Fußballspiel nicht angeht, dass jeder Spieler für sich verschiedene Abseitsregeln als maßgeblich ansieht, müssen die Regeln auch in einem Gerichtsverfahren einheitlich und akribisch eingehalten werden. Für die nach dem Grundsatz der Einheit der Rechtsordnung an und für sich denkbare Anwendbarkeit des § 242 BGB ist im Prozessrecht daher grundsätzlich kein Raum. Eine derartige Feststellung drängt sich allein schon deshalb auf, weil es in einem Zivilprozess per definitionem um den Widerstreit konträrer Interessen geht, dem man allenfalls in seltenen Ausnahmefällen die Fesseln von Treu und Glauben auferlegen kann.

223   So ist es denn auch einheitliche Meinung, dass im Rahmen des Zivilprozesses die Berufung auf § 242 BGB noch viel vorsichtiger gehandhabt werden muss als im materiellen Recht. Vor allem ist zunächst einmal das geschriebene Recht gründlich daraufhin zu überprüfen, ob es nicht bereits eine Sanktion für das in Frage stehende, missbilligte Verhalten enthält. Um den dann noch verbleibenden, engen Anwendungsbereich von Treu und Glauben nicht ausufern zu lassen, hat man Fallgruppen herausgebildet. Zu ihnen gehört das Verbot, **arglistig prozessuale Rechtslagen herbeizuführen**: etwa einen sich im Inland aufhaltenden Ausländer vorsätzlich zu verletzen, damit dieser einen Schadensersatzanspruch erhält und dadurch einen für eine Klageerhebung im Inland nach § 23 S. 2 ausreichenden Vermögensgegenstand im Inland hat. Des Weiteren überträgt man die aus dem unmittelbaren Anwendungsbereich des § 242 BGB bekannte Kategorie des **venire contra factum proprium** auf das Prozessrecht, um etwa das Zuwiderhandeln gegen eine vertragliche Abmachung – z. B. nicht zu klagen, die Klage zurückzunehmen, kein Rechtsmittel einzulegen, etc. – zu sanktionieren. Doch lässt sich dieses Ergebnis regelmäßig bereits im Wege der Vertragsauslegung gewinnen; derartige Abmachungen lassen das Rechtsschutzbedürfnis entfallen. Noch eine andere Fallgruppe ist das Verbot des **Missbrauchs prozessualer Befugnisse.** Mit dessen Hilfe lassen sich die in der Praxis gar nicht allzu seltenen Fälle einer Prozessverschleppung durch wiederholte Ablehnungsgesuche oder eine Vielzahl erneuter Beweisanträge abwehren. Freilich ist hierbei besondere Vorsicht geboten: Nicht jedes dem Richter aus welchen Gründen auch immer missliebige Agieren einer Partei ist bereits ein Missbrauch prozessualer Befugnisse! Wenn freilich ein und dieselbe Klage bei 74(!) Arbeitsgerichten eingereicht wird, um mit dieser Prozesslawine den Gegner in die Knie zu zwingen, ist die Grenze zum Rechtsmissbrauch eindeutig überschritten (ArbG Hamm MDR 1966, 272 – dort freilich unter Berufung auf § 226 BGB). Und schließlich wird noch die Möglichkeit einer **Verwirkung** im Prozessrecht in Erwägung gezogen. Für sie gilt, wie auch im materiellen Recht, dass eine Frist grundsätzlich bis zum letzten Augenblick ausgeschöpft werden kann. Bloßer Zeitablauf genügt daher in keinem Fall zur Annahme einer Verwirkung; es müssen vielmehr noch zusätzliche Besonderheiten hinzutreten. Da diese im Rahmen der meist ohnehin knapp bemessenen prozessualen Fristen kaum vorstellbar sind, wird als Anwendungsfall dieser Fallgruppe vor allem diskutiert (und überwiegend abgelehnt), ob man die regelmäßig unbefristete Befugnis zur Klageerhebung verwirken kann.

(h) Fairness des Verfahrens

Literatur: W. Habscheid, Das Recht auf ein faires Verfahren, FS O. Vogel, 1992, 3; Jauernig, Subjektive Grenzen der Rechtskraft und Recht auf rechtliches Gehör, ZZP 101, 1988, 361.

Während der zuvor besprochene Grundsatz von Treu und Glauben ausschließ-   **224**
lich die Parteien in die Pflicht nimmt, bezieht sich die Prozessfairness vor allem auf das Gericht. Diese Maxime, die sich unter dem hier verwendeten Namen erst allmählich in Deutschland zu etablieren beginnt, stammt aus dem anglo-amerikanischen Recht und dessen Gebot eines ‚fair trial' oder auch des ‚due process of law'. Soweit sich ihre Konturen heute schon erkennen lassen, zählen zur Fairness etwa die Gebote, die Entscheidung **in angemessener Zeit** zu erlassen (vgl. Art. 6 EMRK, dazu etwa EGMR NJW 1997, 2809 = JuS 1998, 171 (Dörr)) und eine langgeübte Praxis hinsichtlich prozessualer Formalien nicht überraschend zu ändern (BVerfG NJW 1988, 2787).

Von kaum zu unterschätzender praktischer Bedeutung ist das Gebot der **Gewäh-   225
rung rechtlichen Gehörs,** das in Art. 103 I GG verankert ist und sich deswegen mittlerweile zu einem beliebten „Aufhänger" für Verfassungsbeschwerden gegen

ansonsten unangreifbare Urteile entwickelt hat.[12] Dieses Gebot erschöpft sich nach einhelliger Ansicht nicht allein darin, den Parteien überhaupt die Gelegenheit zur Äußerung zu geben. Es verlangt vielmehr zusätzlich, dass das Gericht das Vorgetragene – dazu gehört auch ein (erhebliches) Beweisangebot (BVerfG ZIP 1996, 1761) – zur Kenntnis nimmt und in seine Erwägungen miteinbezieht. Als eine Verletzung des Rechts auf rechtliches Gehör gilt es außerdem, wenn das Gericht seine Entscheidung auf der Grundlage einer Norm fällt, deren Entscheidungsrelevanz es zuvor nicht deutlich gemacht hat! Ein Beispiel hierfür ist

> BVerfG ZIP 1995, 1850: K und B streiten um einen Schadensersatzanspruch wegen eines Werkmangels. Das LG gab der Klage statt, während das OLG sie infolge einer entsprechenden Heranziehung der §§ 377 f. HGB abwies. Hiergegen erhob K Verfassungsbeschwerde und rügte einen Verstoß gegen Art. 103 I GG, weil das OLG den Hinweis auf die von ihm angenommene Erheblichkeit der HGB-Vorschriften unterlassen habe. Das BVerfG gab der Verfassungsbeschwerde mit der Begründung statt, dass K angesichts der überwiegenden Kommentarliteratur mit einer derartigen Rechtsanwendung nicht zu rechnen brauchte; s. auch § 139 II.

Angesichts eines derartig weitreichenden Verständnisses vom Gebot des rechtlichen Gehörs liegt es nahe, dem Richter das oben, Rdn. 215, bereits erwähnte Rechtsgespräch mit den Parteien zur Pflicht zu machen. Das gilt umso mehr, als § 156 II Nr. 1 dem Gericht die Pflicht auferlegt, die bereits geschlossene Verhandlung wieder zu eröffnen, wenn es – etwa bei der Urteilsberatung oder der Abfassung des Urteils – Zweifel bekommt, ob den Parteien im gebotenen Umfang rechtliches Gehör geboten wurde. Übergeht das Gericht derartige Zweifel und fühlt sich eine Partei sodann von dem Urteil „überfahren", muss sie dagegen entweder das statthafte Rechtsmittel einlegen oder nach § 321 a vorgehen. Nur dann genügt sie den Subsidiaritätsanforderungen einer Verfassungsbeschwerde (vgl. dazu noch BVerfG NJW 1997, 1228).

226   Eine weitere Ausprägung der Prozessfairness liegt in der **Chancen- bzw. Waffengleichheit**, die den Parteien eingeräumt werden muss. Deren wichtigstes Instrumentarium ist die in den Rdnn. 115 ff. dargestellte Prozesskostenhilfe der §§ 114 ff. Und schließlich ist es noch schlichtweg ein Gebot der Fairness, dass die Parteien ein **Recht auf den Beweis** haben (vgl. BGH JZ 1996, 736).[13] Damit ist ein Problem angesprochen, das sich mit der zunehmenden Trennung des materiellen Zivilrechts von dem Zivilprozessrecht immer häufiger ergibt: nämlich, dass das materielle Recht eine Rechtsposition gewährt, deren prozessuale Durchsetzung an der fehlenden Beweisbarkeit scheitert.

> Der Hersteller K eines Computerprogramms hat den Verdacht, dass sein Konkurrent B Teile seines Programmes „abgekupfert" und in das von B vertriebene

---

[12] Insbesondere deswegen ist nunmehr die Gehörsrüge des § 321 a als besonderer Rechtsbehelf eingeführt worden. Vgl. dazu noch unten Rdnn. 422 ff.

[13] Von besonderer praktischer Relevanz sind hier die Fälle der „Vier-Augen-Gespräche", s. bereits Rdn. 43 a und erneut EGMR NJW 1995, 1413; BVerfG NJW 2001, 2531.

entsprechende Programm übernommen hat. § 97 UrhG gewährt K Schadens-
ersatz- und Unterlassungsansprüche, sofern sich der Verdacht bestätigen sollte.
Um zu solch einer Bestätigung überhaupt zu kommen, muss K Einsicht in das
Quellprogramm des B nehmen, was ihm das deutsche Recht jedoch grundsätzlich verwehrt.[14]

2. Die richterliche Prozessleitung

Literatur: Bender, Die „Hauptverhandlung" in Zivilsachen, DRiZ 1968, 163.

Der Ablauf der mündlichen Verhandlung wird heutzutage weitgehend durch das   **227**
Gericht bestimmt. Dabei liegt insbesondere die Prozessleitung in den Händen des
Vorsitzenden. Er ist derjenige, der die Sache, um die gestritten wird, ganz zu Beginn
aufzurufen, § 220 I, die Güteverhandlung, § 278 II, zu leiten und sodann gem.
§ 136 I die (einheitliche, vgl. Rdn. 221) Verhandlung als eröffnet zu erklären hat. Im
gesetzlichen Normalfall beginnt der erste Termin mit einer Güteverhandlung, zu der
außer den Anwälten auch die Parteien erscheinen sollen. Dabei soll eine gütliche
Einigung angestrebt und erzielt werden, indem das Gericht mit den Anwesenden
den Sach- und Streitstand „unter freier Würdigung aller Umstände" erörtert, ohne
dabei an Beweiserhebungen und mehr als nur eine grobe rechtliche Einschätzung
gebunden zu sein.

Scheitert die Güteverhandlung oder findet sie erst gar nicht statt, kommt es
zur mündlichen Verhandlung, § 279 I. Wie es dort weitergeht, ist nicht zwingend
vorgeschrieben, sondern stellt sich als eine Frage der Zweckmäßigkeit dar. So ist
natürlich in einem frühen ersten Termin (und häufig auch im Haupttermin nach
schriftlichem Vorverfahren) zunächst der Sach- und Streitstand intensiv zu erörtern,
soweit das nicht schon in der vorausgegangenen Güteverhandlung geschehen ist.
In einem weiteren Termin kann hingegen gleich etwa mit einer Beweiserhebung
begonnen werden. Infolgedessen ist das nachfolgend gezeichnete Bild einer ersten
mündlichen Verhandlung so zu verstehen, dass die einzelnen Mosaiksteine durchaus
auch anders zusammengesetzt werden können.

Wie schon erwähnt, **leitet der Vorsitzende** die Verhandlung, § 136 I, indem er   **228**

- Fragen stellt oder sie stellen lässt, § 136 II 2,
- für einen erschöpfenden Vortrag der Parteien sorgt, §§ 136 III, 139 I und II,
- bei Bedarf eine neue Sitzung anberaumt, §§ 136 III, 216, oder den bereits anberaumten Termin aufhebt bzw. verlegt, § 227,
- das Wort erteilt oder wieder entzieht, § 136 II 1,
- nach näherer Maßgabe der §§ 176 ff. GVG die Ordnung in der Sitzung aufrechterhält und
- die Verhandlung schließt, wenn die Voraussetzungen des § 136 IV vorliegen.

---

[14] Zu dieser speziellen Problematik Karger, Beweisermittlung im deutschen und U.S.-ameri-
kanischen Software-Verletzungsprozeß, 1996, sowie nunmehr – sehr beachtenswert –
BGH JZ 2003, 423 mit Anm. Schlosser.

229   **Das Gericht** als Gremium lenkt die Verhandlung etwa dadurch, dass es

- eventuelle richterliche Fristen bestimmt oder ändert, §§ 224 f.,
- in jeder Lage des Verfahrens – also auch nach Scheitern einer Güteverhandlung – versucht, die Parteien zu einer gütlichen Beilegung ihres Rechtsstreites zu bewegen, § 278 I,
- eine Trennung des Prozesses nach § 145, eine Beschränkung der Verhandlung zunächst auf die Zulässigkeitsfragen, § 280, bzw. einzelne Angriffs- oder Verteidigungsmittel, § 146, eine Prozessverbindung, § 147, oder eine Aussetzung der Verhandlung nach den §§ 148 ff. verfügt oder
- die Verweisung des Rechtsstreits an das zuständige Gericht vornimmt, § 281 bzw. § 17 a II 1 GVG.

Die meisten dieser Tätigkeiten erfolgen in Gestalt eines Beschlusses. Diese Entscheidungsform verlangt meistens keine oder nur eine freigestellte mündliche Verhandlung, § 128 IV, und kommt im Rahmen des Zivilprozesses häufig vor.

230   Ist die mündliche Verhandlung durch den Vorsitzenden eröffnet worden, so stellen Kläger wie Beklagter nunmehr ihre jeweiligen, juristisch präzisen[15] Anträge, § 137 I. Dass diese Anträge regelmäßig bereits in der Klageschrift bzw. der Klageerwiderung schriftlich festgehalten sind, ändert nichts an der Notwendigkeit, sie gleichwohl mündlich noch einmal vortragen zu müssen. In diesem Zwang kommt das Mündlichkeitsprinzip, Rdn. 218, zum Ausdruck, das überdies dazu führt, dass die genannten Schriftsätze nach § 129 lediglich vorbereitenden Charakter haben – nicht also per se schon der Prozessstoff selbst sind. Freilich sind die Parteien nicht gehalten, die dem Gericht wie Gegner bereits vorliegenden Anträge tatsächlich wortwörtlich zu wiederholen. Sofern nicht ein vollkommen neuer Antrag gestellt wird, was wegen des Prinzips der Einheitlichkeit des Verfahrens ja grundsätzlich jederzeit möglich ist, lassen § 137 III als allgemeinere und § 297 II als speziellere Norm die Bezugnahme auf Schriftsätze zu. Die Parteien beginnen daher ihre Ausführungen üblicherweise mit dem Hinweis, dass sie ihre Anträge aus dem Schriftsatz vom Soundsovielten stellen.

231   Daraufhin erörtert das Gericht (üblicherweise ist das der Berichterstatter, Rdn. 144) gem. § 139 I 1 den Sach- und Streitstand (ggf. erneut) mit den Parteien in tatsächlicher und rechtlicher Hinsicht, vgl. auch § 137 II. Wenn es auch nicht mehr ausdrücklich vorgeschrieben ist, vgl. § 278 I 1 a. F., bietet es sich doch an, dass das Gericht dabei zunächst seine eigene Einschätzung des Sach- und Streitstands vorträgt und dabei Hinweise gem. § 139 II und III gibt. Das dient weniger der Information der anderen Richter oder gar der Anwälte, als vielmehr der Kontrollmöglichkeit darüber, ob das Gericht den Streit richtig erfasst und gewürdigt hat. Aus diesem Grunde sollen hierzu auch die Naturalparteien, wenn sie denn erschienen sind, persönlich gehört werden – und zwar unabhängig davon, ob eine Güteverhandlung stattgefunden hat.

---

[15] Es genügt also nicht der Antrag: „Der Kläger erbittet sein Recht"; vgl. dazu Simon/ Ogorek, in Grimm (Hg.), Einführung in das Recht, 1985, 220 f.

Als nächstes wird man sodann den durch die vorhergehende Einführung fixier-   **232**
ten Sachverhalt in tatsächlicher wie in rechtlicher Hinsicht besprechen. Das sieht etwa so aus, dass der Vorsitzende präzisierende oder ergänzende Fragen stellt (§§ 136
II 1, 139 I), dass die anderen Richter ebenfalls Fragen stellen (§ 139 I), dass die
Parteien[16] wahrheitsgemäße und vollständige (§ 138 I und II; zu Letzterem vgl.
BGH NJW 1997, 128) Ausführungen „in freier Rede" machen (§ 137 II), dass die
erschienene Naturalpartei ebenfalls gehört wird (§ 137 IV, vgl. auch § 278 II 3), dass
gar ein Rechtsgespräch, Rdn. 215, geführt wird, bzw. dass eine – u. U. erneute – gütliche Einigung versucht wird (§ 278 I). Nur wenn eine solche nicht zustande kommt,
soll sich im Haupttermin an die sich zwischen dem Gericht und den Parteien abspie-
lende, streitige Verhandlung unmittelbar die Beweisaufnahme anschließen, § 279 II.
Diese ist wegen ihrer herausragenden praktischen Bedeutung unten, Rdnn. 242 ff.,
gesondert darzustellen. Doch verwirklicht sich in dem Unmittelbarkeitsgebot des
§ 279 II die Konzentrationsmaxime, Rdn. 221, die ihrerseits die vorbereitenden
Maßnahmen der Parteien-, Zeugen- und Sachverständigenladung nach den Nrn. 3
und 4 des § 273 II rechtfertigt und nahe legt.

3. Prozesshandlungen

Literatur: Arens, Willensmängel bei Parteihandlungen im Zivilprozeß, 1968; Baumgärtel,
Neue Tendenzen der Prozeßhandlungslehre, ZZP 87, 1974, 121; Elzer/Jacoby, Durch Fax
übermittelte Willenserklärungen und Prozeßhandlungen, ZIP 1997, 1821; Goldschmidt, Der
Prozeß als Rechtslage, 1925; Konzen, Rechtsverhältnisse zwischen Prozeßparteien, 1976;
Niese, Doppelfunktionelle Prozeßhandlungen, 1950; Schlosser, Einverständliches Parteihandeln im Zivilprozeß, 1968; Schwab, Probleme der Prozeßhandlungslehre, FS Baumgärtel,
1990, 503.

(a) Das Problem

Die Akteure eines Prozesses sind das Gericht und die Parteien, die während des ge-   **233**
samten Verfahrens ständig irgendwelche Handlungen vornehmen, um den Prozess
anzufangen, fortzuführen oder zu beenden. Nun wäre es gewiss am einfachsten,
wenn man die Wirksamkeit derartiger Aktionen unter Berufung darauf, dass es
sich ja um einen Zivilprozess handelt, nach den allgemeinen bürgerlich-rechtlichen
Grundsätzen, etwa den Vorschriften über die Willenserklärungen, beurteilen könnte.
Doch würde das auf die Handlungen eines Gerichts gar nicht und – angesichts
der Besonderheiten eines prozessualen Verfahrens – auf diejenigen der Parteien
nur schlecht passen. Denn wenn der Kläger etwa seine Klageerhebung wegen Irrtums anfechten oder der Beklagte sein Klageleugnen unter die Bedingung stellen
könnte, dass das Gericht zuvor die von ihm erhobene Widerklage verbescheidet, so
wäre ein geregelter Verfahrensfortgang kaum gewährleistet. Infolgedessen gibt es
für die Prozesshandlungen der Parteien[17] **eigene prozessuale Wirksamkeitsvoraussetzungen**, die die Anwendbarkeit der materiell-rechtlichen Willenserklärungs-

---

[16] Zur klarstellenden Wiederholung: Im landgerichtlichen Verfahren müssen die Parteien
durch einen Anwalt vertreten sein. Zur Vereinfachung ist im Text gleichwohl immer nur
die Rede von den Parteien.

[17] Die Handlungsvoraussetzungen für das Gericht ergeben sich aus den jeweiligen Sachnor-
men.

vorschriften verdrängen: Weder eine Anfechtung noch eine Bedingung[18] noch eine schlichte Stellvertretung nach § 164 BGB sind bei ihnen daher zulässig. Ihre Wirksamkeitsvoraussetzungen rekrutieren sich vielmehr allein aus dem Prozessrecht und decken sich mit den oben, Rdnn. 52 ff., bereits beschriebenen Kategorien

– der Parteifähigkeit (§ 50),
– Prozessfähigkeit (§ 51),
– Postulationsfähigkeit und
– Prozessvollmacht (§ 80).

Die aus diesem gesonderten Set von Wirksamkeitsvoraussetzungen resultierenden Schwierigkeiten bei Doppeltatbeständen, die zugleich mit der Prozesshandlung auch noch eine materiell-rechtliche Willenserklärung darstellen, sind anlässlich einer im Prozess erklärten Aufrechnung bereits zur Sprache gekommen, Rdnn. 191 ff.

(b) Was sind Prozesshandlungen?

234   Mit den voranstehenden, wohl aus sich heraus nachvollziehbaren Bemerkungen ist jedoch die Kernfrage noch nicht beantwortet – nämlich: Welche Parteihandlungen sind denn überhaupt Prozesshandlungen? Soll etwa jedes in der ZPO angesprochene Tun bloß wegen einer solchen Erwähnung zur Prozesshandlung werden? Ist infolgedessen also die Veräußerung einer im Sinne des § 265 streitbefangenen Sache, Rdnn. 361 ff., eine Prozesshandlung und damit etwa nicht mehr anfechtbar nach den §§ 119 f., 123 BGB? Ein derart weitgehendes Verständnis von der Prozesshandlung wird tatsächlich von einigen Stimmen in der Literatur vorgeschlagen. Die Rspr. und h. L. favorisieren jedoch eine engere Interpretation: Ihnen zufolge sind Prozesshandlungen alle prozessgestaltenden Betätigungen der Parteien – gleichgültig, ob sie vor oder während des Prozesses erfolgen –, deren **Voraussetzungen und Wirkungen vom Prozessrecht normiert** werden. Damit ist also insbesondere die Klageerhebung, unbeschadet ihrer auch im materiellen Recht vorgesehenen Wirkungen – etwa gem. § 204 I Nr. 1 BGB –, wegen der Regelung in den §§ 253, 261 der Prototyp einer Prozesshandlung. Prozesshandlungen sind aber auch Einlegung eines Rechtsmittels, Nebenintervention (§ 66), Geständnis (§ 288), Klagerücknahme (§ 269), Anerkenntnis (§ 307), Verzicht (§ 306), Beweisantritt, Bestreiten, Behaupten oder die Stellung von Anträgen an das Gericht. Jedes derartige Parteiverhalten ist in seinen Voraussetzungen und vor allem in seiner Hauptwirkung prozessual. Systematisierungsbestreben unterteilt die Prozesshandlungen in **Erwirkungshandlungen** – insbesondere bei Anträgen soll ein bestimmtes Verhalten des Gerichts erwirkt werden – und **Bewirkungshandlungen**, die unmittelbar prozessuale Wirkung entfalten, wie etwa ein Einspruch nach § 342.

---

[18] Beachte allerdings die Zulässigkeit etwa einer Eventualklagenhäufung, einer Eventualaufrechnung oder einer Eventualwiderklage. Die Besonderheit der bei diesen Möglichkeiten bestehenden Bedingung liegt darin, dass sie sich auf die Ungewissheit eines innerprozessualen Vorgangs bezieht.

Die zuvor erwähnte Veräußerung der streitbefangenen Sache ist dagegen ein **235**
rein materiell-rechtliches Geschäft, das Auswirkungen auf den Prozess hat – allerdings nur als Nebeneffekt. Dasselbe gilt aber auch für alle anderen materiellrechtlichen Rechtsgeschäfte, wie insbesondere die Ausübung der Gestaltungsrechte der Aufrechnung, Anfechtung, Kündigung, des Widerrufs oder des Rücktritts. Ihre Wirksamkeit bemisst sich allein nach dem materiellen Recht; doch sagt man, dass die Gestaltungserklärung von ihrer Geltendmachung im Prozess zu unterscheiden ist. Letztere ist als eine den Prozess gestaltende Behauptung Prozesshandlung. Auf diese Weise kommt es zu dem genannten **Doppeltatbestand**, vgl. Rdn. 192.

Nicht ganz einfach ist die Einordnung von so genannten **Prozessverträgen,** **236**
d. h. von solchen Vereinbarungen der jetzigen oder zukünftigen Prozessparteien, die sich wie etwa eine Gerichtsstandsvereinbarung (§ 38) oder ein Prozessvergleich auf den Prozess beziehen. Der Abschluss derartiger Verträge ist zulässig, soweit nicht zwingende materiell-rechtliche bzw. prozessuale Vorschriften entgegenstehen. Gerade bei diesen Verträgen zeigt sich, dass das von der h. M. bevorzugte Abgrenzungskriterium des charakteristischen Schwergewichts entweder im Prozessoder im materiellen Recht zu keinen definitiven Ergebnissen führt, sondern dass im problematischen Einzelfall immer wieder geprüft werden muss, ob die eine oder andere Rechtsmaterie besser passt. Bei den Prozessverträgen verfährt man (freilich nach keineswegs einmütiger Ansicht) recht pragmatisch: Obwohl sich ihr Zustandekommen mangels prozessualer Vorschriften zwangsläufig nach dem BGB richten muss, behandelt man sie wie Prozesshandlungen, sobald sie in den Prozess eingeführt werden.[19] Eine von den Parteien außerprozessual vereinbarte Fristverkürzung, § 224 I, hat auf die prozessuale Frist also nur dann Einfluss, wenn sie dem Richter von den Vertragsparteien so vorgelegt wird, dass sie die oben, Rdn. 233, genannten Prozesshandlungsvoraussetzungen erfüllen.

(c) Formfragen

Hinsichtlich der Formbedürftigkeit wird vielfach gesagt, dass Prozesshandlungen **237**
grundsätzlich formfrei vorgenommen werden können. Das ist insofern zutreffend, als dass Formfreiheit zu vermuten ist, wenn nicht eine besondere Form vorgeschrieben ist. Dies ist jedoch die Regel, wie etwa die notwendige Schriftlichkeit von Klage oder Rechtsmitteleinlegung zeigt, der Vortrag gerade in der mündlichen Verhandlung, die Erklärung zu Protokoll der Geschäftsstelle etc. Eine gleiche Regel-Ausnahme-Disproportion besteht auch hinsichtlich der Fristgebundenheit: Der Feststellung, dass die Prozesshandlungen grundsätzlich bis zum rechtskräftigen Abschluss des Prozesses vorgenommen werden können, stehen die vielen gesetzlichen oder richterlichen Fristen gegenüber, die eine Durchbrechung des Grundsatzes darstellen. Wer der richtige Adressat einer Prozesshandlung ist, ergibt sich regelmäßig aus dem Gesetz. Bei der Klageschrift ist das etwa das Gericht, welches dann seinerseits die weitere Zustellung an den Beklagten vorzunehmen hat. Nur wenn ausnahmsweise kein bestimmter Adressat vorgeschrieben ist, kann die Handlung sowohl dem Gericht als auch dem Gegner gegenüber vorgenommen werden.

---

[19] Thomas/Putzo-Putzo Einl. III Rdn. 6; Lüke Rdn. 206.

Obgleich die Prozesshandlungen also einem eigenen Regelungs- und Wirksamkeitsregime unterliegen, haben sie mit den materiell-rechtlichen Willenserklärungen doch so viel gemeinsam,[20] dass sie wie diese **auslegungsfähig** sind. Wie bei § 133 BGB ist der wirkliche Wille zu erforschen und, soweit er sich im Rahmen der prozessualen Formgebote und ggf. des Empfängerhorizonts, § 157 BGB, hält, zu verwirklichen. Da eine derartige Konkretisierung jedoch bereits durch die Wahrnehmung der richterlichen Aufklärungspflicht nach § 139 vorgenommen werden kann, tritt die Notwendigkeit einer Auslegung allenfalls bei der Säumnis einer der Parteien auf.

(d) Mängel bei der Vornahme von Prozesshandlungen

(aa) Willensmängel

238   Es wurde bereits gesagt, dass die materiell-rechtlichen Vorschriften über die Willenserklärungen auf Prozesshandlungen weder direkt noch analog übertragen werden können. Das gilt demnach auch für die Regeln über die Folgen von Willensmängeln. Eine Prozesshandlung bleibt infolgedessen nach nicht unumstrittener, aber h. M. auch dann beachtlich, wenn sie aufgrund eines Irrtums, einer Täuschung oder Drohung zustande gekommen ist, wenn sie lediglich zum Schein vorgenommen wurde oder einen Verstoß gegen ein gesetzliches Verbot bzw. die guten Sitten darstellt. Gleichwohl ist zumindest in der Mehrzahl der Fälle für prozessuale Abhilfe gesorgt: Man sagt nämlich, dass grundsätzlich alle Prozesshandlungen frei **widerruflich** sind – vorausgesetzt allerdings, dass sie der widerrufenden Partei günstig sind und dem Gegner keine besondere Rechtsposition verschafft haben (widerruflich sind daher z. B. ein Tatsachenvortrag oder ein Beweisantritt).[21] Aber selbst dann, wenn eine dieser beiden Voraussetzungen nicht vorliegt, sieht das Gesetz in den wohl wichtigsten Fällen eine Lösungsmöglichkeit vor. So kann die Klage gem. §§ 263 f. geändert und nach Maßgabe des § 269 ebenso zurückgenommen werden wie auch ein Rechtsmittel gemäß den §§ 516, 565; der durch § 290 ermöglichte Widerruf eines Geständnisses wurde oben, Rdn. 187, bereits erwähnt. Eine letzte Möglichkeit ergibt sich schließlich noch aus der Restitutionsklage des § 580 Nr. 4. All diesen Lösungsmöglichkeiten ist freilich gemeinsam, dass sie an wesentlich strengere Voraussetzungen als ihre materiell-rechtlichen Pendants geknüpft sind.

(bb) Sonstige Mängel

239   Ist eine Prozesshandlung vorgenommen worden, ohne dass die oben, Rdn. 233, genannten Voraussetzungen der Partei-, Prozess- und Postulationsfähigkeit bzw. der Prozessvollmacht vollständig vorliegen, oder erfüllt sie die in Rdn. 237 bezeichneten Formerfordernisse nicht, so ist sie unwirksam. Das ist nicht so zu verstehen, dass das Gericht sie überhaupt nicht beachten würde; für den juristischen Laien sähe ein derartiges Ignorieren überdies mehr nach Rechtsverweigerung als nach juristischer

---

[20] Zur ebenfalls bestehenden, allerdings eingeschränkten Anwendbarkeit des § 242 BGB s. Rdnn. 222 f.

[21] Können Sie sich den Grund dafür denken, warum diese beiden Einschränkungen aufgestellt sind?

Konsequenz aus (so zu Recht Zeiss Rdn. 221). Vielmehr weist das Gericht solche unwirksamen Handlungen entweder in einem eigenen Beschluss oder schließlich in den Entscheidungsgründen des Urteils ausdrücklich zurück. Allerdings sieht die ZPO auch bei dieser Kategorie von Mängeln einige **Heilungsmöglichkeiten** vor. So ist eine (nunmehr fehlerfreie) Neuvornahme zumindest so lange möglich, wie eine eventuell bestehende Frist (z. B. eine Rechtsmittelfrist) noch nicht abgelaufen ist; s. auch Rdn. 155. In einigen Fällen ist, wie etwa nach § 89 II, auch eine Genehmigung möglich. Und schließlich kann der Gegner bisweilen auf sein Rügerecht verzichten (oder es verwirken), § 295.

(e) Fristversäumung und Wiedereinsetzung

Literatur: G. Müller, Typische Fehler bei der Wiedereinsetzung in den vorigen Stand, NJW 1993, 681; Vollkommer, Die Erleichterung der Wiedereinsetzung im Zivilprozeß, FS Ostler, 1983, 97.

Im Interesse der sogar als Prozessmaxime ausgewiesenen Beschleunigung eines **240** Verfahrens, Rdn. 221, müssen die Parteien die vom Gesetz vorgegebenen oder durch den Richter angeordneten Fristen einhalten. Der aus prozesstaktischen Gründen schon seit alters (s. nur Cicero, divinatio) und immer wieder angestellte Versuch, sich mittels einer gezielten Prozessverschleppung Vorteile zu verschaffen, soll nach der heutigen Rechtslage so weit wie möglich ausgeschlossen werden. Aus diesem Grund ordnet § 230 an, dass die „Versäumung einer Prozeßhandlung (zur Folge hat), daß die Partei mit der vorzunehmenden Prozeßhandlung ausgeschlossen wird" – und zwar regelmäßig ohne eine vorher notwendige Androhung dieser Konsequenz, § 231! Dabei ist in terminologischer Hinsicht zu beachten, dass ‚Versäumung' der technische Begriff für die Nichteinhaltung einer Frist ist und von der ebenfalls technisch zu verstehenden ‚Säumnis' oder ‚Versäumnis' zu unterscheiden ist; diese Ausdrücke bezeichnen das vollständige Nichterscheinen einer Partei im Termin, §§ 333, 220 II.

Die Strenge der durch § 230 angeordneten Folge wird durch das Gesetz selbst wieder – zumindest ein wenig – aufgelockert. Abgesehen davon, dass Fristen nach der näheren Maßgabe der §§ 224 f. nicht nur verkürzt, sondern auch verlängert werden können, kann eine Verlegung etwa auch dann in einigen Fällen beantragt werden, wenn der Termin in die Zeit zwischen dem 1. Juli und 31. August fällt, § 227 III.

Wichtiger – und für den Anwalt sogar von überragender Bedeutung – ist die **241** Vorschrift des § 233, die eine **restitutio in integrum** bei der Versäumung der ebenfalls in § 224 I genannten Notfristen gewährt. Welche Fristen in diese Kategorie fallen, ergibt sich nach § 224 I 2 jeweils aus dem Gesetz; in der ZPO etwa aus den §§ 276 I 1, 339 I, 517, 548; im ZVG z. B. aus § 30 b. Diese Fristen zeichnen sich dadurch aus, dass sie gem. § 224 I 1 zwar nicht abgeändert werden können, dass aber – gewissermaßen zum Ausgleich – bei einer unverschuldeten Versäumung die Wiedereinsetzung in den vorigen Stand möglich ist. Nach § 233 sind von dieser Möglichkeit, außer den Notfristen, auch noch die weiteren, ausdrücklich genannten Fristen erfasst, von denen insbesondere die Rechtsmittelbegründungsfristen von herausragender praktischer Bedeutung sind. Das kommt im Wesentlichen daher, dass Anwälte in aller Regel so sehr mit Arbeit zugedeckt sind, dass sie die ihnen gesetzten Fristen oftmals buchstäblich bis zur letzten Sekunde ausnützen.[22] Das ist zwar vollkommen legitim, erhöht aber natürlich das Risiko des verspäteten Zugangs bei Gericht. Wenn dann durch einen unglücklichen Zufall oder ein Versehen eines Anwaltsgehilfen oder des Anwalts selbst die Frist letzten Endes doch nicht gewahrt ist, beginnt regelmäßig ein Kampf um die Wiedereinsetzung, der ebenso regelmäßig um die Frage des Verschuldens kreist, beachte § 85 II mit der Zurechnung des Verschuldens allein des Prozessbevollmächtigten – also nicht auch seiner Mitarbeiter. Die publizierte Rechtsprechung hierzu ist uferlos; ihre Tendenz lässt sich jedoch dahingehend zusammenfassen, dass sie an die Sorgfalt eines Anwalts und an seine Organisationspflichten ausgesprochen hohe, bisweilen nur mit (wohl) generalpräventiven Absichten erklärbare Anforderungen stellt. Bei Naturalparteien ist man dagegen bisweilen milder, wie etwa

> BGH ZIP 1994, 1312 = EWiR 1995, 309 (Storz) zeigt: K erhob gegen B Zahlungsklage, ohne dass sich dieser dazu äußerte. Nach Erlass eines Versäumnisurteils, das dem B mittels einer Ersatzzustellung nach § 181 (bitte überfliegen) zugestellt wurde, erhob dieser verspätet und zugleich mit dem Antrag auf Wiedereinsetzung Einspruch nach § 338. Entgegen der Mitteilung des Postzustellers, er habe den Benachrichtigungsschein in den Türeinwurfschlitz geworfen, trug B mittels eidesstattlicher Versicherung von sich und seiner Ehefrau vor, die schriftliche Mitteilung nicht erhalten zu haben. Anders als die Vorinstanzen sah der BGH die Unaufklärbarkeit des Zugangs sowie die von B geschilderten Vorkehrungen zum Empfang von Postsendungen als ausreichend an, um von einem Fehlen des Verschuldens auszugehen und die Wiedereinsetzung zu gewähren.

Die Wiedereinsetzung muss, wie der BGH-Fall schon zeigt, bei dem nach § 237 zuständigen Gericht beantragt (und die versäumte Prozesshandlung nachgeholt, § 236 II) werden – und zwar binnen zwei Wochen ab Behebung des Hindernisses, § 234 (beachte Abs. 3!). Zur Fristberechnung selbst s. § 222. Der Antrag muss gem. § 236 I derjenigen Form genügen, „die für die versäumte Prozeßhandlung" gilt, und muss inhaltlich die „Angabe der die Wiedereinsetzung begründenden Tatsachen enthalten" und diese glaubhaft machen, § 236 II. Was unter diesem Glaubhaftmachen zu verstehen ist, ergibt sich aus § 294. Demzufolge braucht der Richter nicht (wie bei einer Beweisaufnahme) von der Richtigkeit der Tatsache überzeugt zu werden – es genügt vielmehr ein geringerer Wahrscheinlichkeitsgrad –, und der Antragsteller ist nicht an den numerus clausus der Beweismittel gebunden, vgl. Rdn. 248. In welcher Weise der Richter sodann mit diesem Antrag verfährt, ob er also gesondert über seine Berechtigung verhandelt oder ob er dies zugleich mit dem Fortgang des Hauptverfahrens erledigt, ist seiner Einschätzung überlassen, § 238.

---

[22] Die bei jedem Gericht eingerichteten oder doch einzurichtenden Nachtbriefkästen sind üblicherweise in den Stunden vor Mitternacht heftig frequentiert, obgleich sie durch die Gerichtsfaxgeräte (s. aber dazu BGH Beschl. v. 24.7.2003 – VII ZB 8/03) gegenüber früher an Bedeutung verloren haben.

4. Beweisaufnahme

(a) Bedeutung

Literatur: Gottwald, Die prozessuale Aufklärungspflicht im Rechtsvergleich, in: Buchegger (Hg.), Beiträge zum Zivilprozeßrecht V (Linzer Universitätsschriften), 1995, 21; W. Habscheid, Zur Frage des Schutzes von Unternehmensgeheimnissen, FS Kigawa, 1994, 584; ders., Das Recht auf Beweis, ZZP 96, 1983, 306; J. Lang, Die Aufklärungspflicht der Parteien des Zivilprozesses vor dem Hintergrund der europäischen Rechtsvereinheitlichung, 1999; Langbein, The German Advantage in Civil Procedure, University of Chicago Law Review 52, 1985, 823; Reitz, Grundlegende Unterschiede zwischen dem deutschen und dem US-amerikanischen Zivilprozeßrecht: Vorzüge, die sich ausschließen?, ZZP 104, 1991, 381; Stadler, Der Schutz des Unternehmensgeheimnisses im deutschen und im U.S.-amerikanischen Zivilprozeß, 1989; Stürner, Die gewerbliche Geheimsphäre im Zivilprozeß, JZ 1985, 453.

Nach § 279 II soll – im Haupttermin – unmittelbar im Anschluss an die streitige Verhandlung die Beweisaufnahme stattfinden. Sie stellt in einer großen Zahl der tagtäglich in der Praxis verhandelten Fälle den zentralen Teil des Erkenntnisverfahrens dar. Nur dann nämlich, wenn sich die Parteien über den entscheidungserheblichen tatsächlichen Geschehensablauf einig sind (wie das bei Musterprozessen oftmals der Fall ist[23]) und sich allein über dessen rechtliche Beurteilung streiten, ist eine Beweisaufnahme ausgeschlossen; Gegenstand des Beweises ist nämlich immer **nur eine Tatsache**, nicht aber eine Rechtsfrage. Da sich die Parteien jedoch in den allermeisten Fällen um den tatsächlichen Hergang des Geschehens streiten, ist es nützlich, sich noch einmal zu vergegenwärtigen, was oben, Rdn. 6, als das eigentliche Charakteristikum eines Erkenntnisverfahrens bezeichnet worden ist. Dort wurde gesagt, dass es in ihm letzten Endes allein darum geht, dem Entscheider all diejenigen Informationen zu vermitteln, die er für die Entscheidung benötigt.[24] Natürlich sind Sachverhaltsinformationen bereits in der Klageschrift und dem nachfolgenden Schriftsatzwechsel der Parteien enthalten. Doch weil sich die darin enthaltenen Darstellungen regelmäßig widersprechen, kommt es für den Richter darauf an, an welche der „Wahrheiten" er sich bei seiner Entscheidungsfindung halten soll oder darf.

Die Orientierung dafür gibt ihm ein ausgefeiltes System von Beweis(last)-vorschriften sowie, zur verfahrensmäßigen Ergänzung dieser Regeln, Beweiserhebungsvorschriften. Dabei ist im deutschen Recht der ganze Vorgang der Beweisaufnahme durch § 279 II in das unter richterlicher Ägide durchgeführte Erkenntnisver-

242

---

[23] Etwa die Einigkeit darüber, dass der Beklagte den Ladendiebstahl tatsächlich begangen hat; vgl. BGHZ 75, 230, und Rdn. 39.

[24] Eine Möglichkeit der Parteien, ihrerseits an die für ihre Zwecke erforderlichen Informationen heranzukommen, bieten die vielen materiell-rechtlichen Auskunfts- oder allgemeiner: Informationsverschaffungsansprüche (z. B. §§ 666, 810 BGB, 97, 101 a UrhG), zu denen sich noch eine eingeschränkte generalklauselartige Anspruchsgrundlage gesellt, die das Reichsgericht (RGZ 108, 1, 7) aus § 242 BGB abgeleitet hat und die jetzt als Gewohnheitsrecht anerkannt ist. Vielfache, auch rechtsvergleichende Hinweise in Schlosser (Hg.), Die Informationsbeschaffung für den Zivilprozeß, 1996.

fahren eingebettet.[25] Denknotwendig ist das keineswegs – wie ein Blick auf andere Verfahrensordnungen zeigt: So ist im US-amerikanischen Prozessrecht das hauptsächlich von den Parteien und ihren Anwälten durchgeführte Discovery-Verfahren mit der gegenseitigen Aufspürung, Darlegung und Überprüfung der Beweismittel dem eigentlichen Verfahren (trial) vorgeschaltet, während im antik-römischen Formularprozess etwa die Beweiserhebung erst nach dem eigentlich juristischen Verfahrensabschnitt (in iure, vor dem Prätor), d. h.: apud iudicem (vor dem Richter, der eine Privatperson war), stattfand.[26]

243   Die deutsche Variante bedingt wenigstens zwei wichtige Folgerungen. Erstens, indem der Richter anstelle der Parteien die Beweisaufnahme durchführt, erscheint es wie selbstverständlich, dass auch im Zivilprozessrecht eine ganze Reihe von Beweiserhebungsverboten zur Anwendung kommen. In Verbindung mit den alsbald darzustellenden Beweislastregeln führen sie dazu, dass der hiesige Zivilprozess wenn schon nicht seiner Idee nach, so doch in seinen praktischen Konsequenzen nach der Erkenntnis einer **eher formellen als objektiven Wahrheit** strebt. So manche Partei verliert ihren Prozess trotz der materiell-rechtlichen Berechtigung deswegen, weil der entscheidende Beweis nicht erbracht werden kann – und das womöglich, obgleich die nicht beweisbelastete Gegenseite den Beweis sehr wohl erbringen könnte. Unbeschadet derartiger Extremfälle, ist das deutsche Beweisrecht jedoch bei aller Kritikwürdigkeit im Detail insgesamt recht ausgewogen; sein Bestreben, die vor allem in einer auf die objektive Wahrheit abzielenden Prozessordnung bestehenden Missbrauchsmöglichkeiten[27] so weit wie möglich einzudämmen, ist daher durchaus gerechtfertigt. Die zweite Folgerung besteht in dem Recht der Parteien auf die Beweisaufnahme. Sie haben, wenn denn eine Tatsache umstritten ist, einen Anspruch auf den Beweis, der sich letzten Endes aus dem verfassungsrechtlich gebotenen rechtlichen Gehör ableitet (Rdn. 225 sowie Schlosser I Rdn. 336).

(b) Gegenstand des Beweises und Beweisarten

Literatur: Kindl, Ausländisches Recht vor deutschen Gerichten, ZZP 111, 1998, 177; Musielak/Stadler, Grundfragen des Beweisrechts, 1984; Nagel, Die Grundzüge des Beweisrechts im europäischen Zivilprozeß, 1967; E. Peters, Der sogenannte Freibeweis im Zivilprozeß, 1962; Schöpflin, Die Beweiserhebung von Amts wegen im Zivilprozeß, 1992.

---

[25] Auch wenn einmal ein selbständiges Beweisverfahren, vgl. oben Rdn. 131, bereits vor Eröffnung des Erkenntnisverfahrens durchgeführt wird, so findet es doch auch unter richterlicher Ägide statt.

[26] Vgl. zu diesen beiden Rechtsordnungen Paulus, Die Beweisvereitelung in der Struktur des deutschen Zivilprozesses, rechtsgeschichtliche und rechtsvergleichende Betrachtungen, AcP 197, 1997, 136.

[27] Das fast schon extrem auf die objektive Wahrheitsfindung abzielende US-amerikanische Discovery-Verfahren wird bisweilen recht unverblümt für eine legale Form der Industriespionage benützt. Dafür ermöglicht es auf der anderen Seite aber auch die Auflösung von Fällen, die hierzulande im Gestrüpp der Beweislastvorschriften ergebnislos hängen geblieben wären. S. aber jetzt immerhin BGH JZ 1996, 736 mit Anm. Ahrens.

(aa) Tatsachen

Es wurde bereits gesagt, dass Gegenstand des Beweises Tatsachen sind. Das sind   **244**
all diejenigen inneren und äußeren Vorgänge, die einer sinnlichen Wahrnehmung
durch Dritte zugänglich sind. Dazu zählen nicht nur faktische Gegebenheiten, die
unmittelbar unter die jeweiligen Tatbestandsmerkmale subsumiert werden können,
sondern auch mittelbar relevante Geschehnisse, die im Wege eines so genannten
Indizienbeweises zur Bejahung oder Verneinung eines solchen Merkmals führen
können. Üblicherweise stellt man den Tatsachen die Erfahrungssätze gleich, insbesondere solche technischer, medizinischer, künstlerischer oder den Handelsverkehr
betreffender Natur; deshalb ist also bei Strittigkeit mittels Beweises etwa zu belegen, dass eine Parallelentwicklung von identischen Computerprogrammen extrem
unwahrscheinlich ist, vgl. Rdn. 226. Trotz dieses umfassenden Begriffes ist die
eingangs getroffene Aussage zu pauschal und muss daher präzisiert werden. Dabei
zeigt sich, dass sie in einer Hinsicht zu weit und in einer anderen Hinsicht zu eng
ist.

Was die Weite anbelangt, so sind selbstverständlich nicht alle Tatsachen zu be-   **245**
weisen. Vielmehr muss das Gericht solche Tatsachen, deren Vorliegen beide Parteien übereinstimmend vortragen, zumindest im Rahmen der Verhandlungsmaxime,
Rdnn. 212 ff., als gegeben und damit eines Beweises nicht bedürftig hinnehmen.
Dasselbe gilt überdies gem. § 138 III für diejenigen Tatsachen, die nicht ausdrücklich bestritten werden, über § 288 für die zugestandenen Tatsachen (Rdn. 187) sowie
schließlich für offenkundige, d. h. gerichtsbekannte (etwa aus Vor- oder Parallelpro-
zessen vertraute, BGH NJW 1998, 3498) oder auch allgemein etwa aus den Medien
ersichtliche oder bekannte Tatsachen, § 291. Aber auch die **umstrittenen** Geschehnisse müssen keineswegs alle bewiesen werden. Das ist nur dann der Fall, wenn
sie für die Entscheidung – oder materiell-rechtlich ausgedrückt: für die Subsumtion
unter die in Frage stehende Norm – **erheblich** sind.

> Macht der Kläger in dem schon einmal vorgetragenen Beispiel (Rdn. 184)
> einen Anspruch aus §§ 280 I, III, 281 BGB geltend, ohne zugleich die Frist-
> setzung vorzutragen, und bietet stattdessen für die vom Beklagten bestrittene
> Behauptung Beweis an, dass B auch früher schon des Öfteren zu spät geliefert
> habe, so bedarf es keiner Beweisaufnahme. Denn das materielle Recht kennt
> keine Ausnahme von der Fristsetzungsnotwendigkeit, die sich aus früheren
> Spätlieferungen ergibt. Selbst also, wenn der Beweis gelingt, kann der Kläger
> seinen Prozess nicht deswegen gewinnen.

Das Beispiel macht deutlich, dass ein Richter, der diese Entscheidungserheblichkeit
sorgfältig prüft, viel Zeit und den Parteien viele Kosten sparen kann – eine Möglichkeit, von der nicht immer hinreichend Gebrauch gemacht wird.

Zu eng ist die pauschale Aussage, dass Tatsachen bewiesen werden müssten, im   **246**
Hinblick auf § 293. Diese Vorschrift impliziert, dass auch einmal Statuten (etwa
Tarifnormen), Gewohnheitsrecht und **ausländisches Recht** zu beweisen sind. Damit soll natürlich nicht gesagt sein, dass es sich bei diesen Normen um Tatsachen
handelt; gleichwohl schränkt § 293 den bereits erwähnten Satz ‚iura novit curia'

(Rdn. 212) ein, denn die dort genannten Normen braucht das Gericht offenbar nicht zu kennen. Wenn in einem Prozess also das deutsche Internationale Privatrecht die Anwendbarkeit etwa des paraguayischen Familienrechts vorschreibt (das dem Richter vermutlich unbekannt ist), so bedeutet dessen Beweisbedürftigkeit nicht, dass die beweisbelastete Partei die Normen, Gerichtsentscheidungen und Lehrbücher[28] heranschaffen und übersetzen müsste. Vielmehr gilt insoweit statt des Beibringungsgrundsatzes, Rdn. 212, die Untersuchungsmaxime. Das Gericht wird also von sich aus tätig, indem es etwa Rechtsgutachten über die betreffende Rechtsfrage in Auftrag gibt oder Auskünfte von Behörden einholt etc. In diesem Zusammenhang können natürlich auch die Parteien in die Pflicht genommen werden – etwa, wenn sie ohne größere Schwierigkeiten an die Erkenntnisquellen herankommen können.

(bb) Arten des Beweises

247   Das soeben angeführte Beispiel des Nachweises ausländischen Rechts macht deutlich, dass es offenbar unterschiedliche Beweisarten gibt. Denn ein Beweisverfahren, in dem das Gericht von sich aus agiert, ist zwangsläufig ein anderes als das, in dem sich eine Partei um den Nachweis bemüht. Nach dem Grad ihrer ansteigenden Anforderungen lassen sich drei verschiedene Beweisarten feststellen: die Glaubhaftmachung, der Freibeweis und der Strengbeweis.

248   – Bisweilen ordnet das Gesetz (das muss nicht notwendig die ZPO sein, vgl. etwa § 2010 BGB) bezüglich bestimmter Tatsachen oder Umstände an, dass sie **glaubhaft gemacht** werden müssen – etwa in § 236 II 1 bei dem Antrag auf Wiedereinsetzung in den vorigen Stand, Rdn. 241. Dass es sich dabei gegenüber der Beweisbedürftigkeit um eine Erleichterung handelt, ergibt sich – zumindest teilweise – aus § 294. Danach sind nämlich – im Gegensatz zu der bei einem Strengbeweis bestehenden Beschränkung auf die unten, Rdnn. 261 ff., darzustellenden fünf Beweismittel – sämtliche präsenten (Abs. 2) Beweismittel zugelassen, insbesondere auch die eigens erwähnte Versicherung an Eides Statt. Sie dominiert in der Praxis das Feld der Glaubhaftmachung. Was sich dagegen nicht unmittelbar aus der Vorschrift des § 294 selbst ergibt, wohl aber aus den Worten ‚glaubhaft machen‘, ist die wichtige Besonderheit, dass der Pflichtige den Richter von der Richtigkeit der fraglichen Tatsache nicht wie bei § 286 I zu überzeugen braucht. Es genügt vielmehr ein geringerer Grad von Wahrscheinlichkeit, um zum Erfolg zu kommen. Wenn also gem. §§ 920 II, 936 einstweiliger Rechtsschutz über eine Glaubhaftmachung erreicht werden kann, so kommt darin die Beschleunigung (aber auch die Vorläufigkeit) dieses Verfahrenstyps zum Ausdruck.

249   – Der **Freibeweis** ist als Gegenbegriff zu dem nachfolgend dargestellten Strengbeweis zu verstehen. Anders als bei dessen durchformalisierter Vorgehensweise ist der Richter bei einem Freibeweis sowohl in der Verfahrensgestaltung als auch

---

[28] Ausländisches Recht ist nicht nur nach Maßgabe eines (womöglich veralteten) Gesetzeswortlauts anzuwenden, sondern so, wie es in dem betreffenden Staat tatsächlich gilt, vgl. BGH ZIP 2001, 675. S. auch Schilken, Zur Rechtsnatur der Ermittlung ausländischen Rechts nach § 293 ZPO, FS Schumann, 2001, 373.

in der Wahl der Beweismittel vollkommen frei. Er kann also amtliche Auskünfte einholen oder sich etwa auf schriftliche Versicherungen von Privatpersonen stützen. Obwohl nicht so bezeichnet, ist man sich einig, dass der Freibeweis die richtige Beweisart ist im Rahmen der Bewilligung von Prozesskostenhilfe nach § 118 II, bei der Feststellung ausländischen Rechts nach § 293 und bei der Ermittlung von Erfahrungssätzen (vgl. Rdn. 244). Darüber hinaus wendet vor allem die Rechtsprechung das Freibeweisverfahren in all den weiteren Fällen an, in denen eine Prüfung von Amts wegen erfolgen muss; d. h. also insbesondere bei den Prozessvoraussetzungen, Rdn. 153 ff.

– Der **Voll- oder Strengbeweis** schließlich ist diejenige Beweisart, die man her- **250** kömmlicherweise mit dem Begriff ‚Beweis‘ verbindet. Ihre Eigenheit ergibt sich daraus, dass eine Tatsache umstritten und daher von einer der Parteien zu beweisen ist. Ihre Strenge resultiert daraus, dass dieser Beweis im Rahmen eines förmlichen Verfahrens und ausschließlich mithilfe von fünf Beweismitteln erbracht werden muss. Das ergibt sich aus § 284 und dem darin ausgesprochenen Verweis auf die §§ 355–484, deren Ablaufmechanismus nunmehr darzustellen ist.

(c) (Streng-)Beweisführung

Literatur: Bender/Nack, Tatsachenfeststellung vor Gericht Bde. I und II, 2. Aufl., 1995; Engel, Beweisinterlokut und Beweisbeschluss im Zivilprozeß, 1992; W. Habscheid, Beweisverbot bei illegal, insbes. unter Verletzung des Persönlichkeitsrechts, erlangten Beweismitteln, GS Arens, 1993, 187; Mössle, Extraterritoriale Beweisbeschaffung im internationalen Wirtschaftsrecht, 1990; Störmer, Beweiserhebung, Ablehnung von Beweisanträgen und Beweisverwertungsverbote im Zivilprozeß, JuS 1994, 238, 334.

(aa) Gemeinsamkeiten

Da der Strengbeweis immer nur eine der Parteien trifft und somit in den Kontext der **251** Verhandlungsmaxime, Rdn. 212 ff., gehört, setzt ein Beweisverfahren regelmäßig (vgl. Rdn. 217) einen Parteiantrag voraus, den man üblicherweise als **Beweisantritt** bezeichnet. Er muss mit hinreichender Bestimmtheit die zu beweisende Tatsache sowie das angebotene Beweismittel bezeichnen. Wegen des verfassungsrechtlich geschützten Rechts auf den Beweis, s. Rdn. 226, 243, muss dem Antrag grundsätzlich entsprochen werden, wenn er sich denn tatsächlich auf eine entscheidungserhebliche und beweisbedürftige Tatsache bezieht – und zwar selbst dann, wenn das Gericht von dem Gegenteil der zu beweisenden Tatsache bereits überzeugt ist oder wenn es die Beweisaufnahme angesichts des geringen Streitwerts für unökonomisch hält (BVerfGE 50, 32, 35).
Nur ausnahmsweise ist eine **Abweisung** des Beweisantritts zulässig:

– Ein angetretener Beweis braucht dann nicht erhoben zu werden, wenn das **251a** Gericht die zu beweisende Tatsache bereits als erwiesen ansieht oder – ganz ausnahmsweise – wenn das Gericht das Beweismittel ohne Vorwegnahme der Beweiswürdigung als von vornherein ungeeignet oder auf Dauer unerreichbar einordnen darf.

252 – Im Rahmen etwa der allgemeinen Präklusionsvorschriften; da ein Beweisantritt ein Angriffs- oder Verteidigungsmittel i. S. d. § 282 ist, kommen hierfür die §§ 296, 525, 530 f. in Betracht.

253 – Ein weiterer Abweisungsgrund hat vor allem im Verhältnis zu den USA eine gewisse Berühmtheit erlangt. Anders nämlich als jenseits des Atlantiks ist es hierzulande untersagt, einen **Ausforschungsbeweis** zu führen. Der amerikanische Parallelbegriff ‚fishing expedition‘ veranschaulicht, worum es dabei geht: Man beantragt den Beweis einer Tatsache, deren Vorliegen nicht entscheidungserheblich ist, die aber möglicherweise Rückschlüsse auf eine andere, entscheidungserhebliche Tatsache zulässt – kurzum, man stochert im Trüben, um vielleicht einen Fisch zu fangen. In der hiesigen Rechtsprechung liest man oft den Ausdruck, es handele sich um eine Beweiserhebung „ins Blaue hinein" oder „aufs Geratewohl". Die mit ihrer Ablehnung verbundene Gefahr einer Einschränkung der Suche nach der objektiven Wahrheit, Rdn. 243, zeigt sich an

BGH NJW 1989, 2947:[29] Die frühere Medizinstudentin K vermutete, dass sie sich ihre geheimnisvolle, Jahre während Viruskrankheit deswegen zugezogen hatte, weil während ihrer Studienzeit mit derartigen Viren in den Forschungslabors unvorsichtig experimentiert worden sei. Die beklagte Universität bestritt in dem gegen sie angestrengten Schadensersatzprozess, dass in ihren Labors überhaupt jemals mit den fraglichen Viren gearbeitet worden sei. K beantragte daraufhin in ihrem Beweisantritt, die Forschungsberichte der Universität der letzten Jahre heranzuziehen.

Ein derartiges „Heranziehen" irgendwelcher Akten etc. wird in Beweisanträgen gerne verlangt, üblicherweise jedoch mangels hinreichender Bestimmtheit abgelehnt. Gleichwohl entschied der BGH in diesem Fall, der Beweisantrag sei kein (unzulässiger) Ausforschungsbeweis – letzten Endes, weil K ihre Beweisnot anders nicht überwinden könne. Damit hat die Entscheidung dazu beigetragen, wenigstens in dem konkreten Fall die oben, Rdn. 226, am Beispiel eines Softwareverletzungsprozesses dargestellte Gefahr eines weiteren Auseinanderdriftens von materiellem und Prozessrecht zurückzudrängen.

254 – Umstritten ist, ob die Rechtswidrigkeit der Erlangung eines Beweismittels generell zur Abweisung eines Beweisantritts berechtigt. Der praktisch wichtigste Beispielsfall hierfür ist das ohne Wissen des Gesprächspartners mitgehörte oder -geschnittene Telephonat. Das BVerfG (NJW 2002, 3619, 3623 f.) sieht in der beweisrechtlichen Verwertung eines solchen Gesprächs einen Eingriff in das Persönlichkeitsrecht des Gesprächspartners, der allenfalls dann durch das (rechtlich geschützte) Interesse am Beweis aufgewogen werden kann, wenn sich der Beweisführer in einer Not(wehr)situation befindet. Insgesamt wird man daher als Grundsatz aufzustellen haben, dass rechtswidrig erlangte Beweismittel nicht

---

[29] S. dazu insbesondere Schlosser, Die lange deutsche Reise in die prozessuale Moderne, JZ 1991, 599. Zu einer Nachfolgeentscheidung des BGH (NJW 1993, 2312) s. Paulus, A New German Decision on International Insolvency Law, American Journal of Comparative Law 41, 1993, 667. Neuerdings nimmt der BGH (NJW 1996, 3147, 3150; WM 2002, 1690, 1692) die Unzulässigkeit eines Ausforschungsbeweises nur dann an, wenn er rechtsmissbräuchlich oder offensichtlich willkürlich angetreten wird.

zugelassen und nicht verwertet werden dürfen (bemerkenswert großzügig aber
BGH JZ 2003, 630).

Wenn es nun aber keinen Abweisungsgrund gibt, so deutet § 284 bereits an, dass **255**
die Beweisaufnahme einen Beweisbeschluss voraussetzt. Die Details ergeben sich
aus den §§ 355 ff. Sie zeigen, dass hinsichtlich der **Förmlichkeit des Beweisbeschlusses** zu unterscheiden ist: Nach § 358 ist ein den Anforderungen des § 359
(bitte lesen) entsprechender, formeller Beschluss im Wesentlichen dann erforderlich, wenn für die Beweisaufnahme ein eigener Termin, s. auch § 368, anberaumt
werden muss – oder wenn eine Parteivernehmung zur Debatte steht; Letzteres folgt
aus § 450 I. Im Umkehrschluss ist § 358 daher so zu lesen, dass ein formloser
Beschluss zur Beweisaufnahme genügt, wenn das Beweismittel präsent ist. Ist der
Zeuge also bereits zur Verhandlung gekommen oder hat die Partei die Urkunde
oder das Augenscheinsobjekt mitgebracht, so kann der von § 279 II vorgesehene
unmittelbare Übergang von der streitigen Verhandlung in die Beweisaufnahme ohne weitere Förmlichkeiten verwirklicht werden. Zu eben diesem Zweck gestattet
§ 358 a auch schon einen vorgezogenen Beweisbeschluss und § 273 II Nr. 4 die
Ladung von Zeugen und Sachverständigen zum Termin.

Ist der Beweisantritt mittels des Beschlusses positiv verbeschieden, so kommt **256**
es nunmehr zu der ebenfalls in § 284 erwähnten eigentlichen Beweisaufnahme.
Ihre Durchführung richtet sich im Einzelnen danach, welches Beweismittel jeweils
benutzt wird; darauf wird bei der Einzelerörterung alsbald zurückzukommen sein.
Dass in dem Verfahren die Prozessgrundsätze der Unmittelbarkeit und Parteiöffent-
lichkeit zum Tragen kommen, wurde oben, Rdnn. 219 und 220, bereits gesagt.
Allerdings verweist § 355 I 2 selbst auf die Möglichkeit einer Durchbrechung
der Unmittelbarkeit, indem er unter bestimmten, eng zu interpretierenden (gegen
BAG NJW 1993, 612, zu Recht Schilken SAE 1993, 308) Voraussetzungen die
Übertragung der Beweisaufnahme auf Dritte gestattet. Diese Ausnahmen sind im
Wesentlichen in den §§ 361–366 aufgezählt:

– Aus § 361 ergibt sich, dass die Durchführung der Beweisaufnahme einem Mit- **257**
glied des Prozessgerichts übertragen werden kann. Dieser **beauftragte Richter** repräsentiert somit das Kollegium, was freilich eine arg mediatisierte Form
der Unmittelbarkeit darstellt. Deswegen sollte das Gericht von der Möglichkeit
einer derartigen Übertragung insgesamt sparsamen Gebrauch machen. § 361
selbst äußert sich nicht dazu, in welchen Fällen der beauftragte Richter eingesetzt werden kann; das tun vielmehr im Kontext der einzelnen Beweismittel die
§§ 372 II (Augenschein), 375 (Zeugen), 402 (Sachverständige), 434 (Urkunde)
und 451 (Partei).

– Wenn man sich die eben zitierten Vorschriften durchliest, so begegnet man dort **258**
nicht nur dem „Mitglied des Prozessgerichts“, sondern auch „einem anderen
Gericht“. Statt des beauftragten kann also unter den dort genannten Voraussetzungen auch ein **ersuchter Richter** die Beweisaufnahme vornehmen. Die
verfahrensmäßigen Einzelheiten sind in § 362 sowie den §§ 156–168 GVG,
Art. 35 I GG geregelt. Diese Möglichkeit wird das Prozessgericht vornehmlich
dann wahrnehmen, wenn etwa das Augenscheinsobjekt oder ein Zeuge weit vom

Verhandlungsort entfernt sind; dann kann z. B. der Flensburger Amtsrichter (vgl. § 157 I GVG) für die Traunsteiner Landrichter in freilich nurmehr fingierter Unmittelbarkeit die Beweisaufnahme vornehmen.

259   – Da sich gerade in der heutigen Welt der zunehmenden Internationalisierung die Beweisgegenstände immer häufiger auch auf ausländischem Boden befinden können, kommen bei der Beweisaufnahme gelegentlich auch **völkerrechtliche Fragen** ins Spiel. Weil es sich bei diesem Verfahren um eine hoheitliche Tätigkeit handelt und somit die Souveränität des anderen Staates involviert ist, kann grundsätzlich weder das Kollegium noch ein beauftragter oder ersuchter deutscher Richter die Beweisaufnahme durchführen. Als allgemeine Regelungen sind vielmehr die §§ 363 f. zu befolgen, die freilich durch speziellere Regelungen oder völkerrechtliche Abmachungen verdrängt sein können. Die in der Praxis wichtigste Vereinbarung dieser Art ist das Haager Übereinkommen über die Beweisaufnahme im Ausland in Zivil- oder Handelssachen.[30] Im Bereich der Europäischen Gemeinschaft (mit Ausnahme Dänemarks) wird darüber hinaus ab dem 1.1.2004 die so genannte Europäische Beweisverordnung[31] die beweisrechtliche Zusammenarbeit der Gerichte beschleunigen und insgesamt verbessern.

260   – In der Berufungsinstanz kann die Beweisaufnahme darüber hinaus auch einem Einzelrichter übertragen werden, § 527.

(bb) Zeugen[32]

Literatur: Arntzen, Psychologie der Zeugenaussage, 3. Aufl., 1993; Buß/Honert, Die „prozeßtaktische" Zession, JZ 1997, 694; Findeisen, Der minderjährige Zeuge im Zivilprozeß, 1992; Rieble, Schuldrechtliche Zeugenpflicht von Mitarbeitern, ZIP 2003, 1273; Rüßmann, Physiologische und psychologische Streiflichter zum Zeugenbeweis, FS Wassermann, 1985, 789; ders., Zur Mathematik des Zeugenbeweises, FS Nagel, 1987, 329.

261   Der Zeugenbeweis nach den §§ 373–401 wird, obgleich er gewissermaßen der Prototyp der Beweismittel ist, in der Praxis als höchst unzuverlässig und wenig vertrauenswürdig eingeschätzt. Darin wird er nur noch von der Parteivernehmung übertroffen, weil bei ihr noch das Eigeninteresse hinzukommt. Diese Geringschätzung ist durchaus gerechtfertigt, weil die menschliche Wahrnehmung regelmäßig durch eine Vielzahl von Faktoren beeinflusst wird, die selbst dem gutwilligen, d. h. um Objektivität bemühten Beobachter einen Geschehensablauf suggerieren können, der sich nur allzu leicht (und in der alltäglichen Gerichtspraxis ständig erlebt) von der Wahrnehmung eines anderen Zeugen bzw. dem tatsächlichen Geschehensablauf maßgeblich unterscheidet.[33] Die oben, Rdn. 133, als wünschenswert bezeichnete

---

[30] Dazu statt vieler Paulus, Discovery, deutsches Recht und das Haager Beweisübereinkommen, ZZP 104, 1991, 397.

[31] Verordnung (EG) 1206/2001 vom 28.5.2001, ABl EG 2001, L 174, 1.

[32] Zur Erklärung, warum hier die Darstellung der Beweisarten von der gesetzlichen Reihenfolge abweicht, s. unten, Rdn. 272, zum Stichwort ZUSAP.

[33] Literarisch überhöht findet sich dieses Phänomen der unterschiedlichen Wahrnehmung von Beteiligten ein und desselben Vorgangs bei Inoue, Das Jagdgewehr (überaus lesenswert), oder in Akiro Kurosawas Verfilmung von ‚Rashomon'.

Lebensweisheit eines Richters kann insbesondere hier zur wahren Entfaltung kommen, indem sie sich der Stresssituation der Zeugen annimmt und sie mit psychologischem Einfühlungsvermögen (das sich auch in dem Gebrauch eines Dialekts ausdrücken kann[34]) zu lösen versucht.

Die fünf für den Strengbeweis zugelassenen Beweismittel enthalten drei Personengruppen: **Zeugen**, **Sachverständige** und **Parteien**. Sie müssen daher voneinander abgegrenzt werden. Das geschieht für den Zeugen herkömmlicherweise so, dass er, erstens, nicht für eine Parteivernehmung in Betracht kommen darf und, zweitens, über Tatsachen und Zustände seiner Wahrnehmung Zeugnis ablegen muss, die **in der Vergangenheit** liegen. Welcher Mensch auch immer, ohne Partei zu sein, über solche vergangenen Tatsachen und Zustände, § 414 (zum sachverständigen Zeugen s. noch Rdn. 269), etwas Sinnvolles aussagen kann, kommt als Zeuge in Frage – völlig unabhängig von der sonst in der Juristerei oft so wichtigen Frage nach Alter oder Geisteszustand. Wichtig ist nur die Fähigkeit, das Erlebte oder Erfahrene mitteilen zu können. Die eventuellen Schwächen oder Defizite sind dann freilich bei der Beweiswürdigung (dazu Rdn. 284 ff.) zu berücksichtigen. **262**

Der Zeugenbeweis kann nicht von Amts wegen angeordnet werden; vorausgesetzt ist vielmehr immer ein Beweisantritt, der den Anforderungen des § 373 entsprechen muss. Auf der Grundlage des daraufhin ergehenden Beweisbeschlusses ist der (nicht präsente) Zeuge sodann zu laden, § 377. Dabei ergibt sich aus § 380, dass dieser zum Erscheinen, aus § 378, dass er ggf. zur Terminsvorbereitung, und aus § 390, dass er zur Aussage und ggf. zur Eidesleistung (hoheitlich[35]) verpflichtet ist. Letzteres ist allerdings dadurch eingeschränkt, dass eine Reihe von Vorschriften ein **Zeugnisverweigerungsrecht** statuiert: **263**

- § 376 verweist insbesondere für Richter und Beamte (s. auch die §§ 375 II und 382) auf Spezialgesetze.
- § 383 erlaubt sowohl bestimmten nahen Angehörigen einer Partei (Nrn. 1–3, vgl. auch Abs. 2 und einschränkend § 385 I) als auch den in den Nrn. 4–6 genannten Trägern einer geschützten Information (s. noch Abs. 3 und einschränkend § 385 II) grundsätzlich eine ganz generelle Zeugnisverweigerung.
- § 384 gewährt schließlich ein punktuelles, d. h. nur auf die jeweilige Frage bezogenes Verweigerungsrecht, um den Zeugen vor einer Konfliktsituation zu bewahren.

Der **Ablauf der Zeugenvernehmung** ist in den §§ 394 ff. geregelt. Danach ist jeder Zeuge einzeln und in Abwesenheit eventueller späterer Zeugen zu vernehmen. Er wird dabei als Erstes einmal „zur Wahrheit ermahnt" und auf seine Beeidigungspflicht hingewiesen, bevor er sodann über seine persönlichen Daten befragt wird, **264**

---

[34] In seiner Referendarzeit brachte das gesprochene Hochdeutsch des Verfassers eine oberbayerisch sprechende Zeugin zum (nicht einmal böswilligen) Verstummen. Der Ausbildungsrichter sprang daraufhin mit breitestem Bayerisch ein und verwandelte die Zeugin allein dadurch in eine höchst gesprächige Dame. Dazu siehe auch Paulus, in Römermann/ Paulus (Hg.), Schlüsselqualifikationen für Jurastudium, Examen und Beruf, 2003, 1. Teil, Rdnn. 16 ff.

[35] Zu ausländischen Alternativen aufschlussreich Rieble lt. Lit.-Angaben.

§ 395. Im Anschluss hieran soll der Zeuge seine Aussage zunächst „im Zusammenhang" vortragen, § 396 I, bevor sie anschließend durch Fragen (auch der Parteien, § 397) zu ergänzen und präzisieren ist, § 396 II, III – gegebenenfalls durch eine erneute Vernehmung, § 398, oder auch eine Gegenüberstellung gem. § 394 II. Auf diese Weise stünde an sich im deutschen Recht einer Art von Kreuzverhör nichts im Wege, wie man es vornehmlich aus amerikanischen Filmen kennt. Doch pflegen deutsche Anwälte in dieser Technik nicht geschult zu sein. Abschließend wird der Zeuge dann nach der näheren Maßgabe der §§ 391–393 möglicherweise beeidigt, was im Hinblick auf die §§ 154 f., 163 StGB weitreichende Folgen haben kann, und erhält eine Entschädigung für seinen Verdienstausfall und eventuelle Auslagen, § 401 mit Verweis auf das ZSEG.

(cc) Urkunden

Literatur: Marschall v. Bieberstein, Prozessuale Schranken der Formfreiheit im internationalen Schuldrecht, FS Beitzke, 1979, 625; Schreiber, Die Urkunde im Zivilprozeß, 1982; Teske, Der Urkundenbeweis im französischen und deutschen Zivil- und Zivilprozeßrecht, 1990.

265   Unter den Begriff der Urkunde fällt jede Verkörperung einer Gedankenäußerung in Schriftzeichen, die zur Beweiserbringung geeignet ist, aber nicht gerade zu diesem Zweck hergestellt sein muss. Während der Augenschein eine unmittelbare Wahrnehmung eines Gegenstandes vermittelt, dient eine Urkunde zum Beweis des durch sie verkörperten Gedankeninhalts. Wenn es also einmal entscheidungserheblich darauf ankommen sollte, ob ein Dokument intakt – etwa das Siegel unversehrt – ist oder eine bestimmte Form hat, so ist ein Augenschein einzunehmen; wenn es dagegen auf den Inhalt dieses Schriftstücks ankommt, ist das Verfahren des Urkundenbeweises nach den §§ 415–444 einzuhalten.

266   Der Antritt dieses Beweises erfolgt gem. § 420 dergestalt, dass der Beweisführer schlichtweg die Urkunde vorlegt. Unter den in § 142 genannten Voraussetzungen kann das Gericht das auch von sich aus, d. h. von Amts wegen, verlangen. Schwieriger wird die Sache jedoch, wenn sich die Urkunde nicht bei dem Beweisführenden, sondern bei einem Dritten befindet. Das Gesetz unterscheidet dabei zwischen der **gegnerischen Partei** und einem **sonstigen Dritten**:

– Befindet sich die Urkunde, die Quittung etwa oder der Brief, in den Händen des **Gegners**, so muss die beweisführende Partei nach § 421 einen Vorlegungsantrag stellen, dessen inhaltliche Ausgestaltung in § 424 beschrieben ist. Doch führt das noch keineswegs zur Anordnung der Vorlage dieser Urkunde. Da nach deutschem Recht nämlich grundsätzlich keine Partei gehalten ist, der anderen die von ihr benötigten Beweismittel zu verschaffen, muss über den Antrag hinaus noch entweder die Bereitschaft oder eine Pflicht des Gegners bestehen, die Urkunde auch tatsächlich auszuhändigen. Diese kann sich nach § 423 aus seinem eigenen Vorverhalten oder aber nach § 422 aus dem materiellen Recht[36] ergeben. Dass es darüber zu immensen Prozessverzögerungen kommen kann, liegt auf der Hand. Immerhin erkennt das Gesetz die mit diesem Vorgehen verbundene

---

[36] In diesem Zusammenhang spielt § 810 BGB eine wichtige Rolle, die aber durch eine weniger engherzige Interpretation noch wesentlich ausgebaut werden könnte.

Gefahr, indem es in den §§ 427, 444 Fallvarianten der Beweisvereitelung anspricht. Davor muss allerdings noch der Gegner gem. § 426 über den Verbleib der Urkunde vernommen worden sein.

– Sofern sich die Urkunde bei einem sonstigen **Dritten** befindet, richtet sich das einzuhaltende Verfahren nach den §§ 428–431, während § 432 eine Sondervorschrift für den Fall darstellt, dass dieser sonstige Dritte eine Behörde oder ein Beamter ist. Beachte, dass der Beweisführer die Zeitverzögerung, die bei einem Vorgehen nach den §§ 430 f. unweigerlich eintritt, durch einen Antrag verkürzen kann, das Gericht möge gem. § 142 eine Vorlegungsanordnung erlassen.

Eine echte (§§ 437 ff.) Urkunde gilt in der Praxis als das zuverlässigste Be-   **267** weismittel (was freilich mit zunehmender Computerisierung und dem damit verbundenen Verlust der Unterscheidbarkeit zwischen Original und Kopie sowie der dadurch ermöglichten, fast schon beliebigen Manipulierbarkeit von Schriftstücken immer fragwürdiger wird). Das Gesetz unterscheidet in den §§ 415 ff. zwischen Privaturkunden und öffentlichen Urkunden (Legaldefinition in § 415 I). Während die Ersteren nach § 416 „vollen Beweis" für die Abgabe (! nicht also das Zugehen) der in ihnen enthaltenen Erklärungen begründen, erfasst der „volle Beweis" der öffentlichen Urkunden Verschiedenes – je nachdem, um was für eine Urkunde es sich handelt:

– Die von § 415 angesprochenen Urkunden, die man in Abgrenzung zu § 417 auch bezeugende Urkunden nennt, begründen den Beweis für die Abgabe der beurkundeten Erklärungen. Hierzu zählen insbesondere die notariellen Beurkundungen von Rechtsgeschäften, aber auch etwa das gerichtliche Terminsprotokoll, etc.

– Die wirkenden oder Tatbestandsurkunden (etwa ein Urteil, ein Verwaltungsakt oder eine Verwaltungsanordnung) nach § 417 belegen die in ihnen wiedergegebenen Anordnungen, Verfügungen oder Entscheidungen.

– Die sonstigen (bezeugenden) Urkunden des § 418, zu denen beispielsweise Protokolle, Zustellungsurkunden oder behördliche Empfangsbekenntnisse gehören, begründen den Beweis der in ihnen bezeugten Tatsachen.

Der in all diesen Vorschriften verwendete Begriff des „vollen Beweises" hat   **268** eine besondere Bedeutung, die man als **formelle Beweiskraft** oder gar Beweisregel (Schlosser I Rdnn. 353 f.) bezeichnet. Gemeint ist damit, dass der Richter gem. § 286 II an die Rechtsfolgen der §§ 415–418 gebunden ist. Wenn also ein unter § 415 fallendes Protokoll des Gerichtsvollziehers über eine Erklärung des Schuldners vorgelegt wird, so muss der Richter (vorbehaltlich des § 415 II) von der Tatsache ausgehen, dass diese Erklärung mit dem festgehaltenen Inhalt abgegeben worden ist. Dasselbe gilt für die anderen Vorschriften ganz entsprechend. Wenn dieser Rechtszwang nun unter dem Begriff ‚formelle Beweiskraft' geführt wird, drängt sich die Frage gewissermaßen von selbst auf, was denn die **materielle Beweiskraft** ist und wie es sich mit ihr verhält. Während der Richter aufgrund der formellen Beweiskraft an dem Inhalt der (echten, unversehrten (§ 419) und im Original vorgelegten (§ 435)) Urkunde als solchem nicht deuten kann, ist er im

Rahmen der Beweiswürdigung völlig frei, wenn die rechtliche Wirksamkeit, die inhaltliche Richtigkeit der beurkundeten Erklärung, Entscheidung, etc. oder ihre Bedeutung für das zu fällende Urteil umstritten ist (= materielle Beweiskraft). Ein notarieller Kaufvertrag über ein Grundstück nach § 311 b I 1 BGB belegt also die Tatsache des Vertragsschlusses, nicht aber, dass der mitgeteilte Kaufpreis der tatsächlich vereinbarte ist, vgl. § 117 BGB.

(dd) Sachverständige

Literatur: Bayerlein, Praxishandbuch Sachverständigenrecht, 3. Aufl., 2002; Marburger, Wissenschaftlich-technischer Sachverstand und richterliche Entscheidung im Zivilprozeß, 1986.

269   Nach der Ausgestaltung des deutschen Prozessrechts (§§ 402–414) ist der Sachverständige eine neutrale Person, die ihr Gutachten nicht für die eine oder die andere Partei erstellt. Infolgedessen kann auch dieses Beweismittel gem. § 144 von Amts wegen eingesetzt werden, s. auch Rdn. 217. Dass in einem solchen Fall der Richter den Sachverständigen auswählt, ist selbstverständlich. Doch tut er das auch dann, wenn der Sachverständigenbeweis auf einen Beweisantrag einer Partei zurückgeht, § 404 I, es sei denn, die Parteien einigen sich auf einen Sachverständigen, § 404 IV.

Im Gegensatz zu einem Zeugen, der über die von ihm erlebten, vergangenen Tatsachen und Zustände zu berichten hat, ist es Aufgabe des Sachverständigen, seine spezielle Sachkunde zur Verfügung zu stellen: etwa in medizinischen, architektonischen, bautechnischen, wissenschaftlichen oder wirtschaftlichen Fragen und Begebenheiten. Während der Zeuge also ein Beweismittel kraft seiner früheren Beteiligung an (oder Beziehung zu) der umstrittenen Tatsache ist, wird der Sachverständige erst im Prozess und kraft seines Spezialwissens in den Vorgang einbezogen. Dadurch ist er im Gegensatz zum Zeugen auswechselbar; und weil er überdies aufgrund seiner neutralen Position dem Richter näher steht als den Parteien, ist es nur folgerichtig, dass § 406 ihnen ein Ablehnungsrecht einräumt. So eindeutig die Abgrenzung zwischen dem Zeugen und dem Sachverständigen nach dem Voranstehenden auch erscheinen mag – § 414 lehrt, dass es durchaus fließende Übergänge gibt; die so genannten **sachverständigen Zeugen** sind wie „normale Zeugen" nach den §§ 373 ff. zu vernehmen. Dazu gehört etwa der Sachverständige, den der spätere Kläger seinerzeit zur Begutachtung herangezogen hatte, als die Risse in dem Neubau zum ersten Mal auftraten, und der in dem jetzigen Schadensersatzprozess gegen den Bauunternehmer als Zeuge vernommen wird.

270   Der Ablauf eines Sachverständigenbeweisverfahrens beginnt mit der entweder amtswegigen oder beantragten Bestellung des Sachverständigen. Zu diesem Zweck muss der Beweisantritt die zu begutachtenden Punkte angeben, § 403. Die Auswahl des Sachverständigen nimmt, wie schon erwähnt, regelmäßig der Richter vor – etwa anhand einer von der IHK erstellten Liste. Der Sachverständige ist in den in § 407 aufgeführten Fällen zur Erstellung seines Gutachtens verpflichtet (vgl. § 409), wenn er nicht ein in § 408 angesprochenes Verweigerungsrecht hat. Daraufhin erstellt der Sachverständige persönlich, § 407a II, sein Gutachten aufgrund der ihm mitgeteilten Fakten oder auf der Grundlage seiner eigenen Untersuchungen (z.B. bei einem psychologischen Gutachten). In jedem Fall hat das Gericht ihn jedoch nach § 404a hinsichtlich seiner Aufgabe anzuleiten; es kann sich regelmäßig nicht mehr – entgegen der früher verbreiteten Praxis – mit der bloßen Übersendung der Akten und der Bitte um Erstellung des Gutachtens begnügen.[37] Im Falle eventueller Unklarheiten muss der Sachverständige von sich aus für Aufklärung sorgen, § 407 a III. In aller Regel wird der Sachverständige sein Gutachten schriftlich verfassen und es bei Gericht einreichen; im Bedarfsfalle kann das Gericht ihn zur mündlichen Erörterung laden, § 411 III. Schließlich wird er nach § 410 beeidigt und über § 413 nach einem Spezialgesetz (ZSEG) entschädigt.

(ee) Augenschein

Literatur: Stürner, Die prozessuale Untersuchungspflicht (§ 372 a ZPO) der Partei im Ausland, JZ 1987, 607.

Der Name dieses Beweismittels (§§ 371–372 a) verleitet zu der Annahme, es ginge bei ihm allein um eine Besichtigung. Mit Augenscheinseinnahme wird jedoch jede unmittelbare Wahrnehmung der Beschaffenheit von Personen und Gegenständen umschrieben – durch welchen Sinn auch immer: Hierunter fällt demnach nicht nur die Besichtigung eines beschädigten Gartenzauns, sondern auch die Anhörung von Froschgequake in der Nacht, eine Blutgruppenuntersuchung oder die körperliche Überprüfung von Immissionen[38] durch den Richter.

Die Augenscheinseinnahme kann **von Amts wegen** (§ 144) oder **aufgrund**   **271** **eines Antrags** erfolgen (§ 371). Da sich der Richter aber beispielsweise bei der Ansicht eines Risses in der Wand wohl regelmäßig kein hinreichendes Bild über die Kausalität eventueller Schlampereien der Bauarbeiter machen kann, tritt bei der Augenscheinseinnahme des Öfteren die Notwendigkeit ihrer Kombination mit dem Sachverständigenbeweis ein; dem trägt § 372 Rechnung. Die letzte Vorschrift dieser Normgruppe – der § 372 a (bitte lesen) – ist eine internationale Besonderheit, die denn auch zu manchen Misshelligkeiten mit dem Ausland Anlass gibt (vgl. Stürner lt. Lit.-Angaben). Während ansonsten niemand gezwungen ist, den Augenschein zu dulden oder zu ermöglichen, statuiert § 372 a eine Duldungspflicht hinsichtlich solcher Untersuchungen, die zur Feststellung der Abstammung insbesondere in den Fällen der §§ 1600 c und 1600 d BGB erforderlich sind. Dazu zählt etwa die Blutgruppenuntersuchung, die DNA-Analyse oder ein erbbiologisch-anthropologisches Gutachten. Das Bundesverfassungsgericht hält die Duldungspflicht für verfassungsgemäß (BVerfGE 5, 13, 15). Ein durchaus typisches Beispiel für die Verweigerung gegenüber dieser Pflicht gibt

BGH NJW 1993, 1391 = JuS 1993, 774 (Hohloch): Das Kleinkind K klagt gegen den vermuteten Vater B auf Unterhalt. Die Mutter widerlegt den Vorwurf des Mehrverkehrs. Der Hausarzt und ein Klinikarzt belegen, dass B nicht der Vater sein kann; doch entsprechen die Untersuchungen nicht den maßgeblichen Richtlinien zur Identitätsfeststellung. Eine frühere, anlässlich eines anderen Vaterschaftsfestellungsverfahrens erfolgte, vorschriftsmäßige Blutuntersuchung macht die jetzige Vaterschaft höchstwahrscheinlich (98, 95 %). Zu einer

---

[37] Können Sie sich den Grund für die Einfügung des § 404 a vorstellen?

[38] In einem niederländischen Strafprozess ging es einmal um die Schweißfüße des Angeklagten.

neuerlichen Untersuchung erklärt sich B nicht bereit – teilweise unter Vorlage ärztlicher Atteste, die die Gefahr paranoider Verstimmungen bescheinigen.

Alle drei Instanzen gaben der Klage des K statt; der erste Leitsatz des BGH-Urteils lautet: „Verweigert der auf Vaterschaftsfeststellung in Anspruch genommene Mann unberechtigt notwendige Untersuchungen und können diese nicht zwangsweise durchgesetzt werden, kann der Beklagte nach vorherigem Hinweis so behandelt werden, als hätten die Untersuchungen keine schwerwiegenden Zweifel an seiner Vaterschaft erbracht."

(ff) Parteivernehmung

Literatur: Gehrlein, Warum kaum Parteibeweis im Zivilprozeß?, ZZP 110, 1997, 451; Münks, Vom Parteieid zur Parteivernehmung in der Geschichte des Zivilprozesses, 1992; E. Peters, Auf dem Wege zu einer allgemeinen Prozeßförderungspflicht der Parteien?, FS Schwab, 1990, 399; Wittscher, Die Parteivernehmung in der zivilprozessualen Praxis, 1989.

272   Das letzte der fünf Beweismittel des Strengbeweises (deren Anfangsbuchstaben in der hier dargestellten Reihenfolge das Eselsbrücken-„Unwort" ZUSAP ergeben) ist eine zumindest auf den ersten Blick eigenartige Einrichtung (§§ 445–455). Schließlich drängt sich nicht nur bei unbefangener Betrachtung die Frage auf, was denn eine Partei in diesem Verfahrensabschnitt anderes und Neues vorbringen soll, was sie nicht schon zuvor bei dem unter Vollständigkeitszwang, § 138 I, stehenden Sachvortrag dargelegt hätte. Die Erklärung ergibt sich aus einem historischen und aus einem psychologischen Aspekt:

– Der bis 1933 praktizierte Vorläufer der Parteivernehmung war der so genannte gestabte Parteieid. Wurde er geleistet, so endete damit der Prozess, indem ein Urteil gemäß der beeideten Aussage erging. An die Stelle dieser rigorosen und oftmals unbefriedigenden Konsequenz trat die jetzige Regelung, die statt des Entscheidungszwangs eine freie Beweiswürdigung vorsieht, §§ 446, 453.
– Es wurde schon beim Zeugenbeweis erwähnt, Rdn. 261, dass eine derartige Vernehmung für die allermeisten Personen eine psychologische Stresssituation bedeutet. Dadurch ist es also durchaus möglich, dass bei der weithin nach dem Muster der Zeugenvernehmung ablaufenden Parteivernehmung, § 451, zusätzliche Informationen zutage treten, die die Partei ansonsten nicht präsent – oder präsentiert – hätte. Dies insbesondere in Anbetracht der Tatsache, dass die Aussage nach § 452 gegebenenfalls zu beeiden ist, so dass hier auch stafrechtliche Sanktionen ins Spiel kommen.[39]

273   Die Parteivernehmung ist wegen des nun einmal durch keinerlei rechtliche Vorkehrungen auszublendenden Eigeninteresses das schwächste aller Beweismittel; das ist bei der Beweiswürdigung zu berücksichtigen. Auch das Gesetz trägt dieser Erkenntnis dadurch implizit Rechnung, dass es das Beweismittel nur **subsidiär** zulässt, **sofern** es **auf Antrag einer Partei** vorgenommen werden soll, § 445. Der Antrag kann darauf gerichtet sein, die andere Partei (§§ 445 f.) oder sich selbst

---

[39] Anders als beim Zeugen oder Sachverständigen ist die uneidliche Falschaussage der Partei nicht strafbewehrt, vgl. § 153 StGB.

(§ 117) zu vernehmen. Daneben gibt es auch hier wieder die Möglichkeit einer amtswegigen Beweisaufnahme, § 448, von der in der Praxis allerdings nur selten Gebrauch gemacht wird (für ein Vier-Augen-Gespräch weitergehend jedoch BGH NJW 1999, 363 = EWiR 1999, 45 (Gehrlein)). In dem einen wie dem anderen Fall geht es bei diesem Beweis um dasselbe wie bei einer Zeugenvernehmung – nämlich über Tatsachen und Zustände Zeugnis abzulegen, die in der Vergangenheit liegen. Dadurch kommt es auch zu der – wenigstens theoretisch – klaren Abgrenzung zwischen einer Parteivernehmung und der Anordnung des persönlichen Erscheinens der Parteien nach § 141. In diesem Fall geht es um die Aufklärung des Sachverhalts, während in jenem Fall eine Tatsache zu beweisen ist.

Normalerweise bereitet die Frage, **wer Partei** und damit als solche nach den §§ 445 ff. zu vernehmen ist, keinerlei Probleme. Das ist nur dann anders, wenn eine der Parteien nicht prozessfähig ist. Für derartige Fälle ordnet § 455 I 1 an, dass (nur) der gesetzliche Vertreter als Partei zu vernehmen ist; er kann daher nicht Zeuge sein – wohl aber ggf. die Parteien selbst (etwa ein Minderjähriger). Davon macht Abs. 2 eine Ausnahme, wenn die minderjährige Partei wenigstens 16 Jahre alt ist sowie in den Fällen des § 53.

(d) Wer muss den Beweis führen?

Literatur: Baumgärtel, Beweislastpraxis im Privatrecht, 1996; W. Habscheid, Beweislast und Beweismaß, FS Baumgärtel, 1990, 105; Huster, Beweislastverteilung und Verfassungsrecht, NJW 1995, 112; Gottwald, Grundprobleme der Beweislastverteilung, Jura 1980, 231; Leipold, Beweismaß und Beweislast im Zivilprozeß, 1985; Musielak, Die Grundlagen der Beweislast im Zivilprozeß, 1975; Prütting, Gegenwartsprobleme der Beweislast, 1983; Rosenberg, Die Beweislast, 5. Aufl., 1965; Schmidt-Salzer, Verschuldensprinzip, Verursachungsprinzip und Beweislastumkehr im Wandel der Zeitströmungen, FS Steffen, 1995, 429.

(aa) Bedeutung und Unterscheidungen

Es wurde schon oben, Rdn. 242, erwähnt, dass die Regeln über die Beweislast **274** dazu dienen, dem Richter bei Widersprüchen in den Sachverhaltsdarstellungen der Parteien oder zwischen den Beweismitteln eine Orientierung zu geben. Um diese Aussage richtig verstehen zu können, ist es angezeigt, sich noch einmal zurück zu besinnen: Tragen die Parteien übereinstimmend eine Tatsache vor oder widerspricht die eine Partei nicht den Aussagen der anderen, § 138 III, so muss der Richter regelmäßig diese Tatsache seiner Entscheidung zugrunde legen. Weil sie nämlich nicht umstritten ist, kann es keine Beweisaufnahme geben. Wie aber soll er entscheiden, wenn eine andere Tatsache sehr wohl umstritten ist? Entweder trifft den operierenden Arzt ein Verschulden – dann ist der Schadensersatzklage des verletzten Patienten stattzugeben – oder es trifft ihn nicht – mit der Folge, dass die Klage abzuweisen ist. Um diese Ungewissheit zu überwinden, gibt es das Beweiserhebungsverfahren mit den zuvor beschriebenen Beweismitteln. Wenn die Ungewissheit dadurch beseitigt werden kann, hat der Richter wieder eine eindeutige Entscheidungsgrundlage. Was aber soll in dem in der Praxis häufig auftretenden Fall geschehen, in dem selbst die Beweisaufnahme keine Klarheit bringt und die Ungewissheit somit fortbesteht? Vielleicht wäre es in einer solchen Situation am gerechtesten, wenn der Richter sagen würde: „Ich weiß nicht, wie es gewesen ist, und kann daher keine Entscheidung treffen." Im antiken Rom konnte sich der Richter mit dieser Begründung aus der Affäre ziehen (Gellius, noctes Atticae). Sein heutiger Kollege kann und darf das jedoch nicht; eine derartige Verweigerung wäre ein Verstoß gegen den Justizgewährungsanspruch, Rdn. 19. Um die dadurch auftretende Spannung zwischen der Entscheidungspflicht und der immer möglichen Unaufklärbarkeit einer Tatsache zu lösen, gibt es die Beweislastregeln. Sie sind damit Risikozuweisungsregeln, da sie die Frage beantworten, zu wessen Lasten es geht, wenn der Richter das Vorliegen oder Nichtvorliegen einer Tatsache nicht feststellen kann (man bezeichnet das auch gerne als ‚non liquet'). Dieses Risiko nennt man üblicherweise **objektive Beweislast**.

275   Nachdem es diesen Begriff gibt, muss es zwangsläufig auch eine **subjektive Beweislast** geben, die man auch Beweisführungslast nennt. Sie wird in dem eher seltenen Fall akut, dass ausschließlich diejenige Partei den Beweis für eine Tatsache anbietet, die dafür gar nicht beweispflichtig ist. Wenn nämlich die beweisverpflichtete Partei – gegebenenfalls trotz eines nach § 139 I 2 erforderlichen richterlichen Hinweises – keinen Beweis anbietet, darf nach h. M. der Beweis der anderen Partei nicht erhoben werden. Denn in derartigen Beweisfragen präzisiert man den Verhandlungsgrundsatz, Rdnn. 212 ff., dahingehend, dass gerade die beweisverpflichtete Partei den Beweis anzubieten hat. Tut sie das nicht und kommt sie damit ihrer subjektiven Beweislast nicht nach, so benötigt man den Beweis der Gegenseite gar nicht, weil sich die Entscheidung dann an der objektiven Beweislast ausrichtet.

276   Schließlich haben Rspr. und Literatur noch eine weitere Nuance im Zusammenhang mit der Beweislast herausgearbeitet – nämlich die **Darlegungs- oder Behauptungslast**. Sie setzt wie die subjektive Beweislast die Geltung der Verhandlungsmaxime voraus, weil es für sie auf die Verantwortung gerade der Parteien für die Beschaffung des Tatsachenmaterials ankommt. Die Behauptungslast beantwortet dabei die Frage, zu wessen Lasten es geht, wenn bestimmte, entscheidungserhebliche Tatsachen nicht bzw. nicht hinreichend substantiiert vorgetragen worden sind (z. B. OLG Düsseldorf NJW 1995, 891 betr. gefräßiges Zirkusschwein). Damit korrespondiert die Behauptungslast mit der objektiven Beweislast und wirkt zulasten derjenigen Partei, die für nicht (oder nicht substantiiert) vorgebrachte Tatsachen (im Bestreitensfalle) beweispflichtig wäre. Konkret – der Kläger unterlässt in seiner auf die §§ 280 I, III, 281 BGB gestützten Klage den Hinweis auf die Fristsetzung; oder der Beklagte wendet ein venire contra factum proprium ein, ohne das vorangegangene Verhalten des Klägers im Einzelnen darzulegen. Im ersten Fall wird die Klage mangels Schlüssigkeit, Rdn. 184, als unbegründet abgewiesen; im zweiten wird ihr stattgegeben, weil die Einrede, Rdn. 188, ebenfalls unschlüssig ist.

(bb) Die Beweislastverteilung

a. Grundsatz

277   Das Recht der Beweislastverteilung hat sich zwischenzeitlich zu einem komplizierten, bisweilen gar unübersichtlichen, weil weitgehend ungeschriebenen Regelwerk verdichtet, das neben einer Grundregel eine Fülle von Ausnahmen aufweist. Obgleich die von ihm normierten Fragen nur im Prozess aktuell wer-

den, zählt man es zum materiellen Recht (BGH NJW-RR 1992, 998, 1001). Das ist in Fällen mit Auslandsberührung u. U. von entscheidender Bedeutung. Denn in nahezu jeder Rechtsordnung wenden die Gerichte ihr inländisches Verfahrensrecht auch dann an, wenn ihr IPR ihnen die Anwendung ausländischen Rechts zur Entscheidung des Falls vorschreibt.[40] Eine Beweislastumkehr des ausländischen Rechts wird infolgedessen nur dann berücksichtigt, wenn sie zum materiellen Recht zählt; wäre sie Bestandteil des Prozessrechts und im Inland unbekannt, würde die ausländische Beweislastumkehr nicht berücksichtigt.

Was nun die Regeln im Einzelnen betrifft, so enthält eine ganze Reihe von Vorschriften eine explizite Beweislastverteilung: so z. B. die §§ 179 I, 345, 355 II 4, 363, 543 IV 2, 611 a I 3, 641 a I 2, 2336 III BGB, 1 IV ProdHG etc.   **278**

Wenn es aber keine gesetzliche Beweislastverteilung gibt, so ist die folgende **Grundregel** anerkannt: Jede Partei muss die Tatbestandsvoraussetzungen einer ihr günstigen Norm behaupten und im Bestreitensfall beweisen; das ist die so genannte Rosenbergsche Formel. In erster Linie ist also **der Kläger** von dieser Grundregel betroffen. Wenn er nämlich mit seiner Klage erfolgreich sein will, muss er den Nachweis führen, dass der Tatbestand derjenigen Norm erfüllt ist, aus der er sein Klagebegehren ableitet. In Anbetracht der auch das Beweisrecht nicht verschonenden „Ververfassungsrechtlichung" kann man sich schon einmal die Frage stellen, ob denn die Aufbürdung dieser Last, die in dem Sprichwort „Recht haben und Recht kriegen sind zwei Paar Stiefel" ihren prägnanten Ausdruck gefunden hat, überhaupt gerechtfertigt ist. Mag das materielle Recht mir auch noch so eindeutig eine Rechtsposition zuerkennen – wenn ich die zugrunde liegenden Tatsachen nicht beweisen kann, kann ich sie vor Gericht nicht durchsetzen. Hier klafft eine Lücke zwischen Rechtsgewährung und Rechtsdurchsetzung, die durchaus bedenkliche Ausmaße annehmen kann und die Frage nahe legt, ob nicht etwa (bei vermögensrechtlichen Ansprüchen) Art. 14 GG betroffen ist (s. auch oben Rdn. 226).   **279**

Diese Frage wäre wohl zu bejahen, wenn man allein auf die Position des Klägers sieht. Doch er ist nicht der alleinige Akteur im prozessualen Geschehen, vielmehr gibt es auch noch den Beklagten, dessen Belange ebenfalls zu berücksichtigen sind. Nicht nur, dass auch er die Tatbestandsvoraussetzungen der ihm günstigen Normen – wie etwa den Eintritt der Verjährung etc. – beweisen muss, dazu sogleich. Darüber hinaus rechtfertigt auch die prozessuale Waffengleichheit, vgl. Rdn. 226, die grundsätzliche Beweislastverteilung zulasten des Klägers. Denn er ist aufgrund seiner prozessualen Rolle von vornherein in einer dem Beklagten gegenüber privilegierten Position: Das Schlimmste, was ihm passieren kann, ist, dass er mit seiner Klage abgewiesen wird. Die ihm dadurch drohende Kostenlast wiegt in keiner Weise den Verlust auf, den der Beklagte an

---

[40] Zu den damit verbundenen, teilweise höchst komplizierten Fragen etwa Jahr, Internationale Geltung nationalen Rechts – Zur Relevanz internationalrechtlicher Fragestellungen für Praxis und Theorie des Rechts, RabelsZ 54, 1990, 481. Für das nach deutschem IPR anzuwendende Vertragsstatut s. die Sondervorschrift des Art. 32 III 1 EGBGB.

seinem Vermögen oder in seinen sonstigen Rechtspositionen erleidet, wenn er den Prozess verliert. Anders als dem Kläger droht ihm als Beklagtem zusätzlich zur Kostenlast auch noch der Verlust des mit der Klage Begehrten.[41]

280 Es wurde bereits angedeutet, dass die Grundregel auch dazu führen kann, dass **der Beklagte** die Beweislast trägt. Die ihm günstigen Normen sind diejenigen, auf die er seine rechtshindernden, rechtsvernichtenden oder rechtshemmenden Einreden stützt: wenn er also z. B. das Zustandekommen eines wirksamen Vertrags unter Hinweis auf § 105 II BGB bestreitet oder vorträgt, der Kläger habe das vermeintlich entliehene Auto in Wahrheit an Erfüllungs Statt angenommen, § 364 I BGB, oder schließlich die Nichterfüllung des gegenseitigen Vertrags nach § 320 BGB einwendet. Es kommt demnach für die Beweislastverteilung entscheidend darauf an, ob die einzelnen Tatbestandsmerkmale rechtsbegründend sind oder ob ihr Fehlen bzw. Gegenteil das Recht oder seine Durchsetzung ausschließt (Jauernig I § 50 IV 1 d). Auf der Grundlage der von Rosenberg (Lit.-Angaben) begründeten Normentheorie ist diese Frage nach der **Formulierung der jeweiligen materiell-rechtlichen Vorschriften** zu beantworten.

So ergibt sich etwa aus § 286 I 1 BGB, dass der sich bei einer Klage aus § 536 a II Nr. 1 BGB auf den Verzug des Beklagten berufende Kläger die Nichtleistung des beklagten Schuldners nach der im Anschluss an den Eintritt der Fälligkeit erfolgten Mahnung beweisen muss. Das ist die für ihn, den Kläger, günstige Norm, weil sie (i.V. m. § 536 a II Nr. 1 BGB) ihm einen Anspruch verschafft. Nun sagt man aber immer wieder, dass ohne Vertretenmüssen kein Schuldnerverzug möglich sei. Dass der hierfür einschlägige § 286 IV BGB eine dem § 280 I 2 BGB entsprechende Beweislastumkehr zulasten des Schuldners enthält, dürfte allgemein bekannt sein. Doch welche Formulierung genau bringt zum Ausdruck, dass dieses Vertretenmüssen nicht eine anspruchsbegründende Tatsache, sondern sein Fehlen eine rechtshindernde Einrede ist, die infolgedessen vom Beklagten zu beweisen ist? Es ist die negative Fassung dieser Vorschrift: „Der Schuldner kommt nicht in Verzug … ", die auf diese Weise zum Ausdruck bringt, dass sie eine Begünstigung des Schuldners darstellt. Ein anderes, nicht minder bekanntes Beispiel ist der § 932 I 1 BGB mit seiner den gutgläubigen Erwerb begünstigenden Vermutung. Der erste Teil des ersten Satzes – auch das ist eine Norm i. S. d. beweisrechtlichen Grundregel! – besagt, dass der Erwerber auch dann Eigentümer der Sache wird, wenn sie dem Veräußerer nicht gehört. Diese dem Erwerber günstige Aussage wird in dem nachfolgenden, durch die Formulierung „es sei denn … " eingeleiteten Satzteil wieder eingeschränkt. Da diese Einschränkung dem ursprünglichen Eigentümer zugute kommt, muss er den Nachweis der Bösgläubigkeit führen.

280 a Freilich hilft der Normenwortlaut nicht immer weiter: So ist beispielsweise zweifelhaft, ob der Kläger darlegen muss, dass der Vertrag wirksam zustande

---

[41] Diese Erklärung schließt freilich nicht aus, dass hinter der Grundregel der Beweislastverteilung altes Herkommen stecken könnte – in diesem Fall: Ruhe ist die erste Bürgerpflicht! Vgl. Paulus, Discovery, deutsches Recht und das Haager Beweisübereinkommen, ZZP 104, 1991, 409.

gekommen ist oder ob es an dem Beklagten liegt, die Nichtigkeit der vom Kläger abgegebenen Willenserklärung nach § 105 II BGB zu belegen. In derartigen Fällen kommt man wohl nicht umhin, die Normentheorie dahingehend zu modifizieren, dass man ein Regel-Ausnahme-Schema erstellt (Rosenberg/Schwab/Gottwald § 117 II 2). Da die Nichtigkeit nach § 105 II BGB nun einmal die Ausnahme darstellt, ist der Beklagte der Beweisbelastete.[42]

b. Abweichungen

Literatur: Laumen, Die „Beweiserleichterung bis zur Beweislastumkehr" – Ein beweisrechtliches Phänomen, NJW 2002, 3739; Oberheim, Beweiserleichterungen im Zivilprozeß, JuS 1996, 636, 729, 918, 1111; JuS 1997, 61, 358.

Die soeben vorgestellte Modifikation der Grundregel zeigt bereits, dass es bei der Beweislast kein starres Regelungsschema gibt (krasses Beispiel: BAG SAE 1994, 323 mit Anm. Misera/Schwab). Die Rechtsprechung bringt das immer wieder dadurch zum Ausdruck, dass bestimmte Konstellationen „Beweiserleichterungen forder(te)n, die bis zur Beweislastumkehr reichen können". Derartige Erleichterungen können zum einen dadurch zustande kommen, dass sich der Richter (wie bei der Glaubhaftmachung, Rdn. 248) mit einem geringeren Grad an Überzeugung zufrieden gibt. Zum anderen können sie aber auch bei dem Umfang der Beweisbelastung ansetzen. Die drastischste Form dieser Erleichterungen ist die bereits erwähnte **Beweislastumkehr**, die die Grundregel gewissermaßen um 180 Grad dreht und die Beweislast dem grundsätzlich nicht Beweisbelasteten aufbürdet. Dieses „grobe Kaliber" kommt in einer Reihe von Fallgruppen zur Anwendung:
– Nach nicht unumstrittener Ansicht bei der **Beweisvereitelung**.[43] Darunter versteht man ein Tun oder Unterlassen desjenigen, der gerade nicht zum Beweis verpflichtet ist, der aber gleichwohl dem eigentlich Beweisbelasteten den von ihm zu erbringenden Beweis schuldhaft unmöglich macht. So etwa, wenn der Beweisbelastete weder Namen noch Anschrift des Zeugen kennt, vgl. § 359 Nr. 2, und die Gegenpartei, die diese Informationen hat, sich auf den Grundsatz des deutschen Beweisrechts beruft, nach dem niemand verpflichtet ist, der anderen Seite das für sie vorteilhafte Material zu verschaffen. Die §§ 427, 441 III, 444, 446, 453 II enthalten beim Urkundenbeweis und der Parteivernehmung Sanktionen für ein derartiges Verhalten, doch soll das als Analogiebasis für die anderen Varianten der Beweisverei-

281

---

[42] Zur Kontrolle: Der Kläger verlangt die Übereignung eines Motorrads gem. § 433 I BGB. Beide Parteien erscheinen zur mündlichen Verhandlung persönlich (§ 141). Dabei kommt dem Richter der Verdacht, dass der Kläger entgegen seinem äußeren Erscheinungsbild minderjährig ist. Seine entsprechende Frage greift weder der Beklagte noch dessen Anwalt auf – ihnen ist das Alter des Klägers gleichgültig. Muss der Richter in diesem Fall gleichwohl dem Kläger den Anspruch zusprechen, wenn der Sach- und Streitstand dies ansonsten erfordert?

[43] Zu den Einzelheiten s. statt vieler Paulus, Die Beweisvereitelung in der Struktur des deutschen Zivilprozesses – rechtsgeschichtliche und rechtsvergleichende Betrachtungen, AcP 197, 1997, 136.

telung nicht genügen. Infolgedessen behilft man sich mit der – nur in Einzelfällen gewährten – Beweislastumkehr. So hat etwa der BGH (ZIP 2000, 2329), obwohl kein Verschulden im o. a. Sinn vorlag, eine Beweislastumkehr vorgenommen, weil der Versicherer die Versicherungsanträge nach ihrer Mikroverfilmung vernichtete und somit einem Versicherungsnehmer den Nachweis unmöglich gemacht hat, dass keine betrügerische Rückdatierung vorlag.

– Im Bereich des § 823 I BGB kommt die Beweislastumkehr zum einen bei der **Produzentenhaftung** zur Anwendung, die auch nach Erlass des Produkthaftungsgesetzes noch von Bedeutung ist. Entgegen der Grundregel, nach der der Deliktsgläubiger sämtliche Tatbestandsvoraussetzungen des § 823 I BGB beweisen muss, ist der Produzent als Deliktsschuldner seit der berühmten ‚Hühnerpest-Entscheidung‘ des BGH (BGHZ 51, 91) für sein fehlendes Verschulden beweispflichtig.[44] Eine ähnliche Beweislastumkehr trifft – zum anderen – hinsichtlich der Kausalität den **Arzt** oder andere Berufstätige (z. B. Schwimmlehrer), die solche Berufspflichten grob verletzen, die zum Schutz von Körper und Gesundheit eines anderen aufgestellt sind. Wenn also der operierende Arzt einen groben Behandlungsfehler begeht, muss er im Schadensersatzprozess beweisen, dass sein Verhalten für die schließliche Verletzung nicht ursächlich gewesen ist.[45] Liegt dagegen ein „nur“ einfacher Behandlungsfehler vor, verbleibt es für den Geschädigten bei der Grundregel auch dann, wenn er in Narkose gelegen hat – mit der paradoxen Folge, dass der Patient unter beweisrechtlichen Gesichtspunkten auf keinen oder aber gleich einen groben Behandlungsfehler hoffen muss!

282   Eine weniger weitreichende Erleichterung für den Beweispflichtigen bedeutet der **Beweis des ersten Anscheins**, der auch Anscheins- oder prima-facie-Beweis genannt wird. Er zeichnet sich dadurch aus, dass der Richter dann, wenn eine bestimmte Tatsache bereits erwiesen ist, von ihr auf einen anderen, entscheidungserheblichen Umstand schließen kann, wenn es sich dabei nur um einen typischen Geschehensablauf handelt. Der Pflichtige braucht diesen erschlossenen Umstand also nicht zu beweisen. Allerdings kann der Gegner den Anscheinsbeweis erschüttern und damit die beweisbelastete Partei zum vollen Beweis ihrer Behauptung zwingen, indem er konkrete Tatsachen aufzeigt, aus denen sich die ernsthafte Möglichkeit eines abweichenden Geschehensablaufs ergibt. Der Anscheinsbeweis spielt insbesondere bei der Frage nach der Kausalität – etwa zwischen einer Bluttransfusion und einer HIV-Infektion, BGHZ

---

[44] Zu den Einzelheiten s. nur Medicus, Bürgerliches Recht, 19. Aufl., 2002, Rdnn. 650 ff. Wegen der ebenfalls zu dieser Gruppe gehörenden explodierenden Mineralwasserflaschen vgl. BGH JZ 1995, 1060 mit Anm. Foerste. Zu weiterer Rspr. s. Gottwald/Honold, Höchstrichterliche Rechtsprechung zum Zivilprozeßrecht, JZ 1995, 657, 663.

[45] Es sei am Rande vermerkt, dass die Notwendigkeit, jemand anderen davon zu überzeugen, etwas nicht getan zu haben oder dass etwas nicht geschehen sei, seit alters ‚Teufelsbeweis‘ (probatio diabolica) genannt wird – er gelingt nur selten. Zu den Einzelheiten des deliktischen Arzthaftungsrechts, insbesondere der ebenfalls zur Beweislastumkehr führenden Verletzung von Dokumentationspflichten, etwa Fuchs, Deliktsrecht, 4. Aufl., 2003, 98 f.

114, 284 – oder dem Verschulden eine Rolle; für einen Spezialfall ist er jetzt in
§ 292 a vorgesehen. Maßgeblich ist aber in jedem Fall, dass ein typischer Geschehensablauf vorliegt, „der nach der Lebenserfahrung auf eine bestimmte Ur-
sache hinweist und so sehr das Gepräge des Gewöhnlichen und Üblichen trägt,
dass die besonderen individuellen Umstände in ihrer Bedeutung zurücktreten
können". Dieses Zitat ist einem Urteil entnommen, das zugleich die Grenzen
des Anscheinsbeweises aufzeigt, die angesichts einer vorschnell unterstellten
oder unterstellbaren Typizität nur allzu erforderlich sind,

> BGH NJW 1988, 2040 = JuS 1989, 234 (K. Schmidt): K versicherte seine
> Geschäftsräume bei der beklagten Feuerversicherung B mit Wirkung ab
> Juni 1984. Bevor in eben diesen Räumen im Juli 1984 ein Brand aus-
> brach, hatte K zu einem seiner Arbeiter gesagt: „Wenn der Laden nicht
> läuft, brennt es hier." Bei dem Brand selbst war K als Einziger anwesend
> gewesen. Aufgrund dieser und noch weiterer Auffälligkeiten verweigerte
> B die Leistung der Versicherungssumme, weil der Versicherungsfall von
> K vorsätzlich herbeigeführt worden sei, § 61 VVG. Beide Vorinstanzen
> wiesen die Klage ab, weil sie im Wege des prima-facie-Beweises auf eine
> vorsätzliche Brandstiftung geschlossen hatten.

Der BGH lehnt die Anwendbarkeit dieser Beweiserleichterung mit der Begründung ab, dass es keinen Anscheinsbeweis für individuelle vorsätzliche Verhaltensweisen in bestimmten Lebenslagen gäbe. Dass vorliegend
überdies der volle Betrugsvorsatz als typisch angenommen werden müsste,
verbiete sich auch angesichts der Schwere eines derartigen Vorwurfs. Ihn
darf man nach der durchwegs billigenswerten Ansicht des BGH allenfalls
individuell erheben, nicht aber als eine gewissermaßen durch die statisti-
sche Häufigkeit aufgedrängte Vorverurteilung unterstellen.

Dem Anscheinsbeweis ist in ihrer Wirkungsweise die **gesetzliche Vermutung**   **283**
ganz ähnlich. Gesetzliche Vermutungen können sich auf eine Tatsache oder
einen gegenwärtigen Rechtszustand beziehen. So löst der Besitz des Hypo-
thekenbriefs beim Gläubiger nach § 1117 III BGB die Vermutung aus, dass
die Übergabe erfolgt ist (Tatbestandsvermutung), oder es begründet der Besitz einer beweglichen Sache die Eigentumsvermutung nach § 1006 I 1 BGB
(Rechtsvermutung). In diesen Fällen – weitere Beispiele sind die §§ 476, 938,
1253 II, 1377 III, 2009 BGB für die erste Gruppe, für die zweite die §§ 891,
921, 1362, 1964 II, 2365 BGB – genügt es für den Beweispflichtigen, wenn er
die Ausgangstatsache beweist, d. h. den Besitz an dem Brief, an der beweglichen Sache etc. Gemäß § 292 ist es der Gegenpartei aber natürlich unbenommen, die Unrichtigkeit der vermuteten Tatsache oder Rechtslage nachzuweisen;
die Vermutung führt also – weitergehend als der Anscheinsbeweis – zu einer
Beweislastumkehr bezüglich der fraglichen Tatsache. Die in § 292 enthaltene
Einschränkung „sofern nicht das Gesetz ein anderes vorschreibt" verweist auf
die so genannten unwiderleglichen Vermutungen, die sich ihrerseits von den
Fiktionen nur dadurch unterscheiden, dass Letztere niemals der Realität entsprechen können. So kann der nasciturus des § 1923 II BGB per definitionem

in Wirklichkeit niemals schon geboren sein. Beispiele für unwiderlegliche Vermutungen sind die §§ 267, 547, 755; oder im BGB etwa § 1566.

(e) Beweiswürdigung

Literatur: Arens, Dogmatik und Praxis der Schadensschätzung, ZZP 88, 1975, 1; Bruns, Beweiswert, ZZP 91, 1978, 64; Gottwald, Schadenszurechnung und Schadensschätzung, 1979; E. Schneider, Beweis und Beweiswürdigung, 5. Aufl., 1994; G. Walter, Freie Beweiswürdigung, 1979.

(aa) Regel

284 Nachdem die ganze Beweisaufnahme dazu dient, den Richter von der Richtigkeit oder Unrichtigkeit bestimmter, von den Parteien gelieferter Informationen zu überzeugen, gibt es – historisch und vergleichend gesehen – für das anschließende Verhalten des Richters wenigstens zwei Alternativen: Entweder er ist dergestalt gebunden, dass er, wenn der Beweis auf die vorgeschriebene Weise geführt worden ist, daraus nur eine vorgeschriebene Konsequenz ziehen kann: Früher war es oftmals so, dass nicht verurteilt werden konnte, wer eine hinreichende Anzahl von Leumundszeugen präsentierte; oder legt eine Partei den Tatbestand eines Urteils vor, so steht damit gem. § 314 das mündliche Parteivorbringen fest (Beweisregel). Die andere Alternative besteht darin, dass dem Richter die Freiheit belassen wird, die dargebotenen Beweise auf ihre Glaubhaftigkeit und -würdigkeit hin zu bewerten. Eine derartige **freie Beweiswürdigung** räumt der § 286 dem heutigen Richter mit Ausnahme der in Abs. 2 angesprochenen Fälle ein.

285 § 286 geht in der Einräumung dieser Freiheit so weit, dass der Richter nicht nur die („etwaige") Beweisaufnahme, sondern die gesamte Verhandlung zur Grundlage seiner Tatsachenwürdigung machen soll. Folglich kann sich der Richter seine Überzeugung auch aus der streitigen Verhandlung herleiten, ohne dass es zu einem Beweisverfahren kommen muss; freilich muss er dabei gegebenenfalls das oben, Rdnn. 226, 243, beschriebene Recht der Parteien zum Beweis berücksichtigen. Infolgedessen ist es dem Richter überlassen, ob er der einen oder der anderen Partei glaubt, ob er die übereinstimmenden Aussagen auch mehrerer Zeugen für nicht überzeugend hält (s. aber BGH NJW 1989, 2948) oder ob er nur demjenigen Zeugen glaubt, der sich in mehrere Widersprüche verwickelt hat. Das Einzige, was er aus rechtsstaatlichen Gründen jedoch keinesfalls tun darf, ist die so genannte antizipierte Beweiswürdigung. Er muss sich also mit dem dargebotenen Tatsachenstoff oder Beweismittel auseinandersetzen, bevor er zur Würdigung des Vorgetragenen schreitet. Ob er dagegen rechtswidrig erlangte Beweismittel verwerten darf, ist höchst umstritten und allenfalls in Ausnahmefällen zuzulassen, vgl. Rdn. 254.

Diese Freiheit mag so manchem von einer vielleicht sogar erschreckenden Weite erscheinen. Ihr Gebrauch setzt denn auch tatsächlich ein hohes Maß an Verantwortungsbewusstsein und ein Wissen um die eigenen Vorurteile (s. oben Rdn. 138 mit FN 6) voraus. Doch ist sie, gemessen an den in der Geschichte bereits durchexerzierten Alternativen, noch die adäquateste Form einer rechtsstaatlichen Richterschaft bzw. Entscheidungsfindung. Eine gewisse Kontrolle sieht freilich auch das Gesetz selbst vor, indem es in § 286 I 2 dem Richter zur Pflicht macht, „die

Gründe anzugeben, die für die richterliche Überzeugung leitend gewesen sind"; sehr bemerkenswertes Exempel. LG Mannheim NJW 1997, 1995 (betr. charakterliche Eigenart der Vorderpfälzer). Das dient einmal der Offenlegung gegenüber den Parteien, zum anderen der Kontrollmöglichkeit durch eventuelle Oberinstanzen.

(bb) Beweismaß

Literatur: M. Huber, Das Beweismaß im Zivilprozeß, 1983; Leipold, Beweismaß und Beweislast im Zivilprozeß, 1985; Maasen, Beweismaßprobleme im Schadensersatzprozeß, 1976; Schwab, Das Beweismaß im Zivilprozeß, FS Fasching, 1988, 451.

Es war schon des Öfteren davon die Rede, dass der Richter von der Richtigkeit oder Unrichtigkeit des parteilichen Vortrags oder der Beweise **überzeugt** werden muss. Da es im Bereich der menschlichen Kommunikation so gut wie nie zu einer 100%igen Überzeugung kommen kann, stellt sich die (umstrittene) Frage, wie denn dann diese richterliche Überzeugung beschaffen sein muss. Die vom BGH und der überwiegenden Literatur bevorzugte Umschreibung lautet, dass der Richter dann von seiner Überzeugung sprechen kann, wenn eine so hohe Wahrscheinlichkeit für das (Nicht-)Vorliegen der behaupteten Tatsache spricht, dass vernünftige Zweifel schweigen, ohne sie jedoch ausschließen zu müssen (BGHZ 53, 245, 256). In Zahlen ausgedrückt, entspricht das wohl so in etwa einer 90–95%igen Überzeugung.   **286**

Aus dieser Formel lässt sich ersehen, dass gerade der Beweisverpflichtete den Richter auf die so definierte Art und Weise überzeugen muss; denn er muss nachweisen, dass die Tatbestandsvoraussetzungen der ihm günstigen Norm erfüllt sind. Man nennt diesen Beweis auch **Hauptbeweis** – im Gegensatz zu dem von der anderen Partei daraufhin ggf. geführten **Gegenbeweis**. Da die Beweislast nun einmal nur jeweils eine Partei in die Pflicht nimmt, weil jede Norm (wenn sie nicht eine neutrale Aussage trifft) immer nur für eine Partei günstig sein kann, muss eben diese Partei auch dafür Sorge tragen, dass der Richter schließlich von der fraglichen Tatsache überzeugt ist. Die Gegenseite hat es demgegenüber einfacher: Tritt sie den Gegenbeweis an, genügt es, dass sie die Überzeugungskraft des Hauptbeweises erschüttert. Da sie nicht beweispflichtig ist, kann sie sich darauf beschränken, die Überzeugungskraft des Hauptbeweises auf ein niedrigeres Maß zu drücken, als es nach der obigen Formel für die volle Überzeugung erforderlich wäre. Mit Blick auf gesetzliche Vermutungen bedeutet das, dass der in § 292 genannte „Beweis des Gegenteils" ein Hauptbeweis ist, den die andere, die durch die Vermutung beweisentlastete Partei nur zu erschüttern braucht.   **287**

(cc) Erweiterung

Literatur: Greger, Beweis und Wahrscheinlichkeit, 1978; Henckel, Grenzen richterlicher Schadensschätzung, JuS 1975, 221; Klauser, Möglichkeit und Grenze richterlicher Schadensschätzung, JZ 1968, 167; Prölls, Beweiserleichterungen im Schadensersatzprozeß, 1966.

Die freie Beweiswürdigung mit ihrem geforderten Überzeugungsmaß übersteigt das Menschenmögliche, sobald etwa eine künftige Entwicklung umstritten ist. Dieser Schwierigkeit nimmt sich § 287 für einen Sonderfall an, der freilich eine dominierende Rolle spielt – nämlich die Entwicklung einer **Schadens- oder Forderungshöhe**. Man denke nur an die Einforderung eines gar nicht mathematisch   **288** exakt festlegbaren Schmerzensgeldbetrages nach § 253 II BGB (vgl. etwa AG Frankfurt/Main NJW 2002, 2253: keine Toilette im ICE; AG Wilhelmshaven NJW 1996, 1901: Teilnahme am Straßenverkehr) oder einer angemessenen, der Billigkeit entsprechenden Leistungsbestimmung nach § 315 III 2 BGB. Ganz entsprechende Schwierigkeiten können sich aber auch schon bei der Frage ergeben, ob denn überhaupt ein Schaden entstanden ist – etwa ob das Fortkommen benachteiligt ist, ob ein Gewinn entgangen ist oder ob eine unfallbedingte Trübung der seelischen Verfassung für den anschließenden Selbstmord kausal war. Um diese Schwierigkeiten zu überwinden, reduziert § 287 in allen diesen Fällen zum einen das Beweismaß und gestattet zum anderen dem Richter, den **Schaden zu schätzen**.

(f) Ende der Beweisaufnahme

289 Ist die in § 284 erwähnte Beweisaufnahme (mit ihren möglicherweise mehreren Terminen, § 368) abgeschlossen, soll der Richter unmittelbar anschließend wieder in die streitige Verhandlung eintreten, §§ 370 I, 279 III, 285. Nach diesen Vorschriften erörtert das Gericht auf der Grundlage der neuen Erkenntnisse erneut den Sach- und Streitstand mit den Parteien. Je nach dem Verlauf der Beweiserhebung kann dabei ein erneuter Vorstoß zu einer gütlichen Einigung nach § 278 I Erfolg versprechend sein. Anderenfalls wird die Erörterung so weit fortgeführt, bis der Rechtsstreit vollständig erörtert und damit zur Schließung der Verhandlung, § 136 IV, und zur Endentscheidung reif ist, § 300.

5. Entscheidungen

Literatur: Brugger, Das anthropologische Kreuz der Entscheidung, JuS 1996, 674.

(a) Richterliche Entscheidungsformen

290 Im Laufe eines Verfahrens muss der Richter als derjenige, der den Verfahrensgang leitet, immer wieder Entscheidungen treffen: Er beraumt beispielsweise einen Termin an; oder er bestimmt, dass über ein bestimmtes Thema der angebotene Beweis zu erheben ist; oder er verbescheidet den ihm vorgelegten Rechtsstreit endgültig. Der letztgenannte Fall ist der des in § 300 angesprochenen **Urteils**, die beiden anderen betreffen die in den Rdnn. 228 und 229 bereits beiläufig erwähnten **Verfügungen** und **Beschlüsse**. Die Unterschiede zwischen diesen verschiedenen Entscheidungsformen beziehen sich gar nicht so sehr auf ihre Wirkungen, als vielmehr auf ihre jeweiligen formellen Anforderungen.

(aa) Wirkung

291 Hinsichtlich der Wirkungen dieser Entscheidungen gibt es Überschneidungen: So wird ein Prozess in aller Regel zwar durch ein Urteil beendet, doch zeigen die §§ 522, 552 II, 922 S. 1, dass in einzelnen, eigens angegebenen Fällen auch ein Beschluss eine derartige Beendigungswirkung haben kann. Die Mehrzahl der Beschlüsse enthält jedoch (abgesehen von Nebenentscheidungen wie etwa in den Fällen der §§ 91 a oder 269 IV) Anordnungen, die den Fortgang des Verfahrens leiten sollen. Das aber haben sie mit den Verfügungen gemeinsam. Als **grobe Faustregel** sollte man sich daher allenfalls merken, dass Urteile den Prozess für diese Instanz (ganz oder teilweise) beenden; die übrigen Entscheidungen ergehen dagegen dann als Beschluss, wenn sie so wichtig sind, dass sie (bei einem Kollegialgericht) eine Abstimmung der beteiligten Richter notwendig erscheinen lassen, und als Verfügung dann, wenn sie der Vorsitzende auch ohne weiteres allein treffen kann. Dass dies wirklich nicht mehr als eine Faustregel sein kann, ergibt sich schon daraus, dass in der Person eines Amts- oder Einzelrichters, §§ 348 f., die prozessleitenden Anordnungen ihrem äußeren Erscheinungsbild nach in eins zusammenfallen.

(bb) Formelle Voraussetzungen

Dass man die drei Entscheidungsformen gleichwohl unterscheidet, rechtfertigt sich aus den jeweiligen Formerfordernissen:

- **Verfügungen** spricht der (vorsitzende, berichterstattende, beauftragte oder ersuchte, vgl. §§ 229, 329 I 2, II) Richter aus, ohne an eine bestimmte Form gebunden zu sein.[46] Sofern das Gesetz nicht einmal ausdrücklich entgegengesetzt bestimmt, sind diese Anordnungen nicht anfechtbar. Der neu anberaumte Termin beispielsweise findet also definitiv zu der bestimmten Zeit statt. Freilich zeigt § 227, dass sich das Gesetz hier bedrohlicher gebärdet, als es tatsächlich ist: Erhebliche Gründe können nämlich doch noch zu einer Terminsänderung führen.   **292**

- **Beschlüsse** sind Entscheidungen, die grundsätzlich entweder keine gesonderte mündliche Verhandlung über die zu verbescheidende Frage voraussetzen oder aber eine solche Verhandlung in das Ermessen des Gerichts stellen, vgl. § 128 IV. Führt das Gericht eine mündliche Verhandlung durch, muss es § 329 I (bitte lesen) beachten – der Beschluss muss den Parteien also in der durch die Verweisung auf § 310 I angeordneten Form verkündet werden. Sonstige Formerfordernisse bestehen im Übrigen – ebenfalls grundsätzlich (als Ausnahme s. etwa § 359) – nicht. Sofern das Gesetz die Unanfechtbarkeit eines Beschlusses nicht ausdrücklich anordnet, kann er in der Mehrzahl der Fälle mit der sofortigen Beschwerde angegriffen werden. Sie ist in den §§ 567 ff. geregelt; vgl. Rdnn. 419 ff.   **293**

- **Urteile** setzen – nicht ausnahmslos, §§ 128 II und III, 331 III, aber doch in aller Regel – eine vorangegangene mündliche Verhandlung voraus. Sie müssen der in den §§ 313–313 b vorgeschriebenen Form genügen und binden das entscheidende Gericht gem. § 318. Der Betroffene kann sich gegen sie ggf. mittels der Berufung oder der Revision zur Wehr setzen. Da der Erlass eines Urteils Ziel und Zweck eines jeden Verfahrens ist, ist diese Entscheidungsform im Gegensatz zu den beiden anderen in den §§ 300–328 ausführlich geregelt.   **294**

---

[46] Vorsicht: Der in den §§ 935 ff. gebrauchte Begriff der einstweiligen Verfügung hat nichts mit der hier behandelten prozessleitenden Verfügung zu tun.

(b) Urteil

Literatur: Furtner, Das Urteil im Zivilprozeß, 5. Aufl., 1985.

(aa) Einteilungen

Literatur: de Lousanoff, Zur Zulässigkeit des Teilurteils gem. § 301 ZPO, 1979; Musielak, Die Aufrechnung des Beklagten im Zivilprozeß, JuS 1994, 817; Schilken, Die Abgrenzung zwischen Grund- und Betragsverfahren, ZZP 95, 1982, 45; Stürner, Die Bindungswirkung des Vorbehaltsurteils im Urkundenprozeß, ZZP 85, 1972, 424; Tiedtke, Das unzulässige Zwischenurteil, ZZP 89, 1976, 64.

295   Zu dieser soeben erwähnten ausführlichen Regelung gehört zunächst die in den §§ 300–307 getroffene Differenzierung zwischen verschiedenen **Urteilsarten**. Dass diese Regelung gleichwohl noch nicht ausdifferenziert genug ist, zeigen die nachfolgenden, weiteren Unterscheidungen. All diese Urteile weisen jedoch die bereits genannte Gemeinsamkeit auf, dass sie den Streit über die dem Gericht vorgetragene Klage insgesamt – oder auch nur einen Teil von ihr – abschließend verbescheiden.

296   a. Während demnach jedes Urteil den Streit über die in ihm entschiedene Rechtsfrage zunächst beendet, ist das **Endurteil** im technischen Sinn nur das in § 300 angesprochene.[47] Es enthält demzufolge den endgültigen Spruch des Richters über den Rechtsstreit insgesamt – und zwar unabhängig davon, zu wessen Gunsten und mit welcher Begründung die Entscheidung ergeht:

– Ein derartiges Urteil nennt man **Prozessurteil**, wenn es die Klage als unzulässig abweist, weil eine (oder mehrere) der oben, in Teil II, §§ 2–4, genannten Zulässigkeitsvoraussetzungen nicht vorliegt.

– Der Gegenbegriff dazu ist das **Sachurteil**, das über die Begründetheit und damit über die materielle Rechtslage entscheidet.

– Das Sachurteil ergeht, je nach dem klägerischen Rechtsschutzbegehren, als Leistungs-, Feststellungs- oder Gestaltungsurteil. Das gilt allerdings nur, wenn der Kläger auch tatsächlich obsiegt. Verliert er, ist das fragliche Urteil ein Feststellungsurteil. Bisweilen kann diese Feststellung auch zeitlich befristet sein; die Klage wird dann als „derzeit unbegründet" abgewiesen, vgl. etwa BGH ZIP 1997, 406.

– Weitere Unterscheidungen zwischen Sachurteilen leiten sich aus dem Verhalten der Parteien in dem Prozess ab. Fechten sie ihren Streit in der in diesem Abschnitt beschriebenen Art und Weise tatsächlich vor Gericht aus, nennt man die daraufhin ergehende Entscheidung ein **kontradiktorisches** Urteil, um es von dem weiter unten, Rdnn. 329 ff., darzustellenden Versäumnisurteil abzugrenzen – was wegen der unterschiedlichen Rechtsbehelfe höchst bedeutsam ist. Andere Verhaltensweisen der Parteien sind in den §§ 306 und 307 angesprochen: Verzichts- und Anerkenntnisurteile sind Sachurteile.

---

[47] Nach vorangegangenen Urteilen – etwa Teil-, Grund- oder Vorbehaltsurteil – wird es auch vielfach Schlussurteil genannt.

Von diesen, den Rechtsstreit insgesamt beendenden Urteilen sind diejenigen zu   **297**
unterscheiden, die sich nur auf einen Teil des Rechtsstreits beziehen. Dabei
zeigt die in § 301 gewählte Kennzeichnung eines Teilurteils als Endurteil, dass
diese Unterscheidung keineswegs im Sinne einer gegenseitigen Exklusivität
verstanden werden darf. Auch diese, gewissermaßen segmentarischen Urteile
sind in dem vorbeschriebenen Sinn vorbehaltlich der Einlegung von Rechtsbehelfen endgültig; und auch Teilurteile ergehen als Prozess- oder Sachurteile.
Dass es gleichwohl notwendig ist, sie in eigenen Kategorien zu erfassen, folgt
aus den Besonderheiten der für sie eingerichteten Rechtsbehelfe und ihren speziellen Zulässigkeitsvoraussetzungen und Rechtskraftwirkungen.

b. Das in § 301 definierte und zugelassene **Teilurteil** zeichnet sich dadurch aus,   **298**
dass es als Endurteil nicht den Rechtsstreit insgesamt, sondern eben nur einen
Teil davon beendet. Das setzt, wie die Vorschrift selbst erkennt, die Teilbarkeit
des Klageanspruchs voraus. Werden also im Wege der objektiven Klagenhäufung (Rdnn. 89 ff.) mehrere Ansprüche geltend gemacht oder ist der einzig
eingeklagte Anspruch teilbar, wie etwa eine Geldleistung, oder stehen sich
Klage und Widerklage gegenüber, so kann, vgl. Abs. 2, der Richter über den
bereits zur Endentscheidung reifen Teil ein mittels der üblichen Rechtsmittel –
Berufung bzw. Revision – anfechtbares Urteil fällen.
Weil aber eben noch nicht der ganze Streit entscheidungsreif ist, muss eine
weitere, vom Gesetz nunmehr für den wichtigsten Fall in § 301 I 2 auch angesprochene Voraussetzung für den Erlass eines solchen Urteils hinzukommen:
Ein Teilurteil darf nämlich – was leicht übersehen oder aber vorschnell angenommen wird – nur dann erlassen werden, wenn nicht die Gefahr eines Widerspruchs zwischen dem Teil- und dem Schlussurteil besteht. Das ist besonders
bei einem einheitlichen Anspruch – z. B. auf Zahlung von € 5.000,– – zu be-
fürchten, wenn beispielsweise die Leistungspflicht des Beklagten zu € 3.000,–
unstreitig ist. Wenn der Richter hier ein Teilurteil über die unstrittige Summe
erlässt, ist er auch nur in dieser Höhe durch § 318 gebunden; er könnte bei der
Prüfung des restlichen Teils also durchaus noch zu dem Ergebnis kommen, dass
der Kläger an sich gar keinen Anspruch hat. Um das zu verhindern, verlangt
der § 301 I 2 im Anschluss an die ständige Rechtsprechung des BGH, die
für andere Fälle möglicher Widersprüche zwischen Teil- und Schlussurteil von
Bedeutung bleibt, in einem derartigen Fall die Kombination dieses Teilurteils
mit einem Grundurteil (s. unten Rdn. 301) gem. § 304; s. etwa BGHZ 107, 236;
BGH NJW 1992, 511 = JuS 1992, 523 (K. Schmidt).

c. Das in § 302 angesprochene **Vorbehaltsurteil** ist ein bedingtes Urteil. Es   **299**
enthält eine Entscheidung zugunsten des Klägers, die ausweislich des Abs. 3
hinsichtlich der Anfechtbarkeit und Vollstreckbarkeit wie ein Endurteil wirkt.
Gleichwohl beendet sie die Instanz nicht völlig. Denn der in das Urteil auf-
genommene Vorbehalt ermöglicht es dem Beklagten, den Rechtsstreit im so
genannten Nachverfahren vor eben demselben Gericht weiter zu verfolgen. Der
Grund für diese auf den ersten Blick vielleicht überraschende Regelung liegt
in der Beschleunigung des Verfahrens bis zum (ersten) vollstreckbaren Urteil

für den Kläger. Gleichwohl können Vorbehaltsurteile nicht immer schon dann erlassen werden, wenn es eilt; sie sind vielmehr nur in den gesetzlich vorgesehenen Fällen zulässig – das ist einmal die in § 302 angesprochene Aufrechnungslage und zum anderen das Urteil im Urkundenprozess nach § 599. In dem anschließenden Nachverfahren wird die dem Beklagten vorbehaltene Rechtsposition der Aufrechnung bzw. der nicht im Urkundenprozess nachweisbaren Einwendungen geprüft. Hält sie der Richter für gegeben, hebt er das Vorbehaltsurteil auf und weist die Klage ab, §§ 302 IV 2, 600 II; wenn nicht, bestätigt er es: „Das Vorbehaltsurteil vom 1.4.2003 wird für vorbehaltlos erklärt."

300   d. § 303 setzt für den Erlass eines **Zwischenurteils** voraus, dass ein Zwischenstreit zur Entscheidung reif ist. Anders als in § 300 und anders auch als bei einem Teil- oder Vorbehaltsurteil wird hier also keine Endentscheidung getroffen, sondern nur eine Zwischenentscheidung, die aber gleichwohl die Bindungswirkung des § 318 entfaltet. Es wird demnach nicht über den geltend gemachten Anspruch oder einen Teil davon entschieden, sondern über eine Vorfrage, über die es zu einem „Zwischenstreit" gekommen ist. Eine solche Vorfrage, die regelmäßig für den Fortgang des Verfahrens von Bedeutung sein muss, ist etwa die nach der Wirksamkeit eines Prozessvergleichs, Rdnn. 485 ff., oder der Zulässigkeit eines Rechtsmittels. § 303 stellt es in das Ermessen des Gerichts, ob es ein Zwischenurteil erlässt. Dieses ist grundsätzlich nicht selbständig anfechtbar.

Das soeben verwendete „grundsätzlich" deutet bereits auf Ausnahmen hin. In der Tat gibt es verschiedene Sonderregelungen für Zwischenurteile:

– In den §§ 71, 135, 387, 402 lässt das Gesetz einen Zwischenstreit einer der Prozessparteien mit einem Dritten zu. Das daraufhin ergehende Urteil ist selbständig mit der sofortigen Beschwerde (Rdn. 419a) des § 567 anfechtbar.

– Nach § 280 kann die Zulässigkeit einer Klage in einer abgesonderten Verhandlung erörtert und mittels eines Zwischenurteils verbeschieden werden (vgl. oben Rdn. 152). Hinsichtlich der Rechtsmittel gilt es als Endurteil – es kann also ggf. mit Berufung bzw. Revision angefochten werden.

301   – Ein weiteres Zwischenurteil eigener Art ist die in § 304 vorgesehene **Vorabentscheidung über den Grund**. Sie setzt einen Klageanspruch voraus, bei dem zwischen dem Grund und dem Betrag unterschieden werden kann – regelmäßig also eine Geldschuld. Wenn also etwa das Gericht in dem Streit zwischen Mieter und Vermieter im Laufe des Prozesses zu der Überzeugung gekommen ist, dass der Vermieter gem. § 536a II BGB Renovierungskosten zu zahlen hat, es aber nach wie vor strittig ist, wie hoch diese Kosten sind, dann kann der Richter das in § 304 zugelassene Grundurteil erlassen. Dass es als Zwischenurteil gleichwohl hinsichtlich der Rechtsmittel wie ein Endurteil behandelt wird, Abs. 2, hängt damit zusammen, dass nicht eigentlich über eine Vorfrage entschieden wird, sondern über einen Teil des Anspruchs.

(bb) Urteilserlass

Literatur: Melissinos, Die Bindung des Richters an die Parteianträge nach § 308 I ZPO, 1982;
Müller-Graff, Zur Geschichte der Formel „Im Namen des Volkes", ZZP 88, 1975, 442.

Der Erlass eines der vorbezeichneten Urteile setzt sich aus zwei Komponen- **302**
ten zusammen: der **Entscheidungsfindung** und deren anschließender Kundgabe.
Was die Erstere anbelangt, so vollzieht sie sich notwendigerweise im Unsichtbaren,
wenn der Richter eine Einzelperson ist. Handelt es sich dagegen um ein Kollegialgericht, muss eine Beratung und eine Abstimmung (§§ 192 ff. GVG) das schließliche,
dem Kollegium als solchem zuzurechnende Urteil ergeben. Gemäß § 309 dürfen
nur diejenigen Richter das Urteil fällen, die der „zugrunde liegenden Verhandlung
beigewohnt" haben. Sie müssen streng darauf achten, dass sie sich dabei an die
Anträge der Parteien halten, § 308 I, die sie zwar unterschreiten, über die sie aber
keinesfalls hinausgehen dürfen.

Damit das Urteil als erlassen gelten und seine Außenwirkung entfalten kann, **303**
muss noch der förmliche Akt der **Kundgabe** hinzukommen. Bevor das nicht geschehen ist, ist das Urteil ein bloßer Entwurf, der jederzeit noch abgeändert werden
kann. Nach § 310 I wird das Urteil noch in dem Termin, in dem die mündliche
Verhandlung gem. § 136 IV geschlossen worden ist, oder wenigstens alsbald danach
verkündet (Ausnahme: § 310 III). Was mit diesem technischen Ausdruck gemeint
ist, ergibt sich aus § 311 (bitte lesen): Mit der Einleitung „Im Namen des Volkes"
wird demnach die Urteilsformel – in einer öffentlichen Verhandlung, § 173 GVG –
verlesen. Bei der Verlesung brauchen die Parteien nicht anwesend zu sein, § 312.
Da sie als die Betroffenen aber selbstverständlich von dem Urteil insgesamt in
Kenntnis gesetzt werden müssen, sieht § 317 (i.V.m. § 166 II) eine von Amts wegen
erfolgende Zustellung des vollständig abgefassten Urteils vor. Erst wenn sie erfolgt
ist, beginnen die Rechtsmittelfristen für die Parteien zu laufen.[48]

(cc) Form des Urteils und Korrekturmöglichkeiten

Literatur: Brüggemann, Die richterliche Begründungspflicht, 1971; Gottwald, Richterliche
Entscheidung und rationale Argumentation, ZZP 98, 1985, 113; Kötz, Über den Stil höchst-
richterlicher Entscheidungen, 1973.

Die Förmlichkeiten eines Urteils hören nicht bei den Besonderheiten der Kund- **304**
gabe auf, sondern erstrecken sich auch auf die Abfassung des Urteils. Sie muss
gem. § 310 II bis zum Verkündungstermin bzw. beim so genannten „Stuhlurteil"
des § 310 I 1 Fall 1 grundsätzlich binnen einer Frist von drei Wochen nach Verkündung, § 315 II, erfolgen. Nach § 313 muss dabei eine ganz bestimmte Reihenfolge
eingehalten werden:

– Die Überschrift lautet: „Im Namen des Volkes", § 311 I.
– Die Nrn. 1–3 ergeben zusammen das so genannte **Rubrum**; d. h. also die Angabe der Parteien, ggf. ihrer Vertreter und ihrer Anwälte, die Bezeichnung des

---

[48] Auch hier allerdings rechnet das Gesetz mit „menschelnden" Richtern, s. etwa die §§ 517,
548, 569 I 2; s. zusätzlich § 317 I 3.

Gerichts und der mitentscheidenden Richter sowie der Tag des Schlusses der mündlichen Verhandlung.

- Die Urteilsformel (**Tenor**), also das, was verkündet wird, ist die in der Regel in einem knappen Satz zusammengefasste Entscheidung. Nach Möglichkeit wird der Richter dabei auf die von den Parteien in ihren Schriftsätzen (Klage-, Klageerwiderungsschrift) und der mündlichen Verhandlung gestellten Anträge zurückgreifen – allein schon wegen des § 308 I, vgl. Rdn. 124. Zum Tenor gehören überdies noch die Entscheidungen über die Kosten des Rechtsstreits und über die vorläufige Vollstreckbarkeit, vgl. Rdnn. 474 ff.
- Die Anforderungen an den **Tatbestand** ergeben sich aus den §§ 313 II, 313 a, 313 b. Seine in § 314 angeordnete Beweiskraft ist insbesondere für solche Entscheidungen wichtig, gegen die möglicherweise ein Rechtsmittel eingelegt wird, vgl. §§ 529 I Nr. 1, 540 I Nr. 1, 559. Der von der Praxis üblicherweise bevorzugte Aufbau eines Tatbestandes beginnt mit dem unstreitigen Sachverhalt, fährt sodann mit dem streitigen Klägervorbringen, den Klägeranträgen, den Beklagtenanträgen und dem streitigen Beklagtenvorbringen fort, bevor es die Beweisbeschlüsse und -erhebungen sowie weitere prozessual erhebliche Vorgänge nennt.
- Im Anschluss daran kommen sodann die **Entscheidungsgründe**, vgl. § 313 III. In ihnen sind die rechtlichen Erwägungen und die Beweiswürdigung in einer Weise darzustellen, dass das Urteil nicht nur einer etwaigen höhergerichtlichen Überprüfung unterzogen werden kann, sondern dass die Parteien als juristische Laien die Entscheidung auch selbst nachvollziehen können. Letzteres sollte zumindest als das nobile officium eines jeden Richters verstanden werden.[49]
- Den Abschluss des Urteils stellen die nach § 315 I erforderlichen Unterschriften der entscheidenen Richter dar.
- Auf dem Urteil vermerkt schließlich der Urkundsbeamte der Geschäftsstelle noch das Datum, an dem es durch Verkündung (oder Zustellung, § 310 III) wirksam geworden ist.

305   Die hohen formalen Anforderungen an die Abfassung eines Urteils führen nahezu zwangsläufig dazu, dass eventuell erforderliche **Korrekturen** an diesem Dokument nur im begrenzten Umfang vorgenommen werden können; er wird in den §§ 319–321 festgelegt. Dabei betrifft § 319 die Korrektur offenbarer Unrichtigkeiten des Urteils – der Richter schreibt etwa im Tenor statt „Kläger" versehentlich „Beklagter" (weitere Beispiele etwa in WM 2001, 2271) –, § 320 die Berichtigung des Tatbestandes und § 321 die Ergänzung des Urteils. Letzteres setzt voraus, dass der Richter versehentlich nicht alle gestellten Anträge verbeschieden oder aber beispielsweise die Entscheidung über die Kosten vergessen hat. Alle drei (ausschließlichen[50]) Korrekturmöglichkeiten weisen die Gemeinsamkeit auf, dass sie an ein besonderes, jeweils in den Vorschriften beschriebenes Verfahren geknüpft sind.

---

[49] S. dazu – lesenswert – E. Schneider, Rechtsstaat ohne Begründungszwang?, ZIP 1996, 487.

[50] § 321 a gehört nicht hierher; denn mit seiner Hilfe wird eine sachliche Änderung angestrebt, vgl. Rdn. 422 a.

(dd) Urteilswirkungen

Literatur: Braun, Rechtskraft und Rechtskraftbeschränkung im Zivilprozeß, JuS 1986, 364; ders., Die materielle Rechtskraft des Vollstreckungsbescheids – Ein juristisches Lehrstück, JuS 1992, 117; ders., Grundfragen der Abänderungsklage, 1994; Gaul, Die Entwicklung der Rechtskraftlehre seit Savigny und der heutige Stand, FS Flume I, 1978, 443; U. Huber, Rechtskrafterstreckung bei Urteilen über präjudizielle Rechtsverhältnisse, JuS 1972, 621; Jauernig, Subjektive Grenzen der Rechtskraft und Recht auf rechtliches Gehör, ZZP 101, 1988, 361; Musielak, Zur Klage nach § 826 BGB gegen rechtskräftige Urteile, JA 1982, 7; v. Olshausen, Der Schutz des guten Glaubens an die Nicht-Rechtshängigkeit, JZ 1988, 584; G. Paulus, Schranken des Gläubigerschutzes aus relativer Unwirksamkeit, FS Nipperdey I, 1965, 909; Prütting/Weth, Rechtskraftdurchbrechung bei unrichtigen Titeln, 2. Aufl., 1994; Reischl, Die objektiven Grenzen der Rechtskraft im Zivilprozeß, 2002; Schack, Drittwirkung der Rechtskraft?, NJW 1988, 865.

Man unterscheidet üblicherweise zwischen der in § 318 angesprochenen inneren Wirkung und der äußeren, die im Wesentlichen in den §§ 322–327 geregelt ist. Da die hierzulande maßgebliche Frage für ein im Ausland erstrittenes Urteil die ist, ob es überhaupt und wenn ja, welche Wirkungen es im Inland zeitigt, ist § 328 in diesem Kontext ebenfalls zu erörtern.

a. Um nicht innerhalb ein und derselben Instanz zu unterschiedlichen Resulta-   **306** ten zu kommen, bindet § 318 das Gericht an die von ihm erlassenen, § 310, Zwischen- und Endurteile. Dem Gericht ist es also grundsätzlich[51] ebenso versagt, die in diesen Urteilen getroffenen Entscheidungen abzuändern, wie es andersherum verpflichtet ist, sie als feststehende Grundlage des weiteren Verfahrens zu behandeln.

b. Die äußere Wirkung eines Urteils ist das, um dessentwillen überhaupt ein   **307** Prozess angestrengt wird und weswegen eine Gerichtsbarkeit eingerichtet ist. Man streitet vor Gericht ja (regelmäßig) nicht um des Streites willen, sondern weil man von der Richtigkeit und Berechtigung seiner Rechtsansicht überzeugt ist, diese bestätigt haben und seine Rechte durchsetzen will. Nachdem die Ansichten der Parteien einander aber ebenso regelmäßig widersprechen und nachdem die Gerichte dazu eingerichtet sind, den Streit in die durch die Prozessschranken vorgegebenen Bahnen zu lenken und dort zu beenden, muss eine jede Prozessordnung dafür Sorge tragen, dass dort, wo am Beginn Streit herrschte, am Ende Friede – oder weniger hochtrabend: Gewissheit – ist. Der BGH formuliert das so: „Mit der Streitentscheidung hat der Staat zwischen den Parteien Rechtsgewißheit geschaffen und damit seine Rechtsprechungsaufgabe erfüllt. Es ist nichts Ungewisses mehr vorhanden, das einer erneuten richterlichen ‚Entscheidung' Sinn geben könnte" (BGHZ 93, 287, 289). Die ZPO bezeichnet diesen Friedens- oder Gewissheitszustand in § 322 als **Rechtskraft**. Da sich dieser Begriff aus einer formellen Komponente – nämlich dem Ablauf bestimmter Fristen, von deren Ende an die Unabänderlichkeit der Entscheidung feststeht – und einer inhaltlichen Komponente zusammensetzt, unterscheidet man zwischen der in § 705 geregelten und vornehmlich für das

---

[51] Das Gesetz sieht bisweilen Korrekturmöglichkeiten vor: s. etwa §§ 321 a, 343, 927.

Zwangsvollstreckungsrecht bedeutsamen formellen Rechtskraft (= Ablauf der Rechtsmittelfrist; vgl. Rdnn. 310, 469) und der hier zu besprechenden **materiellen Rechtskraft**. Sie beschreibt, welche Außenwirkungen ein Urteil hat.

308   So einleuchtend die soeben beschriebene Streitbeendigungsfunktion der materiellen Rechtskraft auch ist, so schwierig hat es sich im Laufe der Zeit jedoch erwiesen, ihren Inhalt konkret und exakt festzulegen. Literatur und Rechtsprechung, die sich mit den alten und immer wieder neu auftauchenden Fragen der Rechtskraft auseinandersetzen, sind schier endlos. Es dreht sich dabei im Wesentlichen um die folgenden Problembereiche: Was genau erwächst eigentlich in Rechtskraft? Wer ist von der Rechtskraftwirkung betroffen? Hat es auf die Rechtskraft Einfluss, wenn sich neue Fakten ergeben, die der Richter bei seiner Entscheidung nicht berücksichtigt hat? Kann ein rechtskräftiges Urteil abgeändert oder kann die Rechtskraft gar durchbrochen werden? Die Antworten auf diese (und noch unzählige weitere) Fragen sind, sofern sie nicht ausdrücklich im Gesetz gegeben werden, in einem Maße umstritten, das leicht den hohen Grad an Übereinstimmung zumindest in den Ergebnissen vergessen lässt. Daraus darf man jedoch – wieder einmal – nicht den Schluss ziehen, es werde hier ein rein akademischer Schaukampf aufgeführt: Auslöser für diese Diskussionen sind vielmehr die die Praxis nach wie vor und immer wieder beschäftigenden Versuche früher unterlegener Parteien, in einem erneuten Prozess – mit vielleicht etwas abgewandelter Sachverhaltsdarstellung oder Begründung – das (prozessuale) Blatt zu ihren Gunsten zu wenden. In Anbetracht dieser praktischen Auslöser ist es wichtig, dass über die beiden folgenden Fragen Übereinstimmung herrscht: (1) Wird dem Richter ein Fall vorgelegt, der bereits rechtskräftig verbeschieden worden ist (res iudicata), muss er die **Klage als unzulässig** abweisen. (2) Ist die rechtskräftige Entscheidung in dem neuen Verfahren insoweit von Bedeutung, dass sie eine Vorfrage beantwortet (präjudiziell), so ist der jetzige Richter dadurch gebunden:

BGH NJW 1991, 2014 = JuS 1991, 963 (K. Schmidt): B hatte gegenüber E eine vorvertragliche Pflichtverletzung begangen und war somit zum Ersatz des Schadens verpflichtet. Dieser Schaden bestand darin, dass E ein Darlehen bei seiner Bank aufgenommen hatte. Die Schadensersatzpflicht des B wurde rechtskräftig festgestellt – und zwar in Gestalt eines Befreiungsanspruchs. E zahlte das Darlehen jedoch selbst zurück und verstarb. Sein Erbe K klagt jetzt gegen B auf Zahlung. Dessen Einwendungen wies der BGH mit der Begründung zurück, dass die Zahlungspflicht durch den Vorprozess bereits rechtskräftig und damit unabänderlich festgestellt worden sei; der Freistellungsanspruch und der Zahlungsanspruch seien nur verschiedene Erscheinungsformen ein und desselben, im ersten Urteil bereits zuerkannten Anspruchs.[52]

---

[52] Zur Klarstellung: Die Klage des K war nicht bereits unzulässig, da das Begehren „Freistellung" einen anderen Streitgegenstand ausmacht als das auf „Zahlung". Es ging hier also allein um die Präjudizialität.

Die Antwort auf die Frage, was denn genau in Rechtskraft erwächst, ergibt **309**
sich nur zum Teil aus § 322. Üblicherweise definiert man die Reichweite der
Rechtskraft nämlich mittels der Abgrenzung von dem, was nicht in Rechtskraft
erwächst und unterscheidet demgemäß zwischen den objektiven, den subjektiven und den zeitlichen Grenzen der Rechtskraft:

– § 322 I beschreibt die **objektiven Grenzen der Rechtskraft**. Danach reicht   **310**
die Rechtskraft so weit, als über den erhobenen Anspruch entschieden worden ist. An dieser Aussage ist nahezu jedes Wort wichtig und erläuterungs-
bedürftig: Mit dem „Entscheiden" sind in erster Linie einmal die Urteile
angesprochen; sobald sie formell rechtskräftig sind, d. h.: sobald sie nicht
mehr mit den ordentlichen Rechtsbehelfen angefochten werden können,
§ 705, sind sie der materiellen Rechtskraft fähig. Das gilt evidentermaßen
für die über die Sache entscheidenden Endurteile[53] (Rdn. 296), gilt aber
auch für Teilurteile (die also mit Recht von § 301 als Endurteile bezeichnet
werden). Darüber hinaus billigt man auch einigen Beschlüssen materielle Rechtskraftswirkung zu, wenn sie eine über den Verfahrensablauf hin-
ausreichende Wirkung haben: Dazu zählt etwa der Kostenfestsetzungsbeschluss des § 104.[54]

Der „erhobene Anspruch" ist der prozessuale Anspruch und damit der   **311**
Streitgegenstand. Es wurde bereits oben, Rdn. 102, gesagt, dass dieser für
die deutsche Prozessrechtswissenschaft ganz zentrale Begriff außer bei der
Rechtshängigkeit auch noch bei der Rechtskraft seine praktische Bedeutung
hat. Denn mit seiner Hilfe ist das noch zu Entscheidende von dem bereits
Entschiedenen zu sondern. Der maßgebliche Test ist also die Frage, ob mit
der neuen Klage ein anderes Rechtsschutzbegehren geltend gemacht wird
als das, worüber bereits ein Urteil gefällt wurde, oder ob ihm zumindest
ein anderer Lebensvorgang zugrunde liegt. Bejahendenfalls steht der neu-
en Klage die Rechtskraft des alten Prozesses nicht entgegen.[55] In welche
Schwierigkeiten man bei dieser Abgrenzung jedoch geraten kann, zeigt die
bereits angesprochene Entscheidung (Rdn. 105)

BGH NJW 1993, 3204 = JuS 1994, 354 (K. Schmidt): Der Schüler K
verunglückte im Jahre 1985 an einem Bauzaun, für dessen Aufstellung
die Gemeinde B verantwortlich war. Da B jedoch aufgrund einer Vereinbarung bis zum 31.12.1982 als Unternehmer des Schulbetriebes galt,
kam ihr die Haftungsentlastung der §§ 636, 637 RVO (nunmehr §§ 104,

---

[53] Nach nahezu einhelliger Meinung sind auch Prozessurteile rechtskraftfähig. Das widerspricht aber dem Wortlaut des § 322 I, weil eine Entscheidung über den Anspruch gerade
noch nicht vorliegt. Darüber hinaus besteht m. E. aber auch kein praktisches Bedürfnis für
die Annahme einer Rechtskraft in diesem Stadium: Wird nämlich die Klage etwa mangels
Parteifähigkeit des Klägers abgewiesen, so wird in einem erneuten Prozess zwischen denselben Parteien sowohl der Nachweis der fehlenden klägerischen Parteifähigkeit als auch
die rechtskräftige Verbescheidung mit dem erlassenen Urteil (Urkunde) geführt werden.

[54] Zur materiellen Rechtskraft von Vollstreckungsbescheiden s. BGHZ 103, 44, sowie unten,
Rdn. 679.

[55] Kann ein Zwischenurteil in Rechtskraft erwachsen?

105 SGB VII) zugute, so dass die Schmerzensgeldklage des K rechtskräftig abgewiesen wurde. Danach stellte sich jedoch heraus, dass der Bauzaun nicht, wie ursprünglich angenommen, 1982 errichtet worden war, sondern 1983 – zu einer Zeit also, in der die besagte Vereinbarung nicht mehr galt. Wegen der damaligen unrichtigen Aussage eines Gemeindebeamten über das Datum der Zaunerrichtung erhebt K nunmehr erneute Klage auf Schadensersatz.

Der BGH sah entgegen der ersten Instanz in der neuen Klage einen anderen Lebensvorgang und damit einen anderen Streitgegenstand als in dem Vorprozess, weil die Grundlage des begehrten Ersatzes nicht mehr die Errichtung des Zaunes, sondern die unrichtige Auskunftserteilung war. Die somit zulässige Klage mußte sich infolgedessen bei der Begründetheitsprüfung mit der Frage auseinandersetzen, ob ein für den Anspruch aus § 839 BGB erforderlicher Schaden durch die Amtspflichtverletzung entstanden war. Der aber war in dem Vorprozess gerade rechtskräftig verneint worden! Diese Feststellung war präjudiziell für das jetzige Verfahren, so dass die Klage mangels eines Schadens als unbegründet abgewiesen wurde.

Und in BGH ZZP 113, 2000, 222 mit Anm. Otte, geht es um die Abgrenzung zwischen der Neuerstellung einer Buchführung „als Vorarbeiten zur Erstellung eines Jahresabschlusses" und der „als Vorarbeiten zur Erstellung der Überschussrechnung". Auch hier ein vergleichbarer Kampf um jeden Millimeter; der BGH geht hier von ein und demselben Streitgegenstand aus.

Die Beschreibung der objektiven Grenzen der Rechtskraft anhand des Streitgegenstandsbegriffes führt also dazu, dass eine erneute Klage als bereits rechtskräftig verbeschieden und damit unzulässig abzuweisen ist, wenn deren Streitgegenstand identisch ist mit dem der vorangegangenen Klage. Als identisch gilt dabei auch das **kontradiktorische Gegenteil** des Vorprozesses; Paradebeispiel für diesen gar nicht mal selten probierten Weg, doch noch eine für sich günstige Entscheidung zu erlangen, ist die Feststellungsklage: Hat K die gegenüber B rechtskräftige Feststellung erlangt, er sei der Eigentümer des Grundstücks, kann B sich in einem Nachfolgeprozess mit K nicht mehr mit Erfolg darauf berufen, er sei der (wahre) Eigentümer (s. auch BGH JZ 1986, 650, sowie oben, Rdn. 204).

312   Das in § 322 I verwendete „nur insoweit..., als ... entschieden ist" deutet eine weitere Einschränkung an. Sie spielt insbesondere bei den so genannten **Teilklagen** eine wichtige Rolle. Dabei handelt es sich um eine in der Praxis weit verbreitete Vorsichtsmaßnahme: Statt des ganzen Betrages von beispielsweise € 8 Mio. wird aus Kostengründen lediglich eine Summe von € 20.001,–, vgl. §§ 544, 26 Nr. 8 EGZPO, eingeklagt. Auf diese Weise spart man eine Menge an Gerichts- und Anwaltskosten! Der Nachteil ist, dass die Entscheidung über die eingeklagte Summe in keiner Weise Rechtskraftwirkungen hinsichtlich der restlichen Forderung entfaltet, dass also in einem erneuten Prozess die Existenz der Forderung gegebenenfalls erneut in Frage gestellt und womöglich entgegengesetzt verbeschieden wird. Doch ist diese Gefahr nicht sehr groß, und in den meisten Fällen zahlt die unterlegene Partei von sich aus. Überdies können die Parteien sich auch dahingehend vertraglich binden, dass sie das Urteil als auch für die Restforderung verbindlich akzeptieren wollen. Allerdings kann man bei den so genannten verdeckten Teilklagen – bei ihnen legt der Kläger gerade nicht offen, dass er nur einen Teilbetrag geltend macht – von einer solchen, wahrscheinlichen Leistungsbereitschaft des unterlegenen Beklagten nicht ausgehen. Gleichwohl hat der BGH ihre Zulässigkeit bejaht – etwa in

NJW 1997, 1990 = JuS 1997, 851 (K. Schmidt): K hatte seinen Mercedes 300 SL Roadster bei B kaskoversichert. Nach einem Einbruch, bei dem das € 250.000,– teure Gefährt beschädigt wurde, zahlte B von sich aus € 50.000,– sowie – nach rechtskräftiger Verurteilung – € 65.000,– an Reparaturkosten. In einem zweiten Prozess verlangt K nunmehr die Zahlung weiterer € 70.000,– für Reparaturkosten, die er nach der Rechtskraft des Vorurteils habe aufbringen müssen.
Anders als die Vorinstanzen, die die Klage als res iudicata (vgl. Rdn. 308) als unzulässig abgewiesen haben, gab der BGH ihr statt. Bei einer teilbaren Leistung (hier: Geld) brauche der Kläger nicht offen zu legen, dass bzw. ob er die verlangte Leistung als umfassend und abschließend ansehe. Mit der verlangten Summe begrenze er die Rechtskraft, so dass kein Hinderungsgrund bestehe, in einem Folgeprozess darüber hinauszugehen.

Liest man nach den in den Rdnn. 310–312 gegebenen Erläuterungen erneut den § 322 I, so lässt sich seine Aussage präzisieren: In Rechtskraft erwachsen regelmäßig Endurteile, soweit sie eine Entscheidung über den aus einem konkreten Lebensvorgang abgeleiteten prozessualen Anspruch treffen. Auch hier wird das Gemeinte deutlicher, wenn man das mit dieser Definition Ausgeschlossene abschichtet. Demnach erwachsen Tatsachenfeststellungen ebenso wenig in Rechtskraft wie präjudizielle Vorfragen. Klagt also K beispielsweise gegen B auf Herausgabe nach § 985 BGB und obsiegt er, so ist nicht etwa sein Eigentum rechtskräftig festgestellt, sondern nur das Bestehen des Herausgabeanspruchs. B wäre also nicht gehindert, gegen K Klage auf Feststellung seines (des B) Eigentums zu erheben. Damit unterfallen aber auch die von der Gegenseite erhobenen Einreden nicht der Rechtskraft (BGHZ 117, 1), weil sie an dem erhobenen Anspruch selbst (allenfalls an seinem Erfolg oder Nichterfolg) nichts ändern. Es ist also durchaus inkonsequent, wenn § 322 II hiervon eine nicht durch Analogie erweiterbare (BGH JZ 1996, 636) Ausnahme statuiert: Soweit ein Urteil über die zur **Aufrechnung** gestellte Forderung dergestalt entscheidet, dass sie entweder von vornherein nicht existierte oder aber durch die Aufrechnung erloschen ist, erwächst diese Aussage in Rechtskraft.[56]

313

---

[56] Können Sie sich den Grund für diese Regelung vorstellen?

314   Nach diesen Abschichtungen verbleibt als positive Aussage über die objektiven Grenzen, dass die Entscheidung so in Rechtskraft erwächst, wie sie sich in aller Regel aus dem **Tenor des Urteils** ergibt. Nur wenn dessen Aussage allein nicht genügt, müssen Tatbestand und Begründung zur Auslegung herangezogen werden (BGH NJW 1993, 3204, 3205).

315   – Die **subjektiven Grenzen der Rechtskraft** legen den Umfang des Personenkreises fest, der an das Urteil gebunden ist. Dabei geht es also um die Frage, ob beispielsweise D den K auf Feststellung verklagen kann, er sei der wahre Erbe des E, nachdem K zuvor eine ganz entsprechende Feststellungsklage gegen B gewonnen hat. Die Antwort gibt § 325 I: An die Entscheidung sind die Parteien des Rechtsstreits gebunden – und zwar sowohl in positiver wie in negativer Hinsicht: „für und gegen". Das ist angesichts der Befriedungsfunktion der Rechtskraft nicht anders zu erwarten: Sie sind ja diejenigen, die gestritten haben und deren Streit beigelegt werden musste.

316   Gleichwohl gibt es Erweiterungen dieses Grundsatzes. So ordnet gleich § 325 I eine **Rechtskrafterstreckung** auf diejenigen Personen an, die nach dem Eintritt der Rechtshängigkeit (Rdnn. 99 ff.) **Rechtsnachfolger** der Parteien oder Besitzmittler i. S. d. § 868 BGB der streitbefangenen Sache[57] geworden sind. Fand die Rechtsnachfolge schon vor der Rechtshängigkeit statt, ist je nachdem der Kläger oder der Beklagte materiell Nichtberechtigter und damit nicht (mehr) sachlegitimiert, so dass die Klage durch ein Sachurteil abgewiesen werden muss.[58] Tritt sie dagegen erst nach der Rechtshängigkeit ein, so hat die Rechtsnachfolge grundsätzlich[59] keinen Einfluss auf den Fortgang des Verfahrens oder die bereits ergangene Entscheidung; das ist insbesondere im Zusammenhang mit dem weiter unten, Rdnn. 361 ff., zu besprechenden § 265 von Bedeutung. Zum Ausgleich dafür wird aber der Rechtsnachfolger in die Rechtskraft des Urteils mit einbezogen, so dass auch er als Dritter keine erneute Klage über diesen Gegenstand erheben kann (oder fürchten muss).

Im ärgsten Fall wird damit also eine Nicht-Partei an ein Urteil gebunden, die zu keiner Zeit Gelegenheit zu rechtlichem Gehör hatte! Das ist die durchaus dramatische Seite dieser aus Zweckmäßigkeitsgründen eingeführten Regelung. Sie wird nur teilweise durch § 325 II aufgefangen, der eine entsprechende Anwendung der materiell-rechtlichen **Gutglaubensvorschriften** anordnet. Damit wird nach sehr umstrittener, aber vorzugswürdiger Ansicht nicht der gute Glauben etwa an das Eigentum für erforder-

---

[57] Eine Sache ist dann streitbefangen, wenn ein dingliches Recht an ihr den Streitgegenstand bildet.

[58] Bleibt die Rechtsnachfolge im Prozess unerwähnt und ergeht daher ein nicht auf die Rechtsnachfolge gestütztes Sachurteil, entfaltet es im Verhältnis zum Rechtsnachfolger keine Bindungswirkung – außer im Fall des § 407 II BGB, der dem gutgläubigen Schuldner dadurch zu Hilfe kommt, dass er den Zessionar an das Urteil zwischen Schuldner und Zedent bindet, soweit es für die Gläubigerseite nachteilig ausfällt.

[59] Stirbt eine Partei während eines rechtshängigen Verfahrens, bemisst sich der Fortgang des Verfahrens nach den §§ 239, 246.

lich erklärt. Vielmehr ergibt sich aus dem systematischen Zusammenhang, dass sich die entsprechende Anwendbarkeit darauf beziehen muss, dass der Rechtsnachfolger gutgläubig hinsichtlich der Rechtshängigkeit ist. Ist er das, wird er von der Rechtskrafterstreckung insoweit nicht erfasst, als das Urteil ihm ungünstig ist, und kann demgemäß eine erneute Klage erheben, wenn die Klage seines Rechtsvorgängers erfolglos war, bzw. ist nicht an ein stattgebendes Urteil gegen den Rechtsvorgänger gebunden. Ist der Rechtsnachfolger dagegen nicht gutgläubig, ist er an das Urteil des von seinem Rechtsvorgänger geführten Prozesses gebunden. Welche Anforderungen an die Gutgläubigkeit zu stellen sind, richtet sich nach den materiell-rechtlichen Vorschriften: bei Mobilien also nach § 932 BGB, bei Immobilien nach § 892 BGB etc. Wo es dagegen keine entsprechenden Vorschriften gibt, ist der Rechtsnachfolger in jedem Fall an die rechtskräftige Entscheidung gebunden. Das gilt nach h. M. für alle Fälle des gesetzlichen Erwerbs und damit insbesondere für die Erben als die Prototypen des Rechtsnachfolgers; es gilt aber auch für die Abtretung von Forderungen, für die lediglich § 405 BGB (bitte lesen) eine eng begrenzte Ausnahme vorsieht.

Weitere Rechtskrafterstreckungen enthalten die §§ 326 und 327. Da weder **317** der Nacherbe Rechtsnachfolger des Vorerben noch der Erbe der des Testamentsvollstreckers ist, sind diese gesonderten Regelungen erforderlich. Bei ihnen ist der jeweilige Wortlaut des Gesetzes mit seiner Wirkungserstreckung einmal „für" und einmal „gegen" den (Nach-)Erben ganz genau zu beachten.

– Die Rechtskraft dient dazu, eine erneute Klage über eine bereits entschiede- **318** ne Sache zu verhindern. Da diese Wirkung aus der Sicht der unterlegenen Partei jedoch oftmals unerfreulich ist, wird sie versuchen, die Neuheit der jetzigen Klage dadurch zu begründen, dass sie neue Tatsachen vorträgt – wie etwa in dem in Rdn. 311 vorgestellten BGH-Fall die Mitteilung, dass der Zaun erst 1983 errichtet worden ist. Damit ergibt sich als weiteres Problem der Rechtskraft, ob sie den Streit ein für allemal ausschließt oder ob neue Tatsachen seine Fortsetzung – gewissermaßen im geänderten Kontext – gestatten. Da eine gewiefte Partei durch immer neuen Sachvortrag einen längst schon abgeschlossenen Prozess immer wieder aufs Neue aufrollen könnte, muss es also sinnigerweise irgendwo eine Grenzlinie geben, ab der ein neuer Tatsachenvortrag nicht mehr gehört wird. Diese Grenze nennt man die **zeitliche Grenze der Rechtskraft**. Sie ist an versteckter Stelle, im Zwangsvollstreckungsrecht in § 767 II, festgelegt und wird daher auch dort erst ausführlicher dargestellt, Rdnn. 675 ff. Im vorliegenden Kontext genügt die Feststellung, dass alle Tatsachen, die von den Parteien bis zum Schluss der mündlichen Verhandlung – gegebenenfalls in der Berufungsinstanz – hätten vorgetragen werden können, den Lebensvorgang ausmachen, über den das Urteil in Verbindung mit dem geltend gemachten Anspruch rechtskräftig entscheidet. Sie sind, wie man üblicherweise zu sagen pflegt, für spätere Klagen über denselben Anspruch **präkludiert**.

Bezahlt der Beklagte dagegen nach Schluss der mündlichen Verhandlung die geschuldete Summe, so ist diese Erfüllung eine Tatsache, die außerhalb der zeitlichen Grenzen der Rechtskraft liegt und somit eine erneute Klage (genauer: eine Vollstreckungsgegenklage nach § 767, vgl. Rdnn. 671 ff.) möglich macht.

319   Die vorerwähnte zeitliche Grenzziehung führt in einem auf den ersten Blick unscheinbaren, in der Praxis jedoch an Wichtigkeit kaum zu überschätzenden Fall zu untragbaren Ergebnissen: bei der Erhebung einer Klage nach § 258 auf **wiederkehrende Leistungen.** Damit sind insbesondere Unterhaltsansprüche angesprochen, denen wegen ihres Langzeitcharakters zwangsläufig immer etwas Prognostisches anhaftet: z. B. hinsichtlich der Einschätzung der Leistungsfähigkeit des Unterhaltspflichtigen oder der Bedürftigkeit des Berechtigten etc. All das ist nach dem Voranstehenden von der Rechtskraftwirkung erfasst, so dass der Verpflichtete selbst dann noch den einmal festgelegten Betrag weiter zahlen müsste, wenn er zwischenzeitlich verarmt wäre oder der Berechtigte wegen der nunmehr gestiegenen Lebenshaltungskosten mit dem seinerzeit zugesprochenen Satz nicht mehr zurande käme. Um die Folgen derartiger Fehlprognosen abzumildern, sieht § 323 eine eigene Klage für den Fall vor, dass sich die maßgeblichen Verhältnisse nach der in Abs. 2 bezeichneten mündlichen Verhandlung wesentlich geändert haben. Ist sie erfolgreich, kann sie die Abänderung des alten Urteils grundsätzlich nur für die Zukunft aussprechen, Abs. 3.

320   – Von der durch § 323 zugelassenen Abänderungsklage ist es gedanklich nur ein kleiner Schritt zu der schließlich noch interessierenden und aktuellen Frage, ob die **Rechtskraft** auch **durchbrochen werden kann?** Diese Frage ist zu bejahen – und zwar jedenfalls im Hinblick auf die unten, Rdnn. 423 ff., erörterten Möglichkeiten der Wiederaufnahme eines abgeschlossenen Verfahrens nach den §§ 578 ff. (sowie die hier nicht weiter darzustellende Gläubiger- bzw. Insolvenzanfechtung gem. § 10 AnfG bzw. § 141 InsO, dazu knapp unten Rdnn. 692 ff.). Insbesondere die Rechtsprechung hat jedoch die in §§ 579, 580 aufgelisteten Durchbrechungsmöglichkeiten als zu eng empfunden und sich vornehmlich mithilfe des § 826 BGB um weitere „Schlupflöcher" bemüht (berechtigte Kritik daran bei Jauernig I § 64 II). Das geschah etwa angesichts einer Urteilserschleichung, in der der klagende Ex-Ehemann zwar die Adresse seiner beklagten Ex-Ehefrau kannte, gleichwohl aber eine öffentliche Zustellung vornehmen ließ und dadurch ein obsiegendes Versäumnisurteil erhielt (RGZ 78, 389). Heute sieht der BGH eine Durchbrechungsmöglichkeit auch dann, wenn der Kläger trotz Kenntnis der Unrichtigkeit des Urteils die Vollstreckung betreiben will und dies aufgrund besonderer Umstände sittenwidrig ist. Diese Judikatur spielt insbesondere bei den Vollstreckungsbescheiden eine Rolle; s. dazu Rdn. 679.

321   c. Erneut ist bei aller Beschäftigung mit der deutschen ZPO darauf hinzuweisen, dass das prozessuale Geschehen keineswegs an den deutschen Grenzen endet, sondern dass auch jenseits davon heftig gestritten wird – und zwar durchaus auch mit Beteiligung deutscher Parteien. Damit ergibt sich immer wieder das Problem, ob ein im Ausland erstrittenes Urteil überhaupt Wirkungen im Inland entfaltet. Anstatt eines allzu holzschnittartigen generellen „Ja" oder „Nein" hat sich die ZPO dafür entschieden, die Anerkennung von der Übereinstimmung mit den in § 328 aufgelisteten Kriterien abhängig zu machen. Das neben vielleicht der Nr. 2 (vgl. BGHZ 120, 305) oder der Nr. 5 (BGH ZIP 1999, 1226) wichtigste Kriterium ist die Verträglichkeit mit dem deutschen **ordre public,** Nr. 4. Dafür ist von grundlegender Bedeutung

BGHZ 118, 312 = JuS 1993, 423 (Hohloch): K wollte ein in Kalifornien erstrittenes Urteil gegen B in Deutschland vollstrecken. Die entscheidende Frage war, ob die von dem US-Gericht zugesprochene Schadensersatzsumme für sexuelle Belästigungen i. H. v. $ 750.000,– „mit wesentlichen Grundsätzen des deutschen Rechts offensichtlich unvereinbar" war. Der BGH verneinte dies trotz der teilweise gravierend anderen Verfahrensweise des ausländischen Rechts und reduzierte lediglich einen einzigen Schadensposten, nämlich den des so genannten Strafschadensersatzes (punitive damages). Das deutsche Schadensersatzrecht basiere auf dem Gedanken des Ausgleichs, ohne dass es weitere Zwecke verfolge – schon gar nicht solche der strafenden Abschreckung.[60]

Das Urteil ist ein Lehrstück für die gebotene Zurückhaltung bei der Annahme von Verstößen gegen den ordre public bei schon jeder Abweichung des ausländischen vom inländischen Recht. Übrigens ist bei der Inhaltsbestimmung dessen, was zum ordre public zählt, nicht allein auf deutsches Recht, sondern u. U. auch auf die Europäische Menschenrechtskonvention zurückzugreifen, vgl. EGMR in der Sache „Pellegrini", Urt. v. 20.7.2001-30882/96, ECMR Reports of Judgments and Decisions 2001-VIII.[61]

Der Kriterienkatalog des § 328 greift nur insoweit ein, als nicht gemeinschaftsrechtliche oder völker-vertragliche Bestimmungen vorgehen. Derartige Verträge gibt es sowohl auf bilateraler als auch auf multilateraler Ebene in großer Menge. Wie schon bei Rdn. 31 erwähnt, wurde das bis zum 28.2.2002 auch im vorliegenden Bereich besonders wichtige EuGVÜ zwischenzeitlich von der EuGVVO abgelöst, für die hierzulande auch das Ausführungsgesetz (AVAG) zu beachten ist. Die Verordnung ordnet in Art. 33 I an: „Die in einem Mitgliedstaat ergangenen Entscheidungen werden in den anderen Mitgliedstaaten anerkannt, ohne dass es hierfür eines besonderen Verfahrens bedarf." In Art. 34

322

---

[60] Das stimmt freilich seit der Entscheidung ‚Caroline von Monaco I' so nicht mehr, BGH NJW 1996, 984.
[61] Der Versuch einer Partei, die BGH-Ansicht gewissermaßen schon im Vorfeld der Vollstreckung zu benutzen, indem die Zustellung einer derartigen Klage bereits als unzulässig gerügt wurde, scheiterte, BVerfG NJW 1995, 649 = JuS 1995, 454 (Hohloch). S. demgegenüber aber jetzt – und sehr beifallswürdig – BVerfG NJW 2003, 2598. Wichtig zu dem gesamten Themenkreis der Anerkennung fremder Urteile: Schütze, Überlegungen zur Anerkennung und Vollstreckbarerklärung US-amerikanischer Zivilurteile in Deutschland – Zur Kumulierung von Ordre-public-Verstößen, FS Geimer, 2002, 1025.

EuGVVO sind Ausnahmen von diesem Automatismus vorgesehen (berühmte Entscheidung dazu BGH JZ 2000, 1067).

(ee) Unrichtige und fehlerhafte Urteile

Literatur: Jauernig, Das fehlerhafte Zivilurteil, 1958; J. Blomeyer, Schadensersatzansprüche des im Prozeß Unterlegenen wegen Fehlverhaltens Dritter, 1972.

323   Ein Urteil kann, wie nun einmal jedes Menschenwerk, Mängel aufweisen. Ist es etwa in dem Sinn falsch, dass es dem Kläger die nach dem materiellen Recht dem Beklagten zustehende Sache zuspricht, so ist das Urteil nichtsdestoweniger wirksam. Zur Korrektur derartiger Fehlentscheidungen gibt es die Rechtsmittel. Wie weit diese Grundsatzentscheidung des Gesetzes zugunsten der Wirksamkeit von Urteilen geht, die an einem Verfahrensmangel leiden, zeigen darüber hinaus die in § 579 aufgelisteten Fallgruppen der Nichtigkeitsklage. Sind die Mängel jedoch noch gravierender als dort, so unterscheidet man üblicherweise zwischen wirkungslosen Urteilen – es wird beispielsweise eine gar nicht bestehende Ehe geschieden – und Nichturteilen – der Bürgermeister erlässt etwa ein Urteil.

II Amtsgerichtliches Verfahren

1. Normalverfahren

Literatur: Steinbach/Kniffka, Strukturen des amtsgerichtlichen Zivilprozesses: Methoden und Ergebnisse einer rechtstatsächlichen Aktenuntersuchung, 1982.

324   Die ZPO behandelt den amtsgerichtlichen Prozess am Ende des mit „Verfahren im ersten Rechtszug" überschriebenen Zweiten Buches, indem sie in § 495 die Vorschriften über das landgerichtliche Verfahren, die §§ 253–494 a, für anwendbar erklärt und in den nachfolgenden Vorschriften, §§ 495 a–510 b, einige Abweichungen normiert. Diese resultieren hauptsächlich aus dem Umstand, dass die Mehrzahl der amtsgerichtlichen Verfahren nach den §§ 78, 79 **Parteiprozesse** sind, Verfahren also, die die Einschaltung eines Rechtsanwalts nicht erfordern – auch wenn das in der Praxis regelmäßig gleichwohl gemacht wird.

325   Dem gesetzlichen Leitbild entsprechend, dass nämlich der Einzelne direkt zum Gericht geht und dort sein Recht holen will, sieht denn etwa der § 496 die Möglichkeit vor, statt der komplizierten Abfassung einer Klageschrift sein Klagebegehren mündlich zu Protokoll der Geschäftsstelle, vgl. § 24 II Nr. 2 RPflG, erklären zu können. Aus § 129 a ergibt sich über diese Vereinfachung hinaus auch noch, dass der rechtsschutzsuchende Bürger mit seinem Anliegen zum nächstgelegenen Amtsgericht gehen kann, ohne sich dabei um die Zuständigkeit kümmern zu müssen. Das Protokoll wird in einem solchen Fall an das als zuständig benannte Gericht weitergeleitet und von dort aus der Gegenpartei von Amts wegen zugestellt, § 498 (i.V. m. § 166 II).

326   Der Beklagte eines derartigen Verfahrens wird dadurch geschützt, dass er im Falle eines anberaumten schriftlichen Vorverfahrens nach § 276 nicht nur (wie stets) über die Folgen einer Fristversäumung (Abs. 2), sondern auch über die eines schriftlich abgegebenen Anerkenntnisses belehrt wird, § 499. Letzteres ist im Hinblick auf

§ 307 II höchst bedeutsam; denn der Kläger kann durch ein derartiges Anerkenntnis schnell zu einem ohne weiteres vollstreckbaren Titel kommen, vgl. § 708 Nr. 1, dazu Rdn. 476. Ein weiterer **Schutz des Beklagten** ergibt sich aus § 504, der dem Amtsrichter eine ausdrückliche Hinweispflicht auf die eigene sachliche oder örtliche Unzuständigkeit auferlegt. Soweit sich nämlich eine Zuständigkeit aufgrund rügeloser Einlassung, § 39 (Rdn. 40), ergeben könnte, soll durch einen entsprechenden Hinweis die Möglichkeit verbaut werden, dass ein gewitzter Kläger eine ihm genehme Zuständigkeit erschleicht. Für sonstige Verweisungen wegen nachträglicher, sachlicher Unzuständigkeit s. noch § 506 (dazu etwa Deubner, Aktuelles Zivilprozessrecht, JuS 1996, 821, 822 f.); s. auch die Erweiterung des § 259 in § 510 b.

2. Bagatellverfahren

Literatur: Gottwald/Müller, Verfahren mit geringem Streitwert vor deutschen Zivilgerichten, ERPL 1995, 591; A. Kunze, Das amtsgerichtliche Bagatellverfahren nach § 495 a ZPO, 1995; ders., § 495 a ZPO – mehr Rechtsschutz ohne Zivilprozeßrecht?, NJW 1995, 2750; Städing, Anwendung des § 495 a ZPO in der Praxis, NJW 1996, 691; Stickelbrock, Inhalt und Grenzen richterlichen Ermessens im Zivilprozeß, 2002.

Angesichts der Überlastung insbesondere der Amtsgerichte gibt es seit je die   **327** Suche nach erträglichen Möglichkeiten, kleinere Streitigkeiten mit geringerem Aufwand verbescheiden zu können. So wie der Parteiprozess des Amtsgerichts seiner Ausgestaltung nach einfacher ist als der Anwaltsprozess der höheren Instanzen, so gibt es seit einiger Zeit (1991) auch noch innerhalb des amtsgerichtlichen Verfahrens eine Abstufung. Durch § 495 a wird nämlich das Gericht in der Verfahrensausgestaltung freier gestellt, sofern der Streitwert nicht höher als € 600,– ist. Grundsätzlich ist zu dieser Stufung anzumerken, dass sie, so berechtigt die Sorge um die (zunehmende) Belastung der Gerichte auch ist, allzu leicht den Rückschluss provoziert, dass die Bedeutung eines Streits umso geringer ist, je geringer dessen Streitwert ist. Gegenüber dieser psychologisch nicht einmal abwegigen Schlussfolgerung hilft wieder einmal nur der erneute Appell an das Ethos des Richters (vgl. Paulus, Anm. zu AG München, ZfIR 1998, 55). Unter keinen Umständen darf und kann es dessen Sache sein, die Wertigkeit eines Rechtsstreits danach zu bemessen, ob eine alte Frau die € 75,– Arztkosten für den abgefahrenen Schwanz ihres Dackels, oder ob der Großkonzern eine Bürgschaft auf erstes Anfordern i. H. v. € 50 Mio. einklagt. Im § 495 a kommt eben dieses Gebot dadurch zum Ausdruck, dass dem Richter lediglich eine **freiere Verfahrensgestaltung** ermöglicht wird. Das bedeutet nämlich nicht, dass das Resultat dieses Verfahrens – die Entscheidung über die materielle Rechtsfrage – ebenfalls nach billigem Ermessen herbeigeführt werden dürfte.[62]

Die in das Ermessen des Richters gestellte Verfahrensgestaltung, die vornehm-   **328** lich in der Wahl des Verfahrensgangs, bei der Beweiserhebung und der Urteilsfassung, vgl. § 313 a I, zum Tragen kommt, muss gleichwohl die wesentlichen Grundsätze eines **rechtsstaatlichen Verfahrens** berücksichtigen, als da etwa sind: das

---

[62] Bedenklich AG Wilhelmshaven NJW 1996, 1961; zu Recht kritisch dazu Redeker, Ist der Rechtsstaat wirklich in Gefahr?, NJW 1996, 1870, 1871.

Recht auf Gehör, die Öffentlichkeit,[63] die Gleichbehandlung der Parteien oder die Wahrung der eigenen Unparteilichkeit (auch für diese small claims ist der Richter nicht zum social engineering aufgerufen!). Er muss gem. § 495 a S. 2 auch eine mündliche Verhandlung anberaumen, wenn dies von einer der Parteien beantragt wird; ansonsten findet ein schriftliches Verfahren statt, das nicht einmal an die Anforderungen des § 128 II und III gebunden ist.

§ 2 Besondere Gestaltungen

I Versäumnisurteil

Literatur: Boemke, Das einspruchsverwerfende Versäumnisurteil (§ 345 ZPO), ZZP 106, 1993, 371; Hoyer, Das technisch zweite Versäumnisurteil, 1980; Mennicke, Der Antrag auf Erlass eines Versäumnisurteils, MDR 1992, 221; Münzberg, Zum Begriff des Versäumnisurteils, JuS 1963, 219; Prütting, Das zweite Versäumnisurteil im technischen Sinn, JuS 1975, 150; Schubert, Zur Rechtsgeschichte des Versäumnisverfahrens in der Zivilprozeßordnung, FS E. Schneider, 1997, 65.

329   Die Geltung der Dispositions- und der Verhandlungsmaxime im Zivilprozess hat zur Folge, dass grundsätzlich keine Partei gehalten ist, zur Verhandlung über ihren Streit auch tatsächlich zu erscheinen. Lediglich § 141 stellt hiervon eine gewisse Ausnahme dar,[64] doch zeigt schon allein die Möglichkeit, einen Prozessvertreter bestellen zu können oder gar zu müssen, wie sehr der Prozess von den Parteien entfernt geführt werden kann. Damit ist aber noch keineswegs zwangsläufig die weitere Frage beantwortet, ob – und, bejahendenfalls, wie – denn der Prozess auch weitergeführt werden kann, wenn eine der beiden Parteien überhaupt nicht, weder in Person noch durch jemand anderen vertreten, vor Gericht erscheint. Unter dem Aspekt der Gewährung rechtlichen Gehörs könnte man in einem solchen Fall auf die Idee kommen, dass der Prozess dann eben nicht weitergeführt werden kann.[65] Doch würde das – ganz abgesehen davon, dass das rechtliche Gehör nur zu gewähren ist, nicht aber, dass das Angebot wahrgenommen werden muss – derjenigen Partei, deren Sache schlecht steht, eine Verzögerungstaktik gewissermaßen aufdrängen. Weil die Prozesse aber nun einmal auch beendet werden müssen, um der siegreichen Partei zu ihrem Recht zu verhelfen, muss das Verfahren trotz Säumnis einer Partei weitergehen können. In welcher Weise das zu geschehen hat, ist in den Einzelheiten teilweise heftig umstritten, in den groben Leitlinien (die allein hier darzustellen sind) aber durch die §§ 330–347 vorgezeichnet.

---

[63] Vorausgesetzt freilich, dass kein schriftliches – oder gar telephonisches – Verfahren angesetzt ist.

[64] Können Sie die im Text angedeutete Einschränkung („gewisse") erklären?

[65] Das ist regelmäßig die Konsequenz, wenn keine der Parteien erscheint. Das Gericht kann dann das Ruhen des Verfahrens anordnen, § 251 a III.

1. Voraussetzungen

Das Gesetz geht im praktischen Hauptanwendungsfall, der Säumnis des Beklagten, **330** davon aus, dass all die von der klägerischen Partei vorgetragenen Tatsachen von der nicht erschienenen Partei gem. § 138 III[66] als zugestanden gelten, vgl. § 331 I 1. Das ist keineswegs die einzig mögliche Reaktion auf das Fernbleiben einer Partei, doch spricht immerhin ein gewisser Erfahrungssatz dafür, dass, wer nicht erscheint, auch nichts zu entgegnen hat. Wenn alles als zugestanden gilt, dann könnte demnach sofort ein **Versäumnisurteil** erlassen und, soweit es eine Leistung zuspricht, mit der Vollstreckung begonnen werden, vgl. § 708 Nr. 2. Bevor es dazu aber kommen kann, müssen einige weitere Voraussetzungen erfüllt sein, weil sich auch ein derartiges Verfahren naturgemäß nicht im rechtsfreien Raum bewegt:

– Es muss eine Partei erschienen und die andere **nicht erschienen** sein. Was unter **331** diesem „Erscheinen" zu verstehen ist, ergibt sich teilweise aus den §§ 220 II, 333 und 334. Danach gilt als nicht erschienen nicht nur die physisch abwesende Partei oder die nicht vertretene Partei,[67] sondern auch diejenige Partei, die zwar anwesend ist, aber nicht verhandelt – also sich in keiner Weise zur Sache äußert bzw. keinen Antrag stellt. Erscheinen übrigens beide Parteien nicht, so erlässt der Richter nicht ein Versäumnisurteil, sondern entscheidet gegebenenfalls nach Lage der Akten gem. § 251 a (bitte lesen[68]).

– Aus § 335 I Nr. 2 ergibt sich, dass ein Versäumnisurteil nur dann ergehen kann, **332** wenn die nicht erschienene Partei **ordnungsgemäß geladen** worden ist. Die Ladung der Partei muss also (außer etwa in den Fällen der §§ 218 oder 497) insbesondere den Zustellungsanforderungen der §§ 166 ff. entsprechen, und es muss eine hinreichend lange Ladungsfrist (vgl. § 217) eingeräumt worden sein. Nur wenn das der Fall ist, ist der Anspruch auf rechtliches Gehör nicht verletzt. Anderenfalls erlässt das Gericht kein Versäumnisurteil, sondern vertagt die Verhandlung auf einen Termin, zu dem auch die nicht erschienene Partei geladen wird, vgl. §§ 227, 335 II. Dasselbe gilt nach § 337 auch dann, wenn das Gericht den Eindruck hat, dass die vom Vorsitzenden bestimmten Einlassungs- oder Ladungsfristen zu kurz bemessen waren, oder die betreffende Partei ohne ihr Verschulden nicht erschienen ist.

– Die erschienene Partei muss einen **Antrag** auf Erlass des Versäumnisurteils stel- **333** len, §§ 330, 331. Wann er gestellt wird, ist unerheblich; das braucht insbeson- dere nicht in der ersten mündlichen Verhandlung zu geschehen, sondern kann

---

[66] Über diese Norm hinausgehend bezieht sich § 331 I 1 aber sogar auch auf bereits schrift- sätzlich ausdrücklich bestrittenen Tatsachenvortrag sowie auf Tatsachen, über die schon in einer vorangegangenen Verhandlung Beweis erhoben worden ist.

[67] Ist in einem Anwaltsprozess die Naturalpartei zwar anwesend, aber nicht durch einen – postulationsfähigen – Anwalt vertreten, so gilt sie selbst dann als nicht erschienen, wenn sie sich zu allen Sachproblemen äußert.

[68] Gemäß § 331 a kann die erschienene Partei außer dem Antrag auf Erlass eines Ver- säumnisurteils auch einen Antrag auf Entscheidung nach Lage der Akten stellen. Diese Möglichkeit wird sie wählen, wenn sie sich ihrer Sache sicher ist und ein nur mit den herkömmlichen Rechtsmitteln angreifbares Endurteil statt eines mit einem Einspruch be- seitigbaren Versäumnisurteils anstrebt.

bereits vorher in einem Schriftsatz oder auch in jedem nachfolgenden Termin erfolgen (eine standesrechtlich eminent wichtige Entscheidung: BVerfG NJW 2000, 347). Der Antrag wird zunächst auf seine Übereinstimmung mit den in § 335 aufgelisteten Anforderungen überprüft; wird sie bejaht, setzt der Richter die Prüfung in der nachfolgend beschriebenen Weise fort. Ist der Antrag dagegen zurückzuweisen, so erfolgt das im Wege eines nach § 336 anfechtbaren Beschlusses.

334 Außer diesen vorerwähnten drei spezifischen Voraussetzungen müssen natürlich noch die allgemeinen Anforderungen erfüllt sein, die die ZPO für eine Sachentscheidung aufstellt. Das ist zunächst einmal deren Zulässigkeit; es müssen die oben in Teil II, §§ 2–4, dargestellten **Prozessvoraussetzungen** vorliegen. Dabei ist es nur selbstverständlich, dass eine Klage abzuweisen ist, die diesen Anforderungen nicht genügt. Denn die Säumnis einer Partei ändert nun einmal beim besten Willen nichts an der beispielsweise fehlenden Parteifähigkeit einer der Parteien oder an der Unzuständigkeit des angegangenen Gerichts.[69] In einem solchen Fall muss der Richter also die Klage durch ein Prozessurteil abweisen, gegen das der Kläger dann möglicherweise mit der Berufung vorgehen kann. Wie schon gesagt – mit der Säumnis der einen Partei hat das rein gar nichts zu tun; es ist daher umso bedauerlicher, dass sich gleichwohl für dieses abweisende Urteil der Begriff des ‚unechten Versäumnisurteils' eingebürgert hat.

335 Nur dann, wenn der Richter die Zulässigkeit der Klage festgestellt hat, kann er sich nunmehr der Frage der Begründetheit zuwenden. Das Gesetz unterscheidet dabei nach der Säumnis des Beklagten und der des Klägers.

(a) Klägersäumnis

336 Erscheint der Kläger nicht, so sagt § 330, dass ein Versäumnisurteil zu erlassen ist, das die Klage abweist. Dabei handelt es sich nach nahezu einhelliger Ansicht um ein **Sachurteil**. Es weist das Klagebegehren ohne jegliche Prüfung seiner materiell-rechtlichen Richtigkeit ab und erwächst gegebenenfalls mit der Aussage, der Anspruch des Klägers bestehe nicht, in materielle Rechtskraft. Wieder einmal ist hier der gesunde Menschenverstand im Spiel: „Wer nicht will, der hat schon." Im Hinblick auf die sogleich (Rdnn. 339 ff.) darzustellenden Rechtsschutzmöglichkeiten ist jedoch der Hinweis wichtig, dass dieses Urteil ein Versäumnisurteil ist.

(b) Beklagtensäumnis

337 Der in der Praxis wesentlich häufigere Fall ist freilich der des säumigen Beklagten. Beantragt der Kläger den Erlass des Versäumnisurteils, so fingiert der bereits erwähnte § 331 I 1 zulasten des Beklagten das Geständnis des tatsächlichen mündlichen Vorbringens des Klägers. Doch hat es damit noch nicht sein Bewenden; denn Abs. 2 trägt dem Richter nunmehr noch die Prüfung auf, ob dieses Vorbringen des

---

[69] Beachte, dass § 331 I 2 die Geständnisfiktion des vorhergehenden Satzes nicht auf etwaige Gerichtsstandsvereinbarungen erstreckt. Können Sie sich den Grund für diese Regelung vorstellen?

Klägers den Klageantrag rechtfertigt. Man nennt diese Aufgabe die **Schlüssigkeits-**
prüfung (vgl. bereits Rdn. 184). Mit ihr wird gerade so wie in einer zivilrechtlichen
Klausur verglichen, ob die mitgeteilten und als wahr zu unterstellenden Fakten
den geltend gemachten Anspruch begründen. Fehlt also in dem schon mehrfach
bemühten Beispiel eines geltend gemachten Anspruchs aus §§ 280 I, III, 281 BGB
der Hinweis auf die erklärte Fristsetzung oder auf Gründe für ihre Entbehrlichkeit,
so sind die Tatbestandsvoraussetzungen dieser Anspruchsgrundlage nicht erfüllt,
und die Klage wird als unbegründet abgewiesen (ein weiteres aufschlussreiches
Beispiel bietet AG Köpenick NJW 1996, 1005). Wiederum hat ein solches Urteil
nichts mit der Säumnis des Beklagten zu tun, und wiederum wird es gleichwohl
als unechtes Versäumnisurteil bezeichnet, wo es doch nichts weiter als ein ganz
normales klageabweisendes Endurteil ist. Ergibt die Prüfung des Richters jedoch,
dass die Klage schlüssig ist (zur Schwierigkeit der Abfassung einer schlüssigen
Klage s. oben Rdn. 184), gibt er dem klägerischen Antrag[70] statt und erlässt ein
Versäumnisurteil zu seinen Gunsten. Sofern der Beklagte später keinen Einspruch
erhebt, kann dieses Urteil in Rechtskraft erwachsen.

Da eine Säumnis auch erst in Folgeterminen eintreten kann, nachdem etwa bereits Beweis erhoben worden ist, kann die Geständnisfiktion des § 331 I 1 auch
einmal dazu führen, dass das Gericht gegen seine bereits gewonnene Überzeugung
entscheiden muss – und das, obgleich der Beklagte nicht wirklich von seiner Dispositionsbefugnis Gebrauch gemacht hat, sondern – aus welchen Gründen auch
immer – lediglich nicht erschienen ist. Dass der Richter damit in einem jetzt eingetretenen Fall der Säumnis des Beklagten die früheren Beweisergebnisse ignorieren
muss, ist eine fragwürdige Konsequenz des geschriebenen Rechts (vgl. Jauernig I
§ 68 III).

Dieselben Alternativen eröffnen sich gem. § 331 III auch dann, wenn der Be-   **338**
klagte im Falle eines gem. § 276 angeordneten **schriftlichen Vorverfahrens** trotz
eines Hinweises, §§ 276 II, 335 I Nr. 4, die rechtzeitige Mitteilung unterlässt, er
wolle sich verteidigen, vgl. Rdn. 172. Auch dann wird also die Schlüssigkeit der
Klage geprüft und je nach Ergebnis mittels eines End- oder eines Versäumnisurteils
verbeschieden.

2. Rechtsschutz

Die vorstehend beschriebenen Voraussetzungen für den Erlass eines Versäumnisur-   **339**
teils zeigen bereits die Behutsamkeit, mit der der Gesetzgeber diese (unter rechtsstaatlichen Gesichtspunkten nicht ganz unbedenkliche) Verfahrensform behandelt
wissen will. Das wird noch deutlicher dadurch, dass das Gesetz der säumigen Partei
einen spezifischen Rechtsschutz einräumt, mit dessen Hilfe sie sich gegen das zu
ihren Ungunsten ergangene Versäumnisurteil zur Wehr setzen kann. Es handelt sich
dabei um den in den §§ 338 ff. normierten **Einspruch**, der im Erfolgsfall dazu führt,
dass der Prozess in die Lage zurückversetzt wird, „in der er sich vor Eintritt der
Versäumnis befand", § 342.

---

[70] Beachte, dass der Richter mit dem Erlass des Versäumnisurteils zwei Anträgen des Klägers entspricht: dem allgemeinen Klagebegehren nach § 253 II Nr. 2 und dem Antrag gem.
§ 331 I 1.

340   Das Besondere des Einspruchs besteht demnach darin, dass er nicht wie ein Rechtsmittel (vgl. unten Rdnn. 389 ff.) den Rechtsstreit in eine höhere Instanz verlegt, sondern dass er dazu führt, dass der Prozess an der durch die Versäumnis abgebrochenen Stelle weitergeführt wird. Um das bewirken zu können, muss der **Einspruch statthaft** sein und die weiteren Zulässigkeitsvoraussetzungen erfüllen (ein beliebter Klausureinstieg!), § 341 I. Damit ergibt sich als Prüfungsreihenfolge für den Richter:

– Die Statthaftigkeit richtet sich zunächst nach § 338. Es muss also ein Versäumnisurteil i. S. d. §§ 330 bzw. 331 vorliegen; die unglücklicherweise so genannten unechten Versäumnisurteile sind dies gerade nicht! Darüber hinaus ist ein Einspruch auch dann als unstatthaft zu verwerfen, wenn er sich gegen das in § 345 (bitte lesen) beschriebene Zweite Versäumnisurteil richtet oder wenn ein Einspruchsverzicht nach § 346 erklärt worden ist.
– Der Einspruch muss ferner innerhalb der in § 339 eingeräumten Zwei-Wochen-Frist eingelegt werden. Weil es sich dabei um eine Notfrist handelt, ist eine Wiedereinsetzung nach § 233, Rdn. 241, möglich.
– Schließlich muss der Einspruch auch noch den Formerfordernissen des § 340 entsprechen. Die Formulierung des in § 340 III statuierten Begründungsgebots macht deutlich, dass ein Verstoß hiergegen die Präklusionsmechanismen des § 296 I, III auslösen kann.

341   Das Vorliegen dieser drei Punkte muss der Richter **von Amts wegen** prüfen. Er kann das ohne eine mündliche Verhandlung tun und das Ergebnis dieser Prüfung, wenn es negativ ausfällt, in einem Urteil festhalten, § 341 II. Dieses braucht, um wirksam zu werden, nicht verkündet, sondern in Analogie zu § 310 III nur zugestellt zu werden. Der Richter kann aber auch gleich eine mündliche Verhandlung anberaumen, in der über die Zulässigkeit des Einspruchs verhandelt wird, § 341 a. Diese doppelte Entscheidungsmöglichkeit in Verbindung mit der Alternative ‚zulässiger-unzulässiger Einspruch' addiert sich zu den folgenden Varianten:

342   Ist der **Einspruch zulässig**, wird der Prozess in der in § 342 beschriebenen Form fortgesetzt, ohne dass das Versäumnisurteil eine Bindungswirkung nach § 318 entfaltet. Wurde die Zulässigkeit dabei in einer mündlichen Verhandlung festgestellt, so kann entweder ein Zwischenurteil gem. § 303 ergehen, oder es wird das Ergebnis in den Gründen des schließlichen Endurteils erwähnt. Für die Formulierung dieses endgültigen Urteils macht § 343 eine Vorgabe: Soweit es mit dem Versäumnisurteil übereinstimmt, ist dieses aufrechtzuhalten. Der Richter schreibt dann also in den Tenor: „Das Versäumnisurteil vom ... wird aufrechterhalten." Damit ist dessen Aussage in hinreichender Weise in das Endurteil inkorporiert. Im gegenteiligen Fall muss das Versäumnisurteil demnach aufgehoben werden, § 343 S. 2, indem der Richter etwa tenoriert: „Das Versäumnisurteil vom ... wird aufgehoben. Die Klage wird abgewiesen."

343   Eine besondere, in der Praxis keineswegs seltene Fallkonstellation adressiert der bereits erwähnte § 345. Ist gegen die säumige Partei ein Versäumnisurteil ergangen und hat sie hiergegen einen zulässigen Einspruch eingelegt, erscheint sie aber – schuldhaft (dazu BGH NJW 1998, 3125 = JuS 1998, 1166 (K. Schmidt)) – schon wieder nicht in dem neu anberaumten Termin,[71] so ergeht ein **Zweites Versäumnis-urteil.**[72] Dessen Besonderheit besteht darin, dass es nicht mehr auf einen Einspruch hin aufgehoben werden kann; es kann aber auch durch die Berufung nur noch inso-weit angegriffen werden, als der Nachweis gelingt, „dass der Fall der schuldhaften Versäumung nicht vorgelegen habe", § 514 II 1.

Ist der **Einspruch dagegen unzulässig,** so wird er – ob mit oder ohne mündliche Verhandlung – durch ein Endurteil verworfen.   344

II Erledigungserklärung

Literatur: Bergerfurth, Erledigung der Hauptsache im Zivilprozeß, NJW 1992, 1655; Brox, Zur Erledigung der Hauptsache im Zivilprozeß, JA 1983, 289; Elzer, Einseitige Erledigterklä-rung vor Rechtshängigkeit nach dem ZPO-Reformgesetz, NJW 2002, 2006; W. Habscheid, Die Rechtsnatur der Erledigung der Hauptsache, FS Lent, 1957, 153; Jost/Sundermann, Re-duzierung des Verfahrensaufwandes nach der einseitigen Erledigungserklärung, ZZP 105, 1992, 261; G. Lüke, Fälle zum Zivilprozeßrecht, 2. Aufl., 1993, 103 (Fall 9).

Diese Form der Beendigung eines Zivilprozesses, die eine zwangsläufige Fol-   345
ge der Dispositionsmaxime ist, ist im Gesetz als Möglichkeit mehr angedeutet als tatsächlich geregelt. Infolgedessen rankt sich eine Vielzahl von Streitfragen um die Einzelheiten. Zu ihnen gehört etwa das Problem, ob außer der in § 91 a – im Kos-tenrecht also – angesprochenen übereinstimmend erklärten Erledigung auch eine einseitige Erklärung eine prozessbeendigende Wirkung hat und – bejahendenfalls – unter welchen Voraussetzungen.

1. Die übereinstimmende Erledigungserklärung

In einem derartigen Fall erklären beide Parteien übereinstimmend gegenüber dem   346
Richter, dass sich der Streit in der Hauptsache erledigt habe und deswegen keiner Entscheidung mehr bedürfe. Eine entsprechende Erledigungssituation kommt in der Praxis gar nicht einmal selten vor – beispielsweise, wenn der Beklagte während des Prozesses merkt, dass er keine Chance hat und deswegen gleich leistet; oder wenn die angeblich vom Beklagten geschuldete Leistung durch einen Umstand unmög-lich wird, der von keiner Partei zu vertreten ist, und dem Beklagten auch kein ggf. nach § 285 BGB herauszugebender Ersatz zufließt. Wenn beide Parteien daraufhin eine Erledigungserklärung abgeben, ist dem Richter damit der Boden für eine wei-tere Überprüfung der Klage entzogen; das gilt richtiger (wenn auch umstrittener) Ansicht nach in jedem Fall – egal ob das erledigende Ereignis nach oder schon vor dem Eintritt der Rechtshängigkeit eingetreten ist (Rosenberg/Schwab/Gottwald § 132 II 2 a). Da aber nun schon einmal der Richter bemüht worden ist und da

---

[71] Ist die Partei nicht in dem neu anberaumten, sondern in einem diesem nachfolgenden Termin säumig, ist § 345 ebenso wenig anwendbar wie in dem Fall, dass in dem neu anberaumten Termin nunmehr die Gegenseite säumig ist. In beiden Fällen ergeht daher ggf. ein erneutes (erstes) Versäumnisurteil.

[72] Zu der Frage, ob – in Anlehnung an die Aussage des § 700 VI – eine erneute Schlüssig-keitsprüfung vor Erlass des Zweiten Versäumnisurteils gegen den Beklagten erforderlich ist, s. (verneinend) BGH NJW 1999, 2599 = JuS 1999, 1238 (K. Schmidt).

infolgedessen **Kosten entstanden** sind, muss – wenigstens und nur mehr – über sie eine **Entscheidung** gefällt werden. In Fortsetzung des Verursachungsgedankens des § 91, Rdn. 109, ordnet § 91 a daher an, dass der Richter diese Entscheidung „unter Berücksichtigung des bisherigen Sach- und Streitstandes nach billigem Ermessen" treffen soll; er überprüft also überschlägig, wie der fortgesetzte Rechtsstreit wohl ausgegangen wäre und richtet danach die Kostenentscheidung in seinem Beschluss aus.

2. Die einseitige Erledigungserklärung

347   Es dürfte wohl unmittelbar einleuchtend sein, dass diese im Gesetz nicht vorgesehene Möglichkeit der Beendigung eines Prozesses wenn überhaupt, dann nur dem Kläger zustehen kann. Denn ein solcher Antrag durch den Beklagten liefe auf nichts anderes hinaus, als was er ohnedies regelmäßig mit der Klageabweisung beantragt. Wenn es denn also überhaupt diese Form der Erledigungserklärung geben soll, dann allenfalls **für den Kläger**. Der aber hat nach dem Gesetz grundsätzlich die Möglichkeit, die Klage gemäß dem alsbald darzustellenden § 269 zurückzunehmen. Jedoch muss er in einem derartigen Fall nahezu unweigerlich die Kosten des Rechtsstreits tragen, § 269 III 2. Und genau darum dreht es sich: Man empfindet nämlich diese Kostentragungspflicht dann als ungerecht, wenn der Beklagte beispielsweise die Zahlung deswegen leistet, weil er nach der Beweisaufnahme und vor Urteilserlass erkannt hat, dass er keinerlei Aussichten auf Erfolg hat. Auf der anderen Seite ist diese Kostentragungspflicht durchaus gerechtfertigt, wenn nicht der Beklagte, sondern der Kläger nach der Beweisaufnahme von der Unhaltbarkeit seiner Rechtsansicht überzeugt ist und den Rechtsstreit deshalb für erledigt erklären will.

348   Vor diesem Interessenwiderstreit ist es zu verstehen, dass die heute als zulässig erachtete und in Form eines Feststellungsantrags vorzubringende einseitige Erledigungserklärung des Klägers von den folgenden **zwei Voraussetzungen** abhängig gemacht wird; dass nämlich

– die Klage bislang zulässig und begründet gewesen ist und
– dass sie durch das nach (!) der Rechtshängigkeit eintretende Ereignis unzulässig oder unbegründet geworden ist.

Da im Falle der einseitigen Erledigungserklärung gerade keine übereinstimmende Disposition über den Streitgegenstand vorliegt, muss der Richter prüfen, ob er dem neuerlichen prozessualen Antrag des Klägers, § 264 Nr. 2, auf Abbruch des Prozesses stattgeben kann. Darüber muss er in jedem Fall durch Urteil entscheiden:

349   – Kommt er zu dem Ergebnis, dass die Klage **zulässig und** bis zu dem erledigenden Ereignis auch **begründet** war, so erklärt er in dem Tenor des Urteils: „Die Hauptsache ist erledigt. Der Beklagte trägt die Kosten des Verfahrens." Der Kläger kommt also in diesem Fall um die Kostentragungspflicht des § 269 III 2 herum.

350   – Stellt der Richter dagegen fest, dass die Klage entweder **unzulässig oder unbegründet** war, weist er die Klage ab. Das vorgetragene Ereignis konnte ja den

Rechtsstreit gar nicht erledigen. Infolgedessen richtet sich die Kostenentscheidung auch nicht nach § 91 a, sondern nach der Grundregel des § 91.[73]

– Eine schließliche Möglichkeit liegt noch darin, dass der Richter zu dem Ergebnis   **351**
kommt, dass ein den Prozess **erledigendes Ereignis gar nicht stattgefunden**
habe – der vorgetragene außergerichtliche Vergleich war etwa von Anfang an
unwirksam. Dann muss der Richter natürlich den prozessualen Antrag des Klägers auf Feststellung der Erledigung abschlägig verbescheiden; und zwar selbst
dann, wenn der ursprüngliche Hauptantrag eigentlich begründet wäre. In einem
solchen Fall sollte man davon ausgehen, dass der Kläger diesen ursprünglichen
Antrag wenigstens hilfsweise aufrechterhält (s. auch BGH NJW 1965, 1597), so
dass der Richter zumindest insoweit ein zusprechendes Urteil erlassen kann.

III Klagerücknahme

Literatur: Henckel, Die Klagerücknahme als gestaltende Verfahrenshandlung, FS Bötticher,
1969, 173; Hinz, Zeitliche Grenzen der Klagerücknahme, JZ 1968, 11; Walther, Klageänderung und Klagerücknahme, 1969.

1. Die Interessenlage

Neben dem zuvor erörterten Versäumnisurteil, dem Anerkenntnis bzw. Verzicht, der   **352**
Erledigungserklärung und neben dem unter Rdnn. 485 ff. dargestellten Prozessvergleich führt auch noch die in § 269 für zulässig erklärte Klagerücknahme dazu, dass
der Rechtsstreit anders als durch ein kontradiktorisches Endurteil beendet wird. Die
Besonderheit dieser prozessualen Möglichkeit ergibt sich daraus, dass der Kläger
gewissermaßen eine 180-Grad-Wendung macht: Das, was er zunächst in Gestalt
seines Klagebegehrens bestätigt haben wollte, soll das Gericht nunmehr ignorieren. Dagegen ist unter dem Gesichtspunkt der Dispositionsmaxime an sich nichts
einzuwenden. Doch sind da noch die **Interessen des Beklagten** im Spiel: Da eine
Klagerücknahme nämlich zwangsläufig dazu führen muss, dass der Rechtsstreit als
zu keiner Zeit rechtshängig zu behandeln ist und damit immer wieder neu aufgerollt
werden könnte, muss dem Anliegen des Beklagten Rechnung getragen werden, dass
eben dieser Rechtsstreit zur Not auch gegen den Willen des Klägers einer rechtskräftigen, definitiven Entscheidung zugeführt werden kann.

2. Die Ausgestaltung

Das Gesetz reagiert auf die soeben dargestellte Interessenlage, indem es zunächst   **353**
einmal dem Kläger die Rücknahme seiner Klage (grundsätzlich) auf seine Kosten,
§ 269 III 2, gestattet; d. h. er muss sämtliche angefallenen Kosten – auch die des
Gegners und des Gerichts – tragen.[74] Diese Befugnis ist an **zeitliche**, nicht aber an

---

[73] Können Sie nunmehr erklären, warum im Falle der einseitigen Erledigungserklärung –
im Gegensatz zur übereinstimmenden – verlangt wird, dass das erledigende Ereignis erst
nach Rechtshängigkeit eingetreten ist? Vgl. auch Elzer lt. Lit.-Angaben.

[74] Das Gericht muss notfalls, d. h. wenn ein etwaiger Aufklärungsversuch nach § 139 I
aus welchen Gründen auch immer erfolglos ist, im Wege der Auslegung des Antrags
herauszufinden versuchen, ob der Kläger tatsächlich eine Klagerücknahme begehrt oder

sachliche Schranken gebunden. In sachlicher Hinsicht steht es dem Kläger frei, ob er die gesamte Klage oder nur einzelne Teile seines Anspruchs, vgl. § 264 Nr. 2, zurücknimmt. In zeitlicher Hinsicht kann er das jedoch frühestens ab Rechtshängigkeit, Rdnn. 99 ff., und spätestens unmittelbar vor Eintritt der Rechtskraft (also eventuell sogar noch in der Revisionsinstanz) tun. Die Rücknahme muss naturgemäß dem Gericht gegenüber erklärt werden, § 269 II 1.

354   Das Gesetz **schützt den Beklagten** in § 269 I dergestalt, dass es dessen Einwilligung zur Rücknahme ab dem Zeitpunkt verlangt, ab dem er sich auf den Rechtsstreit in deutlich erkennbarer Weise eingelassen hat. Nun könnte man natürlich bei realistischer Betrachtungsweise sagen, dass eine derartige Einlassung gerade in einem Anwaltsprozess schon dann vorliegt, wenn der Beklagte zu seinem Anwalt geht und ihm die frisch zugestellte Klageschrift mit der Bitte (und dem Vorschuss!, vgl. § 17 BRAGO) vorlegt, die Klageerwiderung aufzusetzen. Basierend auf der Idee des § 129, dass dieser Schriftsatz lediglich vorbereitenden Charakter hat, hat sich § 269 I für einen anderen Zeitpunkt entschieden: für denjenigen nämlich, zu dem sich der Beklagte in der mündlichen Verhandlung zur Hauptsache erklärt. Was damit genau gemeint ist, ist in den Einzelheiten umstritten; Äußerungen in der Güteverhandlung gem. § 278 II genügen aber jedenfalls nicht. Die Grenzlinie liegt wohl zwischen den Fällen, in denen sich der Beklagte bislang lediglich zu Zulässigkeitsfragen geäußert hat – dann ist seine Einwilligung nicht erforderlich –, und denen, in denen er zusätzliche, sogar nur hilfsweise Ausführungen zur materiellen Rechtslage gemacht hat – dann ist seine Einwilligung vonnöten. Nach einer gebräuchlichen Formel genügt ferner die Stellung eines Klageabweisungsantrags, sofern er nicht erkennbar auf ein bloßes Prozessurteil hinausläuft. Für die Einwilligung anlässlich einer Rücknahme **außerhalb der mündlichen Verhandlung** sieht § 269 II 4 eine Fiktion durch Zeitablauf vor.

Einen weiteren Schutz erhält der Beklagte dann, wenn sich der Kläger (etwa in einem außergerichtlichen Vergleich) zur Klagerücknahme verpflichtet hat, diesem so genannten **Klagerücknahmeversprechen** jedoch nicht nachkommt. Der Beklagte kann unter diesen Umständen in dem Prozess eine eigene Einrede erheben – exceptio doli (§ 242 BGB, vgl. Rdn. 223) –, die begründetenfalls zur Abweisung der Klage als unzulässig führt.

3. Die Wirkungen

355   Die wichtigste Folge der Klagerücknahme wurde bereits angesprochen. Der Rechtsstreit wird angesehen, „als (sei er) nicht anhängig geworden", so dass auch ein eventuell schon ergangenes Urteil etwa der Vorinstanz(en) hinfällig wird, § 269 III 1. Die weitere Folge dieser Rückwirkung muss dann natürlich auch die erneute Klagbarkeit des Begehrens sein, ohne dass irgendwelche Rechtshängigkeits- oder gar Rechtskraftsperren bestünden. Die einzige Barriere, die das Gesetz in dieser Hinsicht aufbaut, ist die des Abs. 6. Danach kann der Beklagte verlangen, dass ihm der Kläger zunächst einmal die vorgeschossenen (insbesondere Anwalts-)Kosten

---

einen Klageverzicht nach § 306 oder ob er den Streit in der Hauptsache lediglich für erledigt erklärt haben will (vgl. Zeiss Rdn. 494).

des vorigen, durch Rücknahme beendeten Prozesses erstattet; s. allerdings auch § 269 III 3, dem gemäß ausnahmsweise einmal der Beklagte die Kosten tragen muss. Der Kläger muss bei der Rücknahme schließlich noch beachten, dass die üblicherweise mit einer Klageerhebung verbundene Verjährungshemmung wieder entfällt; § 204 II 1 BGB ordnet diese Folge eigens an.

IV Klageänderung

Literatur: J. Blomeyer, Die Klagänderung und ihre prozessuale Behandlung, JuS 1970, 123 und 229; G. Lüke, Fälle zum Zivilprozeßrecht, 2. Aufl., 1993, 136 (Fall 12); Pawlowski, Klageänderung und Klagerücknahme, FS Rowedder, 1994, 309.

Die schon mehrfach erwähnte Grundstruktur des Erkenntnisverfahrens basiert **356** auf der Vorstellung, dass ein zwischen den Parteien entstandener Streit um eine Rechtsposition durch das Gericht verbeschieden und damit ein für allemal erledigt werden soll. In Übereinstimmung mit den Prinzipien des materiellen Rechts verbleibt den Parteien die Möglichkeit, diesen Streit bis zur rechtskräftigen Entscheidung weiterzuführen oder aber ihn der richterlichen Entscheidungsbefugnis zu entziehen. Mit der Einräumung dieser beiden Möglichkeiten ist jedoch noch keineswegs die weitere eröffnet, den Gegenstand des Streites während eines einmal eingeleiteten Verfahrens zu ändern: im schlimmsten Fall also statt Feststellung des Eigentums an dem Grundstück nunmehr Schmerzensgeld wegen einer Körperverletzung zu verlangen. Auch wenn die §§ 260, 261 II eine nachträgliche Kumulation dieser Ansprüche grundsätzlich zulassen, zeigt insbesondere § 261 III, dass es während der gesamten Rechtshängigkeit grundsätzlich bei demjenigen Streit bleiben soll, der dem Gericht ursprünglich vorgelegt worden ist. Demgemäß sprechen Baur/Grunsky (Rdn. 114) etwa von einem **grundsätzlichen Verbot der Klageänderung**. Dahinter steckt die einleuchtende Wertung, dass der Beklagte sich auf den Streitgegenstand einstellen können soll, nachdem er nun schon einmal von dem Kläger mit einer Klage überzogen worden ist.

1. Änderung

Freilich lehrt bereits ein flüchtiger Blick auf die §§ 263 und 264, dass dieser Grund- **357** satz erhebliche Einschränkungen aufweist. Infolgedessen kommt man um die – in der Praxis höchst schwierige – Festlegung dessen nicht herum, was eine Änderung ist. Dass es hierbei eine Fülle von Streitfragen gibt, ist deswegen nicht weiter verwunderlich, weil eine Klageänderung die Änderung des **Streitgegenstandes** impliziert. Neben seiner Bedeutung bei der Feststellung der Klagenhäufung, der Rechtshängigkeit und der Rechtskraft spielt also der Streitgegenstandsbegriff hier eine weitere, wichtige Rolle. Und so, wie dieser Begriff umstritten ist, müssen es zwangsläufig dann auch die Einzelheiten der Klageänderung sein. Wenn man daher der auch hier vertretenen (Rdn. 105) h. M. folgt und als Streitgegenstand den geltend gemachten prozessualen Anspruch bezeichnet, wie er sich in Verbindung mit dem zugrunde liegenden Lebensvorgang darstellt, ist auch schon jede Änderung des Lebensvorgangs eine Klageänderung. Allerdings ist noch einmal darauf hinzuweisen, dass der Begriff des ‚Lebensvorgangs' weiter ist als der des ‚Sachverhalts' (bitte noch einmal Rdn. 105 überfliegen): Wenn also der Kläger nunmehr sagt, er habe sich die Verletzung nicht im Garten am Zaun, sondern im Wohnzimmer auf der Couch zugezogen, so bleibt der Streitgegenstand dadurch derselbe. Das besagt auch § 264 Nr. 1, der Ergänzungen und Berichtigungen der tatsächlichen oder rechtlichen Grundlagen des einmal geltend gemachten Anspruchs als ohne weiteres zulässig erklärt. Freilich wird dadurch die Abgrenzungsproblematik nur verschoben und nicht geklärt; denn der Übergang von Ergänzung oder Berichtigung zur Änderung lässt sich nun einmal nicht exakt festlegen.

358   § 264 bringt in den Nrn. 2 und 3 zwei **Varianten einer Klageänderung**, die er aber nicht nach § 263 behandelt wissen will, sondern die der Kläger ohne weiteres vornehmen darf:

–   Die in Nr. 2 angesprochene Erweiterung oder Beschränkung wird nicht nur als quantitative Möglichkeit verstanden – der Kläger verlangt statt € 10.000,– nunmehr € 7.000,– (hierbei fällt die Abgrenzung zur Klagerücknahme allerdings besonders schwer, vgl. Pawlowski lt. Lit.-Angaben) oder er will jetzt Zinsen i. H. v. 7 % –, sondern auch als eine qualitative – der Kläger wechselt von dem Auskunfts- zu dem Leistungsbegehren (BGH NJW 1979, 925).

–   Für eine zulässige Klageänderung i. S. v. § 264 Nr. 3 können zwar sowohl der Antrag als auch der Lebensvorgang geändert werden; doch muss der Klagegrund als solcher der gleiche bleiben. Ist die Änderung nach Erhebung der Klage eingetreten – ist also beispielsweise das herausverlangte Auto zwischenzeitlich zu Schrott gefahren worden – oder hat der Kläger erst nachträglich davon erfahren, kann er jetzt ohne weiteres seine Klage auf Schadensersatz richten.

2. Zulässigkeit

359   Sieht man einmal von den in § 264 zugelassenen Änderungen ab, ist eine Klageänderung ansonsten gem. § 263 nur dann möglich, wenn der Beklagte entweder mit ihr einverstanden ist oder wenn das Gericht die Änderung für sachdienlich erachtet. Was das Erfordernis der **Einwilligung** anbelangt, so soll der Beklagte auf diese Weise geschützt werden; er hat ja womöglich ein Interesse daran, dass der vom Kläger erhobene Anspruch rechtskräftig abgewiesen wird. Die Entscheidung darüber, ob er diesen Schutz beanspruchen will, soll ihm grundsätzlich belassen werden. Seine Einwilligung braucht er nicht notwendigerweise ausdrücklich zu erklären; es genügt auch eine konkludente Handlung nach § 267.

360   Bei aller Schutzbedürftigkeit hat sich jedoch im Gerichtsalltag immer wieder einmal gezeigt, dass ein Beklagter weniger aus schutzwürdigem Eigeninteresse die Änderung abgelehnt hat als vielmehr, um Zeit zu gewinnen und dem Kläger erhöhte Kosten aufzubürden. Ohne Einwilligung muss nämlich die alte Klage mit der Kostenfolge des § 269 III bzw. § 91 zurückgenommen oder abgewiesen werden, und der Kläger muss eine neuerliche Klage erheben. Daran ist er deswegen nicht gehindert, weil es sich um einen neuen Streitgegenstand handelt und somit keine Rechtskraft entgegensteht. Allerdings kommt es auf diese Weise zu einer Mehrbelastung der Gerichte, weil ja ein neuer Prozess eingeleitet wird. Um diesen Missbrauchsmöglichkeiten des Beklagten begegnen und den Umweg über eine erneute Klage vermeiden zu können, kann das Gericht seinerseits die fehlende Beklagteneinwilligung überspielen, indem es die Änderung für sachdienlich erklärt. Die Entscheidung über eine derartige **Sachdienlichkeit** trifft es im Hinblick auf die Prozesswirtschaftlichkeit, d. h. danach, ob die Zulassung der Änderung die endgültige Beilegung des Streits fördert oder nicht.[75] Dadurch wird übrigens die Dringlichkeit der Frage, ob eine Änderung des Streitgegenstandes vorliegt oder nicht, für die Praxis zumindest wesentlich entschärft.

V Veräußerung der streitbefangenen Sache

Literatur: Bork/Jacoby, Einzelrechtsnachfolge im Mahnverfahren, JZ 2000, 135; Grunsky, Die Veräußerung der streitbefangenen Sache, 1968; Henckel, Die Veräusserung der Streitsache, FS Walder, 1994, 193; Kiefner, Ut lite pendente nil innovetur, GS Kunkel, 1984, 117; J. Kohler, Funktionales Recht – Zum Wandel im Rechtsdenken, dargestellt an einem zivilprozessualen Beispiel, AcP 192, 1992, 255; Merle, Die Veräußerung des streitbefangenen Gegenstandes, JA 1983, 626; K. Schmidt, Unzulässige Berufungseinlegung durch den Rechtsnachfolger des Klägers – BGH, NJW 1996, 2799, in: JuS 1997, 107.

1. Die Problematik

Wenn § 265 I die Veräußerung einer streitbefangenen Sache für zulässig erklärt, so ist das ein Indiz dafür, dass man sie in den Zeiten vor Erlass dieser Norm irgendwann einmal als unzulässig erachtet hat. Man hatte damit die klarste (wenn auch wenig verkehrsfreundliche) Lösung des mit einer solchen Veräußerung verbundenen Konflikts gewählt. Dieser Konflikt ergibt sich daraus, dass die Partei – sei es der Kläger, sei es der Beklagte – durch das Veräußerungsgeschäft mitten im Prozess die Sachlegitimation verliert. Infolgedessen müsste der Prozess streng genommen abgebrochen und wegen Fehlens der Aktiv- oder Passivlegitimation durch klageabweisendes Sachurteil (!) verbeschieden werden. Derlei unerfreuliche Konsequenzen vermeidet man, wenn man die Veräußerung der streitbefangenen Sache kategorisch verbietet.

361

2. Die Lösung des § 265

Diesen sicheren Weg schlägt die ZPO jedoch nicht ein; sie belässt es aber auch nicht bei der aufgezeigten Konsequenz. Vielmehr lässt § 265 II 1 die veräußernde Partei weiterhin als **Prozessstandschafter**, Rdn. 47, in dem Prozess agieren und bindet den Erwerber über § 325 an die Rechtskraft des Urteils, vgl. Rdn. 316. Diese hier nur grob gezeichnete Linie bedarf jedoch noch einiger Verfeinerungen.

362

(a) Terminologisches

Die Begriffsverwendung des § 265 I ist erklärungsbedürftig. Wenn dort außer von dem ‚geltend gemachten Anspruch' von der ‚in Streit befangenen Sache' die Rede ist, so darf man sich darunter zunächst nicht nur die in § 90 BGB angesprochenen körperlichen Gegenstände vorstellen, sondern muss von dem **weiteren Begriff des**

363

---

[75] Vgl. Thomas/Putzo-Reichold § 263 Rdn. 8.

Gegenstands ausgehen; demgemäß werden von § 265 I auch Rechte erfasst. Darüber hinaus bedeutet die Streitbefangenheit, dass eine Veräußerung die jeweilige Sachlegitimation nimmt (BGHZ 39, 21): Klagt K gegen B auf Herausgabe nach § 985 BGB, so liegt ein Fall des § 265 I vor, wenn B die in seinem Besitz befindliche Sache an D veräußert. Ein weiterer Fall des § 265 I ist es, wenn K etwa auf Rückzahlung des Darlehens klagt und während des Prozesses seinen Anspruch an Z abtritt; hier ist der geltend gemachte Anspruch der Darlehensanspruch. Diese Vorgaben sind zu beachten, wenn K beispielsweise aus dem Kaufvertrag auf Übereignung und Übergabe klagt und B nunmehr die Kaufsache an einen Dritten D veräußert. Das ist kein Fall des § 265 I! Denn die im Streit befangene Sache (bzw. der geltend gemachte Anspruch) ist **der Anspruch** aus § 433 I BGB, nicht aber die gekaufte Sache selbst. § 265 knüpft also direkt an die vom materiellen Recht vorgegebene Vermögenszuordnung an.[76]

(b) Prozessuales

364   Es wurde schon gesagt, dass der Veräußernde den Prozess weiterführen muss, weil ihm § 265 II 1 die Prozessführungsbefugnis belässt. Nur wenn die Gegenpartei mit dem Wechsel einverstanden ist, kann der Erwerber die Parteirolle des Veräußernden übernehmen, § 265 II 2. Diese prozessualen Besonderheiten ergeben sich aus dem Gesetz; nicht jedoch die weitere, die die h. M. als ein zusätzliches Erfordernis für den Fall verlangt, dass der **Kläger Veräußernder** ist. Wenn er nämlich als Prozessstandschafter weiterhin agiere, so verlange er mit seinem Klageantrag Leistung an sich, obwohl sie ihm nach der Veräußerung materiell-rechtlich gar nicht mehr zustehen kann. Folglich müsse er seinen Klageantrag dergestalt umstellen, dass er nunmehr Leistung an den Veräußerungsempfänger verlange (**Relevanztheorie**). Anderenfalls wird ihm die Klage als unbegründet abgewiesen.

3. Besonderheit

365   Der Begriff der Veräußerung verlangt (abgesehen von der unterstellten Berechtigung) die materiell-rechtlich wirksame Weggabe des fraglichen Gegenstandes aus dem eigenen Vermögen, sei es aufgrund Rechtsgeschäfts oder aufgrund staatlichen Hoheitsaktes oder Gesetzes, wie etwa im Falle eines gesetzlichen Forderungsübergangs (cessio legis), auch wenn es in den beiden letztgenannten Fällen streng genommen keinen Veräußernden gibt. Entscheidend ist nur, dass eine Einzelrechtsnachfolge und nicht eine Gesamtrechtsnachfolge eintritt; für sie gelten die anschließenden Ausführungen zu den §§ 239 ff. In Anbetracht dieses Veräußerungsbegriffs können natürlich auch Situationen auftreten, in denen die Vorschriften über den **redlichen Erwerb** eingreifen. Die für die Rechtskrafterstreckung sorgende Regelung des § 325 sieht in ihrem Abs. 2 denn auch diese Möglichkeit ausdrücklich vor. Wenn danach der Erwerber aufgrund seines guten Glaubens bewirken kann, dass sich die Rechtskraft des zwischen dem Veräußerer und dem Gegner erstrittenen Urteils auf ihn nicht zu seinen Lasten erstreckt, so entfiele in diesem Moment der oben, in Rdn. 362, beschriebene Schutzmechanismus zugunsten des Gegners. Denn

---

[76] Was würden Sie K im letztgenannten Fall anraten?

er müsste jetzt einen Prozess zu Ende führen, dessen Ergebnis ihm nur schaden kann – obsiegt nämlich der Veräußerer, profitiert der Erwerber von § 325 I; verliert dagegen der Veräußerer, kann sich der Erwerber auf § 325 II berufen. Um diese Konsequenz zu vermeiden, sieht § 265 III die folgende Lösung vor:

– Sofern der **Kläger der Veräußernde** ist, kann der Beklagte ihm nach dem gutgläubigen Erwerb der streitbefangenen Sache durch den Dritten vorhalten, er sei weder materiell-rechtlich sachlegitimiert noch prozessual zur weiteren Prozessführung berechtigt. Die Prozessstandschaft des Abs. 2 steht nämlich unter der ungeschriebenen Bedingung, dass sich die Rechtskraft des Urteils auf den Erwerber erstreckt. Daraufhin kann oder sollte der Kläger entweder die Klage zurücknehmen, § 269, oder den Rechtsstreit für erledigt erklären.   **366**

– **Veräußert der Beklagte** die Sache an einen gutgläubigen Dritten, bietet § 265 keine Lösung dieses Konflikts an. Infolgedessen müssen die allgemeinen Regeln eingreifen. Weil nach ihnen der Beklagte Partei bleibt, § 265 II 1, kann der Kläger seinen Klageantrag von der – durch die Veräußerung unmöglich gewordenen – Sachleistung auf die Zahlung von Ersatz umstellen; etwa nach den §§ 280 I, III, 283, 816 I 1, 989 BGB. Diese Form der Klageänderung gestattet ihm § 264 Nr. 3, ohne dass der Beklagte seine Einwilligung dazu erklären müsste.   **367**

VI Parteiwechsel

Aus den verschiedensten Gründen kann es dazu kommen, dass während eines laufenden Zivilprozesses eine der Parteien gegen eine bisherige Nichtpartei ausgetauscht werden muss. Im Falle des Todes ist dieses Erfordernis unmittelbar einleuchtend, doch gibt es darüber hinaus auch noch weitere Situationen, die eine derartige Notwendigkeit provozieren. Sie sind teilweise im Gesetz geregelt, teilweise wird der Parteiwechsel aber auch lediglich aufgrund eines praktischen Bedürfnisses zugelassen.   **368**

1. Gesetzlicher Parteiwechsel

Die Regelung des Gesetzes ist vornehmlich in den §§ 239–252 (bitte überfliegen, insbesondere den § 246) enthalten. Die praktisch wohl bedeutsamsten Fälle sind der in den Details in § 239 beschriebene Wechsel zwischen dem Verstorbenen und seinen Erben und der Wechsel zwischen dem Rechtsinhaber und seinem Amtsverwalter (Rdn. 47). Letzterenfalls tritt die in § 240 angeordnete Unterbrechung nach § 352 InsO auch dann ein, wenn über das Vermögen einer Partei im Ausland das Insolvenzverfahren eröffnet worden ist.   **369**

2. Gewillkürter Parteiwechsel

Literatur: de Boor, Zur Lehre vom Parteiwechsel und vom Parteibegriff, 1941; Henckel, Parteilehre und Streitgegenstand im Zivilprozeß, 1961; J. Kohler, Die gewillkürte Parteiänderung, JuS 1993, 315.

Es wurde schon oben, Rdn. 44, darauf hingewiesen, dass die Festlegung der richtigen Partei große Schwierigkeiten bereiten kann und dass dies bisweilen sogar   **370** detektivische Fähigkeiten voraussetzt. Dementsprechend stellt sich bisweilen erst während des Verfahrens heraus, dass etwa wegen § 179 I BGB nicht der Vertretene, sondern der falsus procurator zu verklagen gewesen wäre oder dass eine andere als die beklagte öffentliche Körperschaft Haftender i. S. d. § 839 BGB, Art. 34 GG ist. Nach dem Gesetz ist der Kläger in solchen Fällen darauf verwiesen, die Klage zurückzunehmen und erneute Klage, nunmehr gegen den Sachlegitimierten, zu erheben. Vor einer ganz entsprechenden Notwendigkeit steht, wie oben (Rdn. 360) gezeigt wurde, der Kläger, der die Klage ändern will, dem aber der Beklagte seine Einwilligung verweigert. Hier hilft der § 263 aus Gründen der Prozesswirtschaftlichkeit, indem er an die Stelle der Einwilligung die Sachdienlicherklärung des Gerichts setzt. Man fragt sich nunmehr und streitet darum, ob diese Möglichkeit auch für den gesetzlich nicht geregelten Fall des gewillkürten Parteiwechsels gelten soll.

371   Auf den ersten Blick liegt eine bejahende Antwort nahe. Doch ergibt sich bei dem gewillkürten Parteiwechsel ein Problem, das bei der Klageänderung nicht besteht (oder doch nicht in gleicher Intensität). Wer nämlich als neue Partei in einen bereits begonnenen Prozess hineingezogen wird, **verliert** damit u. U. gewisse **prozessuale Positionen** – im ärgsten Fall gar eine Tatsacheninstanz, wenn das Verfahren bereits in der Berufung ist. Infolgedessen ist die Schutzbedürftigkeit der betreffenden Neupartei hier wesentlich stärker als bei einer Klageänderung. Die Rechtsprechung verfolgt bei allen Schwankungen im Detail die Linie, dass sie einen Kläger- wie auch einen Beklagtenwechsel in jeder Phase des Verfahrens immer dann gestattet, wenn alle Beteiligten dem zustimmen (als Beispiel etwa OLG München NJW-RR 1998, 788). In der ersten Instanz lässt sie einen Parteiwechsel (auf jeder Seite) unter bestimmten Voraussetzungen auch ohne Zustimmung der Beklagten zu: Der ausscheidende Beklagte muss nur dann zustimmen, wenn die zeitliche Schranke des § 269 I bereits passiert wurde. Die Zustimmung des bleibenden bzw. neuen Beklagten kann das Gericht durch eine Sachdienlicherklärung ersetzen; das entspricht der Regelung der Klageänderung. In der zweiten Instanz wendet die Rechtsprechung beim Klägerwechsel ebenfalls die Regeln über die Klageänderung an, beim Beklagtenwechsel dagegen verlangt sie grundsätzlich die Zustimmung sowohl des alten wie des neuen Beklagten; allerdings hält sie die letztere Erklärung dann für entbehrlich, wenn die Zustimmung rechtsmissbräuchlich verweigert wird.[77] Dafür gibt es freilich keinerlei gesetzliches Vorbild.

372   Doch wie auch immer man sich bei diesem im Gesetz nun einmal nicht geregelten Problem entscheiden will, der Richter muss im praktischen Anwendungsfall darauf bedacht sein, dass die neue Partei **keinen Nachteil** erleidet. Obwohl vom Gesetz nicht vorgesehen, muss sie daher ein Geständnis der alten Partei auch über § 290 hinaus ebenso widerrufen können wie auch ein Anerkenntnis i. S. d. § 307.

---

[77] Diese Grundsätze wendet die Rechtsprechung im Wesentlichen auch an, wenn nicht eine Partei durch eine andere ersetzt werden soll, sondern wenn eine weitere Person als zusätzliche Partei auf Kläger- oder Beklagtenseite auftreten will – der so genannte Parteibeitritt.

VII Einbeziehung Dritter in den Prozess

Literatur: W. Lüke, Die Beteiligung Dritter im Zivilprozeß, 1993, Schäfer, Nebenintervention und Streitverkündung, 1990; Schultes, Beteiligung Dritter am Zivilprozeß, 1994; Spellenberg, Drittbeteiligung im Zivilprozeß in rechtsvergleichender Sicht, ZZP 106, 1993, 283; Windel, Zur prozessualen Stellung des einfachen Streithelfers (§§ 67, 71 Abs. 3 ZPO), ZZP 104, 1991, 321.

1. Nebenintervention

(a) Die Interessenlage

Aus dem materiellen Recht kennt man die Aussage, dass es kompliziert wird, wenn   **373**
mehr als zwei Personen im Spiele sind. Das ist im Zivilprozessrecht nicht viel anders (zur Streitgenossenschaft vgl. bereits Rdnn. 63 ff.); dem materiellen Anspruchsschema entsprechend basiert es auf dem **Zweiparteiensystem**, indem es den Rechtsstreit zwischen zwei Personen verbescheidet. Nun kann es aber gleichwohl Fälle geben, in denen ein zwischen K und B erstrittenes Urteil Auswirkungen auf die Rechtsposition eines Dritten D entfaltet – wenn etwa der Mandant K seinen Anwalt B auf Schadensersatz wegen Pflichtverletzung gem. § 280 I BGB verklagt und dessen Haftpflichtversicherer D im Falle eines klägerischen Erfolgs leisten müsste; oder wenn K als Gläubiger den Bürgen B verklagt, so dass dem Hauptschuldner D gegebenenfalls der Rückgriff des Bürgen nach § 774 BGB droht. Derartige Fallkonstellationen stellen den Gesetzgeber vor die Frage, wie er auf diese Außenwirkungen reagieren soll. Die Möglichkeiten reichen von ihrem Ignorieren bis hin zu einer Rechtskrafterstreckung (vgl. Rdn. 316), doch wäre Letzteres ein grobes Geschütz, weil der Dritte regelmäßig keinen Einfluss auf den Prozess hat und damit gewissermaßen unter einem „Urteil zulasten Dritter" zu leiden hätte. Um das zu vermeiden, schlägt die ZPO einen Mittelweg ein: Sie ignoriert grundsätzlich die Außenwirkung und belässt es damit bei dem sukzessiven Vorgehen in Zweierbeziehungen (K gegen B und, falls B verloren hat, B gegen D). Sie gibt aber D die Möglichkeit, sich an dem zwischen K und B laufenden Verfahren zu beteiligen, um auf diese Weise B (oder – in anderen Konstellationen – natürlich auch K) unterstützen zu können. Damit wird D nicht etwa Partei; vielmehr erlangt er eine eigenständige Position, die man herkömmlicherweise als **Nebenintervenient** oder auch **Streithelfer** bezeichnet.

(b) Voraussetzungen

Aus der grundsätzlichen Geltung des Zweiparteiensystems folgt, dass eine Nebenin-   **374**
tervention an bestimmte, eng umrissene Voraussetzungen geknüpft sein muss. Diese ergeben sich aus § 66.

   a. Danach muss zunächst ein **Rechtsstreit zwischen anderen Personen anhän-**   **375**
   gig sein. Der Nebenintervenient darf also in dem Prozessrechtsverhältnis, dem er beitreten will, weder Partei noch deren gesetzlicher Vertreter sein – wohl aber ein einfacher Streitgenosse; denn als solcher hat er mit dem betreffenden Prozessrechtsverhältnis nichts zu tun, vgl. Rdn. 67. Daraus, dass der Rechtsstreit anhängig sein muss, zieht § 66 II die weitere Folgerung, dass die Nebenintervention in jeder Lage des Verfahrens möglich ist. Der dort genannte Eintritt

mittels der Einlegung eines Rechtsmittels ist sogar ein besonders typischer Fall (vgl. BGH NJW 1991, 229 mit Deubner, Aktuelles Zivilprozeßrecht, JuS 1991, 500 f.).

376   b. Der Nebenintervenient muss ein **rechtliches Interesse** daran haben, dass die von ihm unterstützte Partei den Rechtsstreit gewinnt. Die Schwierigkeit der Abgrenzung eines solchen von einem ideellen oder wirtschaftlichen Interesse, das für die Nebenintervention nicht ausreicht, wird man dadurch eingrenzen können, dass man ein rechtliches Interesse wenigstens im Grundsatz immer dann bejaht, wenn der Streithelfer zu der unterstützten Partei in einer rechtlichen Beziehung steht und ein daraus folgendes wirtschaftliches Interesse an dem Obsiegen dieser Partei hat (Baumgärtel/Prütting S. 50). Die klarsten Fälle eines rechtlichen Interesses sind diejenigen, in denen es zu einer Rechtskrafterstreckung etwa nach den §§ 325 ff. kommen kann; doch zählt hierher auch sonst jede Verschlechterung der eigenen Rechtsposition, die durch eine Niederlage der unterstützten Partei herbeigeführt würde.

377   c. Schließlich muss der Nebenintervenient noch die **Prozesshandlungsvoraussetzungen** (Rdn. 233) erfüllen, muss also insbesondere partei-, prozess- und postulationsfähig sein.

(c) Beitritt

378   Die Einbeziehung des Nebenintervenienten in den Prozess bezeichnet das Gesetz als Beitritt. Sofern er den förmlichen Anforderungen des § 70 entspricht, erfolgt er ohne weiteres; d. h. das Gericht nimmt von sich aus zunächst keinerlei Prüfungen hinsichtlich der Berechtigung und der Zulässigkeit der Nebenintervention vor, es werden also die eben genannten Voraussetzungen (a–c) nicht von Amts wegen geprüft. Das geschieht gem. § 71 erst und nur dann, wenn ein Antrag auf Zurückweisung gestellt wird, über den durch Zwischenurteil gem. § 303 zu entscheiden ist. Zu dem in § 71 I 2 verlangten Glaubhaftmachen des rechtlichen Interesses vgl. § 294 mit Rdn. 248.

Neben diesem in § 70 angesprochenen Beitritt gibt es den in der Praxis wohl noch häufigeren Fall der sogleich darzustellenden Streitverkündung, die ebenfalls auf einen Beitritt des Dritten abzielt, § 74.

(d) Stellung des Nebenintervenienten

379   Die Sonderstellung des Streithelfers, der weder Partei noch deren Vertreter wird, bringt § 67 dadurch zum Ausdruck, dass er den Nebenintervenienten **an die prozessuale Lage bindet**, in der sich der Rechtsstreit zur Zeit seines Beitritts befindet. Eventuell abgelaufene Fristen beginnen also nicht etwa von vorne zu laufen, sondern sind für ihn ebenso wie für die unterstützte Partei verpasst. Darüber hinaus darf sich der Nebenintervenient nach § 67 mit seinem Prozessverhalten nicht in Widerspruch zu dem der Hauptpartei setzen; er kann also etwa kein Rechtsmittel einlegen, wenn die Hauptpartei einen Rechtsmittelverzicht erklärt hat. Von diesen beiden Einschränkungen abgesehen, kann der Streithelfer jedoch alles tun, was den Prozesserfolg fördert. Er kann selbständig, d. h. im eigenen Namen, Angriffs- und

Verteidigungsmittel vorbringen, kann zugestehen, Rechtsbehelfe einlegen – kurzum, er kann sich gerieren wie die Partei selbst, ohne Partei zu sein. Diese Angleichung der Rollen geht so weit, dass eine Säumnis der Hauptpartei i. S. d. §§ 330, 331 nicht vorliegt, wenn nur der Nebenintervenient anwesend ist und verhandelt.

(e) Wirkung

Die Tatsache, dass dem Nebenintervenienten Gelegenheit gegeben wird, sich aktiv an dem Prozess der von ihm unterstützten Partei zu beteiligen, muss natürlich Konsequenzen haben, wenn der angestrebte Erfolg ausbleibt und sich die unterstützte Partei nunmehr an ihn wendet. Das Gesetz hat diese Konsequenzen nicht über eine Rechtskrafterstreckung geregelt, sondern in der in § 68 beschriebenen Gestalt, die man üblicherweise als **Interventionswirkung** bezeichnet. Sie unterscheidet sich von der Rechtskrafterstreckung dadurch, dass sie nicht auf die in dem Vorprozess gefällte Entscheidung über den Anspruch, sondern auf die Richtigkeit der dort getroffenen tatsächlichen und rechtlichen Feststellungen abstellt.[78] In einem nachfolgenden Prozess zwischen der Hauptpartei und dem Nebenintervenienten kann Letzterer nicht vortragen, der Vorprozess sei unrichtig entschieden worden: Für den in Rdn. 373 erwähnten Versicherer steht also fest, dass der Anwalt die Pflichtverletzung begangen hat und somit seinem Mandanten gegenüber schadensersatzpflichtig ist, oder für den Hauptschuldner, dass der Bürge dem Gläubiger gegenüber leistungspflichtig war. Die Interventionswirkung wirkt sich damit immer zugunsten, niemals zulasten der Hauptpartei aus (BGHZ 100, 257). Das wird noch durch die weitere, in § 68 genannte Einschränkung des Nebenintervenientenvortrags bekräftigt: Da der Streithelfer den Vorprozess mit nahezu den gleichen Befugnissen wie die Hauptpartei führen konnte, wird er mit dem Einwand, dieser Prozess sei mangelhaft geführt worden, nur gehört, wenn er eine der in § 68 2. Hs. aufgeführten Ausnahmen nachweisen kann.

380

2. Streitverkündung

Literatur: Kittner, Streithilfe und Streitverkündung, JuS 1985, 703; Laumen, Streitverkündung, Interventionswirkung und Beweislastverteilung bei alternativer Vertragspartnerschaft, FS Baumgärtel, 1990, 281.

(a) Besonderheit

Die Nebenintervention zeichnet sich dadurch aus, dass der Nebenintervenient von sich aus an einem Prozess teilnimmt, weil er aus Rechtsgründen an dem Erfolg der von ihm unterstützten Partei interessiert ist. Diese Teilnahme ist danach nicht rein altruistisch, aber doch auf eigene Initiative hin erfolgt. Nun wird aber eine solche Initiative dadurch gebremst, dass es die Interventionswirkung des § 68 gibt. Denn der Nebenintervenient kann sich praktisch niemals dessen sicher sein, dass die Hauptpartei den Prozess auch tatsächlich gewinnt; verliert sie ihn, so ist er als Streithelfer an dieses Ergebnis nach Maßgabe jener Norm gebunden. Diese Folge

381

---

[78] Eine Kombination von Rechtskrafterstreckung und Interventionswirkung wird von § 69 vorausgesetzt; derartige Fälle sind jedoch in der Praxis selten. § 69 wird ausgeschlossen in dem § 265 II 3 genannten Fall.

wirkt sich damit vielfach kontraproduktiv aus auf die Motivation eines Dritten, Streithelfer zu werden; da dies aber unter prozessrechtlichen Aspekten durchaus wünschenswert wäre, weil es den Nachfolgeprozess abkürzt, wenn nicht gar verhindert, hat das Gesetz in Gestalt der Streitverkündung Abhilfe geschaffen. Diese sorgt nämlich für eine Erstreckung der Interventionswirkung auf denjenigen, der nicht von sich aus, sondern **auf Veranlassung einer der Parteien** hin in den Prozess involviert wird, §§ 74 i.V. m. 68.

(b) Verfahren

382   Nach § 72 ist Voraussetzung einer Streitverkündung, dass ein Rechtsstreit (laut BGH ZIP 1997, 296, genügt bereits das selbständige Beweisverfahren, vgl. Rdn. 131) anhängig ist, in dem eine der Parteien einen **Streitverkündungsgrund** hat. Der besteht darin, dass diese Partei glaubt, im Falle eines Prozessverlustes einen Gewährleistungs- oder Regressanspruch gegen einen Dritten entweder zu erhalten oder ihm ausgesetzt zu sein. Ein Beispiel für die erste Alternative ist neben den Ansprüchen etwa aus den §§ 437, 536 f. oder 634 BGB die Entscheidung des

> OLG Köln NJW-RR 1992, 119 = JuS 1992, 350 (K. Schmidt): K hatte B auf Zahlung der aus einem Druckauftrag entstandenen Kosten verklagt. Als während dieses Prozesses erkennbar wurde, dass der Vertrag durch einen Vertreter ohne Vertretungsmacht geschlossen worden war, verkündete K diesem den Streit wegen des potentiellen Anspruchs aus § 179 BGB. Den Folgeprozess gegen den falsus procurator gewann er, wobei das Gericht wichtige Aussagen zum Umfang der Interventionswirkung macht; s. auch OLG Düsseldorf NJW 1992, 1176 = JuS 1992, 693 (K. Schmidt).

Beispiele für die zweite Alternative sind insbesondere solche Prozesse, die wie etwa bei der Kommission oder im Frachtrecht auf die Gefahr eines Dritten geführt werden, der gegebenenfalls Rückgriff nehmen kann (BGHZ 116, 95).

383   Nachdem die Befürchtung eines derartigen Anspruchs genügt („glaubt"), braucht die Existenz dieser Forderung nicht nachgewiesen zu werden, um die Streitverkündung zulässig zu machen; es genügt die berechtigte Annahme, dass ein solcher Anspruch entstehen könnte. Die Streitverkündung ist damit nichts Weiteres als die an die Förmlichkeiten des § 73 (bitte lesen) gebundene **Mitteilung an einen Dritten** (den Streitverkündungsempfänger oder Streitverkündeten), dass der Streitverkünder Partei eines anhängigen Rechtsstreits ist, aus dem er einen Streitverkündungsgrund herleitet und in dessen Wirkbereich er den Dritten daher einbeziehen will.

384   § 74 III ordnet die in ihrer praktischen Bedeutsamkeit gar nicht zu überschätzende Rechtsfolge an, dass der Dritte nunmehr von der **Interventionswirkung** des § 68 erfasst wird – und zwar unabhängig davon, wie er auf die Streitverkündung selbst reagiert. Ignoriert er sie, so wird der Prozess „ohne Rücksicht auf ihn fortgesetzt", § 74 II. Es ist daher auf alle Fälle für ihn empfehlenswerter, dem anhängigen Rechtsstreit des Streitverkünders beizutreten und dadurch nach § 74 I die Stellung eines Nebenintervenienten mit all ihren Gestaltungsmöglichkeiten zu erlangen.

3. Hauptintervention, Prätendentenstreit, Urheberbenennung

Literatur: Koussoulis, Aktuelle Probleme der Hauptintervention, ZZP 100, 1987, 211; Picker, Hauptintervention, Forderungsprätendentenstreit und Urheberbenennung, FS Flume I, 1978, 649.

a. Die in § 64 geregelte **Hauptintervention** ist eine selbständige, in der Praxis selten vorkommende Klage, mit der der Hauptintervenient die beiden Parteien eines anhängigen, noch nicht rechtskräftig verbeschiedenen Prozesses (Hauptprozess) verklagt und als Begründung dafür angibt, dass das Recht oder die Sache, um die im Hauptprozess gestritten wird, weder der einen noch der anderen Partei des Hauptprozesses zustehe, sondern ihm. Ein Beispiel dafür ist der Rechtsstreit zwischen K und B auf Herausgabe von Erbschaftsgegenständen nach § 2018 BGB, dessen Erfolg davon abhängt, dass K (und nicht B) Erbe ist. Wenn nun D sich für den wahren Erben hält, so kann er mittels der Hauptintervention diese Ansicht gegenüber den nunmehr als Streitgenossen verbundenen K und B in einem eigenen **Interventionsprozess** geltend machen. Dieser kann dann nach § 147 mit dem Hauptprozess verbunden werden; alternativ kann auch der Hauptprozess nach § 65 ausgesetzt werden. **385**

b. Der **Prätendentenstreit** des § 75 ist das prozessuale Pendant zu der materiell-rechtlichen Vorschrift des § 372 S. 2 BGB. So wie ein Schuldner hier zur Hinterlegung berechtigt ist, wenn er die Existenz seiner Leistungsverpflichtung nicht bestreitet, aber den richtigen Gläubiger nicht kennt, so erlaubt ihm § 75 dasselbe auch in dem Fall, dass er bereits von einem Gläubiger auf Leistung verklagt worden ist. Weil und sofern er die Forderung nicht bestreitet, sondern nur verhindern will, dass er eventuell zweimal leisten muss, wird ihm die Möglichkeit gegeben, sich aus dem Prozess zurückzuziehen. Voraussetzung dafür ist nur, dass er der anderen Person, die Gläubiger zu sein behauptet (prätendiert, daher Prätendentenstreit), den Streit verkündet und diese daraufhin tatsächlich dem Prozess beitritt. Hinterlegt daraufhin der Schuldner den geschuldeten Betrag unter Verzicht auf das Recht zur Rücknahme, vgl. § 378 BGB, so wird der Prozess zwischen den vermeintlichen Gläubigern fortgesetzt. Das ist ein gesetzlich geregelter Fall des Parteiwechsels.[79] **386**

c. Ein unter dem Aspekt der Prozesswirtschaftlichkeit vergleichbar sinnvoller Parteiwechsel wird durch die §§ 76, 77 ermöglicht, wenn der auf Herausgabe verklagte Beklagte zwar unmittelbarer Besitzer ist, aber behauptet, für einen anderen als den Kläger zu besitzen, oder wenn der auf Unterlassung in Anspruch Genommene behauptet, das Recht eines Dritten ausgeübt zu haben. Auch hier kann der Rechtsstreit mittels einer Streitverkündung auf den mittelbaren Besitzer, § 868 BGB, oder angeblichen Rechtsinhaber übertragen werden. Übernimmt dieser den Prozess nicht nach § 76 III, so ist der Beklagte ihm gegenüber jedenfalls nach Maßgabe des § 76 II von der Haftung befreit. **387**

---

[79] Zur Kontrolle: Was geschieht, wenn der „Gläubiger", dem der Streit von B verkündet wurde, nicht beitritt?

ZPO Reform ⊕

Ziel: Vermittlung von Struktur-
        wissen

aber doch sehr theoretisch
gehalten

⊕ Mustertexte

Rspr. nachweise teilweise im
Text , teilweise in den Fn.

L0314093

Springer
the language of science

Springer-Verlag
GmbH & Co.KG
Tiergartenstraße 17
D-69121 Heidelberg
Germany

Book Review Dept.
PR/Fachpresse
Service de Presse

Heidelberg
06.09.04

Durchwahl / Direct line

Tel.:
00 49 - 6221 487 - 0

FAX:
00 49 - 6221 487-8141

Lieferschein / Delivery Note / Bon de Livraison

Springer-Verlag · Postfach 10 52 80 · D-69042 Heidelberg

JuraMond Verlag München
Marcus Niedt
Redaktion: JuS-Magazin
Agnesstraße 66

80797 MÜNCHEN

Redaktion
JuS - Juristische Schulung Zeitschrift für Studium und
Ausbildung JuS-Magazin

Wir freuen uns, daß Sie sich für unsere Neuerscheinung
interessieren. Gerne überlassen wir Ihnen folgenden
Titel zur Rezension:

Paulus, Christoph G.

Zivilprozessrecht

Erkenntnisverfahren und Zwangsvollstreckung

3., überarb. u. aktualisierte Aufl.

2004. XXIII, 361 S. 600 g

Broschiert , EUR 22.95 *

SFR 39.50

* (Die Euro-Preise sind gültig in Deutschland und enthalten 7% MwSt für Bücher und 16% MwSt für elektronische Produkte.)

Springer-Verlag Berlin Heidelberg New York

3-540-43770-3

Die Autoren und wir würden uns über eine Besprechung sehr freuen.

Bitte schicken Sie einen Besprechungsbeleg an den Springer-Verlag. Heidelberg. Presse- und Öffentlichkeitsarbeit.

Telefon
(0 62 21) 487-0
Telefax
(0 62 21) 48 7 8366
Telegramm
Springerbuch
Internet
http://www.springer.de

Handelsregister
Amtsgericht Heidelberg
HRA 1007
Sitz Heidelberg

Persönlich haftende
Gesellschafterin
Springer-Verwaltungs-Gmbl
Amtsgericht
Berlin-Charlottenburg
93 HRB 7812
Sitz Berlin

Geschäftsführer
Professor Dr. Dietrich Götze
Rüdiger Gebauer
Dr. Hans-Dieter Haenel
Dr. Ulrich Vest

Teil V. Korrekturmöglichkeiten gerichtlicher Entscheidungen

Diese in der Praxis außerordentlich wichtige Rechtsmaterie kommt im Referen-   **388**
dars- wie im Assessorexamen allenfalls marginal vor. Deshalb beschränken sich die
nachfolgenden Ausführungen auf eine bloße Skizzierung der Grundlagen.

§ 1 Rechtsmittel

I Gemeinsamkeiten

Literatur: Rimmelspacher, Zugangsvoraussetzungen zum Rechtsmittelgericht, FS Schumann,
2001, 327.

Während das materielle Recht davon ausgeht, dass grundsätzlich alle von ihm   **389**
gewährten Rechtspositionen Rechtsschutz in dem Sinne genießen, dass sie erforderlichenfalls mit Hilfe eines Richterspruchs durchgesetzt werden können, räumen
die Verfahrensgesetze darüber hinaus auch noch in einer Vielzahl von Fällen die
Möglichkeit ein, eine einmal getroffene richterliche Entscheidung ihrerseits zu korrigieren. Das ist aus Gründen der Rechtsstaatlichkeit geboten oder doch zumindest
wünschenswert,[1] kann aber (wie etwa im Recht der Zwangsvollstreckung, vgl. unten, Rdnn. 658 ff.) bei einer allzu feinen Ausdifferenzierung zu einer Unübersichtlichkeit führen, die sich dann ihrerseits kontraproduktiv auswirkt.

Man fasst diese Korrekturmöglichkeiten üblicherweise unter dem Begriff   **390**
‚Rechtsbehelfe‘ zusammen. Aus der Menge dieser Behelfe ragt eine Untergruppe
heraus, die sich aus der Berufung, der Revision und der Beschwerde zusammensetzt
und die man wegen mehrerer, sogleich anzusprechender Besonderheiten mit dem
speziellen Begriff ‚**Rechtsmittel**‘ kennzeichnet.

1. Wirkungen

Den Rechtsmitteln sind zwei Wirkungen gemeinsam: Zum einen der so genann-   **391**
te **Suspensiveffekt**, der den Eintritt der formellen Rechtskraft (vgl. § 705 mit
Rdnn. 310, 469) hinausschiebt, und zum anderen der so genannte **Devolutiveffekt**,
der die Kontrolle einer höheren Instanz überantwortet, vgl. §§ 72, 119, 133 GVG.

---

[1] Zur Erinnerung: Art. 19 IV GG garantiert keinen Instanzenzug. Falls ein solcher jedoch
eingeräumt wird, muss er effektiv sein, BVerfG NJW 1997, 2163 = JuS 1998, 265 (Sachs).

2. Aufgabe

392 In einem allgemeinen Sinn kann man sagen, dass die Rechtsmittel dazu dienen, die der Vorinstanz eventuell unterlaufenen Fehler durch einen unvoreingenommenen Richter zu korrigieren; vgl. etwa

> BGH NJW 1995, 2563: Die Klägerin fiel während des Berufungsverfahrens in Konkurs (nach heutiger Diktion: es wurde ein Insolvenzverfahren über ihr Vermögen eröffnet). Obgleich damit der Verlust der Prozessführungsbefugnis der (Gemein-)Schuldnerin einhergeht und die ZPO deswegen in § 240 eine Unterbrechung des Verfahrens anordnet, lief der Prozess weiter und gelangte sogar vor den BGH. Dort erschien die Klägerin ohne einen beim BGH zugelassenen Anwalt und war deswegen säumig. Durch Versäumnisurteil verwies der BGH die Sache ohne Sachprüfung an das OLG zurück, weil der Fehler des Berufungsurteils einen absoluten Revisionsgrund darstelle.

393 Diese Aufgabenbeschreibung besagt noch nicht, wie weit die Korrekturmöglichkeiten reichen. Grundsätzlich betrachtet, können sie sich auch auf die tatsächlichen Feststellungen der Entscheidung erstrecken oder aber sich lediglich auf deren rechtliche Ausführungen beschränken. Eine Überprüfung im erstgenannten Sinn – also unter Einbeziehung der tatsächlichen und der rechtlichen Grundlagen – war bis zum 31.12.2001 das Markenzeichen von Berufungs- und Beschwerdeinstanz; hier wurden gewissermaßen „die Karten noch einmal völlig neu gemischt" – in tatsächlicher wie in rechtlicher Hinsicht. Das hat das ZPO-Reformgesetz des Jahres 2001 geändert: Die Aufgabe des Berufungsgerichts besteht seither nicht mehr darin, eine völlig neue Tatsacheninstanz zur Verfügung zu stellen, sondern darin, unter grundsätzlicher Zugrundelegung des in erster Instanz verwendeten Tatsachenstoffs die vorinstanzliche Entscheidung **auf Fehler hin zu überprüfen und diese ggf. zu beseitigen**. Die Revisionsinstanz dagegen beschränkt sich nach wie vor allein auf die Überprüfung der **rechtlichen Aspekte der Vorentscheidung**.

394 Aus der obigen Aufgabenbeschreibung wird des Weiteren nicht erkennbar, auf welche Weise die Korrektur erfolgt: Sie kann in Gestalt einer bloßen Ablehnung oder Aufhebung der Vorentscheidung vorgenommen werden (**Kassation**) oder im Wege **einer neuerlichen Entscheidung über den Rechtsstreit**. Letzteres ist die Vorgehensweise der Berufungs- und Beschwerdegerichte; das Revisionsgericht dagegen kassiert grundsätzlich, kann aber in bestimmten Fällen auch selbst eine Entscheidung zur Sache treffen.

3. Verfahrensfragen

395 Wenn gegen ein Endurteil (erst recht natürlich auch gegen ein Zwischenurteil) ein Rechtsmittel eingelegt wird, wird das alte Verfahren fortgesetzt. Es handelt sich also nach wie vor um denselben Prozess, auch wenn der erstinstanzliche Beklagte in der zweiten Instanz vielleicht Berufungskläger und in der Revision wieder Revisionsbeklagter ist. Wenn also die Einlegung eines Rechtsmittels unter keinen Umständen mit der Erhebung einer Klage verwechselt werden darf, muss bei der Frage nach dem Erfolg doch auch zwischen der **Zulässigkeit und Begründetheit**

des Rechtsmittels unterschieden werden. Und auch hier gilt nach nicht ganz unumstrittener Ansicht, dass der mit dem Rechtsmittel angegangene Richter (iudex ad quem – im Gegensatz zu dem Ausgangsrichter, iudex a quo) zuerst die Zulässigkeit des Rechtsmittels bejahen muss, bevor er deren Begründetheit prüfen kann.

(a) Zulässigkeit

Die Zulässigkeit eines Rechtsmittels setzt dreierlei voraus: seine Statthaftigkeit, die Wahrung von Frist und Form sowie schließlich eine Beschwer. Liegt auch nur eine dieser Voraussetzungen nicht vor, ist das Rechtsmittel zu **verwerfen**, §§ 522 I 2, 552 I 2, 572 II 2.

396

(aa) Statthaftigkeit

Diese Voraussetzung spielte bereits oben, Rdn. 340, bei der Einlegung eines Einspruchs gegen ein Versäumnisurteil eine Rolle. Die Statthaftigkeit beantwortet also die Frage danach, ob gegen die in Frage stehende Entscheidung überhaupt ein Rechtsmittel zur Verfügung steht und ob es von der befugten Person gegen den richtigen Gegner eingelegt wurde. Berufung und Revision richten sich gegen Endurteile, §§ 511, 542, oder andere, den Endurteilen ausdrücklich gleichgestellte Entscheidungen wie etwa Vorbehalts- oder Zwischenurteile nach den §§ 302 III, 304 II, 599 III. Die sofortige Beschwerde richtet sich gegen „die im ersten Rechtszug ergangenen Entscheidungen der Amtsgerichte und Landgerichte", § 567 I, bisweilen aber auch gegen ein Zwischenurteil, vgl. § 71 II; die Rechtsbeschwerde ist statthaft gegen bestimmte Beschlüsse, § 574 I.

397

Mit dem Erfordernis der Statthaftigkeit können sich Schwierigkeiten dann ergeben, wenn der Vorderrichter seine Entscheidung in einer falschen Form erlässt – wenn also statt eines Beschlusses ein Urteil oder wenn statt eines echten ein unechtes Versäumnisurteil ergeht, usw. Es wäre ein Verstoß gegen Art. 19 IV GG, wenn man einen derartigen Richterfehler sich zu Lasten der Parteien auswirken lassen würde (BVerfGE 81, 123, 129). Infolgedessen ist man sich darüber einig, dass in diesen Fällen grundsätzlich das **Prinzip der Meistbegünstigung** gilt: d. h. die Parteien können sowohl dasjenige Rechtsmittel einlegen, das gegen eine fehlerfreie Entscheidung möglich wäre, als auch dasjenige, das gegen die inkorrekte Entscheidung statthaft ist.

398

(bb) Formfragen

Das Rechtsmittel muss regelmäßig binnen einer bestimmten Frist, §§ 517 f., 548, 569 I, 575 I, in Schriftform eingelegt, §§ 519, 549, 569 II, 575 I, sowie binnen einer weiteren Frist begründet werden, §§ 520 II, 551 II 2, 575 II.

399

(cc) Beschwer

Literatur: Althammer, „Beschwer" und „Beschwerdegegenstand" im reformierten Berufungsrecht gem. § 511 II Nrn. 1, 2, IV ZPO; Baur, Zur „Beschwer" im Rechtsmittelverfahren des Zivilprozesses, FS Lent, 1957, 1; Brox, Die Beschwer als Rechtsmittelvoraussetzung, ZZP 81, 1968, 379; Jauernig, Der BGH und die Beschwer im neuen Rechtsmittelrecht, NJW 2003, 465; Kapsa, Das Verbot der reformatio in peius im Zivilprozeß, 1976; Klamaris, Das Rechtsmittel der Anschlussberufung, 1975; Ohndorf, Die Beschwer und die Geltendmachung der Beschwer als Rechtsmittelvoraussetzung im deutschen Zivilprozeßrecht, 1971; Rimmelspacher, Beschwer, succumbance, dissatisfaction – Verfahrensübergreifende und rechtsvergleichende Notizen zu einem Rechtsmittelerfordernis, FS W. Lorenz, 2001, 547; Zeuner, Unbezifferter Klageantrag und Beschwer, FS Baur, 1981, 741.

400   a. So wie für die Erhebung einer Klage ganz allgemein ein Rechtsschutzbedürfnis verlangt wird (vgl. Rdnn. 94 ff.), so gibt es für die zulässige Einlegung eines Rechtsmittels das spezielle Erfordernis einer Beschwer. Damit soll sichergestellt werden, dass ein Rechtsmittel nicht etwa als Beschäftigungstherapie für die Instanzgerichte eingesetzt und dass ein Fall nicht etwa aus wissenschaftlichem oder einem vergleichbaren Interesse zur Überprüfung vorgelegt wird. Vielmehr soll die Korrekturmöglichkeit nur demjenigen vorbehalten sein, der ein als schützenswert erachtetes Interesse daran hat – eben eine Beschwer (BGH ZIP 1996, 180). Um festzustellen, was eine Beschwer ist, hat sich eine Unterscheidung eingebürgert, die für die Praxis jedoch keine allzu große Rolle spielt:

401   – Als **formelle Beschwer** wird bezeichnet, wenn die angefochtene Entscheidung nachteilig von dem gestellten Antrag abweicht. Man subtrahiert also gewissermaßen den Antrag von der schließlichen Entscheidung. Kommt dabei ein Defizit heraus, liegt die Beschwer im formellen Sinne vor. Diese muss **der Kläger** vorweisen, um das Urteil anfechten zu können. Infolgedessen ist es für ihn ratsam, in der ursprünglichen Klage wenigstens eine Mindestsumme oder eine Größenordnung anzugeben, wenn er einen unbezifferten Klageantrag (Rdn. 127) stellt – wenn er beispielsweise Schmerzensgeld in einer vom Gericht gem. § 287 festzulegenden Höhe beantragt. Ohne Angabe einer Mindestsumme kann er eine Beschwer selbst dann nicht nachweisen, wenn ihm das Gericht statt der erhofften € 30.000,– nur € 30,– zuspricht (vgl. BGHZ 132, 341).

402   – Die **materielle Beschwer** ist demgegenüber weitergehend jede ungünstige Wirkung der ergangenen Entscheidung. Sie reicht nach wohl überwiegender Ansicht für die Rechtsmittelbefugnis **des Beklagten**. Da er freilich regelmäßig den Antrag auf völlige oder teilweise Klagabweisung stellt, wird sich auch bei ihm die Beschwer in der Mehrzahl der Fälle in einer Differenz zwischen gestelltem Antrag und getroffener Entscheidung widerspiegeln.

403   b. Von der soeben beschriebenen Beschwer ist der **Beschwerdegegenstand** zu unterscheiden; er wird etwa in den §§ 511 II Nr. 1 und 567 II genannt – und zwar in Gestalt einer Geldsumme, die bisweilen auch als summa gravaminis oder Erwachsenheitssumme bezeichnet wird. Anders als die Beschwer, die sich aus dem beschriebenen Subtrahierungsvorgang bereits mit Erlass des angegriffenen Urteils gewissermaßen automatisch ergibt, stellt der Beschwerdegegenstand den der Willkür des Rechtsmittelklägers überlassenen Teil der Beschwer dar, den er der höheren Instanz tatsächlich zur Überprüfung vorlegt. Auch hier wirkt naturgemäß die Dispositionsmaxime: Wenn etwa der Kläger statt der beantragten € 5.000,– nur € 2.000,– zugesprochen erhalten hat, beträgt seine Beschwer € 3.000,–; ob er diese Summe dem Rechtsmittelgericht zur Korrektur überantwortet oder aber nur € 1.000,– zum Beschwerdegegenstand macht, ist seine Sache. Diese Entscheidung legt denn auch den Wert des Beschwerdegegenstandes fest.

c. Mit dem Erfordernis der Beschwer als Zulässigkeitsvoraussetzung für die Einlegung eines Rechtsmittels hängt es zusammen, dass die angefochtene Entscheidung nur im Rahmen des gestellten Rechtsmittelantrags abgeändert werden darf, §§ 528, 557, 577 II (s. auch § 308). Dieses Verbot der **reformatio in peius** soll nämlich gewährleisten, dass das Rechtsmittel ohne ein weitergehendes Risiko eingelegt werden kann, dass also der „Schaden" nicht über die Beschwer hinauswachsen kann. Welche praktischen Schwierigkeiten die Festlegung dessen bereitet, was eine Abänderung des gestellten Antrags im Einzelfall tatsächlich ist, belegt etwa die Entscheidung des

BGH JZ 1995, 1015 (mit Anm. Braun): K hatte von dem Kunsthändler B ein Gemälde für DM 10.000,– (ca. € 5.000,–) gekauft, das laut schriftlicher Bestätigung des B ein „echter Burra" gewesen sein sollte. Das war es aber nicht; wäre es ein echter Burra gewesen, so hätte der Wert dieses Bildes DM 300.000,– (ca. € 150.000,–) betragen. Wegen dieses Fehlens der zugesicherten Eigenschaft (= Echtheit des Bildes) verlangt K von B Schadensersatz i. H. v. DM 290.000,– (ca. € 145.000,–). Obgleich das OLG die schriftliche Bestätigung als eine Echtheitszusicherung interpretiert hatte, wies es die Klage ab. Der BGH rügte das, weil die Annahme einer Zusicherung nach dem damaligen § 463 BGB (heute: §§ 437 Nr. 3, 311 a II BGB i. V. m. der Übernahme einer Garantie) nun einmal zu einem Schadensersatzanspruch führte. Er verwies jedoch den Rechtsstreit an das OLG zur weiteren Klärung zurück und gab dabei recht unverhohlen den Hinweis, dass das OLG nicht bei seiner Feststellung zu bleiben brauche, dass eine Zusicherung vorliege. Diesen Tipp griff das OLG erwartungsgemäß auf und wurde nunmehr durch die angegebene Entscheidung des BGH bestätigt. Eine reformatio in peius liege deswegen nicht vor, weil sich deren Verbot nicht auf zwei Berufungsurteile in ein und derselben Sache beziehe.

d. Die mit dem Verbot der Schlechterstellung dem Rechtsmittelführer eingeräumte Sicherheit ist in der Praxis freilich trügerischer, als sie in der obigen Darstellung erscheinen mag. Denn auch wenn das Rechtsmittelgericht die durch den Antrag festgelegten Grenzen nicht überschreiten darf, ist doch der Gegner aus Gründen der Waffengleichheit befugt, diese Grenzen zu seinen Gunsten – und damit natürlich zu Lasten des Rechtsmittelführers – auszudehnen. Er kann das einmal dadurch tun, dass er ebenfalls ein Rechtsmittel einlegt – vorausgesetzt natürlich, dass er beschwert ist. Er erreicht dasselbe zum anderen dadurch, dass er den Weg einer **Anschlussberufung, Anschlussrevision oder Anschlussbeschwerde** einschlägt, §§ 524, 554, 567 III, 574 IV. Zugangsvoraussetzung dafür ist, dass die andere Partei bereits das entsprechende Rechtsmittel eingelegt hat (vgl. etwa BGH NJW 1998, 2224 = JuS 1998, 954 (K. Schmidt)). Der Gegner kann dann gewissermaßen „nachkarren", ohne dass er für dieses Anschlussrechtsmittel eine Beschwer benötigen würde. Nach den genannten

404

405

Vorschriften hat er diese Möglichkeit sogar dann, wenn er auf die Einlegung eines Rechtsmittels verzichtet hat, §§ 515, 565, oder die Rechtsmittelfrist für ihn bereits abgelaufen ist; beachte allerdings die §§ 524 II 2, 554 II 2, 574 IV.

(b) Begründetheit

406   Hat der Richter die Zulässigkeit des Rechtsmittels anhand der voranstehenden Prüfung bejaht (die freilich noch weitere Punkte umfassen kann – je nach in Frage stehendem Rechtsmittel), wendet er sich nunmehr der Richtigkeitskontrolle der angefochtenen Entscheidung zu. Dieser Abschnitt ist wiederum in zwei Unterabschnitte unterteilt, den der **Zulässigkeit der Ausgangsklage und den ihrer Begründetheit.** Da zumindest die allgemeinen Zulässigkeitsvoraussetzungen (Teil II, §§ 2–4) fast durchweg in jeder Phase des Verfahrens von Amts wegen zu berücksichtigen sind, muss sich also gegebenenfalls auch der BGH erst einmal mit Fragen der Zulässigkeit der Klage und des Verfahrens beschäftigen, vgl. §§ 529 II, 557 III 2. Der soeben, Rdn. 392, wiedergegebene Fall ist dafür ein eindringliches Beispiel. Legt also etwa der Beklagte Berufung gegen das erstinstanzliche Urteil ein und kommt das Berufungsgericht zu dem Ergebnis, dass die Klage unzulässig ist, so ist das Rechtsmittel begründet.

II Berufung

Literatur: P. Gottwald, Systemfehler des neuen deutschen Rechtsmittelrechts, FS Beys, 2003, 447; U. Gottwald, Das neue Rechtsmittelrecht im Zivilprozess und Zwangsvollstreckung, DGVZ 2002, 97; Rimmelspacher, Die Rechtsmittel im Zivilprozess nach der Reform, Jura 2002, 11; ders., Präklusion in der Berufungsinstanz, FS Henckel, 1995, 691; ders., Tatsachen und Beweismittel in der Berufungsinstanz, ZZP 107, 1994, 421.

1. Aufgabe

407   Wie schon erwähnt, hat sich durch das ZPO-Reformgesetz des Jahres 2001 der Charakter der Berufungsinstanz geändert. Sie ist nicht mehr eine (nahezu vollkommen) neue Tatsacheninstanz, in der man sein Glück aufs Neue probieren kann; stattdessen ist ihre Aufgabe nunmehr im Wesentlichen auf die Kontrolle und die eventuell erforderliche Beseitigung von Fehlern beschränkt. Deswegen sind sowohl der Zugang zur Berufungsinstanz als auch ihr Prüfungsumfang beschränkt worden.

2. Zulässigkeit

408   Gemäß § 511 I ist die Berufung statthaft gegen „die im ersten Rechtszug erlassenen Endurteile". Wer das zuständige Berufungsgericht ist, ergibt sich aus den §§ 72 bzw. 119 GVG. Demnach kommen alternativ das Landgericht und das Oberlandesgericht (bzw. in Berlin: das Kammergericht) in Betracht, da es nach den §§ 71 und 23 GVG unterschiedliche Eingangsgerichte gibt. Die jüngste ZPO-Reform wollte ursprünglich die Zivilgerichtsbarkeit in ein dreigliedriges Gerichtssystem überleiten und die Berufungen allein den Oberlandesgerichten vorbehalten; doch ist dieser Vorstoß zur Anpassung der ordentlichen Gerichtsbarkeit an etwa die Verwaltungs- oder Arbeitsgerichtsbarkeit gescheitert. Folglich muss auch weiterhin sorgfältig überprüft werden, welches Gericht für die Entscheidung über die Berufung zuständig ist.

§ 511 II stellt zwei alternative **Zulässigkeitsvoraussetzungen** auf: Entweder ist   **409**
der Wert des Beschwerdegegenstandes (vgl. oben bei Rdn. 403) höher als € 600, ,
oder aber das erstinstanzliche Gericht lässt die Berufung unter den in Abs. 4 näher
konkretisierten Voraussetzungen zu. Dass es im letzteren Falle sorgfältig vorgehen
sollte, ergibt sich daraus, dass im Falle einer ohne plausible Gründe verweiger-
ten Zulassung schnell eine Verletzung sowohl des Gleichheitssatzes als auch des
Verfahrensgrundrechts aus Art. 101 I 2 GG zur Hand ist und damit den Weg zur
Verfassungsbeschwerde eröffnet.

Die **Berufungsfrist** beträgt gem. § 517 einen Monat (s. auch noch § 518), in-   **410**
nerhalb dessen die in § 519 vorgestellte Berufungsschrift beim Berufungsgericht
eingereicht werden muss. Ist das geschehen, hat der Berufungskläger für die **Be-**
gründung der Berufung noch ein wenig Zeit, vgl. § 520 II. Dabei ist allerdings
§ 513 zu beachten: Demnach kann die Berufung allein darauf gestützt werden, dass
entweder das angegriffene Urteil auf einer Rechtsverletzung i. S. d. § 546 beruht
oder aber dass die in der Berufungsinstanz zu berücksichtigenden Tatsachen eine abweichende Entscheidung rechtfertigen. Außerdem muss nunmehr auch ganz
konkret der behauptete Mangel der angegriffenen Entscheidung aufgezeigt werden,
§ 520 III 2.

3. Verfahren

Das Berufungsgericht nimmt zunächst einmal die in § 522 I näher ausgestaltete **Zu-**   **411**
lässigkeitsprüfung vor – kontrolliert also insbesondere die in § 511 II normierten
Berufungsvoraussetzungen. Übersteht die Berufung diese Hürde, entscheidet das
Berufungsgericht zur Sache, ggf. auch durch Beschluss gem. § 522 II. Dabei legt
es die in § 529 näher beschriebenen **Tatsachen** zugrunde – grundsätzlich also nur
diejenigen, die bereits dem erstinstanzlichen Gericht als Grundlage seiner Entscheidung dienten. Die – eingeschränkte – Möglichkeit zu neuem, tatsächlichen Vorbringen ergibt sich aus § 531. Dieser Restriktion liegt der Gedanke bzw. die Absicht
zugrunde, dass sich verantwortungsbewusste Parteien an ihrer Prozessführung in
erster Instanz festhalten lassen müssen, was dann seinerseits natürlich dazu dienen
soll, dass in eben dieser ersten Instanz bereits mit vollem Einsatz (und ohne die
beruhigende Perspektive auf eine spätere neue Tatsacheninstanz) prozessiert wird.
Am Ende des Verfahrens erlässt das Berufungsgericht grundsätzlich selbst eine Entscheidung, § 538 I; eine Zurückverweisung an die Vorinstanz ist nur unter den in
§ 538 II aufgelisteten, engen Voraussetzungen möglich.

III Revision

Literatur: Piekenbrock/Schulze, Die Zulassung der Revision nach dem ZPO-Reformgesetz,
JZ 2002, 911.

1. Aufgabe

Ein Gericht, das dazu eingerichtet ist, zentral die ihm vorgelegten Urteile auf ihre   **412**
rechtliche Korrektheit zu überprüfen, hat naturgemäß eine andere Aufgabe zu erfüllen als ein Gericht, das den ihm vorgelegten Rechtsstreit auch noch in tatsächlicher

Hinsicht (und sei dies auch nur eingeschränkt) beurteilen muss. Es eröffnet zwar auch eine weitere Kontrollmöglichkeit für die Parteien eines konkreten Rechtsstreits, doch dient das Revisionsgericht primär der **Wahrung der Einheitlichkeit der Rechtsprechung und der Fortentwicklung des Rechts**. Dementsprechend verfolgt der BGH insbesondere nach der jüngsten Änderung des Revisionsrechts durch das ZPO-Reformgesetz den Trend, die Zulässigkeit von Revisionen verstärkt von dem Grad ihrer Wirkungen auf die Allgemeinheit abhängig zu machen und die Einzelfallgerechtigkeit demgegenüber zu vernachlässigen (vgl. etwa BGH NJW 2003, 754 mit Anm. Grunsky in LMK 2003, 72).

413   Ganz losgelöst einmal von dem theoretischen Streit um die Rechtsqualität von Urteilen ist der rein faktische Befund heutzutage in vielen Rechtsgebieten – auch außerhalb etwa des Steuer- oder Arbeitsrechts – der, dass sich die Rechtswirklichkeit an dem ausrichtet, was insbesondere die obersten Gerichtshöfe des Bundes, also für die ordentliche Gerichtsbarkeit der BGH, entscheiden. Damit schwindet auf dieser rein tatsächlichen Ebene auch mehr und mehr der nach wie vor betonte Unterschied zwischen dem anglo-amerikanischen case law und dem kontinentaleuropäischen Gesetzesrecht. Gerade ältere Gesetze wie das BGB oder die ZPO sind inzwischen von einer Patina von höchstrichterlichen Entscheidungen in einem Ausmaß überzogen, dass der Ursprung oftmals kaum mehr sichtbar ist. Eines der eindringlichsten Beispiele dafür ist der Einfluss der vom Reichsgericht aufgegriffenen so genannten öffentlich-rechtlichen Theorie auf das Zwangsvollstreckungsrecht, vgl. Rdn. 561.

2. Zulässigkeit

414   Gemäß § 542 I findet die Revision gegen die in der Berufungsinstanz erlassenen Endurteile statt. Diese Aussage beinhaltet gegenüber dem früheren Recht eine erhebliche Änderung, indem nunmehr auch die Revision gegen landgerichtliche Berufungsurteile möglich ist; der Wortlaut der Norm nimmt nämlich ausschließlich auf Berufungsurteile Bezug, ohne deren Herkunft weiter einzuschränken. Diese Neuerung hat möglicherweise zur Folge, dass das Revisionsgericht mit einer Flut von Revisionen bzw. Nichtzulassungsbeschwerden überschüttet wird, die es in seiner jetzigen Ausgestaltung nicht mehr bändigen kann. Um dem vorzubeugen, hat der Gesetzgeber in § 26 Nr. 8 EGZPO wenigstens die Nichtzulassungsbeschwerden für eine Probezeit von fünf Jahren von zusätzlichen Voraussetzungen abhängig gemacht. Revisionsgericht ist der in den §§ 123 ff. GVG näher beschriebene **Bundesgerichtshof** mit Sitz in Karlsruhe.[2]

415   Um aber überhaupt „nach Karlsruhe gehen zu können", ist (mit Ausnahme des soeben erwähnten § 26 Nr. 8 EGZPO) nicht etwa eine bestimmte Wertgrenze etwa der Beschwer oder des Beschwerdegegenstandes erforderlich; vielmehr muss die Revision zugelassen werden – entweder durch das Berufungsgericht oder durch den BGH als Folge der in § 544 beschriebenen Nichtzulassungsbeschwerde, § 543 I.

---

[2] In Bayern kommt bisweilen auch das in München sitzende Bayerische Oberste Landesgericht als Revisionsgericht in Betracht, § 8 EGGVG, Art. 11 BayAGGVG; s. auch § 7 EGZPO.

Welche Kriterien das Berufungsgericht bei seiner Zulassungsentscheidung gemäß § 543 II zu berücksichtigen hat (bzw. nicht berücksichtigen darf), ist derzeit Gegenstand intensiver Diskussion und vieler Entscheidungen, denen die (bisweilen recht unverhohlene) Absicht der Entlastung des BGH nicht immer ganz abgesprochen werden kann (vgl. etwa BGH NJW 2002, 2473).

Die **Revisionsfrist** beträgt gemäß § 548 einen Monat, innerhalb dessen die in **416** § 549 vorgestellte Revisionsschrift beim Revisionsgericht eingereicht werden muss, vgl. auch § 544 VI 2. Ist das geschehen, hat der Revisionskläger für die **Revisionsbegründung** wie auch der Berufungskläger noch ein wenig Zeit, vgl. § 551 II. Auch hier ist zu beachten, dass die Revision nur auf bestimmte Rechtsverletzungen gestützt werden kann, § 545; die §§ 546 und 547 konkretisieren diesen Begriff bis zu einem gewissen Grade.

Die Revision ist nach dem bisher Gesagten nur gegen Berufungsurteile statthaft. Davon gibt es jedoch in § 566 eine Ausnahme – die so genannte **Sprungrevision**. Wenn demnach die Parteien des erstinstanzlichen Rechtsstreits sowie der BGH damit „einverstanden" sind, kann die Revision unter Umgehung einer Berufungsverhandlung sofort durchgeführt werden. In diesem Ausnahmeinstrumentarium kommt natürlich die vorerwähnte Aufgabe des Revisionsgerichts besonders deutlich zum Ausdruck, für die Einheitlichkeit der Rechtsprechung Sorge zu tragen. Ein eindringliches Beispiel dafür bietet

BGH ZIP 1995, 1291: Die Zentrale zur Bekämpfung unlauteren Wettbewerbs klagte gegen die Firma Benetton auf Unterlassung ihrer Werbung, in der einmal eine ölverschmierte Ente, zum zweiten schwerarbeitende Kinder der Dritten Welt und schließlich ein menschliches Körperteil mit einem Stempelaufdruck: „H.I.V.-POSITIVE" abgebildet war. Nachdem die Firma vor dem Landgericht verloren hatte, gingen die Parteien vereinbarungsgemäß anschließend sofort zum BGH, weil zwischen den Parteien allein die Rechtsfrage strittig war, ob eine solche Werbung zulässig ist oder nicht.[3]

3. Verfahren

Literatur: Fastrich, Revisibilität der Ermittlung ausländischen Rechts, ZZP 97, 1984, 423; Kerameus, Revisibilität ausländischen Rechts, ZZP 99, 1986, 166; Kuchinke, Grenzen der Nachprüfbarkeit tatrichterlicher Würdigung und Feststellungen in der Revisionsinstanz, 1964; Neufert, Die Revisibilität der Auslegung individueller Vertragserklärungen, 1988; Rimmelspacher, Zur Systematik der Revisionsgründe im Zivilprozeß, ZZP 84, 1971, 41; Schütze, Feststellung und Revisibilität europäischen Rechts im deutschen Zivilprozeß, in: Wege zu einem europäischen Zivilprozeßrecht, 1992, 93.

Wie schon erwähnt, beschränkt sich der BGH, nachdem er eine Revision nach **417** näherer Maßgabe des § 552 als zulässig anerkannt hat, auf eine reine Rechtskontrolle. § 545 I bringt das dadurch zum Ausdruck, dass die Revision nur darauf gestützt werden könne, „dass die Entscheidung auf der Verletzung des Bundesrechts oder

---

[3] Die Sprungrevision ist damit ein geeignetes Instrumentarium, um so genannte „Musterprozesse" durchzuführen, die eine unklare und uneinheitlich verbeschiedene Rechtslage einem klärenden Spruch des BGH zuführen wollen. Zum Musterprozess etwa Jacoby, Der Musterprozeßvertrag, 2000, sowie Rdn. 39.

einer Vorschrift beruht, deren Geltungsbereich sich über den Bezirk eines Oberlandesgerichts hinaus erstreckt." Diese Formulierung macht deutlich, dass in der Revisionsinstanz – zumindest dem Grundsatz nach[4] – **keine neuen Tatsachen** vorgetragen werden können. Vielmehr trifft der BGH seine Entscheidungen auf der Grundlage des Tatbestands des Berufungsurteils und des Sitzungsprotokolls, § 559.

417 a   Mit dieser Ausklammerung des Tatsachenmaterials von dem Prüfungsgegenstand der Revisionsinstanz ist aber noch nicht geklärt, was denn die in § 545 angesprochene **Gesetzes- bzw. Rechtsnormenverletzung** positiv bedeutet. § 546 erklärt, was unter Rechtsverletzung zu verstehen ist. Und unter den Begriff der Rechtsnorm fasst man nicht nur die (inländischen[5]) Gesetze i. S. d. § 12 EGZPO, sondern auch Erfahrungssätze, die bei der freien Beweiswürdigung anzuwendenden Denkgesetze, die vom Vorderrichter vorgenommene Auslegung von Willenserklärungen oder Allgemeinen Geschäftsbedingungen und schließlich etwa noch Satzungen juristischer Personen. All diese von § 545 erfassten „Rechtsnormen" sind revisibel, sofern sie über einen OLG-Bezirk hinaus Geltung beanspruchen.

417 b   Die Formulierung des § 545 I macht deutlich, dass zwischen der Rechtsverletzung und der getroffenen Entscheidung eine **Kausalität** bestehen muss. § 561 zieht daraus die logische Konsequenz, dass die Revision als unbegründet zurückzuweisen ist, wenn sich das Urteil trotz einer Gesetzesverletzung als gleichwohl richtig erweist. Wann eine derartige Kausalität jedoch zu bejahen ist, ist nicht immer ganz einfach zu entscheiden. Am ehesten noch bei der Verletzung materiellen Rechts, bei dem die richtige Anwendung zu einem anders lautenden Urteil geführt hätte. Ist jedoch Verfahrensrecht verletzt worden, so wird es schwierig: § 547 stellt daher für einige, als besonders gravierend erachtete Verfahrensverstöße eine unwiderlegliche Vermutung der Kausalität auf. In den sonstigen Fällen wird man es genügen lassen müssen, dass der Nachweis einer möglicherweise abweichenden Entscheidung erbracht wird.

4. Entscheidung

Literatur: Groß/Pamp, Die Grundsatzvorlage an die Großen Senate für Zivil- bzw. Strafsachen gemäß § 132 Abs. 1 Satz 1, Abs. 4 GVG, ZZP 113, 2000, 467.

418   Der BGH ist zwar das höchste deutsche Zivilgericht und als solches eine zentrale Instanz, doch ist eine Entscheidung des BGH regelmäßig die eines Senates des BGH. Weil es aber derzeit 12 Zivilsenate (plus einen Hilfssenat) gibt, kommt es immer wieder einmal zu Entscheidungsdivergenzen „des BGH". Sie sind angesichts der Aufgabe dieses Gerichts, u. a. auch für die Einheitlichkeit der Rechtsprechung Sorge zu tragen, Rdn. 412, besonders misslich. § 132 GVG sieht zur Vermeidung oder doch Eindämmung derartiger Divergenzen (ein berühmtes gesellschaftsrechtliches Beispiel ist BGH ZIP 1993, 763) eine Anrufung des dort näher beschriebenen **Großen Senates**[6] vor, der die unterschiedlich beurteilte Rechtsfrage klären

---

[4] Zu den Ausnahmen s. § 559 sowie etwa Rosenberg/Schwab/Gottwald § 145 II 3.

[5] Die Verletzung ausländischen Rechts ist nicht revisibel.

[6] Dieser Große Senat ist von dem Gemeinsamen Senat der obersten Gerichtshöfe zu unterscheiden, der nach dem Gesetz zur Wahrung der Einheitlichkeit der Rechtsprechung der

könnte. Doch nehmen die BGH-Senate diese Möglichkeit nur selten wahr[7] – so selten, dass sie über die dadurch beibehaltene Uneinheitlichkeit ihrer Rechtsprechung möglicherweise ihren Teil dazu beigetragen haben, dass der vielfach und zu Recht beklagte Gang der Parteien zum Bundesverfassungsgericht zum heutigen Standardrepertoire gewiefter Anwälte gehört; vgl. nur die Argumentation in BVerfG NJW 1996, 2021.

Eine unbegründete Revision wird selbstverständlich zurückgewiesen. Eine begründete dagegen führt zur Aufhebung des angefochtenen Urteils, § 562. Damit ist entweder eine Zurückverweisung an das nunmehr in der rechtlichen Beurteilung gebundene Vorgericht verbunden, § 563 I, II und IV, oder es entscheidet der BGH unter den in Abs. 3 genannten Voraussetzungen selbst in der Sache.   **418 a**

IV Beschwerde

Auch im Recht der Beschwerde nach den §§ 567 ff. haben sich durch das ZPO-Reformgesetz erhebliche Änderungen ergeben. Es gibt nunmehr nur noch die **sofortige Beschwerde**, die binnen der in § 569 I 1 genannten Notfrist von zwei Wochen eingelegt werden muss. Damit sollen die Parteien zur schnellen Reaktion auf die ihnen missfallenden Entscheidungen bzw. Maßnahmen angehalten und somit die Verfahren insgesamt beschleunigt werden. Außerdem ist die Rechtsbeschwerde neu eingeführt worden, §§ 574 ff.   **419**

1. Sofortige Beschwerde

Sie ist ausweislich des § 567 I statthaft, wenn sie im Gesetz ausdrücklich zugelassen ist oder wenn eine eine mündliche Verhandlung nicht erfordernde Entscheidung getroffen wurde, „durch die ein das Verfahren betreffendes Gesuch zurückgewiesen worden ist." Die generelle Befristung wurde bereits erwähnt; allerdings gibt es noch vereinzelte Ausnahmen davon, vgl. etwa § 127 III 3, 4. Die Beschwerde kann gem. § 569 I 1 sowohl beim Beschwerdegericht, vgl. dazu §§ 72 und 119 I GVG, als auch bei dem Gericht eingelegt werden, dessen Entscheidung angefochten wird. Letzteres empfiehlt sich deswegen, weil diesem Gericht durch § 572 I die Befugnis eingeräumt ist, der Beschwerde selbst abzuhelfen.   **419 a**

Die in § 567 II genannten Wertgrenzen sind zu beachten. Auch wenn für die Beschwerde an sich weder Antrag noch Begründung Zulässigkeitsvoraussetzungen sind, regt § 571 I an, dass die Beschwerde begründet werden soll. Dabei dürfen neue Angriffs- und Verteidigungsmittel vorgetragen werden; das Gericht kann dafür jedoch Fristen setzen, was im Hinblick auf eventuelle Präklusionen von Bedeutung ist, § 571 III. Das Beschwerdegericht entscheidet grundsätzlich durch einen Einzelrichter, vgl. § 568, und zwar in Gestalt eines Beschlusses, § 572 IV.   **419 b**

---

obersten Gerichtshöfe des Bundes vom 19.6.1968 eine ganz entsprechende Aufgabe für den weiteren Kreis aller Gerichtsbarkeiten hat; s. dazu – in Fortsetzung des o. g. gesellschaftsrechtlichen Beispiels – BGH ZIP 1993, 1543.

[7] Ein Beispiel: BGH WM 2002, 775 und die Anm. dazu von Vollkommer, WuB VII A. § 774 ZPO 1.02.

2. Rechtsbeschwerde

420   Mit der Neueinführung der in den §§ 574 ff. geregelten Rechtsbeschwerde soll auch im Bereich von Nebenentscheidungen die Möglichkeit zur höchstrichterlichen Klärung grundsätzlicher Rechtsfragen geschaffen werden. Das ganze Verfahren ist daher in recht enger Anlehnung an die Vorschriften über die Revision ausgestaltet – in beiden Fällen ist das zuständige Gericht der BGH, § 133 GVG. Diese Ähnlichkeit zeigt sich etwa an den Zulässigkeitsvoraussetzungen, § 574 I bis III, an den Frist-, Form- und Begründungsbestimmungen des § 575, an dem Prüfungsmaßstab, § 576, und auch an dem Verfahrensgang, § 577. Allerdings gibt es, anders als bei der Revision, keine Nichzulassungsbeschwerde; sie ist in diesem Bereich, wo es nicht um grundsätzlich wesentlich stärker belastende Endurteile geht, nicht für erforderlich erachtet worden.

§ 2 Rechtsbehelfe

421   Außer den soeben dargestellten Rechtsmitteln gibt es noch weitere Möglichkeiten, eine bereits ergangene Entscheidung einer richterlichen Kontrolle zu unterziehen. Auch für sie gilt das oben, Rdn. 388, über die Diskrepanz von Ausbildungs- und praktischer Bedeutung Gesagte. Die Kürze der nachfolgenden Ausführungen darf daher auf keinen Fall als Indikator fehlender praktischer Relevanz verstanden werden.

I Innerhalb der ZPO

421 a   Nachdem die Rechtsbehelfe in der Zwangsvollstreckung weiter unten, Rdnn. 658 ff., gesondert darzustellen sein werden, beschränken sich die nachfolgenden Bemerkungen auf die für das Erkenntnisverfahren unmittelbar einschlägigen Rechtsbehelfe – nämlich die Gehörsrüge und die Wiederaufnahme des Verfahrens.

1. Gehörsrüge

Literatur: Lipp, Beschwerden wegen „greifbarer" Gesetzwidrigkeit nach der ZPO-Reform 2002, NJW 2002, 1700; Musielak, Neue Frage im Zivilverfahrensrecht, JuS 2002, 1203; Pape, Selbstkorrektur oder außerordentliche Beschwerde wegen greifbarer Gesetzeswidrigkeit, NZI 2003, 12; U. Schmidt, Abhilfeverfahren gemäß § 321 a ZPO n. F. – Selbstkorrektur der Gerichte bei Verfahrensverletzungen, MDR 2002, 915; E. Schneider, Die neue ZPO – Risiken und Kontroversen: Gehörsrüge – Wunsch und Wirklichkeit, ZAP Fach 13, 1187; Vollkommer, Zur Einführung der Gehörsrüge in den Zivilprozess, FS Schumann, 2001, 507.

(a) Hintergrund

422   Bekanntlich ist das Bundesverfassungsgericht außerordentlich viel beschäftigt. Gerade nachdem man im Laufe der Jahre entdeckt hatte, dass auch richterliche Entscheidungen dem Gebot der Verfassungskonformität zu entsprechen haben und dass insbesondere die so genannten Verfahrensgrundrechte in den Artt. 101 ff. GG erheblich interpretationsfähig bzw. -bedürftig sind, bestand lange Zeit die (vom Gericht selbst freilich nicht immer hinreichend gebannte, s. noch unten Rdn. 429) Gefahr, dass dieses Gericht funktionswidrig zu einer Art von Super-Revisionsinstanz in Zivilstreitigkeiten mutieren würde. Insbesondere der Verstoß gegen das rechtliche Gehör war sozusagen ein „Dauerbrenner", mit dem sich eine im Zivilprozess unterlegene Partei schließlich an das höchste deutsche Gericht wandte. Gegen diesen Missbrauch wehrt es sich schon seit längerem, indem es den Fachgerichten die Selbstkontrolle vorschreibt (vgl. zuletzt BVerfG (Plenum) NJW 2003, 1924); der Gesetzgeber hat das aufgegriffen und hat die so genannte Gehörsrüge in § 321 a geschaffen. Sie stellt eine Ergänzung des Rechtsweges dar, der demzufolge vor einem eventuellen Zugang zum Bundesverfassungsgericht beschritten worden sein muss, § 90 II BVerfGG.

(b) Die Regelung

Diese Rüge ist unter den in § 321 a I genannten Voraussetzungen zugelassen; eine **422 a**
Berufung muss also gegen das Urteil nach Maßgabe des § 511 II unzulässig und es muss das rechtliche Gehör in „entscheidungserheblicher Weise" verletzt worden sein. Wenn die Formalien – Frist und Form, § 321 a II – eingehalten sind, überprüft das Gericht selbst die Berechtigung der Rüge. Dabei verfährt es nach § 321 a III, IV und V. Unzulässigkeit und Unbegründetheit der Rüge werden also dem Rügenden durch einen „kurz zu begründenden Beschluss" mitgeteilt, der auch noch unanfechtbar ist, § 321 a IV 4. Hält das Gericht dagegen die Rüge für zulässig und begründet, so hilft es ihr dadurch ab, dass es (ähnlich wie beim erfolgreichen Einspruch gegen ein Versäumnisurteil, vgl. oben Rdn. 342) den bereits beendeten Prozess fortführt, § 321 a V.

(c) Weiterungen?

Die Meinungen darüber, ob diese Regelung besonders glücklich ist, indem sie dem **422 b**
(angeblich bzw. tatsächlich) fehlsamen Richter die Größe zur Selbstkorrektur abverlangt, sind außerordentlich geteilt. Zumindest angesichts des hierzulande nach wie vor vorherrschenden, stark in der Beamtenmentalität verwurzelten Richterbildes (im Kontrast etwa zu dem soliden Selbstverständnis etwa englischer Richter) mag es in der Tat zweifelhaft erscheinen, ob nicht die Korrektur besser durch einen übergeordneten Richter erfolgen sollte. Das ist ja immerhin auch der Weg, den § 321 a I Nr. 1 selbst vorsieht, soweit sich die Rüge gegen ein berufungsfähiges Urteil richtet.

Um diese hier nur in aller Kürze angerissenen Überlegungen rankt sich ein **422 c**
Streit, wie nämlich zu verfahren ist, wenn eine andere Verfahrensrüge als gerade die Verletzung des rechtlichen Gehörs zur Debatte steht. Streng dogmatisch gesehen, spricht vieles dafür, dass für andere Rügen ein Umkehrschluss anzuwenden ist – also keine Selbstkontrolle in Analogie zu § 321 a. Diejenigen, die diese Ansicht vertreten, füllen die somit entstandene Lücke mit dem unter dem alten Recht eingebürgerten, ungeschriebenen Rechtsbehelf der außerordentlichen Beschwerde wegen greifbarer Gesetzeswidrigkeit. Sie war form- und fristlos und wurde auch von der Rechtsprechung immer dann akzeptiert, wenn die angegriffene Entscheidung mit der geltenden Rechtsordnung schlechterdings unvereinbar war.

422 d   Doch geht diese Ansicht wohl an den Intentionen des Gesetzgebers und an der nunmehr dem Zivilprozessrecht zugrunde liegenden Konzeption des Gesetzes vorbei. Danach soll nicht nur die Eigenverantwortung der Parteien, sondern auch die Verantwortlichkeit der Richter gestärkt werden. Es soll sich also das Richterbild gegenüber dem bisherigen wandeln. Das impliziert dann aber auch, dass die Selbstkontrolle tatsächlich umfassender verstanden und auf sämtliche Verfahrensrügen erstreckt wird. Die Eigenverantwortlichkeit der Parteien wird dadurch ebenfalls verstärkt, da sie diese Rügen in Analogie zu § 321 a II 2 fristgebunden vorzutragen haben. Die frühere außerordentliche Beschwerde ist damit also obsolet, s. auch BGH WM 2002, 775. Zugleich ist damit aber auch der Weg dafür bereitet, dass die an sich allein für das erstinstanzliche Verfahren vorgesehene Gehörsrüge auch in der Berufungsinstanz angewendet werden kann, s. auch § 525 (vgl. noch BVerfG (Plenum) NJW 2003, 1924).

II Wiederaufnahme des Verfahrens

Literatur: Abel, Zur Nichtigkeitsklage wegen Mängeln der Vertretung im Zivilprozeß, 1995; Braun, Rechtskraft und Restitution. Die Grundlagen des geltenden Restitutionsrechts, 1986; Gaul, Zur Struktur und Funktion der Nichtigkeitsklage gem. § 579 ZPO, FS Kralik, 1986, 157; Gilles, Zur Systematik des Wiederaufnahmeverfahrens, ZZP 78, 1965, 466 und ZZP 80, 1967, 391.

1. Grundsätzliches

423   Bei der Darstellung der vornehmlich von der Rechtsprechung propagierten Durchbrechungsmöglichkeit der materiellen Rechtskraft mit Hilfe des § 826 BGB wurde bereits darauf hingewiesen (Rdn. 320), dass die ZPO selbst eine derartige Möglichkeit in den §§ 578 ff. vorsieht. Ihrem Ausnahmecharakter entsprechend sind jedoch die in § 579 aufgelisteten Nichtigkeits- und die in § 580 aufgezählten Restitutionsgründe einer ausdehnenden Interpretation entzogen. Da die materielle Rechtskraft für die mit einem Zivilprozess nun einmal angestrebte Rechtssicherheit und Rechtsklarheit von allergrößter Bedeutung ist, sollte die Möglichkeit zu ihrer Durchbrechung auch tatsächlich auf die im Gesetz vorgesehenen Fälle beschränkt bleiben.

2. Verfahren

424   Die Wiederaufnahme des Verfahrens vollzieht sich in drei, in ihrer Reihenfolge strikt einzuhaltenden Verfahrensschritten. Als Erstes ist die Zulässigkeit der Wiederaufnahmeklage zu prüfen und zu bejahen, bevor als Zweites das Vorliegen eines Wiederaufnahmegrundes untersucht wird. Erst wenn diese beiden Voraussetzungen erfüllt sind, wird als Drittes der nunmehr wiedereröffnete Prozess erneut verhandelt und verbeschieden. Die Begründetheit der Wiederaufnahmeklage setzt sich aus den Verfahrensschritten zwei und drei zusammen.

(a) Zulässigkeit

425   Die (auf ein prozessuales Gestaltungsurteil gerichtete) Klage ist gegen die andere, in dem angefochtenen Urteil bezeichnete Partei zu richten. Dazu müssen natürlich die allgemeinen, für jede Klage erforderlichen Zulässigkeitsvoraussetzungen (s. oben Rdnn. 20–119 a) vorliegen. Für die Zuständigkeit des Gerichts ist allerdings die Sondervorschrift des § 584 (ausschließliche Zuständigkeit) zu beachten und für das Rechtsschutzbedürfnis, dass man eine Beschwer (Rdn. 400) des Klägers verlangt. Die Klage ist statthaft, wenn sie sich auf die „Wiederaufnahme eines durch rechtskräftiges Endurteil geschlossenen Verfahrens" bezieht, § 578 I. Die an die Klage gestellten Anforderungen hinsichtlich Frist und Form ergeben sich aus den §§ 586–588.

(b) Wiederaufnahmegründe

Die Wiederaufnahmegründe ergeben sich abschließend aus den §§ 579 und 580, die zwischen der Nichtigkeits- und der Restitutionsklage unterscheiden. Was die Erstere anbelangt, so zählt § 579 **Verfahrensmängel** auf, die als so schwerwiegend eingeschätzt werden, dass sie zu der Durchbrechung der Rechtskraft führen, ohne dass nach einer Kausalität zwischen Mangel und Entscheidung gefragt würde. Den in § 580 aufgeführten Restitutionsgründen ist dagegen gemeinsam, dass sie die **Grundlage** der angefochtenen Entscheidung als **verfälscht** erscheinen lassen. Sowohl die Nichtigkeits- als auch die Restitutionsklage sind nach näherer Maßgabe der §§ 579 II und 582 gegenüber eventuell möglichen Rechtsbehelfen subsidiär. Wenn das Gericht zu dem Ergebnis kommt, dass ein Wiederaufnahmegrund vorliegt, so kann es über die Aufhebung des angefochtenen Endurteils in Gestalt eines Zwischenurteils nach § 303 entscheiden (iudicium rescindens).

426

(c) Neue Verhandlung

Die sich nunmehr anschließende neue Verhandlung über den wiederaufgenommenen Streitgegenstand richtet sich nach § 590. Ihr schließlicher Ausgang ist durch die Bejahung des Wiederaufnahmegrundes in keiner Weise präjudiziert. Das Urteil des neuen Verfahrens kann also das des alten bestätigen oder von ihm abweichen (iudicium rescissorium).

427

III Außerhalb der ZPO

Die beiden nachfolgenden Rechtsschutzmöglichkeiten werden hier nur – gewissermaßen im Vorbeigehen – erwähnt, um einen halbwegs vollständigen Überblick über die in der Praxis wahrgenommenen Möglichkeiten zu geben. Ihre Einzeldarstellung würde jedoch den Rahmen dieses ZPO-Lehrbuchs überschreiten.

428

1. Verfassungsbeschwerde

Literatur: Diederichsen, Das Bundesverfassungsgericht als oberstes Zivilgericht – ein Lehrstück der juristischen Methodenlehre, AcP 198, 1998, 171; K. Hesse, Verfassungsrechtsprechung im geschichtlichen Wandel, JZ 1995, 265; Pawlowski, Zum außerordentlichen Rechtsschutz gegen Urteile und Beschlüsse bei Verletzung des Rechts auf Gehör, 1994; Starck, Verfassungsgerichtsbarkeit und Fachgerichte, JZ 1996, 1033.

Allen gegenteiligen Beteuerungen zum Trotz hat sich das Bundesverfassungsgericht doch nicht vollständig dem Sog entziehen können, gerade im Bereich des

429

Zivil- wie auch des Zivilprozeßrechts als eine Super-Revisionsinstanz missbraucht zu werden. Vor allem die Verfassungsbeschwerde mit der Rüge der Verletzung des durch Art. 103 I GG gewährleisteten Anspruchs auf rechtliches Gehör hat sich dabei in vielen Fällen fast schon als ein trojanisches Pferd erwiesen (s. bereits oben Rdn. 422), dessen Gefährdungen K. Hesse (Lit.-Angaben, S. 268) treffend umschreibt: „Einmal droht die ,Eigenständigkeit' des einfachen Rechts, besonders des Privatrechts ... verloren zu gehen, wenn der konkrete, oft in langer Entwicklung gewachsene Rechtsgehalt von Gesetzen im Rückgriff auf nur unbestimmte und fragmentarische verfassungsrechtliche Regelungen überspielt wird, zum Nachteil sachgemäßer Pflege und Weiterentwicklung jenes Rechts, für die es auf die besonderen sachlichen Gegebenheiten ankommt, die sich mit grundrechtlichen Maßstäben nicht ohne weiteres erfassen lassen und welche der Richter, der speziell für diese Gebiete zuständig ist, nicht selten besser beurteilen kann als ein Verfassungsgericht."

2. Europäischer Gerichtshof

Literatur: Biavati/Carpi, Diritto Processuale Communitario, 1994; Hakenberg, Zur Reform des Europäischen Gerichtssystems, ZEuP 2000, 860; Klinke, Der Gerichtshof in der EU, ZEuP 1995, 783; Koch, Einführung in das europäische Zivilprozeßrecht, JuS 2003, 105; Koenig/Sander, Einführung in das EG-Prozeßrecht, 1997; Lipp, Entwicklung und Zukunft der europäischen Gerichtsbarkeit, JZ 1997, 326.

430   Mit der zunehmenden Europäisierung auch des Zivilrechts gewinnt der EuGH als weitere Kontrollinstanz eine entsprechend zunehmende Bedeutung.[8] Das gilt nicht nur für Auslegungsfragen hinsichtlich der EuGVVO, sondern zwischenzeitlich auch für eine Vielzahl von ganz zentralen, materiell-rechtlichen Problembereichen. Auch wenn dem einzelnen Gemeinschaftsbürger ein direkter Zugang zu diesem Gericht und damit eine nachträgliche Überprüfung einer bereits ergangenen Entscheidung regelmäßig verwehrt ist, so können sich doch die Untergerichte und müssen sich die Höchstgerichte nach Art. 234 EG an den EuGH wenden, um im Wege einer Vorabentscheidung die Klärung einer „europäischen" Rechtsfrage zu erreichen. In dieser Hinsicht ist der EuGH gesetzlicher Richter i. S. d. Art. 101 GG (BVerfGE 82, 159, 192, 195 f.; s. auch ZIP 2001, 350). Die einzelne Partei ist natürlich nicht gehindert, auch den nicht vorlagepflichtigen Richter auf diese Möglichkeit hinzuweisen und ihre Wahrnehmung anzuregen. Darüber hinaus kann sich aus dem Europarecht sogar die Notwendigkeit ergeben, dass die nationalen Rechtsordnungen neue, bislang nicht zugelassene oder gar unbekannte Verfahrensarten einzuführen haben (dazu etwa Heß, Der Binnenmarktprozeß, JZ 1998, 1021, sowie oben, Rdn. 88).

---

[8] Auch der Europäische Gerichtshof für Menschenrechte in Straßburg ist in überraschend vielen Fällen ein potentiell zuständiges Gericht zur Korrektur von Entscheidungen.

Teil VI. Besondere Verfahrensarten

In den voranstehenden fünf Teilen ist die Entwicklung eines Rechtsstreits von sei- **431** nen alltäglich zu beobachtenden Anfängen bis hin zu einer gerichtlichen Endentscheidung – in erster oder in letzter Instanz – beschrieben. Die Darstellung orientierte sich dabei an dem zumindest dem Gesetzgeber vorschwebenden Prototyp eines Klageverfahrens. Dessen Kenntnis ist (auch) deswegen von außerordentlicher Wichtigkeit, weil sich die nachfolgend vorzustellenden, besonderen Verfahrensarten weitgehend an diesem Prototyp ausrichten und die Abweichungen von ihm ausdrücklich normiert sind. Das Verfahren des einstweiligen Rechtsschutzes wird wegen der für sein Verständnis unabdingbaren Vorkenntnis auch des Vollstreckungsrechts erst weiter unten, in den Rdnn. 699 ff., behandelt, während der Marken- und der Wettbewerbsprozess wegen ihrer allzu großen Spezialität insgesamt ausgeklammert bleiben (zu beiden etwa Nordemann, Wettbewerbs- und Markenrecht, 8. Aufl., 1996, 371 ff.; zum Einfluss des TRIPS auf die Durchsetzung von Urheber- und Patentrechten etwa Markfort, Geistiges Eigentum im Zivilprozeß, 2001).

§ 1 Urkundenprozess

Literatur: Hertel, Der Urkundenprozeß unter besonderer Berücksichtigung von Verfassung (rechtliches Gehör) und Vollstreckungsschutz, 1992; Klein, Der Urkunden-, Wechsel- und Scheckprozeß, JA 1982, 583; Stürner, Statthaftigkeit und Beweisbedürftigkeit im Urkundenprozeß, NJW 1972, 1257.

I Allgemeines

Da der Urkundenbeweis als besonders zuverlässig gilt, ist es keineswegs abwegig, **432** dass man denjenigen Kläger, der seinen Anspruch durch Urkunden, die er in dem Verfahren auch tatsächlich vorlegt, beweisen kann, beschleunigt zu einem Prozesserfolg kommen lässt, §§ 592–605 a. Ob eine derartige Einschätzung der Zuverlässigkeit von Urkunden angesichts der vornehmlich durch den Computer eröffneten Manipulationsmöglichkeiten noch auf längere Sicht haltbar sein wird, muss sich allerdings noch erweisen; vgl. auch Rdn. 267. Doch hat sich dieser Beschleunigungseffekt gerade im Bereich der Sonderformen des Wechsel- und des Scheckprozesses, §§ 602, 605 a, als besonders attraktiv für die Praxis herausgestellt. Wie sehr die Rechtsprechung das zu fördern bereit ist, zeigt

BGH JZ 1994, 370 mit Anm. Schütze: K aus Spanien klagt gegen B aus Hamburg ebendort im Wege eines Wechselprozesses € 35.000,– ein. B trägt demgegenüber vor, die Parteien hätten in dem der Wechselbegebung zugrunde liegenden Lieferungsgeschäft über getrocknete Früchte eine umfassende Schiedsvereinbarung getroffen, § 1029; die Klage sei daher unzulässig, § 1032. Der BGH folgte dieser Ansicht nicht, denn: „Zweck des Wechselprozesses ist es, dem Inhaber einer Wechselforderung einen vorläufigen gerichtlichen Beistand zur Durchsetzung seiner Ansprüche aufgrund unvollständiger, aber im allgemeinen zum Erreichen dieses Zwecks ausreichender Sachprüfung zu gewähren und ihm so schnell zu einer im Wege der Zwangsvollstreckung durchsetzbaren Entscheidung zu verhelfen."

II Die besonderen Voraussetzungen

433   Natürlich müssen auch in dem beschleunigten Verfahren des Urkundenprozesses sämtliche Zulässigkeitsvoraussetzungen einer Klage vorliegen, vgl. oben Rdnn. 20–119 a. Die besonderen Voraussetzungen jedoch, die zur Führung gerade eines ausdrücklich als solchen zu bezeichnenden, § 593 I, Urkundenprozesses berechtigen, ergeben sich aus den §§ 592 ff. Demnach muss

– der geltend gemachte Anspruch auf die Zahlung einer bestimmten Geldsumme (oder die Leistung anderer vertretbarer Sachen) bzw. auf Duldung der Zwangsvollstreckung aus einem Grundpfandrecht gerichtet sein, § 592. Er muss im Wechsel- oder Scheckprozess durch entsprechende Urkunden verkörpert sein, §§ 602, 605 a.
– Außerdem muss jede anspruchsbegründende Tatsache durch die Vorlage von Urkunden bewiesen werden können, §§ 592 S. 1, 595 II und III.

Sofern der Kläger diesen Anforderungen nicht entsprechen kann, wird seine Klage als im Urkundenprozess **unstatthaft** abgewiesen, § 597 II. Das hindert ihn freilich nicht, danach im Wege einer normalen Leistungsklage denselben Anspruch noch einmal einzuklagen. Um diesen erneuten Anlauf abzukürzen, wird der Richter dem Kläger jedoch regelmäßig den durch § 139 I erlaubten Hinweis auf § 596 geben. Nach dieser Vorschrift kann der Kläger bis zum Schluss der mündlichen Verhandlung erklären, dass er von dem Urkundenverfahren Abstand nimmt. Das hat zur Folge, dass der Prozess nunmehr als im ordentlichen Verfahren anhängig gilt.

III Das Verfahren

434   Der Beschleunigungseffekt kommt durch mehrere Bedingungen zustande. Da ist zunächst einmal die Notwendigkeit, dass der mit der Klage verfolgte Anspruch auf eine bestimmte Leistung gerichtet sein muss. Dadurch werden Streitigkeiten um die Betragshöhe reduziert. Des Weiteren kommt eine Beschleunigung dadurch zustande, dass die dem Nachweis dienenden Urkunden sogleich mit der Klageschrift oder rechtzeitig mit einem weiteren Schriftsatz eingereicht werden müssen, § 593 II.

Gemäß § 595 I darf keine Widerklage erhoben und es muss – wenn sich denn überhaupt die Beweisbedürftigkeit des Anspruchs herausstellt – dieser Beweis mittels **präsenter Urkunden** (Abs. 3) geführt werden. Das gilt über § 598 auch für den Beklagten! Für andere als gerade die anspruchsbegründenden Tatsachen lässt § 595 II auch den Beweis durch Parteivernehmung zu. Im Wechsel- und Scheckprozess kommen dann noch die in § 604 angegebenen verkürzten Ladungsfristen hinzu.

IV Das Urteil

Eine derartige Beschleunigung hat zwangsläufig die Konsequenz, dass die Frage der **435** materiellen Berechtigung des Klägers wesentlich weniger gründlich geprüft wird als in einem normalen Verfahren. Einem vergleichbaren Problem begegnet man bei dem unten, Rdn. 699 ff., darzustellenden Verfahren des einstweiligen Rechtsschutzes. Anders als dort hat der Gesetzgeber den Beklagtenschutz in § 599 so ausgestaltet, dass das zugunsten des Klägers ergehende Urteil ein **Vorbehaltsurteil** der in Rdn. 299 besprochenen Art ist. Der Beklagte kann sich also seine Einwendungen, die er im Urkundenverfahren nicht vortragen konnte, § 598, für das Nachverfahren vorbehalten. Wenn es dazu kommt, wird der vorherige Urkundenprozess gem. § 600 I wie ein ordentliches Verfahren fortgesetzt. Dass sich trotz dieser Korrekturmöglichkeit in der gleichen Instanz insbesondere der Wechselprozess einer großen Beliebtheit in der Praxis erfreut, hängt vor allem damit zusammen, dass der Kläger nicht nur schnell an ein Urteil herankommt – das ist ihm ja nur Mittel zum Zweck der Befriedigung –, sondern dass eben dieses Urteil auch dann nach § 708 Nr. 4 vorläufig vollstreckbar ist, Rdnn. 474 ff., wenn es unter dem Vorbehalt der Beklagtenrechte steht, § 599 III. Freilich steht eine durchgeführte Vollstreckung unter dem Risiko der Aufhebung dieses Titels, vgl. §§ 600 II i.V. m. 302 IV 3 (bitte lesen).

§ 2 Familien- und verwandte Sachen

Literatur: Bergerfurth, Der Ehescheidungsprozeß und die anderen Eheverfahren, 13. Aufl., 2002; Fröschl, Die Familiensachen Kindes- und Ehegattenunterhalt, JuS 1993, 146, 405, 583 und 669; Gießler, Vorläufiger Rechtsschutz in Ehe-, Familien- und Kindschaftssachen, 3. Aufl., 2000; Gottwald, Deutsche Probleme internationaler Familienverfahren, FS Nakamura, 1996, 187.

I Besonderheiten

Diese hier nur in aller Kürze dargestellten Verfahrensarten sind im Sechsten Buch **436** der ZPO, in den §§ 606 ff., geregelt. Sie enthalten zum Teil gravierende Abweichungen von dem normalen Klageverfahren. Die gerichtliche Zuständigkeit liegt einheitlich bei den **Familiengerichten**, die gem. § 23 b GVG als besondere Abteilungen der Amtsgerichte eingerichtet sind; gleichwohl besteht in dem in § 78 II angegebenen Umfang Anwaltszwang. Die Berufung gegen die Entscheidungen des Familiengerichts richtet sich abweichend von dem üblichen Instanzenzug nicht an das LG, sondern an das OLG, § 119 I Nr. 1a GVG. Da der Staat ein gegenüber den sonstigen zivilrechtlichen Streitigkeiten erhöhtes Interesse an den Familiensachen hat, werden in diesen Sachen teilweise sowohl die Dispositions- als auch die Verhandlungsmaxime eingeschränkt, s. z. B. § 616 II. In Scheidungsprozessen werden heutzutage entgegen der früheren Praxis regelmäßig alle Folgesachen in einem einheitlichen Verbundverfahren verbeschieden, § 623.

II Familiensachen

437   Was alles unter diesen technischen Begriff fällt, ist in § 23 b GVG (bitte überfliegen) aufgelistet. Die dort unter Abs. 1 Nr. 1 genannten Ehesachen sind in § 606 I konkretisiert (Scheidungsverfahren, Eheaufhebungsklage etc.) und erfahren in den §§ 606 ff. eine nähere, verfahrensmäßige Ausgestaltung. Die weiteren Familiensachen sind nach den Vorschriften der §§ 621 ff. zu verhandeln, wobei insbesondere § 621 a zu beachten ist, der bestimmte Familiensachen den Verfahrensvorschriften des FGG unterwirft. Scheidungs- und Folgesachen sind in den §§ 622 ff. einer eigenen Regelung unterworfen, ebenso die Eheaufhebungsklage in den §§ 631 f.

III Kindschaftssachen

438   Diese Sachen sind in § 640 II aufgelistet. Gemäß § 23 b Nr. 12 GVG sind auch für sie die Familiengerichte zuständig. Was das Verfahren anbelangt, so verweist § 640 I weitgehend auf die Vorschriften der Familiensachen. Im Übrigen enthalten die nachfolgenden Vorschriften verfahrensrechtliche Modifikationen, von denen die allseitige, gestaltende Wirkung eines rechtskräftigen Urteils in § 640 h Hervorhebung verdient. Darüber hinaus ist praktisch bedeutsam, dass das Verfahren über den Unterhalt eines Kindes nach den §§ 642 ff. mit der Vaterschaftsfeststellungsklage verbunden werden kann, § 653.

§ 3 Mahnverfahren

Literatur: Busl, Deutsches „internationales" Mahnverfahren – §§ 688 ff. ZPO und EuGVÜ, IPRax 1986, 270; Crevecoeur, Das Mahnverfahren nach der Vereinfachungsnovelle, NJW 1977, 1320; Kronenbitter/Magnussen, Das gerichtliche Mahnverfahren, 1993; G. Lüke, Fälle zum Zivilprozeßrecht, 2. Aufl., 1993, 33 (Fall 3); Vollkommer, Schlüssigkeitsprüfung und Rechtskraft – Gedanken zur Struktur des Mahnverfahrens, Erlanger FS Schwab, 1990, 229.

I Allgemeines

439   Das Mahnverfahren ist in der Praxis außerordentlich verbreitet. Das mag damit zu tun haben, dass die für seine Durchführung erforderlichen Formulare auch außerhalb der Gerichte (etwa in Schreibwarengeschäften oder Bahnhofskiosken) erhältlich sind. Vor allem aber zeichnet es sich dadurch aus, dass es nicht nur der gesetzgeberischen Intention nach, sondern auch in seiner praktischen Ausgestaltung ein –

zumindest potentiell – **billiger und schneller Weg** ist, an einen **vollstreckbaren Titel** und damit zur endgültigen Befriedigung seiner Forderung zu kommen. Das Bestreben, die Beschleunigung vor allem durch eine computergerechte Abwicklungsmöglichkeit zu erreichen, hat allerdings dazu geführt, dass die gesetzliche Ausgestaltung des Mahnverfahrens recht unübersichtlich geworden ist.

II Verfahrensablauf

Der Verlauf dieses Verfahrens gliedert sich in zwei Etappen, deren Einleitung in der Hand des **Antragstellers** liegt, die der **Antragsgegner** jedoch durch die ihm jeweils eingeräumten Rechtsschutzmöglichkeiten in ein normales Klageverfahren überleiten kann. Das Mahnverfahren ist in einem derartigen Fall lediglich eine gegenüber den Erfordernissen des § 253 vereinfachte, wenn auch umständliche Form der Einleitung eines Zivilprozesses. Seinen großen Nutzen und Beschleunigungseffekt entfaltet dieses Verfahren also nur dann, wenn sich der Antragsgegner gegen den Anspruch nicht zur Wehr setzt.

440

1. Mahnverfahren

Die erste der vorerwähnten zwei Etappen wird durch den Antrag auf Erlass eines Mahnbescheids eingeleitet.[1] Diesem Antrag, der den formellen Anforderungen des § 690[2] genügen muss und der nach § 689 II bei dem Amtsgericht des allgemeinen Gerichtsstands des Antragstellers (!) einzureichen ist, wird entsprochen, wenn die folgende Voraussetzung erfüllt ist, vgl. § 691: Der Antragsteller muss einen auf die Zahlung einer bestimmten **Geldsumme** in Euro[3] gerichteten Anspruch geltend machen, § 688 I. Von den in Abs. 2 und 3 dieser Vorschrift genannten Ausnahmen ist die in Abs. 2 Nr. 1 hervorzuheben, weil sie die Antwort auf ein praktisches, in Rdnn. 320 sowie 679 besprochenes Problem ist. Dieses ergab sich daraus, dass wegen wucherischer Zinsen unwirksame Kredite gleichwohl im Wege des Mahnverfahrens eingetrieben wurden. Infolgedessen ist dieses Verfahren bei Verbraucherdarlehensverträgen und -finanzierungshilfen nunmehr unzulässig, wenn der nach den §§ 492, 502 BGB anzugebende Effektivzins die Marge von zwölf Prozentpunkten über dem bei Vertragsabschluss geltenden Basiszinssatz übersteigt.

441

Der nach § 20 Nr. 1 RPflG funktionell zuständige Rechtspfleger prüft den ihm vorgelegten Antrag auf die Übereinstimmung mit den zuvor genannten Anforderungen. Zu ihnen **gehört nicht** – und das ist nachdrücklich zu betonen – eine auch nur kursorische **Schlüssigkeitsprüfung**! Darauf wird freilich gesondert hingewiesen, wenn der Rechtspfleger dem Antrag stattgibt und einen Mahnbescheid erlässt.

442

---

[1] Das sieht in der Praxis regelmäßig so aus, dass der Antragsteller den von ihm besorgten Vordruck ausfüllt (ggf. online unter http://www.optimahn.de) und bei Gericht einreicht. S. auch § 691 I Nr. 1 i.V. m. § 703 c II.

[2] Zum Individualisierungsgebot des § 690 I Nr. 3 etwa Vollkommer, Verjährungsunterbrechung und „Bezeichnung" des Anspruchs im Mahnbescheid, FS G. Lüke, 1997, 865.

[3] Zur Umrechenbarkeit einer auf ausländische Währung lautenden Forderung s. BGHZ 104, 268.

Dessen notwendiger Inhalt ergibt sich aus § 692 und enthält neben der Aufforderung an den Antragsgegner, die Forderung binnen zwei Wochen zu begleichen oder aber Widerspruch zu erheben, und weiteren Hinweisen auch denjenigen, dass eine gerichtliche Prüfung des geltend gemachten Anspruchs nicht erfolgt ist, Nr. 2.

443   Dieser Mahnbescheid wird sodann von Amts wegen **zugestellt**, § 693. Für den Fall, dass dadurch eine Frist gewahrt oder die Verjährung gehemmt werden soll, vgl. § 204 I Nr. 3 BGB, ist § 167 zu beachten, vgl. auch § 691 II. Es genügt, wenn die Zustellung „demnächst" erfolgt (dazu BGH NJW 1995, 3380 = EWiR 1995, 1063 (Heinrichs)).

444   Nunmehr liegt es am Antragsgegner, ob er auf die in dem Mahnbescheid enthaltenen Hinweise reagiert. Zahlt er, ist der Fall erledigt. Hält er die Forderung für nicht berechtigt, kann und sollte er gegen den Mahnbescheid **Widerspruch** erheben, § 694. Dazu hat er mindestens die in § 692 I Nr. 3 erwähnten zwei Wochen Zeit, längstens jedoch bis zur Verfügung des Vollstreckungsbescheids, § 694 I a. E. Der Widerspruch verhindert den Erlass eines Vollstreckungsbescheids und führt dazu, dass die Streitsache auf eine u. U. komplizierte, in den §§ 696, 697 beschriebene Weise in ein normales Streitverfahren übergeleitet werden kann, wenn dies nur eine Partei beantragt.

2. Vollstreckungsbescheid

445   Eine häufige Reaktion des Antragsgegners auf die Zustellung des Mahnbescheids ist die, nicht zu reagieren. Der Antragsteller kann daraufhin binnen sechs Monaten, § 701, den weiteren Antrag stellen, dass nunmehr ein Vollstreckungsbescheid erlassen werde, § 699 I. Sofern kein rechtzeitiger, vgl. § 694 II, Widerspruch gegen den Mahnbescheid erhoben worden ist, wird diesem Antrag entsprochen und dem Antragsgegner der Vollstreckungsbescheid nach näherer Maßgabe des § 699 IV grundsätzlich von Amts wegen zugestellt. Der Antragsteller hat auf diese Weise einen Titel erlangt, mit dem er sogleich die Zwangsvollstreckung in die Wege leiten kann; denn § 700 I stellt den Vollstreckungsbescheid einem für vorläufig vollstreckbar erklärten **Versäumnisurteil gleich**. Diese Parallelisierung hat für den Rechtsschutz des Antragsgegners Konsequenzen: Denn wenn er so behandelt wird, als wäre gegen ihn ein Versäumnisurteil ergangen, kann er sich dagegen nur mehr mittels eines **Einspruchs**, §§ 700 III i.V. m. 338 ff. zur Wehr setzen. Folglich bleibt ihm nur noch die Notfrist von zwei Wochen nach § 339. Versäumt er sie schuldhaft, vgl. § 233, hat der Antragsteller damit einen formell wie materiell rechtskräftigen Titel in Händen, ohne dass ein Gericht die Begründetheit oder auch nur Schlüssigkeit des geltend gemachten Anspruchs geprüft hätte. Ist dagegen Einspruch eingelegt worden, muss das nunmehr zuständige Gericht auch bei Säumnis des nunmehrigen Beklagten gem. § 700 VI die Schlüssigkeit prüfen, bevor es ein Zweites Versäumnisurteil erlässt.

§ 4 Schiedsverfahren

Literatur: Diedrich, Grundlagen der Schiedsgerichtsbarkeit, JuS 1998, 158; Gottwald (Hg.), Internationale Schiedsgerichtsbarkeit, 1997; Gottwald/Adolphsen, Das neue deutsche Schiedsverfahrensrecht, DStR 1998, 1017; W. Habscheid, Das neue Recht der Schiedsgerichtsbarkeit, JZ 1998, 445; Kröll, Die Ablehnung eines Schiedsrichters nach deutschem Recht, ZZP 116, 2003, 195; Lachmann, Handbuch für die Schiedsgerichtspraxis, 2. Aufl., 2002; Voit, Privatisierung der Gerichtsbarkeit, JZ 1997, 120.

I Interessenlage

Es gibt eine Vielzahl von Motiven, die die Parteien eines Vertrags oder die Mitglieder einer rechtlich wie auch immer organisierten Personenmehrheit dazu veranlassen kann, für den Fall einer Streitigkeit nicht die staatlichen Gerichte anrufen zu wollen. Häufig wird dabei auf deren Langsamkeit, Kosten,[4] Öffentlichkeit und fehlende Kenntnis der spezifischen Sachprobleme verwiesen. Insbesondere – wenn auch keineswegs ausschließlich – wenn die Vertragsparteien aus unterschiedlichen Ländern kommen und wirtschaftliche Transaktionen größeren Ausmaßes (z. B. den Bau des Kanaltunnels, die Errichtung eines Flughafens in einer Wüste, etc.) durchzuführen gedenken, fallen diese Bedenken nachhaltig ins Gewicht. Nun handelt es sich naturgemäß um eine ganz **fundamentale Frage**, wie eine Rechtsordnung auf solch ein Abwanderungsbestreben weg von den staatlichen Gerichten reagieren soll. Diese sind ja doch gerade mit dem Anspruch eingerichtet worden, private Streitigkeiten zu entscheiden und sie damit den Streitenden zum Zwecke des allgemeinen Rechtsfriedens (zumindest bis zu einem gewissen Grad) aus den Händen zu nehmen. Doch zeigt allein schon die Dispositionsmaxime, Rdnn. 210 f., mit ihren verschiedenen Möglichkeiten, dem Richter den ganzen Streit oder nur einen Teil davon vorzulegen oder ihm gar die Entscheidungsbefugnis während eines bereits eingeleiteten Verfahrens wieder zu entziehen, dass die staatliche Zivilgerichtsbarkeit mehr als ein Angebot denn als ein Zwang zu verstehen ist. Es liegt daher in der Konsequenz dieser Grundhaltung, dass die ZPO in ihrem Zehnten Buch ein schiedsrichterliches und damit ein privates Verfahren zulässt.

446

Dass die ZPO diesen Gegenstand gleichwohl regelt, resultiert nicht etwa aus dem Bestreben, den gewährten Freiraum nun doch wieder in gesetzlich vorgegebene Bahnen zu lenken, als vielmehr daraus, die Weite dieses Freiraums festzulegen und die Harmonisierung dieser Rechtsmaterie mit ausländischen Rechten zu dokumentieren. Denn seit dem 1.1.1998 ist das Zehnte Buch der ZPO vollkommen neu gestaltet – und zwar unter ausdrücklicher und vielfach evidenter Bezugnahme auf das von **UNCITRAL** (United Nations Commission on International Trade Law) entworfene **Modellgesetz**, das wie in Deutschland in einer Vielzahl weiterer Länder ebenfalls die Grundlage jüngerer Reformen abgibt. Mit der hiesigen Gesetzesänderung sollte nicht nur der vordergründige Zweck der Modernisierung überalterten Rechts erreicht werden, sondern auch – und vor allem – die Attraktivität Deutschlands als Standort für internationale Schiedsgerichtsbarkeit verbessert bzw. überhaupt erst geschaffen werden. Gleichwohl beziehen sich die Vorschriften nicht etwa

447

---

[4] Die können freilich auch bei Schiedsverfahren beträchtlich sein.

ausschließlich auf derartige internationale Geschäfte; vielmehr hat der Gesetzgeber bewusst eine fast durchgehende Parallelisierung der Vorschriften über nationale wie internationale Schiedsgerichte vorgenommen und beide in einem gegenüber der früheren Rechtslage erheblichen Ausmaß liberalisiert.

II Schiedsvereinbarung

Literatur: Lachmann, Klippen für die Schiedsvereinbarung, SchiedsVZ 2003, 28.

448 Es gibt zwar Institutionen, die Schiedsgerichte gewissermaßen auf Abruf bereithalten (etwa die International Chamber of Commerce in Paris (ICC) oder die Deutsche Institution für Schiedsgerichtsbarkeit (DIS) in Köln). Damit sie aber – und erst recht natürlich Schiedsgerichte, die für den Einzelfall ad hoc zusammengestellt werden – zur Entscheidung berufen sind, müssen die Parteien sich darauf verständigt haben. Anders als bei der staatlichen Gerichtsbarkeit, zu der ein sozusagen geborener Zugang besteht, muss der Zugang zum Schiedsgericht gekoren sein, d. h. die Parteien müssen eine so genannte **Schiedsvereinbarung** i. S. d. §§ 1029 ff. treffen.[5] Gemäß § 1029 kann diese in Gestalt einer Schiedsklausel Bestandteil eines umfassenderen Vertrags sein oder Gegenstand einer selbständigen Vereinbarung – Schiedsabrede genannt. Die Vereinbarung kann sich auf die Lösung eines bereits entstandenen Konflikts beziehen oder auf die erst künftig entstehender. In jedem dieser Fälle hat man es mit einem Vertrag zu tun, der eine Doppelnatur aufweist – nämlich einerseits als Prozessvertrag, andererseits als materiell-rechtlicher Vertrag. Er muss folgenden Erfordernissen genügen:

449 – Die Schiedsvereinbarung muss den Anforderungen an die **Schriftform** des § 1031 genügen, denen man das (erfolgreiche) Bemühen anmerkt, mit der modernen Kommunikationstechnik Schritt zu halten. Beachte das gesteigerte Formerfordernis in § 1031 V für den Fall, dass ein Verbraucher Partei der Vereinbarung ist.
   – Die Streitigkeit, hinsichtlich derer die Vereinbarung getroffen wird, muss **objektiv schiedsfähig** sein. Was darunter zu verstehen ist, ergibt sich aus § 1030. Demnach ist vorbehaltlich des Abs. 3 zwischen vermögensrechtlichen und nichtvermögensrechtlichen Streitigkeiten zu unterscheiden. Die erstgenannten sind durchweg unbeschadet ihrer Einordnung ins Privat- oder öffentliche Recht, die zweitgenannten nur dann schiedsfähig, wenn die Parteien über den Gegenstand einen Vergleich schließen könnten. Ehe- oder Kindschaftssachen können demnach nicht Gegenstand einer Schiedsvereinbarung sein; ausweislich des Abs. 2 grundsätzlich auch nicht ein Streit über den Bestand eines Mietverhältnisses über Wohnraum. Dagegen sind Auskunfts- und Einsichtsrechte etwa des Gesellschafters einer GmbH sehr wohl schiedsfähig (OLG Hamm ZIP 2000, 1013).

---

[5] Für testamentarisch oder sonst außervertraglich angeordnete Schiedsverfahren gelten die §§ 1025 ff. ausweislich des § 1066 entsprechend.

– Die **subjektive Schiedsfähigkeit** ist versteckt geregelt, nämlich in § 1059 II Nr. 1 a. Sie macht die nach dem für die in Frage stehende Partei maßgeblichen Recht erforderliche Geschäfts- oder Testierfähigkeit zur Bedingung für den ungehinderten Fortbestand einer einmal getroffenen Entscheidung.

III Schiedsverfahren

Kommt es zwischen den Parteien einer Schiedsvereinbarung zu einem Streit, steht ihnen der Zugang sowohl zum Schiedsgericht als auch zur staatlichen Gerichtsbarkeit offen. Im letztgenannten Fall wird das Gericht die Klage jedoch dann als unzulässig abweisen, wenn der Beklagte die bereits oben, Rdn. 165, erwähnte Einrede der Schiedsvereinbarung erhebt, § 1032; der Staat respektiert also die privatautonome Regelung. Das gilt allerdings nicht für Maßnahmen des einstweiligen Rechtsschutzes; nach den §§ 1033, 1041 können sich die Parteien dafür wahlweise der einen wie der anderen Gerichtsbarkeit bedienen.   **450**

Das Schiedsgerichtsverfahren wird durch den in § 1044 beschriebenen Vorlegungsantrag eingeleitet. Sofern nicht ein institutionalisiertes Schiedsgericht vereinbart ist, müssen die Parteien nach näherer Maßgabe der §§ 1034 ff. die **Schiedsrichter bestellen**. Anzahl der Schiedsrichter wie auch das Bestellungsverfahren können in der Schiedsvereinbarung festgelgt werden; üblicherweise sollen es drei sein, vgl. § 1034 I 2, von denen im Zweifel je einer durch die Parteien und der dritte sodann von diesen beiden Schiedsrichtern bestellt wird, vgl. § 1035 III 2. Jede Partei schließt mit jedem Schiedsrichter einen so genannten Schiedsrichtervertrag.   **450 a**

Für das eigentliche **Erkenntnisverfahren** gibt es ein paar unabdingbare Grundsätze: So ist etwa jede Partei gleich zu behandeln und ihr rechtliches Gehör zu gewähren, § 1042 I, und sie können Anwälte – auch ausländische – hinzuziehen. Aus den §§ 1036 f. ergibt sich außerdem, dass die Unparteilichkeit der Schiedsrichter zwingend erforderlich ist. Im Übrigen besteht aber auch hier weitgehende Gestaltungsfreiheit hinsichtlich des einzuhaltenden Verfahrens, § 1042 III, IV, der Verfahrenssprache, § 1045, und des Verfahrensortes, § 1043. § 1040 gewährt darüber hinaus dem Schiedsgericht die so genannte Kompetenz-Kompetenz. D. h. die Frage, ob es nach der selbständig zu beurteilenden, § 1040 I 2, Schiedsvereinbarung für die konkret vorliegende Streitigkeit überhaupt zuständig ist, kann es (vorbehaltlich des § 1032 II, bitte lesen) selbst entscheiden. Das Schiedsgericht kann ferner mangels einer ausdrücklichen Parteibestimmung bestimmen, ob mündlich oder schriftlich zu verfahren ist, § 1047. Für die Beweisaufnahme sieht § 1050 eine Kooperation zwischen Schieds- und staatlichem Gericht vor.   **451**

Das Schiedsgericht hat grundsätzlich auf der Grundlage desjenigen Rechts zu **entscheiden**, das die Parteien als anwendbar gewählt und bestimmt haben, § 1051 I; wenn es den Schiedsrichtern gestattet ist, können sie aber auch eine Billigkeitsentscheidung treffen, § 1051 III. Der streitentscheidende Schiedspruch muss den Formerfordernissen des § 1054 genügen. Wenn sich die Parteien jedoch vor dem Erlass dieses Spruchs vergleichen, so wird auch dadurch das Verfahren beendet; der Vergleich kann allerdings vom Schiedsgericht nach Maßgabe des § 1053 zu einem so genannten Schiedsspruch mit vereinbartem Wortlaut umgeformt werden – was   **452** für die Vollstreckbarkeit von Bedeutung ist. Wegen der Kostenentscheidung vgl. § 1057.

453   Ist der Schiedsspruch erlassen, so hat er zwischen den Parteien die Wirkungen eines rechtskräftigen gerichtlichen Urteils, § 1055. Gleichwohl kann die staatliche Gerichtsbarkeit in zweierlei Weise mit dem Schiedsspruch befasst werden: Entweder in Gestalt des – befristeten, Abs. 3 – **Aufhebungsverfahrens** nach § 1059 oder in Gestalt der **Vollstreckbarerklärung** nach den §§ 1060 ff. Zuständiges Gericht ist in diesen (wie auch in weiteren) Fällen das OLG, § 1062, gegen dessen Entscheidungen eine Rechtsbeschwerde zum BGH möglich ist, § 1065.

Teil B
Zwangsvollstreckungsrecht

Teil I. Grundsätzliches

§ 1 Grundlagen

Literatur: Gaul, Zur Struktur der Zwangsvollstreckung, Rpfleger 1971, 1, 41, 81; ders., Rechtsverwirklichung durch Zwangsvollstreckung aus rechtsgrundsätzlicher und rechtsdogmatischer Sicht, ZZP 112, 1999, 135; G. Lüke, Bausteine des Zwangsvollstreckungsverfahrens, JuS 1996, 185; Paulus, Die Privatisierung der „Zwangsvollstreckung" – oder: Wie der Rechtsstaat an seinem Fundament erodiert, ZRP 2000, 296; Sellert, Vollstreckung und Vollstreckungspraxis am Reichskammergericht und Reichshofrat, FS Henckel, 1995, 817; Stürner, Prinzipien der Einzelzwangsvollstreckung, ZZP 99, 1986, 291.

I Vorüberlegungen

Ziel des Erkenntnisverfahrens ist es, ein Urteil zu erhalten. Ist es erlassen, so ist **454** damit in der weitaus überwiegenden Zahl der Fälle der Rechtsstreit zwischen den Parteien beendet. Die Gründe für diese Beendigungswirkung können rechtlicher wie faktischer Art sein: Rechtlich sind sie, wenn die Klage auf eine **Feststellung** oder auf die **Gestaltung** einer Rechtslage gerichtet war. Wenn das Urteil etwa die Feststellung enthält, dass der Kläger Eigentümer des umstrittenen Grundstücks ist, so ist an dieser Aussage – zumindest im Verhältnis der Parteien untereinander[1] und nach Ausschöpfung der Rechtsmittel – nicht mehr zu deuten. Genauso, wenn das Urteil etwa die Scheidung der Ehe der beiden Parteien ausspricht: Mit Rechtskraft des Urteils ist die Ehe geschieden – die Rechtslage ist neu gestaltet, ohne dass irgendwelche Geschehnisse oder Handlungen irgendwelcher Personen hieran etwas ändern können.

Ganz anders verhält es sich bei **Leistungsurteilen**: Enthält ein solches etwa **455** die Aufforderung an den Beklagten, dass er an den Kläger € 1.000,– zu zahlen habe, ist damit noch nicht zwangsläufig das Ende des Rechtsstreits zwischen Kläger und Beklagtem erreicht. Faktisch gesehen leisten freilich die meisten der verpflichteten Parteien auf diesen richterlichen Befehl hin – sei es aus Einsicht in das Judiz, sei es, weil sie die Unannehmlichkeiten der Zwangsvollstreckung (die Nachbarn beobachten hämisch das Erscheinen des Gerichtsvollziehers; die geliebte CD-Sammlung könnte gepfändet und versteigert werden; das Bankkonto kann nur noch in geringem Umfang belastet werden etc.) scheuen. Auch in diesen Fällen ist der Rechtsstreit typischerweise mit dem Erlass des Urteils beendet. Was aber,

---

[1] Warum enthält der Text diese Einschränkung?

wenn die verpflichtete Partei trotz des Urteils nicht leistet? Ein Urteil ist ja letzten Endes nichts weiter als ein Stück Papier, das dem Berechtigten einen Anspruch zwar attestiert, ihn aber regelmäßig in keiner Weise (materiell) befriedigt. Folglich wird sich die obsiegende Partei in einem solchen Fall schwerlich mit dem errungenen Sieg im Erkenntnisverfahren zufrieden geben. Denn bei einer Leistungsklage ist, ein wenig vereinfacht gesagt, das Urteil nicht Endzweck, sondern nur Mittel zu dem wirtschaftlichen Ziel, die eingeklagte Leistung auch wirklich zu erhalten. Diese tatsächliche Vermögensverschiebung kann aber grundsätzlich kein Urteil vornehmen,[2] so dass es für den Fall, dass sich die verpflichtete Partei nicht urteilsgemäß verhält, zu einer Fortsetzung des Rechtsstreits kommt – und zwar in Gestalt der Zwangsvollstreckung. Weil das Urteil Rechte und Pflichten der Parteien bereits festgelegt hat, heißen die Parteien in diesem Verfahrensabschnitt nicht mehr Kläger und Beklagter, sondern folgerichtig wieder – wie im materiellen Recht ganz allgemein – **Gläubiger** und **Schuldner**. Freilich darf man bei dieser Terminologie nicht übersehen, dass die Rechtsdurchsetzung nur mit staatlicher Hilfe vorgenommen werden kann.[3]

456   Demnach ist es die **Aufgabe der Zwangsvollstreckung, den Schuldner zu zwingen, diejenige Leistung zu erbringen, die er freiwillig nicht vornehmen will**. Während es in früheren Rechten durchaus üblich war, diesen Zwang wirklich gegen die Person zu richten – sie etwa zur Arbeit zu nötigen –, ist das heutzutage kaum noch irgendwo der Fall. Das Recht versucht nunmehr, den Erfolg weitgehend ohne Beteiligung des Schuldners herbeizuführen – etwa die Übereignung des Gegenstandes oder dessen Versilberung (d. h. Versteigerung oder Verkauf) durch den Gerichtsvollzieher oder eine Forderungsabtretung durch das Gericht vornehmen zu lassen usw.; man begnügt sich also – aus Gründen des Schutzes der Person des Schuldners – regelmäßig mit einer Art von Ersatzvornahme, die sich allenfalls wie ein mittelbarer Zwang auswirkt.

Dies ist die wesentliche Grundaussage über die Wirkungsweise des Vollstreckungsrechts bzw. über den Weg, auf dem es seine vorgenannte Aufgabe zu erfüllen versucht. Bevor das näher erläutert wird, sind noch zwei Dinge vorauszuschicken, die man nicht außer Acht lassen darf:

457   – Zum einen ist zu beachten, dass das Zwangsvollstreckungsrecht des Achten Buches der ZPO grundsätzlich nicht danach fragt, warum der Schuldner nicht leistet; insbesondere unterscheidet es nicht danach, ob er nicht leisten will oder ob er nicht kann. Ist der Schuldner etwa insolvent, kann er also nicht zahlen, selbst wenn er wollte, so hindert das den (regelmäßig freilich vergeblichen) Versuch des Vollstreckungszugriffs nicht. Erst wenn das andere, umfassende Vollstreckungsverfahren, das **Insolvenzverfahren,** über das Vermögen dieses Schuldners eröffnet werden soll, wird nach dem Grund für das Nichtleisten gefragt. Voraussetzung eines solchen Verfahrens ist nämlich die wie auch immer zu definierende Insolvenz, vgl. die §§ 17–19 InsO.

---

[2] Welche Ausnahme mag wohl das im Text gebrauchte „grundsätzlich" rechtfertigen?

[3] Welches ist der einzige Ausnahmefall, in dem das materielle Recht dem Gläubiger gestattet, sich allein durch die Abgabe einer Willenserklärung Befriedigung zu verschaffen?

– Zum anderen macht die Grundaussage bereits deutlich, dass auch im Vollstreckungsverfahren – wie schon im Erkenntnisverfahren – eine enge Verknüpfung mit dem materiellen Recht besteht. Infolgedessen darf die Beschäftigung mit vollstreckungsrechtlichen Problemen (etwa in einer Klausur oder in der Praxis des Rechtsalltags) auf gar keinen Fall zu der Annahme verleiten, man könne das materiell-rechtliche Wissen getrost beiseite schieben. Auf einen einfachen Nenner gebracht **ist die Zwangsvollstreckung** grundsätzlich nichts anderes als **die Durchsetzung des materiellen Rechts mit staatlichem Zwang.** **458**

Wenn das Vollstreckungsrecht also im Grunde nichts weiter regelt als das Handeln eines mit hoheitlichen Rechten ausgestatteten Organs, das tun soll, was eigentlich der Schuldner tun müsste, ergeben sich hieraus drei Konsequenzen: **459**

– Die erste leuchtet sofort ein, wenn man sich Vollstreckungssituationen so konkret wie nur irgend möglich vorstellt. Da muss etwa der Schuldner seinen lang ersehnten Urlaub abblasen, weil ihm seine Gehaltsforderungen gepfändet wurden, oder es läuft der Gläubiger Gefahr, wegen der Nichtleistung seines Schuldners insolvent zu werden. Mit anderen Worten: die einschlägigen Fälle spielen sich gewissermaßen an vorderster Front der Rechtsverwirklichung ab. In der Zwangsvollstreckung erst zeigt sich, was ein vom materiellen Recht gewährter Anspruch wert ist, ob er sich überhaupt in praxi realisieren lässt.[4] Die notwendige Folge dieser exponierten Lage ist, dass das jeweilige Vorgehen wie überhaupt das **Verfahren insgesamt formalisiert** sein muss – Stichwort ‚Grundrechtsschutz‘ beider Parteien –, da sich Gerechtigkeit nach unserer herkömmlichen Auffassung (nicht nur, aber vornehmlich) durch Verfahren realisiert. Da die Interessen in der Zwangsvollstreckung so unmittelbar aufeinanderprallen, ist für einen geregelten Ablauf bestenfalls ein minimaler Raum für irgendwelche Gestaltungsfreiheiten; vielmehr müssen die Formalien strikt gewahrt werden. Um dieses Gebot auch wirklich realisieren zu können, hält das Vollstreckungsrecht ein eigenes Rechtsbehelfssystem bereit, Rdnn. 658 ff., das allerdings schon wieder dermaßen ausgefeilt ist, dass seine Unübersichtlichkeit allgemein beklagt wird. Ein Weiteres kommt hinzu, was angesichts des Umstands, dass das Vollstreckungsorgan ein Hoheitsträger ist, nahe liegt: nämlich der Einfluss des Verfassungsrechts auch auf das Vollstreckungsrecht. Etwa seit Ende der 60er Jahre wird gerne und verstärkt auch das Bundesverfassungsgericht insbesondere von Schuldnern angerufen. Der Schutz, der ihnen dabei eingeräumt wurde und der im weiteren Verlauf dieses vollstreckungsrechtlichen Teils jeweils gesondert hervorgehoben wird, lässt sich nicht immer ohne weiteres mit dem Gesamtsystem des Vollstreckungsrechts in Einklang bringen.[5] **460**

---

[4] Diese Besonderheit wird bei so mancher materiell-rechtlich ausgerichteten Theorienbildung allzu sehr vernachlässigt. Stattdessen sollte immer die Kontrollfrage gestellt werden, wie bzw. ob sich ein Anspruch tatsächlich im Zwangswege durchsetzen lässt.

[5] Zu diesem Thema gibt es sehr viel Literatur; hervorhebenswert etwa Gilles, Thesen zu einigen der rechts- und verfassungs-, verfahrens- und justizpolitische Aspekte des Themas: „Grundrechtsverletzungen bei der Zwangsvollstreckung“, in: Dike International 3, 1996, Grundrechtsverletzungen bei der Zwangsvollstreckung, 111 ff., insbes. 123 (dort der Hin-

461 — Die zweite Konsequenz ist ebenfalls unmittelbar einsichtig, wenn man sich nur wieder die betreffenden Fälle vor Augen führt. Dann erkennt man nämlich, dass es einen grundlegenden Unterschied zwischen einer **Geldschuld** einerseits und einer **sonstigen Schuld** (auf Herausgabe des Autos, auf Reparatur des Daches, auf Erklärung der Zustimmung etc.) andererseits gibt – wenn man diese Unterscheidung, wie das deutsche Recht es tut, in der Zwangsvollstreckung überhaupt zulässt.[6] Im Gegensatz zu den letztgenannten Fällen, in denen das Geschuldete unabänderlich feststeht, ist das Schulden von Geld gewissermaßen eine Metaebene. Das heißt, hat der Schuldner das geschuldete Geld nicht, so kann er es sich immer noch dadurch verschaffen, dass er Gegenstände seines Vermögens zu Geld macht. Insofern stellt also die Geldschuld eine andere Kategorie als die anderen Schulden dar. Da aber nach dem zuvor Gesagten das Vollstreckungsorgan das tun muss und kann, was der Schuldner zu tun verpflichtet ist, folgt daraus, dass das Vollstreckungsorgan gleichfalls Vermögensgegenstände des Schuldners zu Geld machen muss, wenn es nichts Bares vorfindet.

461 a — Eine schließliche Konsequenz aus der oben dargestellten Einsicht ist grundlegender Natur: Wenn der Schuldner nicht leistet und wenn nunmehr auch der Staat seine „Ersatzhilfe" auf Grund fehlender Ausstattung höchst verzögerlich leistet – bisweilen müssen Gläubiger zwei Jahre warten, bevor ein Gerichtsvollzieher für sie tätig wird –, dann werden auch die rechtsstaatlichst gesinnten Gläubiger auf Abhilfe sinnen, die sich dann allerdings schwerlich mit dem Rechtsstaat vereinbaren lässt; vgl. dazu Paulus lt. Lit.-Angaben. Wenn demnach eine „Privatisierung der Zwangsvollstreckung" zu beobachten ist, sollte dies in verfahrensmäßigen (statt in kriminellen) Bahnen erfolgen. Ein Vorbild könnten die Schweiz oder Finnland sein, die die Einleitung eines Insolvenzverfahrens ermöglichen, wenn der Gläubiger einen Titel errungen bzw. einen vergeblichen Vollstreckungsversuch unternommen hat.

462   Die vorgenannte Unterscheidung zwischen einer Zwangsvollstreckung wegen einer Geldforderung und wegen einer sonstigen Forderung ist für das deutsche Recht von nicht zu überschätzender Wichtigkeit und muss man sich daher unbedingt fest einprägen. Ein Blick in das Inhaltsverzeichnis des Achten Buches der ZPO bestätigt diese Trennung: Nach den Allgemeinen Vorschriften (§§ 704–802) folgt die Regelung der Zwangsvollstreckung **wegen einer Geldforderung** (§§ 803–882 a), bevor dann die Vollstreckungen **wegen sonstiger Ansprüche** enumerativ aufgelistet werden (§§ 883–898). Was die Versilberung der schuldnerischen Vermögensgüter anbelangt, so ist es schlicht eine Frage der Zweckmäßigkeit, bewegliche Sachen anders zu behandeln als etwa Forderungen oder Immobilien, vgl. §§ 828, 864. Aus diesem Grunde gibt es nicht nur den Gerichtsvollzieher als Vollstreckungsorgan, sondern auch noch das Vollstreckungsgericht, das Grundbuchamt und – bisweilen – sogar das Prozessgericht.

---

weis, dass die Zwangsvollstreckung ebenso Grundrechtsgewährleistung wie -gefährdung ist).

[6] Zur Geschichte etwa R. Zimmermann, The Law of Obligations, 1993, 770 ff.

II Überblick

Die folgende Skizze soll die Komplexität des geschriebenen Gesetzes ein wenig   **463**
reduzieren und die nachfolgenden Ausführungen wie den praktischen Ablauf einer
Zwangsvollstreckung anschaulicher machen:

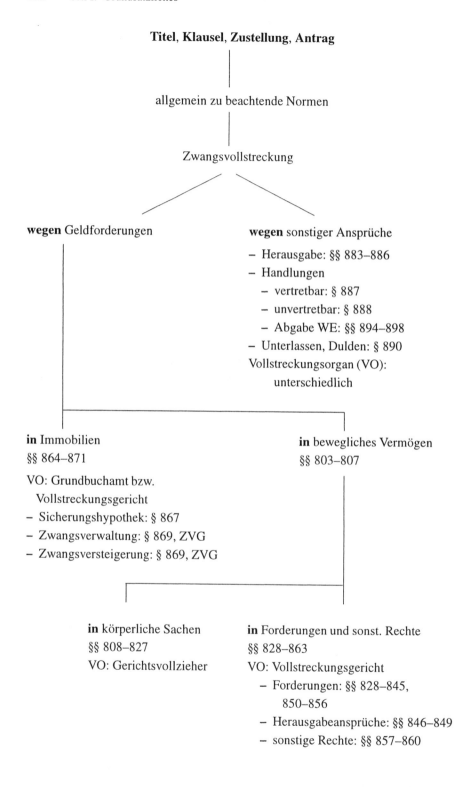

Titel, Klausel, Zustellung, Antrag

allgemein zu beachtende Normen

Zwangsvollstreckung

wegen Geldforderungen

wegen sonstiger Ansprüche
- Herausgabe: §§ 883–886
- Handlungen
    - vertretbar: § 887
    - unvertretbar: § 888
    - Abgabe WE: §§ 894–898
- Unterlassen, Dulden: § 890
Vollstreckungsorgan (VO):
    unterschiedlich

in Immobilien
§§ 864–871
VO: Grundbuchamt bzw.
    Vollstreckungsgericht
- Sicherungshypothek: § 867
- Zwangsverwaltung: § 869, ZVG
- Zwangsversteigerung: § 869, ZVG

in bewegliches Vermögen
§§ 803–807

in körperliche Sachen
§§ 808–827
VO: Gerichtsvollzieher

in Forderungen und sonst. Rechte
§§ 828–863
VO: Vollstreckungsgericht
- Forderungen: §§ 828–845,
    850–856
- Herausgabeansprüche: §§ 846–849
- sonstige Rechte: §§ 857–860

Teil II. Voraussetzungen der Zwangsvollstreckung

Wenn das Vollstreckungsverfahren nach dem zuvor Gesagten, Rdn. 460, notwendigerweise streng formalisiert sein muss, so gilt dies natürlich in einem besonderen Maß für die Einleitung dieses Verfahrens. Das Recht muss versuchen, unberechtigte Vollstreckungen von vornherein auszuschließen. Zu diesem Zweck baut es in Gestalt formeller Voraussetzungen Hürden auf, die der Gläubiger überwinden muss. In der tief verankerten Vorliebe für Dreiheiten nennt man diese Hürden: **464**

Titel,

Klausel,

Zustellung.

Es ist durchaus anzuraten, sich das so zu merken. Doch darf man darüber die vierte Voraussetzung, nämlich den **Gläubigerantrag**, nicht vergessen. Kein Vollstreckungsverfahren, auch nicht das Insolvenzverfahren, beginnt von Amts wegen;[1] immer ist ein Antrag vorausgesetzt. Diese drei (bzw. vier) Voraussetzungen gelten für alle Arten der Zwangsvollstreckung. Die zuvor erwähnte Weichenstellung hinsichtlich der Frage nach der zu vollstreckenden Forderung, Rdn. 461 ff., folgt erst, wenn diese Anfangshürden überwunden sind. Sie sind daher einleuchtenderweise im „Allgemeinen Teil" des Vollstreckungsrechts geregelt oder doch zumindest angesprochen. Sie werden nachstehend in der genannten Reihenfolge dargestellt und erörtert.

§ 1 Titel

Dieser Begriff bezeichnet dasjenige Dokument, in dem das an den Schuldner gerichtete Gebot steht, dem Gläubiger die Leistung zu erbringen. Wegen der Notwendigkeit zur Formalisierung kann das freilich nicht eine beliebige Vereinbarung zwischen den Parteien sein (etwa eine Vertragsurkunde), sondern es muss sich um ein irgendwie autorisiertes Dokument handeln (vgl. Rdn. 484). Demgemäß unterscheidet das Gesetz nach der Art der Autorisierung, so dass sich zweckmäßigerweise auch die weitere Darstellung an dieser Differenzierung orientiert (I). Zusätzlich zu dieser Legitimationsfrage muss der Titel aber auch bestimmten inhaltlichen **465**

---

[1] Eine Ausnahme gilt für § 894, bei dem man allerdings auch kaum von einem eigenen Vollstreckungsverfahren sprechen kann.

Mindestanforderungen genügen. Denn ein Befehl etwa: „S ist verpflichtet, dem G die nach dem Vertrag vom ... geschuldete Leistung zu erbringen" wäre nicht vollstreckbar; das mit der Vorgeschichte des Rechtsstreits zu keiner Zeit befasste Vollstreckungsorgan könnte in einem derartigen Fall ja gar nicht wissen, was geschuldet ist (II).

I Arten

466   Die wichtigste der verschiedenen Autorisierungsarten ist das Urteil des Richters – was nach dem langen „Vorspann" der Regeln über das Erkenntnisverfahren nur verständlich ist. Seine Vollstreckung ist in den §§ 704–793 geregelt, bevor das Gesetz in § 794 eine ganze Reihe von weiteren Titeln (oder autorisierten Urkunden) aufzählt und hinsichtlich deren Vollstreckung einige Sondervorschriften aufstellt, §§ 794 a, 795 a–800 a, im Übrigen aber in § 795 pauschal auf die Vorschriften der Urteilsvollstreckung verweist. Darüber hinaus gibt es noch eine weitere Möglichkeit der Autorisierung, nämlich die Anordnung der Vollstreckbarkeit gewisser Urkunden in anderen Gesetzen als der ZPO; § 801 enthält sogar eine ausdrückliche derartige Öffnung für Landesrecht.

1. § 704

Literatur: J. Hager, Das Erlöschen des possessorischen Anspruchs aufgrund des petitorischen Titels, KTS 1989, 515; Stürner, Das grenzüberschreitende Vollstreckungsverfahren in der Europäischen Union, FS Henckel, 1995, 863.

467   In der Regel findet die Zwangsvollstreckung aus dem Urteil statt. § 704 sagt, dass es sich dabei um ein Endurteil handeln muss und schlägt so die Brücke zum Erkenntnisverfahren, § 300. Auf den ersten Blick verwundert an dieser Verweisung, dass das sonst so präzise Gesetz pauschal von **„Endurteil"** anstatt allein von „Leistungsurteil" spricht. Bei näherem Hinsehen zeigt sich aber, dass dieser Sprachgebrauch ganz richtig ist: Nachdem nämlich § 308 II die Kostenentscheidung unterschiedslos für jedes Urteil vorsieht, muss auch jedes Urteil, zumindest hinsichtlich der Kosten, vollstreckbar sein; denn die Kostenentscheidung spricht immer eine Leistungspflicht aus: „Der Kläger trägt die Kosten des Rechtsstreits." Allerdings ist eine solche Formulierung für eine Vollstreckung noch zu ungenau, weil nicht klar ist, welchen Geldbetrag denn der Kläger jetzt tatsächlich zahlen muss. Zur Klärung dieser Frage gibt es das Kostenfestsetzungsverfahren der §§ 103 ff., an dessen Ende die Aussage steht, dass der Kläger dem Beklagten z. B. „€ 361,80" zu erstatten hat; vgl. Rdn. 113. Grundlage dieses Kostenfestsetzungsverfahrens ist laut § 103 I ein „zur Zwangsvollstreckung geeignete(r) Titel". Auch hier also gibt es folgerichtigerweise keine Unterscheidung nach dem Urteilsinhalt, weil eben jedes Urteil eine Kostenentscheidung enthält.

468   Darüber hinaus werden kraft ausdrücklicher gesetzlicher Anordnung einige Urteile hinsichtlich der Zwangsvollstreckung wie Endurteile behandelt, obgleich sie streng genommen deren Eigenheiten gar nicht aufweisen: nämlich Vorbehaltsurteile nach den §§ 302 III und 599 III.

Allerdings bringt § 704 tatsächlich eine Unterscheidung, nämlich zwischen end-   **469**
gültiger und vorläufiger Vollstreckbarkeit; sie ist nicht nur für die Praxis von größter
Wichtigkeit. Die für das Verständnis dieser Unterscheidung maßgebliche Norm ist
§ 705, in der die formelle Rechtskraft geregelt ist. Sie beantwortet die Frage danach,
ob ein Endurteil noch mit regulären Rechtsmitteln (Rdnn. 389 ff.) – dazu zählen
nicht eine Restitutionsklage oder eine Verfassungsbeschwerde –, einem Einspruch
oder der Gehörsrüge nach § 321 a angefochten werden kann und unterscheidet sich
dadurch von der materiellen Rechtskraft, die die Frage danach beantwortet, für wen
und in welchem sachlichen wie zeitlichen Umfang die getroffene Entscheidung bindend ist, vgl. Rdnn. 307 ff.

(a) Endgültige Vollstreckbarkeit

(aa) Inländische Endurteile

Die endgültige Vollstreckbarkeit setzt **formelle Rechtskraft des Endurteils** vor-   **470**
aus. Diese kann entweder sofort mit Erlass des Urteils eintreten oder auch erst
nach Ablauf der Rechtsmittel- bzw. Rechtsbehelfsfristen, §§ 321 a, 339, 517, 544,
548. Beispiele für Ersteres sind etwa Entscheidungen der letzten Instanz, soweit sie
die Sache nicht zurückverweisen; oder Urteile, hinsichtlich derer die Parteien auf
die Einlegung von Rechtsmitteln verzichtet haben oder deren Wert die für einen
Rechtszug erforderliche Beschwer (summa gravaminis) nicht erreicht hat, gegen
die Rechtsmittel nicht zugelassen worden sind und bezüglich derer die Zweiwo-
chenfrist des § 321 a II 2 abgelaufen ist; ferner Versäumnisurteile nach Ablauf der
Einspruchsfrist, § 339. Endurteile dagegen, die mit den angesprochenen Rechtsbehelfen noch angefochten werden können oder gegen die bereits ein Rechtsmittelverfahren läuft, sind nur vorläufig vollstreckbar, solange nicht auch für sie der Rechtsweg erschöpft ist. Der Unterschied zwischen diesen beiden Vollstreckbarkeitsarten
besteht also darin, dass sich im Fall der endgültigen Vollstreckbarkeit grundsätzlich
nichts mehr an der ausgesprochenen Leistungsverpflichtung ändern kann, bei den
nur vorläufig vollstreckbaren Urteilen dagegen noch sehr wohl.

(bb) Ausländische Endurteile

Literatur: Eichele, Aktuelle Entwicklungen im Europäischen Zivilprozessrecht – Auf dem
Weg zum Europäischen Vollstreckungstitel, BRAK-Mitt. 2003, 53; Nelle, Anspruch, Titel
und Vollstreckung im internationalen Rechtsverkehr, 2000; Stiefel/Bungert, Anerkennungsfähigkeit und Vollstreckbarkeit US-amerikanischer RICO-Urteile in der Bundesrepublik, ZIP
1994, 1905; Tarzia, Harmonisierung des Zwangsvollstreckungsrechts, ZEuP 1996, 231; Wal-
ter/Baumgartner (Hg.), Anerkennung und Vollstreckung ausländischer Entscheidungen aus-
serhalb der Übereinkommen von Brüssel und Lugano, 2000.

Es gibt aber noch eine weitere Gruppe von Endurteilen, die, obwohl endgültig   **471**
vollstreckbar, der Gesetzgeber gleichwohl einer Sonderregelung unterworfen hat –
nämlich ausländische Urteile. Kann etwa der Kläger, der ein Urteil in Kaliforni-
en erstritten hat, das ihm ca. € 1 Mio. Schmerzensgeld oder einen so genannten
Strafschadensersatz (punitive damages) zuspricht, auf der Grundlage dieses Titels
in Deutschland die Zwangsvollstreckung betreiben? Vgl. BGHZ 118, 312; s. auch
oben Rdn. 321. Die denkbaren Extremreaktionen des inländischen Gesetzgebers

sind entweder volle Gleichbehandlung – d. h. also: ein ausländisches, endgültig vollstreckbares Endurteil genauso als Titel i. S. d. § 704 zu behandeln wie ein inländisches – oder aber völlige Ablehnung mit der Folge, dass der verhinderte Vollstreckungsgläubiger eine neue Klage in Deutschland erheben müsste (fairerweise dürfte man ihm dann aber nicht die – materielle – Rechtskraft des Ersturteils entgegenhalten!). Man kann sich unschwer Argumente für und gegen jede der beiden Alternativen überlegen, für die es in Rechtsgeschichte und Rechtsvergleichung jeweils zahlreiche Beispiele gibt; die ZPO hat jedenfalls von den vielen zwischen diesen Extremen liegenden Möglichkeiten eine gewählt, die ungefähr in der Mitte liegt. Aus den §§ 722, 723 ergibt sich, dass das ausländische Urteil **nicht als inländischer Titel anerkannt** wird. Um aus diesem Urteil vollstrecken zu können, benötigt der Gläubiger vielmehr das Urteil eines inländischen Richters, in dem einzig und allein erklärt wird, dass (und gegebenenfalls: inwieweit) das ausländische Urteil im Inland vollstreckbar ist (zur Zuständigkeit s. BGH ZIP 1997, 159). Das Besondere an diesem so genannten **Vollstreckungsurteil** ist, dass es nicht auf der erneuten Untersuchung der dem ausländischen Urteil zugrunde gelegten Fakten basiert, sondern dass es lediglich das Vorhandensein bestimmter, in § 328 (negativ) aufgelisteter Voraussetzungen überprüft und bestätigt. Es gibt also, wie man sagt, keine révision au fond – auch nicht durch die Hintertür, indem man mehr oder minder offen (oder bewusst) das gesamte deutsche Recht als ordre public i. S. d. § 328 I Nr. 4 versteht und somit das Recht der restlichen Welt an diesem Maßstab genesen oder zugrunde gehen lässt.

472   Diese gesetzliche Regelung ist unbeschadet ihres Kompromisscharakters immer noch aufwendig genug, weil sie eine **eigene Klage** voraussetzt. Das wird beispielsweise unmittelbar einsichtig, wenn das Urteil eine Unterhaltsleistung zuspricht, die der Gläubiger regelmäßig eher heute als morgen benötigt, oder wenn das Urteil aus einem Land stammt, mit dem Deutschland zu einer Europäischen Union zusammenwächst und deswegen ohnedies schon in vielfacher Hinsicht rechtlich verschränkt ist. Für diese Fälle – wie auch für eine ganze Reihe weiterer – gibt es viele internationale bilaterale und multilaterale Regelungen, Abkommen und Verträge, von denen hier nur die bereits in Rdnn. 31, 322 genannte EuGVVO[2] wegen ihrer heute schon großen und weiterhin zunehmenden Bedeutung hervorgehoben werden soll.

473   Außer den Zuständigkeitsfragen behandelt sie in den Artt. 38 ff. EuGVVO auch die Zwangsvollstreckung von – vollstreckbaren – Entscheidungen, die in einem Mitgliedstaat erlassen worden sind, und die in einem anderen Mitgliedstaat vollstreckt werden sollen. Art. 32 EuGVVO definiert als ‚Entscheidung‘ „im Sinne dieser Verordnung ... jede von einem Gericht eines Mitgliedstaats erlassene Entscheidung ... ohne Rücksicht auf ihre Bezeichnung ...". Vorausgesetzt ist freilich auch hier wieder, dass sich die Entscheidung auf die in Art. 1 EuGVVO genannten Zivil- und Handelssachen bezieht. Ist das der Fall, wird sie einer inländischen grundsätzlich gleichgestellt; das EuGVVO-Gebiet wird also wie ein einheitlicher Rechtsraum

---

[2] Das so genannte Lugano-Übereinkommen überträgt nahezu wortgleich die Regelung des durch die EuGVVO abgelösten EuGVÜ auf die EFTA-Staaten. Für die innerstaatliche Anwendung der EuGVVO ist das AVAG von entscheidender Bedeutung.

behandelt (EuGH Slg. 1994, I-467). Der Gläubiger muss lediglich die Erteilung der Vollstreckungsklausel, vgl. Rdnn. 508 ff., bei einer der in Art. 39 i.V.m. Anhang II EuGVVO aufgelisteten Stellen – in Deutschland beim Vorsitzenden einer Kammer des Landgerichts – beantragen. In dem Klauselerteilungsverfahren, in dem der Schuldner nicht gehört wird, wird die Anerkennungsfähigkeit der Entscheidung inzident und zügig geprüft, Art. 41 EuGVVO; die einzig möglichen, erst auf einen Rechtsbehelf des Schuldners hin zu prüfenden Ablehnungsgründe ergeben sich aus den Artt. 34 f. EuGVVO, die einen im Vergleich mit § 328 milderen Katalog enthalten. Die Artt. 43 ff. EuGVVO gewähren dem Schuldner und dem Gläubiger die Möglichkeit, sich gegen die Erteilung oder Nichterteilung der Klausel beim Oberlandesgericht zur Wehr zu setzen. Damit sich bei der Anwendung der Verordnung keine unerwünschten nationalen Sonderinterpretationen entwickeln können, hat der EuGH gem. Art. 234 EG die letztverbindliche Auslegungskompetenz.

(b) Vorläufige Vollstreckbarkeit

Literatur: Altmeppen, Gefährdungshaftung nach § 717 Abs. 2 ZPO und unberechtigte Schutzrechtsverwarnung, ZIP 1996, 168; Burchard, § 720 a ZPO und die „Waffengleichheit", NJW 2002, 2219; Häsemeyer, Schadenshaftung im Zivilrechtsstreit, 1979; Pecher, Schadensersatzansprüche aus ungerechtfertigter Vollstreckung, 1967; Saenger, Zur Schadensersatzpflicht bei vorzeitigen Vollstreckungsmaßnahmen des materiell berechtigten Gläubigers, JZ 1997, 222; Schilken, Grundfragen der vorläufigen Vollstreckbarkeit, JuS 1990, 641.

Es wurde bereits gesagt, dass sich die Vorläufigkeit auf den Zeitraum zwischen **474** Urteilserlass und dem Eintritt der formellen Rechtskraft, d.h. der regulären Unanfechtbarkeit, bezieht. Anstatt die siegreiche Partei darauf zu verweisen, dass sie mit der Vollstreckung bis zum Eintritt der endgültigen Vollstreckbarkeit warten müsse, räumt ihr das Gesetz in § 704 i.V.m. den §§ 708 und 709 das Recht ein, schon vorher zu vollstrecken. Sobald der Gläubiger den Titel in Händen hält, kann er also das ihm Zugesprochene zwangsweise eintreiben – und das, obwohl sich an der Leistungsverpflichtung des Schuldners noch etwas ändern bzw. sie gänzlich entfallen kann. Für den Schuldner ist das durchaus eine Gefahr, die in der Praxis nur allzu oft – gerade im Zusammenhang mit Versäumnisurteilen, lesen Sie bitte § 708 Nr. 2[3] (sowie die weiteren in § 708 aufgelisteten Urteilsarten) – übersehen wird.

Die Einrichtung der vorläufigen Vollstreckbarkeit ist also eine **Begünstigung** **475** **des Gläubigers**; darüber hinaus dient sie mittelbar der **Beschleunigung des Verfahrens**, weil sie dem Schuldner den Anreiz nimmt, Zeit dadurch zu gewinnen, dass er aussichtslose Rechtsmittel einlegt oder mit der Einlegung eines Rechtsmittels bis zum äußersten Zeitpunkt zuwartet. Nichtsdestoweniger ist es ihm gleichwohl unbenommen, die Rechtsmittelfrist bis zur letzten Minute auszuschöpfen, um den Rechtsstreit fortzuführen und eventuell ein ihm günstiges Urteil zu erstreiten. Infolgedessen stellt sich erst mit Eintritt der formellen Rechtskraft heraus, ob die vorläufige Vollstreckung vielleicht doch eine endgültige war. Diese Unterscheidung

---

[3] Wird ein Versäumnisurteil allerdings durch ein Endurteil aufrechterhalten, vgl. Rdn. 342, muss der Gläubiger ggf. Sicherheit leisten, § 709 S. 3.

ist im Hinblick auf § 717 von großer Bedeutung; denn die Vergünstigung der vorläufigen Vollstreckbarkeit hat ihren Preis: Weil der Titel – und damit die Berechtigung zu der vorgenommenen Vermögensverschiebung – wieder beseitigt werden kann, sagt man, dass der Gläubiger die (vorläufige) Vollstreckung **auf eigenes Risiko** durchführt. Soweit (vgl. § 717 I) sein Titel nämlich später aufgehoben wird, muss er dem Schuldner gem. § 717 II den diesem durch die – vorläufige – Vollstreckung entstandenen Schaden ersetzen[4]. Diese Sanktion dient natürlich auch dazu, einen vorschnellen Zugriff des Gläubigers zu verhindern; er soll auf diese Weise dazu angehalten werden, sich über die Bestandskraft seines Titels im Instanzenzug ernsthafte Gedanken zu machen. Nur vor dem Hintergrund dieser Schadensersatznorm ist die im Detail recht komplizierte Regelung der §§ 708 ff. mit ihrem Hin und Her der jeweiligen Sicherheitsleistung zu verstehen; denn unbeschadet der Formulierung des § 108 I 1 sowie des § 709 S. 2 hat sich die Höhe der Sicherheitsleistung an dem (geschätzten) Schaden i. S. d. § 717 zu orientieren.

476   Die §§ 708 und 709 gehören zusammen, indem sie anordnen, dass grundsätzlich jedes Endurteil (mit Ausnahme der in § 704 II genannten und der ohnedies mit Erlass sogleich formell rechtskräftigen) vom Gericht für vorläufig vollstreckbar zu erklären ist; wie bei der Kostenentscheidung nach § 308 II benötigt es also auch hier keinen Antrag der Parteien, s. auch § 716. § 708 listet diejenigen Urteile enumerativ auf, die **keine Sicherheitsleistung** durch den Gläubiger erfordern, die infolgedessen tatsächlich – wie schon gesagt – sofort vollstreckt werden können, während alle anderen, von § 709 erfassten Urteile nur **gegen Sicherheitsleistung** des Gläubigers vorläufig vollstreckt werden können. Die Kontrolle über die ordnungsgemäße Sicherheitsleistung obliegt gem. § 751 II dem Vollstreckungsorgan. Allerdings ist für die in den Nrn. 4–11 des § 708 aufgelisteten Urteile noch § 711 S. 1 zu beachten; demzufolge muss der Richter in diesen Fällen von Amts wegen etwa folgende Entscheidung treffen:

> „Das Urteil ist vorläufig vollstreckbar. Der Schuldner kann jedoch die Vollstreckung dadurch abwenden, dass er Sicherheit in Höhe von € … leistet, wenn nicht der Gläubiger vor der Vollstreckung Sicherheit in gleicher Höhe leistet."

477   Von diesem Grundschema weichen die §§ 710–713 ab. In dem Bestreben, den Besonderheiten des jeweiligen Einzelfalls gerecht zu werden, räumen sie dem Richter die Möglichkeit ein, die Parteien zu einer **Sicherheitsleistung** zu verpflichten oder sie davon zu befreien. Eine solche Entscheidung setzt mit Ausnahme der Anordnungen nach den §§ 711 S. 1, 713 einen entsprechenden Antrag der Partei(en) voraus, § 714. So kann also der Gläubiger nach § 710 von der Sicherheitsleistung befreit werden. Ganz am Ende der Vorschrift ist mit dem Hinweis auf einen Unterhaltsanspruch ein ebenso einleuchtendes wie auch den Maßstab für weitere Fälle setzendes Beispiel für den Nachteil gegeben, der dem Gläubiger drohen muss. Was die dort gleichfalls genannten „erheblichen Schwierigkeiten" anbelangt, so wird

---

[4] Zu der vergleichbaren Regelung des § 945 s. Rdn. 701. Aus § 717 III ergibt sich ebenso wie aus § 708 Nr. 10, dass das Gesetz auf eine erhöhte Beständigkeit oberlandesgerichtlicher Urteile vertraut. Die Praxis gibt ihm Recht.

man beispielsweise wohl nicht verlangen dürfen, dass der Gläubiger seinen Urlaub absagt, um die Leistung erbringen zu können. § 711 S. 3 überträgt den Regelungskomplex des § 710 auf die oben im Wortlaut mitgeteilte Leistungsverpflichtung in den Fällen des § 708 Nr. 4–11. Hier kann der Gläubiger also sofort vollstrecken, wenn der Schuldner nicht Sicherheit leistet. Tut er das aber, muss der Gläubiger seinerseits die Sicherheitsleistung erbringen, wenn er weiter vollstrecken will – es sei denn, dass er gemäß seinem Antrag nach den §§ 714, 711 S. 3 von dieser Pflicht befreit worden ist.

Dieser **Begünstigung** des Gläubigers steht in § 712 eine solche **des Schuldners**   **478** gegenüber. Was deren Voraussetzungen anbelangt, ist auf die Formulierung zu achten: Während § 710 nur einen „schwer zu ersetzenden oder schwer abzusehenden Nachteil" verlangt, fordert § 712 einen „nicht zu ersetzenden Nachteil"; außerdem hat der Richter gem. § 712 II 1 die Interessen des Gläubigers und gem. § 713 die formellen Zulässigkeitsvoraussetzungen für den Instanzzug mitzuberücksichtigen. Als Rechtsfolge kann der Schuldner aber immerhin erreichen, dass das Urteil entweder gar nicht für vorläufig vollstreckbar erklärt wird oder aber nur gegen Sicherheitsleistung – und zwar auch in den Fällen des § 708 Nrn. 1–4 –, oder dass der Gläubiger den zwangsweisen Zugriff auf die Pfändung beschränken muss und nicht auf die endgültige Zustände schaffende Verwertung erstrecken darf. Das ist mit der Verweisung in § 712 I 2 auf § 720a gemeint, der grundsätzlich seinerseits wieder den Gläubiger begünstigt. Denn in Ausnahme von § 751 II darf der Gläubiger nach dieser Vorschrift in der in der Praxis zahlenmäßig bei weitem vorherrschenden Geldzahlungsvollstreckung pfänden, obwohl er seine Sicherheitsleistung noch nicht erbracht hat. Auf diese Weise erhält er ein (Pfändungs-)Pfandrecht, das ihn gegen nachfolgende Gläubiger und gegen die Insolvenz seines Schuldners sichert.

Das Gesetz hält aber noch **weitere Schutzvorschriften** für den Schuldner parat.   **479** In der Praxis spielt dabei vornehmlich der § 721[5] eine ganz besonders herausragende Rolle: Ist der Schuldner zur Räumung seines Wohnraums verpflichtet, so kann er insbesondere in größeren Ballungsgebieten erhebliche Schwierigkeiten mit der Beschaffung von Ersatzwohnraum bekommen. Nun wird man zwar entgegen einem vor allem in der Amtsgerichtsrechtsprechung zu beobachtenden Trend sagen müssen, dass die materiell-rechtlichen Kündigungsfristen von Wohnraum bereits für die Suche nach einer neuen Wohnung genutzt werden müssen. Gleichwohl können diese Fristen zu kurz sein. Für diese Fälle sieht § 721 eine prozessuale „Gnadenfrist" von bis zu einem Jahr vor, die nach dem dort näher beschriebenen Verfahren gewährt werden kann. Einen weiteren Schutzmechanismus zugunsten des Schuldners sehen die §§ 707, 719 (bitte lesen) für den Fall vor, dass er sich mit Hilfe eines Rechtsmittels oder Rechtsbehelfs gegen den Titel zur Wehr setzt; freilich muss dieser Schutz wiederum eigens beantragt werden.

---

[5] Was hat den Gesetzgeber wohl dazu veranlasst, in § 794a eine nahezu identische Regelung zu treffen?

2. § 794

480   Das Urteil ist – wie schon erwähnt – bei weitem nicht der einzige Vollstreckungstitel; in einigen Bereichen – etwa dem Recht der Immobiliarsicherheiten oder dem Presse- oder Wettbewerbsrecht[6] – ist es sogar von nachrangiger Bedeutung. Eine ganze Reihe weiterer, in der Praxis eminent wichtiger Titel benennt § 794 I. Auch bei dieser Vorschrift lässt sich die anfängliche Unübersichtlichkeit reduzieren, indem man die dort aufgelisteten Titel unterteilt in solche, die auf einer Entscheidung beruhen (a), und in beurkundete Parteivereinbarungen (b).

(a) Entscheidungen

481   Der allgemeinste Repräsentant der ersten Gruppe ist in Nr. 3 genannt: Entscheidungen nämlich, gegen die das Rechtsmittel der sofortigen Beschwerde stattfindet. Sofern es sich also nicht um die eigens ausgenommenen einstweiligen Regelungen über das Sorgerecht oder die Kindesherausgabe handelt, ist die Entscheidung daraufhin zu überprüfen, ob sie die **Voraussetzungen des § 567 I** erfüllt. Dabei kommt es nicht darauf an, dass die konkret vorliegende Entscheidung tatsächlich mit der sofortigen Beschwerde angefochten werden kann; wichtig ist nur, dass eine solche Entscheidung der Sache nach **beschwerdefähig** wäre, wenn sie in der ersten Instanz erlassen worden wäre. Dadurch ist gewährleistet, dass auch entsprechende Beschlüsse etwa des BGH vollstreckungsfähig sind.

482   Obgleich es sich um einen Beschluss handelt, ist der **Kostenfestsetzungsbeschluss** in Nr. 2 eigens genannt. Das hat sich mit der Zivilprozessreform 2002 überholt, nachdem es die Unterscheidung zwischen einfacher und sofortiger Beschwerde, vgl. § 104 III, nicht mehr gibt. Nach § 21 Nr. 1 RPflG ist allerdings der Rechtspfleger mit dem Kostenfestsetzungsverfahren betraut, so dass sich der richtige Rechtsbehelf aus (bzw. über) § 11 I RPflG ergibt. Zutreffend ist dagegen die eigene Erwähnung der **Vollstreckungsbescheide** i. S. d. § 699 in Nr. 4 – gegen sie ist der Einspruch statthaft, § 700 – und auch der durch das zuständige Gericht für **vollstreckbar erklärten Schiedssprüche**, §§ 1060 f., in Nr. 4 a. Obwohl diese Entscheidung wieder in Gestalt eines Beschlusses ergehen kann und somit unter § 794 I Nr. 3 fallen müsste, unterliegt sie der Rechtsbeschwerde zum BGH, §§ 1065, 574, und muss daher eigens erwähnt werden.

Die in der Nr. 4 b genannten Vorschriften verweisen auf den so genannten Anwaltsvergleich, der unter bestimmten Voraussetzungen einen vollstreckbaren Titel darstellt, vgl. unten Rdn. 495.[7]

---

[6] Welcher wird im ersten Fall der vorherrschende Titel sein? Welcher im zweiten?

[7] Seine Einführung war lange Zeit umstritten und seine jetzige Ausgestaltung stellt einen Kompromiss dar. Der Anwaltschaft ging es – u. a. wegen der vielfach geforderten Entlastung der Justiz – darum, vollstreckungsfähige Vergleiche auch ohne die nach § 794 I Nr. 1 ansonsten erforderliche Mithilfe des Gerichts (dazu sogleich) schließen zu können. Diesem Anliegen wollte sich der Gesetzgeber des Jahres 1990 trotz des § 1 BRAO („Der Rechtsanwalt ist ein unabhängiges Organ der Rechtspflege.") nicht völlig anschließen; infolgedessen muss dieser Vergleich vom Gericht oder Notar für vollstreckbar erklärt werden, §§ 796 b, 796 c, so dass auch hier Grundlage der Vollstreckung die amtlich autorisierte Entscheidung ist.

Die Nrn. 2 a und 3 a betreffen bestimmte familienrechtliche Entscheidungen. **483** Nr. 2 a bezieht sich auf solche Fälle, in denen der einem minderjährigen Kind urteilsmäßig zuerkannte Unterhalt in einem vereinfachten Verfahren nach den §§ 645 ff. festgesetzt oder geändert bzw. ein entsprechender Antrag zurückgewiesen worden ist, und Nr. 3 a auf die genannten einstweiligen Anordnungen.

(b) Beurkundete Parteivereinbarungen

In diese Kategorie fallen drei Titel: der **Vergleich** (Nr. 1), die **vollstreckbare Urkunde** (Nr. 5) und der **Anwaltsvergleich** (Nr. 4 b). Vor allem die beiden erstgenannten Titel spielen in der Praxis schon lange eine überaus bedeutsame Rolle. Bevor dies näher erläutert wird, lohnt es sich, einen Moment bei der Überlegung zu verweilen, was es bedeutet, dass der Gesetzgeber überhaupt Parteivereinbarungen die Qualität von Titeln zuerkennt. Er verzichtet damit nämlich immerhin auf das Monopol, Titel zu schaffen. Zusätzlich entkoppelt er das staatlich durchzuführende Zwangsvollstreckungsverfahren von dem ebenfalls staatlich durchgeführten Erkenntnisverfahren, indem er an dessen Stelle eine private Parteivereinbarung treten lässt. Freilich zeigen die Erfahrungen mit der Notwendigkeit eines Verbraucherschutzes, dass der Gesetzgeber gut beraten ist, nicht jede Vereinbarung (etwa einen Kaufvertrag) als vollstreckbaren Titel anzuerkennen, weil dann ein Machtgefälle zwischen den Parteien allzu leicht zu einseitiger Bevorteilung der jeweils stärkeren und damit de facto zu einer unerwünschten Ausweitung des Selbsthilferechts führen würde. Demgemäß verlangt das Gesetz auch in den vorliegenden Fällen eine **amtliche Autorisierung**, die allerdings wesentlich leichter und schneller zu erreichen ist als ein Endurteil eines Richters. Der Gesetzgeber erkennt also – wie auch in Gestalt des einstweiligen Rechtsschutzes oder des Urkundsverfahrens – das Eilbedürfnis der Rechtssubjekte durchaus an. Wie stark dieses Bedürfnis tatsächlich ist, zeigt die weite Verbreitung vornehmlich von Vergleich und notarieller Urkunde; Letztere macht ein Erkenntnisverfahren vor der Vollstreckung sogar völlig überflüssig und gewährt somit den schnellstmöglichen Zugriff auf das Schuldnervermögen. **484**

(aa) Prozessvergleich

Literatur: Koch, Anerkennungsfähigkeit ausländischer Prozeßvergleiche, FS Schumann, 2001, 267.

Was den in Nr. 1 genannten Vergleich anbelangt, so ist seine Zulässigkeit **485** Ausdruck der den Parteien im Zivilprozess eingeräumten Dispositionsfreiheit (Rdn. 210). Denn indem die Parteien den Prozess mit dem Abschluss eines Vergleichs beenden können, beschränken sie die Mitwirkung des Gerichts auf die Protokollierung, § 160 III Nr. 1, und entziehen dem Richter die Befugnis zur Entscheidung – selbst dann, wenn sich dieser schon intensiv mit dem Fall und seinen Rechtsproblemen beschäftigt haben sollte. Dieser wird gleichwohl über diese Entwicklung der Dinge regelmäßig nicht ungehalten sein: denn erstens ist – rein psychologisch gesehen – jede einverständliche Streitlösung zwischen den Parteien einer vom (staatlichen) Richter aufoktroyierten Entscheidung des Falls vorzuziehen; und zweitens – eher pragmatisch – entbindet ein Vergleich den Richter von der Notwendigkeit, ein Urteil abfassen zu müssen; vgl. Rdn. 173.

486   Diese prozessbeendigende Wirkung des Prozessvergleichs bedingt allerdings eine Besonderheit, die ihn (gerade im Studium) häufig als etwas Obskures erscheinen
lässt, die sich bei näherem Hinsehen jedoch als ebenso zwangsläufig wie einleuchtend entpuppt: seine **Doppelnatur**, die aus der prozessualen und der materiell-rechtlichen, d. h. vertraglichen Seite, § 779 BGB, ein und desselben Prozessvergleichs
besteht.[8] Um das zu verstehen, muss man wissen, warum der Prozessvergleich den
Prozess beendet. Mit ihm sagen die Parteien dem Richter: „Du brauchst nicht mehr
zu entscheiden, weil wir uns nunmehr über den Streitgegenstand geeinigt haben".
Das beinhaltet zwei Dinge: Einigung in der Sache und Beendigung des Rechtsstreits. Würden die Parteien das gerichtliche Verfahren beenden wollen, ohne in
der Sache einig zu sein, müssten sie die Klagerücknahme wählen, § 269, oder eine
einverständliche Erledigungserklärung; sind sie dagegen einig, wollen aber den Prozess nicht beenden (die eine Partei benötigt etwa das Urteil als Grundlage für einen
Folgeprozess), wird dieser zu Ende geführt.[9] Wenn der Prozessvergleich demnach
die beiden genannten Wirkungen zeitigen soll, ist es folgerichtig, dass er die dafür
notwendigen Voraussetzungen erfüllen muss:

– erstens den Abschluss eines Vergleichsvertrags i. S. d. § 779 BGB für die materiell-rechtliche Seite
– und zweitens müssen für die prozessuale Beendigungswirkung die Prozesshandlungsvoraussetzungen (Rdn. 233) vorliegen.

Damit also der Prozess tatsächlich beendet wird, muss nicht nur ein wirksamer Vertragsschluss i. S. d. § 779 BGB vorliegen, sondern die Vertragsparteien müssen darüber hinaus auch noch formell-rechtlich in der Lage sein, den Prozess zu beenden.[10]
Diese einleuchtende Aussage wird mit dem Begriff „Doppelnatur" umschrieben.

487   a. Materielles Recht
Die materiell-rechtliche Seite ist nach wohl h. M., wie schon erwähnt, der **Abschluss eines Vergleichsvertrags i. S. d. § 779 BGB** durch Antrag und Annahme gemäß den §§ 145 ff. BGB[11]. Demnach müssen die Parteien einen Vertrag
schließen, durch den ihr Streit im Wege gegenseitigen Nachgebens beseitigt
wird. Was das jeweilige Nachgeben anbelangt, so braucht es sich nicht auf
den Streitgegenstand zu beschränken, die Parteien können vielmehr auch noch
weitere Vereinbarungen treffen; das Nachgeben braucht sich darüber hinaus
nach h. M. nicht notwendigerweise auf eine materiell-rechtliche Rechtsposition
zu beziehen (etwa: statt € 100,– nur € 90,–), sondern es genügt, wenn eine
prozessuale Rechtsposition eingeschränkt wird (z. B. Rechtsmittelverzicht oder

---

[8] Bei welchem anderen Rechtsinstitut wurde bereits eine ähnliche Doppelnatur angesprochen?

[9] Wie kann der Prozess gleichwohl abgekürzt und wie können Gebühren gespart werden?

[10] Nach Ansicht des OLG München kann das selbst noch nach Rücknahme der Berufung
geschehen – vorausgesetzt allerdings, dass die Parteien zuvor schon „ihren Willen zum
Abschluss eines Vergleichs haben erkennen lassen" (NJW 1997, 2331).

[11] Der in der Praxis häufig vereinbarte Widerrufvorbehalt der Parteien ist regelmäßig nichts
weiter als die Vereinbarung einer aufschiebenden Bedingung i. S. v. § 158 I BGB.

gar nur der Verzicht auf ein Endurteil). Gibt dagegen eine Partei trotz dieses weitgefassten Verständnisses um gar nichts nach, so liegt kein Vergleich vor. Der Rechtsstreit kann dann nur noch entweder durch Erledigungserklärung, durch Verzichts- oder durch Anerkenntnisurteil beendigt werden.

b. Prozessrecht   **488**

Was die prozessuale Seite anbelangt, so muss der Vergleich vor einem deutschen Gericht – ohne Einschränkung auf die Zivilgerichtsbarkeit[12] – oder einer Gütestelle[13] geschlossen werden. Die Prozessparteien des anhängigen(!)[14] Rechtsstreits müssen zugleich die Vertragsparteien sein, doch können auch Dritte wie etwa Streitgenossen oder dem Prozess gänzlich Fernstehende mit einbezogen werden.[15] Und schließlich müssen die Parteien die Prozesshandlungsvoraussetzungen einschließlich der Postulationsfähigkeit (es besteht Anwaltszwang nach Maßgabe des § 78) erfüllen, und der Vergleich hat den Formerfordernissen der §§ 160 III Nr. 1, 162 und 163 zu genügen; d. h. er muss protokolliert, verlesen, von den Parteien genehmigt und vom Richter und Urkundsbeamten unterschrieben sein. Auf diese Weise ist es übrigens auch möglich, einen so genannten **außergerichtlichen Vergleich**, den die Parteien gerade nicht vor Gericht geschlossen haben und der deswegen natürlich auch keine Doppelnatur aufweist und den Prozess nicht beendet (dazu aufschlussreich BGH JZ 2002, 721), zu einem gerichtlichen zu machen: Er muss nur ebenso protokolliert oder gem. § 160 V als Anlage beigefügt werden.

c. Unwirksamkeit des Vergleichs   **489**

Sind diese materiell-rechtlichen und formellen Voraussetzungen erfüllt, ist der Prozess beendet und der Vergleich ein vollstreckungsfähiger Titel, § 794 I Nr. 1. Doch stellt sich in der Praxis (und in Klausuren) immer wieder das Problem, wie zu verfahren ist, wenn sich später herausstellt, dass der Vergleichsvertrag unwirksam ist: etwa weil er gem. § 142 BGB angefochten worden ist oder weil eine auflösende Bedingung, § 158 II BGB, eingetreten ist – wie der häufig in Prozessvergleichen, die die Anwälte ausgehandelt haben, vorbehaltene Widerruf einer Partei.[16] Hier macht sich die Doppelnatur bemerkbar: Wenn nicht alle Voraussetzungen erfüllt sind, ist oder wird der materielle Teil des Prozessvergleichs unwirksam. Dieses „ist oder wird" deutet an, dass zwischen einer **ex-tunc**-Nichtigkeit (z. B. §§ 142, 138, 779 BGB) und einer solchen **ex nunc** (z. B. Eintritt der auflösenden Bedingung) unterschieden werden muss. Bei Ersterer ergibt sich aus dem materiellen Recht, dass der Prozess mangels eines wirksamen Vergleichsvertrags in Wirklichkeit gar nicht beendet worden

---

[12] Ein Vergleich vor dem Familiengericht über das Umgangsrecht der geschiedenen Eheleute mit ihrem Pudel W. (vgl. § 13 I HausratsVO: FGG-Sache) ist also grundsätzlich vollstreckbar (AG Bad Mergentheim NJW 1997, 3033).

[13] Sehen Sie dazu bitte noch § 797 a.

[14] Was folgt aus diesem Merkmal hinsichtlich der Frage, ob die Klage zulässig sein muss?

[15] Für den in der Praxis wohl wichtigsten Fall des Kindesunterhalts sieht § 1629 III 2 BGB eine ausdrückliche Regelung vor.

[16] Im Zweifel ist der Widerrufsvorbehalt freilich als eine aufschiebende Bedingung zu verstehen.

ist, dass er also noch fortbesteht oder technisch: noch rechtshängig ist, was dazu führt, dass eine erneute Klage gem. § 261 III Nr. 1 unzulässig wäre – der BGH (ZIP 1999, 1498) stellt demgegenüber darauf ab, dass das Rechtsschutzbedürfnis für einen neuen Prozess fehle, weil ja der alte Prozess fortgeführt werden könne. Das ist für den nunmehr neu entbrannten Streit wichtig, in dem die eine Partei hinsichtlich des Prozessvergleichs Anfechtung, Unwirksamkeit nach § 779 BGB oder ähnliche Gründe für die Nichtigkeit geltend macht: Er muss in dem nach wie vor rechtshängigen „Altprozess" fortgeführt werden; d. h. der- oder dieselben Richter müssen (wie nach dem Erweckungskuss der ohrfeigende Koch in Dornröschen) den Rechtsstreit an der Stelle fortsetzen, an der er unterbrochen wurde, indem zuerst die Wirksamkeit des Vergleichs geprüft wird. Wird sie verneint, geht es im alten Verfahren weiter; wird sie dagegen bejaht, erlässt das Gericht ein Endurteil, in dem es die Erledigung des Rechtsstreits feststellt (BGH NJW 1996, 3345 = EWiR 1996, 1003 (Schuschke)).[17] Bei einer ex-nunc-Nichtigkeit ist eine Fortsetzung demgegenüber nicht möglich, weil der frühere Rechtsstreit ja wirksam beendet wurde. Wenn es daher in solchen Fällen zum Streit oder zu seiner Fortsetzung kommt, müssen die Parteien einen neuen Prozess führen. Das gilt natürlich auch dann, wenn sich der Streit darum dreht, ob die Pflichten aus dem Vergleich (vollständig) erfüllt worden sind.

(bb) Vollstreckbare Urkunde

Literatur: Weirich, Die vollstreckbare Urkunde, Jura 1980, 630.

490   Die beiden anderen Parteivereinbarungen, denen das Gesetz Titelqualität zuerkennt, benötigen die Mitwirkung entweder des Gerichts (in der Praxis eher selten) oder des Notars, der gem. § 1 BNotO „unabhängige(r) Träger eines öffentlichen Amtes" ist. Mit Hilfe der vollstreckbaren Urkunde und des Anwaltsvergleiches nach § 796 a wird also ein gerichtliches Erkenntnisverfahren nicht nur abgekürzt, sondern sogar gänzlich ausgeschlossen. Das macht in der Rechtswirklichkeit ihre Attraktivität aus, vgl. Rdn. 484.

Voraussetzungen für die vollstreckbare Urkunde sind:

491   – Erstens, dass sie sich auf einen Anspruch bezieht, der einer vergleichsweisen Regelung zugänglich, nicht auf Abgabe einer Willenserklärung gerichtet ist und nicht den Bestand eines Mietverhältnisses über Wohnraum betrifft. Was das erstgenannte Gebot betrifft, so deckt es sich mit der in § 1030 I 2 für nichtvermögensrechtliche Ansprüche normierten Schiedsfähigkeit und bedeutet in beiden Fällen, dass die Parteien die Dispositionsbefugnis über den in Frage stehenden Anspruch haben müssen. Der Anspruch selbst muss hinreichend bestimmt for-

---

[17] In Ausnahmefällen kann die Berufung auf die Bestandskraft eines Prozessvergleichs als sittenwidrige Schädigung nach § 826 BGB untersagt sein; vgl. dazu Schöpflin, Die Bestandskraft des Prozeßvergleichs bei nachträglichem Tatsachenvortrag und Beweisantritt, JR 2000, 397.

muliert sein, um vollstreckbar sein zu können, vgl. sogleich Rdnn. 497 ff.; die Praxis lehrt, dass hierbei immer wieder Probleme auftreten.

– Zweitens, dass sich der Schuldner in der Urkunde wegen des Anspruchs der **492** **sofortigen Zwangsvollstreckung unterwirft.** Für die Praxis ist in diesem Zusammenhang von allergrößter Bedeutung, dass ein Grundstückseigentümer die Unterwerfungserklärung bezüglich eines Grundpfandrechts nicht nur für seine Person, sondern nach § 800 für den jeweiligen Eigentümer abgeben kann. Damit erhält der Gläubiger gewissermaßen einen dinglichen, d. h. mit dem Grundstück verbundenen Titel. Es kann also geschehen, dass sich ein Grundstückskäufer, der sich anhand des Grundbuchs, § 800 I 2, nicht hinreichend informiert hat, unvermittelt einer Zwangsvollstreckung ausgesetzt sieht! Er kann sich auch nicht etwa im Weg der Erinnerung gegen die Zwangsvollstreckung wehren, selbst wenn er Zinsen und Tilgung bezahlt, sondern muss zu diesem Zweck nach §§ 767, 795, 797 IV vorgehen. Die Unterwerfungserklärung des Schuldners ist eine prozessuale Willenserklärung, die hinsichtlich ihrer Wirksamkeit am Maßstab der §§ 50, 52 (nicht also der §§ 104 ff., 118 ff. BGB) zu messen ist. Das schließt aber natürlich die Möglichkeit nicht aus, eine formularmäßig auferlegte Pflicht zur Abgabe dieser Erklärung anhand der §§ 305 ff. BGB zu überprüfen.

– Dritte Voraussetzung für die vollstreckbare Urkunde ist, dass sie von einem **493** (deutschen Gericht oder) **deutschen Notar** und unter Einhaltung des in den §§ 6 ff. BeurkG geschilderten Verfahrens errichtet worden ist.

Sind diese drei Bedingungen erfüllt, hat der Gläubiger einen Titel in Händen, **494** aus dem er nach näherer Maßgabe des § 797 vollstrecken kann; gem. Art. 57 EuGVVO und dem Lugano-Abkommen sogar im gesamten Anwendungsbereich dieser Regelungen. Entgegen seiner früheren Meinung ist der BGH jetzt nicht mehr der Ansicht, dass eine vollstreckbare Urkunde zugleich auch eine Änderung der Beweislast zulasten des Schuldners bewirke

(BGH NJW 2001, 2096): Ein Oktoberfestbesucher ließ den Abend im Club „W" ausklingen. Dort verliebte er sich in „die Zeugin L" derart, dass er sich zu deren „Freikauf" (insgesamt ging es um ca. € 250.000) zur Hingabe einer vollstreckbaren Urkunde bereit erklärte, die er für ein ihm angeblich ausgereichtes Darlehen in Höhe von € 25.000 ausstellen ließ. In der nachfolgenden Vollstreckungsgegenklage (Rdnn. 671 ff., 678) konnte die Darlehenshingabe nicht bewiesen werden; deswegen obsiegte jener Oktoberfestbesucher und Vollstreckungsschuldner.

(cc) Anwaltsvergleich

Der in § 794 I Nr. 4 b angesprochene Anwaltsvergleich ist der Sache nach nichts **495** anderes als eine besondere Variante des in § 779 BGB vorgesehenen Vergleichsvertrags. Im Unterschied zu dem zuvor dargestellten Prozessvergleich wird der Anwaltsvergleich nicht dafür benötigt, einen laufenden Prozess zu beenden; vielmehr eröffnet er die Möglichkeit, einen außergerichtlichen Vergleich – ohne jeden Prozess – vollstreckbar zu machen. Gemäß § 796 a ist dafür vorauszusetzen, dass die

Parteien schriftlich einen wirksamen (neben Abs. 2 erfordert dies auch die Dispositionsbefugnis) Vergleich geschlossen haben, in dem sich wenigstens eine Partei – Schuldner genannt – der sofortigen Zwangsvollstreckung unterworfen hat; und es muss der Vergleich von (vor deutschen Gerichten zugelassenen) bevollmächtigten Anwälten im Namen der Parteien unterschrieben sein. Zu diesen Formerfordernissen kommt noch hinzu, dass dieser Vergleich entweder bei Gericht, §§ 796 a I, 796 b, oder bei einem Notar, § 796 c, in Verwahrung gegeben werden muss, bevor er von dem einen oder dem anderen für vollstreckbar erklärt werden kann.

3. Sonstige Titel

496   § 801 gestattet dem Landesgesetzgeber, zusätzliche Titel zu schaffen. Doch spielt diese Möglichkeit heutzutage eine untergeordnete Rolle. Dagegen sind Titel, die anderswo genannt werden, gerade auch in anderen Bundesgesetzen, recht bedeutsam: in der ZPO etwa § 928 (der über § 936 auch für einstweilige Verfügungen gilt); in anderen Gesetzen beispielsweise der Zuschlagsbeschluss im Zwangsversteigerungsverfahren nach § 93 ZVG, die Eintragung in der Insolvenztabelle nach § 201 II InsO, der von den Gläubigern angenommene Schuldenbereinigungsplan ihres Schuldners im Verbraucherinsolvenzverfahren gem. § 308 I 2 InsO oder in Wohnungseigentumssachen die in § 45 III WEG genannten Titel.

II Inhalt

1. Vollstreckbarkeit, Bestimmtheit

497   Was den Inhalt anbelangt, so wurde bereits gesagt, dass der Titel die zu vollstreckende Leistung präzise, unzweideutig und so konkret wie nur irgend möglich bezeichnen muss. Weil Richter gerade im Hinblick auf § 308 I gut daran tun, den von der Partei (oder ihrem Anwalt) gestellten Antrag in ihr Urteil zu übernehmen, sofern ihm denn entsprochen wird, muss schon ganz zu Beginn des Prozesses der Antrag im Blick auf die später einmal möglicherweise erforderliche Zwangsvollstreckung formuliert werden. Das ist für jeden Rechtsanwalt eine höchst bedeutsame und nicht immer ganz einfache Aufgabe, die er Jahre, bevor es vielleicht zur Zwangsvollstreckung kommt, erfüllen und demgemäß vorbedenken muss!

498   Das Bestimmtheitsgebot ist nicht etwa Selbstzweck, sondern zwangsläufige Folge einer gesetzgeberischen Grundentscheidung: dass nämlich das Vollstreckungsverfahren völlig **losgelöst und getrennt vom Erkenntnisverfahren** durchgeführt wird. Die mit der Zwangsvollstreckung betrauten Personen, einschließlich des Vollstreckungsrichters, § 764, haben, von nur wenigen Ausnahmen abgesehen (§§ 887, 888, 890, 894), nichts mit der Titelerlangung zu tun. Bei der vollstreckbaren Urkunde oder dem Anwaltsvergleich nach § 796 a versteht sich das ohnedies von selbst. Gleichwohl handelt es sich bei diesem Trennungsprinzip keineswegs um eine bare Selbstverständlichkeit; vielmehr zeigt sich in Rechtsgeschichte und Rechtsvergleichung immer wieder die Möglichkeit, dass ein einmal mit dem Fall befasster Richter diesen durchaus bis zur schließlichen, zwangsweisen Erfüllung der Urteilsschuld behalten kann. Doch nachdem sich das deutsche Recht zugunsten der Trennung

entschieden hat, muss die an dem Streit bzw. der Titelentstehung bislang völlig un-
beteiligte Vollstreckungsperson so genau wie nur irgend möglich instruiert werden,
was sie (anstelle des Schuldners) zu tun hat. Daher also der Zwang zur Bestimmtheit, dessen Einhaltung freilich bisweilen auch übertrieben wird – erstens, weil der
Titel aus sich heraus und unter Heranziehung allgemein zugänglicher Informati-
onsmittel **ausgelegt** werden kann (infolgedessen genügt nach allgemeiner Ansicht
die **Bestimmbarkeit** des Titelinhalts), und zweitens, weil die Klauselerteilung noch
Möglichkeiten zur Präzisierung und Korrektur bietet, Rdnn. 511 ff.

Gleichwohl sollte man sich unbedingt einprägen, dass beispielsweise für ein   **499**
herausverlangtes Auto nicht nur Marke, Farbe etc. anzugeben, sondern dass die
Fahrgestellnummer, zumindest aber das polizeiliche Kennzeichen zusätzlich mitzuteilen sind. Das gilt für alle anderen technischen Geräte ebenso, wird allerdings
etwa bei Urheberrechtsstreitigkeiten, in denen der Kläger beispielsweise die unerlaubte Übernahme einer Benutzeroberfläche seines Computerprogramms geltend
macht (vgl. auch oben Rdnn. 124 und 226), zur nahezu unüberwindbaren Hürde.
Die Bestimmtheit muss sich aber auch bei der Festlegung variabler Zinssätze für
ein und dieselbe Geldschuld verwirklichen sowie bei Wertsicherungsklauseln oder
der Indexierung von Titeln;[18] hier behilft man sich u. U. mit einer Konkretisierung
im Klauselerteilungsverfahren nach § 726, vgl. Rdnn. 512 ff. Die Probleme, in die
der Gläubiger mit dem Bestimmtheitsgebot geraten kann, zeigt

OLG München ZIP 1990, 1128: Der Gläubiger wusste nur, dass der Schuldner kofferweise Geld u. a. nach Frankfurt gebracht hatte. Er ließ daher angebliche Forderungen des Schuldners bei 264 verschiedenen Frankfurter Ban-
ken pfänden. Das OLG verneinte die Zulässigkeit dieser „Ausforschungs- und
Verdachtspfändung". Eine vollstreckungsrechtliche Fortsetzung des beweiser-
hebungsrechtlichen Ausforschungsverbots, Rdn. 253! (S. auch LG Heilbronn,
InVo 1996, 52). Dem Gläubiger könnte jetzt allerdings mit § 807 geholfen
werden, vgl. Rdn. 567.

2. Weitere Voraussetzungen

Außer den für alle Titel geltenden Bestimmtheitsanforderungen schreibt das Gesetz   **500**
in den §§ 735–749 noch eine Reihe weiterer Inhaltsgebote vor, die allerdings nur
bestimmte Fallkonstellationen betreffen. Auch diese Regelungen haben über § 308 I
vor allem Rück- oder besser: Vorwirkungen auf den Beginn des Rechtsstreits, indem
sie die Frage danach beantworten, **gegen wen** sich der Titel richten muss.

(a) § 735

Ist der Vollstreckungsschuldner ein **nicht rechtsfähiger Verein**, so komplettiert   **501**
§ 735 die vom Gesetzgeber seinerzeit bewusst angestrebte Benachteiligung dieser
Personenvereinigung: Nicht nur, dass er diesen Vereinstypus in § 54 S. 2 BGB
dem – für die praktischen Bedürfnisse (vor allem der Gewerkschaften) jedenfalls

---

[18] Das Problem taucht besonders häufig bei ausländischen Unterhaltstiteln auf: z. B. BGH
JZ 1987, 203 mit Anm. Stürner/Münch (S. 178 ff.): Die Höhe war an den schweizerischen
Landesindex für Konsumentenpreise geknüpft.

seinerzeit reichlich inadaequaten – Regelungsbereich der §§ 705 ff. BGB unterworfen hat, sondern er hat in § 50 II allein dessen passive Parteifähigkeit statuiert. Daraus zieht § 735 die Konsequenz, dass der obsiegende Kläger aus seinem gegen den Verein als solchen – d. h. nicht gegen jedes einzelne Vereinsmitglied – gerichteten Urteil in das Vereinsvermögen vollstrecken darf. Für den umgekehrten Fall, in dem der nicht rechtsfähige Verein Vollstreckungsgläubiger ist, setzen sich die bei Rdn. 53 genannten Aufweichungen jener Benachteiligung fort. Sofern ihm also aktive Parteifähigkeit zuerkannt ist, kann er auch als Verein die Vollstreckung betreiben.

(b) Gesamthandsschuldner

Literatur: Paulus, Die Gesellschaft bürgerlichen Rechts als Schuldner und Drittschuldner, DGVZ 1992, 65.

502   Die Bevorzugung des Gläubigers eines nicht rechtsfähigen Vereins durch § 735 wird erst richtig nachvollziehbar, wenn man sich im Kontrast dazu vergegenwärtigt, unter welchen Voraussetzungen die Zwangsvollstreckung gegen eine Gesamthandsgemeinschaft statthaft ist. Nach dem BGB gibt es drei Gesamthandsgemeinschaften: die Gesellschaft bürgerlichen Rechts, die Gütergemeinschaft und die Erbengemeinschaft. Werden sie zu einer Leistung verklagt, tut der Kläger – bzw. sein Anwalt – gut daran, die nachfolgend beschriebenen Vorschriften daraufhin zu überprüfen, gegen wen die Klage zu richten ist. Als Grundsatz gilt, dass ein Titel gegen jeden Gesamthänder (einzeln oder zusammen) erforderlich ist, um auf das gesamthänderisch gebundene Vermögen zugreifen zu können, dass dagegen ein Titel gegen die Gesamthand als solche vollstreckungsrechtlich nicht durchsetzbar ist (zur GbR vgl. aber noch Rdn. 503). Will der Kläger jedoch nur auf das Privatvermögen eines Gesamthänders[19] zugreifen, so reicht ihm ein Titel gerade gegen diesen Schuldner.

(aa) Gesellschaft bürgerlichen Rechts

503   Der vorgenannte Grundsatz findet sich besonders deutlich in § 736, der die Zwangsvollstreckung in das Vermögen einer Gesellschaft bürgerlichen Rechts normiert. Diese Vorschrift erweist sich jedoch in dem Maße als unangemessen, in dem die BGB-Gesellschaft in der Rechtswirklichkeit des Wirtschaftslebens an Bedeutung gewinnt und als unternehmerisch handelnde Gruppe (z. B. Konsortien, Kartelle, ARGE etc.) agiert. Der BGH hat daher einen Schlussstrich unter eine lang währende Diskussion gezogen, indem er zumindest einer (Außen-)Gesellschaft bürgerlichen Rechts **die Rechtsfähigkeit zuerkannt** hat (JZ 2001, 655) – und damit natürlich **zugleich die Parteifähigkeit**, vgl. Rdnn. 52 f. Um also in das Gesellschaftsvermögen vollstrecken zu können, benötigt ein Gläubiger nurmehr einen Titel gegen die Gesellschaft. Diese kann demnach jetzt auch in der Klageschrift – und im Urteil – allein als Beklagte bezeichnet werden. Konsequenz dessen ist freilich, dass ein zwangsweiser Zugriff auf das Privatvermögen einzelner Gesellschafter nicht mehr

---

[19] Dazu gehört im Falle der BGB-Gesellschaft und der Erbengemeinschaft auch der dem Schuldner zustehende Anteil an dem Gesamthandsvermögen, s. § 859. § 860 enthält eine Sonderregelung für die Gütergemeinschaft.

möglich ist, § 750 I (vgl. Rdnn. 525 f.). Wer sich gleichwohl eine derartige Option von vornherein sichern will, muss den durch § 736 vorgezeichneten Weg beschreiten; er muss also einen Titel gegen alle – namentlich aufgeführten – Gesellschafter erlangen oder Titel gegen jeden Einzelnen von ihnen.

(bb) Erbengemeinschaft

Auch bei der Erbengemeinschaft der §§ 2032 ff. BGB setzt das Gesetz in § 747 das Erfordernis eines gegen jeden Gesamthänder gerichteten Titels folgerichtig fort. Solange der **Nachlass** unter den Erben **noch nicht vollständig aufgeteilt** ist, benötigt der Gläubiger also einen gegen alle Erben gerichteten Titel, wenn er in den Nachlass vollstrecken will. Eine Ausnahme sieht § 779 nur für den Fall vor, dass die Zwangsvollstreckung bereits gegen den Erblasser begonnen hatte; sie kann unbeschadet des zwischenzeitlich eingetretenen Erbfalls so fortgesetzt werden, wie sie begonnen hatte. Mit der Betonung des ungeteilten Nachlasses provoziert § 747 die Frage, welche Voraussetzungen für die Zwangsvollstreckung **nach der Teilung** bestehen. Die Antwort hierauf ergibt sich aus den §§ 2058, 2060 BGB (bitte lesen): Der Gläubiger kann grundsätzlich gegen die Erben wie gegen jeden Gesamtschuldner vorgehen. Das heißt, er braucht sich um das Innenverhältnis nicht zu kümmern und kann mit Ausnahme der in § 2060 BGB geregelten Sonderkonstellationen jeden Erben wie seinen einzigen Schuldner behandeln. **504**

(cc) Gütergemeinschaft

Die, gemessen an ihrer praktischen Bedeutsamkeit, überproportionale Ausführlichkeit, mit der in den §§ 740–745 die Zwangsvollstreckung gegen Eheleute geregelt wird, die in dem vereinbarten Güterstand der Gütergemeinschaft, §§ 1415 ff. BGB, leben, hat historische Gründe, die mit der 1957 erfolgten Einführung des grundgesetzkonformen, gesetzlichen Güterstandes der Zugewinngemeinschaft, §§ 1363 ff. BGB, zu tun haben. Auch die durch die Wiedervereinigung bedingte Neueinfügung des § 744 a hat zumindest bislang den Anwendungsbereich der §§ 740 ff. nicht wieder vergrößert – vor allem wohl deshalb, weil die für die Erklärung des Fortbestands des alten DDR-Güterstandes der Eigentums- und Vermögensgemeinschaft vorgesehene Zweijahresfrist in Art. 234 § 4 II EGBGB recht knapp bemessen war. Angesichts dessen genügt es, die in § 740 festgehaltene Grundregel kurz zu skizzieren. § 740 setzt die **Vollstreckung in das Gesamtgut** voraus, nicht also in das Sonder- oder Vorbehaltsgut der jeweiligen Ehegatten. Die materiell-rechtliche Regelung beschränkt sich nicht darauf, die Haftung des Gesamtgutes in den §§ 1437 f., 1459 f. BGB zu statuieren, sondern differenziert zusätzlich danach, ob beide Ehegatten zusammen oder nur einer von ihnen allein die Verwaltungs- und damit die Verfügungsbefugnis hat. Konsequenterweise muss sich dann auch der Vollstreckungstitel an dieser Unterscheidung orientieren, nachdem das Vollstreckungsrecht prinzipiell nichts weiter als die Fortsetzung des materiellen Rechts mit staatlicher Durchsetzungsgewalt ist. Aus den §§ 740–745 ist infolgedessen der Ratschlag abzuleiten, vor dem Prozess gegen eine verheiratete Person, deren Güterstand man nicht kennt, Einsicht in das Güterrechtsregister, §§ 1412, 1563 BGB, zu nehmen. **505**

(c) Sonstige Fallgestaltungen

506   Durch die soeben, Rdn. 505, genannte Neueinführung des gesetzlichen Güterstandes der Zugewinngemeinschaft passt der § 739 nicht mehr so recht in den vorliegenden Kontext, in dem es um die Titelanforderungen geht. Infolgedessen wird er
weiter unten, bei der Zwangsvollstreckung wegen einer Geldforderung in körperliche, bewegliche Sachen erörtert, Rdn. 578 a.

507   Die §§ 737 und 738 adressieren den in der Praxis recht seltenen Fall eines
Nießbrauchs an einem Vermögen, während die §§ 748, 749 vorschreiben, dass
der Testamentsvollstrecker in dem Titel genannt sein muss, wenn der Gläubiger
in den Nachlass vollstrecken will. Vorausgesetzt ist also Testamentsvollstreckung
gem. §§ 2197 ff. BGB, wobei es egal ist, ob ein Erbe vorhanden ist oder mehrere;
ferner, dass der Gläubiger die Zwangsvollstreckung erst nach dem Erbfall beginnen
will, § 779. Hat der Gläubiger den Titel erst nach dem Erbfall erlangt, muss der
Testamentsvollstrecker darin als Schuldner ausgewiesen sein, § 748. Hat er den
Titel dagegen bereits gegen den Erblasser erstritten, braucht er wegen § 749 keinen neuen Titel gegen den Testamentsvollstrecker, sondern kann den vorhandenen
umschreiben lassen; dazu Rdnn. 515 ff.

§ 2 Klausel

Literatur: Saenger, Die Klausel als Voraussetzung der Zwangsvollstreckung, JuS 1992, 861.

I Die einfache Klausel

508   Mit der Notwendigkeit, dem Titel noch eine Klausel anfügen zu müssen, befindet man sich mitten in dem Formalismus, der die Zwangsvollstreckung insgesamt
nachhaltig kennzeichnet. Denn die Klausel ist nichts weiter als das Zeugnis darüber, dass der Titel tatsächlich vollstreckt werden kann. Das ist im Hinblick auf
die bereits erwähnte strikte Trennung von Erkenntnis- und Vollstreckungsverfahren
und im Hinblick auf die Schwere des Eingriffs, den jede Zwangsvollstreckung nun
einmal darstellt, vgl. Rdn. 460, eine gewichtige und folgenreiche Aussage. Im Falle
eines Urteils gem. § 704 überprüft der **Urkundsbeamte der Geschäftsstelle** grundsätzlich desjenigen Gerichts, das das erstinstanzliche Urteil erlassen hat, § 724 II,
ob die formellen Vollstreckungsvoraussetzungen wie das Vorliegen eines Endurteils
gegeben sind, ob vorläufige oder endgültige Vollstreckbarkeit angeordnet ist etc.[20]
Im Falle der in § 794 aufgelisteten Titel ergeben sich dagegen teilweise Abweichungen von der Zuständigkeit aus den §§ 795 ff., von denen wegen ihrer praktischen
Bedeutsamkeit allein § 796 I für die Vollstreckungsbescheide und § 797 II für die
vollstreckbaren Urkunden hervorgehoben werden sollen.[21]

---

[20] Darf der Urkundsbeamte auch die materiellen Voraussetzungen des Endurteils prüfen?
Z. B. die Klauselerteilung deswegen ablehnen, weil der Schuldner inzwischen seiner Leistungspflicht nachgekommen ist?

[21] Wer wird für die Klauselerteilung eines Vergleichs nach § 794 I 1 zuständig sein?

Die Klauselerteilung markiert also die Zäsur zwischen dem Erkenntnis- und **509** dem Vollstreckungsverfahren, sie schließt das Erstere ab. Indem das „Erkenntnisgericht" die Vollstreckbarkeit des Titels überprüft, ist dessen einheitliche Beurteilung gewährleistet; das wäre nicht der Fall, wenn die Kontrolle dem jeweiligen Vollstreckungsorgan überlassen wäre. § 725 gibt ein Beispiel für die Formulierung einer Klausel, an die sich die Urkundsbeamten in aller Regel halten. Der in § 725 verwendete Begriff „Ausfertigung" ist technisch; er bezieht sich auf § 317 II und III. Demnach wird die Klausel regelmäßig unter das Rubrum und den Tenor gesetzt und bildet damit gem. § 724 I die vollstreckbare Ausfertigung. Diese ist, mit anderen Worten, die Zusammenfassung von Titel und Klausel und legt das Vollstreckungsprogramm fest. Weil das Vollstreckungsorgan demnach **nur diese Ausfertigung** erhält, also weder den Sachverhalt noch die Entscheidungsgründe zu lesen bekommt, zeigt sich hier einmal mehr besonders deutlich, dass ein präziser Antrag unerlässliche Voraussetzung für die Zwangsvollstreckung ist. Nochmals: Weil das Gericht gegebenenfalls den vom Kläger gestellten Antrag wortwörtlich in sein Urteil übernimmt, muss die Antragsformulierung lange Zeit vor der Zwangsvollstreckung auf diesen Fall hin konzipiert werden!

Die Erteilung der Klausel setzt eine Anhörung des Schuldners nicht voraus. **510** Das ergibt sich zum einen aus einem Umkehrschluss zu § 730, zum anderen aus § 733. Danach „kann" der Schuldner vor der Erteilung einer **weiteren vollstreckbaren Ausfertigung** gehört werden. Der Grund für diese Regelung liegt darin, dass der Schuldner mit jeder zusätzlichen Ausfertigung einer erhöhten Beeinträchtigung ausgesetzt ist: Sie ergibt sich daraus, dass der Gläubiger, der immer nur jeweils ein Vollstreckungsorgan mit dem Zugriff beauftragen kann, wenn er nur eine Ausfertigung in Händen hält, mit jeder weiteren ihm in die Hand gegebenen Ausfertigung parallel gegen den Schuldner vorgehen kann.

II Besondere Klauselgestaltungen

Literatur: Münzberg, Geständnis, Geständnisfiktion und Anerkenntnis im Klauselerteilungsverfahren?, NJW 1992, 201.

Neben diesem Grundmuster einer Klausel in den §§ 724, 725 sehen die §§ 726– **511** 729 Sondergestaltungen der Klauselerteilung vor. Üblicherweise unterscheidet man hier zwischen der **titelergänzenden** und **titelübertragenden Vollstreckungsklausel**. Ihnen ist gemeinsam, dass der Schuldner vor Erteilung der Ausfertigung gehört werden kann, § 730. Doch sollte man aus verfassungsrechtlichen Gründen immer dann, wenn ein bislang an dem Rechtsstreit nicht beteiligter Dritter (z. B. der Erwerber der streitbefangenen Sache gem. § 265) von der Klauselerteilung betroffen wird, dieses „kann" wie ein „muss" verstehen.

1. Titelergänzende Vollstreckungsklausel

Diese Form der Klausel ist in § 726 geregelt. Nach dessen Abs. 1 kommt eine **512** Titelergänzung in Betracht, wenn sich aus dem Titel zwar die Leistungspflicht des Schuldners ergibt, diese aber **bedingt** ist durch den Eintritt einer gerade **vom Gläu-**

biger zu beweisenden Tatsache. Das ist bei genauerer Betrachtung eine überraschende Aussage: Denn sie setzt ein Urteil voraus, in dem der Richter den Schuldner zu einer Leistung verpflichtet, deren Entstehen noch gar nicht sicher ist, weil eine Bedingung ein zukünftiges, ungewisses Ereignis ist! Und das, obwohl der Richter nur in den eng begrenzten Ausnahmen der §§ 257–259 auf eine zukünftige Leistungsverpflichtung erkennen kann und gem. §§ 300, 136 IV die Verhandlung erst dann schließen darf, wenn der Fall zur Endentscheidung reif ist. Man kann sich auch nicht darauf berufen, dass damit über § 795 eine Ergänzung etwa eines unvollständigen Anwaltsvergleichs oder einer vollstreckbaren Urkunde ermöglicht wird; so richtig das ist, so unverrückbar steht jedoch in § 726 „Urteil". Bei diesem Dilemma geht es nicht nur um die Unmittelbarkeit der Beweiserhebung und damit um einen Grundpfeiler unseres Zivilprozesses, vgl. Rdn. 219, sondern auch um die herkömmliche Aufgabe eines Richters, im Nachhinein (ex post) einen bereits entstandenen Streit zu beenden![22] Infolgedessen wird man als entsprechende Bedingungstatsachen **eindeutige Sachverhalte** verlangen müssen: etwa wenn der Gläubiger zu einer Vorleistung verpflichtet ist oder wenn er eine Genehmigungserteilung zu beweisen hat.

513   Das Gesetz selbst nimmt in Abs. 1 von diesen Tatsachen zunächst einmal eine dem Gläubiger obliegende **Sicherheitsleistung** aus: Deren Erbringung muss der Gläubiger nicht bereits dem Urkundsbeamten – bzw. wegen § 20 Nr. 12 RPflG dem **Rechtspfleger** –, sondern gem. § 751 II erst dem Vollstreckungsorgan nachweisen. Eine zweite Ausnahme statuiert § 726 II für den Fall einer **Zug um Zug-Leistungsverpflichtung**; in einem solchen Fall wird die Klausel gem. § 724 vom Urkundsbeamten – und nicht gem. § 726 vom Rechtspfleger – erteilt. Der Grund für diese Ausnahme liegt in der materiell-rechtlichen Erwägung, dass die etwa in den §§ 274, 322 BGB vorgesehene Zug um Zug-Leistungspflicht sich wirklich auf den unmittelbaren Leistungsaustausch bezieht; Geben und Nehmen sind zeitgleich. Bezogen auf die Zwangsvollstreckung folgt daraus, dass es nicht angehen kann, dass der Gläubiger seine Leistung schon dem klauselerteilenden Gericht vorweisen muss. Das würde ihn vorleistungspflichtig machen, weil die Klauselerteilung selbst die Zwangsvollstreckung noch gar nicht in Gang setzt. Vielmehr kann der Gläubiger, nachdem er die vollstreckbare Ausfertigung einmal erhalten hat, nach Belieben zuwarten, bevor er ein Vollstreckungsorgan beauftragt. Infolgedessen lassen die §§ 756 I und 765 Nr. 1 dem Gläubiger mit der Erbringung seiner Leistung

---

[22] Als durchaus mögliche Weiterung denke man sich nur den folgenden Fall: Der Kläger geht, vielleicht sogar zu Recht, davon aus, dass er Erbe des E wird; deshalb klagt er schon jetzt auf Herausgabe eines dem E gehörenden Gegenstands, den dieser dem Beklagten geliehen hat, der seinerseits nunmehr Anzeichen eines Umzugs ins Ausland von sich gibt, vgl. § 259. Kann der Kläger Erfolg haben, wenn er seinen Antrag so formuliert, dass er den Gegenstand heraushaben will – vorausgesetzt, dass er Erbe wird, § 158 BGB? Der Wortlaut des § 726 spricht für eine bejahende Antwort. S. allerdings Kuchinke, Zur Sicherung des erbvertraglich oder letztwillig bindend Bedachten durch Feststellungsurteil, Vormerkung und Gewährung einstweiligen Rechtsschutzes, FS Henckel, 1995, 475 f. (der freilich § 726 nicht erwähnt); s. aber auch RGZ 90, 177!

Zeit, bis der Gerichtsvollzieher oder das Vollstreckungsgericht die vom Schuldner geschuldete Leistung einzutreiben versuchen.[23]

Sofern die Vollstreckung also nach dem Voranstehenden von einer gerade vom Gläubiger nachzuweisenden Tatsache abhängt, muss der Gläubiger dem Rechtspfleger deren Eintritt in qualifizierter Form belegen. Das Gesetz nimmt, indem es die „öffentliche Urkunde" erwähnt, Bezug auf die Legaldefinition in § 415 und mit der „öffentlich beglaubigten Urkunde" auf § 129 BGB. Dem Gläubiger, der solche Urkunden nicht vorlegen kann, bleibt nach der Gesetzessystematik nichts anderes übrig, als den Schuldner (!) gem. § 731 **auf Feststellung zu verklagen**, dass die Klausel zu erteilen ist. Weil es sich dabei um ein völlig eigenständiges Erkenntnisverfahren handelt, erscheint es sinnvoll, zusätzlich zu den in § 726 I genannten Urkunden als Nachweisform außer der Offenkundigkeit, die in § 727 I eigens genannt ist, auch noch Geständnis und Anerkenntnis des Schuldners gelten zu lassen. Denn damit erspart man sich, ganz im Sinne der Prozessökonomie, die Feststellungsklage des § 731.

2. Titelübertragende Vollstreckungsklausel

Literatur: Jurksch, Wenn Gläubiger oder Schuldner wechseln: Rechtsnachfolgeklauseln gem. §§ 727 ff. ZPO, MDR 1996, 984.

Den §§ 727 bis 729[24] ist gemeinsam, dass sie eine der im Titel genannten Personen – sei sie Gläubiger, sei sie Schuldner – durch eine andere ersetzen. Auf diese Weise soll ein neuer Prozess vermieden werden, der wegen § 750 I (bitte lesen) unweigerlich geführt werden müsste, wenn eine der im Titel genannten Vollstreckungsparteien durch eine andere Person ausgetauscht würde. Indem die vollstreckbare Ausfertigung, d. h. gem. § 724 I die Kombination von Titel und Klausel, Grundlage der Zwangsvollstreckung ist, bietet das Klauselerteilungsverfahren noch die Möglichkeit zu einer Korrektur nach Titelerlass. Weil dabei aber ein bislang an dem Rechtsstreit[25] nicht beteiligter Dritter berechtigt oder verpflichtet werden soll, ist es verständlich, dass an solche Titelübertragungen erhöhte Zulässigkeitsvoraussetzungen gestellt werden. Insbesondere ist auf den Wortlaut der jeweiligen Norm zu achten, der sehr präzise zwischen der Übertragbarkeit „für" bzw. „gegen" eine Partei unterscheidet. Weil hierbei mitunter nicht ganz einfache Rechtsfragen auftauchen können, ist wie auch schon bei § 726 der in § 724 II genannte Urkundsbeamte durch den Rechtspfleger ersetzt, § 20 Nr. 12 RPflG. Desgleichen gilt auch in diesen Fällen das oben, Rdn. 511, zur fakultativen Anhörung Gesagte entsprechend: Dem Schuldner ist, gerade wenn er ein neu einbezogener Dritter ist, grundsätzlich rechtliches Gehör zu gewähren.

514

515

---

[23] Die Unterausnahme in § 726 II a. E. hängt mit den Besonderheiten einer Zwangsvollstreckung wegen der Abgabe einer Willenserklärung zusammen; vgl. § 894 I 2.

[24] Sie sind über § 795 auch auf die in § 794 aufgelisteten Titel anwendbar.

[25] Im Falle der vollstreckbaren Urkunde: an der Entstehung der Urkunde. In praxi ist der Drittbezug freilich in den meisten Fällen durch § 800 hergestellt. Im Umkehrschluss zu dessen Abs. 2 ergibt sich allerdings (i.V. m § 750 II), dass dieser Titel gem. § 727 umgeschrieben werden muss, vgl. Wieczorek/Schütze/Paulus § 727 Rdn. 16.

(a) § 727

516   § 727 ist die Grundnorm der titelübertragenden Klausel, auf deren Rechtsfolge das Gesetz mehrfach verweist, s. unten Rdn. 520. Die dort getroffene Regelung der Übertragbarkeit auf den Rechtsnachfolger bezieht sich auf § 325; zum besseren Verständnis empfiehlt es sich daher, die Ausführungen bei Rdn. 316, 365 noch einmal durchzusehen. Zentrales Kriterium für eine Titelübertragung ist demnach die **Rechtsnachfolge** nach Eintritt der Rechtshängigkeit, § 261,[26] und vor Abschluss der Zwangsvollstreckung. Sie kann auf Gesetz, Staatsakt, richterlichem Bescheid oder Rechtsgeschäft beruhen.

517   Beispiele hierfür sind primär natürlich die Erbfolge gem. § 1922 BGB; des Weiteren Legalzessionen; das Pfändungspfandrecht hinsichtlich solcher Forderungen, die sich der Schuldner von einem Drittschuldner zur Einziehung hat überweisen lassen, § 835; Eigentumserwerb nach den §§ 873, 929 BGB sowie Abtretung gem. § 398 BGB etc. Ferner bezieht die h. M. im Wege der Analogie auch die Parteien kraft Amtes (Insolvenzverwalter, Testamentsvollstrecker etc.) in den Kreis der Rechtsnachfolger mit ein.

518   Bei der Bestimmung eines Rechtsnachfolgers i. S. d. § 727 ist das **materielle Recht** sorgfältig zu berücksichtigen. So ist etwa eine Nachfolge in höchstpersönliche Rechte oder Pflichten ausgeschlossen; ist der Besitzdiener wegen § 855 BGB nicht Rechtsnachfolger; ebensowenig der Übernehmer einer Schuld gem. § 421 BGB (kumulative Schuldübernahme, Schuldbeitritt) – denn § 425 II BGB schließt eine prozessuale Wirkungserstreckung gerade aus. Richtigerweise wird man dasselbe auch für die befreiende Schuldübernahme sagen müssen, weil der Gläubiger dem Schuldneraustausch nach Rechtskraft oder während der Rechtshängigkeit[27] gemäß den §§ 414 ff. BGB zugestimmt und damit wissend die Sachlegitimation der anderen Partei beseitigt hat.

519   Liegt eine Rechtsnachfolge in dem vorgenannten Sinn vor, kann der Gläubiger den Vermerk der Titelübertragung in der Klausel verlangen; entgegen dem Wortlaut des § 727 („kann") hat er einen Anspruch auf Erteilung der Klausel (RGZ 57, 326) – vorausgesetzt natürlich, dass er den Nachweis in der qualifizierten Form (einschließlich Offenkundigkeit, Geständnis und Anerkenntnis) erbringen kann, s. dazu bereits oben Rdn. 514. Nochmal zur Verdeutlichung dessen, was für einen gravierenden Einschnitt diese Möglichkeit in der Realität bedeutet: K hat gegen B einen Prozess geführt und gewonnen; jetzt kommt anstelle von K der X und will den Titel auf sich übertragen haben, damit er vollstrecken kann! Oder andersherum: K will gegen B vollstrecken, erfährt aber, dass B das streitgegenständliche Auto etwa zwischenzeitlich dem Y veräußert hat; deswegen soll an die Stelle des im Titel genannten B in der Klausel der Y gesetzt werden! Dass es hierbei zu Streit kommen kann und dass der Rechtspfleger mit recht schwierigen Fragen konfrontiert

---

[26] Wie würden Sie entscheiden, wenn die Rechtsnachfolge bereits vor Rechtshängigkeit eingetreten ist?

[27] War die befreiende Schuldübernahme bereits vor Rechtshängigkeit erfolgt, hat der Gläubiger die falsche Partei verklagt.

ist – z. B. die nach der Gutgläubigkeit i. S. d. § 325 II – liegt auf der Hand. Zu den Rechtsbehelfen s. unten Rdnn. 658 ff.

(b) Entsprechende Anwendung

Wie schon erwähnt, verweisen die §§ 728, 729, 738, 742, 744, 745 und 749 für die in ihnen geregelten Materien auf den Übertragungsmechanismus des § 727. Es genügt deshalb, kurz auf deren Tatbestände hinzuweisen. **520**

§ 728 ist die vollstreckungsrechtliche Ergänzung der §§ 326, 327, wie es § 727 für § 325 ist; da weder der Nacherbe Rechtsnachfolger des Vorerben noch der Erbe Rechtsnachfolger des Testamentsvollstreckers ist, ist eine eigene Vorschrift neben § 727 erforderlich. Anders als die dortige Regelung sieht § 728 eine Übertragungsmöglichkeit nur auf einer Seite – nämlich der des Nacherben bzw. des Erben – vor.[28] Wenn also der **Nacherbfall** gem. § 2139 BGB eingetreten ist, kann der von dem oder gegen den Vorerben erstrittene, wegen § 326 rechtskräftige Titel auf den Nacherben zu seinen Gunsten wie zu seinen Lasten umgeschrieben werden; weil der Gläubiger in letzterem Fall den qualifizierten Nachweis des Nacherbfalls erbringen muss, benötigt er einen Erbschein (§§ 2353 ff. BGB). § 792 (bitte überfliegen) gibt ihm ein diesbezügliches Antragsrecht. **521**

Eine Besonderheit ergibt sich für den **Testamentsvollstrecker**. Er hat gem. § 2212 BGB die alleinige Prozessführungsbefugnis für so genannte Aktivprozesse, während § 2213 BGB für Passivprozesse eine alternative Befugnis dieses Amtswalters und des Erben vorsieht. Diese Unterscheidung setzt § 728 II fort: Ein vom Testamentsvollstrecker erlangter Titel kann **für** den Erben erst nach Beendigung der Testamentsvollstreckung, **gegen** den Erben jedoch bereits währenddessen umgeschrieben werden. **522**

Während § 728 II die Umschreibung vom Testamentsvollstrecker auf den Erben betrifft, behandelt **§ 749** diejenige vom Erblasser auf den Testamentsvollstrecker.[29] Satz 2 dieser Vorschrift spricht die Selbstverständlichkeit aus, dass im Falle einer solchen Titelübertragung die Zwangsvollstreckung nur in den der Verwaltung des Testamentsvollstreckers unterliegenden Teil des Nachlasses erfolgen darf; sie muss überdies die Voraussetzungen des § 748 II und III erfüllen. Zum Nachweis kann sich der Testamentsvollstrecker des in § 2368 BGB erwähnten Zeugnisses bedienen. **523**

§ 729 bezieht sich auf zwei, einander recht ähnliche **Haftungsübernahmevorschriften**, nämlich auf § 419 BGB und § 25 HGB.[30] Mit dem Inkrafttreten der Insolvenzordnung am 1.1.1999 ist § 419 BGB ersatzlos aufgehoben worden, nicht aber § 729 I. Für diese Norm gibt es jetzt also keinen Anwendungsbereich mehr. Damit im Falle des § 25 HGB die Titelübertragung erfolgen kann, muss dessen Tatbestand erfüllt sein, und es muss die Fortführung nach rechtskräftiger Feststellung der Schuld des früheren Inhabers erfolgt sein. Der qualifizierte Nachweis kann durch einen Handelsregisterauszug erbracht werden. **524**

---

[28] Das schließt natürlich eine Rechtsnachfolge i. S. d. § 727 auf der anderen Seite nicht aus. Es kann also kombiniert werden.

[29] Wonach richtet sich die Umschreibung vom Erblasser auf den oder die Erben?

[30] Warum ist in diesen Fällen § 727 nicht anwendbar?

Die §§ 738, 742, 744 und 745 betreffen den Nießbrauch am Vermögen sowie den vereinbarten Güterstand der **Gütergemeinschaft**; ihre Regelungsmaterien sind so speziell wie exzeptionell, dass sie hier übergangen werden.

§ 3 Zustellung, Besonderheiten

Literatur: Bischof, Alte und neue Zustellungsprobleme nach der Vereinfachungsnovelle, NJW 1980, 2235; Winterstein, Die Zustellung und Zwangsvollstreckung gegen Einzelfirmen, DGVZ 1985, 85.

I Zustellung

525   Die letzte der für jede Zwangsvollstreckung erforderlichen Voraussetzungen ist die Zustellung, deren Einzelheiten in den §§ 166 ff. geregelt sind und in § 750 noch ein wenig modifiziert werden. Obgleich Zustellungsfragen gemeinhin (und nicht völlig ohne Berechtigung) als, milde gesagt, wenig inspirierend gelten, muss man sich doch immer wieder den ganz konkreten, praktischen Fall vor Augen führen. Ohne Zustellung könnten Gläubiger den Schuldner praktisch überrumpeln, und zwar nicht nur in den Fällen einer titelübertragenden Klausel. Die Zustellung dient infolgedessen der Information des Betroffenen und reiht sich damit in die verfassungsrechtlich gebotenen Vorschriften ein, die den Menschen davor bewahren, zum bloßen Objekt eines Verfahrens gemacht zu werden.

526   Dafür sorgt zunächst einmal das in § 750 I festgehaltene Gebot, dass Gläubiger und Schuldner entweder in dem Urteil[31] oder der Klausel, d. h. also: in der vollstreckbaren Ausfertigung (s. § 724 I), namentlich bezeichnet sein müssen. Auf diese Weise soll sichergestellt werden, dass nur ja nicht von dem oder gegen den Falschen vollstreckt wird bzw. eine nicht betroffene Person mit dem „groben Geschütz" der Zwangsvollstreckung konfrontiert wird. Das „namentlich" ist so zu verstehen, dass sich die **Identität der Parteien** eindeutig feststellen lassen muss, was größere Präzisierungsanforderungen bei häufig vorkommenden Namen, z. B. in einem Viel-Parteien-Haus, stellt. Das Gebot kann jedoch auch zur unüberwindlichen Hürde werden, so etwa in Hausbesetzerfällen. In solchen krass gelagerten Fällen wird man eine Ausnahme machen müssen,[32] schon allein, um den Justizgewährungsanspruch des Eigentümers nicht leer laufen zu lassen (s. auch Rdn. 644).

527   Der „Überrumpelungsschutz" zeigt sich aber besonders in dem weiteren Gebot, dass die Vollstreckung erst beginnen darf, nachdem das Urteil dem Schuldner zugestellt worden ist. Die Anführungszeichen sind deswegen gesetzt, weil das Gesetz dem Gläubiger dabei so weit wie möglich entgegenkommt, indem es ihm die **gleichzeitige Zustellung und Zwangsvollstreckung** gestattet. In praxi sieht das dann so aus, dass etwa der Gerichtsvollzieher beim Schuldner klingelt, das Urteil überreicht und mit der Pfändung beginnt – was im Ergebnis dann doch recht überrumpelnd

---

[31] Nochmal: Über § 795 gilt das hier Gesagte auch für die in § 794 aufgelisteten Titel.

[32] Thomas/Putzo-Putzo § 750 Rdn. 2.

sein kann. Vor Erlass der ZPO gewährte das Gemeine Recht dem Schuldner noch eine letzte Gnadenfrist (Paritionsfrist), die Zustellung sollte ihm die Ernsthaftigkeit des Gläubigeranliegens vor Augen führen und ihn an die freiwillige Erfüllung gemahnen. Da die Schuldner eine solche Frist aber eher zu Vermögensverschiebungen als zur Erfüllung der Schuld nutzten, führte der ZPO-Gesetzgeber den § 750 I in seiner heutigen Ausgestaltung ein. Nur in einigen Ausnahmefällen gibt es noch eine vergleichbare Schuldnerbegünstigung: etwa in den §§ 750 III, 798, 882 a; 1003 II BGB; 66 IV 2 SGB X. Dem steht ein verstärkter **Gläubigerschutz** im Rahmen des einstweiligen Rechtsschutzes gegenüber: §§ 929 III, 936 lassen eine nachfolgende Zustellung zu.

Die Zustellung selbst kann entweder amtswegig erfolgen oder auf Betreiben des Gläubigers; im ersten Fall muss es die vollständige Entscheidung sein, im zweiten genügt die Ausfertigung gem. § 317 II 2. Ist das Urteil mit einer qualifizierten, d. h. mit einer der in den §§ 726–729 bezeichneten Klauseln versehen worden, muss zusätzlich zu dem in § 750 I genannten Urteil auch die Klausel und – gegebenenfalls – die qualifizierte Urkunde mit zugestellt werden, § 750 II.   **528**

II Besondere Fallkonstellationen

Normalerweise kann der Gläubiger sofort mit der Vollstreckung beginnen, sobald er dem „Titel, Klausel, Zustellung-Erfordernis" Genüge getan hat. § 751 nennt zwei Fälle, in denen jedoch noch weitere Voraussetzungen zu erfüllen sind. Die Vorschrift gibt es deswegen, weil diese beiden Fälle kein Hindernis für die sofortige Klauselerteilung sind; die Erfüllung der Voraussetzungen muss daher bei Vollstreckungsbeginn gewährleistet sein. Das ist einmal die bereits im Zusammenhang mit § 726, Rdn. 513, erwähnte Sicherheitsleistung des Gläubigers, § 751 II, zum anderen das Verbot, vorzeitig mit dem Zugriff zu beginnen, § 751 I. Das klingt banal, ist aber notwendig, weil der Gläubiger bereits Titel und Klausel in Händen hält und vielleicht auch schon die Zustellung vorgenommen hat. Jeder Mieter, der gem. § 721 (oder § 794 a) eine Frist eingeräumt bekommen hat, ist dankbar für diese gesetzgeberische Banalität; erspart sie ihm doch einen erneuten Rechtsstreit!   **529**

Teil III. Durchführung der Zwangsvollstreckung

§ 1 Insgesamt zu beachtende Normen

Literatur: Becker-Eberhard, Grundlagen der Kostenerstattung bei der Verfolgung zivilrechtlicher Ansprüche, 1985; K. Schmidt, Zum Prozeßrecht der beschränkten Erbenhaftung, JR 1989, 45.

Neben den im ersten Teil behandelten Voraussetzungen für alle Zwangsvollstreckungen gibt es in den §§ 704–802 noch einige weitere Vorschriften, die bei jedem Zwangszugriff zumindest potentiell eine Rolle spielen. Infolgedessen ist ihre Anwendbarkeit vor jeder Vollstreckung wenigstens in Gedanken kurz zu überprüfen. **530**

I Kosten

Die Durchführung einer Zwangsvollstreckung ist selbstverständlich nicht umsonst; die beteiligten staatlichen Institutionen und Anwälte, §§ 57 ff. BRAGO, verlangen auch hierfür Bezahlung. Daher ist auch in diesem Verfahrensabschnitt der Kostenfaktor mit zu berücksichtigen. Die einschlägige Norm für die Kostentragung im Verhältnis zwischen Gläubiger und Schuldner ist § 788, der seinerseits an § 91, vgl. Rdn. 112, anknüpft. Wie dort sind demnach all diejenigen Kosten vom Schuldner zu tragen, die für den Beginn und die Durchführung der Zwangsvollstreckung notwendig sind. § 788 I 1 schreibt vor, dass der entsprechende Betrag der zu vollstreckenden Schuld hinzugerechnet und mit dieser zusammen zwangsweise eingetrieben wird. Man wird sich unschwer vorstellen können, dass es um die Frage der Notwendigkeit einen immerwährenden Streit zwischen den Gläubigern und ihren Schuldnern gibt. Die Fülle der einschlägigen Gerichtsentscheidungen ist beeindruckend und wächst ständig. **531**

Gesicherter Grundbestand notwendiger und damit vom Schuldner zu tragender Kosten sind die Kosten der vollstreckbaren Ausfertigung, § 724 I, und der Zustellung, § 788 I 2. Ferner grundsätzlich auch all diejenigen Kosten, die aus nicht von vornherein aussichtslosen Maßnahmen des Gläubigers erwachsen, den Schuldner zur freiwilligen Leistung zu bewegen; d. h. Mahngebühren nach Erlangung einer vollstreckbaren Ausfertigung – auch bei Einschaltung eines Anwalts; Sicherheitsleistungskosten – wichtig bei einer Bankbürgschaft etwa; Detektivkosten etwa, wenn die Anschrift des Schuldners nicht anders herauszufinden war;[1] Kos- **532**

---

[1] Dagegen wären Detektivkosten nicht ersetzbar gewesen, wenn der Gläubiger des Kontenpfändungsfalls, Rdn. 499, auf diese Weise die richtige Frankfurter Bank hätte ausfindig

ten eines Inkasso-Büros, wenn dadurch Anwaltskosten erspart werden; Kosten eines durch die Zwangsvollstreckung heraufbeschworenen Rechtsstreits gegen einen Drittschuldner etc.

533   Soweit demnach der Schuldner die notwendigen, der Gläubiger dagegen die restlichen Kosten zu tragen hat, ändert sich dies gem. § 788 III einseitig zu Lasten des Gläubigers, wenn das vollstreckte Urteil aufgehoben wird. Dann muss der Gläubiger für alle Kosten aufkommen und das beim Schuldner bereits Eingetriebene diesem erstatten. Ausgangspunkt des **Erstattungsanspruchs** ist das aufhebende Urteil bzw. der Titel; denn auch ein Vergleich i. S. d. § 794 I Nr. 1 kann die Wirkung des § 788 III herbeiführen. Dem Gläubiger können ferner die Vollstreckungskosten in den in § 788 IV genannten Fällen auferlegt werden; hierbei handelt es sich jedoch um eng zu begrenzende Ausnahmefälle, deren Hauptzweck darin liegt, denjenigen Gläubiger abzuschrecken, der allzu rücksichtslos über die jeweils in den Normen angesprochenen Notlagen des Schuldners hinweggehen will.

II Potentiell einschlägige Normen

534   Während die Kosten bei jeder Zwangsvollstreckung anfallen und daher stets zu berücksichtigen sind, ist dies bei den Regelungsbereichen der nachfolgend darzustellenden Normen nicht der Fall. Ihnen ist jedoch gemeinsam, dass sie bei jeder Zwangsvollstreckungsart auftreten können.

1. § 765 a

535   Es gibt im Achten Buch der ZPO so viele Schuldnerschutzvorschriften, dass man diesen Schutz insgesamt zu Recht als eine der Maximen des Vollstreckungsrechts bezeichnen kann. Sie beziehen sich aber durchwegs entweder auf ein spezielles, als besonders schutzwürdig anerkanntes Gut wie die Wohnung nach den §§ 721, 794 a oder die Willensfreiheit bei der Eheschließung, § 888 III, oder sie sind wie die §§ 811 ff., 850 ff. nur auf bestimmte Vollstreckungsarten anzuwenden. § 765 a ist anders: Diese Vorschrift kann, wenn ihre Voraussetzungen vorliegen, bei jeder Vollstreckung anzuwenden sein. Als **vollstreckungsrechtlicher Ausdruck des Sozialstaatsprinzips** – 1953 eingeführt – hat sie eine durchaus wichtige Funktion, doch sollte ihre eigentliche Herkunft aus der NS-Gesetzgebung davor warnen, dem Gläubiger zugesprochene Rechtspositionen am Maßstab eines diesmal sozialstaatlich verstandenen „gesunden Volksempfindens"[2] zu messen und auszuhöhlen – eine Gefahr, der insbesondere die Untergerichte nicht immer zu entgehen vermögen.

536   Auf Schuldnerantrag hin hat der Vollstreckungsrichter, bzw. der Rechtspfleger nach § 20 Nr. 17 RPflG, eine Abwägung vorzunehmen: Er muss einerseits das Schutzbedürfnis des Gläubigers „voll würdigen", andererseits dazu die ganz besonderen Umstände der konkreten Schuldnersituation in Beziehung setzen, die eine

---

machen wollen. Denn wegen des Bankgeheimnisses wäre dieser Versuch von vornherein aussichtslos und damit nicht notwendig gewesen.

[2] So das Vollstreckungsmißbrauchsgesetz von 1935; im Wortlaut zitiert bei Wieczorek/Schütze/Paulus § 765 a FN 3.

mit den guten Sitten nicht mehr vereinbare, **objektive(!) Härte** ergeben müssen. Der berühmteste Fall ist

> BVerfGE 52, 214: Der Vermieter hatte einen Räumungstitel erstritten, weil der Mieter unbefugterweise und auch nach Abmahnung zwei große Hunde in seiner Wohnung gehalten hatte. Gegen die Zwangsräumung wehrte er sich, indem er Vollstreckungsschutz mit der Begründung beantragte, er sei suizidgefährdet und wegen dreier erfolgloser Versuche bereits im Krankenhaus gewesen. Das Vollstreckungsgericht gewährte eine Vollstreckungsfrist von mehreren Monaten. Gegen die diesen Beschluss bestätigende Entscheidung des LG erhob der Mieter Verfassungsbeschwerde und rügte die Verletzung der Artt. 1 und 2 I 1 GG. Das BVerfG gab der Beschwerde statt und untersagte endgültig die Realisierung des titulierten Anspruchs.

Natürlich muss man in Fällen wie diesem hohe Anforderungen an den Nachweis der Suizidgefahr stellen; doch wird man eine objektive Härte immer dann zu bejahen haben, wenn eine physische Existenzvernichtung auf dem Spiele steht. Geht es dagegen um die wirtschaftliche oder berufliche Existenz des Schuldners, kann man einen solchen Grundsatz m. E. nicht mehr aufstellen; hier wie auch in allen weiteren Fällen ist vielmehr eine **Einzelfallentscheidung notwendig**, die freilich immer von dem Grunddatum auszugehen hat, dass dem Gläubiger das beanspruchte Recht laut vollstreckbarer Ausfertigung nun einmal zusteht. Nur um einen Eindruck von der Tragik zu vermitteln, mit der der Richter oder Rechtspfleger im Zusammenhang mit Schutzanträgen nach § 765 a konfrontiert ist, seien ein paar Fälle aneinandergereiht: Räumung gegen 99jährigen – und suizidgefährdeten – Mieter (dazu BVerfG NJW 1998, 295); Pfändung von Eigengeldguthaben Strafgefangener; Pfändung eines Grabsteins (OLG Köln OLGZ 1993, 113 = JuS 1993, 514 (K. Schmidt); dazu Pauly, JuS 1996, 682); die Zwangsversteigerung eines Grundstücks wegen einer Minimalforderung (die Rechtsprechungsbeispiele fangen im Pfennig- bzw. Cent-Bereich an; s. auch unten Rdnn. 550 ff.); etc.

Wird dem Antrag des Schuldners stattgegeben, ist damit nicht die Zwangsvollstreckung insgesamt betroffen, sondern immer nur die konkrete Zwangsvollstreckungsmaßnahme.[3] Sie kann der Richter oder Rechtspfleger in erster Linie aufschieben, in Extremfällen auch einmal ganz ausschließen. Umstritten ist, ob ein Antrag nach § 765 a zulässig ist bzw. Erfolg haben kann, wenn zuvor bereits speziellerer Schutz – vornehmlich eine Räumungsfrist nach § 721 – gewährt worden ist. Die wohl h. M. bejaht das.   **537**

Meines Erachtens ist hierbei – wie für den Anwendungsbereich des § 765 a insgesamt – zu differenzieren: Grundsätzlich ist es die Aufgabe des Vollstreckungsrechts, die aufgrund eines Urteils herbeizuführende Rechtslage tatsächlich herzustellen. Die materielle Rechtslage zu beurteilen, ist Aufgabe des Erkenntnisrichters, nicht der Vollstreckungsorgane; das hat auch das Bundesverfassungsgericht nach-   **538**

---

[3] Bei den besonders „brenzligen" Räumungsvollstreckungen fällt freilich beides zusammen.

drücklich betont und angemahnt (NJW 1994, 36). Folglich können die für die Anwendung des § 765 a maßgeblichen Umstände grundsätzlich **nur solche des Vollstreckungsverfahrens** selbst sein oder materiell-rechtlich relevante Fakten, die zu einem Zeitpunkt entstanden sind, den der Erkenntnisrichter in seiner Entscheidung nicht mehr berücksichtigen konnte. Der später ausführlicher darzustellende § 767 II stellt ausdrücklich auf diese Zeitgrenze ab, indem er nur nachträglichen Änderungen der materiellen Rechtslage Einfluss auf die Zwangsvollstreckung zuerkennt. Die Zeitgrenze erzwingt m. E. aber noch eine weitere Differenzierung: Weil sie eine richterliche Prüfung voraussetzt, die beim Prozess- und Anwaltsvergleich sowie bei der vollstreckbaren Urkunde gerade nicht vorgenommen wurde, müssen bei diesen Titeln auch schon frühere, die Härte begründende Umstände berücksichtigungsfähig sein, s. auch § 797 IV und VI.[4]

2. Ausschließliche Gerichtsstände

539 § 802 ordnet an, dass die im Achten Buch angeordneten Gerichtsstände – dazu gehört auch noch das in den Rdnn. 699 ff. dieses Buches dargestellte Verfahren des einstweiligen Rechtsschutzes – ausschließliche sind. Nach h. M. betrifft dies die örtliche wie die sachliche Zuständigkeit; eine Prorogation ist damit ausgeschlossen, vgl. § 40 II 1.

3. Die beschränkte Erbenhaftung

540 Diese Regelungsmaterie ist ein wenig erfreuliches Beispiel für die zu allen Zeiten vorgetragene Behauptung, dass das Recht für die Aufgeweckten geschrieben sei (ius vigilantibus scriptum). Wenigstens in diesem Bereich ist der Vorwurf wahrhaft berechtigt, zumal sich hier ein anachronistisches Relikt aktionenrechtlichen Denkens[5] in die heutige Zeit hinübergerettet hat.

541 Bei der beschränkten Erbenhaftung geht es darum, ob der Erbe die Erbschaft, § 1922 BGB, so in sein eigenes Vermögen übernehmen muss, dass sowohl seine eigenen als auch die so genannten Nachlassgläubiger darauf zugreifen können, oder ob er die beiden Vermögen dergestalt auseinanderhalten kann, dass er die Gläubigergruppen auf je ein Vermögen verweisen kann (**separatio bonorum**). Das BGB räumt ihm diese letztgenannte Möglichkeit ein – allerdings schon hier in recht unübersichtlicher Darstellung: In den §§ 1967 ff. BGB überlagern sich Aufgebotsverfahren und Inventarerrichtung mit den drei eigentlichen Haftungsbeschränkungs-

---

[4] Die Zeitgrenze des § 767 II gilt für Prozessvergleiche ebenfalls nicht, weil sie gerade keine rechtskraftfähigen Titel sind.

[5] Aktionenrechtliches Denken prägte die aus dem römischen Recht abgeleitete Rechtswissenschaft des Gemeinen Rechts. Damit wird gesagt, dass Recht mit Klagbarkeit oder gerichtlicher Durchsetzbarkeit identisch ist; materielles und Prozessrecht sind also gewissermaßen eins; vgl. dazu H. Kaufmann, Zur Geschichte des aktionsrechtlichen Denkens, JZ 1964, 482. Den Durchbruch zur Trennung dieser beiden Materien hat Windscheid mit seinem im Jahre 1856 erschienenen, berühmten Buch ‚Die Actio des römischen Civilrechts, vom Standpunkte des heutigen Rechts‘ gelegt. Das seitherige Auseinanderdriften dieser beiden Disziplinen hat nunmehr einen Punkt erreicht, der dringender Rückbesinnung auf die gegenseitige Abhängigkeit und Bedingtheit bedarf; s. nur Zöllner, Materielles Recht und Prozessrecht, AcP 190, 1990, 471, sowie oben, Rdn. 15.

möglichkeiten, der in § 1975 BGB angesprochenen Nachlassverwaltung und der Nachlassinsolvenz sowie der in § 1990 BGB geregelten Einrede der Dürftigkeit des Nachlasses. Aus diesen Vorschriften ergibt sich auch, dass der Erbe grundsätzlich – für die Erbengemeinschaft hält das Gesetz in § 2059 BGB auch in dieser Hinsicht eine Ausnahme bereit – etwas unternehmen muss, um seine Haftung auf den Nachlass zu beschränken. Begeht er dabei einen Fehler, haftet er unbeschränkt – d. h. auch mit seinem Eigenvermögen. Grundsätzlich tut er das auch schon vor der Herbeiführung einer der drei Haftungsbeschränkungsmaßnahmen, weswegen man üblicherweise sagt, dass ein Erbe zu dieser Zeit „**unbeschränkt, aber beschränkbar**" im Gegensatz zu „endgültig unbeschränkt" haftet.[6] § 1958 BGB gewährt ihm jedoch vor der Erbschaftsannahme, die §§ 2014 und 2015 BGB (bitte überfliegen) danach eine gewisse Verschnaufpause, in der sich der Erbe erst einmal Klarheit über das Verhältnis der Aktiven zu den Passiven in dem Nachlass soll verschaffen können. Doch gerade die beiden letztgenannten Einreden der §§ 2014, 2015 BGB sind ein höchst eindrucksvoller Beleg für die Nachteile aktionenrechtlichen Denkens. Denn der materiell-rechtlich denkende Jurist, der in gewohnter Manier aus den beiden genannten Normen den Schluss zu ziehen gewohnt ist, dass der Erbe dem drängenden Gläubiger in dieser Zeit eben diese Einreden mit Erfolg entgegenhalten kann – wenn nicht schon außergerichtlich, dann doch spätestens im Erkenntnisverfahren –, wird durch die §§ 782, 785 eines Besseren belehrt: Aus diesen Vorschriften ergibt sich nämlich, dass der Gläubiger völlig ungehindert prozessieren, ja sogar vollstrecken kann und dass es am Erben liegt, in der eben genannten Verschnaufpause eine weiter unten (Rdnn. 671 ff.) ausführlich darzustellende Vollstreckungsgegenklage zu führen, in der dem Gläubiger ein Zuwarten bis zum Ende der in §§ 2014 f. BGB genannten Fristen auferlegt wird!

Diese Einreden bewirken keine Haftungsbeschränkung des Erben, sondern nur einen **Haftungsaufschub**. Aber auch die eigentliche Haftungsbeschränkung der §§ 1975, 1990 BGB folgt dem gleichen Schema; bei ihr kommt sogar noch hinzu, dass sich der Erbe in dem vom Gläubiger gegen ihn angestrengten Prozess die Haftungsbeschränkungsmöglichkeit in dem Urteil gem. § 780 I ausdrücklich vorbehalten lassen muss. In praxi sieht das so aus, dass der Erbe den Antrag stellen muss, der Richter möge diesen Vorbehalt in das Urteil als gesonderten Punkt aufnehmen. Nach h. M. ist es dem Richter überlassen, ob er die Berechtigung dieses Vorbehalts prüft oder nicht; denn über die §§ 781, 784 I, 785 ist ja eine Klage vorgesehen, die diese Prüfung zum ausdrücklichen Gegenstand hat. Im Hinblick auf die Prozessökonomie sollte der Richter jedoch immer dann eine eigene Entscheidung treffen, wenn der Erbe die bereits herbeigeführte Haftungsbeschränkung vorträgt – wenn er also behauptet, es sei bereits Nachlassverwaltung oder -insolvenz angeordnet, bzw. der Nachlass sei zu dürftig i. S. d. § 1990 BGB und er hafte deshalb nicht für den geltend gemachten Anspruch. Ist das jedoch nicht der Fall, weil der Erbe erst zukünftig von einer solchen Möglichkeit Gebrauch machen will, muss es naturgemäß bei der von der h. M. favorisierten Ansicht bleiben.

542

---

[6] Die Terminologie in der Literatur ist, um es noch komplizierter zu machen, höchst uneinheitlich.

543   Die enge Verzahnung von materiellem Recht und Vollstreckungsrecht ist auch noch bei § 778, nicht dagegen im Falle des § 779 zu beachten. Die letztere Norm gestattet dem Gläubiger in Durchbrechung des in § 750 festgehaltenen Grundsatzes, dass Gläubiger und Schuldner namentlich genannt sein müssen, die **vor dem Erbfall begonnene Zwangsvollstreckung fortzusetzen**, obgleich der Erbe nunmehr Rechtsträger und damit Schuldner ist. „Praktikabilitätserwägungen" haben den Gesetzgeber zu dieser Vorschrift veranlasst. Unter „begonnen" ist übrigens nicht die Klauselerteilung zu verstehen – sie ist der Abschluss des Erkenntnisverfahrens –, sondern das tatsächliche Ansetzen zu dem Vollstreckungszugriff – wenn also der Gerichtsvollzieher etwa an der Tür des Schuldners klingelt. Ist diese Voraussetzung erfüllt, kann der Gläubiger unbeschadet des Erbfalls die gesamte Zwangsvollstreckung, nicht etwa nur die einzelne Maßnahme fortsetzen. § 778 korrespondiert dagegen mit dem Rechtsgedanken der §§ 1958 BGB, 239: Danach sollen die Haftungsmassen (Nachlass und Eigenvermögen des Erben) bis zur endgültigen Zuordnung des Nachlasses an den Erben auseinandergehalten werden[7] – in erster Linie, um den Nachlassgläubigern den ungeschmälerten Nachlass zu erhalten.

§ 2 WEGEN einer Geldforderung

Literatur: Kerameus, Geldvollstreckungsarten in vergleichender Betrachtung, FS Zeuner, 1994, 389 ff.; Willenbruch, Zwangsvollstreckung gegen Gemeinden wegen Geldforderungen, ZIP 1998, 817.

544   Wenn der Gläubiger Titel, Klausel und Zustellung beisammen hat, kann er mit der Zwangsvollstreckung beginnen, indem er ein Vollstreckungsorgan mit deren Durchführung beauftragt. Sofern die im vorstehenden Paragraphen dargestellten Gemeinsamkeiten bedacht sind, befindet man sich nunmehr an der für jede Zwangsvollstreckung allerentscheidendsten Weichenstellung: der Frage nämlich, **wegen** was für einer Forderung sie betrieben wird. Handelt es sich um eine nicht auf Geld gerichtete Forderung, sind die §§ 883 ff. anzuwenden (dazu Rdnn. 640 ff.); ist sie dagegen auf Geld gerichtet, so bemisst sich das weitere Vorgehen nach den §§ 803 ff. Was die Häufigkeit anbelangt, so überwiegt in der Praxis die letztere Form der Vollstreckung bei weitem. Sie wird nachfolgend, der Systematik des Gesetzes entsprechend, dargestellt.

I Aufbau

545   Ein Blick auf die Gliederung, d. h. das Inhaltsverzeichnis, des Gesetzes ist zu dessen Verständnis förderlich. Es geht im Folgenden um den zweiten Abschnitt des Achten Buches, der mit „Zwangsvollstreckung wegen Geldforderungen" überschrieben ist. In seinem ersten Titel „Zwangsvollstreckung in das bewegliche Vermögen" stellt er für die Zwangsvollstreckung in körperliche Sachen, §§ 808–827, sowie die in

---

[7] Was muss ein Gläubiger unternehmen, wenn der Erbe die Annahme der Erbschaft gem. §§ 1954 ff. BGB anficht und dadurch Ungewissheit darüber entsteht, wer Erbe ist?

Forderungen und andere Vermögensrechte, §§ 828–863, vorab „allgemeine Vorschriften" auf, §§ 803–807. Im zweiten Titel wird sodann die „Zwangsvollstreckung in das unbewegliche Vermögen", §§ 864–871, behandelt. Weitere Vollstreckungsarten gibt es nach deutschem Recht für Geldforderungen nicht – insbesondere keine Zwangshaft; insoweit herrscht Typenzwang. Die beiden nachfolgenden Titel („Verteilungsverfahren" und „Zwangsvollstreckung gegen juristische Personen des öffentlichen Rechts") werden hier vernachlässigt; vielleicht sollte der Leser dennoch die §§ 872–882 a wenigstens überfliegen, um zu wissen, wo im Gesetz er gegebenenfalls suchen muss.

Dieser Überblick über den Gesetzesaufbau macht bereits deutlich, dass sich eine **546** weitere Unterscheidung an die vorerwähnte Weichenstellung anschließt: diesmal die Frage nämlich, **in** was für ein Vermögensgut vollstreckt werden soll. Der innere Grund für diese Unterscheidung leuchtet sofort ein, wenn man sich vergegenwärtigt, dass für Geldforderungen – und nur für sie – der wohlbekannte Satz gilt, dass dem Gläubiger grundsätzlich das gesamte Vermögen des Schuldners haftet. Damit ist nichts anderes gemeint, als dass der Gläubiger dann, wenn der Schuldner nicht freiwillig leistet, auf jedes diesem gehörende Vermögensgut im Wege der Zwangsvollstreckung zugreifen darf. Da es ein Gebot der Praktikabilität ist, diesen Zwangszugriff unterschiedlich danach auszugestalten, ob das konkrete Vermögensgut weggenommen werden kann oder nicht, ob es körperlich ist oder nicht, differenzieren die §§ 808 ff. zwischen den Vermögensobjekten, **in** die vollstreckt werden soll. Je nachdem ist ein anderes Vollstreckungsorgan zuständig, und es ist ein je unterschiedliches Verfahren einzuhalten. Das bedeutet aber keineswegs, dass der Gläubiger immer nur einen Weg verfolgen könnte. Auch wenn die nachfolgende, naturgemäß linear beschreibende Darstellung das Gegenteil suggeriert, muss man sich darüber im Klaren sein, dass dem Gläubiger ein paralleles Vorgehen unbenommen ist; neben einer Zwangsvollstreckung in Mobilien etwa kann er also zusätzlich eine solche in Immobilien und/oder in die Gehaltsforderung des Schuldners betreiben.[8]

II Grundsätzliches

1. Vermögensobjekte

Literatur: Paulus, Software in Vollstreckung und Insolvenz, ZIP 1996, 2; K. Schmidt, Unternehmensexekution, Zubehörbegriff und Zwangsvollstreckung, FS Gaul, 1997, 691; Wieacker, Zum System des deutschen Vermögensrechts, 1941.

Wie schon angedeutet, baut das Gesetz auf einer Dreiteilung der Vermögens- **547** objekte in **Mobilien**, **Immobilien** und **Forderungen** auf; sie stammt aus römischer Zeit[9]. Dabei ist es freilich nicht geblieben; mit dem bereits hier zu erwähnenden, in der Praxis sehr bedeutsamen § 857 hat der Gesetzgeber gewissermaßen ein Ventil

---

[8] Welche Vorschrift ist im Falle eines solchen parallelen Vorgehens zu beachten, wo unterschiedliche Vollstreckungsorgane zuständig sind, die alle vom Gläubiger den Nachweis seiner Berechtigung verlangen werden?

[9] S. etwa Ulpian in D 42.1.15.2: res mobiles, soli, iura.

eingesetzt, das den Ausbruch aus dem Dreierkanon der Vermögensrechte ermöglicht, indem andere Rechte nach dem Recht der Forderungspfändung, §§ 828 ff., zu pfänden sind. Für das Anwartschaftsrecht etwa war und ist das der entscheidende Aufhänger, ausführlich unten Rdnn. 621 ff., doch für so ganz moderne Güter wie Computerprogramme oder Domains will das nicht mehr so recht passen. Denn die pauschale Verweisung auf die Forderungspfändung wird den praktischen Bedürfnissen nicht gerecht. Weil die Programme regelmäßig weggenommen werden müssen, anstatt sie im Wege eines Gerichtsbeschlusses dem Gläubiger zur Einziehung zu übertragen, erscheint es im Moment so, dass sich zukünftig womöglich ein viertes, heute als „**informationelles Gut**" bezeichnetes Vermögensobjekt herauskristallisieren wird. Wie dieses dann in der Zwangsvollstreckung optimal erfasst werden kann, wird nicht nur die rechtliche, sondern vor allem auch die technologische Entwicklung zeigen müssen.

548   Deutsches Systematisierungsbedürfnis ist bestrebt, hinter dieser Drei- oder Vierteilung das Gemeinsame zu finden und zu definieren. Ersteres ist einfach, Letzteres bislang nicht recht gelungen: Das Gemeinsame ist ‚**das Vermögen**' des Schuldners, das gewissermaßen der Zentralbegriff für das gesamte Vollstreckungsrecht – einschließlich also des Insolvenzrechts – ist. Denn dieses Vermögen, und nur dieses, haftet den Gläubigern. Seine Bestimmung ist insoweit problemlos, als es um die Grundformen des Sachenrechts wie Eigentum oder Grundpfandrechte geht. Schwierig wird es jedoch schon beim Sicherungseigentum oder bei treuhänderischen Übertragungen insgesamt. Ist der im Deliktsrecht herausgearbeitete Begriff des eingerichteten und ausgeübten Gewerbebetriebs vollstreckungsrechtlich bedeutsam? Wenn der Sportverein seine Schulden nicht begleicht – kann der Gläubiger auf den Starspieler „zugreifen", dessen „Marktwert" in die Millionen geht? Wenn das Geschäftsgeheimnis gewerblichen Rechtsschutz genießt – heißt das auch, dass ein Gläubiger diese Vermögensposition im Wege der Zwangsvollstreckung zu seinen Gunsten verwerten kann? Kann er auf das Grundstück zugreifen, das der Schuldner kurz zuvor seiner Ehefrau in der Absicht übereignet hat, wenigstens dieses Vermögensobjekt vor dem Zugriff seiner Gläubiger zu retten?[10] Die Beispiele zeigen die Schwierigkeit einer einheitlichen Definition auf; sie machen aber auch deutlich, worum es in der Zwangsvollstreckung wegen einer Geldforderung geht: um die **Umsetzbarkeit einzelner Vermögenspositionen des Schuldners in Geld**, damit der Gläubiger sich daraus befriedigen kann.

2. Gradus executionis

Literatur: *Götte*, Der Grundsatz der Verhältnismäßigkeit und die Rangordnung der Zwangsvollstreckungsmittel, 1985; *E. Schneider*, Minima non curat praetor, MDR 1990, 893.

549   Unter diesem Begriff versteht man die Pflicht zur Einhaltung einer bestimmten Reihenfolge derjenigen Gegenstände, in die der Gläubiger hineinvollstreckt. Er war seit römischer Zeit bis hin zum Inkrafttreten der CPO im Jahre 1879 – mit bisweiligen Abweichungen – gehalten, zunächst auf die beweglichen, dann auf die unbeweglichen Sachen und erst zuletzt auf Rechte des Schuldners zuzugreifen. Der

---

[10] Vgl. dazu §§ 3–6 AnfG sowie Rdnn. 692 ff.

Gesetzgeber der CPO bzw. ZPO hat dieses Konzept bewusst nicht übernommen, um dem Gläubiger schneller und effektiver zu seinem Ziel zu verhelfen. Mit Ausnahme etwa der in den §§ 777, 806 a, 850 b II angesprochenen Situationen (bitte lesen) braucht der Gläubiger nunmehr von Seiten der ZPO auf solche Rangfolgen keine Rücksicht mehr zu nehmen. Dass er sogleich etwa auf das Grundstück des Schuldners zugreifen kann, soll auch dem durchaus angestrebten Effekt dienen, den Schuldner zur „freiwilligen" Erfüllung seiner Verpflichtung anzuhalten.

Gegen diese **Auswahlfreiheit des Gläubigers** werden immer wieder Bedenken geäußert; in letzter Zeit verstärkt unter Hinweis auf verfassungsrechtliche Vorgaben – genauer: auf das Verhältnismäßigkeitsprinzip. Dieses wird insbesondere dann gerne bemüht, wenn ein Gläubiger wegen einer so genannten ‚Minimalforderung', sagen wir wegen eines noch ausstehenden Rests von € 2,30, die Zwangsversteigerung des schuldnerischen Grundstücks betreibt und dem Schuldner damit die Lebensgrundlage entzieht. Die Behandlung solcher Fälle ist überaus umstritten, und die Rechtsprechung ist dementsprechend kontrovers. Das Lager derjenigen, die gegen eine solche Vollstreckungsmöglichkeit sind, hält zwei Argumentationsstränge parat: Als Erstes verneinen sie bei Minimalforderungen ein Rechtsschutzbedürfnis, das wie bei jeder Inanspruchnahme staatlichen Handelns, so auch bei der Vollstreckung vorliegen müsse;[11] es gehe nicht an, den Staat für solchen „Kleinkram" zu bemühen: ‚minima non curat praetor' – der Gerichtsmagistrat schert sich nicht um Belanglosigkeiten – lautet die an Cicero (de natura deorum 3.35.86) angelehnte rechtshistorische Rechtfertigung für diese Ansicht. Der zweite Strang ist gewissermaßen nachgelagert, weil er die Vollstreckung zwar grundsätzlich zulässt, sie aber von der Einhaltung einer wie auch immer zu definierenden Wertrelation zwischen Vollstreckungsforderung und Vollstreckungsobjekt abhängig macht: Diese Relation sei nach Maßgabe der Verhältnismäßigkeit zu bestimmen.

Ein solcher Streit hat für den Rechtskandidaten wie den Rechtspraktiker den großen Vorzug, dass jede Meinung vertreten werden kann. In der Tat lassen sich gewichtige Argumente für beide Seiten vorbringen. Meiner Ansicht nach muss jedoch im Sinne einer uneingeschränkten Vollstreckbarkeit entschieden werden – d. h. ohne dass man ein gesondertes Rechtsschutzbedürfnis oder eine Verhältnismäßigkeit verlangen dürfte, s. schon oben Rdn. 96. Was erstens den praetor-Grundsatz anbelangt, so ist zu bedenken, dass die Rechtsgrundlage heute eine andere ist als die des antiken Rom. Wie schon unter Rdn. 19 hervorgehoben, beruht die ZPO wie die anderen Kodifikationen des 19. Jahrhunderts auch auf dem Grundverständnis des Gesellschaftsvertrags. In Gestalt des Justizgewährungsanspruchs hat der Einzelne daher Anspruch auf Hilfestellung des Staates. Es wäre also schlicht unverständlich, wenn der Staat, der dem Einzelnen die Rechtsdurchsetzungsbefugnis entzogen und sie an sich genommen hat, eben diesem Einzelnen die geschuldete Gegenleistung in Gestalt der monopolisierten Zwangsvollstreckung verweigern würde. Darüber

550

551

---

[11] Das Bundesverfassungsgericht hat in einem besonderen Fall die Zwangsversteigerung eines Grundstücks im Wert von etwa € 21.000,– wegen einer Gläubigerforderung in Höhe von etwa € 500,– für unzulässig gehalten: BVerfGE 49, 220. Das abweichende Votum des Richters Böhmer hat dabei die Diskussion um den gradus executionis stark entfacht.

hinaus sind die Konsequenzen der Gegenansicht zu bedenken: Erstens würde der rechtstreu seine Schuld freiwillig Begleichende verhöhnt gegenüber dem rechtsbrechenden Verweigerer. Denn dass der Schuldner (vollständig) zu leisten hat, ergibt sich immerhin aus einem Titel – ist also, wenn es sich dabei um ein Urteil handelt, bereits von einem Richter anhand eines konkreten Lebenssachverhalts festgestellt worden! Wenn aber, zweitens, selbst ein Urteil seinen Zweck nicht mehr erreichen sollte, wird das Vollstreckungsrecht über kurz oder lang seine Bedeutung einbüßen; denn die Gläubiger werden sich schwerlich mit dem ihnen attestierten, fehlenden Rechtsschutzbedürfnis abfinden. Sie werden vielmehr nach Abhilfe suchen und diese letzten Endes wohl auch in außerrechtlichen Handlungen finden;[12] das kann keine Rechtsordnung wollen. Was schließlich den scheinbar so passenden Verhältnismäßigkeitsgrundsatz anbelangt, so ist zu bedenken, dass er für den Staat als den dem Privaten institutionell Überlegenen konzipiert ist, nicht aber für das Verhältnis der Privaten untereinander. Dem Gläubiger als Privatperson darf jedoch nicht eine für das Verhalten des Staates reservierte Maxime aufoktroyiert werden, bloß weil er gezwungen ist, sich des staatlichen Instrumentariums zu bedienen.

552   Nach meiner Ansicht ist daher die Zwangsvollstreckung wegen jeder noch so geringen Forderung zulässig, und der Gläubiger braucht sich nicht an eine Vollstreckungsreihenfolge zu halten. Wenn man hier Einschränkungen machen will, dann in Fällen evidenten Rechtsmissbrauchs – wenn eine Vollstreckung dem primären Zweck dient, den Schuldner zu belästigen. Das muss bei der Eintreibung einer 5-Cent-Forderung nicht notwendig zu bejahen sein, weil auch hier immer mitzubedenken ist, dass der Schuldner diese dem Gläubiger gebührende Summe freiwillig nicht leisten will.

3. Parteivereinbarungen

Literatur: Stürner, Die Parteiherrschaft und die Parteiverantwortung im Vollstreckungsverfahren, FS Hanisch, 1994, 257.

553   Es mag paradox klingen, wenn man sich Gedanken über einverständliches Handeln von Gläubiger und Schuldner in der Zwangsvollstreckung macht, wo doch in diesem Regelungsbereich mehr als anderswo eine vergiftete Atmosphäre zwischen den Parteien gewissermaßen institutionalisiert ist. Gleichwohl kommen solche Vereinbarungen immer wieder vor, und es fragt sich, ob bzw. inwieweit solche Parteivereinbarungen zulässig sind. Die Beantwortung muss mit dem umfassenderen Problem in Verbindung gebracht werden, ob die Parteien in der Zwangsvollstreckung überhaupt irgendeine **Dispositionsbefugnis** haben: Der Gläubiger mit Sicherheit, weil es allein von ihm abhängt, ob er durch einen entsprechenden Antrag das Vollstreckungsverfahren überhaupt in Gang setzen will. Darüber hinaus hat er –

---

[12] Die Rechtswirklichkeit bestätigt das hier gezeichnete, düstere Bild: Es gibt bekanntlich Dienstleistungsunternehmen, die den Schuldner in den Augen seiner Mitbürger bloßzustellen versuchen, indem ihre Mitarbeiter ihn wie ein höchst sichtbarer Schatten ständig verfolgen. Dieses sogar noch milde Beispiel belegt die wohl niemals einzudämmende Energie – und sei sie auch strafrechtswidrig, § 240 StGB –, an das Seine heranzukommen; vgl. oben Rdn. 461 a. Diese Zusammenhänge werden vom Bundesverfassungsgericht in seinem Bestreben um Einzelfallgerechtigkeit nicht immer hinreichend berücksichtigt.

zumindest nach hier vertretener Ansicht – die vorbeschriebene Auswahlfreiheit; er muss sich also an keinem gradus executionis orientieren. Aber auch der Schuldner kann in gewissem Umfang disponieren, indem er von den ihm gewährten Rechtsschutzmöglichkeiten (Rechtsbehelfe sowie Schutzvorschriften wie §§ 721, 794 a, 765 a) Gebrauch macht oder nicht; außerdem kann er die Vollstreckung dadurch hinfällig machen, dass er die Schuld begleicht.

All diese Möglichkeiten, die nichts weiter als die prozessuale Entsprechung zu der materiell-rechtlichen Verfügungsbefugnis sind, schlagen grundsätzlich auf den Bereich der Parteivereinbarungen durch. Soweit die Parteien Dispositionsbefugnis haben, können sie demnach Vereinbarungen treffen, wobei allerdings **vollstreckungsbeschränkende Verträge eher zulässig** sind **als vollstreckungserweiternde**. Das hängt mit der Maxime des Vollstreckungsrechts zusammen, den Schuldner zu schonen. Die Parteien können also auf diese Weise den Gläubiger an einen gradus executionis binden, sie können den Kreis der vollstreckbaren Güter insgesamt eingrenzen und beschränken (nicht aber erweitern!), sie können sogar dem Gläubiger den Verzicht auf die zwangsweise Durchsetzung – zumindest für eine gewisse Zeit – auferlegen.[13]

554

§ 3 Allgemeine Vorschriften für das bewegliche Vermögen

Das bewegliche Vermögen umfasst nach der Konzeption der ZPO außer den Mobilien auch Forderungen und sonstige Rechte. Für den Zugriff auf diese Vermögensgüter sehen die §§ 803–807 gemeinsame Vorschriften vor.

555

I Grundsätze

1. Verbot der Überpfändung

Nach § 803 I 2 darf die Zwangsvollstreckung nicht weiter ausgedehnt werden, „als es zur Befriedigung des Gläubigers und zur Deckung der Kosten der Zwangsvollstreckung erforderlich ist." Aus dieser Vorschrift ergibt sich – wie auch schon aus § 788 I 1 –, dass die Kosten zugleich mit der Hauptforderung beizutreiben sind; ein gesonderter Titel ist für sie nicht notwendig. Das Verbot der Überpfändung dient dem **Schutz des Schuldners**; doch reicht es nicht so weit, dass es eine über den zu errechnenden Betrag hinausgehende Pfändung automatisch unwirksam machen würde. Vielmehr steht seine Sanktion im Einklang mit einem Grundprinzip des Vollstreckungsverfahrens, das bereits oben, Rdnn. 541 ff., bei der Darstellung der beschränkten Erbenhaftung zum Vorschein kam, das aber auch darüber hinaus immer wieder zu beobachten ist: Im Einklang mit dem Bestreben, den Anspruch des Gläubigers zügig und effektiv zu befriedigen, schafft die Zwangsvollstreckung zunächst einmal vollendete Tatsachen. Es liegt dann am Schuldner, sich dagegen zu

556

---

[13] Vgl. BGH NJW 1968, 700. Welche Entscheidung wird ein Erkenntnisrichter hinsichtlich einer Leistungsklage treffen, wenn er von einer Vereinbarung der Parteien erfährt, in der der Kläger dauerhaft auf die zwangsweise Durchsetzung seines Anspruchs verzichtet?

wehren, indem er die jeweils gerügte Unwirksamkeit vor Gericht geltend macht. So auch hier: Ist der Schuldner der Ansicht, dass gegen das Verbot der Überpfändung verstoßen wurde, muss er die Erinnerung nach § 766 erheben; dazu Rdnn. 664 ff.

557   Das Verbot der Überpfändung impliziert den Vergleich zweier Größen: Einmal die Gesamthöhe der zu vollstreckenden Forderung; sie ist als Summe der titulierten Geldforderung und der Kosten leicht feststellbar. Dem steht der Zugriff auf die Gegenstände des schuldnerischen Vermögens gegenüber; er darf nicht über die Verbotsgrenze hinaus ausgedehnt werden. Wenn in eine Geldforderung vollstreckt wird, gibt es keine Schwierigkeiten, weil man den Betrag der einen Forderung mit dem der anderen – vorausgesetzt, dass sie werthaltig ist – unschwer vergleichen kann. Was aber soll der Gerichtsvollzieher machen, der in eine Wohnung kommt, in der er beispielsweise einen 6 Jahre alten Fernseher, eine Videokamera plus Videorecorder sowie eine 3 Jahre alte Wohnzimmer-Möbelgarnitur vorfindet? Weil § 803 I 2 auch und gerade auf diesen Fall anzuwenden ist, muss man sich mit einer **Schätzung** begnügen. § 132 Nr. 8 der Geschäftsanweisung für Gerichtsvollzieher (GVGA)[14] schreibt denn auch in Ausgestaltung des § 813 vor: „Der Gerichtsvollzieher schätzt die Sachen bei der Pfändung auf ihren gewöhnlichen Verkaufswert und trägt das Ergebnis der Schätzung in das Pfändungsprotokoll ein. Ist die Schätzung bei der Pfändung nicht möglich, so ist sie unverzüglich nachzuholen ... Die Schätzung von Kostbarkeiten überträgt der Gerichtsvollzieher einem Sachverständigen ... " Einfach ist dagegen wieder der – in der Praxis immer wieder vorkommende – Fall, in dem der Gerichtsvollzieher nur einen einzigen verwertbaren Vermögensgegenstand vorfindet (ein Luxusauto etwa), dessen Wert weit über dem der zu vollstreckenden Forderung liegt: Hier kann das Verbot nicht gelten, weil sich anderenfalls der Schuldner zu Lasten seiner Gläubiger mit Kostbarkeiten eindecken könnte.

2. Verbot der nutzlosen Pfändung

558   Auch dieses, im § 803 II niedergelegte Verbot ist zum Schutz des Schuldners aufgestellt, und auch bei ihm obliegt es letzten Endes dem Schuldner, die Gerichtsinitiative (mittels einer Erinnerung) zu seiner Durchsetzung zu ergreifen. Doch setzt das Verbot die vorbeschriebene Schätzung durch das Vollstreckungsorgan, praktisch also ausschließlich durch den Gerichtsvollzieher, voraus: Denn nur deren Ergebnis kann den Schluss auf die Nutzlosigkeit rechtfertigen. Vorauszusetzen ist also, dass die fraglichen Gegenstände **keinen oder nur einen zu geringen Verkaufs- bzw. Verwertungserlös** bringen. Hierzu zählen nicht nur persönliche Briefe oder abgetragene Kleidung, sondern u. U. auch Millionenwerte, wenn es für sie keinen Markt gibt – das wird in vielen Fällen der beabsichtigten Pfändung von Computerprogrammen, insbesondere von so genannten Individualprogrammen, die für einen ganz bestimmten Anwender hergestellt worden sind, das Haupthindernis sein.

---

[14] Sie hat keinen Normcharakter, ist aber **der** Leitfaden, an dem sich die Gerichtsvollzieher in der Praxis orientieren. Die GVGA hat damit eine ähnlich schillernde Funktion wie der „Palandt" im Zivilrecht, von dem die Werbung in Verkehrung der staatsrechtlichen Gegebenheiten (faktisch jedoch nicht ganz zu Unrecht) behauptet, in ihm stehe, welches Recht „gilt".

3. Prioritätsprinzip

„Wer zuerst kommt, mahlt zuerst." Das ist ein Satz, dem man im materiellen **559** Recht immer wieder begegnet, wenn von Verfügungen oder verfügungsähnlichen Geschäften die Rede ist: von Abtretungen, vom Rang der Grundstücksrechte (§ 879 BGB), von Vormerkungen (§ 883 III BGB) etc. Er gilt gem. § 804 III **auch in der Zwangsvollstreckung** – genauer: in der Zwangsvollstreckung wegen Geldforderungen in bewegliches Vermögen. Das belegt ein weiteres Mal die strukturelle Gleichartigkeit des materiellen Vermögensrechts und des Rechts der Einzelzwangsvollstreckung. Erst in der Insolvenz des Schuldners weicht dieses Prinzip dem der grundsätzlichen Gleichbehandlung aller Gläubiger. Daraus ergibt sich, dass die Rechtsordnung grundsätzlich erst dann die individuellen Unterschiede von Gläubiger- und Schuldnerverhalten nivelliert, wenn der Schuldner überschuldet oder zahlungsunfähig und deswegen ein staatlich geregeltes Verfahren eröffnet ist. Solange das nicht der Fall ist, herrscht das „Ellenbogen-Prinzip" vor, dessen Berechtigung in der Zwangsvollstreckung jedoch bisweilen angezweifelt wird.[15]

II Pfändungspfandrecht

Literatur: G. Lüke, Die Rechtsnatur des Pfändungspfandrechts, JZ 1957, 239; A. Blomeyer, Zur Lehre vom Pfändungspfandrecht, FS von Lübtow, 1970, 803; G. Huber, Die Versteigerung gepfändeter Sachen, 1970; Lipp, Das Pfändungspfandrecht, JuS 1988, 110; G. Paulus, Schranken des Gläubigerschutzes aus relativer Unwirksamkeit, FS Nipperdey I, 1965, 909; Säcker, Der Streit um die Rechtsnatur des Pfändungspfandrechts, JZ 1971, 156; O. Werner, Die Bedeutung der Pfändungspfandrechtstheorien, JR 1971, 278.

1. Hintergründe

Der soeben erwähnte § 804 III besagt, dass ein früher begründetes Pfandrecht dem **560** späteren im Range vorgeht. Mit Pfandrecht ist das Pfändungspfandrecht gemeint, das in den Abs. 1 und 2 eben dieser Vorschrift beschrieben ist. Gäbe es nur das Gesetz und keine Literatur oder Rechtsprechung, wäre die weitere Darstellung einfach: Es genügte der Hinweis, dass das Gesetz neben dem gesetzlichen und dem vertraglichen Pfandrecht des BGB noch eine dritte Kategorie in Gestalt des durch Pfändung erworbenen Pfandrechts kennt und dass alle drei im Wesentlichen gleichbehandelt werden, §§ 1257 BGB, 804 II.

Dieses dem Gesetz nachweislich zugrunde liegende, einfache Konzept ist jedoch **561** endgültig und unumkehrbar obsolet[16] und durch ein anderes, die Dinge bemerkenswert komplizierendes Konzept ersetzt. Der Grund für diese Auswechslung ist heute nicht mehr ganz einfach nachvollziehbar. Doch führte die am Ende des 19. Jahrhunderts einsetzende „Entdeckung" und **Entwicklung des öffentlichen Rechts** zu

---

[15] Insbesondere von Schlosser, Vollstreckungsrechtliches Prioritätsprinzip und verfassungsrechtlicher Gleichheitssatz, ZZP 97, 1984, 130.

[16] Ein kleines Zeichen der heutigen Diskrepanz findet sich etwa in den §§ 753 f.: Dort ist die Rede von: „im Auftrag". Die ursprünglich adressierten §§ 662 ff. BGB sind durch einen öffentlich-rechtlichen Antrag ersetzt.

dem von Friedrich Stein 1913 zum Ausdruck gebrachten Empfinden,[17] dass es dem vom Staat vorgenommenen Vollstreckungshandeln nicht gerecht werde, wenn es zivilrechtlich beurteilt werde. Es müsse vielmehr, der Würde des Staates gemäß, öffentlich-rechtlich qualifiziert werden. Dieses mit viel Pathos geschriebene Buch Steins hatte einen unglaublichen Einfluss: Das Reichsgericht schloss sich in RGZ 156, 395, dieser Ansicht an, und sie gehört heute zum Grundbestand des Vollstreckungsrechts in Rechtsprechung und Literatur. Die Literatur zu diesem Thema ist schier endlos, und die Theorien sind vielfältig. Für den Studenten (aber wohl auch den Praktiker) ist daran verdrießlich, dass die praktischen Ergebnisse des Theorienstreits trotz des immer wieder versuchten Nachweises des Gegenteils eher gering sind.[18] Da „die Rechtsnatur des Pfändungspfandrechts" jedoch nach wie vor examensrelevant ist, ist der Meinungsstand wenigstens knapp darzustellen.

562   Es gibt, wenig überraschend, drei Hauptrichtungen: die **privatrechtliche**, die **öffentlich-rechtliche** und die **gemischt privat-öffentlich-rechtliche Theorie**. Sie alle gehen vom Wortlaut des § 803 I 1 aus, demzufolge die Zwangsvollstreckung in das bewegliche Vermögen „durch Pfändung" erfolgt. Abgesehen davon, dass auch noch die Verwertung hinzukommt – sie ist unterschiedlich je nachdem, ob es sich um eine Mobilie oder um eine Forderung handelt und dementsprechend erst in den nachfolgenden Abschnitten geregelt –, ist nachdrücklich darauf hinzuweisen, dass es sich bei diesem Begriff ‚pfänden, Pfändung' um einen terminus technicus handelt. Er ist strikt von dem in den §§ 1204 ff. BGB gebrauchten Begriff ‚verpfänden, Verpfändung' zu unterscheiden.

2. Privatrechtliche Theorie

563   Was die privatrechtliche Theorie anbelangt, so besagt eben sie, dass mit der Pfändung die zuvor erwähnte, Rdn. 560, **dritte Kategorie eines Pfandrechts** entsteht. Damit ist vorausgesetzt, dass zum einen die zu vollstreckende Forderung wegen der Akzessorietät des Pfandrechts tatsächlich bestehen, zum anderen, dass das Vollstreckungsobjekt zum Vermögen des Schuldners gehören muss. Denn wie beim gesetzlichen Pfandrecht des § 1257 BGB („entstandenes") schließt der Wortlaut des § 804 II („erworbenes") einen gutgläubigen Erwerb gem. § 1207 BGB aus. Sind schließlich die verfahrensrechtlichen Vorschriften im Wesentlichen eingehalten, so ist das Pfändungspfandrecht entstanden und bildet die Grundlage für die nachfolgende Verwertung. Sofern bei der Pfändung Störungen auftreten, insbesondere also ein Pfandrecht mangels bestehender Forderung oder mangels Eigentums des Schuldners nicht zustande gekommen ist, erfolgt die Rückabwicklung nach Versteigerung im Wege des Bereicherungsrechts.

---

[17] Stein ist der Begründer des mittlerweile in 22. Auflage erscheinenden Standardkommentars Stein/Jonas. Sein im Text angesprochenes, berühmtes Buch heißt ‚Grundfragen der Zwangsvollstreckung'.

[18] Wie hier Jauernig § 16 III C 4 a; Schlosser II Rdn. 233.

3. Öffentlich-rechtliche Theorie

Den Gegenpol bildet die öffentlich-rechtliche Theorie, derzufolge das Pfändungs-   **564**
pfandrecht im Grunde genommen **nur mehr Symbolcharakter**[19] hat. Durch die
Beurteilung des Vollstreckungshandelns als hoheitliches Tun ist die Wirkung der
Pfändung nicht auf die Entstehung des Pfandrechts beschränkt, sondern sie führt
zunächst und in erster Linie zu der so genannten **Verstrickung**. Das ist für die
vorliegende Theorie der Zentralbegriff. Er besagt, dass der gepfändete Gegenstand
kraft öffentlichen Rechts für die Befriedigung des Gläubigers sichergestellt ist. Mit
der Verstrickung geht nicht nur eine Einschränkung der Verfügungsbefugnis des
Schuldners einher – sie bewirkt ein relatives Verfügungsverbot i. S. d. §§ 135, 136
BGB –, sondern sie ist auch strafrechtlich durch § 136 StGB (Verstrickungsbruch)
geschützt. Diese Wirkungen treten wegen ihres öffentlich-rechtlichen Ursprungs
sogar dann ein, wenn die zu vollstreckende Forderung nicht besteht oder wenn
der gepfändete Gegenstand dem Schuldner gar nicht gehört; entscheidend ist nur,
dass kein wesentlicher, nichtigkeitsbegründender Verfahrensmangel vorliegt. Dass
auch nach dieser Theorie in allen Fällen und zugleich mit der Verstrickung ein
Pfändungspfandrecht entsteht, das sogar als die Grundlage der weiteren Verwertung
ausgegeben wird, ist ein der Sache nach überflüssiges Zugeständnis an den Wortlaut
des Gesetzes.

Die Folge dieser öffentlich-rechtlichen Betrachtungsweise ist ferner, dass auch   **565**
die Verwertung – geschehe sie durch freihändigen Verkauf, durch Versteigerung
oder sonst wie – mit einbezogen wird, so dass der Erwerber nach völlig h. M. **kraft
Hoheitsakts** erwirbt. Der Zuschlag in einer Zwangsvollstreckungsversteigerung ist
heute somit entgegen § 156 BGB (bitte lesen) kein Vertragsschluss mit der in § 806
genannten Besonderheit mehr, sondern ein **Verwaltungsakt**. Sieht man einmal von
dem Defizit der fehlenden Verankerung im geschriebenen Recht ab, so ist dieses
Konzept durchaus konsequent und hat den Vorteil, dass es die Vollstreckung in das
bewegliche Vermögen ebenso behandelt wie die später darzustellende Vollstreckung
in Immobilien, Rdnn. 627 ff. Inkonsequent ist jedoch, dass auch diese Theorie dem
wahren Eigentümer einer beim Schuldner gepfändeten und sodann versteigerten Sache einen Bereicherungsanspruch gegen den Gläubiger zubilligt; denn die Auskehr
des Geldes an ihn ist als Verwaltungsakt allemal ein Rechtsgrund zum Behaltendürfen.

4. Gemischt privat-öffentlich-rechtliche Theorie

Nach dieser (wohl als herrschend zu bezeichnenden) Theorie ist zwischen öffent-   **566**
lich-rechtlicher Verstrickung und bürgerlich-rechtlichem Pfandrecht zu unterscheiden. Die Verstrickung geschieht öffentlich-rechtlich und ist wirksam, wenn keine
zur Nichtigkeit führenden Verfahrensverstöße vorliegen.[20] Sie ist notwendige Vor-
bedingung für die Entstehung des Pfändungspfandrechts. Weil dieses aber bürgerlich-rechtlich zu verstehen ist, müssen auch die bereits genannten weiteren Vor-

---

[19] Baumann/Brehm § 18 I 2 b.

[20] Inwiefern dient die Wirksamkeit der Verstrickung dem (beabsichtigten) Schutz des Gerichtsvollziehers?

aussetzungen der Akzessorietät und der Zugehörigkeit des Vollstreckungsobjekts zum Schuldnervermögen erfüllt sein, und die Pfändung muss rechtmäßig und ohne Verstoß gegen wesentliche Verfahrensvorschriften erfolgt sein. Auch nach dieser Theorie ist jedoch allein die (öffentlich-rechtliche) **Verstrickung Grundlage der anschließenden Verwertung.** Infolgedessen hat das Pfändungspfandrecht nur eine eingeschränkte Bedeutung: Es sichert dem pfändenden Gläubiger seinen Rang in dem Fall, dass ein weiterer Gläubiger ebenfalls pfändet, und bildet den materiell-rechtlichen Rechtsgrund für das Behaltendürfen des Verwertungserlöses. Die Verwertung erfolgt dagegen auch hier kraft Hoheitsakts.

III Eidesstattliche Versicherung

567   In § 807 ist das geregelt, was noch heute umgangssprachlich bisweilen als der „Offenbarungseid" bezeichnet wird. Stellt der Gläubiger im Zusammenhang mit einer – zulässigen – Zwangsvollstreckung den Antrag auf Abnahme der eidesstattlichen Versicherung, weil die Vollstreckung entweder fruchtlos war oder aussichtslos ist, wird das in den §§ 899–915 h normierte Verfahren in Gang gesetzt. Dadurch wird der Schuldner zur Vorlage eines Vermögensverzeichnisses verpflichtet, in dem er überdies die in § 807 II aufgelisteten Transaktionen anzugeben hat. Der Grund für Letzteres wird einsichtig, wenn man diese Liste mit derjenigen in §§ 3 II und 4 AnfG vergleicht: All diese Geschäfte sind anfechtbar (vgl. Rdnn. 692 ff.) und können den Gläubiger somit auf die Spur zu weiterem Haftungsvermögen des Schuldners führen.

568   Versetzt man sich einmal in die Lage eines betroffenen Schuldners, so kann man sich unschwer vorstellen, dass sein Enthusiasmus erstens zur Abgabe der Versicherung und zweitens zur wahrheitsgemäßen Darlegung eher gebremst sein dürfte. In Erkenntnis dessen ordnet § 807 III an, dass das Vermögensverzeichnis mit einer Versicherung an Eides Statt zu bekräftigen ist. Damit ist zusätzlich zu der durch die **Haftandrohung** des § 901 erzwingbaren Abgabe die strafrechtliche Sanktion des § 156 StGB im Spiele! Doch ist das nicht der einzige Grund für die mangelnde Attraktivität dieser Vollstreckungsmaßnahme bei den Schuldnern; vielmehr trägt die Eintragung der vom Schuldner abgegebenen Versicherung in das in § 915 vorgesehene **Schuldnerverzeichnis** das Ihre zu dem Missfallen bei – insbesondere i.V. m. dem in § 915 b angeordneten Auskunftsanspruch.

§ 4 IN körperliche Sachen

569   Die im Gesetz (und auch hier) gewählte Darstellungsreihenfolge der Vollstreckung in Mobilien vor der in Forderungen hat einen inneren Grund, der jedoch zwischenzeitlich einigermaßen überholt ist. Der Gesetzgeber ging nämlich noch von der Vorstellung aus, dass das typischerweise der Zwangsvollstreckung zugängliche Vermögensobjekt Mobilien seien. Sofern der Schuldner keine Immobilien hatte – was bei typisierender Betrachtungsweise durchaus unterstellt werden kann –, so hatte er angesichts der am Ende des 19. Jahrhunderts noch ungleich geringeren Breitenwirkung des Bankwesens eher Mobilien als Forderungen. In der heutigen Zeit jedoch, in der der Zahlungsverkehr und insbesondere die „Auszahlung" des Einkommens praktisch nur noch bargeldlos über Bankkonten abgewickelt wird, hat sich dementsprechend die faktische Gewichtung zwischen diesen beiden Vollstreckungsarten umgekehrt. Am Rande sei vermerkt, dass, wenn man diese Entwicklung in die Zukunft fortschreibt, sich durchaus vorstellen lässt, dass die in Rdn. 547 angesprochene, möglicherweise zunehmende Digitalisierung des Vermögens auch insoweit das Vollstreckungsrecht beeinflusst.

I Zuständiges Vollstreckungsorgan

Wie schon oben, Rdn. 462, erwähnt, ist es ein Gebot der Zweckmäßigkeit, nicht alle **570** Vollstreckungsarten einem einzigen Vollstreckungsorgan – dem Gericht etwa – zu übertragen, sondern nach den Vollstreckungsobjekten zu differenzieren. Zuständig für die Pfändung und Verwertung beweglicher, körperlicher Sachen, d. h. von Mobilien, ist der Gerichtsvollzieher. Gemäß § 154 GVG handelt es sich dabei um einen Beamten,[21] der nach allgemeiner Ansicht hoheitlich tätig wird und infolgedessen nicht einem allgemeinen Weisungsrecht des Gläubigers unterliegt. Unbeschadet des soeben Gesagten ist seine Bedeutung in der Praxis nach wie vor groß,[22] auch wenn die Mobiliarpfändung hinsichtlich ihres Ertrags durch die Gehalts- und sonstige Forderungspfändung überflügelt wurde. Insbesondere der alsbald näher darzustellende § 806 a stellt ein wichtiges Verbindungsglied zwischen den beiden Vollstreckungsarten dar. Da der Gerichtsvollzieher nicht nur für die Zwangsvollstreckung wegen einer Geldforderung in Mobilien zuständig ist, sondern auch für diejenige nach den §§ 883–885 sowie für Zustellungen und die Abnahme der eidesstattlichen Versicherung, § 899, finden sich im „Allgemeinen Teil", in den §§ 753–763, generelle Aussagen zu seinen Aufgaben und Befugnissen.

Es wurde bereits gesagt, dass der Gerichtsvollzieher hoheitlich tätig wird, so **571** dass der § 753 ebenso wie die beiden nachfolgenden §§ 754, 755 (bitte überfliegen) heutzutage öffentlich-rechtlich verstanden werden müssen. Auch § 756 kam schon einmal ins Spiel, bei der titelergänzenden Klausel des § 726, Rdnn. 512 ff.[23] Danach darf der Gerichtsvollzieher mit der Vollstreckung einer Zug um Zug zu erbringenden Leistung grundsätzlich erst beginnen, wenn sein wörtliches Angebot (vgl. § 295 BGB) abgelehnt wurde, § 756 II, wenn – durch Urkunden bewiesen – der Schuldner bereits befriedigt oder in Annahmeverzug ist oder wenn er „dem Schuldner die diesem gebührende Leistung in einer den Verzug der Annahme begründenden Weise angeboten hat", § 756 I. Das klingt einfach, erweist sich aber in der Praxis immer wieder als ein beträchtliches Problem: Was nämlich, wenn der Gerichtsvollzieher die Gläubigerleistung – ein Auto etwa oder ein Manuskript – vorweist, der

---

[21] Was folgt daraus hinsichtlich der Haftung des Gerichtsvollziehers?

[22] Vgl. Seip, Die Zwangsvollstreckung durch den Gerichtsvollzieher, NJW 1994, 352.

[23] Zur Wiederholung: Warum wird erst der Gerichtsvollzieher und nicht schon der die Klausel erteilende Beamte mit den Modalitäten einer Zug um Zug-Vollstreckung betraut?

Schuldner sie aber als fehlerbehaftet und erfüllungsuntauglich (vgl. § 294 BGB) ablehnt? Hier wie auch noch öfter werden dem Gerichtsvollzieher durchaus intensive Rechtskenntnisse abverlangt. Denn er muss vor Ort entscheiden, ob der Einwand berechtigt ist oder nicht, wenn er die Vollstreckung nunmehr beginnen will.

572   Die wohl typischste und im allgemeinen Bewusstsein bekannteste Befugnis eines Gerichtsvollziehers ist die zur **Durchsuchung der Wohnung** des Schuldners – notfalls gar unter Anwendung von Gewalt. In den §§ 758, 758 a, 759 ist diese Befugnis gesetzlich normiert. Sie macht deutlich, dass der Gerichtsvollzieher derjenige ist, der im gesamten zivilrechtlichen Justizbereich am unmittelbarsten mit den Interessengegensätzen der Parteien konfrontiert ist; letzten Endes lassen sich erst bei seiner Tätigkeit eine ganze Anzahl von juristischen Theorien verifizieren.[24]

573   Gemäß § 758 I und II darf er also die Wohnung, Zimmer und Behältnisse öffnen (lassen) und durchsuchen; zu den Behältnissen gehören etwa Schmuckkassetten, Safes,[25] Schränke, Schubladen, sogar die Taschen der vom Schuldner gerade getragenen Hose, aber auch Festplatten und andere Speichermedien eines Computers. Die Räumlichkeiten können auch solche eines nur vorübergehenden Aufenthalts sein – z. B. ein Hotelzimmer, ein Wohncontainer oder ein Zelt. Das AG Hamburg zählte allerdings einen Marktstand nicht mehr dazu, den der Schuldner auf Wochenmärkten zu benutzen pflegte (DGVZ 1981, 63); das Beispiel demonstriert die allgemeine Erfahrung, dass in diesem Bereich gewissermaßen um jeden Millimeter gekämpft wird.

574   Weil das Gesetz dem Gerichtsvollzieher die Befugnisse im Hinblick auf Gegenstände „des Schuldners" gewährt, ergeben sich Probleme, wenn der Schuldner beispielsweise Mitglied einer **Wohngemeinschaft** ist. Hat er darin ein ihm „gehörendes" Zimmer, kann es natürlich durchsucht werden; was aber, wenn seine Mitbewohner gleich an der Wohnungstür oder in dem zur Benutzung einem jeden von ihnen zugewiesenen Flur sagen, dass der Gerichtsvollzieher hier unerwünscht sei? Kann dieser dann unter Hinweis auf § 758 und unter Einhaltung der in § 759 (bitte lesen) genannten Formalien Gewalt anwenden? Bejaht man diese Frage, verhindert man den für den Schuldner nur allzu naheliegenden „Kniff", seine Sparbüchse in der Küche zu verstecken, um sie vor der Wegnahme durch den Gerichtsvollzieher zu schützen. Doch kommt man bei diesem, aus Gläubigersicht durchaus wünschenswerten Ergebnis in Konflikt mit Art. 13 GG, der auch die Wohnung der Mitbewohner schützt.

575   Eben weil es diesen Grundrechtsschutz für Schuldner und Mitbewohner gleichermaßen gibt, hat der Gesetzgeber zum 1.1.1999 eine schon lange zurückreichen-

---

[24] Jeder Jurist sollte in der Ausbildung einmal mit einem Gerichtsvollzieher mitgegangen sein. Was die Interessenkonfrontation anbelangt, so ist in manchen ländlichen Gemeinden der Wassereimer, der über dem Gerichtsvollzieher ausgeschüttet wird, ein durchaus anerkannter Behelf. Was die Verifizierung von Theorien anbelangt, vgl. Paulus, Die Gesellschaft bürgerlichen Rechts als Schuldner und Drittschuldner, DGVZ 1992, 65.

[25] Ein Vollstreckungsrichter antwortete mir auf die Frage, was getan werde, wenn der Schuldner den Öffnungscode seines Safes nicht preisgibt, knapp und lapidar: „Dann holen wir einen Sprengmeister!" Ob Bankschließfächer auch zu den im Gesetzestext genannten Behältnissen des Schuldners gehören, ist umstritten.

de Rechtsprechung des BVerfG (z B. BVerfGE 51, 97) aufgegriffen und in § 758a nunmehr angeordnet, dass der **Zutritt zur Wohnung** nicht mehr per se von den in § 758 normierten Befugnissen erfasst ist; vielmehr muss sich der Gläubiger dafür vorab grundsätzlich eine richterliche Anordnung – das BVerfG hat sie nicht in dem Leistungsbefehl des Endurteils gesehen! – besorgen, damit sie der Gerichtsvollzieher bei der Zwangsvollstreckung vorweisen kann, § 758a V. Erhält er daraufhin Zutritt, regelt Abs. 3 auch das oben angesprochene Problem der Mitgewahrsamsinhaber; sie müssen die – rücksichtsvolle – Durchsuchung dulden.

Nachdem der Gesetzgeber festgeschrieben hat, was das BVerfG entschieden hat, ist anzunehmen, dass auch die früheren Weiterungen dieser Rechtsprechung fortgelten. Ein besonders krasses Beispiel ist

BVerfG JZ 1987, 834: Der Gerichtsvollzieher pfändete in ein und derselben Wohnung des Schuldners für mehrere Gläubiger. Nur einer von ihnen hatte aber eine richterliche Durchsuchungsanordnung gem. Art. 13 II GG beantragt. Das BVerfG entschied daher, dass das „Längerverweilen" in der Wohnung ein Grundrechtsverstoß sei.

Einen stärkeren Schuldnerschutz gab und gibt es nur im Geltungsbereich des **575a** Rechtssatzes ‚my home is my castle'; er besagt, dass weder Staatsgewalt noch Privatmann ein ‚home' gegen den Willen des Inhabers betreten oder darin verweilen dürfen. Freilich hat der Gesetzgeber die Gefährdung der Gläubigerbelange gesehen,[26] die sich aus § 758a ergeben. Denn nunmehr kann der Gläubiger nach verweigertem Wohnungszutritt bzw. nach mehrmaligem vergeblichen Zutrittsversuch die eidesstattliche Versicherung vom Schuldner nach Maßgabe der §§ 807 I Nr. 3 und 4, 900 verlangen.

Nach § 760 ist ein weit gefasstes (vgl. damit § 299 II) **Akteneinsichtsrecht**   **576** gewährt, und in den §§ 762, 763 finden sich Einzelheiten zu dem vom Gerichtsvollzieher anzufertigenden Vollstreckungsprotokoll. Eine weitere, erst 1991 eingefügte Befugnis spielt in der Praxis eine wichtige Rolle; sie ist in dem zuvor schon erwähnten § 806a normiert. Danach kann der Gerichtsvollzieher die bei seiner Durchsuchung oder Befragung gefundenen Informationen über etwaige Forderungen des Schuldners, die dieser gegen Dritte hat, an den Gläubiger weitergeben; besonders wichtig ist das im Hinblick auf das in Abs. 2 vorgesehene **Befragungsrecht** nach dem Arbeitgeber. Wegen dieser Befugnis gehen Gläubiger heutzutage oftmals so vor, dass sie den Gerichtsvollzieher in die Wohnung des Schuldners schicken, um auf diese Weise überhaupt an den Namen des Arbeitgebers heranzukommen! Hintergrund solcher Strategien ist natürlich wieder das oben, Rdn. 253, im Zusammenhang mit dem Beweiserhebungsrecht erwähnte grundsätzliche Fehlen einer Ausforschungsbefugnis des Einzelnen (‚discovery'); infolgedessen sind die Fälle häufig, in denen der Vollstreckungsgläubiger von seinem Schuldner keine weiteren Informationen als dessen ladungsfähige Anschrift hat – man denke nur an deliktische

---

[26] In der Literatur wird diese Gefährdung bisweilen etwas blauäugig übersehen, etwa von Wesser, Der Schutz der räumlichen Privatsphäre bei Wohnungsdurchsuchungen nach §§ 758, 758a ZPO, NJW 2002, 2138, 2142, oder Lambsdorff, Die Problematik der Sicherungsvollstreckung, NJW 2002, 1303.

Ansprüche. In solchen Fällen ist § 806 a für den Gläubiger der einzig legale Weg, um an die erforderlichen Informationen über das Vermögen des Schuldners heranzukommen; denn der Schuldner hat diesbezüglich keine – etwa aus § 242 BGB abgeleitete – allgemeine Auskunftspflicht (eine spezielle gibt es nach § 807, vgl. Rdnn. 567 f.).

Schließlich legt das Gesetz dem Gerichtsvollzieher nunmehr nahe, in jeder Zwangsvollstreckungslage auf eine gütliche und zügige Erledigung hinzuwirken, § 806 b. Hinsichtlich der dort angeregten Ratenzahlung beachte auch noch §§ 813 a und b (bitte überfliegen) für die Sachpfändung.

II Pfändung

Literatur: Zeiss/Holthaus, Klausurwichtige Ansprüche bei Pfändung und Verwertung durch den Gerichtsvollzieher, Jura 1996, 281.

577   Die Wirkung der Pfändung, nämlich **Verstrickung** und **Entstehung des Pfändungspfandrechts**, ergibt sich aus den §§ 803, 804; vgl. Rdnn. 560 ff. Sie ist bei der Mobiliar- wie bei der Forderungspfändung die gleiche. Unterschiedlich ist dagegen die Art und Weise, wie die Pfändung selbst bewirkt wird. Dass hierbei zweckmäßigerweise zu differenzieren ist, ergibt sich aus der banalen Tatsache, dass man eine bewegliche Sache wegnehmen oder – äußerlich erkennbar – kennzeichnen kann, eine Forderung dagegen nicht. Was die Mobiliarpfändung anbelangt, so unterscheidet das Gesetz danach, ob sich die Sache beim Schuldner selbst befindet oder bei einem Dritten.

1. Beim Schuldner

578   § 808 spricht von denjenigen Dingen, die der Schuldner „**im Gewahrsam**" hat. Dieser technische Ausdruck ist nicht etwa gleichbedeutend mit dem materiell-rechtlichen Begriff des Besitzes;[27] denn Mitbesitz, mittelbarer oder Erbenbesitz begründen ebenso wenig Gewahrsam wie die faktische Innehabung des Besitzdieners. Von dieser letztgenannten Abweichung einmal abgesehen, zielt der Begriff ‚Gewahrsam' darauf ab, die Arbeit des Gerichtsvollziehers so einfach wie möglich auszugestalten. Er kennt weder den Rechtsstreit noch die Besitz- oder gar Eigentumslage der Dinge, die er in der schuldnerischen Wohnung vorfindet. Gleichwohl kann man von ihm nicht eine jeweilige Prüfung der Verhältnisse verlangen; das verbietet schon das Effizienzgebot der Zwangsvollstreckung. Infolgedessen braucht er sich – wenigstens grundsätzlich[28] – nicht um die Frage zu kümmern, zu wessen Vermögen die vorgefundenen Sachen gehören. Für ihn ist, wie es § 119 Nr. 1 GVGA plastisch formuliert, „Vermögen des Schuldners alles, was sich in dessen Gewahrsam befindet."

578 a   Besonders deutlich wird dieser Vereinfachungszweck in dem Fall, in dem der (zur Klarstellung: damit ist auch dessen weibliches Pendant gemeint) Schuldner –

---

[27] Allenfalls noch mit der Grunddefinition des Besitzes als tatsächlicher (i. S. v. faktischer) Herrschaft über eine Sache.

[28] § 119 Nr. 2 GVGA schreibt allerdings vor: „Gegenstände, die offensichtlich zum Vermögen eines Dritten gehören, pfändet der Gerichtsvollzieher nicht."

egal in welchem Güterstand – verheiratet ist und nicht getrennt lebt. Gemäß § 739 erstreckt sich nämlich die Eigentumsvermutung des § 1362 BGB (bitte überfliegen) auch auf den für den Gerichtsvollzieher relevanten Gewahrsam. Er braucht sich infolgedessen nicht davon beirren zu lassen, dass ihm der Schuldner beteuert, all die in der Wohnung befindlichen Sachen gehörten leider dem Ehegatten. Er kann vielmehr die Pfändung hinsichtlich der nicht unter § 1362 II BGB fallenden Sachen vornehmen, als wäre er in einem „Single-Haushalt".[29]

Die Schuldnerin wandte ein, sie lebe von ihrem Ehemann getrennt. Gleichwohl hielt das AG Homburg (DGVZ 1996, 15) das Vorgehen des Gerichtsvollziehers nach §§ 808, 739 für gerechtfertigt: Denn der Vortrag des die Tür früh morgens öffnenden Ehemanns, er sei gerade dabei, die Kinder abzuholen und zur Schule zu bringen, war u. a. deswegen wenig glaubwürdig, weil er noch einen Pyjama trug.

Dieser Vereinfachungszweck nimmt in einer gewissen Grobschlächtigkeit in **579** Kauf, dass Sachen gepfändet werden, die nicht zum Vermögen des Schuldners gehören. Angesichts des Grundsatzes, dass dem Gläubiger allein das schuldnerische Vermögen haftet, muss es natürlich ein Korrektiv geben – und zwar in Gestalt der **Drittwiderspruchsklage** des § 771, die unter Rdnn. 681 ff. ausführlich zu erörtern sein wird. Doch belegt allein schon der Mechanismus, dass dem Dritten die Klagelast aufgebürdet wird, ein weiteres Mal die bereits oben, Rdn. 556, getroffene Feststellung, dass das Vollstreckungsrecht in seinem Bestreben zur Effizienz zunächst einmal vollendete Tatsachen schafft.

Findet der Gerichtsvollzieher also bewegliche Sachen beim Schuldner vor, die **580** dieser nach Maßgabe des Voranstehenden in seinem Alleingewahrsam hat, pfändet er sie gem. § 808 I, indem er sie **in Besitz** nimmt. Abs. 2 verdeutlicht, dass dies auf zweierlei Weise geschehen kann: Entweder durch Sichtbarmachung wie das Aufkleben eines Siegels – umgangssprachlich auch „Kuckuck" genannt[30] – oder durch tatsächliche Wegnahme. Letzteres soll er (aus einsichtigen Gründen) vor allem bei Geld, Kostbarkeiten und Wertpapieren tun.

2. Bei einem Dritten

Befindet sich eine bewegliche Sache des Schuldners dagegen nicht in dessen Gewahrsam, sondern in dem des Gläubigers – etwa das Auto in der Werkstatt –, so hat sie der Gerichtsvollzieher dort in Besitz zu nehmen, §§ 809 i.V. m. 808. Dabei wird es schwerlich je Probleme geben; genauso wenig wie in dem Fall, in dem sich ein Dritter zur Herausgabe der bei ihm befindlichen Sache des Schuldners bereit erklärt – wenn etwa der Mitbewohner der Wohngemeinschaft auf Anfrage des Gerichtsvollziehers diesem die vom Schuldner ausgeliehene Stereoanlage aushändigt. Probleme gibt es dagegen, wenn der Dritte, der zumindest Mitgewahrsam hat, sich auf die Anfrage hin weigert herauszugeben. Diesen Fall regelt § 809 aber nicht![31]

---

[29] Wie würden Sie diese Sachlage beurteilen, wenn der Schuldner mit einer anderen Person in nichtehelicher Lebensgemeinschaft zusammenlebt?

[30] Welchen materiell-rechtlichen Effekt hat eine solche Kenntlichmachung?

[31] Im Vorgriff: Können Sie sich vorstellen, wie dieser Fall zu lösen ist?

III Pfändungsschutz

Literatur: Bechtloff, Der Schuldnerschutz bei Verwertung unpfändbarer Sachen aufgrund vertraglicher und gesetzlicher Sicherungsrechte, ZIP 1996, 994; Lippross, Grundlagen und System des Vollstreckungsschutzes, 1983; G. Lüke, Fälle zum Zivilprozeßrecht, 2. Aufl., 1993, 152 ff. (Fall 13); G. Lüke/Beck, Grundgesetz und Unpfändbarkeit eines Farbfernsehgeräts, JuS 1994, 21; Pauly, Prozessuale und materielle Probleme bei der Grabsteinpfändung, JuS 1996, 682.

582   Nachdem die Wirkung und die Art und Weise der Pfändung beschrieben ist, stellt sich nunmehr noch die Frage nach dem **Umfang**: Was kann alles durch den Gerichtsvollzieher gepfändet werden? Die nahe liegende Antwort ‚alle beweglichen Sachen'[32] ist zu pauschal. Denn in den §§ 811–812 findet sich eine zwischenzeitlich (auch in anderen Gesetzen wie § 113 UrhG) angewachsene Vielzahl von Gegenständen, die – vornehmlich aus Gründen des Schuldner-, aber auch des Tierschutzes, § 811 c – nicht gepfändet werden dürfen oder sollen. Vor allem in dem Hauptkatalog des § 811 I (bitte überfliegen) reiht sich Amüsantes (die Milchkuh in Nr. 3) neben historisch Aufschlussreiches (der Apothekenschutz in Nr. 9)[33] und im Alltagsgeschäft hoch Aktuelles. Dazu gehören vornehmlich die Nrn. 1, 5, 8 und 11.

583   Die dem **persönlichen Gebrauch** oder dem **Haushalt** dienenden Sachen der Nr. 1 sind nicht immer ganz leicht von denen des § 812 zu unterscheiden. Während Letzteres eine Soll-Vorschrift ist, ist jene zwingend. Die Rechtsprechungsbeispiele dafür sind stattlich: So werden als von § 811 I Nr. 1 erfasst angesehen ein Anrufbeantworter, eine Stereoanlage, eine Waschmaschine, ein Rundfunkgerät und – zusätzlich – ein Fernseher etc. Letzteres ist das Ergebnis der allgemeinen Entwicklung unserer Informationsgesellschaft; während früher ein Transistorradio als vollauf genügend angesehen wurde, hält nunmehr der BFH etwa (NJW 1990, 1871) mit der h. M. einen Fernseher für unverzichtbar. Was soll man aber von dem – durchaus realistischen – Fall halten, in dem der Schuldner in Vorahnung der drohenden Pfändung und in Kenntnis des § 811 I Nr. 1 sein Geld noch schnell in einen Farbfernseher zum Preis von € 3.000,– anlegt? Der Fall lässt sich verallgemeinern: Der gewitzte Schuldner kann den Katalog des § 811 als „Schatztruhe seiner Vermögensanlage" lesen. Der Gläubiger – sofern er nicht der gem. § 811 II geschützte Vorbehaltsverkäufer ist – ist demgegenüber grundsätzlich machtlos. Das hängt damit zusammen, dass die Zwangsvollstreckung – anders als das Insolvenzverfahren – **keinerlei Einfluss auf die Verfügungsbefugnis und -freiheit des Schuldners** hat. Die Einzelzwangsvollstreckung geht davon aus, dass noch anderweitig Vermögen vorhanden ist, aus dem sich der Gläubiger befriedigen kann. Ist das nicht der Fall, kann ein Insolvenzantrag gestellt werden.[34] Es kommt vorab aber

---

[32] Plus die ungetrennten Früchte des § 810 sowie die in § 831 genannten, indossablen Wertpapiere wie Wechsel und Scheck; und minus die gem. § 865 II der Immobiliarvollstreckung unterfallenden Zubehörstücke eines Grundstückes. Bitte die genannten Normen lesen.

[33] In Kalifornien war bis 1977 (!) eine Schusswaffe unpfändbar! In Texas wurde 1837 die Heimstätte (homestead) einer Person unpfändbar gestaltet – man wollte das unterbesiedelte Land auf diese Weise attraktiv machen und Siedler anlocken.

[34] Freilich wird auch in der Insolvenz das unpfändbare Vermögen geschützt, vgl. § 36 InsO.

gegen den gewitzten Schuldner eventuell noch eine Anfechtung nach § 3 AnfG in Frage, vgl. Rdnn. 692 ff., oder aber – in den Fällen des § 811 I Nrn. 1, 5 und 6 – eine Austauschpfändung nach den §§ 811 a und b (bitte lesen): Wenn demnach der Gläubiger einen eigenen Fernseher entbehren kann oder bereit ist, dem Schuldner das Geld für ein Billiggerät zu geben, kann er den teuren Apparat im Austausch pfänden lassen.

Nr. 5 entzieht sich einer generalisierenden Beschreibung; die Unzahl der Recht‑ **584** sprechungsbeispiele stellt regelmäßig auf den Einzelfall ab. Immerhin lässt sich so viel sagen, dass es h. M. entspricht, dass in den Schutzbereich nur **natürliche Personen** fallen – diese allerdings auch in der Berufsvorbereitung –, nicht aber juristische wie die GmbH oder auch Personenvereinigungen wie die OHG. Bei der Auslegung ist zu beachten, dass das Gesetz von „erforderlich" spricht, was nicht mit „unentbehrlich" gleichzusetzen ist. Daher ist falsch entschieden

> AG Heidelberg DGVZ 1989, 15: Ein Theologiestudent war mitten in der Fer‑
> tigstellung seiner Examensarbeit und Dissertation, die er beide auf seinem PC
> schrieb. Das AG hielt den Computer nicht für geschützt und gestattete daher
> die Pfändung.

Weitere Beispiele der Unpfändbarkeit sind – je nach Beruf eben – KfZ, Musikins‑ trumente, Bücher, Möbel, Maschinen, Werkzeuge, Kopiergerät etc.

Die Nr. 8 korrespondiert mit den ungleich komplizierteren Schuldnerschutzvor‑ **585** schriften im Rahmen einer Forderungspfändung, §§ 850 ff.; dazu Rdnn. 607 ff. Sie bewahrt auch den ausgezahlten Barbetrag des Arbeitseinkommens vor der Pfän‑ dung, soweit er nach den §§ 850 ff. grundsätzlich unpfändbar ist.

§ 811 I Nr. 11 ist hier wegen der auch geschützten Geschäftsbücher zu erwäh‑ **586** nen. Denn obwohl ansonsten ein weitgehender Gleichlauf zwischen den pfändbaren Gütern und dem von einem Insolvenzbeschlag erfassten Vermögen besteht, gibt es in diesem Punkt eine Divergenz: Geschäftsbücher fallen gem. § 36 II Nr. 1 InsO in die Insolvenzmasse.

Es betrifft alle, auch die hier nicht eigens erwähnten, geschützten Güter, dass **587** der Gerichtsvollzieher bei der Vornahme der Pfändung **von Amts wegen** zu prüfen hat, ob die jeweiligen Tatbestände erfüllt sind. Bejahendenfalls nimmt er von einer Pfändung Abstand. Irrt er in der Bewertung – wie m. E. in dem Fall des Theolo‑ giestudenten –, so ändert das wiederum nichts an der Wirksamkeit der Pfändung. Vielmehr liegt es an dem Schuldner, die gepfändete Sache mit dem passenden Rechtsbehelf, der Erinnerung nach § 766, freizustreiten.

IV Verwertung

Literatur: Häde, Die Behandlung von Geldzeichen in Zwangsvollstreckung und Konkurs, KTS 1991, 365.

Hat sich der Gerichtsvollzieher bis zu diesem Punkt durchgeschlagen, die zu‑ **588** lässigen Sachen nach der von § 813 vorgeschriebenen Schätzung gepfändet, so kommt nunmehr die Phase der Verwertung bzw. Versilberung, um das dem Gläu‑ biger zustehende Geld zu erhalten. Zum Schutze des Schuldners sieht § 813 b eine weitere Bastion vor, indem dieser unter den genannten Voraussetzungen einen **Verwertungsaufschub** beantragen kann. Im Grundsatz wird man sagen können, dass dem Antrag stattzugeben ist, wenn der Gläubiger auf das Geld nicht angewiesen ist und der Schuldner eventuelle Zahlungsfristen einhalten kann. Freilich kommt es hier – wie generell bei den allgemeinen Schutzvorschriften – auf die Umstände des Einzelfalls an. Nach h. M. besteht dieser Schutz zusätzlich zu dem des § 765 a. Darüber hinaus kann auch schon der Gerichtsvollzieher unter den in § 813 a genannten Voraussetzungen den Vollstreckungsbeginn aufschieben, sofern sich der Schuldner zu Teilzahlungen bereit erklärt und der Gläubiger nicht widerspricht.

1. Gepfändetes Geld

589   Der einfachste Fall ist der, in dem Geld (in der in § 808 II 1 beschriebenen Weise) gepfändet worden ist; dann nämlich benötigt man keinen Umwandlungsakt des gepfändeten Gegenstandes in das letztlich geschuldete Geld. Unter Geld ist das inländische Zahlungsmittel, also Euro und Cent, zu verstehen. Ausländisches Geld behandelt die h. M. dagegen wie die in § 821 adressierten Wertpapiere (damit sind solche gemeint, bei denen das Recht aus dem Papier dem Recht am Papier folgt[35]); demnach muss sie der Gerichtsvollzieher vor der Ablieferung erst noch umwechseln. Bei inländischer Währung genügt demgegenüber nach § 815, dass der Gerichtsvollzieher dieses Geld (freilich nach Abzug der Kosten gem. § 788) dem Gläubiger „abliefert". So banal einem dies auch vorkommen mag – hinter der Formulierung steckt ein Problem, das die Umdeutung des Vollstreckungsvorgangs in einen öffentlich-rechtlichen Vorgang mit sich bringt, s. Rdnn. 561 ff.: diese **Ablieferung ist ein Verwaltungsakt!** Eine Übereignung nach Maßgabe der §§ 929 ff. BGB liegt nur dann vor, wenn das Geld nicht gepfändet, sondern vom Schuldner freiwillig ausgehändigt worden ist. Der Stoßseufzer: „Zwar gelten die alten Gesetze, aber man möchte keinem Rechtskandidaten mehr empfehlen, auf sie zu rekurrieren."[36] ist angesichts dessen verständlich, zumal wenn man bedenkt, dass es nicht um bessere Ergebnisse, sondern um die Würde des Staates geht.

590   Weil die Ablieferung an den Gläubiger ziemlich schnell erfolgen kann, sieht § 815 II eine zweiwöchige **Hinterlegungsfrist**[37] vor, wenn dem Gerichtsvollzieher glaubhaft gemacht worden ist, § 294, dass ein Dritter ein vorrangiges Recht (Prototyp: Eigentum) an dem gepfändeten Geld hat. Auf diese Weise wird dem Dritten die Klage nach § 771 oder § 805, dazu Rdnn. 680 ff., ermöglicht. Des Weiteren normiert § 815 III, dem die für eine Versteigerung geltende Regelung des § 819 entspricht, dass nicht erst die Ablieferung, sondern bereits die Wegnahme des Geldes als Zahlung vonseiten des Schuldners gilt. Das besagt nichts über den Eigentumserwerb, sondern stellt lediglich eine Gefahrtragungsregel dar; die Gefahr

---

[35] S. dazu Brox, Handelsrecht und Wertpapierrecht, 16. Aufl., 2003, Rdnn. 455 ff.

[36] G. Paulus, Schranken des Gläubigerschutzes aus relativer Unwirksamkeit, FS Nipperdey I, 1965, 926.

[37] Eine Hinterlegung gepfändeten Geldes erfolgt ferner unter den Voraussetzungen des § 720 (bitte lesen).

der Übertragung des Geldes vom Gerichtsvollzieher an den Gläubiger ist damit vom Schuldner genommen.[38]

2. Versteigerung

Literatur: J. Hager, Der Erwerb der schuldnerfremden Sache in der Zwangsversteigerung, in: Kontinuität im Wandel der Rechtsordnung (FS Canaris), 2002, 1; G. Huber, Die Versteigerung gepfändeter Sachen, 1970.

Sind weder Geld noch die in § 821 genannten Wertpapiere mit einem Börsen-oder Marktpreis – sie werden freihändig vom Gerichtsvollzieher verkauft – gepfändet, müssen die gepfändeten Gegenstände in Geld umgewandelt, d. h. versilbert werden. Das geschieht gem. § 814 regelmäßig mittels einer **öffentlichen Versteigerung**, deren Einzelheiten in den §§ 816–819 geregelt sind. Auch bei ihr ist immer in Erinnerung zu behalten, dass es sich dabei unbeschadet des in § 817 I sogar eigens erwähnten § 156 BGB um einen staatlichen Hoheitsakt handelt; nach h. M. kann daher sogar ein bösgläubiger Ersteigerer eine dem Schuldner nicht gehörende Sache ohne weiteres erwerben. **591**

Zeit und Ort der Versteigerung sind in § 816 vorgeschrieben. Beides ist öffentlich bekanntzumachen, Abs. 3. Aus der Verweisung in Abs. 4 ergibt sich, dass Gläubiger und Schuldner bei der Versteigerung mitbieten dürfen. Diese erfolgt nach Maßgabe des § 817 durch den Zuschlag an den Meistbietenden, Abs. 1, und die Ablieferung an ihn, Abs. 2. Auch hierbei werden die schuldnerischen Interessen nicht unberücksichtigt gelassen. So war (und ist teilweise auch heute noch) eine solche Zwangsversteigerung der Ort, an dem man einen „Schnäppchen-Kauf" landen konnte; man hielt die Gebote so niedrig wie möglich, weil bekannt war, dass veräußert werden musste. Um dem wenigstens ein bisschen entgegen zu steuern, wurde bereits 1953 der § 817 a eingefügt, der ein aus der Hälfte des gewöhnlichen Verkaufswertes bestehendes **Mindestgebot** verlangt. Wird es nicht erreicht, muss gegebenenfalls eine erneute Versteigerung anberaumt oder für eine anderweitige Art der Verwertung gesorgt werden; das Pfändungspfandrecht des Gläubigers bleibt jedenfalls solange bestehen, Abs. 2. Wird das Mindestgebot jedoch erreicht oder gar überboten, so erfolgt der Zuschlag nach dreimaligem Aufruf an den Meistbietenden. Ihm wird daraufhin die ersteigerte Sache übereignet (lastenfrei, weil Verwaltungsakt[39]), sofern er das gebotene Geld in bar und Zug um Zug dem Gerichtsvollzieher aushändigt. Eine Ausnahme von Letzterem sieht Abs. 4 allein für den Fall vor, dass der Gläubiger der Meistbietende ist. Um hier ein überflüssiges Hin und Zurück der Zahlung zu vermeiden, braucht er nur einen Betrag in Höhe der Kosten zu entrichten. In den übrigen Fällen händigt der Gerichtsvollzieher das mit der Wirkung des § 819 empfangene Geld dem Gläubiger aus, soweit es zu dessen Befriedigung benötigt wird. **592**

---

[38] Wie hier Brox/Walker, Rdn. 421. A. A. Thomas/Putzo-Putzo § 815 Rdn. 10.

[39] Vgl. damit eine Formulierung wie die in § 883 II 2 BGB, die von einer materiell-rechtlichen Verfügung ausgeht. Nach der modernen Konzeption ist der Ersteigerer also nicht Rechtsnachfolger des Schuldners; sein Erwerb ist nicht derivativ, sondern originär.

593   Reicht dieses Geld zur endgültigen Befriedigung des Gläubigers nicht aus, muss weiter gepfändet werden. Bringt die Versteigerung dagegen mehr Geld ein, als der Gerichtsvollzieher mit seiner Schätzung, § 813, erwartet hatte, so ist die weitere Versteigerung einzustellen, sobald „der Erlös zur Befriedigung des Gläubigers und zur Deckung der Kosten" hinreicht. § 818 ist insoweit die konsequente Fortführung des schon in § 803 I 2 zum Ausdruck gebrachten Gebots des geringstmöglichen Eingriffs.

3. Andere Verwertungsart

594   Die Praxis lehrt, dass sich die soeben beschriebenen psychologischen Gegebenheiten bei einer Zwangsvollstreckungsversteigerung auch durch ein gesetzlich normiertes Mindestgebot nur bedingt auffangen lassen. Überdies kann der durch § 816 II vorgeschriebene Versteigerungsort für die zu versteigernden Güter ungünstig sein – etwa, wenn der in einsamer Abgeschiedenheit lebende Philosoph eine Sammlung kostbarer Bücher hat. Um diesen Unpässlichkeiten in Hinblick auf Ort und Verwertungsart zu entgehen und einen höheren Erlös erlangen zu können, haben sowohl der Gläubiger als auch der Schuldner nach § 825 das Recht, eine andere Verwertungsart zu beantragen. Der Gerichtsvollzieher (bzw. nach Abs. 2 das Gericht) wird dem entsprechen, wenn auf diese Weise ein **höherer Ertrag zu erwarten** ist. Als solche anderen Möglichkeiten bieten sich beispielsweise die Versteigerung in einem Gerichtssprengel an, in dem ein Absatzmarkt für die oben erwähnten, kostbaren Bücher besteht; oder auch – nach h. M. (BGH NJW 1992, 2570) als privatrechtlicher Vorgang beurteilt – ein freihändiger Verkauf bzw. eine Versteigerung durch einen privaten Auktionator. Schließlich ist sogar auch einmal die Übereignung an den Gläubiger selbst zu einem bestimmten Preis möglich. Das kann z. B. für den Vorbehaltsverkäufer von Interesse sein, der in die ihm gehörende Sache vollstreckt; zu ihm s. auch § 811 II![40]

§ 5   IN Forderungen und andere Vermögensrechte

Literatur: Brehm, Zur Reformbedürftigkeit des Lohnpfändungsrechts, FS Henckel, 1995, 41 ff.; Schlosser, Die Zwangsvollstreckung in Forderungen und forderungsähnliche Vermögenswerte, Jura 1984, 139; Stöber, Forderungspfändung, 11. Aufl., 1996.

595   Wie schon erwähnt, ist die Forderungspfändung, insbesondere die Gehalts- und die Kontenpfändung, heutzutage die ertragreichste und häufigste Vollstreckungsart. Da das deutsche Recht jedoch seine Mithilfe bei der Suche des Gläubigers nach dem Arbeitgeber des Schuldners im Wesentlichen auf das Fragerecht des Gerichtsvollziehers nach § 806a beschränkt,[41] erfüllt die Mobiliarvollstreckung nach wie vor eine wichtige Aufgabe. Darüber hinaus ist auch noch einmal zur Klarstellung

---

[40] Wenn der Vorbehaltsverkäufer beim -käufer wegen seiner Kaufpreisforderung auf diese Weise vollstreckt, muss er eine materiell-rechtliche Konsequenz immer mitbedenken. Welche?

[41] Eine weitere Hilfe stellt der in Rdn. 604 besprochene § 845 dar.

zu wiederholen, dass ein Gläubiger nicht an die hier und im Gesetz eingehaltene Reihenfolge der Vollstreckungsarten gebunden ist; vielmehr kann er auch sofort die Forderungspfändung betreiben oder sogar kumulativ vorgehen.

Zur Terminologie ist anzumerken, dass sich bei der Forderungspfändung zu den schon bekannten Gläubiger und Schuldner nunmehr noch ein **Drittschuldner** hinzugesellt. Er ist der Schuldner des Vollstreckungsschuldners, welcher jenem gegenüber der Gläubiger ist.

596

I Zuständiges Vollstreckungsorgan

Aus § 828 ergibt sich, dass Vollstreckungsorgan das **Vollstreckungsgericht** ist. Das ist deswegen angemessen, weil es bei Forderungen und Rechten nun einmal regelmäßig nichts zu siegeln oder rein faktisch wegzunehmen gibt, so dass eine im fernen Rechtspflegerzimmer getroffene Entscheidung über dieses lediglich im Bewusstsein der Menschen existierende Vermögensobjekt zur Vollstreckung vollauf genügt. Weil auch das Vollstreckungsgericht weitere Aufgaben als die in den §§ 828–863 genannten zu erfüllen hat, sind wiederum einige grundsätzliche Bestimmungen im „Allgemeinen Teil" des Vollstreckungsrechts, in den §§ 764 und 765, enthalten. Demnach ist das Vollstreckungsgericht eine Abteilung des Amtsgerichts, deren Entscheidungen gem. § 764 III durch Beschluss ergehen können; das ist im Hinblick auf § 793 (bitte lesen) für den Rechtsschutz von Bedeutung; dazu Rdnn. 666, 669 f. Außerdem ist auch für dieses Vollstreckungsorgan die Leistungsmodalität einer Zug um Zug-Vollstreckung geregelt, § 765: Anders als beim Gerichtsvollzieher, der dem Schuldner in natura gegenübertritt und infolgedessen die vom Gläubiger geschuldete Leistung dabei anbieten kann, § 756, wird das Vollstreckungsgericht (genauer: der Rechtspfleger nach § 20 Nr. 17 RPflG) nicht unmittelbar mit dem Schuldner konfrontiert. Daher liegt es nunmehr grundsätzlich (vgl. § 765 Nr. 2) am Gläubiger, den Nachweis der (versuchten) Leistungserbringung in der geforderten, qualifizierten Form zu führen; insoweit resultiert aus der Distanz von Vollstreckungsorgan und Schuldner eine gewisse Vorleistungspflicht des Gläubigers.

597

Die **örtliche Zuständigkeit** richtet sich gem. § 828 II nach dem allgemeinen Gerichtsstand des Schuldners, also nach den §§ 13–19 a. Der hilfsweise genannte § 23, der auf die Vermögensbelegenheit abstellt, führt über seinen S. 2 (bitte lesen) zu dem Wohnsitz des Drittschuldners. Da die internationale Zuständigkeit grundsätzlich mit der örtlichen übereinstimmt, bedeutet diese Regelung in § 828 II, dass der inländische Gläubiger seinen neuseeländischen (um ein denkbar weit entferntes Land zu wählen) Schuldner nicht nur in Deutschland verklagen, sondern auch hier die Vollstreckung durchführen kann, wenn dieser Schuldner etwa bei seinem letzten Deutschland-Aufenthalt versehentlich eine zu hohe Hotelrechnung bezahlt und infolgedessen einen Rückzahlungsanspruch aus ungerechtfertigter Bereicherung hat![42] Sachlich zuständig ist gem. §§ 764 I, 828 II das Amtsgericht, funktionell der Rechtspfleger gem. § 20 Nr. 17 RPflG.

598

---

[42] Hierzu etwa Gottwald, Die internationale Zwangsvollstreckung, IPRax 1991, 285.

II Geldforderungen

599   Die Pfändung dieser Forderungsart ist in der bis § 845 reichenden Paragraphengruppe beschrieben und hat Modellcharakter für die Pfändung anderer Ansprüche und Rechte.

1. Pfändung

Literatur: Braun, Der praktische Fall – Bürgerliches Recht und Zivilprozeßrecht: Forderungspfändung und Mehrfachzahlung, JuS 1997, 1005; Paulus, Umfang der Beschlagnahme bei der Vorpfändung und Pfändung von Geldforderungen, DGVZ 1993, 129; Reetz, Die Rechtsstellung des Arbeitgebers als Drittschuldner in der Zwangsvollstreckung, 1985; Stöber, Überweisung und Überweisungswirkungen bei Pfändung einer Hypothekenforderung, NJW 1996, 1180; Wagner, Neue Argumente zur Pfändbarkeit des Kontokorrentkredits, WM 1998, 1657.

(a) Beschluss

600   Hat der Schuldner gegen einen Dritten eine Geldforderung, so wird diese Forderung gem. § 829 I mittels eines Gerichtsbeschlusses gepfändet. Voraussetzung dafür ist, dass es sich überhaupt um eine **pfändbare Forderung** handelt, was etwa bei den in den §§ 54 f. SGB I genannten Sozialleistungen ebenso wenig der Fall ist wie bei nicht übertragbaren Forderungen, § 851 (vgl. dazu § 399 BGB), oder dem von der Bank eingeräumten, aber vom Kunden noch nicht in Anspruch genommenen Dispositionskredit für das Girokonto (BGH NJW 2001, 1937). Inhalt des Beschlusses ist erstens, dass dem Drittschuldner verboten wird, an seinen Gläubiger (= Schuldner der vorliegenden Vollstreckungslage) zu zahlen; in alter Gewohnheit (und vor allem in mündlichen Examina) wird dieser Teil des Beschlusses auch gerne ‚**Arrestatorium**‘ genannt. Und zweitens das Gebot an den Schuldner, „sich jeder Verfügung über die Forderung, insbesondere ihrer Einziehung, zu enthalten"; das ‚**Inhibitorium**‘.[43] Dieser so genannte Pfändungsbeschluss wird dem Gläubiger übersandt. Dieser hat ihn sodann gem. § 829 II 1 dem Drittschuldner zustellen zu lassen. Erst dadurch (also ggf. schon vor der Zustellung an den Schuldner, § 829 II 2, wird die Pfändung wirksam, § 829 III. Es ist ein bislang noch nicht abgeschafftes Relikt des früher in der ZPO weit verbreiteten Parteibetriebes, dass § 829 II 1 die Sorge für die Zustellung des Beschlusses dem Gläubiger auferlegt.[44] Sobald er dieser Obliegenheit jedoch nachgekommen ist, ist die Geldforderung gepfändet. Aus Gründen der Effektivität schließt § 834 die Gewährung rechtlichen Gehörs für den Schuldner vor der Pfändung aus.

601   Sofern allerdings die gepfändete Forderung hypothekarisch gesichert ist, setzt die Wirksamkeit der Pfändung – im Einklang mit dem Regelungsgedanken der §§ 1274, 1153, 1154 BGB (bitte lesen) – gem. § 830 I die Übergabe des Briefes[45] bzw., wenn dessen Erteilung gem. § 1116 II BGB ausgeschlossen sein sollte, die

---

[43] Worum handelt es sich dabei rechtstechnisch gesehen?

[44] Zu den Einzelheiten s. die §§ 191 ff.

[45] Rückt der Schuldner den Brief nicht heraus, kann ihn der Gläubiger mit Hilfe des Gerichtsvollziehers im Wege der so genannten Hilfspfändung wegnehmen; der Titel für diese nach § 883 zu beurteilende Vollstreckungsmaßnahme ist der Pfändungsbeschluss bezüglich der Forderung!

Eintragung ins Grundbuch voraus (vgl. BGH ZZP 108, 1995, 250 mit Anm. Henckel); weil darin ein hinreichender Publizitätsakt liegt, entstehen Verstrickung und Pfändungspfandrecht auch ohne die in § 829 III genannte Zustellung (s. allerdings auch § 830 II). Über § 857 VI erstreckt sich das Gesagte auch auf die Fälle, in denen eine Reallast, eine Grund- oder eine Rentenschuld bestellt ist.

(b) Antrag

Was hier als der gesetzlich vorgeschriebene Weg beschrieben ist, klingt wohl plausibel und rechtstechnisch erforderlich. Die damit verbundenen praktischen Schwierigkeiten treffen denn auch weniger das Gericht als vielmehr den Gläubiger bzw. seinen Anwalt. Dieser muss nämlich den entsprechenden Pfändungsantrag stellen und dabei die zu pfändende Forderung kennzeichnen. Technisch gesprochen: Er muss die Existenz der Forderung dem Gericht schlüssig darlegen. Da das Gericht keine eigene Untersuchung anstellt – also nur die **angebliche Forderung** pfändet –, muss es sich auf die Angaben des Gläubigers verlassen. Es verlangt daher eine Beschreibung der Forderung, die bei unterstellter Richtigkeit der Angaben auf ihre Existenz schließen lässt. Bei einer Gehaltsforderung bereitet das mit der Bezeichnung „das pfändbare Einkommen aus dem Arbeitsverhältnis mit dem Arbeitgeber X" noch keine Schwierigkeiten, wenn nur die genaue Bezeichnung des Drittschuldners mitsamt Anschrift bekannt ist. Vergegenwärtigt man sich aber noch einmal die Lage des Gläubigers in dem in Rdn. 499 mitgeteilten Bankkonten-Fall, erkennt man, dass hier gewaltige Probleme faktischer Art bestehen können. Denn schon das Reichsgericht (RGZ 157, 321) hat verlangt, dass der Schuldgrund (oder das Rechtsverhältnis) in dem Gläubigerantrag so genau umrissen sein muss, dass die zu pfändende Forderung objektiv identifiziert werden kann (vgl. etwa OLG Karlsruhe NJW 1998, 549 = JuS 1998, 373 (K. Schmidt)). Ist das nicht der Fall, wird nicht gepfändet und der Gläubiger erlangt weder Priorität, § 804 III, noch Befriedigung. Eben dieses Los trifft ihn auch, wenn der Schuldner nicht (mehr) Gläubiger der Forderung ist,

> BGH NJW 1987, 1703: K pfändet eine Forderung über € 300.000,–, die S gegen D (ein Fußball-Club) zusteht. Was K nicht wusste: S hatte vor der Pfändung die Forderung an seinen Sohn abgetreten. Damit ist die Pfändung unwirksam – und zwar nach Ansicht des BGH selbst dann, wenn K anschließend die Abtretung nach dem AnfG erfolgreich angefochten hat,[46]

oder wenn der Drittschuldner nicht (mehr) Schuldner ist – etwa weil er bereits erfüllt oder aufgerechnet hat. Man sagt in diesen Fällen, dass die **Pfändung ins Leere** geht. Darin liegt ein gravierender Unterschied zwischen der Forderungspfändung und der Pfändung von Mobilien: Bei Letzterer kann eine dem Schuldner nicht gehörende Sache nicht nur gepfändet und verwertet werden, sondern der erzielte Erlös kann auch noch zur endgültigen Befriedigung führen, wenn sich der wahre Eigentümer nicht um den Ersatz bemüht. Bei Ersterer sind dagegen detektivische

602

---

[46] Erforderlich sei eine erneute Pfändung. Hiergegen K. Schmidt, Zwangsvollstreckung in anfechtbar veräußerte Gegenstände, JZ 1987, 889.

Fähigkeiten vom Gläubiger oder dessen Anwalt gefragt; existiert die behauptete Forderung nicht oder steht sie dem Schuldner nicht zu, so bleibt die Pfändung wirkungslos.

(c) Umfang

603   Die Pfändung einer Geldforderung bringt noch ein weiteres Problem mit sich: wie weit nämlich ihr Umfang reicht. Das ist angesichts des Arrestatoriums und des Inhibitoriums eine für den Drittschuldner und den Schuldner recht wichtige Frage: Letzterer möchte etwa wissen, ob er trotz der Gehaltspfändung seinen geplanten Urlaub mit dem Gehalt des nächsten Monats bezahlen darf. § 832 verneint die Frage, und § 833 erstreckt unter den dort genannten Voraussetzungen – beachte insbesondere Abs. 2 – den Umfang der Pfändung auch noch auf ein geändertes Einkommen! Mit diesen Vorschriften ist jedoch eine ganz entsprechende Frage des Schuldners nicht beantwortet:

> KG JW 1931, 2576: Die zu vollstreckende Forderung des G betrug RM 41,58; er vollstreckte in eine Forderung des S gegen D, die sich auf RM 2.000,– belief. Das KG und mit ihm die heute überwiegende Meinung halten die ganze Forderung für gepfändet und damit der Verfügungsbefugnis des Schuldners entzogen.

Das halte ich für unrichtig (s. Lit.-Angaben), weil es sich dabei um einen eklatanten Verstoß gegen das in § 803 I 2 zum Ausdruck gebrachte Gebot handelt; dem von der Gegenmeinung vorgetragenen Argument, Betrag und Wert einer Forderung sei keineswegs identisch, könnte man in Anlehnung an die bei Kreditsicherheiten üblicherweise zugebilligten 50 % Übersicherung (vgl. die Entscheidung des Großen Zivilsenats des BGH, dazu Rdn. 418, in NJW 1998, 671, 676 f.) dadurch entgegenkommen, dass man den Umfang der Pfändung auf die Summe der zu vollstreckenden Forderung plus einen entsprechenden Aufschlag beschränkt – im obigen Fall also auf ca. RM 62,–. Mit den restlichen RM 1.938,– könnte S dann sogleich seinen Urlaub bezahlen.

(d) Vorpfändung

604   Hat der Gläubiger einen den vorstehend angedeuteten Anforderungen genügenden Antrag gestellt, hat das Gericht daraufhin den Pfändungsbeschluss erlassen und hat der Gläubiger diesen Beschluss in einer dem § 829 III genügenden Weise zugestellt, so dass die Forderung verstrickt und das Pfändungspfandrecht an ihr entstanden ist, so stellt sich noch vor der Verwertung die praktisch höchst relevante Frage, was der Drittschuldner zu dem ganzen Vorgang zu sagen hat. Bevor das jedoch beantwortet wird, soll erst noch die in § 845 genannte Sonderform der Pfändung – die Vorpfändung – dargestellt werden, zumal sie in der Praxis eine überaus gewichtige Rolle spielt. In Kenntnis des – vor allem in Ballungsgebieten – bisweilen etwas langatmigen Fortgangs bis zur Zustellung eines Pfändungsbeschlusses ermöglicht § 845 ein **beschleunigtes Verfahren**.[47] Danach kann der Gläubiger schon recht

---

[47] Zu dem damit erreichbaren Überraschungseffekt Schlosser, Der Überraschungseffekt der Zwangsvollstreckung – national und international, RIW 2002, 809.

schnell – sogar schon vor der Erteilung der vollstreckbaren Ausfertigung (§ 724 I) – die wenigstens vorläufige Wirkung einer Forderungspfändung erreichen. Wenn er nur wenigstens einen vollstreckbaren Titel hat[48] und die in § 845 I 1 beschriebene und gem. § 845 I 2 ggf. vom Gerichtsvollzieher angefertigte Benachrichtigung an den Schuldner und den Drittschuldner durch den Gerichtsvollzieher zustellen lässt, tritt eine **auflösend bedingte Pfändung** nach Abs. 2 ein. Wenn der Gläubiger dann noch die (Haupt-)Pfändung binnen eines Monats nachholt, wird aus der vorläufigen Sicherung eine endgültige. Weil der Gerichtsvollzieher in das Geschehen um eine Vorpfändung einbezogen ist, kann man sich unschwer vorstellen, dass diese Möglichkeit eine – aus der Sicht des Gläubigers – gute Ergänzung zu der in § 806 a vorgesehenen Befragungsbefugnis ist; heutzutage erteilt daher ein Gläubiger dem Gerichtsvollzieher regelmäßig den in § 845 I 2 genannten Auftrag.

(e) Auskunftspflicht des Drittschuldners

Was geschieht nach der Zustellung des Pfändungsbeschlusses? Um diese Frage in ihrem praktischen Kontext nachvollziehen zu können, sollte man sich erneut die Situation so konkret wie möglich vorstellen: G aus Sande/Ostfriesland hat über den Gerichtsvollzieher erfahren, dass S aus Glauchau/Sachsen bei D in Erding/Oberbayern beschäftigt ist. Die von ihm als bestehend vorausgesetzten Einkünfte aus dem Beschäftigungsverhältnis hat er pfänden lassen.[49] Damit weiß er aber noch gar nichts: Weder ob die Forderung tatsächlich besteht noch ob sie bereits anderweitig – etwa im Rahmen einer Sicherungszession – abgetreten oder gepfändet worden ist etc. Um diesem gewissermaßen strukturell vorgegebenen Wissensdefizit abzuhelfen, verpflichtet das Gesetz in § 840 den Drittschuldner zur Auskunft. Nach h. M. (BGHZ 91, 126) handelt es sich dabei nicht um eine einklagbare Verpflichtung des Drittschuldners, sondern um eine **Obliegenheit**; ihr nachzukommen, empfiehlt sich jedoch wegen der in Abs. 2 S. 2 normierten Schadensersatzpflicht.

Liegt ein wirksamer Pfändungsbeschluss vor, so kann der Gläubiger den Drittschuldner zur Erklärung über die in Abs. 1 Nrn. 1–3 (bitte lesen) gestellten Fragen auffordern. Im Hinblick auf die erwähnte Schadensersatzpflicht leuchtet unmittelbar ein, dass dem Drittschuldner – man denke etwa an einen Arbeitgeber, dessen Betrieb 300 Mitarbeiter hat – mit der Beantwortung eine Menge Arbeit auferlegt wird, wenn etwa schon Pfändungen oder Abtretungen vorgenommen worden sind. Aber auch im Übrigen muss er aus Eigeninteresse sorgsam sein: Zwar wird seine Aussage, er erkenne die Forderung als begründet an, als bloße **Wissenserklärung** (und nicht etwa als ein Anerkenntnis) gewertet; doch führt diese in einem eventuellen Prozess zu einer **Umkehr der Beweislast**. Liegen dagegen zwei oder mehr Pfändungen vor, kommt noch das haftungsrechtlich relevante Problem hinzu, welchem Gläubiger er was zahlen muss.[50] Zu alledem muss er auch noch die im konkreten Fall maßgeblichen Pfändungsfreigrenzen berechnen; und das alles innerhalb

---

[48] Ist dieses Erfordernis erfüllt, wenn der Gläubiger einen ausländischen Titel hat?
[49] Welches Gericht ist für die Pfändung zuständig?
[50] Was empfehlen Sie dem Drittschuldner zu tun, wenn er mit zwei Pfändungsgläubigern zu tun hat und nicht weiß, wem er zahlen soll?

605

606

von zwei Wochen, Abs. 1. Vor diesem Hintergrund ist die st. Rspr. des BAG zu verstehen:

BAGE 37, 64: In einem Zeitraum von ca. fünf Jahren hatte der Arbeitgeber mehr als 10 Drittschuldnererklärungen abzugeben. Das BAG hält die ausgesprochene Kündigung für sozial gerechtfertigt (vgl. § 1 II 1 KSchG), sofern „zahlreiche Lohnpfändungen einen derartigen Arbeitsaufwand des Arbeitgebers verursachen", dass es dadurch zu wesentlichen Störungen im Arbeitsablauf oder in der betrieblichen Organisation kommt.

Die dem Drittschuldner entstehenden Kosten erhält er vom Gläubiger, der sie dann seinerseits über § 788 vom Schuldner zurückverlangen kann (vgl. Brox/Walker Rdn. 623).

2. Pfändungsschutz

Literatur: David, Tips zur Lohnpfändung, MDR 1993, 1047; Diepold, Sind Honorarforderungen von Anwälten, Ärzten und Zahnärzten pfändbar?, MDR 1993, 835; F. Hohmeister, Ist die Urlaubsvergütung pfändbar?, BB 1995, 2110.

607   Wie bei der Mobiliarpfändung gibt es auch bei der Forderungspfändung einen Schuldnerschutz; in den §§ 850–851 b hat er jedoch eine im Detail dermaßen unübersichtliche Ausgestaltung erfahren, dass die Klage über die fehlende Verständlichkeit und Praktikabilität weit verbreitet ist.

(a) Nicht übertragbare Forderungen

608   Das gilt allerdings noch nicht hinsichtlich der in § 851 getroffenen Regelung. Danach sind nicht übertragbare Forderungen **nicht pfändbar** – so wie nach § 400 BGB unpfändbare Forderungen nicht übertragbar sind. Solche unübertragbaren Forderungen finden sich in den verschiedensten Gesetzen – etwa in § 355 HGB der einzelne Verrechnungsposten, in §§ 613 S. 2, 664 II BGB oder in § 399 1. Alt. BGB. Die letztgenannte Norm weist auf eine nahe liegende Umgehungsmöglichkeit: Wenn der Schuldner als Gläubiger mit seinem Schuldner (= Drittschuldner) die Unabtretbarkeit der Forderung gem. § 399 2. Alt. BGB vereinbart, wäre sie nach dem Voranstehenden unpfändbar und damit vor dem Gläubigerzugriff geschützt. Das Gesetz denkt aber (wie auch in § 354 a HGB) mit! Es hat in § 851 II diese Möglichkeit ausgeschlossen, indem es hinsichtlich der Pfändbarkeit allein auf den geschuldeten Gegenstand, nicht aber auf die Vereinbarung sieht. Eine weitere Durchbrechung der in § 851 I getroffenen Regelung ergibt sich aus § 857 III; danach ist ein unveräußerliches Recht dann pfändbar, wenn seine Ausübung einem anderen überlassen werden darf – Standardbeispiel ist der Nießbrauch mit § 1059 BGB, vgl. noch Rdn. 619.

(b) Arbeitseinkommen

609   Für das Verständnis der §§ 850–850 k ist es wichtig, sich die gesetzgeberische Intention dieser komplizierten Regelung zu vergegenwärtigen: Weil vielfach vorrangige Rechte (Eigentumsvorbehalt, Sicherungseigentum etc.) an den Mobilien bestehen oder weil diese nach dem Katalog des § 811 unpfändbar sind, ist bei einer generalisierenden Betrachtung das für einen Gläubiger am ehesten erfassbare Vermögensobjekt seines Schuldners dessen Arbeitseinkommen. Wenn dieses jedoch insgesamt (d. h. natürlich der Nettolohn, vgl. § 850e Nr. 1) gepfändet werden könnte und der Schuldner infolgedessen mittellos dastünde, hätte er einen Anspruch auf Sozialhilfe. Mittelbar würde also die Allgemeinheit für die Bezahlung der Schuld aufzukommen haben.[51] Um das zu vermeiden, gewährt das Gesetz einen **Sockelbetrag der Unpfändbarkeit**. Gewissermaßen als – statistischen – Ausgleich für den unpfändbaren Minimalbetrag gibt es einen Oberbetrag, ab dem grundsätzlich alles pfändbar ist. Das dazwischen liegende Einkommen ist je nach den Besonderheiten des Einzelfalls pfändbar. Zu diesen Besonderheiten zählt zum einen die Rechtsnatur der zu vollstreckenden Forderung (ein Anspruch aus vorsätzlich begangenem Delikt etwa rechtfertigt geringeren Schuldnerschutz) und zum anderen die Anzahl der gegenüber dem Schuldner Unterhaltsberechtigten (der Single darf nicht gegenüber dem kinderreich Verheirateten bevorzugt werden).

610   Die praktische Umsetzung dieser Intentionen im Gesetz sieht folgendermaßen aus (bitte alle genannten Paragraphen wenigstens überfliegen): In § 850 ist zunächst einmal definiert, was überhaupt unter den Begriff ‚Arbeitseinkommen‘ fällt. Der Einfallsreichtum des Schuldners, der seine Habe vor dem Gläubigerzugriff retten will, macht allerdings auch hier nicht Halt; vielmehr ist die Praxis recht weit verbreitet, entweder das erworbene Einkommen an einen Dritten – im Regelfall den Ehegatten – auszahlen zu lassen[52] oder aber (fast) unentgeltlich zu arbeiten. Darauf reagierend behandelt § 850h das an den Dritten bezahlte oder vom Arbeitgeber eingesparte Einkommen gleichfalls unmittelbar als Arbeitseinkommen i. S. d. § 850 und unterwirft es der Prüfung. Keine Umgehungsabsicht liegt dagegen in dem heutzutage durchgängigen Normalfall vor, dass sich das Einkommen auf dem Bankkonto befindet. Streng genommen könnte es hier sogar in vollem Umfang gepfändet werden, weil der Schuldner einen Auszahlungsanspruch gegen die Bank und nicht mehr gegen den Arbeitgeber hat. Dem schiebt § 850k (in teilweiser Verbindung mit den §§ 835 III 2, 811 I Nr. 8) einen Riegel vor.

611   Als Nächstes legt § 850e fest, wie das pfändbare Arbeitseinkommen zu berechnen ist (Stichwort: **Nettoeinkommen**). Allerdings genügt dafür nicht ein kurzer Blick auf den Lohnzettel oder die Gehaltsabrechnung; denn nach § 850a sind bestimmte Einkünfte ganz oder nur zu einem Teil unpfändbar, andere nach § 850b erst nachrangig (s. Abs. 2). Im Anschluss an die Berechnung des bei der Pfändung zu berücksichtigenden Einkommens geht es um die Feststellung der **Pfändungsfreigrenzen** in § 850c mit seiner Differenzierung nach der Anzahl der Unterhaltsberechtigten. Dabei ist § 850d zu berücksichtigen, der den Kreis des pfändbaren Einkommens erweitert, wenn die zu vollstreckende Forderung eine Unterhaltsfor-

---

[51] Das wäre erst dann tolerabel, wenn es nach Art der Pflichtversicherung eine Versicherung gegen unbegliche Forderungen gäbe.

[52] Vorausgesetzt ist also ein Vertrag zugunsten Dritter i. S. d. §§ 328 ff. BGB; was kann der Gläubiger aber machen, wenn der Schuldner seinen Anspruch in einer direkten Vereinbarung mit bspw. seinem Ehegatten gem. § 398 BGB abtritt?

derung ist, sowie § 850 f II, der dasselbe – allerdings nur auf Antrag des Gläubigers hin – für Forderungen aus vorsätzlich begangenem Delikt vorsieht. Der Betrag, ab dem alles weitere Einkommen pfändbar ist, ergibt sich aus § 850 c II 2. Der auf diese Weise berechnete Freibetrag ist jedoch keineswegs ein unverrückbares Datum; auch hier ermöglicht der Gesetzgeber noch Flexibilität, indem er eine Änderung auf Antrag des Schuldners unter den in § 850 f I genannten Voraussetzungen gestattet.

(c) Freiberufliches Einkommen

612   Nach dem Vorstehenden sind diejenigen geschützt, die wiederkehrend zahlbares Entgelt für unselbständige Arbeit erhalten, nicht aber Freiberufler. Für sie sieht § 850 i einen vom Schuldner zu beantragenden und vom Gericht, vgl. § 20 Nr. 17 RPflG, festzusetzenden **Freibetrag** vor.

(d) Verfahrensfragen

613   Mit Ausnahme etwa des letztgenannten § 850 i (oder auch der §§ 850 f, 850 k) sind die meisten Vorschriften **von Amts wegen zu beachten**. Das ist zum einen wichtig für den pfändenden Rechtspfleger des Vollstreckungsgerichts, zum anderen aber auch für einen eventuell nachfolgenden Prozess zwischen dem Gläubiger und dem Drittschuldner auf Zahlung. Darin kommt die sozialpolitische Zwecksetzung des ganzen Regelungskomplexes zum Ausdruck, die es im Übrigen auch verhindert, dass der Schuldner auf seinen Schutz ganz oder auch nur teilweise verzichten kann. Allerdings geht die amtswegige Berücksichtigungspflicht nicht so weit, dass sie die Pfändung aufgrund einer falsch berechneten Freigrenze unwirksam machen würde. Vielmehr kommt auch hier wieder das zwischenzeitlich schon vertraute Prinzip zum Tragen, dass es am Schuldner liegt, sich gegen den Übergriff (mit Hilfe einer Erinnerung nach § 766) zu wehren.

3. Verwertung

614   Der bislang beschriebene, wahrhaft nicht dornenfreie Weg hat dem Gläubiger eine Verstrickung und ein Pfändungspfandrecht beschert, nicht aber das, was er eigentlich will, nämlich Zahlung des ihm geschuldeten Geldes. Um das zu erreichen, muss die gepfändete Forderung erst noch verwertet werden. Das geschieht entweder nach § 835 durch Überweisung an den Gläubiger oder in sonstiger Weise gem. § 844 (bitte lesen); verfahrensmäßig ist in jedem Fall ein weiterer Beschluss des Gerichts erforderlich – und zwar regelmäßig der so genannte **Überweisungsbeschluss**. Gemäß § 836 I ersetzt er die an sich nach BGB erforderlichen Erklärungen des Schuldners. In der Praxis werden die beiden Beschlüsse regelmäßig zusammen erlassen und heißen dann ‚**Pfändungs- und Überweisungsbeschluss**'. Dadurch kann die Zustellung beider Beschlüsse an den Drittschuldner deren beider Wirksamkeit herbeiführen, s. § 835 III 1, der auf § 829 II und III verweist, und § 837 für die hypothekarisch gesicherte Forderung. Das Vertrauen des Drittschuldners in die Bestandskraft des Überweisungsbeschlusses sichert § 836 II.

615   § 835 I bietet zwei Möglichkeiten an, zwischen denen der Gläubiger grundsätzlich wählen kann: die Überweisung der Forderung **an Zahlungs Statt oder zur**

Einziehung. Ersteres bedeutet, dass die gepfändete Forderung (wie bei einer Abtretung nach § 398 BGB) auf den Gläubiger übergeht, so dass die zu vollstreckende Forderung in eben diesem Moment in Höhe des Nennwerts der gepfändeten Forderung erlischt, vgl. § 835 II sowie § 364 I BGB. Der Gläubiger trägt damit das Risiko der Einbringlichkeit des Geschuldeten; fällt der Drittschuldner etwa in die Insolvenz, kann der Gläubiger folglich keinen Rückgriff beim Schuldner nehmen. Es ist daher wenig verwunderlich, dass die Gläubiger von dieser Wahlmöglichkeit in der Praxis recht selten Gebrauch machen. Die Vermutung spricht dafür, dass sie sich für die Einziehung entscheiden. Wenn die Überweisung an Zahlungs Statt ihr materiell-rechtliches Pendant in § 364 I BGB hat, so hat die zur Einziehung ihres in der Leistung erfüllungshalber nach § 364 II BGB. Daraus folgt, dass diese Form der Überweisung nicht zum Erlöschen der Gläubigerforderung führt, weil der Gläubiger nicht auch Gläubiger dieser Forderung wird, sondern lediglich die Befugnis erhält, die Forderung seines Schuldners einzuziehen – notfalls im Klagewege[53] oder durch Aufrechnung. Es ist daher konsequent, dass daneben auch der Schuldner den Drittschuldner auf Leistung verklagen kann – grundsätzlich natürlich auf Befriedigung des Gläubigers; soweit aber darüber hinaus ein überschießender Betrag verbleibt, auch an sich selbst (BGH JZ 2002, 44). Die Zwangsvollstreckung ist jedenfalls erst dann beendet, wenn der Gläubiger volle Befriedigung erlangt hat.

Eine wichtige Konsequenz speziell des Überweisungsbeschlusses ist, dass der **616** Schuldner (erst) jetzt verpflichtet[54] ist, dem Gläubiger die zur Geltendmachung der Forderung notwendigen Informationen und Urkunden zu verschaffen, § 836 III 1. Kommt es gleichwohl zu einem Prozess mit dem Drittschuldner (vgl. dazu BGH JZ 1996, 524 mit instruktiver Anm. von Brehm), verpflichtet § 841 den Gläubiger zur Streitverkündung (dazu oben Rdnn. 381 ff.) an den Schuldner.

III Herausgabeansprüche

Ist die zu pfändende Forderung des Schuldners auf die Herausgabe oder Leistung **617** von körperlichen Sachen gerichtet, schreibt § 846 die zusätzliche Berücksichtigung der §§ 847–849 vor. Danach scheidet die Möglichkeit einer Überweisung an Zahlungs Statt aus, § 849. Die Überweisung zur Einziehung wird dagegen so modifiziert, dass die Herausgabe der Sache nicht an den Gläubiger selbst erfolgt, sondern **an einen unparteiischen Dritten** (bitte die §§ 847, 848 lesen). Dieser ist dann für die Versilberung der geschuldeten Sache verantwortlich.

IV Sonstige Rechte

Wie schon erwähnt, stellt § 857 das Öffnungsventil für die auf die Dreiteilung der **618** Vermögensgüter in Mobilien, Immobilien und Forderungen ausgerichtete Zwangsvollstreckung wegen einer Geldforderung dar. Andere als die genannten Rechte –

---

[53] In welcher Stellung macht der Gläubiger in diesem Prozess den Anspruch geltend?

[54] Beachte die Mittel zur Durchsetzung dieser Pflicht in den §§ 836 III 2, 859 ff. und in den §§ 836 III 3, 883.

in Frage kommen etwa **immaterielle Schutzrechte** wie Urheber- oder Patentrechte, Anteilsrechte an einer Gesellschaft bürgerlichen Rechts, einer OHG, KG oder Partnerschaftsgesellschaft (s. § 859), das Nutzungsrecht des Leasingnehmers, Anwartschaftsrechte, Eigentümergrundschulden etc.; nicht aber unselbständige oder akzessorische Nebenrechte – sind nach den §§ 857 ff. zu pfänden, die ihrerseits auf die Vorgehensweise bei einer Forderungspfändung verweisen, § 857 I. Vollstreckungsorgan ist demnach das Vollstreckungsgericht, das einen Pfändungs- und Überweisungsbeschluss zu erlassen hat. Dass dies bei der Pfändung etwa von Computerprogrammen nicht recht passt, wurde bereits erwähnt, Rdn. 547.

1. Besonderheiten

Literatur: Heuer, Der GmbH-Anteil in der Zwangsvollstreckung, ZIP 1998, 405; Pfefferle, Die Zwangsvollstreckung in Netzgeldbestände – ein heißes Eisen, CR 2001, 200; Welzel, Zwangsvollstreckung in Internet-Domains, MMR 2001, 131.

619   Um den je spezifischen Eigenheiten der anderen Vermögensrechte gerecht zu werden, modifiziert § 857 einige der auf die Geldforderungspfändung zugeschnittenen Vorschriften. So gibt es etwa bei der Pfändung einer Eigentümergrundschuld, vgl. Rdn. 626, oder eines Urheberrechts des Schuldners keinen Drittschuldner; infolgedessen müsste die Wirksamkeit des Pfändungs- und Überweisungsbeschlusses an den §§ 829 III, 835 III 1 scheitern, wenn nicht § 857 II die Wirksamkeit von der Zustellung an den Schuldner abhängig machen würde. Durch Abs. 3 wird die Pfändung solcher Rechte ermöglicht, die aufgrund gesetzlicher Anordnung zwar nicht übertragen werden können, deren Ausübung aber wie beim Nießbrauch nach § 1059 S. 2 BGB einem anderen überlassen werden darf;[55] nach Abs. 4 kann das Gericht hierfür noch besondere Anordnungen erlassen. Abs. 7 schließt die vom Gerichtsvollzieher selbst angefertigte Benachrichtigung von der Vorpfändung aus.

Entgegen dem LG München I (CR 2001, 342) hält das LG Düsseldorf (CR 2001, 468) zutreffenderweise die Pfändung einer Internet-Domain für zulässig – und zwar nach Maßgabe des § 857 I.

2. Gesellschaftsanteile

Literatur: H. Roth, Pfändung und Verpfändung von Gesellschaftsanteilen, ZGR 2000, 187.

620   Die Vorschrift des § 859 I ist im Zusammenhang mit § 725 II BGB zu lesen. Demnach kann zwar der Gesamthandsanteil gepfändet werden – und zwar gem. § 857, wobei Drittschuldner die Gesellschaft ist. Doch erfasst diese Pfändung nur die pfändbaren Segmente des Gesellschaftsanteils – in erster Linie also den **Gewinnanteil** des betreffenden Gesellschafters. An das **Auseinandersetzungsguthaben** kommt der Gläubiger darüber hinaus, wenn er von dem ihm durch § 725 I BGB eingeräumten Kündigungsrecht Gebrauch macht. Beide Möglichkeiten hat der Gläubiger nach h.M. nicht nur bei der Gesellschaft bürgerlichen Rechts, sondern auch bei der OHG (vgl. §§ 105 II, 135 HGB), der KG (§ 161 II HGB), der Partnerschaftsgesellschaft (§ 1 IV PartGG) und des nicht rechtsfähigen Vereins (§ 54 S. 1

---

[55] Diese Befugnis kann auch vertraglich vereinbart sein: etwa im Miet- oder Leasingvertrag.

BGB), Zu dem derzeitigen, wegen der intensiven gesellschaftsrechtlichen Diskussion im ständigen Fluss befindlichen Stand der Dinge, bei der Pfändung einer gegen eine GbR gerichteten Forderung s. BGH JZ 1999, 44 mit Anm. Habersack, sowie oben Rdn. 503.

3. Anwartschaftsrechte

Literatur: G. Lüke, Fälle zum Zivilprozeßrecht, 2. Aufl., 1993, 214 (Fall 18).

(a) Praxis

Das Anwartschaftsrecht des Eigentumsvorbehaltskäufers[56] ist eine zwischenzeitlich **621** fest etablierte Größe im deutschen Vermögensrecht. Seine Verkehrsfähigkeit ist so gut wie unbestritten. Folglich muss es auch dem Zugriff der Gläubiger ausgesetzt sein. Das ist denn auch tatsächlich allgemein anerkannt – gestritten wird jedoch über die **Art und Weise**, wie die Zwangsvollstreckung in ein Anwartschaftsrecht erfolgen soll. Von einer praktischen Perspektive aus gesehen ist dieser Streit müßig (vgl. Jauernig II § 20 III 2): Denn bei der fraglichen Sache handelt es sich um eine Mobilie, hinsichtlich derer der Gerichtsvollzieher nur auf den Gewahrsam, nicht aber auf die Eigentumslage achtet. Weist der Schuldner auf das Vorbehaltseigentum eines Dritten hin, wird der Gerichtsvollzieher andere Sachen pfänden. Ist das nicht möglich, wird er den fraglichen Gegenstand unbeschadet des § 119 Nr. 2 GVGA vorsichtshalber doch pfänden und diesen Vorgang im Protokoll vermerken. Daraufhin kann sich der Gläubiger mit dem Vorbehaltsverkäufer in Verbindung setzen, um die noch offenen Raten zu erfragen. Wenn es ihm günstig erscheint, wird er daraufhin die Restschuld begleichen – sie fällt unter die notwendigen Vollstreckungskosten nach § 788 – und die nunmehr im Eigentum des Schuldners stehende Sache verwerten lassen.

(b) Theorie

Nun zur Theorie: Wenn die Sache gepfändet wird, kann der Vorbehaltsverkäufer **622** als Eigentümer dagegen Drittwiderspruchsklage nach § 771, vgl. Rdnn. 681 ff., erheben. Will der Gläubiger vorab die Restschuld begleichen, so könnte das – sofern man nicht auf den Gedanken des § 162 I BGB abstellen will – an § 267 II BGB (bitte lesen) scheitern. Die Pfändung wäre dann hinfällig. Um den Gläubiger vor diesen „Gefahren" zu schützen, sorgt man sich schon seit langem um Abhilfe. Wie so oft wird die Menge der Einzelvorschläge in drei Hauptströmungen eingeteilt, die hier vor allem deswegen erwähnt werden, weil sie immer mal wieder in Examensklausuren abgefragt werden.

Die Theorie der **reinen Sachpfändung** besagt, dass die Pfändung der Sache **623** nach den §§ 808 ff. genügt. Sie wird überwiegend mit dem Argument beiseite gewischt, dass der Verkäufer vollwertiger Eigentümer ist und nicht etwa nur ein verkappter Pfandrechtsgläubiger; dem steht nämlich nicht die Klage aus § 771, sondern die auf vorrangige Befriedigung nach § 805 zu.

---

[56] Zur Pfändung eines Anwartschaftsrechts des Auflassungsempfängers BGH NJW 1989, 1093 = JuS 1989, 672 (K. Schmidt).

624   Den Gegenpol stellt die Theorie der **reinen Rechtspfändung** dar. Ihr zufolge genügt die Pfändung allein des Anwartschaftsrechts nach Maßgabe des § 857. Ihre allgemein gerügte offene Flanke ist die Frage, ob sich diese Rechtspfändung an der Sache fortsetzt, wenn sie in das Eigentum des Schuldners übergegangen ist. Das Argument, eine solche Surrogation ergebe sich aus einer Analogie zu den §§ 1287 BGB, 847, wird häufig mit dem Fehlen einer Analogiefähigkeit der besagten Normen abgewiesen.

625   Die h. M. verlangt demgemäß eine so genannte **Doppelpfändung**, d. h. die Pfändung sowohl des Anwartschaftsrechts als auch der Sache. Das mit der Rechtspfändung verbundene Inhibitorium nehme dem Schuldner die Möglichkeit zum Widerspruch nach § 267 II BGB. Infolgedessen könne der Gläubiger nunmehr ungehindert das Anwartschaftsrecht durch Zahlung zum Vollrecht erstarken lassen und die Zwangsvollstreckung in die Sache betreiben, ohne eine Drittwiderspruchsklage besorgen zu müssen.

4. Eigentümergrundschuld

626   Es ist ebenfalls umstritten, wie eine Eigentümergrundschuld zu pfänden ist: Die Alternativen sind § 857 Abs. 2 oder 6. Die Erstere bereitet keine Probleme, die Zweite ist die h. M. Eine Pfändung nach Abs. 2 behandelt die Eigentümergrundschuld als das, was sie ist: ein Recht des Schuldners, für das es keinen Drittschuldner gibt. Die h. M. betont dagegen, dass es sich dabei um eine Grundschuld handele, für die Abs. 6 eine Sonderregelung vorsieht. Danach ist folgendermaßen zu unterscheiden: Ist für die Hypothek ein Brief nach § 1116 I BGB ausgestellt, der Hypothekengläubiger aber nach Erlöschen der gesicherten Forderung noch nicht aus dem Grundbuch gelöscht, muss der Vollstreckungsgläubiger gem. § 830 I die Wegnahme des Briefes erwirken; bei einer Buchhypothek dagegen bedarf es der Voreintragung des Schuldners, § 39 GBO (vgl. § 830 I 3). Ist die Hypothek erst teilweise getilgt, führt dieses Vorgehen in ein ebenso unerfreuliches wie undurchsichtiges Dickicht.

§ 6 IN unbewegliches Vermögen

Literatur: G. Lüke, Fälle zum Zivilprozeßrecht, 2. Aufl., 1993, 191 (Fall 16); W. Meier, Die Zwangsvollstreckung in Immobilien, JuS 1992, 650; E. Peters, Die Immobiliarvollstreckung – eine Fundgrube für die Dogmatik der Zwangsvollstreckung, FS Henckel, 1995, 655; Zeller/Stöber, Zwangsversteigerungsgesetz, 14. Aufl., 1993.

627   Die Zwangsvollstreckung wegen einer Geldforderung in das unbewegliche Vermögen ist in den §§ 864–871 geregelt. Diese Kürze der in der Praxis wegen ihrer Kompliziertheit recht gefürchteten Materie erklärt sich daraus, dass von den drei möglichen Vollstreckungsarten, § 866 I, nur eine – die Zwangshypothek – in der ZPO dargestellt ist. Hinsichtlich der zwei anderen – Zwangsversteigerung und Zwangsverwaltung – verweist § 869 auf ein eigenes Gesetz, das ZVG, das auf diese Weise wie eine Exklave der ZPO inkorporiert wird. § 866 II gestattet dem Gläubiger ausdrücklich die Kumulation der drei Vollstreckungsarten. Zur Wiederholung sei

noch einmal darauf hingewiesen, dass der Gläubiger auch mit dem Zugriff auf das bewegliche Vermögen kumulieren kann.

I Zuständiges Vollstreckungsorgan

Soweit es um die Eintragung einer Zwangshypothek geht, ist das zuständige Vollstreckungsorgan verständlicherweise das **Grundbuchamt**,[57] in den beiden anderen Fällen dagegen das bereits von der Forderungsvollstreckung her bekannte **Vollstreckungsgericht**, § 1 ZVG (genauer: der Rechtspfleger, § 3 Nr. 1 i RPflG).   **628**

II Die erfassten Gegenstände

Bei überschlägiger Betrachtungsweise könnte man daran denken, dass der Zwangsvollstreckung in Immobilien lediglich Grundstücke und grundstücksgleiche Rechte unterliegen. § 865 belehrt eines Besseren, indem diese Vorschrift auch bestimmte Gegenstände des beweglichen Vermögens in die Immobiliarvollstreckung mit einbezieht. Zu ihnen zählt das **Zubehör** (vgl. § 865 I und § 1120 BGB), in das nach Abs. 2 überhaupt nur nach Maßgabe der §§ 864 ff. vollstreckt werden kann. Maschinen in einer Fabrik, ein Bagger im Steinbruch etc. unterfallen also in keinem Fall dem Regelungsbereich der §§ 808–827. Der Grund für diese Vorschrift ergibt sich erstens aus der Zubehördefinition des § 97 BGB: danach geht es um die Bewahrung wirtschaftlich zusammengehöriger Einheiten. Für sich genommen spräche das jedoch für eine generelle, also auch auf Mobilien ausgedehnte Regel – etwa dergestalt, dass auch das Warndreieck nur zusammen mit dem Wagen gepfändet werden dürfte. Der weitere, die Beschränkung auf Immobilien erklärende Grund steht in § 1120 BGB: Dort – und in den nachfolgenden Vorschriften (bitte überfliegen) – wird der für die Hypothek maßgebliche Haftungsverbund festgelegt. Weil also Zubehörstücke eines Grundstücks dessen wirtschaftlichem Zweck dienen und überdies der Hypothekenhaftung unterfallen, können Gläubiger nur und ausschließlich im Wege der Immobiliarvollstreckung auf sie zugreifen. Ein Beispiel für die Komplikationen, die sich in diesem Zusammenhang ergeben können, bietet BGH KTS 1996, 477:   **629**

> Die Maschinenfabrik M war Eigentümerin eines Grundstücks, auf dem eine Grundschuld zugunsten der Bank lastete. M wurde insolvent, und während das Insolvenzverfahren andauerte, wurde das Grundstück von dem zwischenzeitlich bestellten Zwangsverwalter, vgl. § 165 InsO i.V. m. §§ 146 ff. ZVG, an B mitsamt Maschinen und Werkzeugen vermietet. B übte auf diesem Grundstück ihren Betrieb aus. Mit Zustimmung der Bank verkaufte der Insolvenzverwalter sodann eben diese Maschinen und Werkzeuge an B, die sie weiterhin im Rahmen ihres Betriebes benutzte – nunmehr allerdings als Eigentümerin. Im letzten Akt des Geschehens wurde auf Antrag der Bank die Zwangsversteigerung des

---

[57] Hieraus folgert man, dass die Rechtsbehelfe des Grundbuchverfahrens, nicht jedoch die der Zwangsvollstreckung anzuwenden seien.

Grundstücks angeordnet. In deren Verlauf ersteigerte K das Grundstück. Als dessen neuer Eigentümer kündigte er den Mietvertrag mit B und verlangte das Grundstück heraus. B entsprach diesem Begehren, behielt aber die gekauften Maschinen und Werkzeuge für sich. Der BGH hatte darüber zu befinden, ob dies rechtens oder ob auch dieses Zubehör herauszugeben war. Er bejahte Letzteres mit der Begründung, dass eine „Enthaftung" der Zubehörstücke noch nicht eingetreten sei: Nach § 1121 I BGB deswegen nicht, weil sie noch nicht vom Grundstück entfernt waren, und nach § 1122 II BGB nicht, weil die Veräußerung durch den Insolvenzverwalter nicht innerhalb der Grenzen einer ordnungsmäßigen Wirtschaft erfolgte.

630   Die Zugriffsmöglichkeit im Wege der Immobiliarvollstreckung gilt nach § 865 I auch für die weiteren, in den §§ 1120–1130 BGB aufgezählten Rechte und Gegenstände der **Haftungseinheit ‚Grundstück'** – also etwa Erzeugnisse, Miet-, Pachtzins- oder Versicherungsforderungen. Im Gegensatz zu den Zubehörstücken ist bei ihnen jedoch gem. Abs. 2 S. 2 danach zu unterscheiden, ob die mit der Immobiliarvollstreckung verbundene Beschlagnahme (§§ 20, 146 ZVG) bereits erfolgt ist oder noch nicht. Solange das nicht der Fall ist, werden diese Gegenstände wegen ihrer geringeren Bezogenheit auf die Wirtschaftseinheit ‚Grundstück' als das behandelt, was sie tatsächlich sind: nämlich bewegliches Vermögen. Ist also das Haus des Schuldners abgebrannt und hat dieser infolgedessen eine (nicht unter die §§ 97 ff. VVG fallende) Versicherungsforderung, kann ein Gläubiger sie nach Maßgabe der §§ 828 ff. pfänden. Hatte sich ein anderer Gläubiger jedoch bereits zuvor entschieden, auf das Grundstück zuzugreifen, ist die Pfändungsmöglichkeit ab Beschlagnahme verbaut. Ab diesem Zeitpunkt teilt die Versicherungsforderung also das Schicksal des Grundstücks.

III Arten

1. Zwangshypothek

631   Sie ist – praktisch gesehen – die seltenste Form der Immobiliarvollstreckung. Das hängt zum einen damit zusammen, dass diese Hypothek nach §§ 866, 867 eine in der Praxis ohnedies nicht sehr akzeptierte, **streng akzessorische Sicherungshypothek** i. S. d. § 1184 BGB (vgl. OLG Düsseldorf NJW-RR 1993, 1430 ff.) ist. Die Tatsache, dass sie ausweislich des § 866 III 1 nur für eine Summe über € 750,– gewährt werden darf, hängt nicht etwa mit dem Verhältnismäßigkeitsgrundsatz zusammen, sondern soll nach Aussage der Gesetzesverfasser lediglich der Klarheit des Grundbuchs dienen. Die geringe praktische Relevanz rührt zum anderen daher, dass sich die Vollstreckungsmaßnahme nach überwiegender Ansicht auf die Eintragung ins Grundbuch beschränkt; dadurch kann sich der Gläubiger einen Rang sichern, die normalerweise von ihm angestrebte Befriedigung seiner Geldforderung erreicht er damit jedoch nicht. Dafür benötigt er zwar keinen weiteren Titel, § 867 III, muss aber den nach § 1147 BGB vorgeschriebenen Weg der Befriedigung einschlagen. Mit anderen Worten: Die Zwangshypothek gewährt nicht Befriedigung, sondern **Sicherung**; infolgedessen ist sie vornehmlich im Zusammenhang mit dem ohnedies nur auf Sicherung abzielenden Arrestverfahren, unten Rdnn. 702 ff., von Bedeutung, § 932. Es ist daher überdies folgerichtig, dass der BGH selbst die erfolgte Eintragung der Zwangshypothek im Grundbuch lediglich als Einleitung der Zwangsvollstreckung ansieht (ZIP 1995, 1425).

2. Zwangsbefriedigung

(a) Gemeinsames

Zwangsversteigerung und -verwaltung, hier unter dem Sammelbegriff ‚Zwangs-   **632** befriedigung' zusammengefasst, sind im ZVG geregelt. Die erste Variante zielt auf die Versilberung des Grundstücks, die zweite auf eine Befriedigung aus dem Grundstück – setzt also voraus, dass die Immobilie einen Ertrag abwirft (Mietshaus, Steinbruch etc.). In beiden Verfahren sind neben dem Gläubiger und dem Schuldner noch die so genannten Beteiligten einbezogen, die § 9 ZVG (bitte lesen) in solche unterscheidet, die kraft Eintragung im Grundbuch dazugehören, und solche, die sich zur Verfahrensbeteiligung anmelden müssen.

(b) Zwangsversteigerung

In den §§ 15–145 ZVG ist in einigermaßen chronologischer Form der Ablauf eines   **633** Versteigerungsverfahrens geregelt. Eingeleitet wird es demnach durch einen Antrag des Gläubigers, § 15 ZVG, dem grundsätzlich nur entsprochen werden darf, wenn der Schuldner im Grundbuch eingetragen ist, § 17 ZVG. Ist das der Fall, kommt es sodann zu der im Grundbuch einzutragenden Anordnung der Zwangsversteigerung und Beschlagnahme, §§ 19, 20 I ZVG, deren Reichweite sich weitgehend mit dem Haftungsumfang einer Hypothek deckt, §§ 20 II, 21 ZVG, 1120–1130 BGB. Die Folgen dieses Beschlags sind gem. § 23 ZVG die (nicht genannte) Verstrickung und ein **relatives Veräußerungsverbot** gemäß den §§ 135, 136 BGB.

Weil der Verlust einer Immobilie den Schuldner im Regelfall herb trifft, sorgen   **634** die §§ 30–33 ZVG für seinen Schutz. Abgesehen von der vom Gläubiger bewilligten Einstellung, § 30 ZVG, kann der Schuldner eine bis zu sechs Monate während einstweilige Einstellung beantragen, wenn er die in § 30 a I ZVG genannten Voraussetzungen (bitte lesen) darlegen kann.[58] Weil aber auch bei wiederholter Einstellung, § 30 c ZVG, das Verfahren irgendwann einmal fortgesetzt werden kann – sofern sich nicht die Prognose des Schuldners, er werde die Schuld anderweitig begleichen können, bewahrheitet –, kommt es danach zur Terminsbestimmung für die Versteigerung durch das Gericht, §§ 35 ff. ZVG; sie wird den Beteiligten zugestellt, § 41 ZVG.

In dem Versteigerungstermin macht der Rechtspfleger zunächst einmal die in   **635** § 66 ZVG (bitte lesen) vorgeschriebenen Mitteilungen. Die dort genannten Versteigerungsbedingungen und das geringste Gebot sind für die nachfolgende, eigentliche Versteigerung höchst bedeutsam. Zunächst einmal gilt der Grundsatz, dass die dem betreibenden Gläubiger vorgehenden Rechte – sie lassen sich aus der Rangordnung des § 10 ZVG (bitte überfliegen) erkennen – nicht beeinträchtigt werden dürfen (**Deckungsgrundsatz**), sondern bestehen bleiben. Ist also der die Zwangsversteigerung

---

[58] Hat der Schuldner zusätzlich die Möglichkeit, einen Antrag nach § 765 a zu stellen?

betreibende Gläubiger mit einer Grundschuld an dritter Stelle gesichert, so können sich der erst- und zweitrangig Gesicherte entspannt zurücklehnen: Ihre Rechte bleiben in jedem Fall unangetastet. Zwar erwirbt der Ersteigerer ein belastetes Grundstück (**Übernahme-, im Gegensatz zum Löschungsprinzip**), doch muss er dadurch in der Versteigerung nicht so viel bezahlen. Die Beteiligung an der Versteigerung wird auf diese Weise erleichtert.

636   Der Deckungsgrundsatz spiegelt sich im Gesetz in § 44 ZVG wider, in der Definition des **geringsten Gebotes**: Das ist derjenige Betrag, der sich aus den vorrangigen und vom Bieter zu übernehmenden Rechten plus den Verfahrenskosten ergibt. Weil aber die vorgehenden Rechte gerade nicht ausbezahlt werden müssen, ist vom geringsten Gebot das **Bargebot** zu unterscheiden; nur dessen Betrag ist bar zu entrichten. Etwas vereinfacht[59] handelt es sich dabei gem. § 49 ZVG um die Verfahrenskosten plus den über das geringste Gebot hinausgehenden Betrag:

> Gehen dem vorgenannten, drittrangigen Grundschuldgläubiger zwei Hypotheken im Gesamtwert von € 60.000,– vor, und belaufen sich die Verfahrenskosten auf € 5.000,–, so ist das geringste Gebot € 65.000,–.

Das Bargebot müsste demnach wenigstens € 5.000,– betragen. Ein wahrhaft phantastisches Geschäft für den Bieter, wenn der Wert des Grundstücks vielleicht € 500.000,– ist. Um eine solche Verschleuderung zu verhindern, schreiben die §§ 74 a, b, 85 a ZVG (bitte überfliegen) ein **Mindestgebot** vor. Wird dieses nicht erreicht, wird dem Meistbietenden der Zuschlag versagt – entweder ex officio, § 85 a ZVG, oder auf Grund eines Antrags, §§ 74 a und b ZVG. In einem nachfolgenden, zweiten Termin gelten diese Grenzen dann jedoch nicht mehr.

637   Ist zwischen der Aufforderung des Rechtspflegers zur Gebotsabgabe und dem Schluss der Versteigerung wenigstens eine halbe Stunde vergangen, § 73 I ZVG, wird der Zuschlag dem Meistbietenden erteilt, § 81 ZVG. Anders als bei der Mobiliarversteigerung bedeutet Zuschlag hier nicht wörtlich den Knall des Hammers, sondern er ergeht in Gestalt eines entweder im Versteigerungstermin oder in einem alsbaldigen weiteren Termin zu erlassenden Beschlusses, §§ 82, 87 ZVG. Sobald dieser Zuschlagsbeschluss verkündet und damit wirksam geworden ist, § 89 ZVG, erwirbt der Ersteher kraft Hoheitsakts das Eigentum an dem Grundstück, § 90 ZVG,[60] und es erlöschen nach näherer Maßgabe des § 91 ZVG die nicht im geringsten Gebot enthaltenen Rechte. Für beide Vorgänge ist der Beschluss **konstitutiv**, sie brauchen also nicht im Grundbuch dokumentiert zu sein. Die Eintragung der neuen Rechtslage ist lediglich eine Grundbuchberichtigung.[61]

---

[59] Es sind noch die Rechte nach § 10 Nrn. 1–3 ZVG sowie die Ansprüche des § 12 Nrn. 1, 2 ZVG zu berücksichtigen, vgl. § 49 I ZVG.

[60] Aufgrund der berühmten Paragraphenkette §§ 1120 ff. BGB, 20 II, 55 I, 90 II ZVG erstreckt sich der Eigentumserwerb auch auf die Zubehörgegenstände, die nicht mehr im Eigentum des Schuldners standen, aber noch zum Haftungsverband gehörten. Für anderes Zubehör, vgl. die §§ 90 II, 55 II, 37 Nr. 5 ZVG.

[61] Was kann der Ersteher machen, wenn ein Mieter auf dem Grundstück sitzt und nicht weichen will?

Der Versteigerungserlös, den der Meistbietende an das Gericht zu leisten hat, **638**
§ 107 II ZVG, muss abschließend unter den nach Maßgabe des § 52 I 2 ZVG leer
ausgegangenen Gläubigern verteilt werden. Zu diesem Zweck erstellt das Gericht
einen **Teilungsplan**, dessen Einzelheiten sich aus den §§ 105 ff. ZVG ergeben. Die
Kosten des Verfahrens werden auf jeden Fall bevorzugt befriedigt, § 109 I ZVG.

(c) Zwangsverwaltung

Wie schon angedeutet, ist die Zwangsverwaltung die gegenüber der Versteigerung **639**
mildere Vollstreckungsart, weil sie dem Schuldner die Substanz bewahrt und statt-
dessen auf die aus dem Grundstück erwirtschafteten Erträge zugreift. Über § 146 I
ZVG finden die vorbeschriebenen Regeln der Zwangsversteigerung entsprechende
Anwendung, „soweit sich nicht aus den §§ 147 bis 151 ZVG ein anderes ergibt."
Demnach kommt es auch hier zur Beschlagnahme, die dem Schuldner gem. § 148
II ZVG die Verwaltungs- und Benutzungsbefugnis des Grundstücks entzieht und
im weiteren Verlauf auf den Zwangsverwalter überträgt, §§ 150, 152 ZVG.[62] Der
Verwalter, der bisweilen auch der – beaufsichtigte – Schuldner selbst sein kann,
muss daraufhin die Erträge erwirtschaften; im Rahmen dessen kann er beispielsweise auch die Miete nach Maßgabe der einschlägigen Vorschriften, etwa der §§ 557 ff.
BGB, erhöhen (vgl. Paulus, ZfIR 1998, 53, gegen AG München, ebenda). Bei
seiner Tätigkeit ist er an die Anweisungen des Vollstreckungsgerichts gebunden,
§ 153 ZVG, haftet im Übrigen aber allen Beteiligten, § 9 ZVG, privatrechtlich,
§ 154 ZVG. Ist hinreichend Geld zusammengekommen, hat das Gericht zuerst die
Verfahrenskosten einzubehalten, § 155 I ZVG, und sodann die restlichen Beträge
anhand des Teilungsplans unter den Gläubigern aufzuteilen, § 157 ZVG.

§ 7 WEGEN sonstiger Ansprüche

Literatur: Nehlsen von Stryk, Grenzen des Rechtszwangs: Zur Geschichte der Naturalvollstreckung, AcP 193, 1993, 529.

Nachdem die Verästelungen der Zwangsvollstreckung wegen einer Geldforde- **640**
rung, vgl. das Schaubild bei Rdn. 463, dargestellt sind, geht es nunmehr wieder zurück zu dem ursprünglichen Ausgangspunkt. Betreibt der Gläubiger die
Zwangsvollstreckung wegen einer nicht auf einen Geldbetrag lautenden Forderung,
so braucht er sich in keiner Weise um die zuvor beschriebenen Einzelheiten der
§§ 803–882 a zu kümmern, also inbesondere nicht um das Pfändungspfandrecht,
die Schuldnerschutzvorschriften, etc. Maßgeblich sind für ihn nur die §§ 883–898.
Diese Vorschriften sehen je nach Inhalt der Forderung unterschiedliche Vorgehensweisen vor, setzen aber alle die bereits in Rdn. 497 ff. genannten erhöhten Anforderungen an die Bestimmtheit des im Titel enthaltenen Anspruchs voraus.

---

[62] In welcher Eigenschaft macht der Zwangsverwalter nach h. M. etwa ausstehende Miet-
rückstände gegen Mieter des Grundstücks prozessual geltend?

I Herausgabeansprüche

641 Hat der Gläubiger einen Anspruch auf die Herausgabe einer Sache, so richtet sich dessen zwangsweise Durchsetzung nach den §§ 883–886. Demnach ist zwischen beweglichen – gleich ob vertretbaren (vgl. § 91 BGB) oder nicht vertretbaren – Sachen und Immobilien zu unterscheiden, §§ 883–885, sowie gem. § 886 danach, ob sich die fragliche Sache beim Schuldner bzw. einem herausgabebereiten Dritten befindet – dann wird in Anlehnung an den Rechtsgedanken des § 809 nach den §§ 883–885 vollstreckt – oder bei einem Dritten, der den Vollstreckungsversuch ungerührt ignoriert.[63] Weil das Zwangsvollstreckungsrecht grundsätzlich nur die Besitzschutzrechte, §§ 858 ff. BGB, des Schuldners überwindet, bleibt im letzteren Fall dem Gläubiger nichts anderes übrig, als den bei seinem Schuldner verbliebenen Herausgabeanspruch – z. B. aus den §§ 546, 604, 812 oder 985 BGB – zu pfänden. Dieser ist gewissermaßen der Stellvertreter der weggegebenen Sache, der im Vermögen des Schuldners verblieben ist. Mit seiner Hilfe muss der Gläubiger dann gegebenenfalls den Dritten zur Herausgabe verklagen.

1. Bewegliche Sachen

642 Die Anwendbarkeit des § 883 erfordert einen auf eine (oder mehrere – z. B. eine Bibliothek) **bestimmte bewegliche Sache(n)**[64] gerichteten Anspruch. Er muss auf Herausgabe gerichtet sein, also auf die **körperliche Übergabe** wie beispielsweise bei den §§ 535 I 1, 433 I 1,[65] 985 BGB. Ist das der Fall, so ist für die zwangsweise Durchsetzung erneut der Gerichtsvollzieher zuständig, der auch hierbei die Vorschriften der §§ 753–763, vgl. Rdnn. 570 ff., zu beachten hat, nicht aber die auf die Zwangsvollstreckung wegen einer Geldforderung gemünzten Schuldnerschutzvorschriften der §§ 811 ff., 850 ff.[66] Er geht zum Schuldner, nimmt ihm die geschuldete Sache weg und übergibt sie sodann dem Gläubiger. Was aber, wenn er die geschuldete Sache beim Schuldner nicht vorfindet? Möglicherweise hat sie der Schuldner versteckt, oder sie befindet sich bei dem in § 886 genannten Dritten. Woher soll der Gerichtsvollzieher jedoch wissen, wer das in concreto ist, wenn der Schuldner dessen Namen verheimlicht? Dieser Situation beugen die Abs. 2–4 des § 883 vor, indem sie – wie auch schon in den parallel gelagerten Fällen der §§ 807, 836 III, vgl. Rdnn. 567 f. – den Schuldner zur Abgabe der Eidesstattlichen Versicherung zwingen, dass er von dem Verbleib der Sache nichts weiß.

---

[63] Was hindert den Gerichtsvollzieher daran, zum Freund des Schuldners zu gehen und aus dessen Wohnung die vom Schuldner entliehene, nun aber an den Gläubiger herauszugebende Stereoanlage gegen den Willen des Freundes wegzunehmen?

[64] Das ist wichtig im Hinblick auf Sorgerechtsstreitigkeiten um ein Kind. Diese Herausgabeansprüche werden nach § 33 FGG (bitte überfliegen) vollstreckt.

[65] Verweigert der Schuldner außer der freiwilligen Übergabe auch noch die zur Eigentumsübertragung nach § 929 BGB außerdem erforderliche Einigungserklärung, so richtet sich deren zwangsweise Abgabe nach § 894. Im Ergebnis liegt damit eine doppelte Vollstreckung vor. S. auch § 897 (bitte lesen).

[66] Hinsichtlich eines auf eine Übergabe gerichteten Primäranspruchs wird der Schuldner also weniger geschützt als hinsichtlich des daraus eventuell resultierenden Sekundäranspruchs, der immer auf Geld gerichtet ist.

2. Unbewegliche Sachen

Literatur: Honsel, Die Räumungsvollstreckung gegen Personenmehrheiten, 1992.

Der für diese Gegenstände einschlägige § 885 ist eine der im konkreten Ein-   **643**
zelfall wohl als am schmerzhaftesten empfundenen Vollstreckungsnormen; denn er
gibt die Grundlage dafür ab, dass dem Schuldner buchstäblich „das Dach über dem
Kopf weggenommen" wird – nämlich durch Räumung. In diesem Zusammenhang
spielt der in Rdn. 479 bereits erwähnte § 721 (bzw. § 794 a) seine eminente praktische Rolle (bitte nochmal überfliegen).

Auch hier ist der Gerichtsvollzieher das zuständige Vollstreckungsorgan. Vor-   **644**
ausgesetzt ist, dass der Anspruch des Gläubigers auf **Herausgabe, Überlassung
oder Räumung** einer Immobilie bzw. eines eingetragenen Schiffes gerichtet ist. Da
die Titelerfordernisse des § 750 I selbstverständlich auch hier bestehen, ergeben
sich praktische Schwierigkeiten insbesondere bei Urteilen, die auf Räumung von
Wohnraum gerichtet sind, der nicht vom Schuldner allein bewohnt wird. **Mitbewohner** können außer dem Ehegatten auch Kinder sein oder ein Untermieter bzw.
Mitmieter in einer Wohngemeinschaft oder ein nichtehelicher Lebenspartner; besondere Probleme werfen auch Haus- oder Wohnungsbesetzungen auf, bei denen
sich die Besetzer regelmäßig nicht zu einer den Anforderungen des § 750 genügenden Identifikation ihrer Person bereit erklären. Die wohl h.M. löst diese Fälle
recht pragmatisch: In Anerkennung des Grundsatzes, dass der Gläubiger einen Titel
gegen jeden Gewahrsamsinhaber der Wohnung benötigt, lässt sie Ausnahmen zu:
Benutzen die Personen den Wohnraum gemeinschaftlich, wie insbesondere Famili-
enmitglieder oder auch nichteheliche Lebenspartner, so genügt der eine Titel gegen
den Schuldner; begründet wird das u.a. mit dem Hinweis auf § 885 II, aus dem
sich ergebe, dass die Familienangehörigen nicht als Schuldner bezeichnet werden
(Jauernig II § 26 II 3). Bei Unter- oder Mitmietern, bei Personen also, die den
Wohnraum aus eigenem Recht benutzen, wird dagegen ein Titel gegen jeden von
ihnen verlangt. Das gilt etwa auch dann, wenn beide Ehegatten Mieter sind. Bei den
Haus- und Wohnungsbesetzern (vgl. schon Rdn. 526) schließlich verzichtet man
gelegentlich auf eine Namensangabe bzw. begnügt sich mit einem „Unbekannt",
oder man verlangt doch konkretisierende Angaben wie z.B. die Anzahl der (nicht
wechselnden) Hausbesetzer (OLG Oldenburg NJW-RR 1995, 1164 = JuS 1996, 174
(K. Schmidt) – was aber, wenn die Hausbesetzer in Kenntnis dieser Rspr. fleißig
ein- und ausziehen?). Schließlich darf die Vollstreckung auch nicht daran scheitern,
dass der räumungsverpflichtete Mieter vertragswidrig 108 Tiere (u.a. 29 Gänse,
16 Enten, 12 Hühner, 3 Küken, 3 Hasen, 6 Katzen, 10 Wellensittiche, 1 Hund) hält
(so zutreffend Braun in der Anm. zu OLG Karlsruhe JZ 1997, 573).

II Ansprüche auf Handlungen oder Unterlassungen

Die zwangsweise Durchsetzung dieser Anspruchskategorien ist in den §§ 887 bis   **645**
890 geregelt. Hinsichtlich des Handlungsbegriffes ist zu beachten, dass er in seiner Weite nahezu jede Vollstreckungsart zu erfassen scheint, auch die der Zahlung
einer Geldschuld etwa. Weil dafür aber natürlich die spezielleren Regelungen der

§§ 803–882a einschlägig sind, ist vor Anwendung der §§ 887 ff. zu prüfen, ob nicht eine Sonderregelung vorgeht, s. auch § 887 III. Die §§ 891–893 (bitte überfliegen) enthalten einige gemeinsame Vorschriften.

1. Vertretbare Handlungen

646   Wie schon erwähnt, Rdn. 456, zeichnet sich das moderne Vollstreckungsrecht dadurch aus, dass es den Zwang gegen die Person des Schuldners so schonungsvoll wie möglich einsetzt und sogar bestrebt ist, den Schuldner bei dem ganzen Vorgang weitgehend aus dem Spiel zu lassen. Diese Maxime wird besonders deutlich am Beispiel des § 887. Ist der Schuldner nämlich verurteilt, eine Handlung vorzunehmen, die ein Dritter ebenso vornehmen kann, so kann der Gläubiger die Erfüllung dieser Pflicht **einem anderen übertragen** und die daraus entstehenden Kosten dem Schuldner auferlegen. Statt die Handlung vornehmen zu müssen, muss dieser nun zahlen – eine Alternative, die vielfach als das größere Übel empfunden wird, so dass die Existenz der Regelung des § 887 allein schon als mittelbarer Erfüllungsdruck wirkt.

647   Beispiele für die von § 887 erfassten Handlungspflichten des Schuldners sind insbesondere Reparaturarbeiten, aber auch die Stellung einer Bürgschaft, die Beförderung von Gütern, die Befreiung von einer Schuld, die Lohnabrechnung etc. Ist der Schuldner zur Vornahme einer entsprechenden Handlung verurteilt und verweigert er gleichwohl deren Vornahme, kann der Gläubiger nunmehr – nicht also schon während des Erkenntnisverfahrens[67] – die Zwangsmaßnahme des § 887 beantragen. Dazu muss er sich an das ausschließlich (§ 802) zuständige Vollstreckungsorgan wenden, das in diesem Fall das **Prozessgericht** (! nicht das Vollstreckungsgericht!) des ersten Rechtszuges ist; sofern das ein Landgericht ist, besteht auch hier der in § 78 angeordnete Anwaltszwang. Der Antrag muss auf die in Abs. 1 beschriebene Ermächtigung gerichtet sein und kann darüber hinaus auch noch die in Abs. 2 vorgesehene Verurteilung des Schuldners zur Zahlung eines Vorschusses begehren. Das Gericht gewährt dem Schuldner rechtliches Gehör und entscheidet sodann durch einen Beschluss, § 891. Gibt dieser dem Antrag statt, so kann der Gläubiger die Erfüllung jetzt einem anderen übertragen. Alle ihm in diesem Zusammenhang erwachsenden Kosten muss er, wenn der Schuldner nicht zur Leistung des Vorschusses verpflichtet worden ist,[68] verauslagen, kann sie aber dann als notwendige Kosten der Zwangsvollstreckung gem. § 788 vom Schuldner wieder eintreiben. Der Schuldner muss die Ersatzvornahme dulden, vgl. § 892.

648   Der soeben beschriebene Fall, in dem sich der Schuldner weigert, die Erfüllung überhaupt vorzunehmen, ist seltener als der, in dem sich Gläubiger und Schuldner darum streiten, was Letzterer genau zu tun bzw. ob er ordnungsgemäß erfüllt hat:

BGH NJW 1993, 1394 = EWiR 1993, 203 (Paulus): In einem Prozessvergleich mit B verpflichtete sich K, die bei der Verlegung von Bodenplatten aufgetretenen Fehler zu beseitigen und, falls das misslinge, eine Gesamtsanierung

---

[67] Das ist bei § 510b anders! S. auch § 888a (bitte beide Vorschriften überfliegen).

[68] Was geschieht bzw. wie ist vorzugehen, wenn sich der Schuldner weigert, den im Beschluss angeordneten Vorschuss zu leisten?

durchzuführen. Nach teilweiser Ausbesserung stellt B den Antrag nach § 887 mit der Begründung, die Beseitigung führe nicht zu dem geschuldeten Erfolg, so dass eine Gesamtsanierung erforderlich sei.

Die Behauptung des B allein genügt, um dem Antrag stattzugeben! K ist gezwungen, im Wege einer Klage nach § 767 (vgl. Rdnn. 671 ff.) seine Gegenbehauptung durchzusetzen, dass die bereits vorgenommene und die weitere Reparatur zu einem ordnungsgemäß verlegten Boden führen werde.

2. Unvertretbare Handlungen

Die vorerwähnte Maxime der Schonung der Person des Schuldners findet sich erneut und besonders deutlich im § 888 wieder: Er regelt, wie bei der Erzwingung solcher, im konkreten Einzelfall mitunter nur schwer von § 887 abgrenzbaren Handlungen zu verfahren ist, die in der geschuldeten Weise nur und allein der Schuldner vornehmen kann; aus Vollstreckbarkeitsgründen werden hierzu bisweilen auch vertretbare Handlungen gezählt, die im Ausland vorgenommen werden müssten (z. B. OLG Frankfurt/M. RIW 2001, 379 = EWiR 2001, 243 (Schuschke)). Bestimmte Pflichten können wegen ihres **überwiegend persönlichen Charakters** überhaupt nicht mit staatlichem Zwang durchgesetzt werden; Abs. 3 nennt die Eingehung der Ehe[69] und die Herstellung des ehelichen Lebens sowie (höchstpersönliche) Dienstvertragspflichten.[70] Die h.M. erstreckt dies zusätzlich auf Geschäftsbesorgungs- und Auftragsverträge. Darüber hinaus enthält auch Abs. 1 noch eine ganz wesentliche Einschränkung der Vollstreckbarkeit, indem er ausdrücklich verlangt, dass die Vornahme der fraglichen Handlung „ausschließlich von dem Willen des Schuldners abhängt." Benötigt der Schuldner also für die von ihm vorzunehmende Handlung die Mithilfe eines Dritten – etwa die Zustimmung der Zeitung, den Widerruf des Schuldners abzudrucken – und ist die nicht zu erlangen, so kann diese Handlung nicht vollstreckt werden. Zwar ist der Schuldner verpflichtet, sich ernsthaft und nachdrücklich um die Mithilfe des Dritten zu bemühen, doch wenn dieser sie aus welchen Gründen auch immer verweigert, bleibt dem Gläubiger allein die durch § 893 bestätigte Möglichkeit, einen Sekundäranspruch geltend zu machen. Die Handlung selbst ist **nicht erzwingbar.**

Letzteres gilt allerdings auch für die übrigen, allein vom Willen des Schuldners abhängigen **höchstpersönlichen Handlungspflichten.** Der Schuldner wird nicht etwa durch die Anwendung unmittelbaren Zwangs dazu genötigt, die erforderliche Auskunft zu erteilen, Rechnung zu legen, eine Behauptung zu widerrufen, eine bürgerlich-rechtliche eidesstattliche Versicherung abzugeben, § 889, ein Zeugnis auszustellen, einen Arbeitnehmer weiterzubeschäftigen etc.[71] Vielmehr arbeitet das

649

650

---

[69] Welche Bedeutung hat diese Vorschrift neben § 1297 I BGB?

[70] Der Autor, der sich gegenüber dem Verlag zur Abgabe des Lehrbuchmanuskripts bis zu einem bestimmten Termin verpflichtet, kann sich also im Hinblick auf § 888 III getrost Zeit lassen. Auf welche Weise wird der Verlag aber versuchen, wenigstens mittelbaren Druck auszuüben?

[71] Wonach richtet sich die zwangsweise Durchsetzung der Pflicht, eine Urkunde gem. §§ 809 f. BGB (bitte überfliegen) vorzulegen?

Gesetz (vgl. BayObLG ZIP 1996, 1039) auch hier wieder mit mittelbarem Zwang, indem es dem Schuldner die Vornahme der Handlung nahe legt, weil anderenfalls ein **Zwangsgeld** zwischen € 5,– (Art. 6 I EGStGB) und € 25.000,– (zur Berechnung OLG Karlsruhe NJW-RR 2000, 1312) oder gar **Zwangshaft** droht. Voraussetzung dafür ist – wie auch schon bei § 887 – ein entsprechender Antrag des Gläubigers bei dem Prozessgericht (!) des ersten Rechtszuges. Er muss die vorzunehmende Handlung mit größtmöglicher Bestimmtheit beschreiben, nicht jedoch das Zwangsmittel. Über den Antrag entscheidet das Gericht per Beschluss, § 891. Kommt der Schuldner auch dann noch seiner Verpflichtung nicht nach, treibt der Gerichtsvollzieher – wiederum auf Antrag des Gläubigers – ein festgesetztes Zwangsgeld zugunsten der Staatskasse nach den §§ 803 ff. ein, oder der Schuldner wird auf der Grundlage der §§ 901 ff. in Haft genommen. Nach einem Verschulden bzw. Vertretenmüssen des Schuldners wird nicht gefragt, weil es sich bei diesen Zwangsmaßnahmen um ein **Beugemittel**, nicht aber um eine Schadensersatzleistung handelt. Paradigmatisch hierfür der Fall von

> HansOLG Bremen JZ 2000, 314: Die (offenbar durchaus zielstrebige) Antragstellerin war als nichteheliches Kind der Antragsgegnerin geboren und als Adoptivkind nach Schweden gegeben worden. Später über diesen Umstand aufgeklärt, machte sie sich auf die Suche nach ihrer Mutter. Von ihr verlangt sie in dem Rechtsstreit Auskunft darüber, wer ihr leiblicher Vater sei. Die Vorinstanzen haben dem Verschweigungswunsch der Mutter mit Hilfe einer analogen Anwendung des § 888 III entsprochen. Das OLG teilt diese Ansicht nicht und schließt seine Begründung mit der Mahnung: „Es ist nicht Aufgabe der Justiz, moralische Appelle auszusprechen, sondern Ansprüchen zu ihrer Durchsetzung zu verhelfen."

3. Unterlassung und Duldung

Literatur: Borck, Probleme bei der Vollstreckung von Unterlassungstiteln, GRUR 1991, 428; Lindacher, Internationale Unterlassungsvollstreckung, FS Gaul, 1997, 399.

651   Beispiele für entsprechende Pflichten ergeben sich vor allem aus Konkurrenz- und Wettbewerbsverboten, aus den §§ 12, 862, 1004 BGB, 1 f. UKlaG oder aus dem Urheber- und Patentrecht. So leicht die theoretische Einordnung fällt, so schwer kann sie in der Praxis in ihrer **Abgrenzung zu den Handlungspflichten** nach den §§ 887, 888 sein: Denn die Unterscheidung von Handlung und Unterlassen ist des Öfteren lediglich eine Frage der Perspektive.[72] Hier kommt es daher maßgeblich auf die Formulierung des Titels an, so dass sich aufgrund der schon mehrfach erwähnten Vorwirkung Mandant und Anwalt schon frühzeitig genug Klarheit über ihr tatsächliches Begehren verschaffen müssen, um den richtigen Klageantrag formulieren zu können. Vor allem wenn ein Unterlassen begehrt wird, nachdem der andere gegen das Gebot bereits einmal verstoßen und somit einen rechtswidrigen Zustand herbeigeführt hat, muss streng genommen zusätzlich die Beseitigung dieses Zustandes

---

[72] Vgl. das von Medicus gegebene Beispiel in Bürgerliches Recht, 19. Aufl., 2002, Rdn. 644: Jemand lagert scharfkantiges Metall auf einem umzäunten Gelände (Handeln) und schließt das Tor nicht ab (Unterlassen).

begehrt werden; sie kann dann nach den §§ 887 oder 888 durchgesetzt werden. Die h. M. verfährt hierbei freilich bisweilen großzügig und fasst gegebenenfalls bestimmte, im engen Zusammenhang mit dem Unterlassen stehende Handlungspflichten unter die Vollstreckung nach § 890.

Zu den soeben beschriebenen Vorwirkungen des § 890 gehört auch die in Abs. 2 angeordnete Notwendigkeit, die **Ordnungsmaßnahmen dem Schuldner anzudrohen**. Ein Anwalt ist gerade bei den besonders eilbedürftigen Wettbewerbssachen oder im gewerblichen Rechtsschutz insgesamt gut beraten, die Androhung bereits in das Urteil mit aufnehmen zu lassen: „... wird bei Meidung eines Ordnungsgeldes von bis zu € 250.000,–, ersatzweise Ordnungshaft, verurteilt, zwischen 20.00 und 08.00 Uhr zu unterlassen, in der Wohnung, X-Straße 1, 3. Stock, Trompete zu spielen." Zwar kann die Androhung durch einen gesonderten Beschluss nachgeholt werden, doch hat der Schuldner dann gewissermaßen einen Unterlassungsgebotsbruch „frei". Das hier gebrauchte Beispiel zeigt übrigens noch eine weitere praktische Problematik des Unterlassungs- und Duldungsanspruchs auf: nämlich seine **Formulierung**. Je unpräziser bzw. enger er gefasst ist, desto mehr sind Folgestreitereien zwischen den Parteien vorprogrammiert. Der obige Vorschlag etwa läuft leer, wenn der Schuldner außer Trompete auch noch Schlagzeug spielt! Mag hier auch der Oberbegriff ‚ruhestörender Lärm' für Abhilfe sorgen, so erkennt man doch, in welchen Schwierigkeiten sich beispielsweise ein Anwalt befindet, wenn er die Klage eines Softwarehauses gegen einen Konkurrenten abfasst, die diesem die Verwendung einer bestimmten Benutzeroberfläche verbieten soll.

652

Handelt der Schuldner nach Eintritt der Vollstreckbarkeit[73] und nach Androhung der Ordnungsmaßnahme dem Unterlassungs- oder Duldungsgebot zuwider – anders als bei § 888 ist hier ein **Verschulden erforderlich** (BVerfGE 58, 163)[74] –, so kann der Gläubiger beim Prozessgericht des ersten Rechtszuges (Vollstreckungsorgan!) die Verhängung einer vom Gericht festzusetzenden Ordnungsmaßnahme beantragen; s. auch Abs. 3. Die Verhängung erfolgt wiederum nach Anhörung des Schuldners in Gestalt eines Beschlusses, § 891. Das Ordnungsgeld wird nach der Justizbeitreibungsordnung zugunsten der Staatskasse beigetrieben, und die Ordnungshaft wird nach der Strafvollstreckungsordnung (und nicht etwa nach den §§ 901 ff.) vollstreckt.

653

Umstritten ist, gegen wen die Ordnungsmaßnahmen zu richten sind, wenn der Schuldner etwa minderjährig, d. h. **nicht prozessfähig**, § 52, oder eine **juristische Person** ist. Als Faustregel kann man sich merken, dass das Ordnungsgeld gegen den Schuldner selbst, die Ordnungshaft dagegen gegen den gesetzlichen Vertreter bzw. gegen denjenigen verfassungsmäßig berufenen Vertreter zu verhängen ist, der für die Zuwiderhandlung verantwortlich ist.

654

---

[73] Zur Klarstellung: auch bei dieser Zwangsvollstreckung sind Titel, Klausel und Zustellung erforderlich!

[74] Diese Differenzierung ergibt sich daraus, dass die in § 890 genannten Ordnungsmaßnahmen nicht nur als Beugemittel fungieren, sondern auch Strafcharakter haben.

III Abgabe einer Willenserklärung

655   Die Verpflichtung zur Abgabe einer Willenserklärung[75] kann sich für den Schuldner beispielsweise aus einem Vorvertrag, aus §§ 433 I 1 i.V.m. 929 BGB, aus den §§ 888, 894 BGB oder aus einem Gesellschaftsvertrag ergeben. Dabei entspräche es an sich dem Grundgedanken der Naturalvollstreckung, den Schuldner, der zur Abgabe einer Willenserklärung verurteilt worden ist und sich weigert, diese abzugeben, zur Erklärung zu zwingen; das könnte nach Maßgabe des § 888 geschehen. Eine andere Möglichkeit wäre, dass das Vollstreckungsorgan die Erklärung abgibt. Das deutsche Recht hat sich für eine dritte Möglichkeit entschieden: Es schlägt gewissermaßen den kürzesten Weg ein, indem es in § 894 **die Abgabe** der Willenserklärung **fingiert**, sobald das Urteil (formell) rechtskräftig ist.[76]

656   Daraus folgt einmal, dass eine **vorläufige Vollstreckung** bei einem solchen Urteil **an sich nicht möglich** ist. Doch lässt § 895 (bitte lesen) insoweit Ausnahmen zu, als schon das materielle Recht in Gestalt der Vormerkung und des Widerspruchs vorläufige Sicherungsbehelfe vorsieht. Zum anderen folgt aus dem Fiktionsautomatismus, dass bei diesem Leistungstitel Klausel und Zustellung grundsätzlich nicht benötigt werden; eine Ausnahme hiervon sieht § 894 I 2 für den Fall vor, dass der Schuldner die Willenserklärung lediglich Zug um Zug gegen eine vom Gläubiger zu erbringende Leistung abgeben muss, vgl. auch § 726 II. Der Grund für diese Ausnahme ist der, dass nur auf diese Weise der vom materiellen Recht verlangte wechselseitige Austausch der Leistungen gewährleistet ist.

657   Auch wenn der Urteilserfolg somit gewissermaßen von selbst eintritt, handelt es sich bei der Fiktion des § 894 gleichwohl um eine Zwangsvollstreckung und nicht um eine Gestaltungswirkung. Eine Klage auf Abgabe einer Willenserklärung ist daher immer als eine **Leistungsklage** zu formulieren. Ist das Urteil einmal rechtskräftig, ist damit jede Form gewahrt. § 896 ermöglicht dem Gläubiger den Zugriff auf die für eine Registereintragung erforderlichen Unterlagen, und § 898 stellt klar, dass es sich bei einem durch eine solchermaßen „abgegebene" Willenserklärung zustande gekommenen Vertrag um einen rechtsgeschäftlichen Abschluss handelt, der zur Anwendbarkeit der Gutglaubensvorschriften führt. Weil die Zwangsvollstreckung nach den §§ 883 ff. keine Pfändung vorsieht, kommt es hier also nicht zu den Verzerrungen der öffentlich-rechtlichen Betrachtungsweise, vgl. Rdnn. 560 ff.

§ 8 Rechtsbehelfssystem

Literatur: Arens/Lüke, Die Rechtsbehelfe im Zwangsvollstreckungsverfahren, Jura 1982, 455; Gaul, Das Rechtsbehelfssystem der Zwangsvollstreckung – Möglichkeiten und Grenzen

---

[75] Die Pflicht zur Abgabe einer tatsachenbezogenen Erklärung wie einer Eidesstattlichen Versicherung richtet sich nicht nach § 894, sondern nach § 888. Hingegen wird § 894 auf die Pflicht zur Abgabe einer prozessualen oder rechtsgeschäftsähnlichen Erklärung entsprechend angewendet.

[76] Wie verhält es sich mit der Vollstreckbarkeit einer Pflicht zur Abgabe einer Willenserklärung, die in einem nichtrechtskraftfähigen Titel begründet ist – z.B. in einem Prozessvergleich?

einer Vereinfachung, ZZP 85, 1972, 251; Olzen, Rechtsschutz gegen Zwangsvollstreckung aus notariellen Urkunden, DNotZ 1993, 211; Schreiber, Rechtsbehelfe in der Zwangsvollstreckung, Jura 1992, 25; Windel, Die Rechtsbehelfe des Schuldners gegen eine Vollstreckung aus einer unwirksamen notariellen Urkunde (§ 794 I Nr. 5 ZPO) – zugleich ein Beitrag zum Rechtsschutzsystem des Achten Buches der ZPO, ZZP 102, 1989, 175.

Bis hierher wurde das Zwangsvollstreckungsverfahren dargestellt, wie es ohne Reibungspunkte und ohne größeren Streit zwischen den Parteien abläuft. Auch wenn das für den, statistisch gesehen, wohl überwiegenden Teil der tagtäglichen Vollstreckungen der übliche Ablauf ist, interessiert den Juristen ex professo eher der anormale Fall, in dem irgendetwas schief läuft. Dass gerade in der Zwangsvollstreckung vieles schief laufen kann, indiziert deren höchst ausdifferenziertes Rechtsbehelfssystem, das seinerseits wiederum Ausdruck der (grundrechtlichen wie tatsächlichen) Empfindlichkeit und Schutzbedürftigkeit der beteiligten Parteien ist. Freilich ist dieses System zwischenzeitlich so ausziseliert, dass es nicht nur für den juristischen Laien ein fast schon undurchsichtiges Gestrüpp bildet. Auch hier werden im Folgenden nicht mehr als bloß die Grundzüge vermittelt.   **658**

I Anlässlich der Klauselerteilung

Literatur: Hoffmann, Die Rechtsbehelfe während des Klauselerteilungsverfahrens, Jura 1995, 411.

Obgleich die Klausel nichts weiter ist als das Zeugnis des erkennenden Gerichts, dass es sich bei dem Urteil um einen vollstreckungsfähigen Titel handelt, gibt es auch bei deren Erteilung noch genügend Konfliktstoff. Das Gesetz kanalisiert diesen, indem es Gläubiger wie Schuldner unterschiedliche Rechtsbehelfe zur Verfügung stellt.   **659**

1. Gläubiger

Wird die vom Gläubiger beantragte einfache Klausel der §§ 724, 725 nicht erteilt, kann er sich dagegen mit der (befristeten) Erinnerung nach § 573 I zur Wehr setzen; der Urkundsbeamte (Rdn. 508) darf auch selbst der Erinnerung abhelfen, §§ 573 I 3, 572 I. Kann der Gläubiger dagegen bei einer titelergänzenden oder -übertragenden Klausel der §§ 726 I, 727–729 (vgl. Rdnn. 512 ff., 515 ff.) den von ihm verlangten Nachweis nicht in der gehörigen Weise erbringen – hat er also für den maßgeblichen Vorgang keine öffentliche oder öffentlich beglaubigte Urkunde –, so muss er den Schuldner gem. § 731 **auf Feststellung verklagen**, dass die Klausel zu erteilen ist. In diesem Erkenntnisverfahren sind die herkömmlichen Beweismittel der §§ 371 ff. zugelassen. Aufgrund eines stattgebenden Urteils wird sodann die Klausel erteilt. Verweigert der Rechtspfleger die Klauselerteilung aus anderen Gründen, kann der Gläubiger gem. den §§ 11 RPflG, 567 die sofortige Beschwerde erheben.   **660**

2. Schuldner

Die Unterscheidung zwischen der Erteilung einer einfachen und einer qualifizierten Klausel spielt für die Rechtsbehelfe des Schuldners gleichfalls eine Rolle, obgleich die ihm durch § 732 eingeräumte **Erinnerungsbefugnis** darüber nichts verlautbart.   **661**

Denn das Gesetz räumt ihm eine weitere Möglichkeit zur Verteidigung gegen die Klauselerteilung ein, wenn er sich gegen die Erteilung gerade einer qualifizierten Klausel verwahren will. Dann nämlich kann er wahlweise statt der Erinnerung eine **Klage** gem. § 768 gegen den Gläubiger erheben. Auch wenn Erinnerung und Klage das gleiche Rechtsschutzziel – nämlich die Rücknahme der Klauselerteilung – haben, wird der Schuldner ein Vorgehen nach § 768 dann wählen, wenn er außer gegen die Klauselerteilung auch noch Einwendungen gegen den zugrunde liegenden Anspruch erheben will – mit der sogleich zu besprechenden Vollstreckungsgegenklage des § 767.

II Anlässlich der Zwangsvollstreckung

662   Die hier vorgenommene Differenzierung zwischen Rechtsbehelfen anlässlich der Klauselerteilung und solchen anlässlich der Zwangsvollstreckung selbst rechtfertigt sich aus der generellen Norm des § 793 (bitte lesen). Danach ist die sofortige Beschwerde in der Mehrzahl der vollstreckungsrechtlichen Entscheidungen statthaft, sofern diese nur „im Zwangsvollstreckungsverfahren" ergehen. Die Klauselerteilung ist dagegen vorgelagert; sie bildet den Abschluss des Erkenntnisverfahrens (Rdn. 509).

1. Gegen den Verfahrensablauf der Vollstreckung

Literatur: J. Blomeyer, Die Erinnerungsbefugnis Dritter in der Zwangsvollstreckung, 1966; Brox/Walker, Die Vollstreckungserinnerung, JA 1986, 57; K. Schmidt, Die Vollstreckungserinnerung im Rechtssystem, JuS 1992, 90; Wittschier, Die Vollstreckungserinnerung gem. § 766 ZPO, JuS 1999, 585.

663   Der soeben erwähnte § 793 führt zu nicht ganz einfachen Abgrenzungsproblemen.

(a) Gegen die Art und Weise

(aa) Grundsätzliches

664   Der Zweck des § 766 ist es, den verfahrensmäßig einwandfreien Ablauf der Zwangsvollstreckung zu garantieren. Er gewährt nämlich eine Erinnerung wegen der Art und Weise der Zwangsvollstreckung und wegen des vom Gerichtsvollzieher zu beobachtenden Verfahrens. Diese Formulierung ist weitreichend, weil der Erinnerungsbefugte nicht näher spezifiziert ist. Infolgedessen können sich nicht nur der Gläubiger oder der Schuldner dieses Rechtsbehelfs bedienen, sondern auch ein gegebenenfalls betroffener Dritter. Der Gläubiger mag sich etwa dagegen verwahren, dass der Gerichtsvollzieher bestimmte Sachen nicht gepfändet hat (vgl. § 766 II), der Schuldner dagegen, dass eine seiner Ansicht nach unpfändbare Sache (der Computer des Heidelberger Theologiestudenten in Rdn. 584) gepfändet worden ist oder dass die Vollstreckungsvoraussetzungen ‚Titel, Klausel, Zustellung' ganz oder teilweise fehlen, und ein Dritter z. B. dagegen, dass eine in seinem (Mit-)Gewahrsam befindliche Sache ohne sein Einverständnis weggenommen worden ist. Die Beispiele sind endlos: Wann immer es um den **korrekten Verfahrensablauf der**

Zwangsvollstreckung geht, ist die Erinnnerung der grundsätzlich richtige Rechtsbehelf.

(bb) Abgrenzungsfragen

Leider verbleibt es nicht bei dem zuletzt genannten, leicht einprägsamen Grundsatz. Vielmehr fordert das Gesetz eine Differenzierung, die sich daraus ergibt, dass sich die Erinnerung nicht nur gegen die Vorgehensweise des Gerichtsvollziehers richten kann, sondern auch gegen diejenige anderer Vollstreckungsorgane. Da dies aber auch Gerichte sind, muss bei ihnen zwischen Vollstreckungsmaßnahmen und Entscheidungen unterschieden werden, weil § 793 hinsichtlich der Entscheidungen gegenüber der Erinnerung des § 766 als lex specialis gilt. Anhaltspunkte dafür, was dabei unter Entscheidungen zu verstehen ist, ergeben sich aus den §§ 764 III, 128 IV (bitte lesen). Die Abgrenzung von Maßnahmen und Entscheidungen fällt im Einzelfall nicht immer ganz leicht. Auch wenn hier vieles höchst umstritten ist, lässt sich doch die allgemeine Faustregel aufstellen, dass regelmäßig dann eine **Maßnahme** vorliegt, gegen die die **Erinnerung nach § 766 statthaft** ist, wenn die Gegenpartei nicht gehört werden durfte (wie beim Erlass eines Pfändungsbeschlusses wegen § 834) oder tatsächlich nicht gehört wurde **und** zugleich dem Antrag stattgegeben wurde. Nach h. M. ist dabei gleichgültig, ob die Maßnahme von einem Richter oder von einem Rechtspfleger vorgenommen wurde.

665

Dagegen ist die **sofortige Beschwerde des § 793** die richtige Vorgehensweise, wenn der Gläubigerantrag abgelehnt oder der Schuldner angehört worden ist. Dann, so sagt man, stelle sich die gerichtliche Aussage als die Folge einer Abwägung dar, die das Kennzeichen einer Entscheidung sei. Auf eine solche Begründung verzichtet man jedoch gänzlich, wenn die fragliche Äußerung vom Prozessgericht als Vollstreckungsorgan[77] stammt: Sie wird immer als Entscheidung angesehen, die infolgedessen immer zur sofortigen Beschwerde des § 793 führt. Der Grund für diese Durchbrechung der Regel liegt in § 764. Danach ist das Vollstreckungsgericht ein Amtsgericht; da das Prozessgericht ein Landgericht sein kann, wäre u. U. das niedere Gericht Kontrolleur des höheren. Das empfindet man als nicht angängig.

666

(cc) Verfahrensfragen

Die Erinnerung nach § 766 ist bei dem **Vollstreckungsgericht** vorzutragen. Form- oder Fristerfordernisse bestehen nicht, die Entscheidung ergeht durch den Richter, vgl. § 20 Nr. 17 a. E. RPflG, in Gestalt eines Beschlusses, § 764 III. Weil dieser eine Entscheidung im Zwangsvollstreckungsverfahren darstellt, ist gegen ihn sodann die sofortige Beschwerde des § 793 statthaft. Das Vollstreckungsgericht kann über § 766 I 2 schon vor Erlass des Beschlusses vorläufige Anordnungen treffen – etwa die Verwertung derjenigen Sache aussetzen, von der der Hypothekengläubiger oder der die Zwangsvollstreckung betreibende Gläubiger behauptet, sie sei Grundstückszubehör (ein weiteres Beispiel für die Erinnerungsbefugnis eines Dritten).

667

---

[77] Zur Wiederholung: Wann ist das der Fall?

(b) Gegen Entscheidungen

668   Während sich also § 766 gegen Maßnahmen der Vollstreckungsorgane richtet, bietet § 793 einen Schutz gegen **Entscheidungen**. Ist diese Abgrenzung schon nicht ganz einfach, so bleibt die Übersichtlichkeit vollends auf der Strecke, wenn bei den Entscheidungen noch einmal danach differenziert werden muss, wer die fragliche Entscheidung getroffen hat:

(aa) § 793

669   Hat ein **Richter** entschieden, ist die **sofortige Beschwerde** des § 793 der statthafte Rechtsbehelf. Beschwerdebefugt ist außer dem Gläubiger und dem Schuldner etwa auch der Drittschuldner. Im Übrigen wurde dieser Rechtsbehelf bereits unter Rdn. 666 dargestellt, so dass hier der bloße Hinweis auf die formellen Voraussetzungen der §§ 567–572 genügen mag; s. auch Rdnn. 419 ff. Hinsichtlich der zeitlichen Begrenzung ‚im Zwangsvollstreckungsverfahren' ist jedoch zu beachten, dass die Entscheidung gerade in diesem Zeitraum ergangen sein muss, d. h. zwischen der Einleitung der ersten Vollstreckungsmaßnahme und dem vollständigen Abschluss der Vollstreckung insgesamt.

(bb) § 11 RPflG

670   Hat ein **Rechtspfleger** die Entscheidung erlassen – und das stellt die Regel dar, vgl. § 20 Nrn. 16, 17 RPflG –, besteht in § 11 RPflG eine Spezialvorschrift, die nach der oben Rdnn. 665, 666, getroffenen Unterscheidung zwischen einer Maßnahme und einer Entscheidung immer dann einschlägig ist, wenn der Rechtspfleger gerade eine Entscheidung getroffen hat. § 11 I RPflG verweist für diesen Fall zunächst auf die „allgemeinen verfahrensrechtlichen Vorschriften". Damit ist im Wesentlichen die sofortige Beschwerde des § 793 gemeint; denn man hat sich lediglich die Frage zu stellen, welcher Rechtsbehelf einschlägig wäre, wenn anstelle des Rechtspflegers ein Richter entschieden hätte. Die eigentliche Rechtspflegererinnerung findet sich demgemäß erst in § 11 II RPflG (bitte lesen). Sie kommt erst zum Tragen, wenn gegen eine richterliche Entscheidung kein Rechtsmittel gegeben ist; ein Beispiel dafür findet sich etwa in § 813 b V 4. Diese Erinnerung ist ausweislich des § 11 II 4 RPflG nach den Vorschriften über die sofortige Beschwerde, Rdnn. 419 ff. durchzuführen. Gleichwohl ordnen die S. 2 und 3 dieser Norm an, dass der Rechtspfleger der Erinnerung selbst abhelfen kann; tut er das nicht, muss er sie dem Richter vorlegen.

2. Gegen den Vollstreckungsanspruch

Literatur: Gaul, Materielle Rechtskraft, Vollstreckungsabwehr und zivilrechtliche Ausgleichsansprüche, JuS 1962, 1; G. Lüke, Fälle zum Zivilprozeßrecht, 2. Aufl., 1993, 164 (Fall 14); Merz, Die Vollstreckungsgegenklage, Jura 1989, 449; Münch, Die Verteilung der Beweislast bei der Vollstreckungsgegenklage, NJW 1991, 795; Renck, Vollstreckungsabwehrklage bei Vollstreckung aus Vergleich, NJW 1992, 2209.

671   Nur Gestaltungsurteile führen zu einer Veränderung der materiellen Rechtslage, Feststellungs- und Leistungsurteile dagegen nicht. Wenn also das Gericht die Leistungsverpflichtung des Schuldners feststellt und ihn infolgedessen zu deren Erbringung verpflichtet, so hat dieses Erkenntnis zwar insoweit Einfluss auf das materielle

Recht, als es ab Eintritt der formellen Rechtskraft eine verbindliche Aussage über das Rechtsverhältnis der Parteien darstellt. Aber die materielle Rechtslage selbst wird dadurch nicht neu gestaltet. Wegen dieser Trennung kann es zu Diskrepanzen kommen, wenn der Schuldner etwa nach Urteilserlass leistet und der Gläubiger gleichwohl die Zwangsvollstreckung beginnt. Die Leistung des Schuldners führt nach deutschem Recht nicht automatisch zum Untergang des Titels; vielmehr ist dessen Leistungsbefehl so lange zu befolgen, als er nicht formell zurückgenommen worden ist, vgl. § 775 (bitte überfliegen). Um solche ungerechtfertigten Ergebnisse zu vermeiden, eröffnet § 767 dem Schuldner die Möglichkeit, beim Prozessgericht des ersten Rechtszuges (nicht beim Vollstreckungsgericht!)[78] die so genannte **Vollstreckungsgegenklage** – bisweilen auch Vollstreckungsabwehrklage genannt – zu erheben; § 769 ergänzt diesen Schutz um die Möglichkeit einstweiliger Anordnungen.

(a) Voraussetzungen

Bei dieser, in der Praxis höchst bedeutsamen Klage[79] handelt es sich um eine prozessuale Gestaltungsklage, deren Ziel die Beseitigung der Vollstreckbarkeit des Titels – nicht die Beseitigung des Titels oder seiner Rechtskraft! – ist. Obwohl der Gläubiger diesem Rechtsschutzbegehren selbst nicht stattgeben kann, weil er die Kompetenz zur Änderung des Titels gar nicht hat, ist die Klage gegen ihn zu richten.[80] Mit ihr muss der Schuldner (= Kläger) beantragen, die Zwangsvollstreckung aus dem exakt bezeichneten Titel für unzulässig zu erklären. Begründet ist die Klage, wenn der der Vollstreckung zugrunde liegende materiell-rechtliche Anspruch erloschen oder gehemmt ist, wenn also die Leistungspflicht beispielsweise bereits erfüllt worden ist oder eine Leistung an Erfüllungs Statt erbracht, wenn aufgerechnet oder erlassen wurde oder wenn die Parteien eine Stundungsvereinbarung getroffen hatten oder die Forderung verjährt ist.[81] 672

Das in § 767 III ausgesprochene ‚**Bündelungsgebot**' besagt, dass der klagende Schuldner in der Klage sämtliche möglichen Einwendungen geltend machen muss. Das wird dahin gehend abgeschwächt, dass er im Rahmen des § 531 II auch noch in der Berufungsinstanz neue Einwendungen vortragen darf. Wie nach einer erfolgreichen Klage weiter verfahren wird, ergibt sich aus den §§ 775, 776; dazu Rdnr. 696 f. 673

Hinsichtlich der Zulässigkeitsvoraussetzung ‚Rechtsschutzbedürfnis' ist zu beachten, dass die Vollstreckungsgegenklage in zeitlicher Hinsicht voraussetzt, dass sie nach Erlass bzw. Entstehung des Vollstreckungstitels und vor der vollstän- 674

---

[78] Sondervorschriften bestehen etwa für die vollstreckbare Urkunde, § 797 V, oder Gütestellenvergleiche, § 797 a III.

[79] Sie ist auch in den in den §§ 785, 786 genannten Fällen anzuwenden.

[80] Dafür gibt es u. a. einen ganz pragmatischen Grund: Wäre etwa der Staat zu verklagen und obsiegt der klagende Schuldner, so müsste der an der Vollstreckung nur mittelbar interessierte Staat die Prozesskosten nach § 91 tragen. Damit wäre die vom Gläubiger initiierte und allein seinen Interessen dienende Vollstreckung gewissermaßen verstaatlicht.

[81] S. auch BGHZ 94, 29: Der räumungsverpflichtete Mieter kann im Wege einer Vollstreckungsgegenklage eine mietvertraglich vorgesehene Verlängerungsoption geltend machen.

gen Beendigung der Zwangsvollstreckung erhoben wird. Nun kann es aber natürlich passieren, dass während des Prozesses über die Vollstreckungsgegenklage, der sich wie bei jeder anderen Klage auch eventuell über drei Instanzen hinzieht, die Zwangsvollstreckung insgesamt beendet wird – etwa weil der Gläubiger (=Beklagter) das ihm nach dem Titel Gebührende erhalten hat. In einem solchen Fall muss der Kläger (=Schuldner) die Klage dahin gehend ändern, dass er das vom Gläubiger seiner Ansicht nach zu Unrecht Erlangte im Wege einer **Eingriffskondiktion** nach § 812 I 1, 2. Alt. BGB zurückverlangt. Die nach § 767 maßgeblichen Einwendungen setzen sich nämlich nach h. M. in dem materiell-rechtlichen Anspruch fort (BGH NJW 1993, 3318, 3320 = JuS 1994, 353 (K. Schmidt)).

(b) Präklusion

675   Der Schuldner, der trotz eines gegen ihn gerichteten Titels nicht leisten will und von dem der Gläubiger infolgedessen Befriedigung nur im Wege der Zwangsvollstreckung erlangen kann, wird immer irgendwelche Einwendungen gegen den materiellen Anspruch vorbringen. Handelt es sich bei dem Titel um ein Urteil, so wird er gegebenenfalls der Ansicht sein, dass das Urteil falsch ist, etwa weil der Gläubiger ihm in Wahrheit doch die Forderung erlassen hatte o. Ä. Wenn man nur § 767 I liest, so scheint es, dass der Schuldner all diejenigen Einwendungen in der Vollstreckungsgegenklage noch einmal vorbringen könnte, über die im Erkenntnisverfahren bereits gestritten worden ist, deren Unbeachtlichkeit das Urteil jedoch gerade verbindlich festgestellt hat. Um diese wenig sinnvolle Konsequenz zu vermeiden, schließt der berühmte § 767 II bestimmte Einwendungen aus, d. h., erhebt sie der Schuldner gleichwohl in seiner Vollstreckungsgegenklage, wird diese als unbegründet abgewiesen. Diesen Ausschluss nennt man technisch ‚Präklusion‘ (s. auch oben Rdnn. 175 f.).

(aa) Entstehungszeitpunkt

676   Präkludiert sind die Einwendungen dann, wenn die „Gründe, auf denen sie beruhen" bereits zu einer Zeit entstanden waren, zu der sie in der mündlichen Verhandlung noch hätten geltend gemacht werden können – nicht also, wenn das Verfahren in der Berufungsinstanz abgeschlossen ist und in die Revisionsinstanz geht (BGH JZ 1999, 304). Dieser Zeitpunkt ist die Trennlinie. Was davor liegt, ist vom Erkenntnisrichter des Ausgangsprozesses abzuhandeln, was danach, vom Erkenntnisrichter der Vollstreckungsgegenklage. Wegen dieser Trennungslinie kommen für die Klage nach § 767 **nur rechtshemmende oder -vernichtende Einwendungen** gegen die titulierte Forderung in Betracht. Rechtshindernde Einwendungen sind alleiniges Problem des Erstrichters. Wegen dieser Trennungslinie wird darüber hinaus auch die materielle Rechtskraft in zeitlicher Hinsicht durch § 767 II begrenzt (Rdn. 318). Von der materiellen Rechtskraft sind nur diejenigen Umstände erfasst, die vor der Trennungslinie geltend gemacht werden konnten, weil sie zu diesem Zeitpunkt bereits entstanden waren.[82] Das gilt nach h. M. selbst dann, wenn der Schuldner von

---

[82] Die in § 767 II a. E. erwähnte Möglichkeit, die Einwendung noch durch Einspruch geltend machen zu können, betrifft nur Versäumnisurteile, § 338. Zu den Vollstreckungsbescheiden des § 700 s. sogleich im Text.

der Existenz der Einwendungen nichts wusste; abgestellt wird auf die **objektive Entstehung** der Einwendungen:

> BGH NJW 2001, 231: Der Vollstreckungsschuldner stützt seine Gegenklage darauf, dass er erst jetzt erfahren habe, dass der Gläubiger seinen Anspruch bereits während des Prozesses an einen Dritten abgetreten hatte und ihm somit die Aktivlegitimation fehlte. Diesen Einwand sah der BGH als präkludiert an, wies aber den Schuldner auf die Möglichkeit einer schuldbefreienden Hinterlegung hin (die dann ihrerseits eine neue Tatsache i. S. d. § 767 II darstellen würde).

(bb) Gestaltungsrechte

Aus diesem ‚Entstehen' resultiert freilich ein Problem vornehmlich im Zusammenhang mit Gestaltungsrechten: Der Schuldner ist beispielsweise rechtskräftig zur Zahlung verurteilt und besinnt sich erst anlässlich der bevorstehenden Zwangsvollstreckung, dass er ja mit einer alten Forderung gegen den Gläubiger aufrechnen kann. Hatte er seine Forderung bereits vor der Trennungslinie inne, stellt sich die Frage, wann die Einwendung des Erlöschens nach §§ 387 ff. BGB entstanden ist. Weil nach geltendem deutschen Recht zwischen der Aufrechnungslage und der Aufrechnungserklärung zu unterscheiden ist – gem. § 389 BGB bewirkt erst die Erklärung das rückwirkende Erlöschen beider Forderungen zu dem Zeitpunkt ihrer erstmaligen Aufrechenbarkeit –, kann man entweder auf den **Erklärungszeitpunkt oder auf die Aufrechnungslage** abstellen. Der BGH stellt (wie bei allen anderen gesetzlich – nicht aber bei vertraglich – eingeräumten Gestaltungsrechten) auf den letztgenannten, die h. L. dagegen auf den erstgenannten Zeitpunkt ab. Der vorerwähnte Schuldner kann also nach der Lehre erfolgreich die Vollstreckungsgegenklage erheben, nach der BGH-Rechtsprechung dagegen nicht. Nachdem der BGB-Gesetzgeber jedoch in bewusster Abkehr vom gemeinrechtlichen Aufrechnungsautomatismus[83] die Entscheidung über die Aufrechnung dem Berechtigten überlassen hat, ist die h. L. vorzugswürdig.   677

(cc) Rechtskraftfähige Titel

Literatur: Braun, Die materielle Rechtskraft des Vollstreckungsbescheids – Ein juristisches Lehrstück, JuS 1992, 177; Münzberg, Die materielle Rechtskraft der Vollstreckungsbescheide, JZ 1987, 477; Prütting/Weth, Rechtskraftdurchbrechung bei unrichtigen Titeln, 1994.

Indem § 767 II die zeitliche Trennungslinie statuiert, setzt die Vorschrift ein vorhergehendes Erkenntnisverfahren voraus. Bei einigen der in § 794 I genannten Titel gibt es ein solches aber nicht, so dass sich bei ihnen die Frage stellt, welche Einwendungen der Schuldner ihnen gegenüber erheben darf. § 797 IV sagt folgerichtig, dass „die beschränkende Vorschrift des § 767 Abs. 2" auf die Klage gegen **vollstreckbare Urkunden** i. S. d. § 794 I Nr. 5 nicht anzuwenden ist. Das Gleiche gilt, obwohl nicht normiert, für die Vollstreckung aus **Prozessvergleichen**. Bei diesen Titeln kann der Schuldner also sämtliche, auch rechtshindernde Einwendungen erheben. Im Ergebnis führen diese Titel demnach zu einer Umkehr der Klagelast: 678

---

[83] Es galt der Grundsatz ‚ipso iure compensatur': Aufgerechnet wird durch das Recht selbst (und nicht durch eine Willenserklärung).

Was der Gläubiger sonst erstreiten müsste, muss der Schuldner nunmehr im Wege einer Vollstreckungsgegenklage abwehren.

679   Es wurde unter Rdn. 442 (bitte noch eimal überfliegen) bereits gezeigt, dass ein Mahnbescheid heutzutage ohne eine vom Gericht vorgenommene Schlüssigkeitsprüfung ergehen kann. Die Rechtswirklichkeit lehrt, dass nur allzu oft weder gegen ihn noch gegen den daraufhin zu erlassenden Vollstreckungsbescheid die vorgesehenen Rechtsbehelfe des Widerspruchs, § 694, bzw. Einspruchs, §§ 338, 700, geltend gemacht werden. Damit kann sich auch hier, wie bei den zuvor genannten parteivereinbarten Titeln, die Möglichkeit ergeben, dass in Gestalt des Vollstreckungsbescheids ein Titel gem. § 794 I Nr. 4 besteht, dessen materielle Berechtigung – oder wenigstens schlüssiger Inhalt – durch kein Gericht geprüft worden ist. Das ist die Rechtswirklichkeit! Das geschriebene Recht geht dagegen von den genannten Rechtsschutzmöglichkeiten der §§ 694 und 700 aus und sieht in § 796 II eine dem § 767 II entsprechende Präklusion vor. Das ist auch verständlich, weil sich das Gesetz normalerweise darauf beschränken muss, Rechtsschutzmöglichkeiten einzuräumen; für deren Wahrnehmung kann es dagegen nicht auch noch sorgen. Wegen der engen Verknüpfung von Präklusion und materieller Rechtskraft führt diese Diskrepanz von Wirklichkeit und Gesetz zu der viel diskutierten (s. Lit.-Angaben) Frage nach der **Rechtskraftfähigkeit von Vollstreckungsbescheiden**. Dahinter verbirgt sich das sachliche Problem, wie weit die Rechtswirklichkeit von dem geschriebenen Recht abweichen soll, kann oder darf. Diese Frage wurde besonders aktuell und brisant, als eine Reihe von Fällen gerichtskundig wurde, in denen Konsumentenkredite mit evident wucherischem Zinssatz mit Hilfe von Vollstreckungsbescheiden eingezogen wurden. Der BGH (BGHZ 101, 380) hat – wie schon unter Rdn. 320 erwähnt – hier mit § 826 BGB ausgeholfen: Wenn „es mit dem Gerechtigkeitsgedanken schlechthin unvereinbar wäre, daß der Titelgläubiger seine formelle Rechtsstellung unter Mißachtung der materiellen Rechtslage zu Lasten des Schuldners ausnutzt", soll die Rechtskraft eines Vollstreckungsbescheides durchbrochen werden können. Voraussetzung dafür ist, dass (1) der Vollstreckungstitel materiell unrichtig ist, dass (2) dem Gläubiger die Unrichtigkeit bekannt ist und (3) dass der Gläubiger erkennen konnte, dass eine Schlüssigkeitsprüfung eines Gerichts zur Ablehnung einer Klage geführt hätte. Man kann daran denken, diese auf Konsumentenkredite zugeschnittene Rechtsprechung im Wege der Fallgruppenbildung auf vergleichbar schwerwiegende Konstellationen zu übertragen; in Betracht kämen etwa Bürgschafts- oder Partnerschaftsvermittlungsfälle (zu Letzterem s. LG Heidelberg, berichtet bei Deubner, Aktuelles Zivilprozeßrecht, JuS 1994, 234, 237).

3. Gegen das Zugriffsobjekt

Literatur: Brox/Walker, Die Drittwiderspruchsklage, JA 1986, 113; dies., Die Klage auf vorzugsweise Befriedigung, JA 1987, 57; Henckel, Zur Dogmatik der besitzlosen Mobiliarsicherheiten, FS Zeuner, 1994, 193; G. Lüke, Fälle zum Zivilprozeßrecht, 2. Aufl., 1993, 136 (Fall 12); Merrem, Ist der Besitz ein die Veräußerung hinderndes Recht?, 1995; G. Paulus, Die Behelfe des Sicherungseigentümers gegen den Vollstreckungszugriff, ZZP 64, 1951, 69; Prütting/Weth, Die Drittwiderspruchsklage gem. § 771 ZPO, JuS 1988, 505.

Es wurde im Verlauf der Darstellung des Zwangsvollstreckungsrechts immer **680** wieder darauf hingewiesen, dass aus Gründen der Effektivität und Beschleunigung zunächst einmal vollendete Tatsachen geschaffen werden, deren Korrektur einem nachgeschalteten Verfahren vorbehalten bleibt. Am auffälligsten tritt dieser Mechanismus im Zusammenhang mit § 808 zutage, der die Zulässigkeit des Pfändungszugriffs durch den Gerichtsvollzieher allein vom Gewahrsam des Schuldners abhängig macht, statt auf die materiell-rechtliche Vermögenszugehörigkeit abzustellen. Weil es aber selbstverständlich so ist, dass sich der Gläubiger Befriedigung nur aus dem Vermögen seines Schuldners verschaffen darf, kann es auch insoweit zu **Diskrepanzen zwischen Vollstreckungslage und materiellem Recht** kommen. Das Gesetz stellt mit den §§ 771 und 805 zwei Korrekturmöglichkeiten zur Verfügung.

(a) § 771

Die in der Praxis höchst bedeutsame **Drittwiderspruchsklage** des § 771 setzt voraus, **681** dass ein Dritter behauptet, ihm stehe an dem konkreten Vollstreckungsgegenstand „ein die Veräußerung hinderndes Recht" zu.

(aa) Klagevoraussetzungen[84]

Daraus ergibt sich einmal, dass dieser Einwand grundsätzlich im Wege einer Klage **682** vorgetragen werden muss. Nach h. M. handelt es sich bei dieser wie auch schon bei der Vollstreckungsgegenklage um eine prozessuale Gestaltungsklage, deren Ziel ist, dass **die Vollstreckungsmaßnahme in den konkreten Gegenstand für unzulässig** erklärt wird; s. noch §§ 775 Nr. 1, 776 mit Rdnn. 696 f. Auch hier kann der Gläubiger diesem Begehren, selbst wenn er wollte, nicht entsprechen; gleichwohl ist die Klage gegen ihn als Beklagten zu richten.[85] Das zuständige Gericht ist in Abs. 1 a. E. bezeichnet. Klagebefugt ist, wie sich bereits aus der Klagebezeichnung ergibt, ein Dritter; damit sind der Gläubiger und der Schuldner ausgegrenzt. Für die **Zulässigkeit** der Klage (genauer: das Rechtsschutzbedürfnis) ist des Weiteren erforderlich, dass sie zu einem Zeitpunkt erhoben wird, der **zwischen dem Beginn und dem Ende der konkreten Vollstreckungsmaßnahme** liegt. Eine bereits vorher, d. h. angesichts einer nur drohend bevorstehenden Vollstreckung eingereichte Klage ist nur dann zulässig, wenn die Zwangsvollstreckung wegen eines Herausgabeanspruchs nach den §§ 883, 885 durchgeführt werden soll. Reicht die Klage dagegen über die genannte Zeitspanne hinaus, ohne dass das Gericht die auch hier möglichen einstweiligen Anordnungen zum Schutz des Dritten getroffen hat, § 771 III, kann der Kläger (= Dritter) sie dahingehend ändern, dass er nunmehr materiell-rechtlichen Ausgleich über die Eingriffskondiktion, gegebenenfalls sogar über § 823 BGB verlangt; s. noch Rdn. 698.

---

[84] Wegen einiger Sonderformen der Drittwiderspruchsklage s. die §§ 772–774.

[85] Die Formulierung in Abs. 2 ist missverständlich; sie bezieht sich auf den besonderen Fall, dass der Dritte zwei Klagen erhebt – gegen den Gläubiger aus § 771 und gegen den Schuldner etwa auf Herausgabe (z. B. §§ 556, 985 BGB). Diese kann er natürlich miteinander verbinden. Die Drittwiderspruchsklage allein ist jedoch immer ausschließlich gegen den Gläubiger zu richten.

(bb) Ein die Veräußerung hinderndes Recht

683   Zum Zweiten ergibt sich aus dem Wortlaut der Norm, dass die Klage begründet ist, wenn dem Dritten das behauptete Recht zusteht. Das Problem an der Gesetzesformulierung ist jedoch, dass es ein **die Veräußerung hinderndes Recht gar nicht gibt**. Selbst das Eigentum des Dritten, das umfassendste Recht, kann durch gutgläubigen Erwerb überwunden werden! Infolgedessen muss im Wege der Interpretation herausgefunden werden, was das Gesetz meint. Eine gewisse Interpretationshilfe ergibt sich dabei aus einem ganz ähnlich gelagerten Rechtsbehelf im Insolvenzrecht, der so genannten Aussonderung des § 47 InsO (bitte lesen).

a. Obligatorische Ansprüche

684   Als Faustregel kann man sich merken, dass alle **Rechte, die nicht zum Vermögen des Schuldners gehören**, von § 771 erfasst werden. Kennzeichen dieser Rechte ist, dass ihre Veräußerung durch den Schuldner dem Dritten gegenüber rechtswidrig wäre (RGZ 116, 366; BGHZ 55, 26). Dabei macht es keinen Unterschied, ob der Dritte gegen den Schuldner einen bloß obligatorischen oder einen dinglichen Herausgabeanspruch hat. Ein Vermieter etwa hat gegen den Mieter einen schuldrechtlichen Anspruch auf Rückgabe gem. § 546 BGB, der Ausdruck dessen ist, dass die gemietete Sache nicht zum Vermögen des Schuldners gehört. Infolgedessen kann der Vermieter erfolgreich Drittwiderspruchsklage erheben; das Gleiche gilt auch etwa für den Hinterleger, Verleiher oder Auftraggeber. Entscheidend ist – hier wie bei der insolvenzrechtlichen Aussonderung – hinsichtlich der obligatorischen Ansprüche lediglich, dass sie **auf Herausgabe** gerichtet sind. Den Gegensatz dazu bilden die so genannten **Verschaffungsansprüche**, die wie der Prototyp des Übereignungs- und Übergabeanspruchs des Käufers nach § 433 I 1 BGB darauf gerichtet sind, dass das betreffende Recht überhaupt erst eingeräumt wird. Sie bilden keine geeignete Grundlage für eine Drittwiderspruchsklage.

b. Dingliche Rechte

685   Eine solche Unterscheidung gibt es bei dinglichen Rechten Dritter naturgemäß nicht; sie gehören nicht zum Vermögen des Schuldners und können daher immer dem Zugriff seiner Gläubiger entzogen werden. Gleichwohl ist auch hier manches umstritten, weil die Konkurrenz der Drittwiderspruchsklage mit der Klage auf vorzugsweise Befriedigung aus § 805 nicht ganz klar ist.

686   – Eindeutig von § 771 erfasst ist das **Volleigentum**. Für die praktische Attraktivität des verlängerten Eigentumsvorbehalts ist es bedeutsam, dass auch das durch die Herstellerklausel nach § 950 BGB erworbene Eigentum ein solches Volleigentum ist.

687   – Nach völlig h. M. gilt das auch für das **vorbehaltene Eigentum**. Der Vorbehaltsverkäufer wird als vollberechtigter Eigentümer angesehen und nicht wie ein Pfandberechtigter behandelt; Letzteres hätte die Anwendbarkeit der Klage aus § 805 zur Folge. Die Klage des Vorbehaltseigentümers hat aber selbstverständlich dann keinen Erfolg, wenn der Gläubiger lediglich das dem Schuldner zustehende Anwartschaftsrecht in der bei Rdn. 621 beschriebenen Weise gepfändet hat. Dieses Recht gehört nämlich dem Schuldner und berechtigt ihn seinerseits sogar als quasi-dingliches Recht zur Drittwiderspruchsklage (BGHZ 20, 88).

– Weniger klar ist die Lage dagegen beim **Sicherungseigentum**, obgleich die **688** h. M. auch dieses zwischenzeitlich als ein von § 771 erfasstes Volleigentum versteht. Der Streit darum rührt daher, dass die weite Verbreitung des Sicherungseigentums (wohl) im Wesentlichen darauf zurückzuführen ist, dass es das Faustpfanderfordernis der §§ 1204 ff. BGB umgeht; der Sache nach bzw. bei wirtschaftlicher Betrachtungsweise will der Sicherungsnehmer nur ein (besitzloses) Pfand. Infolgedessen wäre auch hier die Klage nach § 805 einschlägig, die übrigens ein insolvenzrechtliches Pendant in dem Recht auf abgesonderte Befriedigung nach den §§ 49 ff. InsO (bitte überfliegen) hat: Im Insolvenzverfahren kann der Sicherungseigentümer gem. § 51 Nr. 1 InsO nur abgesonderte Befriedigung verlangen. Dass die h. M. gleichwohl in der Einzelzwangsvollstreckung das Sicherungseigentum wie Volleigentum behandelt, hängt letzten Endes damit zusammen, dass das gesamte Recht der Zwangsvollstreckung auf der Prämisse aufbaut, dass noch weitere vollstreckungsfähige Vermögensgegenstände des Schuldners vorhanden sind. Solange daher nicht ein Insolvenzverfahren eingeleitet ist, kann man es bei der rechtlichen Betrachtungsweise belassen, derzufolge der Sicherungsnehmer Volleigentümer ist.

– Bei der Sicherungsübereignung handelt es sich wie auch bei der Sicherungszession[86] um ein Treuhandverhältnis. Im Gegensatz zu der fremdnützigen Verwaltungstreuhand werden diese Rechte als **eigennützige Sicherungstreuhand** bezeichnet. Bei ihr kann der Treunehmer nach § 771 intervenieren. Für den Sicherungseigentümer wurde das soeben gezeigt, gilt aber auch für den Sicherungszessionar. Das ist jedoch keineswegs selbstverständlich: Denn wenn die Forderung bereits an den Sicherungszessionar abgetreten worden ist, kann sie ein anderer Gläubiger gar nicht mehr pfänden! Seine Pfändung geht vielmehr ins Leere, vgl. Rdn. 602, so dass die mit einer Drittwiderspruchsklage angestrebte Aussage, die Vollstreckung sei unzulässig, gar keinen Sinn macht. Dass die h. M. den Zessionar gleichwohl als klageberechtigt ansieht, hängt mit der Unsichtbarkeit von Forderungen zusammen. Weil es bei ihnen nichts Greif- und Sichtbares gibt, könne es allzu leicht zu Verwechslungen oder gar Zahlungen des Drittschuldners an den Gläubiger kommen. Die Klage wird zugelassen, um Klarheit zu schaffen. Bei der **fremdnützigen Verwaltungstreuhand** verhält es sich andersherum. Nicht der Treunehmer, sondern der Treugeber wird als widerspruchsberechtigt angesehen. Das setzt natürlich erhöhte Anforderungen an den Nachweis des Treuhandverhältnisses voraus. Den Grund für dieses Erfor-

689

---

[86] Die ebenfalls hierher gehörende Sicherungsgrundschuld spielt im Kontext des § 771 deswegen keine Rolle, weil das Recht im Grundbuch dokumentiert und damit vor einem Verlust im Zwangsversteigerungsverfahren geschützt ist.

dernis herauszufinden, verlangt wenig praktische Phantasie, wie beispielsweise

BGH NJW 1993, 2622 = JuS 1994, 79 (K. Schmidt) zeigt: B vollstreckt in ein auf den Namen seines Schuldners S ausgestelltes Konto. Hiergegen interveniert K, die Ehefrau des S, mit der Klage aus § 771, indem sie vorträgt, ihr Mann habe das Konto lediglich treuhänderisch in ihrem Auftrag für ein von ihr betriebenes Montageunternehmen gehalten. Während die Rspr. früher Offenkundigkeit des Treuhandverhältnisses verlangte, verzichtet der BGH nunmehr auf dieses Erfordernis; es gebe keinen Grundsatz, dass die Vermögensverhältnisse dem Gläubiger erkennbar gemacht werden müssten. Stattdessen müsse aber die Treuhandabrede eindeutig nachgewiesen werden. Im konkreten Fall war das Konto u. a. nicht einmal auf dem Geschäftspapier des Unternehmens angegeben, so dass der BGH an das OLG zur weiteren Aufklärung zurückverwies.

690   – Sonstige dingliche Rechte, die nicht durch § 805 geschützt werden, berechtigen zur Drittwiderspruchsklage nur, wenn sie durch die Zwangsvollstreckung beeinträchtigt werden, der bloße Besitz dagegen in keinem Fall.

(b) Klage auf vorzugsweise Befriedigung

691   Die in § 805 angesprochenen besitzlosen Vorzugsrechte sind etwa die Pfandrechte des Vermieters oder des Gastwirts, §§ 562, 704 BGB. Statt diesem Personenkreis die durch § 771 ansonsten eröffnete Möglichkeit einzuräumen, nahezu jede Zwangsvollstreckung gegen den Mieter oder Pächter (der Wirtsgast ist wenig praxisnah) zu blockieren, stutzt die Vorschrift ihr Recht auf die **Sicherung des ihnen Zustehenden** zurück. Wird bei einer Zwangsvollstreckung wegen einer Geldforderung (beachte die systematische Stellung des § 805) in die pfandbehafteten Sachen vollstreckt, können die Gesicherten nach näherer Maßgabe der Abs. 2–4 beim Vollstreckungsgericht bzw. beim Landgericht desselben Bezirks gegen den Gläubiger Klage erheben. Ziel der Klage ist nicht etwa die Aufhebung der Zwangsvollstreckung, sondern die dem Rang ihres Pfandrechts entsprechende **Beteiligung an dem Verwertungserlös**. Ist der Vermieter also gegenüber dem Gläubiger vorrangig mit einer Forderung in Höhe von € 1.000,–, so kann er mit der Klage erreichen, dass die ersten erzielten € 1.000,– an ihn ausbezahlt werden.

Einen – umstrittenen – Sonderfall hat

OLG Hamm NJW-RR 1990, 233 zum Gegenstand: G pfändet den GmbH-Anteil von S und lässt ihn sich zur Einziehung überweisen. Weil S denselben Anteil zuvor aber bereits an A verpfändet hat (Achtung: ‚verpfänden‘ richtet sich nach den §§ 1273 ff. BGB!), erhebt A Klage gegen den Zugriff des G. In diesem Fall sagt das OLG zu Recht, dass eine Drittwiderspruchsklage nicht statthaft sei: Ein Vertragspfandgläubiger kann „nicht den Erhalt der Sachintegrität, sondern nur die Möglichkeit des Zugriffs auf den wirtschaftlichen Sachsubstanzwert verlangen." Folglich kann A nur die vorzugsweise Befriedigung nach § 805 verlangen.

4. Exkurs: Anfechtungsgesetz

Literatur: Eckardt, Die Anfechtungsklage wegen Gläubigerbenachteiligung, 1994; Gerhardt, Die dogmatische Einordnung der Gläubigeranfechtung, 1969; G. Paulus, Sinn und Formen der Gläubigeranfechtung, AcP 155, 1956, 277; K. Schmidt, Konkursanfechtung und Drittwiderspruchsklage, JZ 1990, 619; ders., Zwangsvollstreckung in anfechtbar veräußerte Gegenstände, JZ 1987, 889. Eine Kommentierung des Gesetzes findet sich etwa bei Paulus, in Kübler/Prütting (Hg.), InsO-Kommentar zur Insolvenzordnung, Bd. II, 1998.

Dieses kurze Gesetz führt (in Ausbildung und Praxis) zu Unrecht ein Schattendasein, verhilft es doch dem Gläubiger in vielen Fällen zu einer Befriedigung seiner Forderung. Da diese Möglichkeit überwiegend im Wege einer Klage geltend gemacht wird, §§ 13, 9 AnfG, ist ihre wenigstens überschlägige Darstellung an dieser Stelle gerechtfertigt. Die für das Insolvenzrecht bestehende Insolvenzanfechtung der §§ 129 ff. InsO folgt im Wesentlichen dem gleichen Regelungsplan.   **692**

Zunächst einmal zur Terminologie: Die vorliegende ‚**Anfechtung**‘ hat überhaupt nichts mit der aus dem Bürgerlichen Gesetzbuch vertrauten ‚Anfechtung‘ zu tun. Bei gleichem Namen handelt es sich um zwei völlig verschiedene Rechtsinstitute. Das Anfechtungsgesetz ist die Reaktion auf ein uraltes menschliches Verhalten: Wann immer einem Schuldner durch seine Gläubiger etwas weggenommen werden soll, sinnt er darauf, dem durch bestimmte Transaktionen zuvorzukommen und wenigstens „**seine Schäfchen ins Trockene**" zu bringen. Die Jahrtausende alte Reihe der Anfechtungsfälle ist ein eindrucksvoller Beleg für die schöpferische Phantasie des unter Druck geratenen Schuldners. Das Anfechtungsrecht ist der Versuch, diese Transaktionen wieder rückgängig zu machen, soweit sie die Befriedigungsmöglichkeiten der Gläubiger beeinträchtigen, vgl. § 1 AnfG. Dieses Anliegen geht auf den antiken, spätklassischen Juristen Iulius Paulus zurück, weswegen die Anfechtungsklage vielfach auch als Actio Pauliana bezeichnet wird.   **693**

Der Spannweite der soeben erwähnten Phantasie entspricht die Weite der anfechtbaren Handlungen: § 1 AnfG nennt sie ‚**Rechtshandlungen**‘. Darunter fallen nicht nur rechtsgeschäftliche Transaktionen, sondern auch Nachlässigkeiten – der Schuldner beteiligt sich kaum an dem gegen ihn gerichteten Prozess – oder Unterlassungen, § 1 II AnfG[87] – der Schuldner legt gegen Mahn- und Vollstreckungsbescheid keine Rechtsbehelfe ein. Dergleichen Rechtshandlungen sind nach § 2 AnfG anfechtbar, wenn der vollstreckungsbefugte Gläubiger bei dem Zugriff auf das Schuldnervermögen leer ausgegangen ist oder wahrscheinlich ausgehen wird. Da selbstverständlich nicht jede Rechtshandlung angefochten werden kann – der Vermieter etwa verlangt rechtmäßigerweise Zahlung des Mietzinses –, stellen die §§ 3–6 AnfG einen Katalog der missbilligten Rechtshandlungen auf. Schon bei oberflächlicher Lektüre erkennt man die Grundmuster: vorsätzliche Gläubigerbenachteiligungen, Verträge mit dem Ehegatten oder Verwandten,[88] Schenkungen –   **694**

---

[87] Nach Ansicht des BGH ist es allerdings nicht anfechtbar, wenn jemand den ihm zustehenden Pflichtteilsanspruch nicht geltend macht, NJW 1997, 2384 = JuS 1998, 84 (K. Schmidt).

[88] Ein besonders „trickreiches" Beispiel ist etwa BGHZ 38, 65; dazu G. Paulus, Zur Zurechnung arglistigen Vertreterhandelns, FS Michaelis, 1972, 215.

beachte, dass der Gläubiger im Vollstreckungswege auf Gegenstände zugreifen kann, die sein Schuldner innerhalb der letzten vier(!) Jahre vor Klageerhebung (vgl. § 7 I AnfG) unentgeltlich fortgegeben hat, § 4 AnfG – oder die auch im GmbH-Recht so aktuellen Darlehensrückgewährungen (§§ 32 a, 32 b GmbHG, 6 AnfG).

695   Der Anspruch ist gem. § 11 AnfG auf **Zurverfügungstellung** gerichtet. Was damit genau gemeint ist, ist Gegenstand einer intensiven Debatte; doch genügt für die vorliegenden Zwecke, sich zu merken, dass der BGH (allen Gegenargumenten zum Trotz) darauf beharrt, in diesem Anspruch eine schuldrechtliche Verpflichtung des Dritten zu sehen.

Teil IV. Ende der Zwangsvollstreckung

§ 1 Erfüllung der Schuld

Literatur: Kerwer, Die Erfüllung der Zwangsvollstreckung, 1996; Schünemann, Befriedigung durch Zwangsvollstreckung, JZ 1985, 49.

I Die Einstellung der Zwangsvollstreckung durch das Vollstreckungsorgan

Ziel der Zwangsvollstreckung ist es, den Gläubiger zu befriedigen; die vom Schuldner nicht freiwillig vorgenommene wird durch eine mit staatlicher Hilfe erzwungene Erfüllung ersetzt. Der Erfüllungsbegriff ist derjenige des § 362 BGB. Ist dessen Tatbestand gegeben, muss die Zwangsvollstreckung endgültig eingestellt werden. Das kann einmal dergestalt geschehen, dass das Vollstreckungsorgan selbst erkennt, dass etwa die durch die Verwertung erzielte Summe die Verfahrenskosten und den Anspruch des Gläubigers abdeckt. Zum anderen ist aber auch möglich, dass der Schuldner vorträgt, dass die Vollstreckung vorläufig oder endgültig einzustellen sei – etwa weil das Prozessgericht nach § 769 eine Einstellung angeordnet oder weil er die geschuldete Summe zwischenzeitlich dem Gläubiger überwiesen habe. Dass sich das Vollstreckungsorgan auf die bloß mündliche Mitteilung eines solchen Umstandes nicht verlassen darf, dürfte unmittelbar einleuchten. § 775 (bitte lesen) hat demgemäß derlei Mitteilungen an bestimmte **Formerfordernisse** geknüpft. Die dort aufgelisteten Urkunden sind dem Vollstreckungsorgan vorzulegen, das dann nach näherer Maßgabe des § 776 (bitte lesen) die Vollstreckung vorläufig oder endgültig einstellt und ggf. Vollstreckungsmaßnahmen aufhebt.

    696

Diese Regelung setzt also grundsätzlich ein gestuftes Verfahren voraus: Erst muss die Urkunde erlangt werden, bevor dann die Zwangsvollstreckung durch das jeweilige Vollstreckungsorgan eingestellt wird. Eine besondere Variante stellt

    697

> BGH ZZP 108, 1995, 250 (mit Anm. Henckel) dar: Die Geldforderung, die S gegen D hatte und die auch (buch-)hypothekarisch gesichert war, hatte G gepfändet und zur Einziehung überwiesen erhalten. Da die Pfändung im Grundbuch nicht eingetragen wurde, trat S die Forderung auch noch an V ab. Als V aufgrund einer vollstreckbaren Urkunde von D Zahlung verlangt, wendet dieser wegen § 836 II mit Erfolg ein,[1] bereits an G geleistet zu haben und fordert

---

[1] Auf welchem Weg wird er diesen Einwand vorgetragen haben?

seinerseits die Herausgabe des Titels. Der BGH bejaht diesen Anspruch für die unter § 794 fallenden Titel in analoger Anwendung des § 371 BGB.

II Ungerechtfertigte Zwangsvollstreckung

Literatur: Gaul, Die Haftung aus dem Vollstreckungszugriff, ZZP 110, 1997, 1.

698   Schon bei der Erörterung der §§ 767, 771 hat sich gezeigt, dass bei aller Formalisierung eine ungerechtfertigte Zwangsvollstreckung nicht ausgeschlossen werden kann. Vollstreckt der Gläubiger in eine dem Schuldner nicht gehörende Sache – das gepfändete Auto ist etwa das der Ehefrau (BGH NJW 1987, 1880) – und versäumt es der wahre Eigentümer der Sache aus welchen Gründen auch immer, die Drittwiderspruchsklage zu erheben und somit die Verwertung zu unterbinden, wird der Gläubiger aus einem Vermögen befriedigt, das für seine Schuld gar nicht haftet. Zur Erinnerung: Für die Erfüllung einer Geldschuld haftet das Vermögen des Schuldners (!). Da aber – auch das ist Wiederholung – das Vollstreckungsrecht nichts weiter als die Fort- oder Durchsetzung des materiellen Rechts mit staatlicher Zwangsgewalt ist, kann es bei einer solchen ungerechtfertigten Vermögensverschiebung nicht bleiben. Eine Vindikation beim Ersteigerer ist ausgeschlossen, weil er ja kraft Hoheitsakts und damit originär Eigentum erworben hat (s. bereits oben, Rdn. 591). Folglich wird der Eigentumsverlust nach völlig h. M. und unabhängig von dem Theorienstreit um das Pfändungspfandrecht über das Bereicherungsrecht ausgeglichen. Man sagt, dass der Gläubiger in sonstiger Weise um den erzielten Erlös bereichert und somit gegen ihn ein Anspruch aus **Eingriffskondiktion**, § 812 I 1, 2. Alt. BGB, besteht. Liegen die weiteren Voraussetzungen vor, kann der Gläubiger im Einzelfall sogar auch deliktisch in Anspruch genommen werden, sei es mit Hilfe des § 823 BGB oder gar des § 826 BGB.

Teil V. Einstweiliger Rechtsschutz

Literatur: Ahrens/Spätgens, Einstweiliger Rechtsschutz und Vollstreckung in UWG-Sachen, 4. Aufl., 2001; Eilers, Maßnahmen des einstweiligen Rechtsschutzes im europäischen Zivilrechtsverkehr, 1991; Grunsky, Grundlagen des einstweiligen Rechtsschutzes, JuS 1976, 277; Koch, Neuere Probleme der internationalen Zwangsvollstreckung einschließlich des einstweiligen Rechtsschutzes, in: Schlosser (Hg.), Materielles Recht und Prozeßrecht und die Auswirkungen der Unterscheidung im Recht der internationalen Zwangsvollstreckung, 1992, 171; Leipold, Grundlagen des einstweiligen Rechtsschutzes, 1971; Walker, Der einstweilige Rechtsschutz im Zivilprozeß und im arbeitsgerichtlichen Verfahren, 1993.

699 Die vom Gesetz eingeräumte Möglichkeit eines einstweiligen Rechtsschutzes ist eine Konzession an die Eilbedürftigkeit und ein Eingeständnis einer gewissen Langatmigkeit des herkömmlichen Gerichtsverfahrens. Der Gesetzgeber steht bei der Einrichtung eines solchen Rechtsinstituts vor einem Dilemma: Geschwindigkeit geht regelmäßig auf Kosten der Gründlichkeit. Einbußen an Letzterer führen aber zu oberflächlicheren, vielleicht sogar zu vermehrt unrichtigen Entscheidungen. Die Folge dessen muss ein Ansehensverlust der Justiz sein, der keinem demokratisch verfassten Staat recht sein kann. Weil aber andererseits die staatlichen Gerichte ohne ein Eilverfahren – zumindest in bestimmten Lebensbereichen – gar nicht mehr oder nur mehr stark eingeschränkt zur Konfliktlösung herangezogen würden, kann der Gesetzgeber das Eilbedürfnis nicht vollkommen ignorieren. Der aus diesem Dilemma resultierende Kompromiss des deutschen Rechts sieht so aus, dass die beiden vorgesehenen Verfahren wegen der lediglich summarischen Prüfung grundsätzlich nicht zu einer endgültigen Entscheidung führen, sondern nur zu einer **vorläufigen Sicherung**. Diese von Rechts wegen vorgesehene Konzeption hindert die Praxis freilich nicht – insbesondere im Presse- und Wettbewerbsrecht ist das der Fall –, die als bloß vorläufig erlassenen Entscheidungen als endgültige zu akzeptieren. Daraus resultiert die enorme praktische Bedeutung sowohl des Arrest- wie des einstweiligen Verfügungsverfahrens.

700 Die gesetzessystematische Einordnung des einstweiligen Rechtsschutzes in das Vollstreckungsrecht wird seiner Funktion nur bedingt gerecht. Denn tatsächlich handelt es sich um ein kombiniertes Erkenntnis- und Vollstreckungsverfahren, ist also eigentlich eine **eigene Verfahrensart**. Sowohl das Arrest- wie auch das Verfügungsverfahren setzen in ihrem Erkenntnisabschnitt zwei Merkmale voraus, die man sich unbedingt einprägen muss:

einen **Anspruch** und einen **Grund**.

Die Vollstreckung, die hier Vollziehung genannt wird, ist grundsätzlich auf Sicherung – im Gegensatz zur Befriedigung – des geltend gemachten Anspruchs gerichtet. Die Unterscheidung der beiden Verfahren beruht auf demselben Umstand, der
zu der Differenzierung zwischen der Vollstreckung wegen einer Geldforderung und
der wegen einer sonstigen Forderung geführt hat: Das Arrestverfahren setzt einen
auf Geldleistung gerichteten Anspruch voraus, während das Verfahren der einstweiligen Verfügung für die anderen Ansprüche reserviert ist.

701   Für beide Verfahren ist § 945 zu beachten, der eine **Schadensersatzpflicht** für
den Fall statuiert, dass sich die einstweilige Regelung als von Anfang an unge-
rechtfertigt herausstellt oder dass sie im Nachhinein aufgrund der §§ 926 II, 942 III
aufgehoben wird. Wie im Falle des § 717 wird die Vorläufigkeit der Vollstreckung
also in das Risiko des Antragstellers gestellt.

§ 1 Arrest

Literatur: Hanisch, Internationale Arrestzuständigkeit und EuGVÜ, IPRax 1991, 215; Hartwieg, Die schnellen Rechtsbehelfe in der Debatte um die Juristenausbildung, JZ 1997, 381;
G. Lüke, Fälle zum Zivilprozeßrecht, 2. Aufl., 1993, 203 (Fall 17).

I Arrestprozess

702   Das Arrestverfahren kommt dadurch in Gang, dass der Antragsteller – so wird der
„Kläger" im einstweiligen Rechtsschutz der §§ 916 ff. genannt – bei dem in § 919
bezeichneten Gericht einen **Arrestantrag** einreicht. Die bloß summarische Prüfung
der Begründetheit ändert nichts daran, dass es sich auch hierbei um ein gerichtliches
Verfahren handelt, für das selbstverständlich die allgemeinen Zulässigkeitsvoraussetzungen einer jeden Klage vorliegen müssen; vgl. oben Rdnn. 20 ff. Hinzu kommt
noch die besondere Voraussetzung, dass der Antragsteller einen Arrestanspruch und
einen Arrestgrund (schlüssig) behaupten muss, § 920 I. Begründet ist der Antrag,
wenn dem Gericht der Anspruch und der Grund glaubhaft gemacht worden sind.

1. Arrestanspruch

703   Darunter ist hier nicht der prozessuale, sondern wieder der materielle Anspruch zu
verstehen. § 916 verlangt, dass er eine **Geldforderung** sein muss oder zumindest in
eine solche übergehen kann. Was zunächst die erste Alternative anbelangt, so stellt
Abs. 2 klar, dass für den Geldanspruch entscheidend ist, dass er einen gegenwärtigen Vermögenswert hat. Das ist bei bedingten oder betagten Ansprüchen regelmäßig der Fall, nicht aber bei erst künftig entstehenden. Diese Parallelisierung mit der
normalen Klage ist wegen § 926 notwendig. Was die zweite Alternative anbelangt,
so ist sie, wörtlich verstanden, allumfassend; denn hinter jedem Anspruch steckt
ein auf Geld gerichteter Sekundäranspruch. Weil es aber keinen Sinn macht, das
einstweilige Verfügungsverfahren auf diese Weise auszuschalten, und weil auch vor
allem die Vollziehungsvorschriften der beiden Verfahrensarten divergieren, kommt
es darauf an, ob der Antragsteller seinen Primär- oder den Sekundäranspruch schützen will. Nur im letzteren Fall ist das Arrestverfahren statthaft.

2. Arrestgrund

Dieses Erfordernis besagt, dass eine **besondere Eilbedürftigkeit** vorliegen muss, **704**
die die lediglich summarische Prüfung rechtfertigt. Die h. M. sieht in dem Arrestgrund eine spezielle Ausprägung des Rechtsschutzbedürfnisses, so dass infolgedessen ein Arrestgesuch dann keinen Erfolg haben kann, wenn der Antragsteller etwa
schon hinreichend gesichert ist. Das Gesetz unterscheidet in den §§ 917 und 918
zwischen dem dinglichen und dem persönlichen Arrest:

(a) Dinglicher Arrest, § 917

Literatur: Mennicke, Zum Arrestgrund der Auslandsvollstreckung bei Urteilen aus Vertrags-
staaten des EuGVÜ, EWS 1997, 117.

Diese Variante ist die in der Praxis bei weitem vorherrschende. ,Dinglich' wird **705**
sie deswegen genannt, weil sie sich in ihrer Vollziehung **gegen Dinge** richtet – im
Gegensatz zur Person des Antragsgegners. Der Arrestgrund besteht in diesem Fall
gem. § 917 I darin, dass zu besorgen ist, dass die Vollstreckung des Urteils vereitelt
oder wesentlich erschwert werden würde. Diese Formulierung impliziert ein bereits
laufendes Hauptsacheverfahren; das ist jedoch nicht erforderlich: Der Arrest kann
auch schon vor Klageerhebung beantragt werden. Als Vollstreckungsvereitelung
oder -erschwerung kommt im Wesentlichen ein Verhalten des Schuldners in Betracht: Wenn er etwa seinen Wohnsitz häufig wechselt, anfängt, seine Vermögensgegenstände zu verschleudern, Straftaten gegen das Vermögen des Antragstellers
zu wiederholen droht etc. Abs. 2 nennt zusätzlich die Notwendigkeit einer Vollstreckung im Ausland. Ähnlich wie bei § 110 I, vgl. Rdn. 114, fallen unter dieses
,Ausland' nicht solche Vollstreckungen, auf die die EuGVVO, das EuGVÜ oder das
Lugano-Abkommen anwendbar sind.

(b) Persönlicher Arrest, § 918

Auch diese Variante verlangt eine Vollstreckungsgefährdung. Sie muss jedoch von **706**
einer solchen Art sein, dass ihr nur mit einem persönlichen Arrest begegnet werden
kann. Ein derartig massiver Eingriff ist nur als **letzte Möglichkeit** zuzulassen – etwa
wenn sich der Schuldner durch Flucht zu entziehen droht oder wenn der begründete Verdacht besteht, dass er an unbekanntem Ort vorhandenes Vermögen beiseite
schafft.[1] Diese Subsidiarität ist auch bei der in § 933 geregelten Vollziehung zu beachten; statt Haft kann als milderes Mittel etwa die Wegnahme des Passes genügen.

3. Verfahren

Das Arrestverfahren wird durch einen Antrag an das zuständige Gericht in Gang ge- **707**
setzt.[2] Das ist gem. § 919 entweder das Gericht der Hauptsache, § 943 (bitte lesen),
oder das Amtsgericht, „in dessen Bezirk der mit Arrest zu belegende Gegenstand
oder die in ihrer persönlichen Freiheit zu beschränkende Person sich befindet." Der
Antragsteller muss in seinem Gesuch grundsätzlich Anspruch und Grund **schlüssig**

---

[1] Warum muss es ein unbekannter Ort sein?
[2] Welche praktisch wichtige Konsequenz ergibt sich aus der in § 920 III eingeräumten
Möglichkeit, den Antrag zu Protokoll der Geschäftsstelle erklären zu können?

vortragen und, um Erfolg zu haben, **glaubhaft machen**, § 920 II. Dazu stehen ihm die erweiterten Möglichkeiten des § 294 zur Verfügung. Genügen jedoch auch diese nicht, kann das Gericht gleichwohl – praktisch gesehen: nur in wenigen Ausnahmefällen – den Arrest gegen Sicherheitsleistung anordnen, § 921.

Hinsichtlich des Verfahrensablaufs kann das Gericht gem. § 922 I 1 wählen, ob es aufgrund mündlicher Verhandlung entscheidet oder nicht. Viele Gerichte verfolgen bei dieser Wahl den Grundsatz, im Zweifel eine mündliche Verhandlung anzuordnen. Begründet wird das mit dem ‚audiatur et altera pars' (auch der andere Teil ist zu hören) und der eventuell drohenden Schadensersatzgefahr des § 945. Dieser Praxis gegenüber ist jedoch anzumerken, dass die mit dem Arrestverfahren vom Gesetzgeber anerkannte Eilbedürftigkeit eine Umkehrung des Grundsatzes erfordert: Regelmäßig sollte ohne mündliche Verhandlung und nur in schwierigen, komplizierten Fällen mit einer solchen entschieden werden.

708   Wird ohne mündliche Verhandlung entschieden, ergeht die Entscheidung in Gestalt eines Beschlusses, der nur stattgebendenfalls dem Gegner im Parteibetrieb zuzustellen ist, § 922. Wenn dagegen eine mündliche Verhandlung angeordnet wird, so gelten für sie die allgemeinen Bestimmungen und die Entscheidung ergeht als Urteil. Urteil wie Beschluss heißen **Arrestbefehl**. Er muss die in § 923 genannte Lösungssumme benennen, durch deren Hinterlegung der Gegner die Vollziehung abwenden kann. Darüber hinaus kann der Rechtspfleger, § 20 Nr. 14 RPflG, auch noch auf einen entsprechenden Antrag hin anordnen, dass der durch den Arrestbefehl Begünstigte binnen einer bestimmten Frist Klage in der Hauptsache erheben muss, § 926.

709   Wie bei jedem Erkenntnisverfahren gibt es natürlich auch in dem des Arrestes **Rechtsbehelfe**. § 924 nennt ausdrücklich den beim Arrestgericht selbst einzulegenden, an keine Frist gebundenen Widerspruch des Antragsgegners, wenn dem Gesuch des Antragstellers durch Beschluss stattgegeben wurde.[3] Auf diese Weise kann der Antragsgegner die mündliche Verhandlung erreichen, § 924 II 2. Ist der Arrestbefehl oder seine Ablehnung demgegenüber als Urteil ergangen, kann die betroffene Partei dagegen Berufung – wegen § 542 II aber nicht mehr Revision – einlegen.

II Vollziehung

710   Die Arrestvollziehung richtet sich gem. § 928 grundsätzlich nach den allgemeinen Zwangsvollstreckungsvorschriften: Der **Arrestbefehl stellt also einen Titel dar**, mit dem die Zwangsvollstreckung betrieben werden kann. Die Vorschriften der §§ 929–934 ordnen jedoch einige Besonderheiten an. So benötigt der Antragsteller statt der üblichen Trias ‚Titel, Klausel, Zustellung' zunächst nur den Titel; die Klausel ist dagegen außer in den in § 929 I genannten Fällen entbehrlich, und die Zustellung kann entgegen § 750 I bis zu einer Woche nach der Vollziehung nachgeholt werden, § 929 III. Allerdings setzt sich die mit dem Arrestgrund verbundene

---

[3] Welche Möglichkeit wird der Antragsteller haben, wenn sein Antrag durch Beschluss abgewiesen wird?

Eilbedürftigkeit auch im Vollziehungsverfahren fort, indem § 929 II die Titelqualität des Arrestbefehls auf einen Monat begrenzt (vgl. dazu BGHZ 112, 356).

Im Übrigen unterscheiden die §§ 930–932 danach, in welche Gegenstände die Vollziehung betrieben wird. Der für den persönlichen Arrest maßgebliche § 933 wurde bereits erwähnt. Die den dinglichen Arrest betreffenden Vorschriften haben gemeinsam, dass sie nur zu einer Sicherung, nicht aber zu einer Befriedigung führen. Infolgedessen wird **nur gepfändet** und nicht auch verwertet, § 930, oder es wird eine Sicherungshypothek eingetragen, § 932 (zu deren Verwertbarkeit s. BGH WM 1997, 1045).   **711**

§ 2 Einstweilige Verfügung

Literatur: Ganslmayer, Die einstweilige Verfügung im Zivilverfahren, 1991; Jauernig, Der zulässige Inhalt einstweiliger Verfügungen, ZZP 79, 1966, 321; Kohler, Feststellende einstweilige Verfügungen, ZZP 103, 1990, 184; Paulus, Richterliches Verfügungsverbot und Vormerkung im Konkurs, 1981.

Weil § 936 hinsichtlich des Verfahrensablaufs auf die Vorschriften über das Arrestverfahren verweist, reicht hier der Hinweis auf die wenigen Besonderheiten des Verfügungsverfahrens. Abgesehen von den besonders dringenden Fällen des § 942 ist zuständiges Gericht allein (und damit ausschließlich, § 802) das Gericht der Hauptsache, § 937 I, das – im Gegensatz zur Situation beim Arrest, Rdn. 707 – grundsätzlich nach einer mündlichen Verhandlung und nur ausnahmsweise, in dringenden Fällen, im Beschlussverfahren entscheidet, § 937 II.[4] Die Zulässigkeit der einstweiligen Verfügung ist bisweilen durch Spezialvorschriften eingeschränkt; etwa durch die §§ 127 a, 620 ff. Im Bereich des unlauteren Wettbewerbs ist ihr Anwendungsgebiet dagegen durch § 25 UWG noch erweitert.   **712**

Im Anschluss an Jauernig (Lit.-Angaben) hat sich eingebürgert, die Erscheinungsformen der einstweiligen Verfügung in drei Arten zu unterteilen.

I Sicherungsverfügung

Diese Art der einstweiligen Verfügung dient der **Sicherung von Individualansprüchen** – Paradebeispiel ist etwa ein Herausgabe- oder Verschaffungsanspruch. Als Verfügungsgrund ist wie auch beim Arrest eine Gefährdung des Erfüllungserfolges notwendig, § 935.[5] Auch hier sind Auslöser im Wesentlichen Handlungen des Gegners: Er will etwa die geschuldete Sache anderweitig veräußern oder geht mit ihr unsachgemäß und schonungslos um; oder es steht die Veröffentlichung einer rechtswidrigen Behauptung bevor bzw. diese droht wiederholt zu werden etc.   **713**

Der Verfügungsbefehl darf, wie schon mehrfach erwähnt, wegen des vorläufigen Charakters des einstweiligen Rechtsschutzes nicht zur Befriedigung des Antragstellers, sondern nur zu seiner Sicherung führen. Wie diese Beschränkung im Einzelfall   **714**

---

[4] In der Praxis hat sich freilich die Ausnahme zur Regel gemausert.

[5] Im BGB gibt es von diesem Erfordernis Ausnahmen. Welche sind das?

erreicht werden kann, überlässt § 938 I dem **freien Ermessen des Richters**. Abs. 2 derselben Vorschrift bietet jedoch eine Reihe von Möglichkeiten an, von denen vielfach Gebrauch gemacht wird. So nimmt etwa das dort genannte Handlungsverbot Bezug auf das richterliche Verfügungsverbot der §§ 135, 136 BGB. Oder weil die Herausgabe einer geschuldeten Sache an den Antragsteller bereits Befriedigung wäre, muss sie der Gegner an einen Verwahrer (= Sequester) herausgeben.

II Regelungsverfügung

715   Diese Verfügungsart ist in § 940 vorgesehen. An die Stelle eines Individualanspruchs (Verfügungsanspruch) tritt bei ihr ein **streitiges Rechtsverhältnis**. Der Verfügungsgrund ist die Notwendigkeit einer einstweiligen Regelung. Anwendungsbeispiele gibt es aus vielen Bereichen: Es streiten sich etwa Wohnungseigentümer um die Benutzung der im Gemeinschaftseigentum stehenden Waschküche; ein Gesellschafter einer OHG soll von der Geschäftsführung ausgeschlossen werden; wettbewerbsrechtliche Unterlassungspflichten; B möchte verhindern, dass K gegen ihn im Ausland Klage erhebt (OLG Düsseldorf ZZP 109, 1996, 221 mit Anm. Stürner)[6] etc. Wenn der Richter hier etwa anordnet, dass die Wohnungseigentümer vorläufig zu bestimmten, wechselnden Zeiten die Waschküche benutzen dürfen, dass dem Gesellschafter die Geschäftsführungsbefugnis einstweilen entzogen wird oder dass der Wettbewerber erst einmal unterlassen muss, so beinhalten diese Befehle im Grunde genommen bereits die Befriedigung des Antragstellers. Dieses unvermeidbare Ergebnis wird durch die Vorläufigkeit der jeweiligen Regelung abgemildert. Gleichwohl ist der Richter bei der Regelungsverfügung gehalten, die Rechtslage intensiver als bei einer Sicherungsverfügung zu prüfen.

III Leistungsverfügung

Literatur: Schilken, Die Befriedigungsverfügung, 1976.

716   In einigen Fällen besonderer Bedürftigkeit ist allgemein anerkannt, dass es bei der bloßen Sicherung durch Sicherungsverfügung nicht bleiben kann, sondern dass in ihnen eine schnelle Befriedigung erforderlich ist. Prototyp ist der **Unterhaltsanspruch**, der nunmehr in §§ 641 d, 644 eine spezialgesetzliche Regelung der einstweiligen Durchsetzbarkeit gefunden hat. Weitere Beispiele sind etwa der Prozesskostenvorschuss nach § 1360 a IV BGB, Heilungs- und Kurkosten nach Unfällen, presserechtliche Gegendarstellungen und die Leistung bei einem Fixgeschäft:

> LG München I NJW-RR 1987, 958: A hatte mit der staatlichen Schifffahrtsgesellschaft S einen Vertrag über ein Motorschiff für den 13.6.1986 geschlossen.

---

[6] Zu derartigen Prozessführungsverboten s. nur H. Koch, Grenzüberschreitender einstweiliger Rechtsschutz, in: Heldrich/Kono (Hg.) Herausforderungen des Internationalen Zivilverfahrensrechts, 1994, 94; Gottwald, Grenzen zivilgerichtlicher Maßnahmen mit Auslandswirkungen, FS Habscheid, 1987, 119; Schlosser, Extraterritoriale Rechtsdurchsetzung im Zivilprozeß, FS Lorenz, 1991, 497; Spickhoff, Die Klage im Ausland als Delikt im Inland, FS Deutsch, 2001, 327.

Als S später aus der Presse erfuhr, dass A diese, auf den 100. Todestag von König Ludwig II. terminierte Fahrt auf dem Starnberger See als „Lustfahrt" deklarierte und dabei humorige Sketche wie etwa „die Himmelfahrt des Bayernkönigs" aufzuführen gedachte, wollte S eine Woche vor der Fahrt von dem Vertrag nichts mehr wissen und kündigte Nichterfüllung an. Im Wege der einstweiligen Verfügung verpflichtete das Gericht die S zur Leistung.

Wenn in solchen Fällen aufgrund der nachgewiesenen Bedürftigkeit – einige Gerichte verlangen bisweilen gar eine Notlage – eine Leistungsverfügung erlassen werden soll, so muss der Antragsteller Verfügungsgrund und -anspruch wesentlich eindeutiger nachweisen als bei den beiden anderen Verfügungsarten. Denn der an und für sich nach dem Gesetz bestehende, kompensierende Schadensersatzanspruch des § 945 hilft dem leistenden Schuldner wenig, weil aufgrund der Bedürftigkeit des Gläubigers bei diesem regelmäßig nichts zu holen ist. Aber selbst wenn dies im konkreten Einzelfall einmal kein Problem darstellt, muss doch immer nachgewiesen werden, dass die Erfüllung bzw. die Leistung die einzige Möglichkeit ist, dem Begehren des Antragstellers entsprechen zu können (vgl. LG München I MMR 2001, 61 betreffend die Übertragung einer Domain).

Paragraphenregister

BGB-Info V

BNotO

BRAGO

Sachverzeichnis

(Die angegebenen Fundstellen sind die jeweiligen Randnummern; Hauptfundstellen sind im Druck hervorgehoben.)

Antworten

Die Antworten sind mit Seitennummer und Fußnotennummer angegeben.

Erkenntnisverfahren

S. 10 FN 14: Ausländisches Recht braucht der (inländische) Richter nicht zu kennen (vgl. Rdn. 246).

S. 18 FN 9: Das sog. Adhäsionsverfahren nach den §§ 403 ff. StPO.

S. 19 FN 11: Die seit der sog. „Hühnerpest"-Entscheidung des BGH – BGHZ 51, 91 – von der Rspr. zugebilligte Erleichterung für den Geschädigten, der im Rahmen des § 823 BGB gegen den Produzenten vorgeht; dazu etwa Medicus, Bürgerliches Recht, 19. Aufl., 2002, Rdn. 650.

S. 29 FN 24: Weil der Beklagte nicht passivlegitimiert ist und weil die Sachlegitimation eine Frage der Begründetheit ist, ergeht ein Sachurteil.

S. 33 FN 33: In den Fällen der §§ 112, 113 BGB. Lesen Sie bitte auch noch die §§ 607, 640 b.

S. 34 FN 34: Nein; denn ein beschränkt Geschäftsfähiger ist nach § 52 nicht prozessfähig. Wegen einer möglichen Ausnahme s. die vorige Frage.

S. 35 FN 36: Durch Kündigung nach § 627 BGB.

S. 39 FN 40: Nein – denn § 129 I HGB schneidet dem Gesellschafter diese Möglichkeit ab, indem er nur die auch der OHG (noch) zustehenden Einwendungen zulässt.

S. 42 FN 45: Darin liegt ein insbesondere noch im Zwangsvollstreckungsrecht vielfach vorgesehener Schutz des Wohnungsbesitzers, der sich aus der zentralen Bedeutung der Wohnung ergibt.

S. 45 FN 47: Davon, ob er einen Vollstreckungstitel benötigt. Wenn der Beklagte Anstalten macht, auszuwandern o. Ä., wird es vorteilhafter sein, sogleich mit der Vollstreckung beginnen zu können.

S. 45 FN 48: Aktivlegitimation bedeutet die materiell-rechtliche Berechtigung des Klägers hinsichtlich des geltend gemachten Klagebegehrens. Der Gegenbegriff – bezogen auf den Beklagten – ist die Passivlegitimation, während beides zusammengefasst wird als Sachlegitimation, s. Rdn. 46.

S. 49 FN 53: Es erlischt rückwirkend die Rechtshängigkeit wie im Falle des § 269 III 1.

S. 51 FN 56: Weil es sich um eine abstrakte Rechtsfrage handelt, also kein konkretes Rechtsverhältnis der Lebenswirklichkeit vorliegt.

S. 53 FN 59: Zur objektiven Klagenhäufung, vgl. dazu Rdnn. 89 ff.

S. 59 FN 66: Während bei der Kostenaufhebung jede Partei ihre außergerichtlichen Kosten selbst trägt, muss sie bei der hälftigen Kostenteilung davon zwar nur die Hälfte der eigenen, zusätzlich aber auch die Hälfte der außergerichtlichen Kosten der anderen Partei tragen. Der Unterschied wird also besonders deutlich, wenn nur eine der beiden Parteien anwaltlich vertreten war.

S. 60 FN 68: Diese Klage wird mangels Rechtsschutzbedürfnisses abgewiesen. Das Kostenfestsetzungsverfahren ist ein einfacherer und billigerer Weg zur Erreichung desselben Zieles.

S. 61 FN 71: Aus dem Umstand, dass der Gegner das Rechtsmittel eingelegt haben muss, ergibt sich, dass er in der Vorinstanz verloren hat. Demzufolge hat der Prozesskostenberechtigte gewonnen und damit die hinreichende Erfolgsaussicht bereits erwiesen.

S. 66 FN 76: Der Lebensvorgang wird von der h. M. als der zusätzlich zu dem Rechtsbegehren (oder prozessualen Anspruch) erforderliche zweite Bestandteil des Streitgegenstandsbegriffs verstanden; s. oben Rdnn. 102 ff.

S. 70 FN 80: Die Antwort ergibt sich aus § 78 und lautet gemäß dessen Abs. 5 (i. V. m § 486 IV) grundsätzlich: „Nein". Etwas anderes gilt aber dann, wenn die Beweiserhebung während eines laufenden Landgerichtsprozesses in der mündlichen Verhandlung beantragt wird.

S. 74 FN 7: § 839 II BGB. S. dazu BGHZ 50, 14; BGHZ 51, 326, 329; BGH VersR 1984, 77.

S. 80 FN 16: Aus § 121 BGB; danach bedeutet unverzüglich: ohne schuldhaftes Zögern.

S. 82 FN 21: Nein; denn die in § 89 geregelten Varianten betreffen nur eine bewusst vollmachtlose Vertretung. Bei einer unwirksamen Bevollmächtigung liegt dagegen eine Vertretung vor, über deren Unwirksamkeit sich die Partei – zumindest regelmäßig – nicht bewusst ist.

S. 85 FN 25: Weil § 148 voraussetzt, dass die anderweitige Entscheidung lediglich eine Vorfrage oder auch einen „Baustein" des nachfolgenden Prozesses zum Gegenstand hat, während es bei der Rechtshängigkeit um die Identität des gesamten Rechtsstreits geht.

S. 86 FN 26: Vgl. oben Rdnn. 143 f. Bis auf die Terminierung, die gemäß § 216 II dem Vorsitzenden obliegt, und die Entscheidung gem. § 272 II bereitet der Berichterstatter die Verhandlung vor.

S. 89 FN 32: Der Erlass des Versäumnisurteils muss vom Kläger beantragt sein. Infolgedessen sollte die Klageschrift, vgl. § 331 III 2, regelmäßig einen entsprechenden Antrag enthalten; vgl. das Beispiel bei Rdnr. 121. Auf diese Art und Weise kann man recht schnell zu einem (zumindest vorläufig) vollstreckbaren Titel gelangen, § 708 Nr. 2; dazu im Text Rdn. 474.

S. 94 FN 39: Die – nach der ZPO – richtige Antwort ergibt sich aus der erst noch darzustellenden Dispositionsmaxime des Zivilprozesses, vgl. Rdn. 210. An dieoor Stelle genügt der Hinweis, dass das Zivilprozessrecht einmal mehr sich darauf beschränkt, die Wertungen des materiellen Rechts nachzuzeichnen. Dort ist es ja selbstverständlich, dass eine Person selbst dann einen Anspruch als für sich verbindlich anerkennen kann, wenn sie von dessen Nichtexistenz überzeugt ist: s. etwa die §§ 141, 144, 780, 781 BGB.

S. 100 FN 47: Bei diesem Beklagtenvortrag handelt es sich um ein Verteidigungsmittel i. S. d. § 282, das infolgedessen im Falle eines verspäteten Vorbringens gemäß § 296 I, II zurückgewiesen werden kann; für die Berufungsinstanz s. § 533.

S. 101 FN 49: S. oben Rdn. 93: Eine objektive Klagenhäufung kann eventualiter vorgetragen werden.

S. 102 FN 50: Sowohl der Kläger als auch der Beklagte. Letzterer deswegen, weil er zur Leistung verurteilt wird. Und der Kläger deswegen, weil er seinen Erfolg nur unter Vorbehalt errungen hat.

S. 104 FN 51: Da es sich bei Klage und Widerklage um zwei verschiedene Prozesse mit jeweils unterschiedlichen Klägern handelt, dient die Regelung des § 5 a. E. der Wahrung des „prozessualen Besitzstandes". Behaupten beide Parteien mit ihrer jeweiligen Klage beispielsweise, einen Anspruch im Wert von € 3.000,– zu haben, so ist für beide die sachliche Zuständigkeit des Amtsgerichts gegeben, wenn sie separat vorgehen. Ihnen soll nicht ein Anwaltsverfahren aufgenötigt werden, wenn sie ihre Klagen miteinander verknüpfen.

S. 105 FN 52: Vgl. Rdn. 93: bei einer eventuellen Klagenhäufung.

S. 110 FN 5: Da die Verhandlungsmaxime den Parteien die Verantwortung für den Prozessstoff auferlegt, müssen sie auch die für ihre jeweiligen Anträge erforderlichen Fakten beibringen.

S. 124 FN 21: Hinter dem Verbot der Widerrufsmöglichkeit steckt in beiden Fällen letzten Endes ein Vertrauensschutz, der freilich auch mit dem Formalismus des Prozessrechts insgesamt zu tun hat: Eine dem Agierenden ungünstige Prozesshandlung ist beispielsweise die Abgabe eines Anerkenntnisses; sie führt zu einem Anerkenntnisurteil gemäß § 307. Auf dessen Bestand und prozessbeendigende Wirkung soll der Gegner vertrauen können. Ähnliches gilt für die dem Gegner verschaffte Rechtsstellung; durch die Klageerhebung etwa wird dem Gegner die rechtlich relevante Rolle eines Beklagten aufoktroyiert. Sie soll nicht mehr zur Disposition des Klägers stehen, nachdem er sich einmal – aus welchen Gründen auch immer – zur Klage entschlossen hat. In beiden Fällen soll die Gewissheit hinsichtlich des einmal „angezettelten" bzw. beendeten Prozessrechtsverhältnisses gewährleistet sein. S. freilich noch den nachfolgenden Text.

S. 139 FN 37: Der Grund lag in der Gefahr der Verwässerung der richterlichen Entscheidungsgewalt! Da der Richter derjenige ist, der das Urteil zu fällen hat, ist er es auch, der den entscheidungserheblichen Sachverhalt zusammenstellen und sich der Mühe unterziehen muss, genau herauszufinden, bei welchen Tatsachen er der sachverständigen Wissensvermittlung bedarf. Das ist insbesondere bei Bau- und Arzthaftungsprozessen eine schwierige Sache. Da aber Sachverständige regelmäßig keine Juristen und schon gar nicht Richter sind, neigen sie zwangsläufig dazu, sich die aus den übersandten Akten ergebenden Fakten durchaus arglos und ohne böse Absicht „zurechtzubiegen" – ein Vorgang, der dem Jurastudenten aus so manch einer Klausur bekannt sein dürfte.

S. 145 FN 42: Man darf sich durch die Frage nicht verwirren lassen. Sie spielt auf die Verhandlungsmaxime (Rdn. 212) an, der zufolge es allein den Parteien obliegt, den in der Klage zu erörternden Tatsachenstoff beizubringen. Danach wäre die Geschäftsfähigkeit nicht umstritten und damit nicht beweisbedürftig. Durch seine Passivität könnte der Beklagte also die Minderjährigkeit „beiseite schieben". In Wahrheit dreht es sich jedoch bei einem derartigen Problem (die Abfassung einer Klageschrift verlangt nicht die Angabe des Geburtsdatums!) um eine Zulässigkeitsfrage – nämlich die der Prozessfähigkeit des Klägers. Sie ist gemäß § 56 von Amts wegen durch das Gericht zu prüfen, so dass nicht die Verhandlungs-, sondern die Inquisitionsmaxime mit ihrer in Rdn. 153 dargestellten amtwegigen Beweisaufnahme im Spiele steht.

S. 159 FN 55: Nein. Es trifft nämlich keine Entscheidung über den geltend gemachten Anspruch, sondern nur über eine Vorfrage.

S. 161 FN 56: Gäbe es den § 322 II nicht, könnte der Aufrechnende unbeschadet der Urteilsfeststellung seine Forderung nach wie vor geltend machen. Das Erfordernis für diese Sonderregelung resultiert also daraus, dass der Beklagte bei der Aufrechnung ein ‚Bauernopfer' (vgl. Rdn. 193) bringt, indem er einen eigenen Vermögenswert „hingibt".

S. 168 FN 64: Gegen die trotz einer ordnungsgemäßen Ladung nicht erscheinende Partei kann gemäß § 141 III 1 Ordnungsgeld verhängt werden. Wenn sie dessen Zahlung bevorzugt, bleibt es bei dieser finanziellen Transaktion – eine Erscheinenspflicht ergibt sich daraus nicht; insbesondere kann nicht Ordnungshaft angeordnet werden. Im Übrigen weist Reichold, in: Thomas/Putzo, § 141 Rdn. 5, darauf hin, dass das Ordnungsgeld nur zurückhaltend verhängt werden sollte, weil selbst die erscheinende Partei durch nichts zur Äußerung gezwungen ist. Ein Nichterscheinen sollte daher frei gewürdigt werden.

S. 170 FN 69: Die Antwort ergibt sich hier (wie auch sonst üblicherweise bei derartigen Fragen) aus der Überlegung, was geschehen würde, wenn es die fragliche Norm nicht gäbe: Ein Kläger könnte dann bei seinem Heimatgericht mit einer nicht immer ganz schwer „herbeizuzaubernden" Klage gegen den weit entfernt wohnenden B vorgehen und im Falle von dessen Säumnis vortragen, es sei zwischen ihm und B eine Gerichtsstands- oder Erfüllungsortsvereinbarung getroffen worden. Damit wäre die Zuständigkeit dieses Gerichts begründet.

S. 175 FN 73: Da bei der einseitigen Erledigungserklärung (im Gegensatz zu der übereinstimmenden) die Begründetheit der Klage geprüft wird, diese aber von Anfang an unbegründet war, wenn dieses Ereignis vor Klageerhebung eingetreten ist – wenn also etwa der Beklagte schon längst gezahlt hatte. Für eine solche Situation bietet § 269 III 3 einen Ausweg an.

S. 180 FN 76: Durch die Veräußerung der Kaufsache an D ist dieser Eigentümer geworden, so dass dem B gegenüber K die Erfüllung unmöglich ist. Es ist dem

K daher anzuraten, dass er seinen Klageantrag gemäß § 264 Nr. 3 umstellt auf Schadensersatzleistung, §§ 280 I, III, 283 BGB, oder – wenn er keinen Schaden hat – den Rechtsstreit für erledigt erklärt, Rdn. 345 ff. und Rdn. 367.

S. 187 FN 79: Dann greift die Wirkung der §§ 74 III i.V. m. 68 mit der Folge ein, dass der Dritte nicht mehr geltend machen kann, der Hauptprozess sei unrichtig entschieden worden.

Zwangsvollstreckung

S. 217 FN 1: Wegen der persönlichen Grenzen der materiellen Rechtskraft; vgl. dazu Rdn. 315.

S. 218 FN 2: Wird auf die Leistung ‚Abgabe einer Willenserklärung' geklagt, so gilt diese Leistung gemäß § 894 mit Eintritt der Rechtskraft des Urteils als erfüllt; vgl. Rdn. 655.

S. 218 FN 3: Durch die Erklärung der Aufrechnung nach den §§ 387 ff. BGB.

S. 229 FN 5: Um die prozessbeendigende Möglichkeit eines Räumungsvergleichs einzuräumen. Gemäß § 795 finden u. a. auf den Vergleich nur die Vorschriften der §§ 724 ff. Anwendung, nicht also auch § 721.

S. 230 FN 6: Sofern deren Voraussetzungen vorliegen, dominiert im Immobiliarkreditrecht die vollstreckbare Urkunde des § 794 I Nr. 5; im Presse- und Wettbewerbsrecht dagegen der einstweilige Rechtsschutz.

S. 232 FN 8: Bei der Aufrechnung; vgl. Rdn. 192.

S. 232 FN 9: Durch ein Anerkenntnis bzw. einen Verzicht. Dann nämlich kann der Richter durch ein entsprechendes Urteil gem. §§ 306 f. entscheiden, ohne die Sache materiell prüfen zu müssen.

S. 233 FN 14: Da ein Rechtsstreit mit der Einreichung einer Klageschrift bei Gericht anhängig wird – also noch vor der Zustellung an den Beklagten, vgl. Rdn. 101 –, braucht die Klage demgemäß nicht einmal zulässig zu sein.

S. 240 FN 20: Die Prüfung derartiger materiell-rechtlicher Fragen ist allein dem Richter vorbehalten. Sofern also der Gläubiger trotz der zwischenzeitlichen Leistung durch den Schuldner mit der Vollstreckung beginnt, muss der Schuldner eine Vollstreckungsgegenklage gemäß § 767 erheben; s. dazu Rdn. 671 ff.

S. 240 FN 21: Der zuständige Beamte desjenigen Gerichts, in dessen Verfahren der Vergleich geschlossen wurde (a. A. wohl h. M.: § 724 II).

S. 244 FN 26: Dann muss die Klage wegen fehlender Sachlegitimation als unbegründet abgewiesen werden. Eine Ausnahme hiervon statuiert allerdings § 407 II BGB.

S. 245 FN 29: Nach § 727, weil der Erbe Rechtsnachfolger des Erblassers ist.

S. 245 FN 30: Die in diesen Fällen vorgesehene kumulative Schuldübernahme ist kein Fall der Rechtsnachfolge.

S. 254 FN 7: Einen Nachlasspfleger gemäß § 1961 BGB bestellen und den Titel gegen den Erblasser auf die von diesem vertretenen, unbekannten Erben umschreiben lassen, § 727.

S. 255 FN 8: § 733 (und auch § 734).

S. 259 FN 13: Er wird wegen Fortfalls des Rechtsschutzbedürfnisses die Klage als unzulässig abweisen.

S. 263 FN 20: Insofern, als bei wirksamer Verstrickung eine strafrechtliche Sanktion nach § 113 I StGB droht.

S. 265 FN 21: Die Haftung richtet sich nach § 839 BGB i. V. m. Art. 34 GG.

S. 265 FN 23: Damit der mit der Zug um Zug-Leistungspflicht beabsichtigte unmittelbare Leistungsaustausch möglich wird.

S. 269 FN 29: Nach wohl h. M. ist § 739 auf die nichteheliche Lebensgemeinschaft nicht anzuwenden (vgl. Wieczorek/Schütze/Paulus § 739 Rdn. 11).

S. 269 FN 30: Es wird die Möglichkeit eines gutgläubigen, lastenfreien Erwerbs nach §§ 936 und 1208 BGB ausgeschlossen.

S. 269 FN 31: In diesem Fall muss der Herausgabeanspruch des Schuldners gegen den Dritten nach den Vorschriften der §§ 829 ff. gepfändet werden (dazu Rdn. 617).

S. 274 FN 40: Die Wegnahme der Vorbehaltssache durch den Gerichtsvollzieher löst die Rücktrittsfiktion des § 503 II 4 BGB aus.

S. 276 FN 43: Um ein richterliches Verfügungsverbot i. S. d. §§ 135, 136 BGB.

S. 279 FN 48: Ein ausländischer Titel berechtigt erst dann zur inländischen Vollstreckung, wenn ein inländisches Vollstreckungsurteil nach den §§ 722, 723 erlassen worden ist; vgl. Rdn. 471. Zu einem besonders (interessant) gelagerten Fall s. BAG ZIP 1996, 2031 = EWiR 1996, 1055 (Mankowski).

S. 279 FN 49: Die Zuständigkeit richtet sich nach § 828 II; zuständig ist das für Glauchau zuständige AG Hohenstein-Ernstthal.

S. 279 FN 50: Eine Hinterlegung unter Verzicht auf das Rücknahmerecht. Nach § 378 BGB wirkt sie schuldbefreiend. Zum – vergleichbar gelagerten – Prätendentenstreit vgl. Rdn. 386.

S. 281 FN 52: Der Gläubiger kann in einem solchen Fall nach dem unten darzustellenden Anfechtungsgesetz, Rdnn. 692 ff., gegen den Empfänger vorgehen.

S. 283 FN 53: Da er ein fremdes Recht im eigenen Namen einklagt, ist er Prozessstandschafter. Der Überweisungsbeschluss verschafft ihm also die Prozessführungsbefugnis.

S. 289 FN 58: Ja, denn das ZVG ist über § 869 Bestandteil der ZPO. Das Bundesverfassungsgericht hat in BVerfGE 49, 225, sogar gesagt, dass ein Antrag nach § 30 a ZVG immer zugleich auch einen solchen nach § 765 a mit umfasse.

S. 290 FN 61: Zwar ist der Zuschlagsbeschluss ein vollstreckbarer Herausgabetitel gemäß § 93 ZVG; doch obgleich § 566 BGB mangels rechtsgeschäftlicher Übertragung nicht anwendbar ist, schreibt § 57 ZVG seine analoge Anwendung vor. S. aber auch die §§ 57 a ff. ZVG.

S. 291 FN 62: Als Partei kraft Amtes. Er hat also die Prozessführungsbefugnis als Prozessstandschafter.

S. 292 FN 63: Gegen den Freund darf wegen § 750 I nicht vollstreckt werden.

S. 294 FN 68: Der Beschluss ist nach § 794 I Nr. 3 ein vollstreckbarer Titel: Der Gläubiger kann also insoweit die Zwangsvollstreckung wegen einer Geldforderung betreiben.

S. 295 FN 69: Für inländische Urteile keine, weil solche wegen § 1297 I BGB ausgeschlossen sind. Aber auch vollstreckbare ausländische Urteile sind schwerlich vorstellbar, weil ihre Anerkennung einen Verstoss gegen §§ 723, 328 I Nr. 4 darstellen würde: Die Nichterzwingbarkeit der Eingehung einer Ehe dürfte ein wesentlicher Grundsatz des deutschen Rechts sein.

S. 295 FN 70: Indem der Verlag in den Vertrag ein Vertragsstrafeversprechen nach §§ 339, 341 BGB aufnimmt.

S. 295 FN 71: Nach h. M. handelt es sich dabei um eine Handlung, die unter § 883 fällt. Vgl. Thomas/Putzo-Putzo § 883 Rdn. 3.

S. 298 FN 76: Hier muss tatsächlich nach § 888 vollstreckt werden. Weil das aber ein unsicherer Weg ist, bejaht etwa der BGH (NJW 1986, 2704) ein Rechtsschutzbedürfnis für eine Klage auf Abgabe der Willenserklärung. Die Vollstreckung des stattgebenden Urteils erfolgt dann auf dem sicheren Weg des § 894.

S. 301 FN 77: In den Fällen der §§ 887–890.

S. 313 FN 1: Da er das materiell-rechtliche Erlöschen des Vollstreckungsanspruchs geltend macht, muss er eine Vollstreckungsgegenklage erhoben haben.

S. 317 FN 1: Wäre der Ort bekannt, würde der dingliche Arrest genügen.

S. 317 FN 2: Gemäß § 78 III besteht zur Stellung des Antrags kein Anwaltszwang. Für das weitere Verfahren ist jedoch § 78 I maßgeblich.

S. 318 FN 3: Weil § 922 I die Entscheidung ohne mündliche Verhandlung zulässt, liegt eine in § 567 I Nr. 2 genannte Zurückweisung vor. Infolgedessen kann der Antragsteller gegen den Beschluss die sofortige Beschwerde einlegen.

S. 319 FN 5: §§ 885 I 2, 899 II 2 BGB.

Das Lehrbuch überzeugt insgesamt in seiner neuartigen Konzeption und prägnanten Darstellung. Es ist in singulärer Weise geeignet, Interesse an der Materie zu wecken, und empfiehlt sich damit als studienbegleitende Lektüre von selbst.

Wiss. Ass. Dr. Nicola Preuß, Bochum (JR 1998, 128)

. . .

Diese wenigen kritischen Anmerkungen sollen und können jedoch den insgesamt sehr guten Eindruck nicht entscheidend schmälern. Der didaktisch geschickte Aufbau anhand des zeitlichen Fortgangs des Verfahrens wurde bereits erwähnt. Hervorzuheben ist ferner die klare und lebendige Diktion, die das Interesse auch bei spröden Themen wachhält. Letzterem dienen auch die sorgsam ausgewählten und in die Fußnoten eingestreuten „Quizfragen", die zusammen mit der kurzen „Auflösung" am Ende des Buches hervorragend dazu geeignet sind, den Blick für prozessuale Zusammenhänge zu schärfen. Die selbstverständliche und souveräne Beherrschung der Materie ist nur deshalb erwähnenswert, weil sie *Paulus* nirgends zu akademischem Dozieren verführt, sondern wohltuend, aber jederzeit erkennbar im Hintergrund bleibt. ... Besonders wertvoll sind die gelegentlichen Seitenblicke auf prozessuale Problemlösungen ausländischer Rechtsordnungen, bei denen deutlich wird, daß es über den engen, historisch gewachsenen inländischen Horizont hinaus eine Vielzahl anderer und sehr unterschiedlicher Antworten auf verfahrensrechtliche Grundsatzfragen gibt, die allerdings, um zu überzeugen, im Zusammenhang der jeweiligen Rechtsordnung gesehen werden müssen. Alles in allem: Das „Zivilprozeßrecht" von *Paulus* will und kann nicht mehr als eine erste Einführung in die Materie sein. Als solche ist sie jedoch sehr zu empfehlen.

Peter Wax, Präsident des LG Hechingen (JZ 1996, 903)

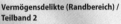